編著

中華書局

目錄

采桑子

恨君不似江樓月

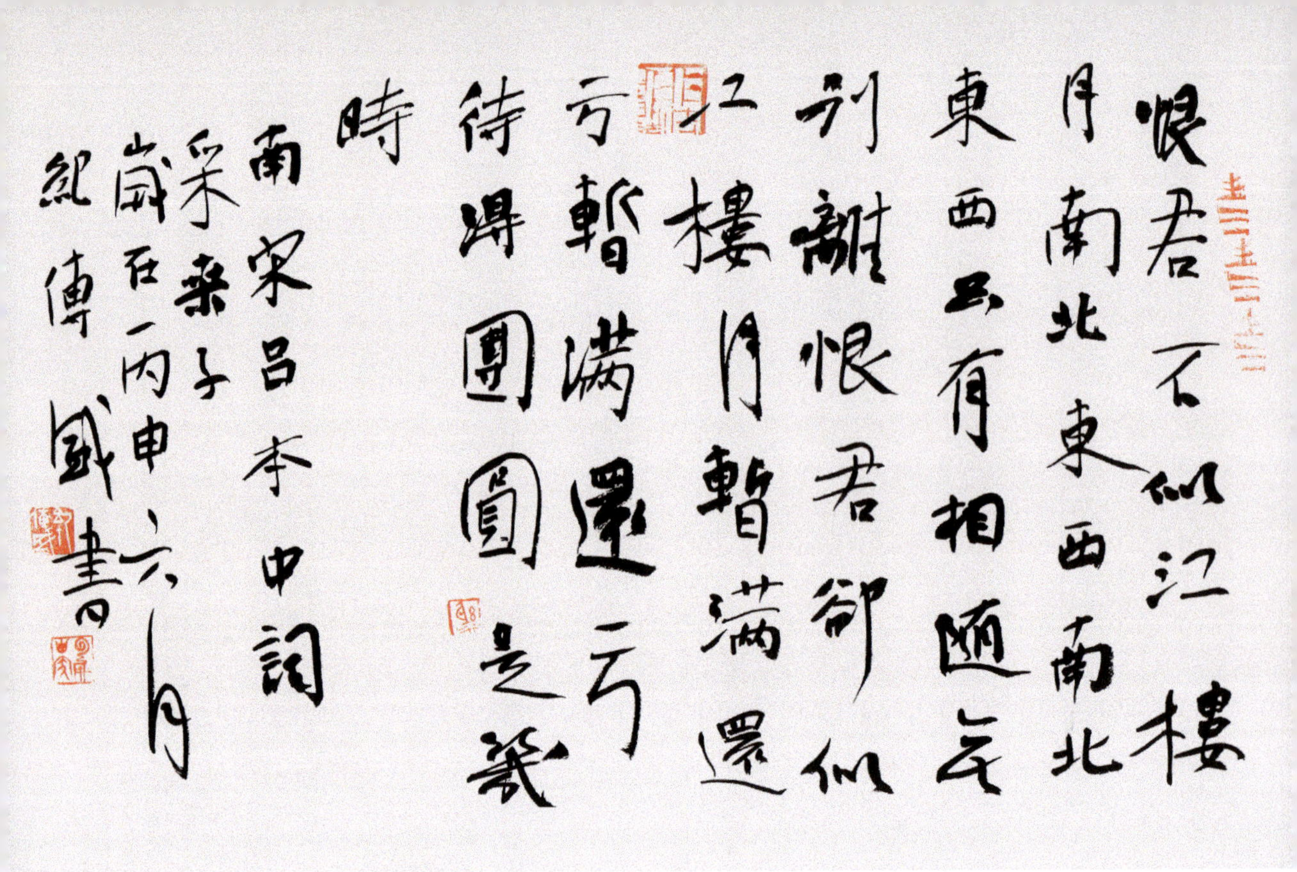

紀傳盛書《采桑子》

華音流韻

采桑子

［南宋］呂本中

恨君不似江樓月，南北東西。南北東西，只有相隨無別離。　恨君卻似江樓月，暫滿還虧①。暫滿還虧，待得團圓是幾時。

臨風賞讀

這首詞寫思婦悠悠離情，堪稱妙手天成之作。

月本無情，因人有意。月的陰晴圓缺，映射着人世間的悲歡離合，因而古往今來，月亮總是高懸在詩壇詞苑的上空，人們都愛對月詠懷，而以月喻離情，也早已熟濫。這首詞卻「用常得奇」，十分巧妙地以月亮之相隨不離與暫滿還虧兩點，正反設喻。上闋「恨君不似江樓月」，月相隨，人不相

［註釋］

①滿，指月圓。虧，指月缺。

隨，不能像月亮那樣「只有相隨無別離」；下闋「恨君卻似江樓月」，剛剛團圓，卻又分離，如一月之中，團團當空，能有幾時？同是一輪「江樓月」，「不似」「卻似」，亦怨亦慕，「正說反說，俱是愁痕」（錢鍾書語），表現的是一位獨守幽閨的妻子對丈夫的刻骨相思和聚暫離長的哀怨和憂傷。

全詞純是真情的自然流露，比喻用得非常貼切，語言如從少婦口中娓娓道出，顯得格外清新、樸茂，饒有民歌風味，令人擊節歎賞，回味無窮。

南北東西，只有相隨無別離　頓立夫

古今彙評

沈際飛：語語無飾，似女子口授，不由筆寫者。情語不在豔而在真，此也。（《草堂詩餘別集》卷一）

周振甫：這首詞的特色，是文人詞而富有民歌風味。民歌是真情的自然流露，不用典故，是白描。這首詞也是真情的自然流露，也是白描，很親切。（《唐宋詞鑒賞辭典·南宋遼金卷》）

惠淇源：此詞從江樓月聯想到人生的聚散離合。月的陰晴圓缺，卻又不分南北東西，而與人相隨。詞人取喻新巧，正反成理。以「不似」與「卻似」隱喻朋友的聚與散，反映出聚暫離長之恨。具有鮮明的民歌色彩。全詞明白易曉，流轉自如。風格和婉，含蘊無限。（《婉約詞》）

清改琦《停琴佇月圖》，描繪一女子月夜靜坐於湖石之上，旁置一琴，儀態端莊嫻靜，神情若有所思。廣東省博物館藏

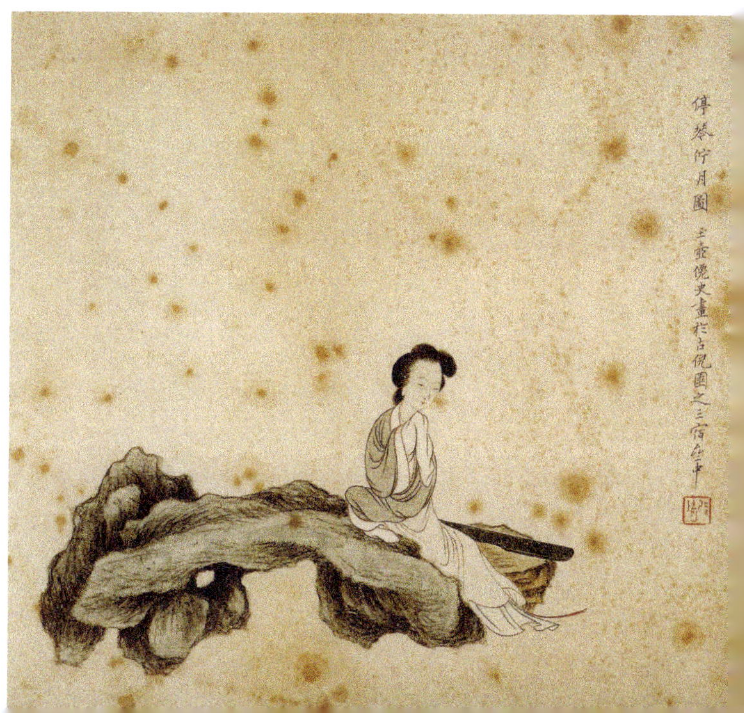

參讀

今夜鄜州月，閨中只獨看。遙憐小兒女，未解憶長安。香霧雲鬟濕，清輝玉臂寒。何時倚虛幌，雙照淚痕乾。—— 唐杜甫《月夜》別出心裁從思念對象一方落筆，由長安遙想其妻子在鄜州看月的景況，無限深情、癡情都從想象描寫中流瀉而出。「心已馳神到彼，詩從對面飛來。悲婉微至，精麗絕倫，又妙在無一字不從月色中照出」（浦起龍《讀杜心解》卷三）。

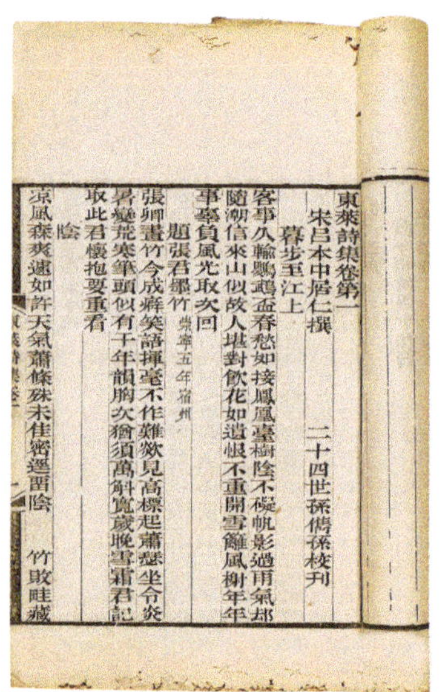
東萊詩集卷第一
宋呂本中居仁撰　二十四世孫偁孫校刊
暮步至江上
客事久輸鸚鵡盃春愁如接鳳凰臺樹陰不礙帆影過雨氣卻
隨潮信來山似故人堪對飲花如遺恨不重開雪籬風榭年年
事辜負風光取次回
題張君墨竹　崇寧五年宿州
張卿畫竹今成癖笑語揮毫不作難歘見高標起蕭瑟坐令炎
暑變荒寒筆頭似有千年韻胸次猶須萬斛寬歲晚雪霜君記
取此君懷抱要重看
陰
涼風森爽遠如許天氣蕭條殊未佳密邇留陰　竹敢畦藏

清咸豐刻本《東萊詩集》書影

詞人心史

呂本中（1084—1145）原名大中，字居仁，號紫微，宰相呂公著曾孫，壽州（今安徽壽縣）人。初授承務郎。徽宗宣和六年（1124），為樞密院編修官。後遷職方員外郎。高宗紹興六年（1136），召賜進士出身。歷官中書舍人、權直學士院。他風骨凜然，不畏強權，敢於直言，軍國大事多所論列，屢次上疏論恢復大計。紹興八年十月，因反對和議，忤逆秦檜罷職，提舉太平觀。他是程氏理學的傳人，晚年深居講學，先世為東萊（今山東掖縣）人，故學者稱「東萊先生」。

在江西詩派詩人中，他頗受黃庭堅、陳師道影響，又學李白、蘇軾，繼承和發展了江西詩派的風格，詩風明暢靈活，清新流麗。其詞風「清雅明麗，流動自然」，呈現出清新流美的民歌風味；南渡流寓江左後亦有悲慨時事、渴望收復中原故土的沉鬱之作。著有《東萊詩集》《紫微詩話》《江西詩社宗派圖》。後人輯有《紫微詞》。

參讀

當官之法，唯有三事：曰清，曰慎，曰勤。知此三者……可以遠恥辱，可以得上之知，可以得下之援。—— 呂本中《官箴》

晚逢戎馬際，處處聚兵時。後死翻為累，偷生未有期。積憂全少睡，經劫抱長饑。欲逐范仔輩，同盟起義師。—— 呂本中《兵亂後自嬉雜詩》，這是面對劫難的實錄，在悲憤之中，發出了報國的誓言。

低吟 / 浩唱

采桑子

［五代．後晉］和凝

蝤蠐領上訶梨子，繡帶雙垂。椒戶閑時，競學樗蒲賭荔枝。
叢頭鞋子紅編細，裙窣金絲。無事嚬眉，春思翻教阿母疑。

這首詞描繪一位少女天真無邪的情態。結尾二句，寫她本無事

蝤蠐領，潔白的頸項。蝤蠐，天牛一類的幼蟲，體白而長。《詩經．碩人》：「領如蝤蠐。」
訶梨子，又名訶梨勒，天竺果名。此指婦女披肩。
樗蒲，古代的一種博戲，如現代的擲骰子（色子）。

皺眉，可是阿母多心，反疑女兒是不是情竇初開，有了春思。湯顯祖評上下片末句云：「翻空出奇。」（《玉茗堂評〈花間集〉》卷二）陳廷焯云：「描寫嬌憨之態，後人襲用者屢矣。」（《雲韶集》卷一）

忍，那堪，怎忍。

采桑子

［五代 · 南唐］馮延巳

花前失卻遊春侶，獨自尋芳。滿目悲涼，縱有笙歌亦斷腸。

林間戲蝶簾間燕，各自雙雙。忍更思量，綠樹青苔半夕陽。

這首詞觸景感懷，用反襯的手法抒寫韶光易逝，孑然無侶，觸處生悲、孤寂難耐的心理感受。全詞文字疏雋，情景相滲，雅淡自然。

采桑子

［五代 · 南唐］李煜

轆轤金井梧桐晚，幾樹驚秋。晝雨新愁，百尺蝦鬚在玉鈎。

瓊窗春斷雙蛾皺，回首邊頭。欲寄鱗遊，九曲寒波不溯流。

蝦鬚，因簾子的形狀像蝦的觸鬚，故作簾子的別稱。

邊頭，邊塞的盡頭。

鱗遊，遊魚，這裏借指書信。古人有「魚傳尺素」之說。

這是一首秋怨詞。詞中以一系列的具體景物，有機地組成一幅飽含秋意、秋思的風景畫，而主人公悲秋傷懷、離情難寄的情態彌漫其中。李于鱗評此詞說：「觀其愁情欲寄處，自是一字一淚。」（唐圭璋《南唐二主詞彙箋》引）全詞婉約蘊藉，餘味悠長。

采桑子

［北宋］晏殊

時光只解催人老，不信多情。長恨離亭，淚滴春衫酒易醒。

梧桐昨夜西風急，淡月朧明。好夢頻驚，何處高樓雁一聲。

離亭，古代送別之所。

這首詞以輕巧空靈的筆法寫出詞人深沉婉致的人生感慨：歎流年、悲遲暮、傷別離。全詞意境優美，柔麗而富有詩意，感情悲涼淒婉而不淒厲。

清顧洛《仕女圖》，繪圓月窗外綠樹婆娑，窗內一妙齡女子瘦影獨坐，面容略帶惆悵落寞，似有萬般心事。人物工致妍麗

采桑子

［北宋］歐陽修

輕舟短棹西湖好，綠水逶迤。芳草長堤，隱隱笙歌處處隨。

無風水面琉璃滑，不覺船移。微動漣漪，驚起沙禽掠岸飛。

自皇祐元年（1049）由揚州移知潁州（今安徽阜陽）始，詞人

便對「平湖十頃碧琉璃」的西湖陶醉不已，「慨然已有終焉之意」，致仕後宿願得償，歸老於西湖之濱。他先後寫下一組《采桑子》（十首），每闋起句皆以「西湖好」結尾，依次歌詠西湖的旖旎風光。這組詞如行雲流水，含思清婉，至今讀之令人心往神馳。

這一首以輕淡、閑雅的筆調，描寫泛舟西湖時所見的美麗景色，宛如一幅清麗活潑、空靈淡遠的風景畫，讀來清新可愛。許昂霄云：「閑雅處，自不可及。」（《詞綜偶評》）

畫船載酒西湖好，急管繁弦。玉盞催傳，穩泛平波任醉眠。行雲卻在行舟下，空水澄鮮。俯仰流連，疑是湖中別有天。——這一首上片描繪載酒遊湖時船中朋友們在箏笛聲中鬧酒傳杯、一片喧譁的氣氛，下片寫酒後醉眠船上，俯視湖中，但見明湖水天上下輝映的清澈明淨境界。一個「疑」字，寫盡了遊者似醉非醉、心神開豁之態。

群芳過後西湖好，狼藉殘紅。飛絮濛濛，垂柳闌干盡日風。笙歌散盡遊人去，始覺春空。垂下簾櫳，雙燕歸來細雨中。——這一首以極疏雋的文字，抒寫西湖群芳凋謝後的空寂清幽之美，婉曲地傳達出詞人恬淡自適的幽微心境，別有意味。

天容水色西湖好，雲物俱鮮。鷗鷺閑眠，應慣尋常聽管弦。風清月白偏宜夜，一片瓊田。誰羨驂鸞，人在舟中便是仙。—— 這一首描寫西湖的天光水色，尤其着意刻畫了一幅清涼、空明，如夢如幻的西湖夜景，讀來令人如身臨其境，心胸似洗，恍若神仙。

宋梁楷《鷺圖》。日本 MOA 美術館藏

采桑子

［北宋］晏幾道

西樓月下當時見，淚粉偷勻。歌罷還顰，恨隔爐煙看未真。

別來樓外垂楊縷，幾換青春。倦客紅塵，長記樓中粉淚人。

這是一首懷念西樓歌女之作。上片憶當年西樓月下初見，下片寫別後相思，含蓄委婉、真切感人地表現了歌女的淒涼身世和痛苦心情及詞人對她的同情和憐愛。俞陛雲評此詞說：「不過回憶從前，而能手寫之，便覺當時凄怨之神，宛呈紙上。」（《唐五代兩宋詞選釋》）通篇用語淺易，無一矯揉虛飾之語。

添字采桑子　芭蕉

［南宋］李清照

窗前誰種芭蕉樹，陰滿中庭。陰滿中庭，葉葉心心，舒卷有餘情。　傷心枕上三更雨，點滴淒清。點滴淒清，愁損離人，不慣起來聽。

芭蕉，原產亞洲東南部和中國南部，高者可達六七米；蕉葉舒展碩大，葉色嫩綠可愛。

葉葉心心，舒卷有餘情　方介堪

這是詞人南渡後不久的作品，借吟詠芭蕉抒發飄零異鄉的寂寞凄楚和對中原故國、家鄉故土深摯綿長的思念和懷戀。上片訴諸視覺，描述芭蕉樹的「形」與「情」；下片訴諸聽覺，描述夜聽雨打芭蕉聲。結句看似平淡，實極深刻，只用一個「北人」「不慣」，就包含了無盡感慨。全詞語言淺近通俗，用筆輕靈而感情凝重。

采桑子

［南宋］陸游

寶釵樓上妝梳晚，懶上鞦韆。閑撥沉煙，金縷衣寬睡髻偏。

鱗鴻不寄遼東信，又是經年。彈淚花前，愁入春風十四弦。

鱗鴻，這裏泛指傳遞書信。

這首春愁詞極寫相思相愛之深。上片描寫人物情態，下片抒寫相思與離情。結句思緒纏綿，情韻無限。全詞抒情細膩，含蓄淒婉。俞陛雲評論說：「此詞獨頓挫含蓄，從彼美一面着想，不涉歡愁跡象，而含淒無限，結句尤餘韻悠然，集中所希有也。」（《唐五代兩宋詞選釋》）

清呂彤《蕉蔭讀書圖》，繪綠蕉之下一纖柔清麗女子坐於湖石上讀書的情景。或是感於書中所寫，抑或觸動心事，她一手撫於書卷，一手輕托粉腮，蹙眉沉思。線條細勁，色彩清麗，意境優美。清華大學美術學院藏

采桑子

［南宋］朱敦儒

一番海角淒涼夢，卻到長安。翠帳犀簾，依舊屏斜十二山。

玉人為我調琴瑟，顰黛低鬟。雲散香殘，風雨蠻溪半夜寒。

這首詞作於詞人客居南雄州時，詞中通過夢境中往昔京都的繁華與現境中嶺南海隅之地淒寒的強烈對比，抒寫今昔盛衰之感、傷時感亂之痛和天涯羈旅之悲。全詞筆調淒婉、感傷，而又蘊涵着沉鬱的情致。

醜奴兒　書博山道中壁

［南宋］辛棄疾

少年不識愁滋味，愛上層樓。愛上層樓，為賦新詞強說愁。

而今識盡愁滋味，欲說還休。欲說還休，卻道天涼好個秋。

這首詞是詞人被劾去職、閑居江西上饒帶湖時所作。詞中通過「少年」「而今」，無愁、有愁的對比，表現詞人受壓抑、遭排擠、報國無路的鬱悶和悲憤。全詞構思新巧，委婉蘊藉，寓激情於婉約之中，別具一種耐人尋味的情韻。

愛上層樓　來楚生

千峰雲起，驟雨一霎兒價。更遠樹斜陽，風景怎生圖畫。青旗賣酒，山那畔別有人家。只消山水光中，無事過這一夏。　午醉醒時，松窗竹戶，萬千瀟灑。野鳥飛來，又是一般閑暇。卻怪白鷗，覷著人欲下未下。舊盟都在，新來莫是，別有說話。—— 辛棄疾在帶湖閑居時還有一首寫得明白如話而又清新幽默的詞，即《醜奴兒近．博山道中效李易安體》，詞中表現一種超脫的閑適之情時，仍然不時地流露出自己內心的不平靜來。

采桑子

［南宋］佚名

年年才到花時候，風雨成旬。不肯開晴，誤卻尋花陌上人。

今朝報道天晴也，花已成塵。寄語花神，何似當初莫做春。

這首尋花詞上片寫有花無晴，下片寫有晴無花，上下兩片形成相反相成的對比，使外在的形象與內在的寄託渾然一體，抒發出詞人對造化弄人的哀歎。全詞輕柔和婉，語淺意深。

唐文宗太和末年，詩人杜牧客遊湖州，遇一少女，十餘歲，天姿國色，因與其母相約，謂當求守此郡，屆時迎娶此女，待十年不來，乃聽其另嫁。遂筆於紙，盟而後別。後十四年，始得授湖州刺史，然其所約之女嫁已三載，有子二人矣。杜牧惆悵之餘，贈詩以別，詩曰：「自是尋春去較遲，不須惆悵怨芳時。狂風落盡深紅色，綠樹成陰子滿枝。」（晚唐高彥休《唐闕史》卷上）

采桑子

［金］王寂

十年塵土湖州夢，依舊相逢。恨約心同，空有靈犀一點通。

尋春自恨來何暮，春事成空。懊惱東風，綠盡疏陰落盡紅。

這首詞寫久別重逢，不見些許歡樂，而是一種痛苦傷懷之情。全篇既檃栝杜牧故事，又有杜牧詩意，並寄託了自身無限情感。與杜牧原詩相比，此詞更顯哀感頑豔，淒惻動人。

王寂（1128—1194）字元老，號拙軒，薊州玉田（今河北玉田）人。天德進士。歷仕太原祁縣令、真定少尹兼河北西路兵馬副都總管。工詩文。有《拙軒集》，久佚，清代修《四庫全書》時從《永樂大典》中輯出。《彊村叢書》輯為《拙軒詞》一卷。

醜奴兒　聽箏

［清］張晉

氍毹半展燈雙照，秋水精神。未啟朱唇，落燕飛花可奈春。

十三弦裏聲聲怨，恁是何人。山黛輕顰，說道兒家本在秦。

這首詞作於揚州，寫甲申之變後秦地彈箏女流落江南、倚門賣藝的悲淒境遇，含蓄地表現了詞人對於明朝滅亡、宗社傾覆的感慨，也透露出對故鄉的懷念。詞寫得輕逸婉轉，結拍尤為感人。

張晉（1626—1659）字康侯，號戒庵，狄道（今甘肅臨洮）人，自稱秦人。順治進士。曾知江蘇丹徒。有《戒庵詞》一卷。

采桑子

［清］納蘭性德

誰翻樂府淒涼曲，風也蕭蕭，雨也蕭蕭，瘦盡燈花又一宵。

不知何事縈懷抱，醒也無聊，醉也無聊，夢也何曾到謝橋。

這首詞寫孤獨者一種無聊的、莫名其妙的心緒，又似乎透露了對某位女子的説不清、道不明的情愫。語言簡明，情絲細膩，透着深刻的悲涼。

桐廬，浙江桐廬縣，有桐江，為浙江上遊，今稱富春江。

浮家，行船的人。

陶元藻字龍溪，會稽（今浙江紹興）人。有《泊鷗山房詞》。

采桑子　桐廬舟中

［清］陶元藻

浮家不畏風兼浪，才罷炊煙，又嫋茶煙，閑對沙鷗枕手眠。

晚來人靜禽魚聚，月上江邊，纜繫巖邊，山影松聲共一船。

這首詞寫閑適出塵的漁家生活。上片寫舟行桐江中的情景，於風吹浪打中見閑情；下片寫泊舟江岸的情景，於山影松聲中見靜境。全詞明白如話，風格清麗。

宋佚名《漁樂圖》，繪三隻漁舟捕魚歸來，泊於古松幽篁掩映下的岸邊。舟上人物或正在用餐，或忙於其他事情，充滿生活氣息。故宮博物院藏

樊增祥像

樊增祥（1846—1931）字嘉父，號雲門，別字樊山，湖北恩施人。光緒進士。歷陝西宜川、渭南等縣知事，累官至陝西布政使、江寧布政使權署兩江總督。工於詩，好為豔體。有《樊山全集》。

白下，南京。

落梅，樂曲《梅花落》。

謝仁字純卿，陽湖（今江蘇武進）人。有《青山草堂詞鈔》。

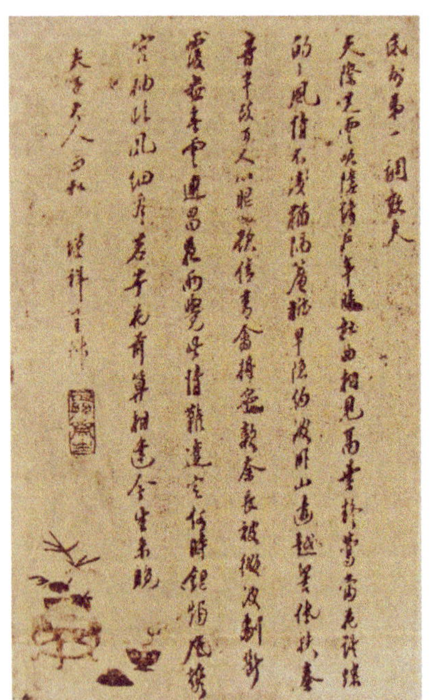

樊增祥手書《氐州第一》詞稿

采桑子

［清］厲鶚

晚秋同程松門泛舟紅橋，登平山堂。

重陽過也成虛負，賴有詩仙，肯作延緣，人與黃花共一船。

沿堤轉盡垂楊路，水影橋邊，山影樽前，畫出傷秋雨後天。

這首詞將泛舟與登高同寫，幽雋秀潔，情韻盎然。

采桑子

［清］鄭文焯

憑高滿面東風淚，獨立江亭。流水歌聲，銷盡年涯不暫停。

歸來自掩香屏臥，殘月新鶯。夢好須驚，知是傷春第幾生。

這是一首傷春之作，或許寄寓了詞人對清王朝風雨飄搖、大廈將傾的哀感。

采桑子　白下

［清］謝仁

南朝劫後繁華歇，金粉塵埃。風荻樓臺，醉裏淒涼唱落梅。

群山蒼靄遙將夕，日沒城隅。岸闊天開，浩盪江聲萬馬來。

詞雖小令，所感甚大，氣韻沉雄，聲可裂竹。

采桑子　荊江晚泊

［清］樊增祥

娟娟月子隨人慣，寫影春田，鎖夢秋煙，曾見家鄉幾度圓。

碧鸞一去桐心悴，燕子簾前，鷗鷺江邊，一樣青燈一樣眠。

這首詞上片以月為中心，極寫家鄉月夜幽渺靜謐的美好景象；下片寫旅人思婦的摯愛情深。全詞語言自然清新，感情真摯、纏綿。

詞林逸事

神宗熙寧七年（1074）冬，蘇軾由杭州通判調知密州，途經潤州時遇友人孫洙、王存，於是他們同遊甘露寺多景樓，「三公皆一時英彥，境之勝，客之秀，伎之妙，真為希遇」（見王文誥輯註《蘇軾詩集》卷十二）。席間，蘇軾興致勃勃地邀請一位叫「胡琴」的京師官妓彈奏古箏、琵琶合奏《芳春調》，以抒情懷。為此，蘇軾寫下了《潤州甘露寺彈箏》一詩：

多景樓上彈神曲，欲斷哀弦再三促。
江妃出聽霧雨愁，白浪翻空動浮玉。
喚取吾家雙鳳槽，遣作三峽孤猿號。
與君合奏《芳春調》，啄木飛來霜樹杪。

酒到盡興之時，正當多景樓外晚霞夕照，更顯奇麗。於是，孫洙又請東坡即景填詞。蘇東坡應約寫下了一首《采桑子》：

多情多感仍多病，多景樓中。尊酒相逢，樂事回頭一笑空。　停杯且聽琵琶語，細撚輕攏。醉臉春融，斜照江天一抹紅。

東坡的這首小令，倏忽來去，只用只言片語，卻達到了曲折含蓄、言盡而意雋的境界之美，抒寫了樂遊多景樓的無限風情。

明杜堇《題竹圖》，繪蘇軾題詩於竹的故事。故宮博物院藏

倚聲依譜

《采桑子》又名《醜奴兒令》《羅敷豔歌》《羅敷媚》。唐教坊大曲有《楊下採桑》，調名本此。雙調，四十四字，前後片各三平韻。另有添字格，兩結句各添二字，兩平韻，一疊韻。此調詞氣和緩，音節瀏亮，適於抒情、寫景，既可表現婉約風格，亦可表達曠達之意。

格一

中平中仄平平仄，中仄平平。
中仄平平，中仄平平中仄平。

中平中仄平平仄，中仄平平。
中仄平平，中仄平平中仄平。

格二（添字）

中平中仄平平仄，中仄平平。
〖中仄平平〗，中仄平平，中仄仄平平。

中平中仄平平仄，中仄平平。
〖中仄平平〗，中仄平平，中仄仄平平。

《詞譜》(《采桑子》)

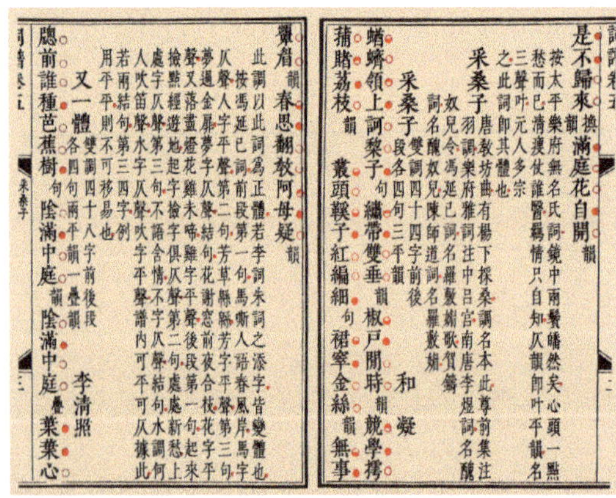
是不歸來 韻 換 滿庭花自開 韻
按太平樂府無名氏詞鏡中兩鬢皤然矣心頭一點
愁而已清瘦伏誰醫瞞憔只自知仄韻即叶平韻名
三聲叶元人多宗
之此詞即其體也
采桑子 唐教坊曲有楊下採桑調名本此尊前集注
羽調樂府雅詞注中呂宮南唐李煜詞名醜
奴兒令馮延巳詞名羅敷媚歌賀鑄
詞名醜奴兒陳師道詞名羅敷媚
采桑子 雙調四十四字前後段各四句三平韻 和凝
蛸蟏領上訶梨子 句 繡帶雙垂 韻 椒戶閑時 韻 競學摴
蒱賭荔枝 韻 叢頭鞵子紅編細 句 裙窣金絲 韻 無事
嚬眉 韻 春思翻教阿母疑 韻
此調以此詞爲正體若李詞朱詞之添字皆變體也
按馮延巳詞前段第一句馬嘶人語春風岸馬字
仄聲人字平聲第二句芳草緜緜芳字平聲第三句
夢過金扉夢字仄聲結句花謝窗前夜合枝花字平
聲又落盡燈花雞未睡雞字平聲後段第一句起來
檢點經遊地起字檢字俱仄聲第二句處處新愁上
處字仄聲第三句不語含情不字仄聲結句水調何
人吹笛聲水字仄聲吹字平聲譜內可平可仄據此
若兩結句第三四字例
用平平則不可移易也
又一體 雙調四十八字前後段各四句兩平韻一疊韻 李清照
牕前誰種芭蕉樹 句 陰滿中庭 韻 陰滿中庭 疊 葉葉心

如夢令

知否，知否，應是綠肥紅瘦

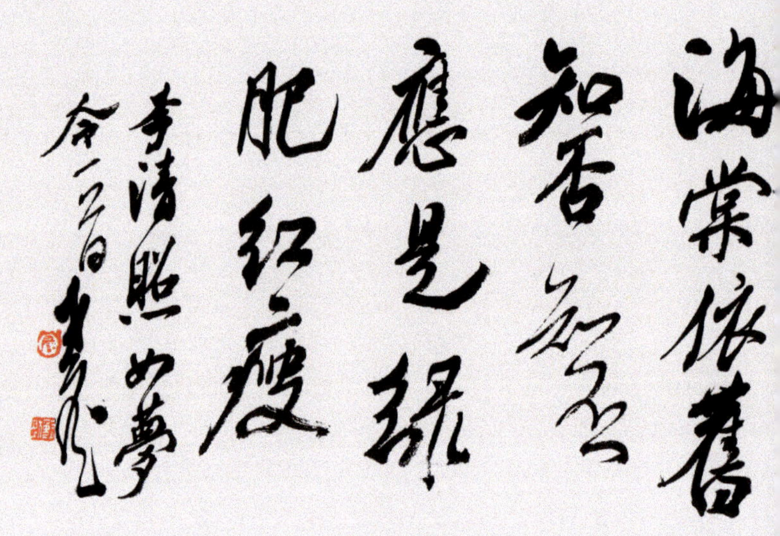

詹逸然書《如夢令》

華音流韻

如夢令

［南宋］李清照

昨夜雨疏風驟，濃睡不消殘酒。試問捲簾人，卻道海棠依舊。知否，知否，應是綠肥紅瘦。

綠肥紅瘦　清趙之琛

臨風賞讀

這首《如夢令》，堪為「天下稱之」的不朽名篇。

暮春時節，雨疏風驟，不免分外引起傷離的少婦念遠的情懷，於是借酒澆愁，不覺喝多了，結果一覺醒來，東方既白，離情卻如殘酒仍然壓在心頭。回憶昨夜疏狂的風雨，她忽然記起窗外的海棠。來不及披衣起牀，便迫不及待地向捲簾的侍女追問這意中懸懸之事。侍女看了看外面之後，卻漫不經心地答道：「還不錯，一夜風雨，海棠一點兒沒變！」女主人聽了，嗔歎道：「傻丫頭，你可知道那海棠花叢已是紅的

清姜壎《李清照小像》，表現詞人惜花傷春的情思。無錫市博物館藏

見少，綠的見多了嗎？！」

這首小令，短短六句三十三言，宛若一幕短劇，把昨夜與今晨的生活壓縮到瞬間，有場景，有對白，人物的情態躍然紙上，而詞意又表達得曲折委婉，極有層次。女主人因傷離念遠而痛飲，因情知花謝卻又抱一絲僥幸心理而「試問」，因不滿意「捲簾人」的回答而再次反問，如此層層轉折，步步深入，將由惜花之情引發的無限戀惜春光的情感，從而牽引出的對自己年華易逝的感歎抒發得曲折有致。「綠肥紅瘦」乃是全詞精絕之筆，這一擬人化的描寫不但將雨後海棠花葉的形與神准確、鮮明、生動地表現了出來，而且移情於物，把詩人惜花、惜春之情表現得細致入微、入木三分，「尤為委曲精工，含蓄無窮意焉」（張綖《草堂詩餘別錄》）。

全詞語言清新，含蓄深蘊，令人玩味不已。

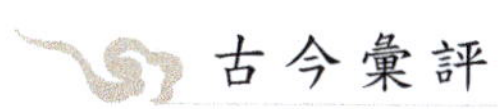

古今彙評

王士禛：前輩謂史梅溪之句法，吳夢窗之字面，固是確論，尤須雕組而

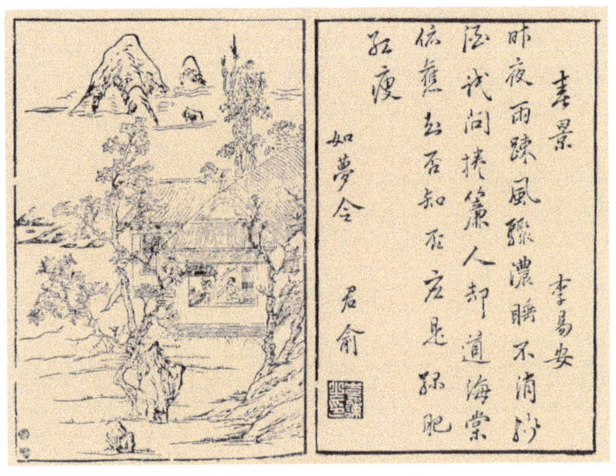

李清照《如夢令》(《詩餘畫譜》)

不失天然。如「綠肥紅瘦」「寵柳嬌花」，人工天巧，可稱絕唱。(《花草蒙拾》)

黃　蘇：一問極有情，答以「依舊」，答得極淡。跌出「知否」二句來，而「綠肥紅瘦」，無限淒婉，卻又妙在含蓄，短幅中藏無數曲折，自是聖於詞者。(《蓼園詞選》)

陳廷焯：只數語中層次曲折有味。世徒稱其「綠肥紅瘦」一語，猶是皮相。(《雲韶集》卷十)

俞平伯：全篇淡描，結句着色，更覺濃豔醒豁。(《唐宋詞選釋》)

胡雲翼：這首詞在寫作上以寥寥數語的對話，曲折地表達出主人公惜花的心情，寫得那麼傳神。「綠肥紅瘦」，用語簡練，又很形象化。(《宋詞選》)

參讀

常記溪亭日暮，沉醉不知歸路。興盡晚回舟，誤入藕花深處。爭渡，爭渡，驚起一灘鷗鷺。—— 現存李清照《如夢令》詞有這兩首，是其早期「神品」，堪稱「閨情絕調」(《金粟詞話》)。這首《如夢令》以極其輕鬆、歡快、活躍的筆調，記一次令人難忘的溪亭暢遊，凝鑄成一幅淡雅清雋、生機盎然的日暮水鄉歸舟圖，境界優美怡人，尺幅雖短卻給人以無盡的美的享受。

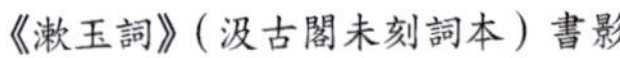
《漱玉詞》(汲古閣未刻詞本)書影

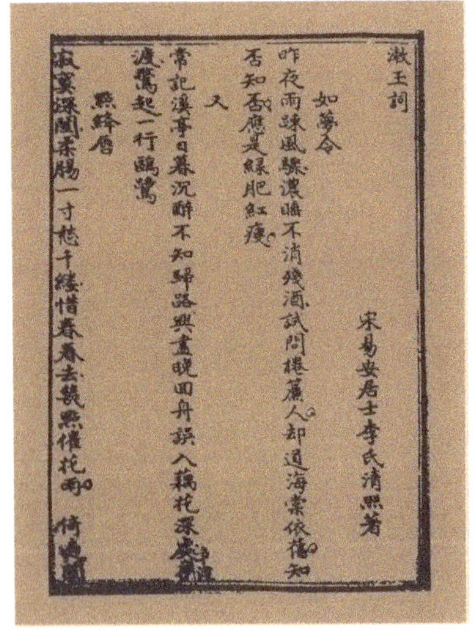
漱玉詞
宋易安居士李氏清照著
如夢令
昨夜雨疏風驟濃睡不消殘酒試問捲簾人却道海棠依舊知否知否應是綠肥紅瘦
又
常記溪亭日暮沉醉不知歸路興盡晚回舟誤入藕花深處爭渡爭渡驚起一行鷗鷺
點絳唇
寂寞深閨柔腸一寸愁千縷惜春春去幾點催花雨　倚遍闌

詞人心史

在漫長的中國古代文學史上，男作家輩出而女作家卻寥若晨星，而曠世才女李清照以其不可逼視的才華和獨特的魅力壓倒鬚眉，高絕千古。

李清照（1084—1151？）號易安居士，舊居今山東濟南章丘明水鎮，後隨父移居於濟南城內趵突泉畔，故史稱濟南人。生於書香門第，父親李格非精通經史，以文章受知於蘇軾，有《洛陽名園記》傳世；母親王氏為名臣王準孫女，亦善屬文。李清照十八歲嫁給太學生趙明誠—— 趙挺之的幼子。趙挺之時任吏部侍郎，李格非為禮部員外郎，後李格非列入元祐黨籍，趙挺之則因為依附蔡京而官至右丞相。清照曾獻詩給公公，直指他與蔡京「炙手可熱心可寒」。不過在蔡京權傾天下之時，趙挺之也曾屢陳其奸。宋徽宗大觀元年（1107）趙挺之罷相，五日後卒，蔡京便興起大獄，逮捕趙氏親屬，追奪趙挺之贈官。此後李清照與趙明誠屏居青州（今山東益州）長達十年。取陶淵明《歸去來辭》中「歸去來兮」和「審容膝之易安」之意，將書房稱為歸來堂，將居室稱為易安室。夫婦倆煮茶猜書，共同校勘鑒賞金石古物，盡得其樂。靖康之變後趙明誠起復知江寧府，高宗建炎三年（1129）赴行都建康，途中感疾，於八月十八日病逝於建康。李清照自此孤苦無依，過着顛沛流離的生活，飽嘗了人間苦難。晚年來往於金華、臨安兩地，境況甚為淒涼。在亂世中目睹了山河破碎、朝廷苟且偷安的李清照抑鬱而終。

燕寢凝香有佳思（李清照《感懷》句） 清楊瑞雲

由於得「父母兩系之遺傳，靈襟秀氣，超越恆流」（繆鉞《詩詞散論・論李易安詞》），李清照少年即以詩名動京師，「才力華贍，逼近前輩」（王灼《碧雞漫志》卷二）。她對詩、詞、散文、書法、繪畫、音樂，無不通曉，而以詞的成就為最高。她的詞風格靈秀雋逸，感情真摯，跌宕有致，被譽為婉約之宗。南渡以前之作，主要是對大自然的描繪，對真摯愛情的抒寫，反映她那種極其悠閑、風雅的生活情調，語言清新明麗，意境優美動人。南渡以後，國破、家亡、夫死，各種奇劫使她的詞風與前期風格迥異，變清麗明快為悲淒沉鬱，抒發了傷時念舊、懷鄉悼亡的情感，如《武陵春》《聲聲慢》《清平樂》等，將亡國之痛與個人孤苦淒慘的生活晚景融為一體，悲傷愁緒渲染極致，可謂「沉哀入骨，有淚徹泉」，是詞人為時代的苦難與個人不幸命運而唱出的使人驚心動魄的哀歌。

佚名《易安居士三十一歲之照》，右上有趙明誠題辭：「清麗其詞，端莊其品。歸去來兮，真堪偕隱。政和甲午新秋，德父題於歸來堂。」左側則為吳寬題辭：「金石姻緣翰墨芬，文蕭夫婦盡能文。西風庭院秋如水，人比黃花瘦幾分。匏庵居士吳寬觀於湖上並題。」

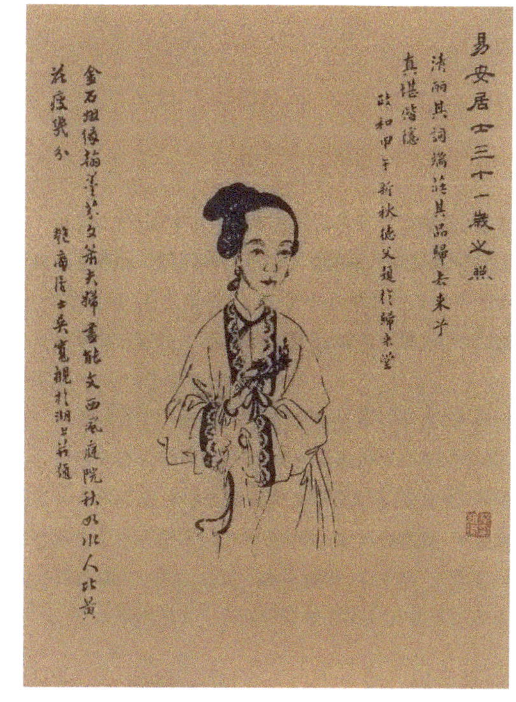

李清照的詞對後世影響頗大，在詞壇中獨樹一幟，稱為易安體。同代人辛棄疾、劉辰翁等皆有效「易安體」之作，後來者更不計其數。李清照另著有《詞論》一篇，強調協律，崇尚典雅，提出詞「別是一家」之說。有《漱玉詞》。

品題

本朝女婦之有文者，李易安為首稱。……詩之典贍，無愧於古之作者；詞尤婉麗，往往出人意表，近未見其比。（朱彧《萍洲可

談》，王仲聞《李清照集校註》輯自影明鈔本卷中）

易安居士……自少年便有詩名，才力華贍，逼近前輩。在士大夫中已不多得。若本朝婦人，當推文采第一。……作長短句，能曲折盡人意，輕巧尖新，姿態百出。（王灼《碧雞漫志》卷二）

宋人中填詞，李易安亦稱冠絕。使在衣冠，當與秦七、黃九爭雄，不獨雄於閨閣也。……山谷所謂「以故為新，以俗為雅者」，易安先得之矣。（楊慎《詞品》卷二）

張南湖論詞派有二，一曰婉約，一曰豪放。僕謂婉約以易安為宗，豪放惟幼安稱首。（王士禛《花草蒙拾》）

男中李後主，女中李易安，極是當行本色。（沈謙《填詞雜說》）

易安在宋諸媛中，自卓然一家，不在秦七、黃九之下。詞無一首不工，其煉處可奪夢窗之席，其麗處直參片玉之班，蓋不徒俯視巾幗，直欲壓倒鬚眉。（李調元《雨村詞話》卷三）

李易安詞，風神氣格，冠絕一時，直欲與白石老仙相鼓吹。婦人能詞者，代有其人，未有如易安之空絕前後者。（陳廷焯《詞壇叢話》）

以詞格論，淑真清空婉約，純乎北宋。易安筆情近濃至，意境較沈博，下開南宋風氣。（況周頤《蕙風詞話》卷四）

易安詩筆稍弱，詞則極婉秀，且亦妙解音律，所作詞，無一字不協律者，實倚聲之正宗，非徒以閨閣見稱也。（呂思勉《宋代文學》第五章）

生當作人傑，死亦為鬼雄。至今思項羽，不肯過江東。—— 李清照這首慷慨雄健、筆力千鈞的《夏日絕句》，借項羽的寧死不屈反刺徽宗高宗父子拋棄中原河山、但求苟且偷生的無恥行徑，愛國激情，溢於言表。

尋尋覓覓，冷冷清清，淒淒慘慘戚戚。乍暖還寒時候，最難將息。三杯兩盞淡酒，怎敵他、晚來風急。雁過也，正傷心，卻是舊時相識。　滿地黃花堆積，憔悴損，如今有誰堪摘。守著窗兒，獨自怎生得黑。梧桐更兼細雨，到黃

清王素《梧桐仕女圖》，繪李清照《醉花陰》詞意。南京博物院藏

昏、點點滴滴。這次第，怎一個、愁字了得。—— 這首被詞評家譽為千古創格的《聲聲慢》，是李清照南渡以後和着血淚寫下的一首震動詞壇的名作，也是她的代表作。全詞一氣貫注，通過秋景秋情的描繪，抒發國破家亡、天涯淪落的悲苦愁情，如泣如訴，纏綿淒絕，感人至深。梁啟超說：「那種煢獨恓惶的景況，非本人不能領略；所以一字一淚，都是咬着牙根咽下。」（《飲冰室合集》文集第四冊）

李存勗像

低吟 / 浩唱

憶仙姿

［五代］李存勗

曾宴桃源深洞，一曲舞鸞歌鳳。長記別伊時，和淚出門相送。如夢，如夢，殘月落花煙重。

這是詞人自創製曲的一首憶舊抒感小令。此詞雖採劉晨、阮肇天台遇仙女的神話傳說，通篇以劉、阮口吻，追憶在仙境歡悅溫馨的生活和仙女送別時流淚攜手、眷眷不捨的場面，但唐人每以遇仙指遊冶之事，「曾宴」「長記」云云，當確有所指所憶。下面疊用兩個「如夢」，將人天邈隔、情事不再的今昔對比前後鈎連，遂將飄渺恍惚的淒涼心境和盤托出。清陳廷焯謂此詞「筆致幽秀」（《雲韶集》卷一）。俞陛雲亦說「此詞『殘月落花』句以閑淡之景，寓濃麗之情，遂啟後代詞家之祕鑰」（《唐五代兩宋詞選釋》）。《憶仙姿》後改名為《如夢令》。

李存勗，後唐莊宗，本姓朱耶，其先沙陀部人，賜姓李氏。武帝李克用之長子。天祐五年（908）嗣晉王位。後即皇帝位，繼唐正統。滅梁，都洛陽。在位四年，兵亂，中流矢亡。

如夢令

［北宋］蘇軾

為向東坡傳語，人在玉堂深處。別後有誰來，雪壓小橋無路。歸去，歸去，江上一犁春雨。

這首詞當是元祐元年（1086）九月以後，元祐四年三月以前，蘇軾在京城官翰林學士期間所作。詞中抒寫懷念黃州之情，表現歸耕東坡之意。全詞語言明快，清新淡雅而自然。

東坡，蘇軾在黃州東門外開辟了故營地數十畝，命名為東坡，耕其中。

玉堂，此指翰林院。

明張路（傳）《蘇軾回翰林院圖》（局部）。元祐三年（1088）四月辛巳，蘇軾被召入對便殿，太皇太后告以任為翰林學士，乃是先皇神宗之意，並說：「先帝每誦卿文章，必歎曰：『奇才，奇才！』」蘇軾聽後不覺痛哭失聲。「已而命坐賜茶，撤御前金蓮燭送歸院」（《宋史》卷三百三十八）。此幅描寫的即是這一歷史情節。美國私人藏

如夢令

［北宋］秦觀

遙夜沉沉如水，風緊驛亭深閉。夢破鼠窺燈，霜送曉寒侵被。無寐，無寐，門外馬嘶人起。

這首詞作於紹聖三年（1096）詞人貶謫郴陽途中。詞由靜而動，由夢而醒，醒而無寐，雖無一字道及羈旅之愁苦，而愁苦之情卻滲透在驛亭淒清夜景的描寫中。

如夢令

［北宋］謝逸

花落鶯啼春暮，陌上綠楊飛絮。金鴨晚香寒，人在洞房深處。無語，無語，葉上數聲疏雨。

金鴨，鴨形銅香爐。

洞房，深邃的內室。

這首詞寫暮春景色，閨閣情思。無一筆描摹神態服飾、言辭舉止。無語勝有語，景語即情語。

如夢令

［北宋］曹組

門外綠陰千頃，兩兩黃鸝相應。睡起不勝情，行到碧梧金井。人靜，人靜，風動一庭花影。

這首詞寫春日靜景，極清幽婉麗，其中「風動一庭花影」，有搖曳生姿之妙，絕佳。

曹組此首又見毛晉汲古閣本秦觀《淮海詞》，調名《憶仙姿》。

待月西廂下，迎風户半開。拂牆花影動，疑是玉人來。——元稹《鶯鶯傳》

如夢令

［南宋］趙長卿

何處一聲鳴櫓，驚起滿川寒鷺。一著畫難成，雪霽亂山無數。且住，且住，數遍溪南煙樹。

這首詞描寫冬日傍晚時分的漢江景象，頗似一幅絕妙的江山雪霽圖。雪後的蒼山，兩岸的煙樹，宛轉的江流，天地間本來一片寂靜，忽然一聲鳴槳，驚飛一川寒鷺，立刻讓眼前的一切充滿着生趣。這景色着實令詞人留連忘返，不忍遽去。

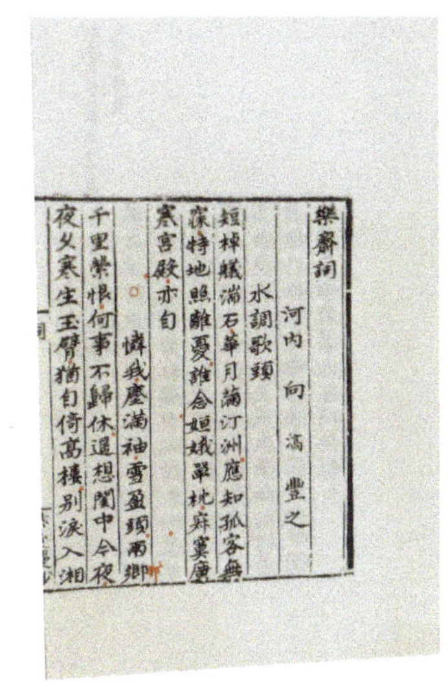

樂齋詞
河内 向滈 豐之
水調歌頭
短棹艤灘石華月滿汀洲應知孤客無
寐特地照離憂誰念姮娥翠枕孤寞廣
寒宮殿亦自
憐我塵滿袖雪盈頭兩鄉
千里縈恨何事不歸休還想閨中今夜
夜久寒生玉臂猶自倚高樓別淚入湘

明抄本向滈《樂齋詞》(《宋元名家詞七十種》) 書影

向滈字豐之，生平不詳。河內（今河南沁陽）人。其詞以自然為勝，多用俗語入句。

如夢令

［南宋］向滈

誰伴明窗獨坐，和我影兒兩個。燈燼欲眠時，影也把人抛躲。無那，無那，好個棲惶的我。

這首詞構思新穎，詞人將「影兒」入詞，用以反襯自己的孤獨與寂寞的心情，這既避免了純説愁苦的單調，又使詞篇更具形象性，大大增強了藝術效果。

花間一壺酒，獨酌無相親。舉杯邀明月，對影成三人。月既不解飲，影徒隨我身。暫伴月將影，行樂須及春。我歌月徘徊，我舞影零亂。醒時同交歡，醉後各分散。永結無情遊，相期邈雲漢。—— 李白《月下獨酌》也寫作者的孤獨。

宋夏珪《山水圖》。美國印第安納波利斯藝術博物館藏

如夢令

［南宋］嚴蕊

道是梨花不是，道是杏花不是。白白與紅紅，別是東風情味。曾記，曾記，人在武陵微醉。

這首詞詠紅白桃花。詞人巧妙地借助於桃花與妓館、桃

宋佚名《桃花鴛鴦圖》(局部),以重彩渲染出一樹夭夭桃花,設色柔麗秀潤。南京博物院藏

花與桃花源的文化聯繫,將一個風塵女子的不幸身世和高潔懷抱寄寓其中。手法新穎,風格清新流麗又近乎俏皮,向被譽為詞中逸品。

如夢令

[南宋] 趙汝茪

小砑紅綾箋紙,一字一行春淚。封了更親題,題了又還坼起。歸未,歸未,好個瘦人天氣。

這首詞刻畫女子和淚給遠方的丈夫寫信時的心理活動,詞語自然,不事塗飾,而含思深婉,纏綿曲折,十分生動感人。

砑,砑石,古人用來磨紙,使之光澤。

坼,通「拆」,意指封信後又拆開。

趙汝茪字參晦,號霞山,商王元份八世孫善官之子。詞極明豔生動,為風雅派中上駟。有《退齋詞》。

如夢令

[宋] 佚名

鶯嘴啄花紅溜,燕尾剪波綠皺。指冷玉笙寒,吹徹小梅春透。依舊,依舊,人與綠楊俱瘦。

這是一首傷春懷人之作。眼前鶯嘴啄花,燕尾剪波的春光春色,觸動了懷人的心緒。「小梅」一曲,傳出了綿綿相思之情。這首詞描寫細致入微,流麗婉轉。明李攀龍說:「聞笛懷人,恍似夢中得句來。」(《新刻李于麟先生批評註釋草堂詩餘雋》卷一)

一說佚名此詞為秦觀作。

如夢令　題畫

[明] 劉基

草際斜陽紅委,林表晴嵐綠靡。何許一漁舟,搖動半江秋水。風起,風起,棹入白蘋花裏。

這首題畫小令由靜入動,再由動入靜,變化自如,再現了一幅蒼涼秋色圖。在詞人的筆下,原畫的意境變得鮮活靈動,一派疏朗閑雅。

如夢令

[清] 納蘭性德

正是轆轤金井,滿砌落花紅冷。驀地一相逢,心事眼波難定。誰省,誰省,從此簟紋燈影。

這首詞寫暮春花落時節,與一姑娘在階前井畔驀然的相逢,剎那間對視的眼神相撞,兩人內心都激起了難以捉摸的情愫。從此以後,簟波席紋之中,燈光燭影之下,她的身影宛然在目,心頭縈繞

簟紋,指竹席之紋絡,這裏借指孤眠幽獨之景況。蘇軾詩:「掃地燒香閉閣眠,簟紋如水帳如煙。」

着的是綿綿不盡的相思與惆悵。詞人以高妙的手法捕捉到了男女初見時怦然心動的奇特感受，形象與情思都寫得極為活潑而真切，格外纏綿動人。

如夢令

［清］吳藻

燕子未隨春去，飛入繡簾深處。軟語話多時，莫是要和儂住。延佇，延佇，含笑回他不許。

這首詞寫暮春閨情，明白如話，卻細膩生動，少女天真爛漫的嬌態充溢詞中。末句以散文句法入詞，極似辛棄疾《西江月》的「只疑松動要來扶，以手推松曰去」。

如夢令

［清］龔自珍

紫黯紅愁無緒，日暮春歸甚處。春更不回頭，撇下一天濃絮。春住，春住，黦了人家庭宇。

此首為惜春之作。東君無情，一時間姹紫嫣紅皆黯然失色。而春光卻不顧人們的挽留和歎息，仍拋下滿天白絮，徑自離去，以至詞人急得連聲呼喚「春住」。惜春之情，溢於言表。譚獻在《復堂日記》中評此首曰「綿麗飛揚，意欲合周、辛而一，奇作也」。

清李鱓《桃花柳燕圖》，描繪桃紅柳綠燕嬉之景，生動表現出盎然春意和生命的氣息。畫面明麗活潑，自得天趣。天津博物館藏

黦，玷污。

詞林逸事

李清照嫁給趙明誠後，二人情趣十分相投，婚後生活美滿。他們節衣縮食，共同收集金石古玩，校勘題簽，以讀書為娛樂。夫妻詩詞唱和，堪稱神仙眷侶。有一年，趙明誠負笈遠遊，李清照獨處淒清閨房，竟日思夫，內心充滿離愁別苦。重陽節到了，這種思念更是倍增，夜半難眠，柔腸寸斷。她想稍稍減輕這孤淒愁苦，於是把酒東籬，賞菊黃昏，然而，借酒澆愁愁更愁。詞人把萬千愁緒一齊傾注在一首重陽詞《醉花陰》中：

薄霧濃雲愁永晝，瑞腦消金獸。佳節又重陽，玉枕紗廚，半夜涼初透。　東籬把酒黃昏後，有暗香盈袖。莫道不消魂，簾捲西風，人比黃花瘦。

宋詞中以「瘦」比花喻人的作品並不罕見，更非李清照獨有。無名氏《如夢令》中有「人與綠楊俱瘦」，程垓《攤破江城子》中有「人瘦也，比梅花、瘦幾分」，秦觀《水龍吟》中有「天還知道，和天也瘦」等等。

趙明誠《歐陽修〈集古錄〉跋》。臺北「故宮博物院」藏

讀到愛妻的詞作，趙明誠歎賞不已，「自愧弗逮，務欲勝之，一切謝客，忘食忘寢者三日夜，得五十闋，雜易安作以示友人陸德夫。德夫玩之再三，曰：『只三句絕佳。』明誠詰之，答曰：『莫道不消魂，簾捲西風，人似黃花瘦。』政易安作也」（元伊世珍《瑯嬛記》卷中）。從此，「黃花比瘦」的詞壇掌故便不脛而走。兼之《如夢令》中有「綠肥紅瘦」、《鳳凰臺上憶吹簫》中有「新來瘦，非干病酒，不是悲秋」等動人名句，李清照由此便得了一個「李三瘦」的雅號。

簾捲西風　喬大壯

人比黃花瘦　馮康侯

香冷金猊，被翻紅浪，起來慵自梳頭。任寶奩塵滿，日上簾鉤。生怕離懷別苦，多少事、欲說還休。新來瘦，非干病酒，不是悲秋。　休休。這回去也，千萬遍《陽關》，也則難留。念武陵人遠，煙鎖秦樓。惟有樓前流水，應念我、終日凝眸。凝眸處，從今又添，一段新愁。——李清照《鳳凰臺上憶吹簫》移情入景，以環境烘托渲染閨閣孤愁和對丈夫的相思之情。字後藏情，弦外有音，情淒婉而意含蓄。

倚聲依譜

《詞譜》（《如夢令》）

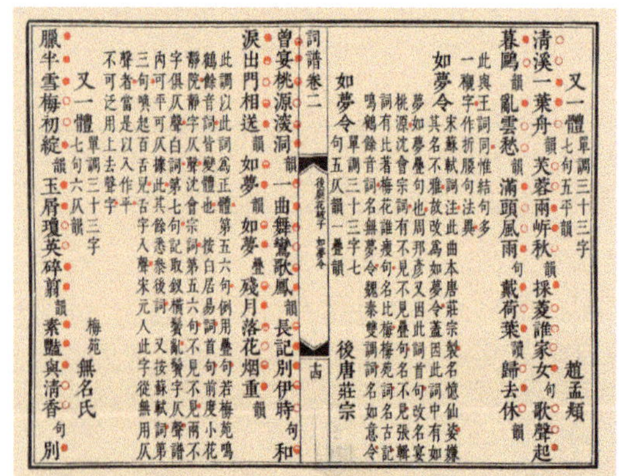

又一體　單調三十三字　七句五平韻　　趙孟頫

清溪一葉舟 韻 芙蓉兩岸秋 韻 採菱誰家女 句 歌聲起

暮鷗 韻 亂雲愁 韻 滿頭風雨 句 戴荷葉 讀 歸去休 韻

此與王詞同，惟結句多一襯字作折腰句法異

如夢令

宋蘇軾詞注此曲本唐莊宗製名憶仙姿嫌其名不雅故改為如夢令蓋因此詞中有如夢如夢疊句也周邦彥又因此詞首句改名宴桃源沈會宗詞有不見不見疊句名不見張輯詞有比著梅花誰瘦句名比梅梅苑詞名古記鳴鶴餘音詞名無夢令魏泰雙調詞名如意令

如夢令　單調三十三字七句五仄韻一疊韻　　後唐莊宗

詞譜卷二　後庭花破子　如夢令　古

曾宴桃源淺洞 韻 一曲舞鸞歌鳳 韻 長記別伊時 句 和淚出門相送 韻 如夢 韻 如夢 疊 殘月落花煙重 韻

此調以此詞為正體第五六句例用疊句若梅苑鳴鶴餘音詞皆變體也按白居易詞首句前度小花靜院靜字仄聲沈會宗詞第五六句不見不見兩不字俱仄聲白詞第七句記取釵橫鬢亂鬢字仄聲譜內可平可仄據此其餘悉參後詞又按蘇軾詞第三句喚起百舌兒舌字入聲宋元人此字從無用仄聲者當是以入作平不可泛用上去聲字

又一體　單調三十三字　七句六仄韻　　梅苑　無名氏

臘半雪梅初綻 韻 玉屑瓊英碎翦 韻 素豔與清香 句 別

《如夢令》本名《憶仙姿》，又名《宴桃源》。五代時後唐莊宗李存勗詞為創調之作。三十三字，七句，五仄韻，一疊韻。此調聲情低沉凝重，一般用於柔情和寫景，亦有用於言志者。

定格

中仄中平平**仄**，中仄中平平**仄**。

中仄仄平平，中仄仄平平**仄**。

平**仄**，平**仄**，中仄仄平平**仄**。

臨江仙

杏花疏影裏，吹笛到天明

華音流韻

臨江仙

［北宋］陳與義

夜登小閣，憶洛中[①]舊遊。

憶昔午橋橋上飲[②]，坐中多是豪英。長溝流月去無聲。杏花疏影裏，吹笛到天明。　二十餘年如一夢，此身雖在堪驚。閑登小閣看新晴。古今多少事，漁唱起三更。

臨風賞讀

金兵攻佔汴京後，詞人顛沛流離，備嘗艱苦，於紹興五年（1135）前後退居湖州青墩鎮壽聖院僧舍，這首詞大約寫於此時。

上片憶洛中舊遊，生動描繪了當年年少輕狂歡樂的生活畫面：「午橋」之上的「豪英」，英姿勃發、豪爽狂放；歡飲暢聚，興會淋漓，俱為一時俊傑。橋下的河水中倒映着空中的明月，靜靜地流淌着，水上的明月清輝似乎也在靜靜地流淌着。月光朗照下的杏林裏，稀疏恬靜的杏花影下，笛聲清韻悠揚，直到東方既白……好一幅月白風清、疏影搖曳的空靈畫境！「長溝流月」「杏花疏影」等句烘托出另一番靜謐與幽美的景色、豪英的雅趣和逸興，而幽遠的笛聲則是畫面外的餘音。

臨江仙

夜登小閣憶洛中舊游

憶昔午橋橋上飲坐中多是豪英長溝流月去無聲杏花疏影裏吹笛到天明　二十餘年如一夢此身雖在堪驚閑登小閣看新晴古今多少事漁唱起三更

右錄宋陳與義詞　鐵簃王貴忱

王貴忱書《臨江仙》

下片抒寫飽經喪亂之後的慨歎：二十餘年過去了，國事滄桑，知交零落，盛會難再，自己受盡流離奔波之苦，雖然僥幸活下來了，但一想到當年那些可怕的歲月，仍然心有餘悸。如今閑着無聊，登上小小的閣樓，觀賞着雨霽如畫的美景。想來古今多少興衰的往事，已風流雲散，都化作漁夫們到半夜三更時唱的漁歌了。末三句宕開一筆，多少淒楚悲愴之情，似乎化為一腔曠達從容，而實則歎惋之意嫋嫋不絕，大有古今同慨的意味。

這首詞清婉流麗，節奏明快，渾成自然，略略數語，將豪英滿座與此身獨存、徹夜吹笛與三更漁唱形成今昔對比，將世道亂離滄桑之感表現得淋漓盡致，使全詞的意蘊更趨深廣與厚重。

古今彙評

胡　仔：憶洛中舊遊詞云：「憶昔午橋橋上飲，坐中多是豪英。長溝流月去無聲。杏花疏影裏，吹笛至天明。」此數語奇麗。《簡齋集》後載數詞，惟此詞為優。（《苕溪漁隱叢話》後集卷三十四）

張　炎：至若陳簡齋「杏花疏影裏，吹笛到天明」之句，真是自然而然。（《詞源》卷下）

許霄昂：神到之作，無容拾襲。漁隱稱為清婉奇麗，玉田稱為自然而然，不虛也。（《詞綜偶評》）

元好問：陳去非《懷舊》云：「憶昔午橋橋下飲……」如此等類，詩家謂之「言外句」，含咀之久，不傳之妙，隱然眉睫間，惟具眼者乃能賞之。（《遺山新樂府·自序》）

陳廷焯：筆意超曠，逼近大蘇。（《白雨齋詞話》卷一）

沈際飛：意思超越，腕力排奡，可摩坡仙之壘。又：流月無聲，巧語也；吹笛天明，爽語也；漁唱三更，冷語也。功業則歉，文章自優。（《蓼園詞選》引）

［註釋］

①洛中，今河南洛陽一帶，為詞人的出生成長地。

②午橋，在洛陽城南郊，為唐代宰相裴度的別墅所在，有綠野堂等勝景。

清費丹旭《陳與義〈臨江仙〉詞意圖》

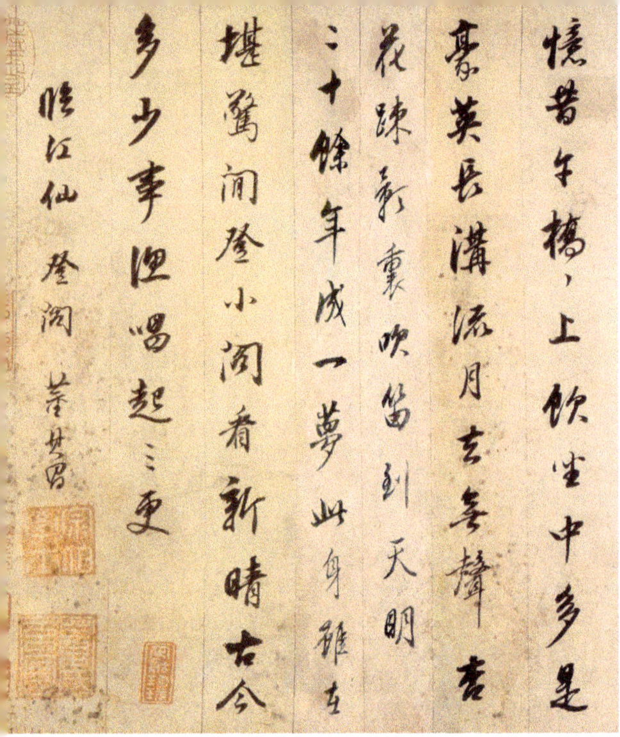

劉熙載： 詞之好處，有在句中者，有在句之前後際者。……《臨江仙》：「杏花疏影裏，吹笛到天明。」此因仰承「憶昔」，俯注「一夢」，故此二句不覺豪酣，轉成悵悒，所謂好在句外者也。（《藝概》卷四）

唐圭璋： 此首豪曠，可匹東坡。上片言昔事，下片言今情。「憶昔」兩句，言地言人。「長溝」三句，言景言情。一氣貫注，筆力疏宕。換頭，忽轉悲涼。「二十」兩句，言舊事如夢。「閑登小閣」三句，仍以景收，歎惋不置。（《唐宋詞簡釋》）

明董其昌書《臨江仙》

參讀

高詠楚詞酬午日，天涯節序匆匆。榴花不似舞裙紅。無人知此意，歌罷滿簾風。　萬事一身傷老矣，戎葵凝笑牆東。酒杯深淺去年同。試澆橋下水，今夕到湘中。—— 這首《臨江仙》寫於高宗建炎三年（1129）陳與義避亂洞庭時，在端午節憑弔屈原中發抒異代之同悲，消泄愛國之憂憤。全詞沉鬱峭拔，悲壯激烈。

憶昔西池池上飲，年年多少歡娛。別來不寄一行書。尋常相見了，猶道不如初。　安穩錦屏今夜夢，月明好渡江湖。相思休問定何如。情知春去後，管得落花無。—— 北宋晁沖之《臨江仙》以淡雅的筆觸追憶往日汴京生活歡娛和友情，從「憶昔」到「夜夢」，從「夜夢」到「落花」，感悟了人生的坎坷和世事的滄桑，曠達中隱含着深切的悲哀。

陳與義手書詩稿

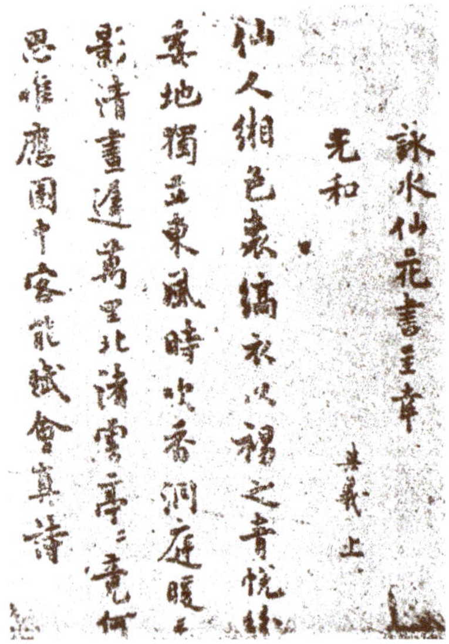

詞人心史

陳與義（1090—1139）字去非，號簡齋，洛陽（今屬河南）人。政和三年（1113）進士，授文林郎、開德府教授。宣和五年（1123）任太學博士，因所作水墨梅詩受徽宗賞識，被召為祕書省著作佐郎，與張元幹、呂本中等人交遊。不久謫監陳留酒稅。北宋亡，陳與義自陳留避難南奔，流徙於今湖北、湖南、廣西、廣東、福建等地，直到紹興元年（1131）夏抵達臨安（今浙江杭州），召為兵部員外郎、翰林學士、知制誥。紹興七年（1137）任參知政事。次年十一月二十九日，病逝於青墩（今浙江烏鎮）僧舍，年僅四十九歲。

陳與義以詩著名，師法杜甫，創簡齋體，元代方回的《瀛奎律髓》將杜甫和黃庭堅、陳師道、陳與義分列為江西詩派的「一祖三宗」。南渡後，他的詩風明顯轉變，由描寫個人生活情趣轉而抒發愛國情懷，由清新明淨趨向雄闊慷慨。亦工詞，存詞雖僅十餘首，卻別具風格，尤近於蘇東坡，語意超絕，筆力橫空，疏朗明快，自然渾成。有《簡齋集》《無住詞》。

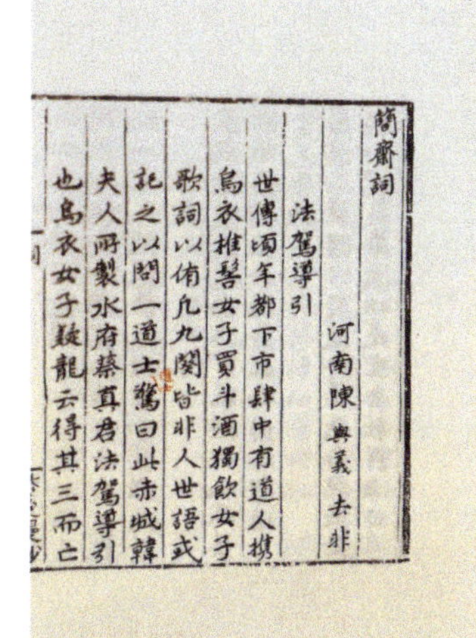

簡齋詞
河南陳與義去非
法駕導引
世傳頃年都下市肆中有道人携
烏衣椎髻女子買斗酒獨飲女子
歌詞以侑凡九闋皆非人世語或
託之以問一道士驚曰此赤城韓
夫人所製水府蔡真君法駕導引
也烏衣女子疑龍云得其三而亡

明抄本陳與義《簡齋詞》（《宋元名家詞七十種》）書影

與義詩師杜甫，當時稱陳、黃之後無踰之者。其詞不多，且無長調，而語意超絕……吐言天拔。不作柳亸鶯嬌之態，亦無蔬筍之氣。殆於首首可傳，不能以篇帙之少而廢之。（《四庫全書總目提要》卷一百九十八）

二十餘年成一夢，此身雖在堪驚
清徐三庚

低吟／浩唱

臨江仙

［五代・前蜀］牛希濟

峭碧參差十二峰，冷煙寒樹重重。瑤姬宮殿是仙蹤。金爐珠帳，香靄晝偏濃。　一自楚王驚夢斷，人間無路相逢。至今雲雨帶愁容。月斜江上，征棹動晨鐘。

希濟於《花間集》中存詞十一首，其中《臨江仙》有七首，分詠湘妃、洛神、江妃等仙子。這首吟詠的是楚王與神女相遇的故事，向被認為是這組《臨江仙》的壓卷之作。上片着重寫景。峭碧，冷煙，寒樹，並不熱烈的顏色風景頓時渲染出一種幽渺空寂的氣氛，而金爐珠帳，雲煙繚繞，則描繪出仙境的淒清美妙。下片抒情。「一自」「無路」詠出那種深幽淡遠的絕望之情，令人迷醉。而雲雨愁容，斜月寒江，征棹晨鐘，則有視覺的幽冷淒迷，有聽覺的空闊寥寂，又有思緒的千迴百轉，令人心動神搖。近人李冰若謂「妙在結二句，使實處俱化空靈矣」（《栩莊漫記》）。這首詞詠古抒

宋佚名《清風搖玉佩圖》(局部)，繪瓊樓玉宇，仙女飄然飛翔，筆墨精妙飛動。重慶中國三峽博物館藏

懷，綿麗淒愴，為詞的發展開拓了新路。

臨江仙

[五代 · 前蜀] 尹鶚

尹鶚，成都人。事前蜀王衍，為翰林校書，累官至參卿。與李珣友善。鶚性狡黠，工詩擅詞。其詞明淺動人，簡淨柔麗。

深秋寒夜銀河靜，月明深院中庭。西窗幽夢等閑成。逡巡覺後，特地恨難平。　紅燭半條殘焰短，依稀暗背銀屏。枕前何事最傷情。梧桐葉上，點點露珠零。

深秋寒夜，銀河橫亙中天，淒冷的月色，照進寂寥的深院。幽夢易成，可惜好夢匆匆，頃刻而覺，夢裏片時的歡娛，只能令醒後的怨思更深。下片寫夢後的情景。室內的殘燭，暗淡無光，只依稀照見牀上背向屏風的閨人身影。夜已闌珊，一醒之後，夢再難成，唯有自傷而已。傷情何來？詞人沒有直接説出，而是從精微處落想，以景語作結：梧葉上的點點零露，不正是她那枕上的盈盈珠淚嗎？不正是她那淒苦、幽怨、悲涼心境的寫照嗎？這堪稱是傳神之筆，俞陛雲説：「結句尤有婉約之思。『只有一枝梧葉，不知多少秋聲』，與『零露』句同感也。」(《唐五代兩宋詞選釋》)

臨江仙

[五代 · 前蜀] 毛文錫

相傳虞舜巡視南方，死於蒼梧之野，遂葬在九嶷山。妃子娥皇、女英初未隨行，後追至洞庭、湘水之濱，得悉舜帝已逝，便南望痛哭，投水而殉。後人於湘水之側建立二妃廟，又稱黃陵廟。

暮蟬聲盡落斜陽，銀蟾影掛瀟湘。黃陵廟側水茫茫。楚江紅樹，煙雨隔高唐。　岸泊漁燈風颭碎，白蘋遠散濃香。靈娥鼓瑟韻清商。朱弦淒切，雲散碧天長。

這首詞雜糅黃陵二妃與高唐神女的傳説來造境，表現的是一種希慕追求而終不可得的朦朧感傷。全詞充滿着清越、疏朗、古樸的韻味，境界開闊，一洗花間詞的穠豔。正如俞陛雲所評：「五代詞多哀感頑豔之作，此調則清商彈湘瑟哀弦，夜月訪黃陵遺廟，揚舲楚澤，泠然有疏越之音，與謫仙之『白雲明月弔湘娥』同其逸興。」(《唐五代兩宋詞選釋》)

臨江仙

[五代] 鹿虔扆

鹿虔扆，後蜀進士。累官學士、永泰軍節度使，進檢校太尉，加太保。以工小詞供奉後主，蜀亡不仕。其詞含思淒惋，秀美疏朗，較少浮豔之習，風格近於韋莊。

金鎖重門荒苑靜，綺窗愁對秋空。翠華一去寂無蹤。玉樓歌吹，聲斷已隨風。　煙月不知人事改，夜闌還照深宮。藕花相向野塘中。暗傷亡國，清露泣香紅。

此首或為傷悼前蜀（後主王衍）而作。詞人曾親歷前蜀的覆亡，故國盛日，那御駕出遊時翠旗招展的隆重儀仗，那宮牆隔不住的來自天庭般的綸音，轉瞬之間猶如一陣輕風飄散，杳然無蹤。荒涼的舊苑、寂靜的宮門，已無復往日的繁華。詞人將亡國的幽恨盡託於無情無知之野塘藕花，讀來倍增沉痛悲愴，尤為哀婉動人。

臨江仙

［五代］徐昌圖

飲散離亭西去，浮生長恨飄蓬。回頭煙柳漸重重。淡雲孤雁遠，寒日暮天紅。　今夜畫船何處，潮平淮月朦朧。酒醒人靜奈愁濃。殘燈孤枕夢，輕浪五更風。

這首詞抒寫旅愁，唱歎人生。飲罷友人揮手別去，從此作孤蓬萬里之遊。甫登行程，便已回首，然而重重煙柳遮斷望眼，只得放眼前方，但見殘陽如醉，孤雁遠征。下片擬想旅況，運虛為實。「今夜畫船何處」提領數句，設想此刻愁緒猶可，只怕到了夜間，潮平水落，泊舟岸邊，月映清淮，其淒清寂寞之況又何以堪？更難耐者，在酒消人醒之後，殘燈明滅，孤枕夢淺，五更風起，暗浪拍船，別意離憂，縈繞心間。俞陛雲評這首詞說：「寫江行夜泊之景。『暮天』二句晚霞如綺，遠雁一繩。『輕浪』二句風起深宵，微波拍舵，淰淰有聲，狀水窗風景宛然，千載後猶想見客中情味也。」（《唐五代兩宋詞選釋》）

今宵酒醒何處，楊柳岸、曉風殘月。——《雨霖鈴》。北宋柳永筆下的淒清之景，其中飽含咀嚼不盡的黯然銷魂的情味，寫法上顯然受徐詞影響。

臨江仙　都城元夕

［北宋］毛滂

聞道長安燈夜好，雕輪寶馬如雲。蓬萊清淺對觚稜。玉皇開碧落，銀界失黃昏。　誰見江南憔悴客，端憂懶步芳塵。小屏風畔冷

清禹之鼎《雙英圖》，繪兩位仙女飄逸脫俗之姿。筆法細膩，人物栩栩如生。清華大學美術學院藏

徐昌圖，莆陽（今屬福建）人，與兄昌嗣並有才名。仕閩，節度使陳洪進歸宋，令昌圖奉表入汴。太祖授為國子博士。工詩詞。

香凝。酒濃春入夢，窗破月尋人。

毛滂晚年，因言語文字坐罪。政和五年（1115）冬，待罪於河南杞縣旅舍，生涯落拓，困頓潦倒，憔悴不堪。這首詞即寫詞人羈旅河南之時的苦境與悲懷。上片寫想象中的汴京元夜繁華熱鬧的景象，下片寫現實中羈旅淒寂之境。結句「窗破月尋人」，寫詞人孤寂一個，待罪羈旅，沒有人去「尋」他，只有月從客舍的破窗隙中來「尋」，讀來倍感淒惻。吳梅曾極讚「酒濃」二句，曰：「何減『雲破月來』風調！」（《詞學通論》）

清余集《落花獨立圖》，寫晏幾道《臨江仙》詞意。一位少婦正手執紈扇，獨立於房櫳邊，雙目凝視着飄落的桃花和微雨中低飛的雙燕，心情孤寂、悵然，或正在憶念外出未歸的丈夫。全圖用筆疏簡，畫境空寂沉靜。南京博物院藏

臨江仙

［北宋］晏幾道

夢後樓臺高鎖，酒醒簾幕低垂。去年春恨卻來時。落花人獨立，微雨燕雙飛。　記得小蘋初見，兩重心字羅衣。琵琶弦上說相思。當時明月在，曾照彩雲歸。

這首感舊懷人的名篇，當為詞人別後懷思歌女小蘋所作。上片描寫人去樓空的索寞景象，以及年年傷別的淒楚。「落花」二句，妙手天成，構成一個淒豔絕倫的意境，被評為「名句千古，不能有二」。下片追憶初見小蘋溫馨動人的一幕，表現詞人苦戀之情和孤寂之感。這首詞造語平淡而感情真摯，情景交融，意境清幽，表現了小山詞特有的深婉沉着的風格，是婉約詞中的絕唱。陳廷焯評這首詞「既閑婉，又沉着，當時更無敵手」（《白雨齋詞話》卷一）。

參讀

始時沈十二廉叔、陳十君寵家有蓮、鴻、蘋、雲，工以清謳娛客。每得一解，即以草授諸兒。吾三人持酒聽之，為一笑樂。已而君寵疾廢臥家，廉叔下世，昔之狂篇醉句，遂與兩家歌兒酒使，俱流傳於人間……追惟往昔過從飲酒之人，或壟木已長，或病不偶。考其篇中所記悲歡合離之事，如幻如電，如昨夢前塵，但能掩卷憮然，感光陰之易遷，歎境緣之無實也！—— 晏幾道《小山詞自序》

臨江仙

［北宋］蘇軾

夜飲東坡醒復醉，歸來彷彿三更。家童鼻息已雷鳴。敲門都不

應，倚杖聽江聲。　長恨此身非我有，何時忘卻營營。夜闌風靜縠紋平。小舟從此逝，江海寄餘生。

這首詞作於元豐五年（1082）九月，即東坡黃州之貶的第三年。上片敍寫東坡雪堂豪飲後醉歸臨皋之景，下片即是詞人「倚杖聽江聲」時的哲思。「長恨此身非我有，何時忘卻營營。」這奇峰突起的深沉喟歎，既直抒胸臆又充滿哲理意味。這首詞糅合老莊出世思想和人生自然之趣，抒發詞人拘於外物、不能掌握自己命運的痛苦，表達渴望擺脱人世間名韁利鎖而長隱江湖的心願。全詞風格清曠而風神飄逸瀟灑。據説這首詞傳出後從郡守到皇帝都驚疑蘇東坡真要遠逝了，足見其影響之大。

（東坡）與數客飲江上，夜歸。江面際天，風露浩然，有當其意，乃作歌辭，所謂「夜闌風靜縠紋平。小舟從此逝，江海寄餘生」者，與客大歌數過而散。翌日喧傳子瞻夜作此辭，掛冠服江邊，拏舟長嘯去矣。郡守徐君猷聞之，驚且懼，以為州失罪人，急命駕往謁。則子瞻鼻鼾如雷，猶未興也。然此語卒傳至京師，雖裕陵（神宗）亦聞而疑之。—— 葉夢得《避暑錄話》卷上

元趙孟頫《東坡立像》。故宮博物院藏

臨江仙　與客湖上飲歸

［南宋］葉夢得

不見跳魚翻曲港，湖邊特地經過。蕭蕭疏雨亂風荷。微雲吹散，涼月墮平波。　白酒一杯還徑醉，歸來散髮婆娑。無人能唱採蓮歌。小軒倚枕，簷影掛星河。

這首詞抒寫作者與客湖上飲歸的情懷。詞之上片寫宴集既散，餘興未盡，下片寫湖上歸來後的心情。全詞風格於簡淡中見含蓄。

臨江仙

［南宋］陳克

四海十年兵不解，胡塵直到江城。歲華銷盡客心驚。疏髯渾似雪，衰涕欲生冰。　送老齏鹽何處是，我緣應在吳興。故人相望若為情。別愁深夜雨，孤影小窗燈。

從宣和七年（1125）金兵大舉侵宋至紹興四年（1134）金軍兵

齏鹽，醃菜和鹽。《全唐文》卷五百五十七韓愈《送窮文》「朝齏暮鹽」，泛指清貧生活。

臨建康城下這段時間，呂祉帥建康，辟陳克為右承事郎都督府準備差遣。其間，陳克曾撰《東南防守利便》上奏朝廷，力主抗金。無奈朝廷奸佞當道，忠言不為所用。國運不振，年事已高，詞人只得將滿腔忠憤納入詞中。詞的上片主要借史實抒悲憤之情，而下片的情緒則從悲憤轉為悲觀。全詞悲慨沉鬱，感情深厚。

澹中有味　清施象坤

短衣羸馬邊塵緊，五年三渡桑乾。漫天晴雪撲歸鞍。郵亭呼酒，黃月大如盤。　苦對南雲思舊雨，杏花消息闌珊。新詞琢就付雙鬟。紫簫聲裏，但看六朝山。—— 近代吳梅這首豪宕高逸的《臨江仙》也是將憂患時局動盪之情納入詞中，可與陳克詞媲美。

臨江仙

［南宋］朱敦儒

直自鳳凰城破後，擘釵破鏡分飛。天涯海角信音稀。夢回遼海北，魂斷玉關西。　月解重圓星解聚，如何不見人歸。今春還聽杜鵑啼。年年看塞雁，一十四番回。

鳳凰城，漢唐長安的美稱，這裏借指宋都。

「擘釵」，出自白居易《長恨歌》：「釵留一股合一扇，釵擘黃金合分鈿。」而「破鏡」一事，則見孟棨《本事詩．情感第一》。

這首詞約作於靖康之變後十四年，其時詞人流離江南。詞上片寫離別的痛苦，下片則寫對重逢的向往。詞中將十四年間國破家亡、到處流浪的種種切身經歷濃縮於一瞬，集中描寫一場巨大的事變對一個普通家庭的毀滅以及詞人在這場災難中的心靈感受，於傷離念別中，深寓了家國淪落之痛，是一曲深沉的時代哀歌，大大地開拓了詞境。結尾三句平淡中直見字字血淚，尤為沉痛悲苦。

吳梅《暗香．題梅花喜神譜》手跡

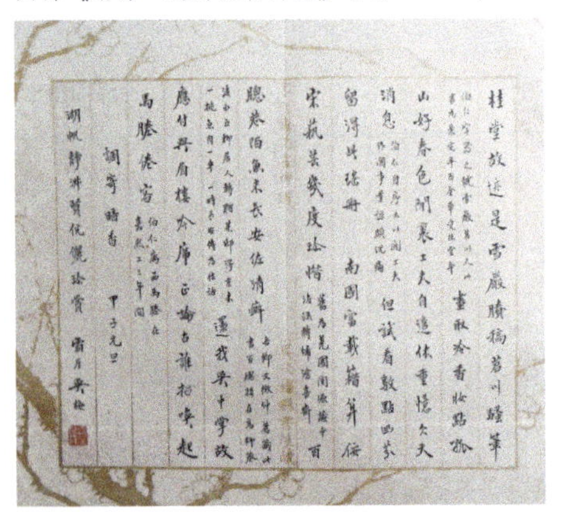

臨江仙

［南宋］李清照

庭院深深深幾許，雲窗霧閣常扃。柳梢梅萼漸分明。春歸秣陵樹，人老建康城。　感月吟風多少事，如今老去無成。誰憐憔悴更凋零。試燈無意思，踏雪沒心情。

這首詞當為詞人從趙明誠守建康時作，當作於建炎三年（1129）春為是。高牆深宅，簾幕重重，門窗緊閉，已然十分幽暗；兼之雲封霧鎖，更添人煩悶。詞人偶爾登樓，但見柳梢生出新芽，梅枝綴滿花萼。片時的喜悅過後，又是一番惆悵：春歸秣陵而人卻愈來愈老，一事無成，於是發出一聲浩歎：「誰憐憔悴更凋零！」頓覺意緒茫然。如今大勢已去，中原恢復無望，而金兵日熾，面對如此慘酷的現實，哪有心情去預賞花燈，踏雪尋詩！這首詞表現作者南渡後百感交集係念家國的複雜思想感情，蒼涼沉鬱。

臨江仙

［南宋］史達祖

愁與西風應有約，年年同赴清秋。舊遊簾幕記揚州。一燈人著夢，雙燕月當樓。　羅帶鴛鴦塵暗淡，更須整頓風流。天涯萬一見溫柔。瘦應緣此瘦，羞亦為郎羞。

這是一首閨中懷人詞，生動地描摹出一個既為情苦又為情癡的思婦形象。上闋寫她秋夜獨處的寂寞愁苦。頭兩句説西風約愁赴秋，造語雋永巧妙。接着逆筆追寫愁的由來：憶起舊遊揚州，牽人入夢，夢覺但見月下乳燕雙棲，愈難為懷。下闋極細膩地描寫她渴望重逢的微妙心理活動。結尾二句尤為纏綿悱惻。全詞格高意新，感情真摯強烈，蘊藉含蓄，工麗別致。

臨江仙

［金］辛願

河山亭留別欽叔、裕之。

誰識虎頭峰下客，少年有意功名。清朝無路到公卿。蕭蕭茅屋下，白髮老書生。　邂逅對牀逢二妙，揮毫落紙堪驚。他年聯袂上蓬瀛。春風蓮燭影，莫問此時情。

老詞人久困文場，潦倒一生，甚是淒涼。金宣宗元光元年（1222），與元好問（裕之）、李獻能（欽叔）相會於孟津（今河南孟縣）的河山亭。臨別前，李獻能曾設豐宴為辛願餞行。詞人道別二友，撫今追昔，不禁感慨萬千，寫下了這首留別詞。詞的上片大抒感慨，雖説得哀怨，但不激烈，益令人同情。下片寫摯友重逢的喜悅和對二人深切鼓勵和期望，欲語還休，措意深穩。

清劉彥沖《桃柳雙燕圖》，寫桃紅柳綠之春景。圖中二燕，一動一靜、一上一下，使畫面空靈淡宕之間，又具動感神韻。上海博物館藏

臨江仙

［明］楊慎

滾滾長江東逝水，浪花淘盡英雄。是非成敗轉頭空。青山依舊在，幾度夕陽紅。　白髮漁樵江渚上，慣看秋月春風。一壺濁酒喜相逢。古今多少事，都付笑談中。

「二妙」，古時常用以指文華匹配的兩人，詞中「二妙」自然是指李、元二人。

辛願字敬之，福昌（今河南宜陽）人。性野逸，躬耕自給，工詩。

這是楊慎所著歷史通俗說唱之作《廿一史彈詞》（原名《歷代史略十段錦詞話》）第三段《說秦漢》的開場詞，清初毛宗崗父子評刻《三國演義》時將其放在卷首，得以廣為流傳，而隨着電視劇《三國演義》播出，楊洪基以其渾厚、寬廣的聲調更使這首膾炙人口的傳世佳作家喻戶曉。

詞的上闋從大處落筆，只寫古來多少英雄成敗，如大浪淘沙轉眼成空。下闋寫江上漁樵閑話，清談快論。詞人在時、空的悟解中，深悟「青山依舊在」是不變，「幾度夕陽紅」是變；在人、事的悟解中，「古今多少事」沒一件不在變與不變的相對運動中流逝。「是非成敗」如過眼煙雲，又何必耿耿於懷、斤斤計較？何如寄情山水，託趣漁樵，與秋月春風為伴，自在自得？詞人在深悟中進入一種寧靜澹泊、曠達超脫的境界 —— 這種徹悟是在三十五年痛徹入骨的戍所生涯中體驗到的，多少有些苦楚。全詞慷慨悲壯，意味無窮，讀來令人盪氣迴腸。

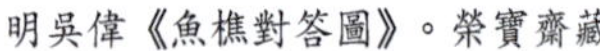

明吳偉《魚樵對答圖》。榮寶齋藏

臨江仙　逢舊

［清］吳偉業

落拓江湖常載酒，十年重見雲英。依然綽約掌中輕。燈前才一笑，偷解砑羅裙。　薄幸蕭郎憔悴甚，此生終負卿卿。姑蘇城上月黄昏。綠窗人去住，紅粉淚縱橫。

詩人吳偉業（梅村）與秦淮名妓卞玉京結下過一段美好的情緣，但明朝的滅亡，不僅讓他失去了精神支柱，也斷送了這段美好情緣。順治八年（1651）初春，身着黃色道袍，自號「玉京道人」的卞玉京乘船來訪吳梅村。她給吳梅村彈奏了一首又一首的曲子，然後流着淚講述了自己這些年的遭遇。身世之悲、亡國之痛還有對昔日戀人不幸遭遇的同情與感慨一齊湧向吳梅村的心頭，他抑制不住內心的激動，寫下了不朽名作《聽女道士卞玉京彈琴歌》和這首深情繾綣的《臨江仙・逢舊》。「薄幸蕭郎憔悴甚，此生終負卿卿」，吳梅村終於有機會對卞玉京説出了內心的愧疚、悔恨和悲苦。清陳廷焯評這首詞説：「哀豔而超脱，直是坡仙化境。」（《白雨齋詞話》卷三）

清改琦摹姚簡萬書本《玉京道人卅歲小影》

臨江仙

［清］薛時雨

大風雨，過馬當山。

雨驟風馳帆似舞，一舟輕度溪灣。人家臨水有無間。江豚吹浪立，沙鳥得魚閑。　絕代才人天亦喜，借他隻手回瀾。而今無復舊詞壇。馬當山下路，空見野雲還。

詞人經今江西彭澤縣城東北的馬當山，恰遇疾風暴雨肆虐，激盪着他的內心，乃慨然而作此詞。上片一氣舒捲，描繪出一幅既大氣磅礴又充滿生活逸趣的大江風雨圖卷，下片由所見之景生發出當今詞壇的沉寂無人，不復見古時那獨力擎天的英豪的慨歎。譚獻評此詞「結響甚遒」（《篋中詞・今集》卷四）

馬當山，在安徽東至縣西南，北臨長江。

薛時雨字慰農，晚號桑根老農，安徽全椒人。咸豐進士。官杭州知府，兼督糧道。有《藤香館集》，附詞二種：《西湖櫓唱》《江舟欸乃》。

臨江仙　和子珍

［清］譚獻

芭蕉不展丁香結，匆匆過了春三。羅衣花下倚嬌憨。玉人吹笛，眼底是江南。　最是酒闌人散後，疏風拂面微酣。樹猶如此我何堪。離亭楊柳，涼月照毿毿。

毿毿，垂拂紛披貌。

這首詞以傷春怨別為題材，寫一女子與情人短暫的溫存纏綿和送別情人後淒苦落寞的心緒，詞人身際亂世窮途的身世之感、遭逢之悲也蘊含其中。全詞淒婉沉鬱。陳廷焯謂此詞「語極清雋，琅琅可諷，『玉人吹笛』二語，尤為警絕」（《白雨齋詞話》卷五）。

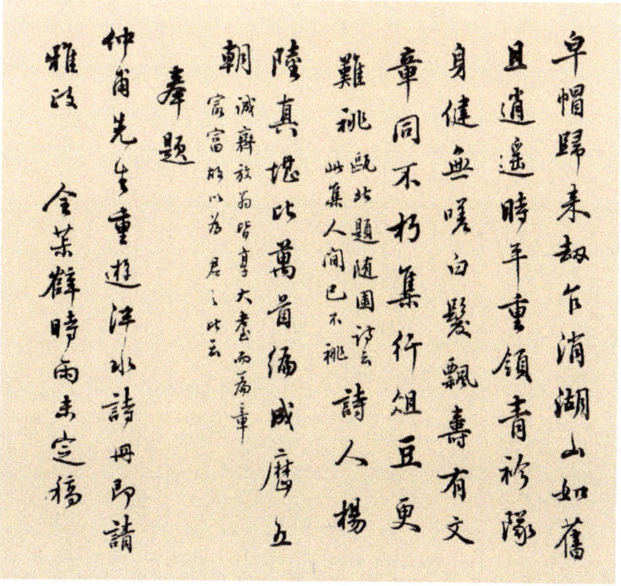

詞林逸事

宣和六年（1124），陳與義在汴京任符寶郎時與同鄉席益（字大光）相識相交。建炎三年（1129）席益離郢州知州任，流浪於衡

薛時雨手跡

山縣（今屬湖南），與義同時躲避金兵至湖南。同年臘月，兩位故友意外相遇於衡山。在亂世中幸運相遇，兩人均百感交集。次年元旦後數日，與義離衡山赴邵陽，有《別大光》詩紀其事，並於別宴上賦了一首《虞美人・大光祖席，醉中賦長短句》：

張帆欲去仍搔首，更醉君家酒。吟詩日日待春風，及至桃花開後卻匆匆。　歌聲頻為行人咽，記著樽前雪。明朝酒醒大江流，滿載一船離恨向衡州。

這首寫友人離愁別緒之詞，「自然而然」，筆力飄逸，緊扣別宴，思前想後，將離亂客愁與聚散依依之情融貫到對過去的回憶和對前途的想象之中，大有王勃「無為在歧路，兒女共沾巾」（《送杜少府之任蜀川》）之慨。

歐陽修有《臨江仙》一首：「柳外輕雷池上雨，雨聲滴碎荷聲。小樓西角斷虹明。闌干倚處，待得月華生。　燕子飛來窺畫棟，玉鈎垂下簾旌。涼波不動簟紋平。水精雙枕，傍有墮釵橫。」據《野客叢談》云：「歐陽永叔任河南推官，親一妓。時錢文僖公為西京留守。一日，宴於後園，客集而歐與妓皆不至，移時方來。錢責妓云：『末至何也？』妓云：『中暑，往涼堂睡覺，失金釵，猶未見。』錢曰：『若得歐推官一詞，當為償汝。』歐即席賦此。坐皆擊節，命妓滿斟送歐。而令公庫償釵。」因即註題「妓席」，而後人即奉為《臨江仙》調正宗。

【註】首句亦可作「中平中仄平平仄」，後片換韻。

倚聲依譜

《臨江仙》，雙調小令，唐教坊曲。又名《謝新恩》《庭院深深》《採蓮回》《玉連環》。雙調，五十八字，上下片各五句，三平韻。約有三格，第三格增二字。柳永演為慢曲，九十三字，前片五平韻，後片六平韻。本調之創，本詠巫山仙女，其後依調填詞，多屬泛詠。曲調和婉清雅，為宋代詞人最喜用的曲調之一。

定格

中仄中平平仄仄，中平中仄平**平**。
中平中仄仄平**平**。
中平中仄，中仄仄平**平**。

中仄中平平仄仄，中平中仄平**平**。
中平中仄仄平**平**。
中平中仄，中仄仄平**平**。

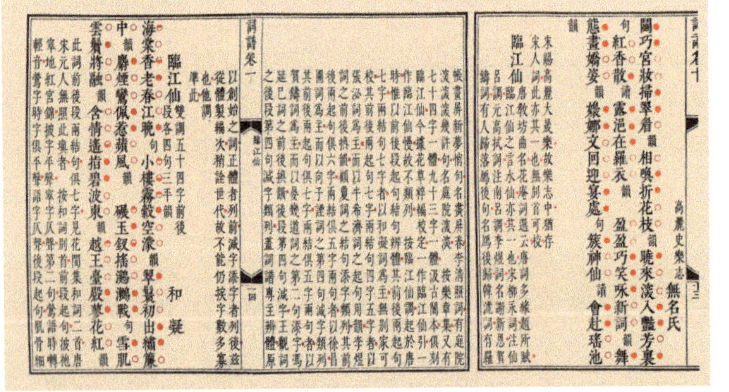

詞譜卷十
高麗史樂志 無名氏
閬巧宮妝掃翠眉 韻 相與折花枝 韻 曉來深入豔芳裏
紅香散 讀 露浥在羅衣 韻 盈盈巧笑咏新詞 韻 舞
態畫嬌姿 韻 嬋娟文回迎宴處 句 簇神仙 讀 會赴瑤池
韻
宋賜高麗大晟樂故樂志中猶存
宋人詞此亦其一也無別首可校
臨江仙 唐教坊曲名花庵詞選云唐詞多緣題所賦
臨江仙之言水仙亦其一也宋柳永詞注仙
呂調元高拭詞注南呂調李煜詞名謝新恩賀
鑄詞有人歸落鴈後句名鴈後歸韓淲詞有羅
帳畫屏新夢悄句名畫屏春李清照詞有庭院
深深深幾許句名庭院深深 按樂章集又有
七十四字一體九十三字一體及古閣本俱刻
臨江仙令據花草粹編校定一作臨江仙引一
作臨江仙慢故不類列 按臨江仙調起於唐
時惟以前後段起句結句辨體其前後兩起句
七字兩結句七字者以和凝詞為主無別家可
校其前後兩起句七字兩結句四字五字者以
張泌詞為主而以牛希濟詞之起句用韻李煜
詞之前後換韻顧夐詞之結句添字類列其前
後兩起句俱六字兩結句俱五字兩句者以徐昌
圖詞為主而以向子諲詞之第四句減字類列
其前後兩起句俱七字兩結句俱五字兩句者以
賀鑄詞為主而以晏幾道詞之第二句添字馮
延巳詞之前後換韻後段第四句減字王觀詞
之後段第四句減字類列蓋詞譜專主辨體原

詞譜卷一 臨江仙 一四

以創始之詞正體者列前減字添字者列後茲
從體製編次稍詮世代故不能仍按字數多寡
也他調準此
臨江仙 雙調五十四字前後段各四句三平韻 和凝
海棠香老春江晚 句 小樓霧穀空濛 韻 翠鬟初出繡簾
中 韻 麝煙鸞佩惹蘋風 韻 碾玉釵搖鸂鶒戰 句 雪肌
雲鬢將融 韻 含情遙指碧波東 韻 越王臺殿蓼花紅 韻
此詞前後段兩結句俱七字見花間集和詞二首唐
宋元人無照此填者 按和詞別首前段起句披他
寕地紅宮錦披字平聲寕字仄聲第二句鶯語時囀
輕音鶯字時字俱平聲語字仄聲後段起句肌骨細

《詞譜》（《臨江仙》）

賀新郎

夢繞神州路

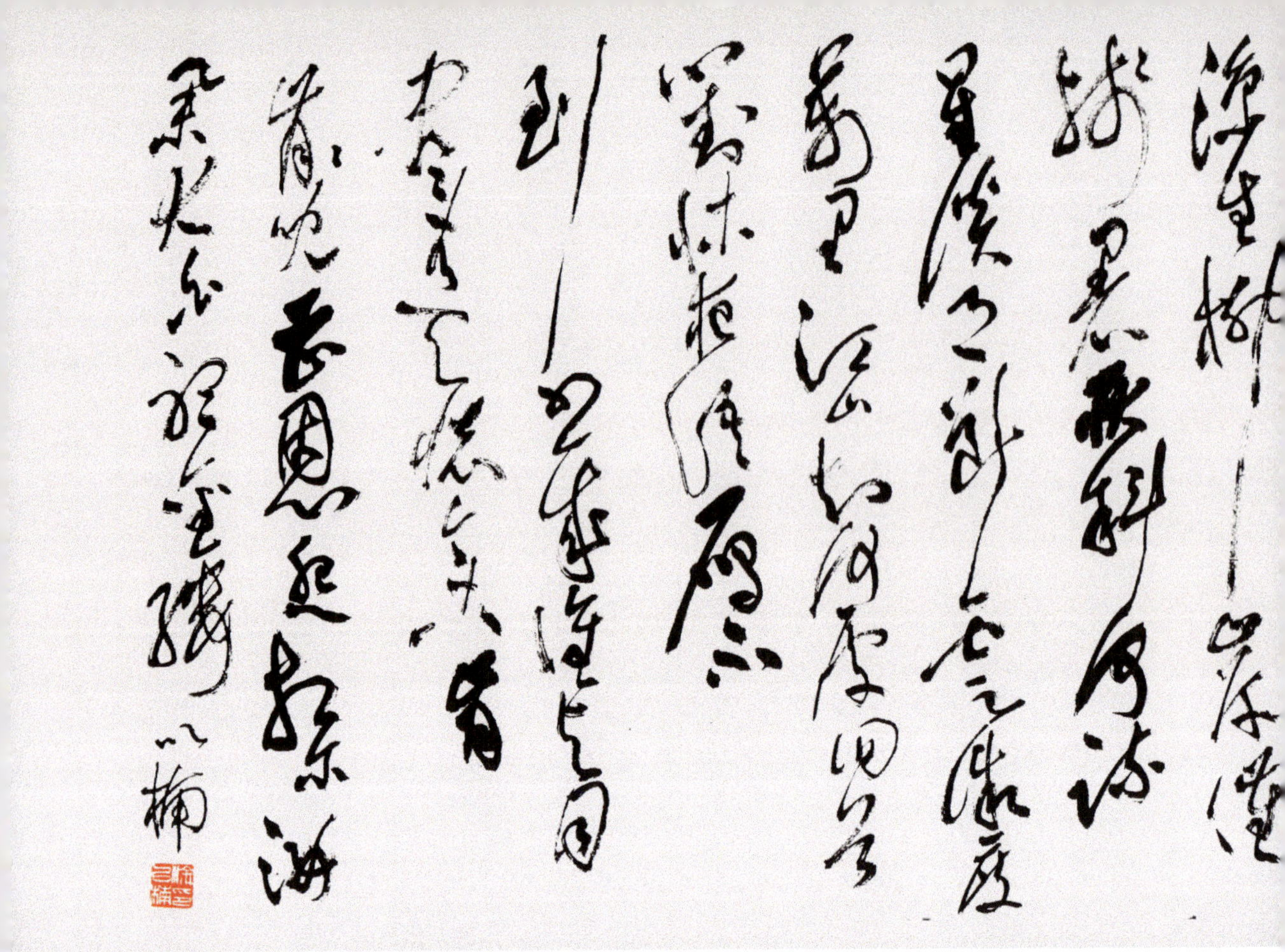

塗以楠書《賀新郎》

華音流韻

賀新郎　送胡邦衡待制赴新州[①]

［南宋］張元幹

夢繞神州路[②]。悵秋風、連營畫角，故宮離黍[③]。底事崑崙傾砥柱[④]，九地黃流亂注[⑤]。聚萬落、千村狐兔。天意從來高難問[⑥]，況人情、老易悲難訴。更南浦[⑦]，送君去。　涼生岸柳催殘暑。耿斜河[⑧]、疏星淡月，斷雲微度。萬里江山知何處。回首對牀夜語[⑨]。雁不到[⑩]、書成誰與。目盡青天懷今古，肯兒曹、恩怨相爾汝[⑪]。舉大白[⑫]，聽《金縷》[⑬]。

臨風賞讀

高宗紹興八年（1138），宰臣秦檜決策與金屈辱議和，朝廷內外，群情洶洶。時任樞密院編修官的胡銓憤然抗疏，

［註釋］

①胡銓字邦衡，號澹庵，廬陵（今江西吉安）人。新州，治所在今廣東新興。待制是朝廷顧問官，指編修。

②神州，古稱中國為赤縣神州，這裏指被金人佔據的中原地區，包括汴京，故下文稱「故宮」。

③離黍，《詩經・黍離》「彼黍離離」，寫周平王東遷後，西周故都一片荒涼，宗廟宮室舊址長滿禾黍。後世遂用以慨歎國土淪陷、故國殘破。離離，籽粒繁茂下垂的樣子。

④崑崙，即崑崙山。古人相信黃河源出崑崙山。砥柱，即砥柱山，在今河南陝縣東北黃河中。這裏喻指金兵猖狂入侵，北宋傾覆。

⑤九地，遍地。黃流亂注，黃河泛濫，洪水橫流。

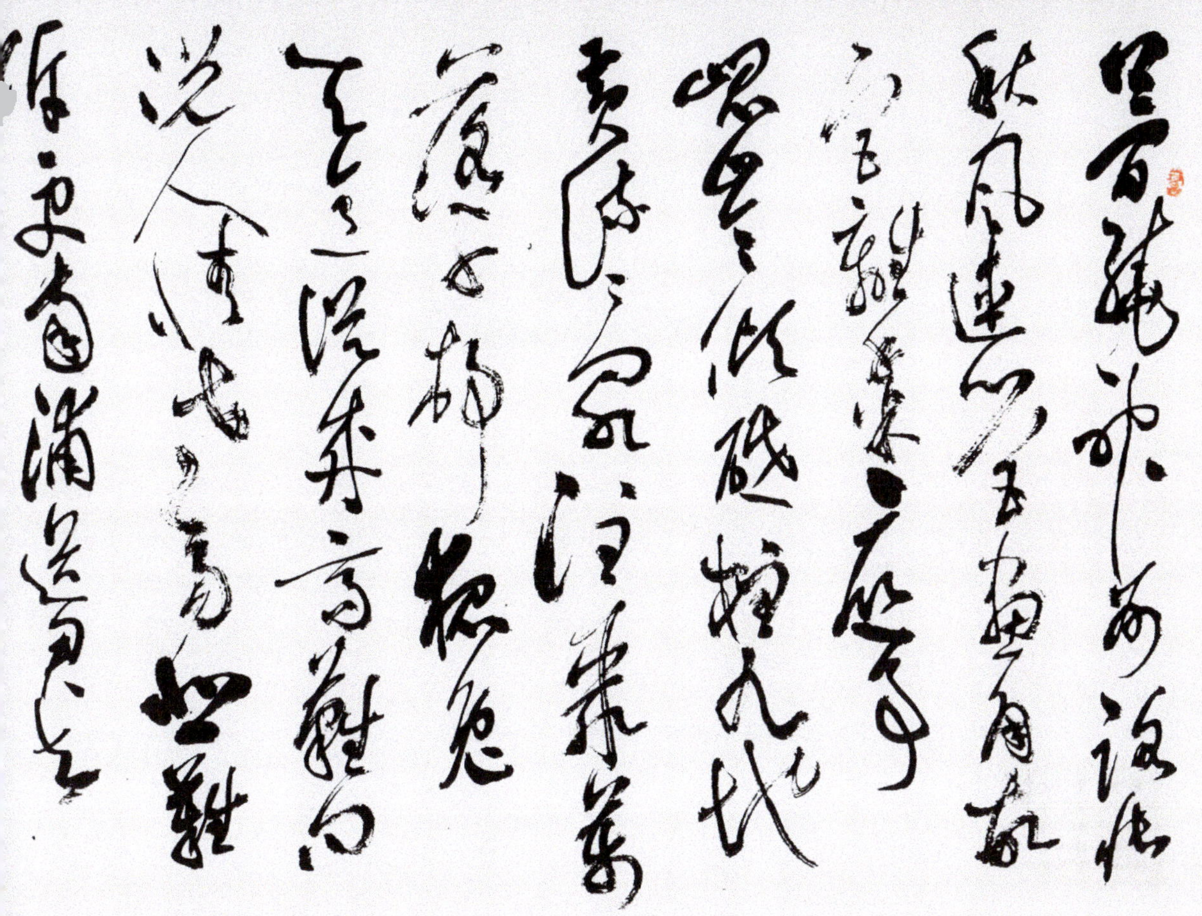

痛陳「此膝一屈，不可復伸；國勢陵夷，不可復振」，表示「義不與檜等共戴天」，請斬秦檜等三人頭以謝天下，並拘留金使，興師問罪。上書一經傳出，朝野震驚，金人亦聞之失色，連稱「南朝有人」，「中國不可輕」。秦檜銜恨入骨，以「狂妄凶悖，鼓眾劫持」的罪名將胡銓一貶再貶。十二年（1142），被謫為簽書威武軍（今福建福州）判官的胡銓再遭重遣，除名編管新州（今廣東新興）。一時士大夫箝口遠禍，唯獨罷居福州的張元幹激於義憤，不為所懼，毅然為胡銓置酒餞行，並作此詞慰勉。

詞為送別而作，但詞人開篇先宕開離情別緒，從夢遊中原、魂縈故國起筆，勾起兩位知己內心的沉痛。中原淪陷，如今景象如何？冥思成夢。夢中的中原，金秋之際，蕭蕭的秋風之中，敵虜軍營相望，號角淒厲之聲連綿不斷。故都汴京，已是禾黍離離，一片衰敗荒涼。此情此景，詞人觸目悵恨萬端，不禁怒對蒼天，發出摧肝裂膽的叱問：為何似崑崙

⑥「天意」句出自杜甫詩《暮春江陵送馬大卿公恩命追赴闕下》：「天意高難問，人情老易悲。」

⑦南浦，送別之地。江淹《別賦》：「送君南浦，傷如之何！」

⑧耿，明亮。斜河，天河，即銀河；銀河偏斜，又稱斜漢，表示夜已深。

⑨對牀夜語，兩人臥談至深夜，言友誼之深。白居易《雨中招張司業宿》：「能來同宿否，聽雨對牀眠。」

⑩雁不到，相傳雁能傳書，但北雁南飛止於衡陽回雁峰，而新州在衡陽之南，故云。

⑪肯，怎麼肯，表示反問的語氣。兒曹，小兒女輩。相爾汝，兩人講話時互相指着對方的樣子。韓愈《聽穎師彈琴》：「昵昵兒女語，恩怨相爾汝。」

⑫大白，酒杯。

⑬《金縷》，《金縷曲》，《賀新郎》詞調的別名，指本詞。

金佚名《平林霽色圖》。深秋的山川郊野，重巒疊嶂連綿起伏，江水浩瀚微茫，岸邊數人似是在目送即將遠逝的一葉扁舟。此圖筆墨蒼潤，意境深遠。美國波士頓藝術博物館藏

天柱般的黃河中流之砥柱，竟然崩潰，以致濁流泛濫，使中原人民遭受痛苦，使九州之土全成沉陸？又因何使衣冠禮樂的文明樂土，變成狐兔盤踞橫行之地！如此慘境究竟何因所致，何人之過？問而不答，乃因答案分明，不言即知，不能明言，故而筆鋒一轉——「天意從來高難問，況人情、老易悲難訴」，借杜甫的詩意來表達內心鬱積的悲憤。天意反覆無常，居心叵測，而忠貞之士報國無地，亦將老去，空留憾恨，悲憤難訴。這兩句實則以婉曲之筆，既對高宗苟且偷安、屈膝求和，坐使中原慘遭金兵鐵蹄蹂躪表示憤恨，又為胡銓抗金被貶憤鳴不平。這樣一氣寫來，大處着眼轉到今夜與胡銓送別，逼出「更南浦」兩句，痛惜一位忠貞愛國之士無辜見逐，孤身遠去。着一「更」字，表示更進一層的痛心和悲憤，並將感傷國事自然收束到送別的主題上來。

下片轉入對離情別緒的抒寫和對胡銓的慰勉。換頭四句緊扣上闋結尾送君「南浦」之意，寫送別的情景。時值初秋，江岸柳蔭下已有陣陣涼意，在驅趕着殘留的一絲暑熱。詞人江畔餞別，但見征帆既去，疏星淡月，銀河斜轉，天際偶爾飄過幾縷白雲。一片澹宕清肅之景，烘托的正是詞人此時悲

痛難抑的心境。

接下四句先從眼前的分別寫起，次憶舊情，復歎別後悲傷。萬里江山，新州何處？從此天各一方，鴻雁不到，書信難通，只能回憶昔日對牀夜話的情景，詞人更悲不自勝。但詞人沒有、也不願在離情別緒中消沉下去，於是詞鋒陡然一轉，令詞意昇華到一個豪壯昂揚的境界：極目青天，縱懷今古，有多少仁人志士報國無門，卻心志不灰？公與我胸中所關切者乃家國天下，豈有像小兒女一般計較個人的恩怨寵辱！既然如此，請滿飲此杯，聽我唱一曲《金縷》！如此一結，高唱入雲，一展英雄襟抱。可以想見，酒過數巡，胡銓將應着詞人吟唱的《金縷曲》的節拍，毅然擲杯而去……

這首詞賦別而作壯詞，將個人之間的友情置於民族危亡的大背景中來詠歎，在離愁別恨中充溢着憂念國事艱危的悲憤之情、忠義之氣，寫得極其慷慨悲涼、沉鬱頓挫，開創了《賀新郎》一調慷慨激昂的風格。數十年後的某個秋日，詞人楊冠卿乘船過吳江垂虹橋，見「旁有溪童，具能歌張仲宗『目盡青天』等句，音韻洪暢，聽之慨然」（《客亭類稿》卷十四），足見其恆久的思想魅力和藝術魅力。

鴻雁幾時到（唐杜甫《天末懷李白》句） 清濮森

古今彙評

蔡　戡：紹興議和，今端明胡公銓上書請劍，欲斬建議者，得罪權臣，竄謫嶺海，平生親黨，避嫌畏禍，惟恐去之不速。公作長短句送之，微而顯，哀而不傷，深得三百篇諷刺之義。（《蘆川居士詞序》）

四庫館臣：其詞慷慨悲涼，數百年後，尚想其抑塞磊落之氣。（《四庫全書總目提要》卷一百九十八）

劉熙載：張元幹仲宗因胡邦衡謫新州，作《賀新郎》送之，坐是除名，然身雖黜而義不可沒也。（《藝概》卷四）

周汝昌：張蘆川則有《賀新郎》之作，先以「曳杖危樓去」寄懷李綱，後以「夢繞神州路」送別胡銓，兩詞尤為忠憤悲慨，感人肺腑。（《千秋一寸心》）

吳熊和、蕭瑞峰：全詞以共吐心音起，以互致慰勉結；情景交融，一氣旋折；情辭慷慨，擲地有聲，堪稱正氣貫長虹、高義薄雲天的愛國絕唱。（《唐宋詞精選》）

劉逸生：張元幹這首《賀新郎》……在戰和兩派激烈搏鬥、而且投降派氣焰正兇之際，敢於舉起如椽之筆，突出描述了抗戰派正氣凜然的精神面貌和蔑視宵小的英雄氣概，真是金聲玉振，大長愛國者的威風。（《宋詞小箚》）

周篤文：全詞一氣貫注，既激憤又沉着，至今讀之，尚可想見其抑塞磊落的英氣。（《宋百家詞選》）

曳杖危樓去。斗垂天、滄波萬頃，月流煙渚。掃盡浮雲風不定，未放扁舟夜渡。宿雁落、寒蘆深處。悵望關河空弔影，正人間、鼻息鳴鼉鼓。誰伴我，醉中舞。　十年一夢揚州路。倚高寒、愁生故國，氣吞驕虜。要斬樓蘭三尺劍，遺恨琵琶舊語。謾暗澀、銅華塵土。喚取謫仙平章看，過苕溪、尚許垂綸否。風浩蕩，欲飛舉。—— 張元幹有兩首《賀新郎》被認為是壓卷之作：一為《送胡邦衡待制赴新州》，一為這首《寄李伯紀丞相》。李伯紀即李綱。紹興八年（1138），李綱在洪州（今江西南昌）上書反對與金議和，被落職家居。休官還鄉的張元幹作此詞，對李綱堅決主戰、反對議

十年一覺揚州夢　清林皋

和的行動表示敬仰和支持，並與李綱共勉決不退縮，繼續為收復故土而奮鬥。全詞悲涼慷慨，鬱怒勃發，忠義之氣溢於字裏行間。

詞人心史

張元幹（1091—1161）字仲宗，號蘆川居士、蘆川老隱、真隱山人，蘆川永福（今福建永泰嵩口鎮月洲村）人。政和初，為太學上舍生。宣和七年（1125），任陳留縣丞。靖康元年（1126），金兵圍汴，入李綱麾下，堅決抗金，力諫死守。李綱罷，亦遭貶逐。翌年五月，高宗即位，起用李綱為相，元幹任朝奉郎、將作少監。建炎三年（1129），授正議大夫，充撫諭使。紹興元年（1131），秦檜當權，元幹「不屑與奸佞同朝，飄然掛冠」（明毛晉《蘆川詞跋》），寓居福州。後因送胡銓詞及寄李綱詞被秦檜除名削籍。晚年漫遊江浙等地，客死他鄉，歸葬閩縣（今福建福州）之螺山。

在南宋初期詞壇，張元幹與張孝祥號稱「雙璧」。其詞風隨着時代的變化而改變，早年創作的詞多為流連光景、相思怨別之類，清麗婉轉；南渡以後感慨國事，一變為悲壯慷慨，豪邁剛健，風節凜然，為南宋愛國詞人的先聲，直接影響到後來辛棄疾、陸游的創作。有《蘆川歸來集》十卷、《蘆川詞》二卷，存詞一百八十餘首。

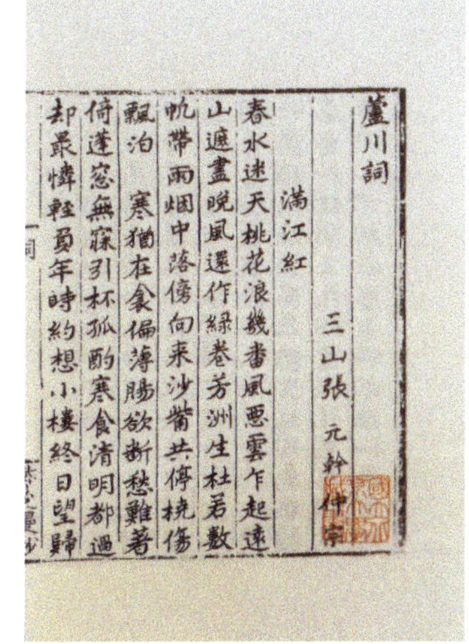
蘆川詞
三山張元幹仲宗
滿江紅
春水迷天，桃花浪、幾番風惡。雲乍起、遠山遮盡，晚風還作。綠卷芳洲生杜若，數帆帶雨烟中落。傷向來、沙觜共停橈，傷飄泊。寒猶在，衾偏薄。腸欲斷，愁難著。倚蓬窗無寐，引杯孤酌。寒食清明都過却，最憐輕負年時約。想小樓、終日望歸

明抄本張元幹《蘆川詞》（《宋元名家詞七十種》）書影

品題

少監張公，早歲問道於了齋先生，學詩於東湖居士（徐俯）……年未強仕，掛神武冠，徜徉泉石，浮湛詩酒。又喜作長短句，其憂國憂君之心，憤世嫉邪之氣，間寓於歌詠……公博覽群書，尤好韓集、杜詩，手之不釋，故文詞雄健，氣格豪邁，有唐人風。（蔡戡《定齋集》卷十三）

低吟／浩唱

賀新郎　夏景

［北宋］蘇軾

乳燕飛華屋。悄無人、桐陰轉午，晚涼新浴。手弄生綃白團扇，扇手一時似玉。漸困倚、孤眠清熟。簾外誰來推繡戶。枉教

宋佚名《桐蔭玩月圖》。遠空無垠，近處庭院深深，亭臺樓閣相連，兩株桐樹立於院中。一位優雅嫻靜的女子手持紈扇，亭亭玉立於臺階之上，望着階下小童玩耍，似思若慮。故宮博物院藏

人、夢斷瑤臺曲。又卻是，風敲竹。　石榴半吐紅巾蹙。待浮花浪蕊都盡，伴君幽獨。穠豔一枝細看取，芳心千重似束。又恐被、西風驚綠。若待得君來向此，花前對酒不忍觸。共粉淚，兩簌簌。

這首詞為《賀新郎》創調之作，傳為杭妓秀蘭而寫（見宋胡仔《苕溪漁隱叢話》後集卷三十九引《古今詞話》），又云為侍妾榴花而作（見宋陳鴻《耆舊續聞》卷二），皆不足憑信。據考證，當是紹聖二年（1095）或三年在惠州貶所為愛妾朝雲而賦。上闋寫朝雲所居之幽僻清冷環境和孤高絕塵的形象，透露出她內心一種無可奈何的寂寥；下闋掉轉筆鋒，專詠穠豔獨芳的榴花，以比況朝雲那顆堅貞不渝的芳心，寫出她似若有情、愁心難展的情態。全篇出以比興，花、人合一，讀來婉曲纏綿，尋味不盡。或謂此首另有寄託，胡仔就說「此詞冠絕古今，託意高遠，寧為一娼而發邪？」（《苕溪漁隱叢話》後集卷三十九），近人亦多認為此詞寄託個人懷才不遇之感、孤高失時之悲，實未必盡然。

賀新郎　春情

［南宋］李玉

篆縷銷金鼎。醉沉沉、庭陰轉午，畫堂人靜。芳草王孫知何處，惟有楊花糝徑。漸玉枕、騰騰春醒。簾外殘紅春已透，鎮無聊、殢酒厭厭病。雲鬢亂，未忺整。　江南舊事休重省。遍天涯、尋消問息，斷鴻難倩。月滿西樓憑闌久，依舊歸期未定。又只恐、瓶沉金井。嘶騎不來銀燭暗，枉教人、立盡梧桐影。誰伴我，對鸞鏡。

篆縷，香煙嫋嫋上升如線，有時繚繞如篆字。

瓶沉金井，指徹底斷絕，希望破滅。瓶，汲水之器。金井，飾有雕欄的井。

鸞鏡，妝鏡。

李玉，生平事跡未詳。存詞僅此一首。

這首詞寫一位善良溫柔而又多情的女子對遠方離人的思念。上片寫女子念春去而遊子未歸，長日情思無聊，故纏綿於酒，借以消愁。下片寫遊子消息杳然，女子深恐兩情斷絕，茫然望月待歸。全詞起寫靜境，結寫淒情，情景相依，首尾照應，風情耿耿。黃蘇謂「情詞旖旎，風骨珊珊，幽秀中自饒雋旨」（《蓼園詞選》）。陳廷焯亦謂「此詞綺麗風華，情韻並盛，允推名作」（《雲韶集輯評》卷四）。

賀新郎

［南宋］辛棄疾

邑中園亭，僕皆為賦此詞。一日，獨坐停雲，水聲山色，競來相娛。意溪山欲援例者，遂作數語，庶幾仿佛淵明思親友之意云。

甚矣吾衰矣。悵平生、交遊零落，只今餘幾。白髮空垂三千丈，一笑人間萬事。問何物、能令公喜。我見青山多嫵媚，料青山、見我應如是。情與貌，略相似。　一尊搔首東窗裏。想淵明、《停雲》詩就，此時風味。江左沉酣求名者，豈識濁醪妙理。回首叫、雲飛風起。不恨古人吾不見，恨古人、不見吾狂耳。知我者，二三子。

這首詞約作於慶元四年（1198）左右，其時詞人被投閑置散已四年。他於江西鉛山期思渡瓢泉旁築新居，這首詞即仿陶淵明《停雲》「思親友」之意，為新居之「停雲堂」題寫。上片起筆劈空一聲浩然長歎，用孔子語揭出歲月流馳、其道不行的痛苦，繼而慨歎人間知音寥落，身心俱衰，萬事成空，在百無聊賴中卻喜被青山引為知音，與青山形神相合，心志相契，聊慰孤寂。下片轉寫飲酒心境，以陶淵明自況，仰慕其亮節高風，鄙夷塵世汲汲於名利之徒。「不恨」兩句點化南朝張融成句，加一「狂」字，氣勢拏雲，表面上張揚自己那種睥睨一世、淩轢千古的狂憤之態，骨子裏更透出同道無多、知音恨少、志不得遂的深刻悲哀。結拍由急而緩，呼應上片「只今餘幾」，以尚有二三知音自慰，緊扣「思親友」之題旨。

賀新郎　別茂嘉十二弟

［南宋］辛棄疾

綠樹聽鵜鴂。更那堪、鷓鴣聲住，杜鵑聲切。啼到春歸無尋處，苦恨芳菲都歇。算未抵、人間離別。馬上琵琶關塞黑，更長

我見青山多嫵媚，料青山、見我應如是　水月齋藏印

鵜鴂，鳥名，又作「鶗鴂」，即杜鵑，與鷓鴣啼聲皆悲。古人或以為他鳥。

「馬上」句用王昭君出塞遠嫁匈奴的典故。

「更長門」句用漢武帝陳皇后失寵，廢居長門宮的典故。

「看燕燕」二句語出《詩經．燕燕》，相傳為春秋時莊姜送別莊公妾戴媯而作。

「將軍」二句，用漢李陵與蘇武相別的故事。

「易水」三句，用戰國時燕太子丹在易水邊送荊軻入秦行刺秦王政的故事。

宋陳居中《蘇李別意圖》(局部)，畫荒澤中蘇武與李陵執手相對，不勝哀戚。蘇武、李陵皆着漢服，尚有數位蕃服人物。景物蕭瑟與人物愁慘的表情相呼應。臺北「故宮博物院」藏

門、翠輦辭金闕。看燕燕，送歸妾。　將軍百戰身名裂。向河梁、回頭萬里，故人長絕。易水蕭蕭西風冷，滿座衣冠似雪。正壯士、悲歌未徹。啼鳥還知如許恨，料不啼、清淚長啼血。誰共我，醉明月。

垂虹亭，在江蘇吳江垂虹橋上，因橋得名。蘇軾曾偕詞人張先等在亭上置酒吟詠。

劉仙倫，生卒年不詳，字叔儗，號招山，廬陵（今江西吉安）人。與劉過齊名，時稱廬陵二布衣。其詞以清暢自然見長。岳珂《桯史》卷六謂其「才豪甚，其詩往往不肯入格律」。有《招山小集》一卷。趙萬里《校輯宋金元人詞》輯為《招山樂章》一卷。

這首詞當作於紹熙五年（1194）至嘉泰二年（1202）詞人閑居鉛山瓢泉時。其族弟茂嘉貶官桂林，聯想自己故國難歸，遭際蹭蹬，遂借他人酒杯，澆自家胸中塊壘，作此詞遣懷。首尾以啼鳥相呼應，描寫暮春淒厲暮色，中間引述「昭君出塞」「陳皇后辭宮」「莊姜送妾」「蘇、李握別」「荊卿去國」五個美人恨別和英雄壯別的歷史典故，繪出一組恨意滿紙、怨氣盈幅的離別圖，含蓄蘊藉中流露出多少山河破碎的沉痛，多少壯志難酬的悲憤。全詞大開大合，筆勢沉鬱，氣魄雄渾，大有「壯士拂劍，浩然彌哀」之概。徐士俊謂「此篇字字霜辛露酸，煙漬霧漿，尤難為懷」（《古今詞統》卷十六）。無怪陳廷焯謂「稼軒詞自以《賀新郎》一篇為冠，沉鬱蒼涼，跳躍動盪，古今無此筆力」（《白雨齋詞話》卷一）；王國維更推崇其「章法絕妙，且語語有境界，此能品而幾於神者」（《人間詞話》）。

宋佚名《長橋臥波圖》，繪朱欄規整、遙跨兩岸的臥波長橋，近橋處樹木枝葉扶疏，古塔、屋宇掩映其間。湖面水波粼粼，舟船點點。遠方雲霧中露出銀裝素裹的山峰，分外妖嬈。據說可能是垂虹橋最早的畫影。全圖用筆精工，設色淡雅，構圖空闊浩渺，意境深遠。故宮博物院藏

賀新郎　題吳江

［南宋］劉仙倫

重喚松江渡。歎垂虹亭下，銷磨幾番今古。依舊四橋風景在，為問坡仙甚處。但遺愛、沙邊鷗鷺。天水相連蒼茫外，更碧雲、去盡山無數。潮正落，日還暮。　十年到此長凝佇。恨無人、與共秋風，鱠絲蓴縷。小轉朱弦彈九奏，擬致湘妃伴侶。俄皓月、飛來煙渚。恍若乘槎河漢上，怕客星、犯斗蛟龍怒。歌欸乃，過江去。

詞人臨江喊渡，思接今古，視通河漢，將眼前靈氣飛動的畫面描摹成這首上乘之作。上片寫詞人松江欲渡，發懷古之幽情；下片借古人寫世無知音，進入奇異的想象，委婉地表達了隱居僻壤、無以為伴的孤寂心境。最後以高歌過江作結，將江流、碧空、群山、皓月、煙渚，連同詞人的浩歎都付與這欸乃一曲，餘韻悠長，耐人尋味。

賀新郎

[南宋] 盧祖皋

彭傳師於吳江三高堂之前作釣雪亭，蓋擅漁人之窟宅以供詩境也，趙子野約余賦之。

挽住風前柳，問鴟夷、當日扁舟，近曾來否。月落潮生無限事，零落茶煙未久。謾留得、蓴鱸依舊。可是功名從來誤，撫荒祠、誰繼風流後。今古恨，一搔首。　江涵雁影梅花瘦，四無塵、雪飛雲起，夜窗如晝。萬里乾坤清絕處，付與漁翁釣叟。又恰是、題詩時候。猛拍闌干呼鷗鷺，道他年、我亦垂綸手。飛過我，共樽酒。

嘉泰二年（1202），吳江縣尉彭傳師於三高堂之前建釣雪亭。時詞人任主簿，於是應友人趙子野之約以詞賦之。上片懷想范蠡、張翰、陸龜蒙三位先賢，慨歎古今多少人為蝸角功名所誤；下片轉詠釣雪亭江天夜雪的情景，由景入情，表明自己如前賢一樣隱居垂釣的衷心誓願。全詞意境清新、優美，語言雋麗，有情景交融、神餘言外之妙。

三高堂，位於吳江南岸雪灘，建於宋初，祀奉着春秋越國范蠡、西晉張翰、唐陸龜蒙三賢。

相傳范蠡歸隱後，自稱鴟夷子皮，泛舟於太湖之上。

陸龜蒙自號天隨子，隱居在松江上的村墟甫裏，平時以筆牀茶灶自隨，不染塵氛。

張翰，字季鷹，吳江人。《晉書》卷九十二：「翰因見秋風起，乃思吳中菰菜、蓴羹、鱸魚膾，曰：『人生貴得適志，何能羈宦數千里以要名爵乎！』遂命駕而歸。」

賀新郎　九日

[南宋] 劉克莊

湛湛長空黑。更那堪、斜風細雨，亂愁如織。老眼平生空四海，賴有高樓百尺。看浩盪、千崖秋色。白髮書生神州淚，盡淒涼、不向牛山滴。追往事，去無跡。　少年自負淩雲筆。到而今、春華落盡，滿懷蕭瑟。常恨世人新意少，愛說南朝狂客。把破帽、年年拈出。若對黃花孤負酒，怕黃花、也笑人岑寂。鴻北去，日西匿。

這是一首重陽節登高抒懷之作，用淒涼的景色襯托淒涼的心情，寄寓詞人憂慮國事，痛心神州陸沉、英雄失路的悲憤之情，也表達了對世人因循守舊、只想效法魏晉名士風流，不顧國家多難的尖銳諷刺。起結俱用景語，實為南宋末年艱危時世寫照。全篇寫景寓情，敘事感懷，議論風發，感慨蒼涼，鬱勃頓挫，讀來令人感憤歎惋。陳廷焯評此詞云：「悲而壯。南宋有此將才、如此官方、如此士氣，而卒不能恢復者，誰之過耶？」（《詞則・放歌集》卷二）

湛湛，深濃，深沉。

高樓百尺，漢末許汜有國士之名而只求田問舍，不憂國事，劉備輕之，有「欲臥百尺樓上，臥君於地」（《三國志》卷七）之語。

牛山，在今山東臨淄南。春秋時齊景公登牛山，感歎人生有死，傷心下淚。

淩雲筆，語出《史記》卷一百一十七：「相如既奏《大人之頌》，天子大說，飄飄有淩雲之氣，似遊天地之間意。」

南朝狂客，指晉人孟嘉，於九月九日隨桓溫遊龍山，風吹帽落，他渾然不覺。桓溫命人作文嘲嘉，嘉亦取筆作答，文辭超卓，四座極歎服。

賀新郎　兵後寓吳

［南宋］蔣捷

深閣簾垂繡。記家人、軟語燈邊，笑渦紅透。萬疊城頭哀怨角，吹落霜花滿袖。影廝伴、東奔西走。望斷鄉關知何處，羨寒鴉、到著黃昏後。一點點，歸楊柳。　相看只有山如舊。歎浮雲、本是無心，也成蒼狗。明日枯荷包冷飯，又過前頭小阜。趁未發、且嘗村酒。醉探枵囊毛錐在，問鄰翁、要寫《牛經》否。翁不應，但搖手。

浮雲、蒼狗，比喻世事變幻無常。

這首詞為宋亡國後詞人漂泊東南、流寓蘇州時所作。詞中運用對比手法，選取具體的生活細節，將昔日家庭生活的溫馨與今日顛沛流離無家可歸的境況作了形象鮮明的對照，真切而深刻地寫出了詞人漂泊孤凄之感和亡國之痛。全詞風格蕭疏淒清，悲涼峭勁，筆致十分細膩，那「枯荷包冷飯」的困頓情景，那問鄰翁時心懷惴惴和翁擺手時的失望神態，再現出一位甘心棲惶落拓卻不肯屈節仕元的士大夫的生動形象。

古劍花生鏽。憶當初、仰天長歎，風尖石透。幾疊哀笳吹白露，化作清霜滿袖。喚一緉、芒鞋同走。入夜欲投何處宿，見半彎、月上三更後，剛掛住，駝腰柳。　隔溪魚網懸如舊。渡前村、叩門不應，狺狺多狗。積得陳年零落夢，搬出胸中堆阜。要澆也、不須杯酒。老大無人堪借問，照澄潭、吾舌猶存否。窺白髮，自搖手。—— 明今釋（金堡）《賀新郎 · 感舊次竹山兵後寓吳韻》生動傳神地表達詞人明亡後不願做逆子貳臣、自甘落寞孤寂的生活，與蔣捷詞同樣苦澀沉痛。

賀新涼　遊西湖有感

［南宋］文及翁

一勺西湖水。渡江來、百年歌舞，百年酣醉。回首洛陽花石盡，煙渺黍離之地。更不復、新亭墮淚。簇樂紅妝搖畫舫，問中流、擊楫誰人是。千古恨，幾時洗。　余生自負澄清志。更有誰、磻溪未遇，傅巖未起。國事如今誰倚仗，衣帶一江而已。便都道、江神堪恃。借問孤山林處士，但掉頭、笑指梅花蕊。天下事，可知

徽宗趙佶為建造壽山艮嶽，派朱勔到江南收取奇花異石，勞民傷財，直接引發方臘起義，最後，金終滅北宋，故都淪陷。

新亭又名勞勞亭，建於三國吳時，在今江蘇南京市南。劉義慶《世說新語 · 言語第二》：「過江諸人，每至美日，輒相邀新亭，藉卉飲宴。周侯（周顗）中坐而歎曰：『風景不殊，舉目有河山之異。』皆相視流淚。惟王丞相（王導）愀然變色曰：『當共戮力王室，克復神州，何至作楚囚相對！』」

澄清志，語出《後漢書》卷六十七：「（范）滂登車攬轡，慨然有澄清天下之志。」

姜尚隱居磻溪垂釣，周文王用為輔佐之臣，佐武王滅商。傅說在傅巖築牆，殷高宗用為大臣，天下大治。

林處士，指北宋林逋，隱居西湖孤山三十年，養鶴種梅。

矣。

詞人登第後集遊西湖，一同年戲問：「西蜀有此景否？」詞人不勝感慨，賦此詞以答，借以抒填膺之忠憤，發警世之浩歎。上片由西湖遊樂興感，引出縱論國事，憤激於當權者耽於佚樂，縱情聲色於水光山色之中，不圖恢復，禁不住迸發出「千古恨，幾時洗」這樣幾於目眥盡裂的悲憤呼聲。下片轉寫自己和其他有志之士不遇於時、不被重用的憤懣，並對顢頇昏聵的朝廷當政者和以不恤國事為清高的士大夫進行無情嘲諷。最後在極度悲憤之中，發出一聲無可奈何的浩歎，令人讀之扼腕。全詞酣暢恣肆，顯示了辛派詞人「以文為詞」、議論風生、壯懷激烈的豪放特色。

文及翁字時學，號本心，綿州（今四川綿陽）人。寶祐進士。官至資政殿學士、簽書樞密院事。元兵將至，棄官遁去。入元，累徵不起。

賀新郎　病中有感

［清］吳偉業

萬事催華髮。論龔生、天年竟夭，高名難沒。吾病難將醫藥治，耿耿胸中熱血。待灑向、西風殘月。剖卻心肝今置地，問華佗、解我腸千結。追往恨，倍淒咽。　故人慷慨多奇節。為當年、沉吟不斷，草間茍活。艾灸眉頭瓜噴鼻，今日須難決絕。早患苦、重來千疊。脫屣妻孥非易事，竟一錢不值何須說。人間事，幾完缺。

這首詞作於順治十一年（1654）。就在上一年，詞人「牽戀骨肉，逡巡失身」，被迫應召仕清，以致鑄成「萬古慚愧」。詞的上片與古之完人對照，下片與「慷慨多奇節」的故人對照，在對照中對自己髡髮降志仕清之舉進行了深刻懺悔和無情的自我解剖，悲慨萬端，悔痛無限，將清初貳臣備受煎熬的心態表現得淋漓盡致，無疑是一首自贖靈魂的真摯纏綿的悲歌，讀之令人心折。謝章鋌謂此詞「不作一毫矯飾，足見此老良心。遭逢不幸，讀之鼻涕下一尺。……此詞關係於梅村大矣」（《賭棋山莊詞話》卷八）。陳廷焯亦謂此詞「悲感萬端，自怨自艾，千載下讀其詞，思其人，悲其遇，固與牧齋（錢謙益）不同，亦與芝麓（龔鼎孳）輩有別」（《白雨齋詞話》卷三）。

龔生，指西漢末光祿大夫龔勝。王莽篡國，徵勝為上卿，勝不受，絕食死，年七十九。

故人，偉業朋友，明亡時抗清慷慨死節者，如陳子龍、楊文驄等皆是。

「草間茍活」源於《世說新語》劉峻註引《晉陽秋》。

艾灸眉頭瓜噴鼻，古醫學上治療病人的兩種方法。

脫屣，喻輕易拋棄。屣，鞋。妻孥，妻和子。

吳偉業《梅村集》（《賀新郎》）書影

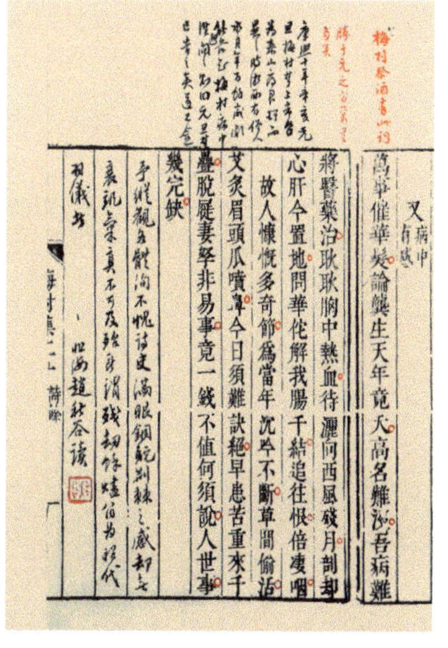

又 病中有感

萬事催華髮論龔生天年竟夭高名難沒吾病難將醫藥治耿耿胸中熱血待灑向西風殘月剖却心肝今置地問華佗解我腸千結追往恨倍淒咽 故人慷慨多奇節為當年沉吟不斷草間偷活艾灸眉頭瓜噴鼻今日須難訣絕早患苦重來千疊脫屣妻孥非易事竟一錢不值何須說人世事幾完缺

金縷曲　贈梁汾

［清］納蘭性德

德也狂生耳。偶然間、緇塵京國，烏衣門第。有酒惟澆趙州土，誰會成生此意。不信道、竟成知己。青眼高歌俱未老，向尊前、拭盡英雄淚。君不見，月如水。　共君此夜須沉醉。且由他、蛾眉謠諑，古今同忌。身世悠悠何足問，冷笑置之而已。尋思起、從頭翻悔。一日心期千劫在，後身緣、恐結他生裏。然諾重，君須記。

清代詞壇許多詞人競相用《金縷曲》這一詞牌填詞，如陳維崧一生竟寫了《金縷曲》幾百首。而在清代眾多的《金縷曲》中，納蘭性德的這一首抒寫友情率真無飾，最為膾炙人口。全篇披肝瀝膽，筆勢馳驟，顯得既酣暢，又深沉；既慷慨淋漓，又耐人尋味，讀來五內沸騰，神搖魄盪，感覺到詞人字字句句，出自肺腑，至為令人驚絕。徐釚說此詞「詞旨嶔崎磊落，不啻坡老稼軒。都下競相傳寫，於是教坊歌曲間，無不知有《側帽詞》者」（《詞苑談叢》卷五）。

梁汾，顧貞觀字華峰，號梁汾，江蘇無錫人。

緇塵，風塵。京國，京城。

烏衣門第，東晉時王導、謝安等名門望族居住烏衣巷（今江蘇南京市內），後以「烏衣」借指高門貴族之家。

有酒二句，李賀《浩歌》：「買絲繡作平原君，有酒唯澆趙州土。」平原君好養士，死後雖未葬趙州，但他是趙國公子，又是趙相，故稱他的墓為「趙州土」。

成生，納蘭自指。以納蘭原名成德、成容若，故云。

青眼二句，晉阮籍為人能青白眼，見禮俗之人為白眼，見高人雅士、與己意氣相投者則為青眼。見《晉書》卷四十九。

劫，佛家語，謂天地一成一毀為一劫。

賀新郎　纖夫詞

［清］陳維崧

戰艦排江口。正天邊、真王拜印，蛟螭蟠鈕。征發棹船郎十萬，列郡風馳雨驟。歎閭左、騷然雞狗。里正前團催後保，盡累累、鎖繫空倉後。捽頭去，敢搖手。　稻花恰稱霜天秀。有丁男、臨岐訣絕，草間病婦。此去三江牽百丈，雪浪排檣夜吼。背耐得、土牛鞭否。好倚後園楓樹下，向叢祠、亟倩巫澆酒。神祐我，歸田畝。

真王拜印，指吳三桂自立反清事。天邊，指雲南。真王，語出《史記》卷九十二：韓信平齊，欲稱王，借口齊人詭詐，請為「假王」以鎮服。劉邦謂：「大丈夫定諸侯，即為真王可耳，何以假為？」吳三桂降清後初封平西王，後進親王，舉兵反清，自號「周王」「天下都招討兵馬大元帥」。

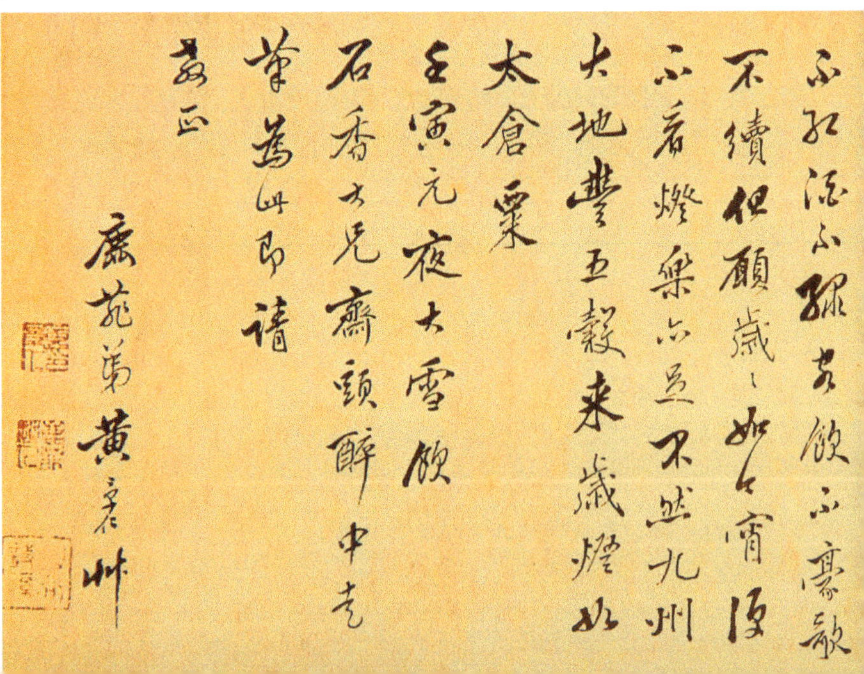

康熙十三年（1674）秋，吳三桂軍隊佔領長沙、岳州後，正沿長江向江西推進。清八旗兵不諳水性，於是急需練水師，在江南抽丁以充棹舟、拉縴諸役，造成百姓妻離子散、丁壯流失、田園廢耕。這首詞反映的就是清兵徵發民夫替戰船拉縴給沿江人民帶來的深重苦難。下片暗效杜甫《三吏》《三別》的神理，徑直寫丁男與病婦的生離死別，以縴夫夫婦話別的對語作結，如泣如訴，催人淚下。全篇想象奇詭，筆力深沉峻拔，風格蒼勁豪放。

賀新郎

[清] 黃景仁

太白墓，和稚存韻。

何事催人老。是幾處、殘山剩水，閑憑閑弔。此是青蓮埋骨地，宅近謝家之朓。總一樣、文人宿草。只為先生名在上，問青天、有句何能好。打一幅，思君稿。　夢中昨夜逢君笑。把千年、蓬萊清淺，舊遊相告。更問後來誰似我，我道才如君少。有亦是，寒郊瘦島。語罷看君長揖去，頓身輕、一葉如飛鳥。殘夢醒，雞鳴了。

乾隆三十六年（1771），詞人與洪亮吉（字稚存）被安徽學政朱筠延於幕中。是年兩人同遊太白墓，亮吉作《金鏤曲·清風亭夢李白》，詞人最服膺李白，乃步韻和之。上闋實寫在宿草萋萋的太白墓前憑弔，在憤憤於李白命運的同時，極力讚譽這位謫仙人的偉

搔首對西風　黃景仁

黃景仁自書詩卷

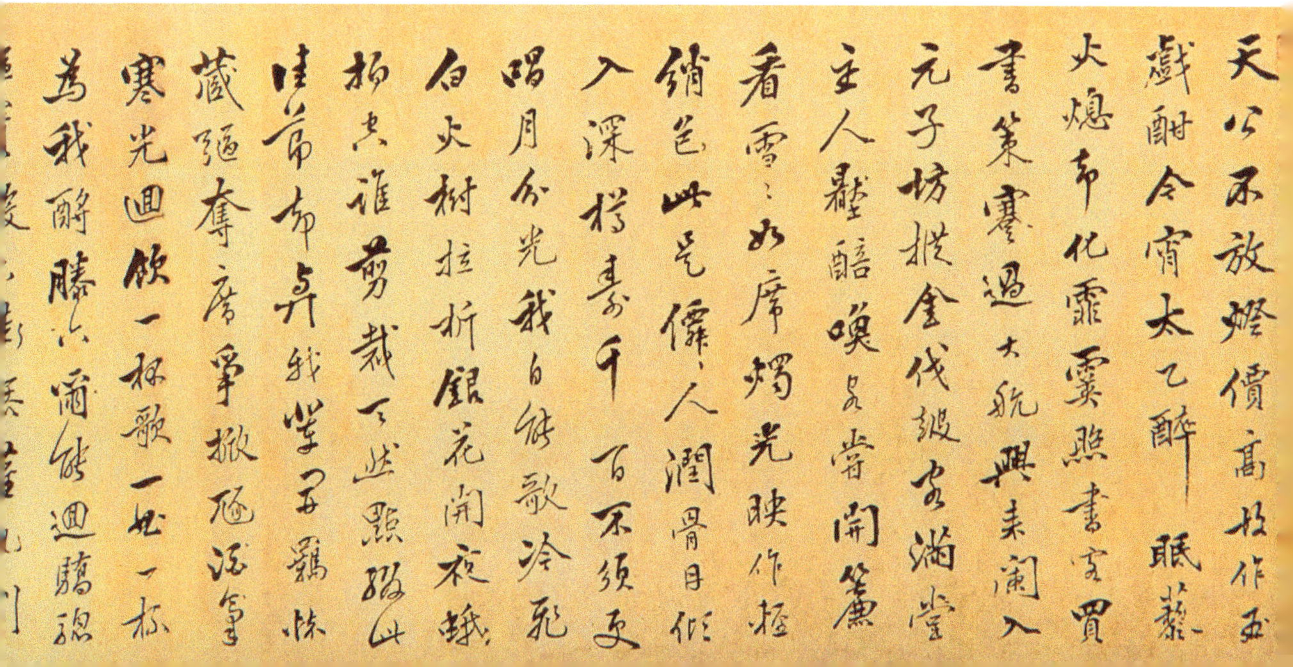

鄭燮《衙齋聽竹圖》，約作於乾隆十一（1746）或十二年知濰縣任上。其時，山東大澇、大疫，濰縣尤烈，餓殍遍野。畫面繪四株濃淡相宜、疏密有致的修竹。右下角自題詩曰：「衙齋臥聽蕭蕭竹，疑是民間疾苦聲；些小吾曹州縣吏，一枝一葉總關情。」心繫民瘼之情溢於言表。

大藝術成就。下闋寫夢中與李白相遇的情景和對話，表達他對李白的殷殷思念、景仰之深情，想象奇特，饒有風趣。全詞豪雋奇逸，靈動多姿。

賀新郎　贈王一姐

［清］鄭燮

竹馬相過日。還記汝、雲鬟覆頸，胭脂點額。阿母扶攜翁負背，幻作兒郎妝飾。小則小、寸心憐惜。放學歸來猶未晚，向紅樓、存問春消息。問我索，畫眉筆。　廿年湖海長為客。都付與、風吹夢杳，雨荒雲隔。今日重逢深院裏，一種溫存猶昔。添多少、周旋形跡。回首當年嬌小態，但片言、微忤容顏赤。只此意，最難得。

這首情詞是贈給少年時代兩小無猜的伴侶王一姐的。上片回憶孩提時代兩人交往中充滿純真稚趣的種種情態和細節，白描勾勒，神情畢現，趣味悠長；下片側重寫久別的悵惘和重逢時的溫馨，及對人世滄桑、真情被壓抑的感慨。結末看似輕松，細品之下，卻倍覺人生多變的苦澀。全詞自然揮灑，情思真摯，全無雕飾作態。陳廷焯謂此詞「意芊婉，而語俊爽，是板橋本色」（《詞則輯評．閑情集》卷六）。

參讀

深情似海，問相逢初度，是何年紀。依約而今還記取，不是前生夙世。放學花前，題詩石上，春水園亭裏。逢君一笑，世間無此歡喜。（乃十二歲時情事。）　無奈蒼狗看雲，紅羊數劫，惘惘休提起。客氣漸多真意少，汩沒心靈何已。千古聲名，百年擔負，事事違初意。心頭閣住，兒時那種情味。—— 龔自珍《百字令．投袁大琴南》為贈少年同學袁桐之作，天趣盪漾，真情流動，自有別一種感人的魅力。

吳藻（1799—1862）字蘋香，自號玉岑子，原籍安徽黟縣，父業商，僑居仁和（今浙江杭州）。嫁同邑黃姓商人，常鬱鬱不歡。陳文述弟子，嘉道間頗著詞名，又精繪事。其詞豪宕悲慨。著有《花簾詞》《香南雪北詞》。

金縷曲

［清］吳藻

悶欲呼天說。問蒼蒼、生人在世，忍偏磨滅。從古難消豪士氣，也只書空咄咄。正自檢、斷腸詩閱。看到傷心翻失笑，笑公然、愁是吾家物。都並入，筆端結。　英雄兒女原無別。歎千秋、收場一例，淚皆成血。待把柔情輕放下，不唱柳邊風月。且整頓、銅琶鐵鈸。讀罷《離騷》還酌酒，向大江東去歌殘闋。聲早遏，碧雲裂。

作為一位閨閣詞人，吳藻以纖纖之手，振筆高唱，寫下了這首豪氣逼人、驚天動地之作。詞的上片詰問蒼天，憤慨天道不公，古往今來埋沒了多少英才，磨滅了多少志士。既然「豪士」難遂心願，也只有咄咄書空，徒喚奈何，女子又何必一定要將「愁」視為「吾家物」，沒完沒了地形諸筆端。過片承上進一層抒憤，在黑暗的現實社會，英雄豪傑之士與癡兒呆女一般，一例以悲劇收場，血淚難分。既如此，倒不如收起女兒家的柔腸，酌酒悲歌，將一腔悲鬱苦恨化為遏行雲、裂金石之聲。全詞激盪着一股強烈的抑鬱不平之氣，如黃鐘大呂慷慨激昂，英氣豪邁，直追蘇辛豪宕之作。

清顧韶《飲酒讀騷圖》(道光六年，1826，《喬影》，實為吳藻寫照)

金縷曲　聞軍中觱栗聲感賦

［清］張爾田

何處霜笳徹。望高秋、氈廬四野，繡旗明滅。搖動星河三峽影，壞壘烏頭如雪。聽一陣、嗚嗚咽咽。馬上誰攜葡萄酒，伴將軍、醉臥沙場月。冰墮指，淚流血。　男兒到此肝腸裂。擁殘燈、吳鈎笑看，夢魂飛越。日暮金微移營去，白羽千軍催發。更幾點、遙天鴻沒。駐馬蓬萊傳烽小，正咸陽、橋上人初別。清夜起，唾壺缺。

觱栗，即觱篥，古樂器，以竹為管，以蘆為首，狀似胡笳。

笳，即笳。

金微，古山名，即今阿爾泰山。

這首詞作於光緒二十七年（1901）秋。是年七月二十五日，清與英、美、日、俄、法等十一國公使簽訂《辛丑條約》。八月二十四日，慈禧太后與光緒帝自西安返回北京。詞人蓋初聞車駕發自西安之訊，寫作這首詞。全篇對帝后西逃充滿悲憤。錢仲聯謂此詞「悲歌慷慨，響遏行雲，與朱祖謀在庚子、辛丑所作各長調，同為一代詞史」(《清詞三百首》)。

李叔同像

金縷曲

［清］李叔同

被髮佯狂走。莽中原、暮鴉啼徹，幾枝衰柳。破碎河山誰收拾，零落西風依舊。便惹得、離人消瘦。行矣臨流重太息，說相

李叔同（1880—1942）字息霜，號叔同，天津人。曾留學日本，後剃度為僧，號弘一。詩、詞、戲劇、音樂俱工妙。其詞兼擅豪壯與纏綿兩種風格。

八大山人《山水》

思、刻骨雙紅豆。愁黯黯，濃於酒。　漾情不斷淞波溜。恨年年、絮飄萍泊，遮難回首。二十文章驚海內，畢竟空談何有。聽匣底、蒼龍狂吼。長夜淒風眠不得，度群生、哪惜心肝剖。是祖國，忍孤負。

光緒三十一年（1905），詞人母氏王太夫人去世，令他哀痛不已，兼之國事維艱，列強肆虐，民不聊生，他決意去日本求學，尋求強國之道。這首詞即寫於去國赴日之際，直為「留別祖國」而作。上片寫去國之憂，一腔幽憤鬱抑之氣噴薄而出。下片抒報國之志，披心瀝血，氣壯山河。錢仲聯謂此詞「通篇於慷慨中交錯着淒抑」（《清詞三百首》），讀來慷慨悲抑，盪氣迴腸。

金縷曲　題八大山人《松壑圖》

［近代］廖仲愷

未合丹青老。劇憐他、銅駝飲泣，畫才徒抱。丘壑移來抒胸臆，錯節盤根寫照。想握筆、愁腸縈繞。國破家亡餘墨淚，灑淋漓、欲奪天工巧。縑尺幅，碧紗罩。　繁華歇盡何須弔。且由他、嫣紅姹紫，一春收了。地老天荒渾不管，空谷蒼松獨嘯。經幾度、風狂霜峭。如此江山歸寂寞，漫題名、似哭還同笑。詩四句，古今悼。

這首詞為題畫之作，寄寓詞人對古代氣節之士的敬慕之情，語語深摯，筆力甚重。

八大山人，為明寧王朱權後裔朱耷的別號。擅畫水墨花卉禽鳥，筆墨簡練，意境冷寂。

銅駝飲泣，指亡國的悲痛。用索靖「荊棘銅駝」之典。

廖仲愷（1877—1925），原名恩煦。廣東惠陽人。1905 年在日本參加同盟會。辛亥革命後，任廣東都督府總參議，復任廣東財政廳廳長。1925 年，在廣州被國民黨右派暗殺。有《雙清詞草》。

詞林逸事

清康熙元年壬寅（1662），已是七十七歲高齡的著名說書藝人柳敬亭隨漕運總督蔡士英北上，再至京師。經歷了明末劇變，其「談天口」技藝更是爐火純青，「每發一聲，使人聞之，或如刀劍鐵騎，颯然浮空；或如風號雨泣，鳥悲獸駭。亡國之恨頓生，檀板之聲無色」（黃宗羲《柳敬亭傳》）。一時間，公卿們「邀致接踵」（《珂雪詞》卷首曹禾《珂雪詞話》）。有一天，他對前來聽說唱的人說：

「薄技必得借諸君子贈言以傳不朽。」那時，詞人曹貞吉剛好在座，於是先後填寫了兩首詞書於敬亭的扇面上，一首《沁園春》，一首就是《賀新涼》：

咄汝青衫叟。閲浮生、繁華蕭索，白衣蒼狗。六代風流歸抵掌，舌下濤飛山走。似易水、歌聲聽久。試問於今真姓字，但回頭、笑指蕪城柳。休暫住，談天口。　當年處仲東來後。斷江流、樓船鐵鎖，落星如斗。七十九年塵土夢，才向青門沽酒。更誰是、嘉榮舊友。天寶琵琶宮監在，訴江潭、憔悴人知否。今昔恨，一搔首。

這闋「首唱」感歎柳敬亭的傳奇性遭遇，稱揚他的非凡技藝，寄慨遙深，遒勁悲涼，頗得稼軒悲慨雄健之衣缽，一時盛傳京邑。刑部尚書龔鼎孳見之，沉吟歎賞，即援筆和韻。其《賀新涼・和曹實庵舍人贈柳叟敬亭》云：

鶴髮開元叟。也來看、荊高市上，賣漿屠狗。萬里風霜吹短褐，遊戲侯門趨走。卿與我、周旋良久。綠鬢紅顏今改盡，歎婆娑、人似桓公柳。空擊碎，唾壺口。　江東折戟沉沙後。過青溪、笛牀煙月，淚珠盈斗。老矣耐煩如許事，且坐旗亭呼酒。判殘臘、銷磨紅友。花壓城南韋杜曲，問球場、馬矟還能否。斜日外，一回首。

和韻寄意，渾然一體，格調高雅，情真意遠，頓挫跌宕，動人心弦，誠為眾多寄贈吟詠柳敬亭詞中的傑作。

繼曹貞吉、龔鼎孳之後，詞壇興起了一場別有寄慨的贈柳詞唱和。吳偉業也參與了這次唱和，其唱和詞《沁園春・贈柳敬亭》云：

客也何為，十八之年，天涯放遊。正高談拄頰，淳于曼倩，新知抵掌，劇孟曹丘。楚漢縱横，陳隋遊戲，舌在荒唐一笑收。誰真假，笑儒生誑世，定本春秋。　眼中幾許王侯，記朱履三千宴畫樓。歎伏波歌舞，淒涼東市，征南士馬，慟哭西州。只有敬亭，依然此柳，雨打風吹絮滿頭。關心處，且追陪少壯，莫話閑愁。

曾鯨《柳敬亭像》

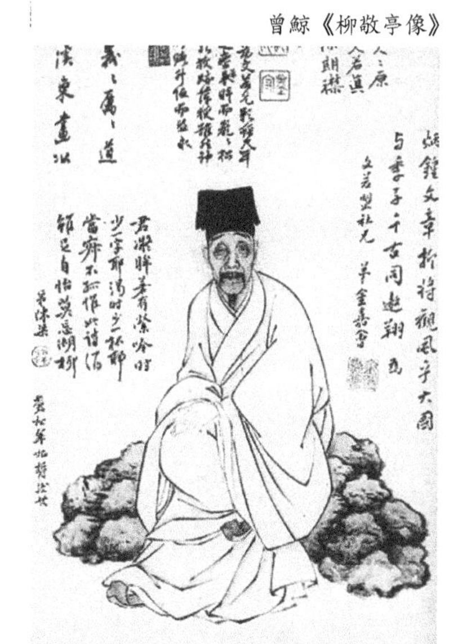

在意蘊上與曹詞相似，依然是通過為柳氏寫照來寫興亡盛衰之感，只是梅村詞顯得更悲愴。

曹爾堪、陳維崧、汪懋麟等也有和作。這些和作，也都是在柳氏的生平情狀的刻畫中，寄寓白雲蒼狗的滄桑變幻之感，發出興亡無據之歎，隱約透露出那個時代士人內心深處幽微深曲的情懷。

倚聲依譜

《賀新郎》始見蘇軾詞，原名《賀新涼》，因詞中有「乳燕飛華屋，悄無人、桐陰轉午，晚涼新浴」句，故名。「涼」「郎」一音之轉，後遂誤作《賀新郎》。又因東坡詞有「乳燕」句，因又名《乳燕飛》。又有《貂裘換酒》《金縷歌》《金縷曲》《唱金縷》《金縷詞》《金縷衣》《風敲竹》等名，大都取名人所填詞句，以為異名。雙調，一百一十六字，二十句，前後片各六仄韻。全闋無一句不用仄收，聲情沉鬱蒼涼，宜抒發激昂奮厲的情感。宋室南渡以後豪放派詞人好填此調。

定格

中仄平平**仄**。
仄平平、中平中仄，仄平平**仄**。
中仄中平平中仄，中仄平平中**仄**。
中仄仄、平平中**仄**。
中仄中平平中仄，仄中平中仄平平**仄**。
中仄仄，仄平**仄**。

中平中仄平平**仄**。
仄平平、中平中仄，仄平平**仄**。
中仄中平平中仄，中仄平平中**仄**。
中仄仄、平平中**仄**。
中仄中平平中仄，仄中平中仄平平**仄**。
中仄仄，仄平**仄**。

《詞譜》（《賀新郎》）

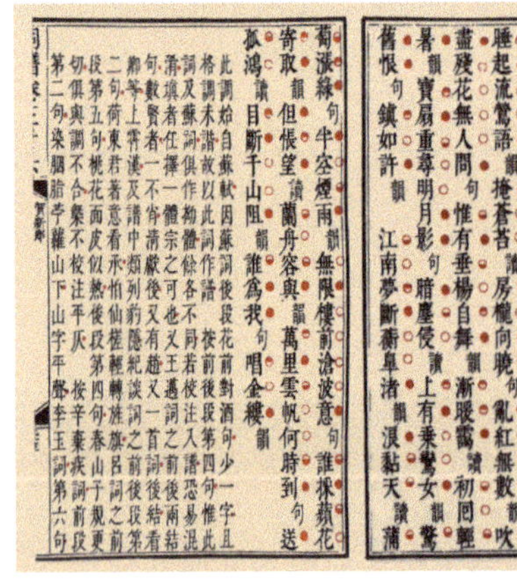

賀新郎 葉夢得詞有唱金縷句名金縷歌又名金縷曲又名金縷詞蘇軾詞有乳燕飛華屋句名乳燕飛又有晚涼新浴句名賀新涼有風敲竹句名風敲竹張輯詞有把貂裘換酒長安市句名貂裘換酒

賀新郎 雙調一百十六字前後段各十句六仄韻

葉夢得

睡起流鶯語韻 掩蒼苔讀 房櫳向晚句 亂紅無數韻 吹盡殘花無人問句 惟有垂楊自舞韻 漸暖靄讀 初回輕暑韻 寶扇重尋明月影句 暗塵侵讀 上有乘鸞女韻 驚舊恨句 鎮如許韻

江南夢斷衡皋渚韻 浪黏天讀 葡萄漲綠句 半空煙雨韻 無限樓前滄波意句 誰採蘋花寄取韻 但悵望讀 蘭舟容與韻 萬里雲帆何時到句 送孤鴻讀 目斷千山阻韻 誰為我句 唱金縷韻

此調始自蘇軾因蘇詞後段花前對酒句少一字且格調未諧故以此詞作譜 按前後段第四句惟此詞及蘇詞俱作拗體餘各不同若校注入譜恐易混淆填者任擇一體宗之可也又王邁詞之前後兩結句數[illegible]又有趙[illegible]詞後結[illegible]漢及[illegible]豹隱紀談詞之前後段第二句荷東君著意看承怕仙槎輕轉旌旗呂詞之前段第五句桃花面皮似熱後段第四句春山于規更切俱與調不合槩不校注平仄 按辛棄疾詞前段第二句染胭脂李羅山下山字平聲李玉詞第六句

滿江紅

莫等閑、白了少年頭，空悲切

華音流韻

滿江紅

［南宋］岳飛

怒髮衝冠[1]，憑闌處、瀟瀟雨歇。抬望眼[2]、仰天長嘯，壯懷激烈。三十功名塵與土，八千里路雲和月。莫等閑、白了少年頭，空悲切。　靖康恥[3]，猶未雪。臣子恨，何時滅。駕長車、踏破賀蘭山缺[4]。壯志饑餐胡虜肉，笑談渴飲匈奴血。待從頭、收拾舊山河，朝天闕。

臨風賞讀

這是一首氣壯山河、光照日月的傳世名作，八百多年來家弦戶誦，其影響之大、之深，大概在古今詞人的作品中無出其右者。

此詞大約作於高宗紹興初年，詞中充溢着詞人一身忠義滿腔熱血之愛國激情。上片通過雨後憑欄眺望，抒寫為國立功的壯懷。開篇奇突，「怒髮衝冠」就如一聲驚雷，劈空而來，奠定了全篇豪壯的基調。憑欄眺望，縱目乾坤，指顧山河，寫來氣勢磅礴。「長嘯」，狀其感慨激憤至極之態。「三十」「八千」二句，如見詞人撫膺自理平生，九曲剛

王道國書《滿江紅》

腸，唯以報國為念，然勳業未就，直同塵土；披星戴月、轉戰南北，又何足言苦？這是何等識度，何等胸襟！「莫等閑」二句既是激勵自己，也是鞭策部下：珍惜時光，倍加奮勉，以早日實現匡復大業。期許未來，情懷急切，激越中微含悲涼。

下片表達詞人雪恥復仇、重整乾坤的壯志。開頭追寫徽、欽二帝被擄北去的慘痛，以及敵寇給宋朝君臣和漢族民眾帶來的綿綿苦痛，四個短句，三字一頓，裂石崩雲，忠憤之氣高揚入雲。「駕長車」表達了自己踏破重重險關、直搗敵人巢穴的決心，豪氣直衝霄漢。「饑餐」「渴飲」是「以牙還牙，以血還血」式的憤激之語，見出詞人對不共戴天的敵寇的切齒痛恨，雖是誇張，卻表現了詞人足以震懾敵人的英雄主義氣概。結篇語調陡轉平和，表達了詞人報效朝廷的一片赤誠之心。

全篇情辭慷慨，筆力沉雄，音調高亢，激昂悲壯，具有撼人心魄的藝術魅力，故而能千古傳唱不衰。尤其是在中華民族外患頻仍、救亡圖存的生死危急關頭，此詞更是激勵着中華民族的愛國心。或疑後人偽託，似不足據。

靖康恥，猶未雪　蕭友于

待從頭，收拾舊山河　蕭友于
（兩印刻於抗日戰爭期間）

古今彙評

沈際飛：膽量、意見、文章悉無今古。又曰：有此願力，是大聖賢、大菩薩。（《草堂詩餘別集》卷三）

沈　雄：忠憤可見。其不欲「等閑白了少年頭」，可以明其心事。（《古今詞話》上卷）

劉體仁：詞有與古詩同義者，「瀟瀟雨歇」，《易水》之歌也。（《七頌堂詞繹》）

陳廷焯：鄂王一代精忠，讀其詞如見其人。又曰：「莫等閑」二語，當為千古箴銘。何等氣概，何等志向！千載下讀之，凜凜有生氣焉。（《雲韶集輯評》卷四）

唐圭璋：此首直抒胸臆，忠義奮發，讀之足以起頑振懦。起言登高有恨，並略點眼前景色。次言望遠傷神，故不禁仰天長嘯。「三十」兩句，自痛功名未立、神州未復，感慨亦深。「莫等

［註釋］

①怒髮衝冠，《史記》卷八十一：「相如因持璧卻立，倚柱，怒髮上衝冠。」

②抬望眼，抬頭縱目遠望。

③靖康，宋欽宗趙桓年號。靖康元年（1126），金兵攻陷汴京，次年擄徽宗趙佶、欽宗趙桓北去，北宋滅亡。「靖康恥」指此而言。

④賀蘭山，在今寧夏西，當時為西夏統治區。此處借為金人所在地。缺，指險隘的關口。

莫等閑、白了少年頭　王福庵

閑」兩句，大聲疾呼，喚醒普天下之血性男兒，為國雪恥。下片承上，明言國恥未雪，餘憾無窮。「駕長車」三句，表明滅敵之決心，氣欲淩雲，聲可裂石。著末，預期結果，亦見孤忠耿耿，大義凜然。（《唐宋詞簡釋》）

遙望中原，荒煙外、許多城郭。想當年，花遮柳護，鳳樓龍閣。萬歲山前珠翠繞，蓬壺殿裏笙歌作。到而今、鐵騎滿郊畿，風塵惡。　兵安在，膏鋒鍔。民安在，填溝壑。歎江山如故，千村寥落。何日請纓提鋭旅，一鞭直渡清河洛。卻歸來、再續漢陽遊，騎黃鶴。—— 岳飛這首明快豪放的《滿江紅・登黃鶴樓有感》創作時代較「怒髮衝冠」略早，寫於紹興四年（1134）他出兵收復襄陽六州駐節鄂州（今湖北武昌）時。

詞人心史

岳飛（1103—1141）字鵬舉，相州湯陰（今屬河南）人。出身農家，家貧力學，自幼喜讀《春秋左傳》和孫武、吳起的兵書，束髮從軍，在留守宗澤部下，屢建軍功。南渡以後，他以恢復北方失地為己任，身經百戰，屢敗金兵。紹興九年（1139），進開府儀同三司。十年，授少保、河南北諸路招討使。率岳家軍揮師北伐，連克蔡州、鄭州、洛陽，取得郾城大捷。接着，在潁昌（今河南許昌）再殺退金兀朮的十萬步兵和三萬騎兵。金軍全線崩潰，副帥斃命，金兀朮敗逃。岳飛上書高宗，謂此乃「陛下中興之機，金賊必亡之日」，並親率岳家軍追抵朱仙鎮，距汴京僅四十五里，與義軍配合將金兀朮圍困在汴京，派猛將率五百精騎與十萬金軍對陣。岳飛決心乘勝渡河收復河北，激勵部將：「直搗黃龍府，與諸君痛飲耳！」而金軍則發出了「撼山易，撼岳家軍難」的哀歎。然而，就在光復京都有望之時，高宗卻連下十二道金牌急令岳飛班師。岳飛痛心疾首，大放悲聲：「十年之功，廢於一旦！」被迫撤軍。回臨安後，岳飛被解除兵權，任樞密副使。不久被誣謀反，下獄。紹興十一年十二月二十九日（1142 年 1 月 27 日）除夕之夜，一代名將岳飛被

明佚名《岳飛像》

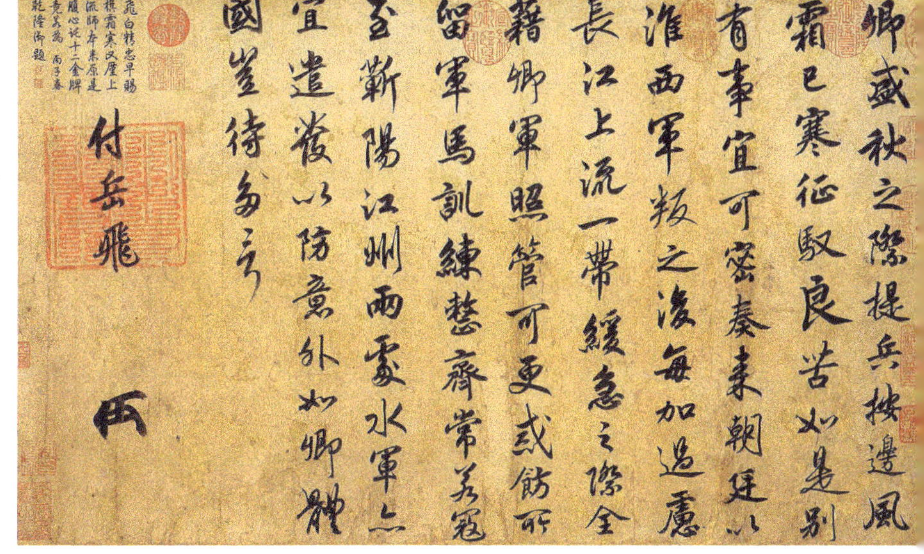

卿盛秋之際，提兵按邊，風霜已寒，征馭良苦。如是別有事宜，可密奏來。朝廷以淮西軍叛之後，每加過慮。長江上流一帶，緩急之際，全藉卿軍照管。可更戒飭所留軍馬，訓練整齊，常若寇至。蘄陽、江州兩處水軍，亦宜遣發，以防意外。如卿體國，豈待多言。

付岳飛

押

宋高宗《賜岳飛批劄卷》，為高宗回覆岳飛對邊防的呈報，慰勉其為國辛勞，並以心腹股肱相託。就書法藝術而言，此卷秀異潤朗，清和俊秀，行氣首尾流暢，頗有書卷之氣。臺北「故宮博物院」藏

秦檜以「莫須有」（或許有）的罪名殺害於臨安大理寺內風波亭，年僅三十九歲。臨刑，岳飛手書「天日昭昭，天日昭昭」八字，表達他精忠報國又報國無門的悲憤心情。淳熙五年（1178），追謚武穆。寧宗朝追封鄂王。

岳飛遺著有《岳武穆集》。他的作品具有強烈的愛國精神。詞僅存三首，風格慷慨激昂，沉鬱悲壯。

參讀

拂拭殘碑，敕飛字、依稀堪讀。慨當初、依飛何重，後來何酷。果是功高身合死，可憐事去言難贖。最無辜、堪恨又堪悲，風波獄。　豈不念，疆圻蹙。豈不恤，徽欽辱。但徽欽既反，此身何屬。千載休談南渡錯，當時自怕中原復。笑區區、一檜亦何能，逢其欲。——明文徵明讀高宗賜岳飛手敕墨本，感慨萬端，寫下一首《滿江紅》，犀利地指出，高宗其實最怕岳飛北伐成功，因為一旦中原恢復，徽、欽二帝南歸，自己就會皇位不保。因此，高宗是必欲置岳飛於死地而後快的元兇，秦檜不過是逢迎他做個幫兇罷了。這無異於將高宗陰險狠毒、虛偽醜惡的內心世界暴露於光天化日之下，讀來令人痛快淋漓，不禁拍案叫絕。

風帽塵衫，重拜倒、朱仙祠下。尚仿佛、英靈接處，神遊如乍。往事低徊風雨疾，新愁黯淡江河下。更何堪、雪涕讀題詩，殘碑打。　黃龍指，金牌亞。旌旆影，滄桑話。對蒼煙落日，似聞悲吒。氣聾蛟鼉瀾欲挽，悲生笳鼓民猶社。撫長松、郁律認南枝，寒濤瀉。——清王鵬運《滿江紅·朱仙鎮謁岳鄂王祠，敬賦》。詞人對岳飛受迫害之事深為痛惜，撫今追昔，詞人心潮如寒濤怒瀉。此詞風格雄闊，感慨淋漓，讀之感人至深。

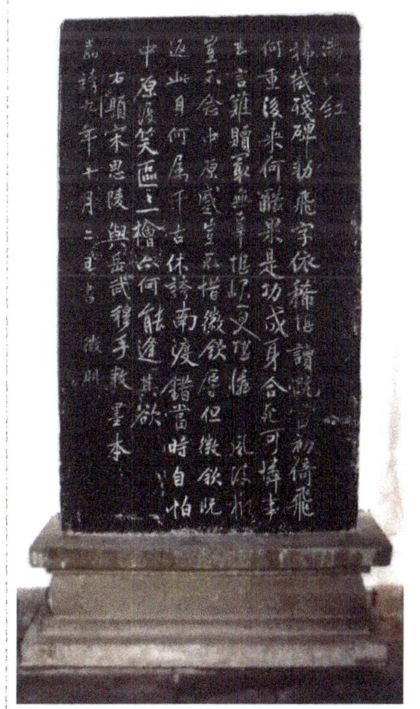

明嘉靖九年（1530）文徵明撰並書《滿江紅》詞碑，立於杭州岳王廟南碑廊

元黃公望《富春山居圖（無用師卷）》（局部），描繪富春江兩岸初秋的秀麗景色。雲山煙樹，沙汀村舍，佈局疏密有致，變幻無窮，氣韻高遠。臺北「故宮博物院」藏

低吟／浩唱

滿江紅

［北宋］柳永

暮雨初收，長川靜、征帆夜落。臨島嶼、蓼煙疏淡，葦風蕭索。幾許漁人飛短艇，盡載燈火歸村郭。遣行客、當此念回程，傷漂泊。　桐江好，煙漠漠。波似染，山如削。繞嚴陵灘畔，鷺飛魚躍。遊宦區區成底事，平生況有雲泉約。歸去來、一曲仲宣吟，從軍樂。

詞人初仕睦州（今浙江建德），在州境內舟行經桐江嚴子灘作此詞，抒發既期望建立事功，「從軍樂」；又渴望早日免於遊宦行役之苦，「歸去來」的複雜心緒。詞對桐江風物勝景的描繪深深吸引着人們，以至桐廬民間「歲祀，里巫迎神，但歌《滿江紅》，有『桐江好，煙漠漠……』之句」（宋僧文瑩《湘山野錄》卷中）。

長川即桐江，在今浙江中部，是富春江流經桐廬一段的別稱。

嚴陵灘，即嚴陵瀨，是嚴子陵隱居釣魚處，在今浙江桐廬桐江邊上。

從軍樂，指東漢文學家王粲（字仲宣）的《從軍行》。

滿江紅　寄鄂州朱使君壽昌

［北宋］蘇軾

江漢西來，高樓下、蒲萄深碧。猶自帶，岷峨雪浪，錦江春色。君是南山遺愛守，我為劍外思歸客。對此間、風物豈無情，殷勤說。　《江表傳》，君休讀。狂處士，真堪惜。空洲對鸚鵡，葦花蕭瑟。獨笑書生爭底事，曹公黃祖俱飄忽。願使君、還賦謫仙詩，追黃鶴。

這首詞是詞人元豐四年（1081）深秋在貶所黃州寄給時任鄂州知州朱壽昌的。面對江上雄奇壯闊的景色，詞人不由得觸動思歸之

朱壽昌，字康叔，時為鄂州（治今湖北武漢武昌）知州。

蒲萄，喻水色，或代指江河。語出李白《襄陽歌》「遙看漢水鴨頭綠，恰似葡萄初發醅」詩句。

遺愛，有惠愛之政令人懷念。據《宋史》本傳，朱壽昌在閬州斷一疑獄，除暴安良，「郡稱為神，蜀人至今傳之」。

情、懷友之思。於是下片向摯友傾吐肺腑，談古論今，借歷史人物故事，勸勉友人不要卷入政治爭鬥的漩渦，而寄意文章事業，實際也是發抒貶官黄州的胸中蒼涼悲慨、鬱勃不平之氣。

滿江紅

［北宋］周邦彥

晝日移陰，攬衣起，春帷睡足。臨寶鑒，綠雲撩亂，未忺妝束。蝶粉蜂黃都褪了，枕痕一線紅生玉。背畫欄、脈脈悄無言，尋棋局。　重會面，猶未卜。無限事，縈心曲。想秦箏依舊，尚鳴金屋。芳草連天迷遠望，寶香薰被成孤宿。最苦是、蝴蝶滿園飛，無心撲。

此前作《滿江紅》詞者大多走激烈豪放一路，而周邦彥偏用此調來抒寫兒女私情。詞中以柔婉細膩的筆觸寫一個閨中女子傷春的愁緒和千迴百轉的相思，特別是對女性的動態與心態的描摹，可謂惟妙惟肖。全詞寫得含蓄、淡遠、空靈而灑脫。南宋以後用此調寫柔情者，大都受了周邦彥這首詞的影響。

滿江紅

［南宋］趙鼎

丁未九月南渡，泊舟儀真江口作。

慘結秋陰，西風送、霏霏雨濕。淒望眼、征鴻幾字，暮投沙磧。試問鄉關何處是，水雲浩蕩迷南北。但一抹寒青有無中，遙山色。　天涯路，江上客。腸欲斷，頭應白。空搔首興歎，暮年離拆。須信道消憂除是酒，奈酒行有盡情無極。便挽取、長江入尊

《江表傳》，晉虞溥著，記述三國史實，尤詳吳國事跡。已佚。

狂處士，三國名士禰衡。有才學而行為狂放，為江夏太守黃祖所殺。

崔顥曾題《黃鶴樓》詩。據《唐才子傳》，李白登黃鶴樓說：「眼前有景道不得，崔顥題詩在上頭。」後李白欲擬之較勝負，乃作《登金陵鳳凰臺》。

明抄本趙鼎《得全居士詞》(《宋元名家詞七十種》) 書影

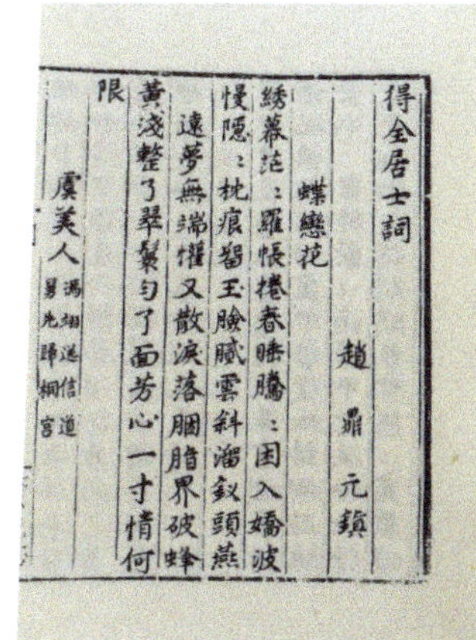

得全居士詞

趙鼎元鎮

蝶戀花

綉幕茫：羅帳捲春睡騰：困入嬌波慢隱：枕痕留玉臉膩雲斜溜釵頭燕遠夢無端權又散淚落胭脂界破蜂黃淺整了翠鬟勻了面芳心一寸情何限

虞美人 [illegible]

清金農《風雨歸舟圖》。遠山迷蒙，岸邊的葦叢和巖石上的樹木經受狂風驟雨的摧折。水面上，一葉孤舟正在頂風逆水而行。舟中行客撐傘蜷縮，艄公則奮力搖櫓。畫面全以淡墨勾描渲染，風雨大作的氣氛和行客趕路心切的情態躍然紙上。徐悲鴻紀念館藏

壘，澆胸臆。

這首詞是北宋滅亡後詞人南逃途中所作。作者在詞中即景抒懷，傾吐了國難當頭、背井離鄉的滿腔悲憤。上片通過淒風苦雨、歸雁遠山等景色的描繪，烘托出他沉重而茫然的心情，表露了他對北方山河的眷戀。下片極言亡國之恨無窮，根本不是借酒消愁所能消除得了，除非萬里長江的滾滾洪流入酒杯，滿懷積悶或許可以沖洗一番。全詞由景入情，格調淒婉，感情濃烈，境界闊大，因此歷來頗為傳誦。此詞作於南渡之前，可說是此後南宋愛國詞的先聲。

滿江紅　自豫章阻風吳城山作

［南宋］張元幹

春水迷天，桃花浪、幾番風惡。雲乍起、遠山遮盡，晚風還作。綠卷芳洲生杜若，數帆帶雨煙中落。傍向來、沙嘴共停橈，傷飄泊。　寒猶在，衾偏薄。腸欲斷，愁難著。倚篷窗無寐，引杯孤酌。寒食清明都過卻，最憐輕負年時約。想小樓、終日望歸舟，人如削。

舊曆三月，春暖雪化，江水猛漲，此時正值桃花盛開的季節，故稱「桃花浪」。

唐元稹《三月二十四日宿曾峰館夜對桐花寄樂天》：「是夕遠思君，思君瘦如削。」

這首詞當作於宋徽宗宣和元年（1119）詞人離京返鄉途中，描寫旅途中被阻吳城山的情景與急切回家的心境。明李攀龍謂此詞「上言風帆飄泊之象，下言歸舟在家之思」（《新刻李于鱗先生批評註釋草堂詩餘雋》卷二）。結末兩句雖化用柳永《八聲甘州》「想佳人、妝樓顒望，誤幾回、天際識歸舟」詞意，而「人如削」亦妙能傳神。

滿江紅　江行和楊濟翁韻

［南宋］辛棄疾

過眼溪山，怪都似、舊時曾識。還記得、夢中行遍，江南江北。佳處徑須攜杖去，能消幾兩平生屐。笑塵勞、三十九年非，長為客。　吳楚地，東南坼。英雄事，曹劉敵。被西風吹盡，了無陳跡。樓觀才成人已去，旌旗未卷頭先白。歎人間、哀樂轉相尋，今猶昔。

兩，通緉。《說文》：「緉，履兩枚也。」

宋孝宗淳熙五年（1178），詞人由臨安赴湖北轉運副使任途中作。這是兩年多來的第五次調任。詞人回想自己一生勞碌，南歸亦

久，但昔日志願，卻無一得以實現，用世與避世的矛盾心態和深沉的憂憤苦悶，便糾結成這首江行寄友的感懷之作。清人陳廷焯評論此詞：「起數語便超絕。回頭一擊，魚龍飛舞。（下闋眉批）淋漓痛快，悲壯蒼涼，敲碎玉唾壺。」（《雲韶集輯評》卷五）

滿江紅

［南宋］姜夔

《滿江紅》舊調用仄韻，多不協律；如末句云「無心撲」三字，歌者將「心」字融入去聲，方諧音律。予欲以平韻為之，久不能成。因泛巢湖，聞遠岸簫鼓聲，問之舟師，云：「居人為此湖神姥壽也。」予因祝曰：「得一席風徑至居巢，當以平韻《滿江紅》為迎送神曲。」言訖，風與筆俱駛，頃刻而成。末句云「聞珮環」，則協律矣。書以綠箋，沉於白浪。辛亥正月晦也。是歲六月，復過祠下，因刻之柱間。有客來自居巢云：「土人祠姥，輒能歌此詞。」按曹操至濡須口，孫權遺操書曰：「春水方生，公宜速去。」操曰：「孫權不欺孤。」乃撤軍還。濡須口與東關相近，江湖水之所出入。予意春水方生，必有司之者，故歸其功於姥云。

仙姥來時，正一望、千頃翠瀾。旌旗共、亂雲俱下，依約前山。命駕群龍金作軛，相從諸娣玉為冠。向夜深、風定悄無人，聞珮環。　神奇處，君試看。奠淮右，阻江南。遣六丁雷電，別守東關。卻笑英雄無好手，一篙春水走曹瞞。又怎知、人在小紅樓，簾影間。

仙姥即焦姥，和曹植筆下的洛神、屈原筆下的湘夫人一樣，都是水神，女性。

六丁，道教神名。為天帝所役使，能行風雷，制鬼神。

曹瞞，曹操小字阿瞞，故稱曹瞞。

這首詞是宋光宗紹熙二年（1191）春初為祭祀巢湖仙姥而作。詞的上片盡情地渲染仙姥出行時奇詭、壯觀的氣勢，然後從虛處着筆，描寫侍御的華貴，烘托出仙姥的儀態和風範。最後盪開一筆，意境驟轉，寫夜深風定，湖上悄然無人，惟聞珮環，境界杳冥，啟人遐思。下片以實筆敘寫仙姥指揮若定的神奇才能。緊接着詞人別開生面，聯想起歷史上曹操與孫權在濡須口對壘的故事。然後在結尾處輕輕一收，收到真正能以「一篙春水」迫使敵人不敢南犯的卻是住在紅樓簾影間的仙姥。當時距宋金的隆興和議將近三十年，偏安江南的南宋王朝也正是依靠江淮的水域來阻止金兵的南下的。結拍實則以古諷今，寄興深微。

清石濤《巢湖圖》，繪安徽巢湖風光。湖面水光激灩，岸上林木村舍相映成趣，湖中小島古剎兀立。全畫意境蒼莽，色調潤雅。天津藝術博物館藏

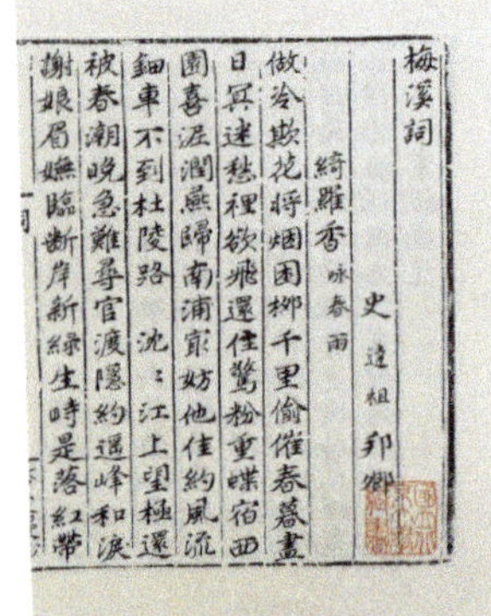
梅溪詞
史達祖邦卿
綺羅香　咏春雨
做冷欺花將烟困柳千里偷催春暮盡
日冥迷愁裡欲飛還住驚粉重蝶宿西
園喜泥潤燕歸南浦最妨他佳約風流
鈿車不到杜陵路　沈沈江上望極還
被春潮晚急難尋官渡隱約遙峰和淚
謝娘眉嫵臨斷岸新綠生時是落紅帶

明抄本史達祖《梅溪詞》(《宋元名家詞七十種》)書影

史達祖（1163？—1220？）字邦卿，號梅溪，汴（今河南開封）人。一生未第。嘉泰間入中書省為堂吏，深受韓侂胄重用。開禧北伐受挫，韓被殺，受株連，遂貶死。其詞用筆輕靈，奇秀清逸，間亦有慷慨沉鬱之作；尤擅詠物，描摹物態盡態極妍。有《梅溪詞》。

宋李嵩《月夜看潮圖》，繪臨安中秋夜觀潮情形。皓月當空，遠山迷蒙。樓閣中人們佇立遙望潮峰奔湧、浪花飛濺的壯麗奇景。臺北「故宮博物院」藏

莽莽蒼蒼，十萬里、胸吞八九。放眼處、左攜詩卷，右持杯酒。破浪乘風行壯矣，幕天席地言誇否。倚長鯨、拔劍舞西風，神龍吼。　山欲納，巨鰲口。潮欲殺，水犀手。枕柁樓細數，翼張星柳。喝月狂吟蘇子賦，呼風醉踢周公斗。論人生、富貴與功名，終吾有。—— 清黃宗彝《滿江紅》。咸豐元年（1851）七月，黃宗彝自臺灣乘船歸福州應秋試，於舟行途中作此詞。自註云：「辛亥七月，余自臺灣艋舺買舟對渡五虎門，舟出觀音山，風駛如箭，夜過黑水洋，風止，萬里茫茫，波平如鏡。雲下有磁石，停久輒碎，舟已戛戛有聲，同舟者皆失色，余至神前焚香默告，登柁樓唱姜白石《滿江紅》，風復大作。次日，緣柁望西南，螺黛兩點，曰：『此福州五虎門外之關潼、白畎也。』舟人皆賀。自度一曲，海神當亦許我耶！」(謝章鋌《婆娑詞》,《賭棋山莊詞話》卷六亦載，文字稍異)

滿江紅

［南宋］史達祖

萬水歸陰，故潮信、盈虛因月。偏只到、涼秋半破，斗成雙絕。有物指磨金鏡淨，何人拏攫銀河決。想子胥今夜見嫦娥，沉冤雪。　光直下，蛟龍穴。聲直上，蟾蜍窟。對望中天地，洞然如刷。激氣已能驅粉黛，舉杯便可吞吳越。待明朝、說似與兒曹，心應折。

這首詞描繪有聲有色的月夜江潮洶湧的景象，抒發詞人廣闊的襟抱和豪邁的氣概。其中由月與潮聯想到伍子胥無辜被殺的冤案，並寫這一千古沉冤得到昭雪，顯然是借古諷今，曲折地表達他對南宋朝廷打擊迫害堅持抗戰的愛國志士的憤懣。全篇運用了奇麗想象以及神話傳說，也用了高度誇張的手法，創造出雄偉壯闊的意境，其風格在豪放中有沉鬱，顯示了梅溪詞後期的變化。

滿江紅

［南宋］岳珂

小院深深，悄鎮日、陰晴無據。春未足，閨愁難寄，琴心誰與。曲徑穿花尋蛺蝶，虛闌傍日教鸚鵡。笑

十三、楊柳女兒腰，東風舞。　雲外月，風前絮。情與恨，長如許。想綺窗今夜，為誰凝佇。洛浦夢回留珮客，秦樓聲斷吹簫侶。正黃昏、時候杏花寒，廉纖雨。

這首詞以柔美的曲調，表現一位男子愛戀一位女子的相思之情。詞的上片，全以虛擬之筆，追懷想象女子在春日思念男主人公的情狀。詞的下片，將相思之情寫得更加淒婉動人。全詞情景交融，風格沉鬱頓挫，用語典雅精麗。

滿江紅　送廖叔仁赴闕

[南宋] 嚴羽

日近觚棱，秋漸滿、蓬萊雙闕。正錢塘江上，潮頭如雪。把酒送君天上去，瓊琚玉珮鵷鴻列。丈夫兒、富貴等浮雲，看名節。　天下事，吾能說。今老矣，空凝絕。對西風慷慨，唾壺歌缺。不灑世間兒女淚，難堪親友中年別。問相思、他日鏡中看，蕭蕭髮。

這首詞是詞人送友人廖叔仁去京城赴任時所作，將詞人那種淡薄功名、慷慨悲歌的氣韻，生動地表達了出來。全詞寫得氣勢豪邁，風格雄健，饒有興味。

滿江紅

[南宋] 劉克莊

夜雨涼甚，忽動從戎之興。

金甲琱戈，記當日、轅門初立。磨盾鼻，一揮千紙，龍蛇猶濕。鐵馬曉嘶營壁冷，樓船夜渡風濤急。有誰憐、猿臂故將軍，無功級。　平戎策，從軍什。零落盡，慵收拾。把《茶經》《香傳》，時時溫習。生怕客談榆塞事，且教兒誦《花間集》。歎臣之壯也不如人，今何及。

這首詞上片從正面着筆，追述早年從軍生活，寫得筆墨淋漓，豪情千丈，意氣風發，風格豪邁雄健。下片純用反筆，慨歎自己廢退消閑，年華已老，虛度歲月，厭惡談兵，風格掩抑沉鬱。上下片形成鮮明的對比，更能使人強烈感受到詞人報國無門、英雄坐老的鬱悶情懷。近人俞陛雲說：「應笑拔劍斫地者，未消塊壘也。」（《唐五代兩宋詞選釋》）

唾壺缺，《晉書》卷九十八《王敦列傳》：「（敦）既素有重名，又立大功於江左……每酒後輒詠魏武帝樂府歌曰：『老驥伏櫪，志在千里。烈士暮年，壯心不已。』以如意打唾壺為節，壺邊盡缺。」後以為詠悲憤慷慨之典。

潮來雪卷江（陸游《西興泊舟》句）　清林皋

嚴羽字丹丘，自號滄浪逋客，福建邵武莒溪人。一生未仕。論詩推重漢魏盛唐。有《滄浪詩話》。

轅門初立，寧宗嘉定十年（1217）二月，李玨任江淮制置使，詞人被辟為制司準遣（制置使司初級幕職官），入李玨幕府。

磨盾鼻，以盾牌把手作硯磨墨草檄。《北史》卷八十三載荀濟語：「會於盾鼻上磨墨檄之。」

猿臂，臂長如猿。《史記》卷一零九：漢名將李廣「為人長，猿臂，其善射亦天性也」。

什，《詩經》之「雅」「頌」每十篇為一什，後因稱多首詩篇為篇什。

榆塞，泛指邊塞。《漢書》卷五十二：「蒙恬為秦侵胡，辟數千里，以河為竟，累石為城，樹榆為塞，匈奴不敢飲馬於河。」

吳潛（1195—1262）字毅夫，號履齋，宣州寧國（今屬安徽）人。嘉定十年（1217）舉進士第一。先後任右、左丞相。詞多抒發濟時憂國的抱負與報國無門的悲憤，風格近辛棄疾，激昂淒勁，兼而有之。著有《履齋遺集》，詞集有《履齋詩餘》。

滕王閣位於江西南昌市贛江東岸，始建於唐永徽四年（653），為唐高祖李淵之子李元嬰任洪州都督時所創。因李元嬰在貞觀年間曾被封為滕王，故閣以「滕王」一名冠之。自王勃作《滕王閣序》後，這座樓閣更是名傳千古。

滿江紅　和王實之韻送鄭伯昌

［南宋］劉克莊

怪雨盲風，留不住、江邊行色。煩問訊、冥鴻高士，釣鰲詞客。千百年傳吾輩語，二三子繫斯文脈。聽王郎一曲玉簫聲，淒金石。　晞發處，怡山碧。垂釣處，滄溟白。笑而今拙宦，他年遺直。只願常留相見面，未宜輕屈平生膝。有狂談、欲吐且休休，驚鄰壁。

王實之、鄭伯昌，與詞人是福建同鄉，都有救國志向，因堅持正直操守而罷職閑居家鄉。這時鄭伯昌被徵召做京城附近的地方官。這首詞乃詞人送行時和王實之韻所作，詞中一掃別離中的哀傷與頹廢，既洋溢着個人情誼，又寄託了宏大的抱負，是一曲激昂慷慨的壯歌。

滿江紅　豫章滕王閣

［南宋］吳潛

萬里西風，吹我上、滕王高閣。正檻外、楚山雲漲，楚江濤作。何處征帆木末去，有時野鳥沙邊落。近簾鉤、暮雨掩空來，今猶昨。　秋漸緊，添離索。天正遠，傷飄泊。歎十年心事，休休莫莫。歲月無多人易老，乾坤雖大愁難著。向黃昏、斷送客魂消，城頭角。

景定二年（1261）秋七月，吳潛責受化州團練使、循州安置，途經南昌，登上滕王閣，憑欄凝視，心中感慨無限，作此詞。這是一首登覽之作，描繪了登滕王閣遠眺所見的景色，但詞人意不在景，而在抒發人生悲感和憂憤。

元夏永《滕王閣圖》，描繪滕王閣形勝。高臺之上樓閣錯落，樓內文士雅集；高臺之下，江波浩淼，漁舟往來。用筆精細而不失矩度。美國波士頓藝術博物館藏

滿江紅　次湯碧山清溪

［元］許有壬

木落霜清，水底見、金陵城郭。都莫問、南朝興廢，人生哀樂。載酒時時尋伴侶，倚闌處處皆樓閣。對溪雲、試放醉時狂，渾如昨。　沙洲外，輕鷗落。風簾下，扁舟泊。更寒波搖漾，綠蓑青箬。為向九原江總道，繁華何似今涼薄。怕素衣、京洛染緇塵，從新濯。

這首次湯彌昌韻的《滿江紅》從故都金陵的興亡聯想到現實生活的哀樂，對功名富貴的無聊和自由人格的可貴表達了自己的深刻感受。況周頤評此詞「以境勝也」（《蕙風詞話》卷三）。

清溪即青溪，發源於南京鍾山西南，流入秦淮河，今已湮沒。

江總，南北朝濟陽人，字總持，為陳後主所愛幸。

滿江紅　金陵懷古

［元］薩都剌

六代繁華，春去也、更無消息。空悵望、山川形勝，已非疇昔。王謝堂前雙燕子，烏衣巷口曾相識。聽夜深、寂寞打孤城，春潮急。　思往事，愁如織。懷故國，空陳跡。但荒煙衰草，亂鴉斜日。玉樹歌殘秋露冷，胭脂井壞寒螿泣。到如今、只有蔣山青，秦淮碧。

這首懷古詞作於至順三年（1332）或四年詞人任江南諸道行臺侍御史時期，詞中熔劉禹錫《西塞山懷古》與《石頭城》二詩意境於一爐，借着詠懷金陵的故跡，寄託對歷代王朝興衰和人間滄桑變幻的無限感慨，格調深沉蒼涼，感情濃烈，頗有新辭新意，是弔古傷今的名篇。

蔣山，即東漢時縣尉蔣子文所葬的鍾山，也叫紫金山。

薩都剌字天錫，號直齋，其先世為西域回族（答失蠻氏），因祖父留鎮雲、代，遂居雁門（今山西代縣）。泰定進士。官至燕南河北道肅政廉訪司經歷。詩以磊落激昂稱一代名家，詞則以筆力雄健、清壯氣盛見勝。有《雁門集》，詞名《天錫詞》。

滿江紅

［明］文徵明

漠漠輕陰，正梅子、弄黃時節。最惱是、欲晴還雨，乍寒又熱。燕子梨花都過也，小樓無那傷春別。傍闌干、欲語更沉吟，終難說。　一點點，楊花雪。一片片，榆錢莢。漸西垣日隱，晚涼清絕。池面盈盈清淺水，柳梢澹澹黃昏月。是何人、吹徹玉參差，情淒切。

這首詞主要抒寫傷春之情。全詞以寫景為主，將氣候變化與人物情緒的變化糅合一起，互為映襯，意象豐贍秀雅，抒情含蓄蘊藉。

文徵明像

文徵明（1470—1559）原名壁（或作璧），字徵明，後以字行，長洲（今江蘇蘇州）人。正德末年以歲貢生薦試吏部，授翰林待詔。不事權貴，任官三年便辭官歸鄉。與祝允明、唐寅、徐禎卿並稱「吳中四才子」，詩、文、書、畫無一不精。畫尤著，與沈周、唐寅、仇英合稱「明四家」。有《甫田集》。

滿江紅　大風泊黃巢磯下

［明］今釋

激浪輸風，偏絕分、乘風破浪。灘聲戰、冰霜競冷，雷霆失壯。鹿角狼頭休地險，龍蟠虎踞無天相。問何人、喚汝作黃巢，真還謗。　雨欲退，雲不放。海欲進，江不讓。早堆垝一笑，萬機俱喪。老去已忘行止計，病來莫算安危帳。是鐵衣著盡著僧衣，堪相傍。

此詞上片敍大風泊舟，狀黃巢磯下之景；下片即景抒懷，坦露心志。結末道出自己從戎反清、敗而為僧的經歷，正復與黃巢引為同調，有英雄相惜之概，寄慨遙深。全詞壯懷激烈，氣魄雄渾，回首歷史的無情、無奈，唯有仰天長歎而已。這是三百多年前那一頁興亡史的寫照，也是詞人悲壯生涯的縮影。

唐末農民起義領袖黃巢，兵敗後，自殺於泰山下虎狼谷，但到宋代，有人編造故事，說他「遁免後祝髮為浮屠」，還居然有詩云：「三十年前草上飛，鐵衣著盡著僧衣。天津橋上無人問，獨倚危闌看落暉。」

滿江紅　秋日經信陵君祠

［清］陳維崧

席帽聊蕭，偶經過、信陵祠下。正滿目、荒臺敗葉，東京客舍。九月驚風將落帽，半廊細雨時飄瓦。柏初紅、偏向壞牆邊，離披打。　今古事，堪悲詫。身世恨，從牽惹。倘君而尚在，定憐余也。我詎不如毛薛輩，君寧甘與原嘗亞。歎侯嬴、老淚苦無多，如鉛瀉。

約在康熙七年（1668），詞人又赴京求仕，未果而歸，途經河南開封，憑弔信陵君祠，感慨萬端，寫下這首聲情悲憤的詞作。詞上片以寫景為主，然「荒臺敗葉」的蕭瑟、「驚風」「細雨」的酸楚、紅柏「離披」的淒涼蕭索皆逗出詞人心境之荒寞激盪，為後文抒情烘托點染。下片以「今古事」四句過渡，一片怨怒之情噴薄而出，聲聞紙上。「倘君而尚在，定憐余也」為一篇眼目，以下大筆淋漓，如江河奔瀉，故陳廷焯評此詞「慨當以慷，不嫌自負。如此弔古，可謂神交冥漠」（《白雨齋詞話》卷三）。

信陵君祠，故址在今河南開封。

信陵君，即戰國時魏國公子無忌，昭王少子，封於信陵（今河南寧陵），以養士好客稱。

席帽，古代流行的一種遮陽帽，以藤席為骨，敷以面料，周有大緣，如同斗笠。古人常以「席帽隨身」指辛勤求取功名。

毛薛，指信陵君門客毛公、薛公，二人皆魏處士。秦國乘信陵君留趙不歸出兵伐魏，二人冒死勸信陵君歸國，解救魏國大難。

侯嬴，戰國時魏人。年七十而為大梁夷門監門小吏，信陵君慕名往訪，迎為上客。秦圍趙邯鄲，趙請魏援。魏王授意統帥晉鄙中途停兵不前，侯嬴獻計盜取兵符，椎殺晉鄙，卻秦救趙。秦兵退後，侯嬴北向自刎。

滿江紅　蒜山懷古

［清］吳偉業

沽酒南徐，聽夜雨、江聲千尺。記當年、阿童東下，佛狸深入。白面書生成底用，蕭郎裙屐偏輕敵。笑風流北府好談兵，參軍

蒜山在江蘇鎮江西長江邊，相傳因山多澤蒜而得名。

南徐，古代州名，即今江蘇鎮江。

阿童，西晉王濬小字。

佛狸，魏武帝拓跋燾小字。

客。　人事改，寒雲白。舊壘廢，神鴉集。盡沙沈浪洗，斷戈殘戟。落日樓船鳴鐵鎖，西風吹盡王侯宅。任黃蘆苦竹打寒潮，漁樵笛。

清順治十六年（1659），詞人至鎮江，遊歷蒜山，感懷舊事，因作此詞。題為懷古，實以所詠鎮江史事喻指南明楊文驄在此率兵抗清之事。上片寫抗清戰事，下片寫清兵佔領後的荒蕪景象，前後映照，故國之思，亡國之痛，寄寓詞中。這首詞豪宕沉雄，悲壯頓挫，境界開闊，感慨深沉。陳廷焯讚曰：「聲情悲壯，高唱入雲。」（《詞則・放歌集》卷三）靳榮藩《吳詩集覽》說「此首詠鎮江事，聲情悲壯，不必沾煞明末事也」。

滿江紅　錢塘觀潮

［清］曹溶

浪湧蓬萊，高飛撼、宋家宮闕。誰激盪、靈胥一怒，惹冠衝髮。點點征帆都卸了，海門急鼓聲初發。似萬群、風馬驟銀鞍，爭超越。　江妃笑，堆成雪。鮫人舞，圓成月。正危樓湍轉，晚來愁絕。城上吳山遮不住，亂濤穿到嚴灘歇。是英雄、未死報仇心，秋時節。

曹溶是一個在明亡後出仕清朝的「兩截人」，自有一段錐心刺骨的屈辱，有一種桀驁不馴的幽憤。這種屈辱與幽憤在平時或被隱藏，會當錢塘觀潮機緣觸發便噴薄而出，凝結成這首奇情壯彩、震天懾地的《滿江紅》。詞人筆下的錢江潮壯偉無儔，仿佛充滿怒氣，如萬馬奔騰、鋪天蓋地而來。煞尾處擲地作金石聲，令讀者從一般的視覺驚奇提升到心靈和思想的震撼，使全詞大為增色，故清陳廷焯評此詞「沉雄悲壯，筆力千鈞，讀之起舞」；又說「竹垞（朱彝尊）和作已非敵手，何論餘子」（《白雨齋詞話》卷六）。

靈胥，春秋吳國的伍子胥，其人死後封神顯靈，故被稱作靈胥。杭州市南面錢塘江口，由於地形條件，當海潮周期性地湧進來，定時出現特大潮頭，通常農曆八月十五的潮頭最大。

曹溶（1613—1685）字秋岳，號倦圃，秀水（今浙江嘉興）人。明崇禎進士，官御史。清順治初授河南道御史，遷廣東布政使。工詩，詞為浙西詞派先河。

宋夏珪（傳）《錢塘觀潮圖》，但見波湧浪奔，氣勢磅礴。整幅構圖虛實對照，空靈靜遠。蘇州博物館藏

滿江紅
送安曉峰侍御謫戍軍臺

［清］王鵬運

荷到長戈，已御盡、九關魑魅。尚記得、悲

歌請劍，更闌相視。慘淡烽煙邊塞月，蹉跎冰雪孤臣淚。算名成、終竟負初心，如何是。　天難問，憂無已。真御史，奇男子。只我懷抑塞，愧君欲死。寵辱自關天下計，榮枯休論人間世。願無忘、珍重百年身，君行矣。

甲午戰敗，御史安維峻（字曉峰）上書請斬李鴻章以謝天下，時人譽為「隴上鐵漢」。慈禧太后盛怒，逼迫光緒帝將安維峻發往張家口軍臺，朝野激憤。王鵬運也不顧個人利害，寫下這首詞送別安維峻。這首詞將家國不幸、友朋情摯和個人寵辱等連血和淚熔鑄一爐，情思飽滿，詞氣慷慨，悲壯沉雄，饒有壯夫扼腕之概。

徐士俊對比岳飛《滿江紅》（「怒髮衝冠」）和王昭儀此首云：「岳之悲壯，王之淒涼，宮怨、邊愁，趙宋一時風景盡矣。」（《古今詞統》卷十二）

詞林逸事

宋恭帝德祐二年（1276）二月，元軍大舉攻入南宋都城臨安（今浙江杭州），三宮悉為亡國賤俘。三月，恭帝、后妃、宮女、侍臣、樂官等三千餘人被擄北上，度宗昭儀王清惠亦在其列。途經北宋時的都城汴京夷山驛時，王清惠難抑心中的亡國巨慟，在驛館牆壁上題寫一首《滿江紅》：

客愁多似西山雨（文天祥《夜起》句）　清鄭鑒亭

太液芙蓉，渾不似、舊時顏色。曾記得、春風雨露，玉樓金闕。名播蘭馨妃后裏，暈潮蓮臉君王側。忽一聲、鼙鼓揭天來，繁華歇。　龍虎散，風雲滅。千古恨，憑誰說。對山河百二，淚盈襟血。驛館夜驚塵土夢，宮車曉輾關山月。問姮娥、於我肯從容，同圓缺。

全詞血淚和流，哀感頑絕，其中有對昔日繁華和擅寵生活的流連，有對異族入侵的仇恨和亡國喪家的悲憤，亦有着被迫離鄉北行的惆悵。更難能可貴的是，作為一個宮廷婦女，詞人沒有停留在對個人悲苦的咀嚼上，而是把眼光投向已經淪喪的祖國山河大地，為之痛哭泣血：「千古恨，憑誰說。對山河百二，淚盈襟血。」於哀婉中含憤激，沉痛中有深思，凜然有忠烈之氣，讀之如聽三峽啼猿，令人心酸墮睫，難以為懷。

文天祥手跡

此詞一出，「中原傳誦」（文天祥《指南後錄》卷一），和作甚多。文天祥囚居金陵，偶然讀到這首詞，對末句產生了誤解，認為從容圓缺云云有隨適取容、無意守節的含義，遂長歎道：「惜哉，夫人於此少商量（欠考慮）矣！」並慨然擬其語氣，重新代作兩首，其中一首是：

和王夫人《滿江紅》韻，以庶幾後山《妾薄命》之意。

燕子樓中，又捱過、幾番秋色。相思處、青年如夢，乘鸞仙闕。肌玉暗消衣帶緩，淚珠斜透花鈿側。最無端、蕉影上窗紗，青燈歇。　曲池合，高臺滅。人間事，何堪說。向南陽阡上，滿襟清血。世態便如翻覆雨，妾身元是分明月。笑樂昌、一段好風流，菱花缺。

其實，和作斬釘截鐵，擲地有聲，寧為玉碎、不為瓦全的民族氣節固是文天祥夫子自道，但他完全誤會了女詞人。王清惠在被押解入元上都（故址在今內蒙古正藍旗東閃電河北岸）後，即自請出家做了女道士，號沖華，如同她詞裏說的月中嫦娥一般，在寂寞清修中全節而終。

樂師汪元量倒是堪稱王清惠的知己。被俘前他曾以琴侍奉宮廷，得識王清惠。後皆被俘至燕，時有詩詞往還。汪元量放還南歸，王清惠率眾舊嬪賦詩送別。他也有一首《滿江紅・和王昭儀韻》代女詞人一訴心曲：

天上人家，醉王母、蟠桃春色。被午夜、漏聲催箭，曉光侵闕。花覆千官鸞閣外，香浮九鼎龍樓側。恨黑風、吹雨濕霓裳，歌聲歇。　人去後，書應絕。腸斷處，心難說。更那堪杜宇，滿山啼血。事去空流東汴水，愁來不見西湖月。有誰知、海上泣嬋娟，菱花缺。

「鐵馬憑江，香車碾月，忍讀昭儀詞句」，清過春山《臺城路・登雷峰望宋勝景園故址》一詞於清逸蕭散之中融入盛衰之感、興亡之恨，其中可見王昭儀的悲愴之作幾百年後仍在震撼着士人的心靈，使人為之一掬悲憫之淚。

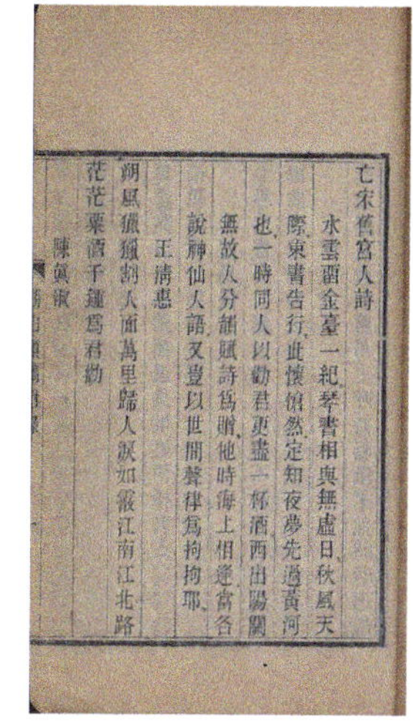
亡宋舊宮人詩
水雲留金臺一紀，琴書相與無虛日。秋風天際，束書告行，此懷惘然，定知夜夢先過黃河也。一時同人以勸君更盡一杯酒西出陽關無故人分韻賦詩為贈，他時海上相逢，當各說神仙人語，又豈以世間聲律為拘拘耶。
王清惠
朔風獵獵割人面，萬里歸人淚如霰。江南江北路茫茫，粟酒千鍾為君勸
陳真淑

汪元量《湖山類稿》附錄《亡宋舊宮人詩》書影

一燈夜雨故鄉心（汪元量《秋日酬王昭儀》句） 清《飛鴻堂印譜》

南朝後主陳叔寶之妹樂昌公主由陳入隋，因破銅鏡，終與駙馬徐德言「破鏡重圓」。

倚聲依譜

《滿江紅》是宋元以來最流行的詞牌之一，多以柳永詞為準。九十三字，前片四仄韻，後片五仄韻，一般例用入聲韻，音節拗怒，聲情激越，宜抒豪壯情感和恢張襟抱。亦可酌增襯字。姜夔改作平韻，令音節諧婉，富有雍容華貴的情調。

定格

中仄平平，平中仄、中平中**仄**。
平仄仄、仄平平仄，仄平中**仄**。
中仄中平平仄仄，中平中仄平平**仄**。
中中中、中仄仄平平，平平**仄**。

中中仄，平仄**仄**。
平仄仄，平平**仄**。
仄平平中仄，仄平平**仄**。
中仄中平平仄仄，中平中仄平平**仄**。
中中中、中仄仄平平，平平**仄**。

變格　平韻格

平仄平平，中仄仄、平仄仄**平**。
平中仄、仄平平仄，中仄平**平**。
中仄平平平仄仄，中平平仄仄平**平**。
仄中平、中仄仄平平，平仄**平**。

平中仄，平仄**平**。
中中仄，仄平**平**。
仄仄平平仄，中仄平**平**。
中仄中平平仄仄，中平平仄仄平**平**。
仄中平、中仄仄平平，平仄**平**。

《詞譜》(《滿江紅》)

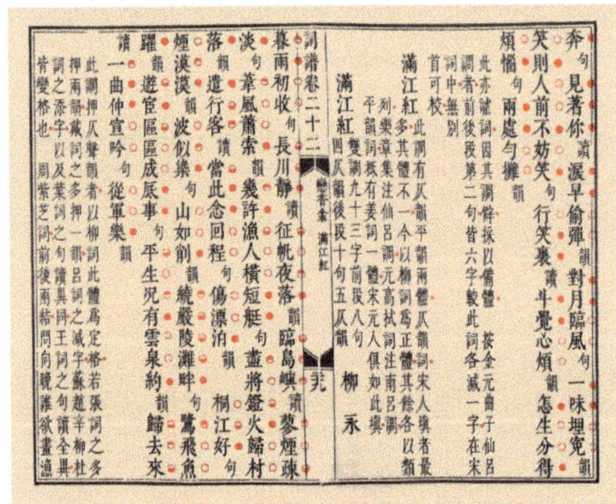

奔句 見著你讀 淚早偷彈韻 對月臨風句 一味埋冤韻
笑則人前不妨笑句 行笑裏讀 斗覺心煩韻 怎生分得
煩惱句 兩處勻攤韻
此亦諸詞因其調解採以備體　按金元曲子仙呂調者前後段第二句皆六字較此詞各減一字在宋詞中無別首可校

滿江紅　此調有仄韻平韻兩體仄韻詞宋人塡者最多其體不一今以柳詞為正體其餘各以類列　樂章集注仙呂調元高拭詞注南呂調平韻詞祇有姜詞一體宋元人俱如此塡

滿江紅　雙調九十三字前段八句四仄韻後段十句五仄韻　柳永

詞譜卷二十二

暮雨初收句 長川靜讀 征帆夜落韻 臨島嶼讀 蓼煙疏
淡句 葦風蕭索韻 幾許漁人橫短艇句 盡將燈火歸村
落韻 遣行客讀 當此念回程句 傷漂泊韻 桐江好句
煙漠漠韻 波似染句 山如削韻 繞嚴陵灘畔句 鷺飛魚
躍韻 遊宦區區成底事句 平生況有雲泉約韻 歸去來
讀 一曲仲宣吟句 從軍樂韻
此調押仄聲韻者以柳詞此體為定格若張詞之多押兩韻押藏詞之多押一韻呂詞之減字蘇趙辛柳杜詞之添字以及葉詞之句讀異同王詞之句讀全異皆變格也　周紫芝詞前後兩結問句讀誰欲畫漁

霜天曉角

試問謫仙何處，青山外，遠煙碧

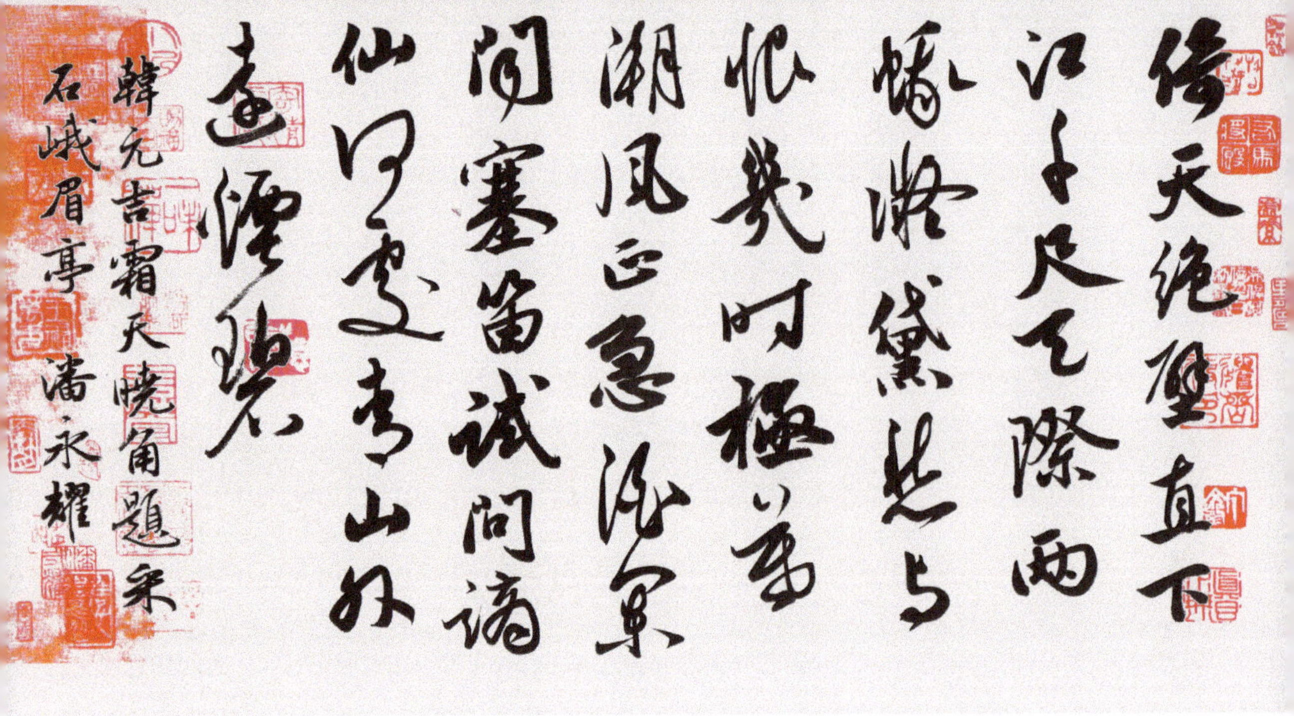

潘永耀書《霜天曉角》

華音流韻

霜天曉角　題採石蛾眉亭

［南宋］韓元吉

倚天絕壁，直下江千尺。天際兩蛾凝黛[1]，愁與恨，幾時極。　暮潮風正急，酒闌聞塞笛。試問謫仙何處[2]，青山外，遠煙碧。

[註釋]

①兩蛾，指隔江對峙的東、西梁山，形似天門，又稱天門山。李白《望天門山》：「天門中斷楚江開，碧水東流至此回。兩岸青山相對出，孤帆一片日邊來。」

②謫仙，指李白。李白狂傲不羈，飄逸灑脫，才華橫溢，老詩人賀知章在長安紫極宮一見，便稱之「謫仙人」。後來李白在懷賀知章的《對酒憶賀監》詩中說：「四明有狂客，風流賀季真。長安一相見，呼我謫仙人。」

臨風賞讀

宋孝宗隆興二年（1164）冬，詞人由番陽（今江西鄱陽）到潤州（今江蘇鎮江）看望母親，這首詞當是途中經採石這一江防要地時，登臨蛾眉亭，沉思時局，有感而作。其時，金兵分道渡淮，破楚、濠、滁等州，南宋當局抵抗不力，東南岌岌可危。

詞的上片寫採石磯雄奇險絕之景。起句突兀，險景天成：「倚天」為仰視所見，只見牛渚山峭壁插雲，好似倚天挺立一般；「直下」為俯視所見，只覺懸崖千尺，直逼江渚。在這一仰一俯之間，採石磯的險峻、蛾眉亭的壯觀便突現在眼

蛾眉亭

前。這是寫近景，接着寫遠景並引發聯想：詞人騁目四望，又見那江天之外兩座夾江峙立的遠山，宛如美人兩抹緊蹙的蛾眉。而那眉梢眉尖凝聚不解的愁與恨，不知到何時才能消散！下一「凝」字，形象生動地寫出遠山也像人一樣，因中原淪陷，眼下東南又將不保而滿腔悲憤愁苦，從而非常精妙傳神地傳達出詞人無限浩茫廣漠的心事。這種多層寫景而重重隱喻的藝術技巧，使詞的內涵更為耐人尋味。

下片詞人目光由遠及近，俯視大江，正值天色向晚，怒濤暗漲，江風吹急。酒醒意興闌珊之際，耳畔彷彿響起如怨如訴、不絕如縷的塞外悲笛，使人感到格外辛酸、痛苦、悲憤！這種由實到虛、半實半虛、虛實結合的寫法，巧妙地將眼前之景和詩人心中對中原故土的思念之情有機地糅合在一起。接下來詞人又迅速將馳騁的想象拉回到眼前。想當年，一生以「濟蒼生」和「安社稷」為懷的謫仙人在此乘醉捉月、騎鯨上青天，如今不知他的蹤跡何處？縱目遠眺，但見青山之外，遠空煙嵐縹碧而已。詞人的壯志與希望，又何嘗不是那一縷可望而不可即的碧煙呢？這一結拍意境幽邈神遠，啟人遐想。

全詞氣格恢宏高曠，比喻新穎，含意深長，向來被譽為詠採石磯的名篇。

採石磯，位於馬鞍山市區西南約五公里的翠螺山麓，古稱牛渚磯。它突兀江中，絕壁臨空，扼據大江要衝，古時即為大江南北重要津渡、江防要地，與岳陽城陵磯、南京燕子磯合稱「長江三磯」。南宋紹興三十一年（1161）「宋金採石之戰」即發生在此。

採石磯太白廟舊照

古今彙評

魏慶之：蛾眉亭題詠甚多，惟《霜天曉角》一曲為絕唱。云：「倚空絕壁……」詞意高絕，幾拍謫仙之肩。（《詩人玉屑》卷二十一）

方　回：韓無咎中原文獻，流落南渡，僅至從列。「天際兩蛾」詞，古今絕唱。（《桐江集》卷一）

吳師道：此《霜天曉角》調也，未有能繼之者。（《吳禮部詩話》）

清石濤《江南八景圖冊》之一，繪過當塗採石磯太白樓懷李白，題詩云：「長懷太白樓，到此忽生愁。浩氣古今月，英明天地秋。三山當檻落，喜樂鼓響城頭。明月去千里，回看水急流。」英國大英博物館藏

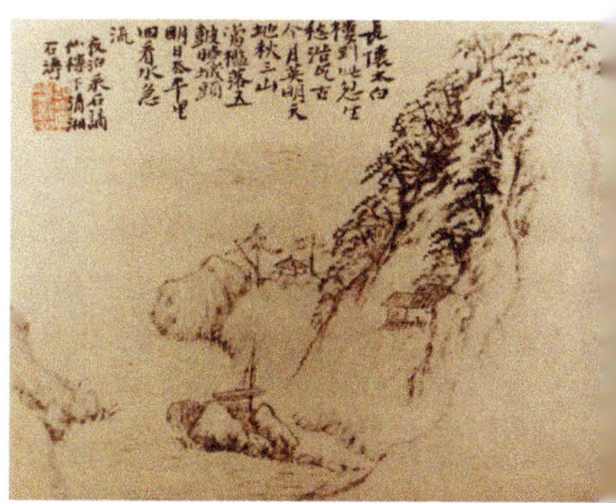

天塹休論險，盡遠目、與天俱佔。山水斂，稱霜晴披覽。正風靜雲閑平瀲灩。想見高吟名不濫。頻扣檻，杳杳落，沙鷗數點。——李之儀徽宗年間罷居當塗，登採石蛾眉亭覽眺長江，亦曾

于湖漁人《牛渚圖》

作《天門謠》。詞人遠目霜天寥廓、浩渺無邊的長江景色，「扣檻」吟嘯，心情激盪。心中的不平與憤慨，在拍打欄檻時，似乎一一灑落在江山之間。

詞人心史

韓元吉（1118—1187）字無咎，許昌（今屬河南）人，一説開封雍丘（今河南杞縣）人。北宋名臣韓維的四世孫，少受業於理學大儒程頤的弟子尹焞。以蔭為龍泉縣主簿，後歷官權中書舍人、吏部侍郎、婺州知府、建寧知府、吏部尚書、龍圖閣學士等職，封潁川郡公。中間曾出使金國。致仕後歸老於信州（今江西上饒）南澗，因自號南澗翁，與其婿呂祖謙講學於竹林精舍。

韓元吉深受尹焞學風的影響，弘實篤行，任建寧府知府時，「表率端莊，篤意學校」，又細察山川形勢、戶口繁耗，以及政教得失，撰寫《建寧府志》，為建寧首部方志。宋金對峙，力主收復失地，但反對輕率北伐。與葉夢得、張孝祥、范成大、陸游、陳亮、辛棄疾等愛國名士交往甚密，多有唱和。他的詞風與辛棄疾相近，多悲懷家國的雄渾豪放之作，但也有婉麗清新之篇。有自編詞集《焦尾集》，原本已佚，《彊村叢書》輯為《南澗詩餘》一卷。

韓元吉跋《北齊校書圖》。美國波士頓藝術博物館藏

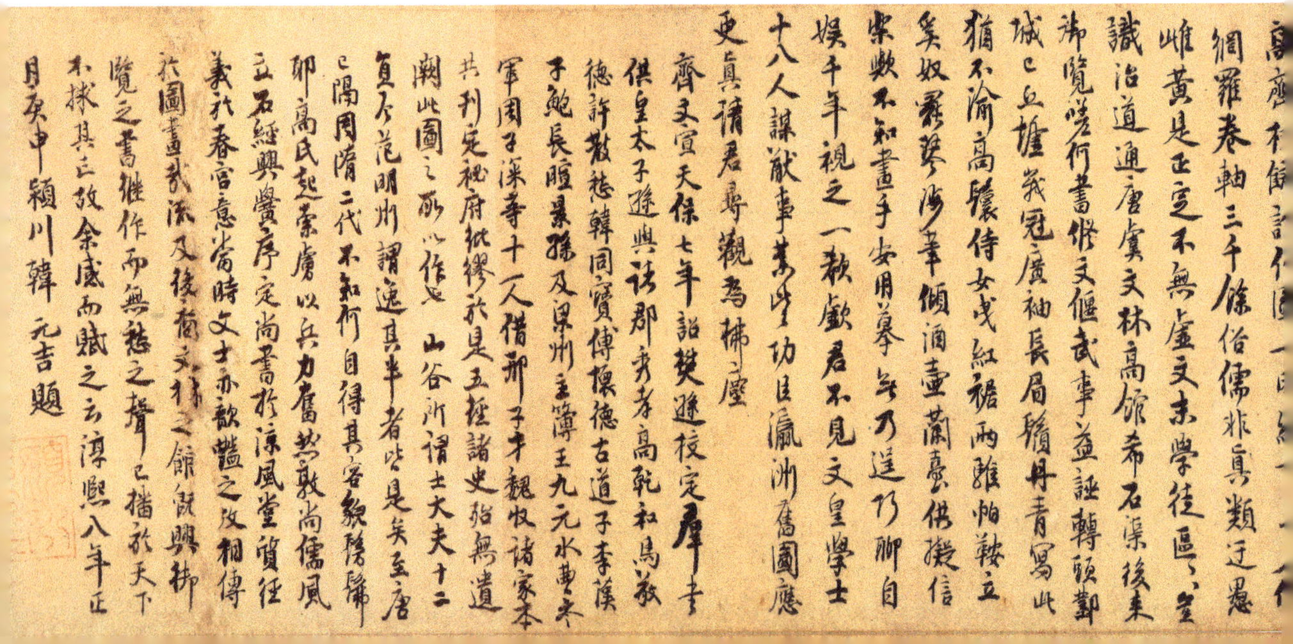

誦書鼓琴，志操益堅。落筆天成，不事雕鐫。如先秦書，氣充力全。（陸游《渭南文集》卷四十一）

韓無咎，名元吉，號南澗。名家文獻、政事文學，為一代冠冕。（黃昇《中興以來絕妙詞選》卷三）

元吉本文獻世家……其學問淵源，頗為醇正……統觀全集，詩體文格均有歐蘇之遺，不在南宋諸人下。（《四庫全書總目提要》卷一百六十）

低吟／浩唱

霜天曉角

［北宋］林逋

冰清霜潔，昨夜梅花發。甚處玉龍三弄，聲搖動、枝頭月。

夢絕，金獸爇。曉寒蘭燼滅。要捲珠簾清賞，且莫掃、階前雪。

這首詠梅詞通過梅、雪、琴、月四者形象的交織，渲染出一個神清骨冷、情真韻絕的藝術境界。

霜天曉角　梅

［南宋］范成大

晚晴風歇，一夜春威折。脈脈花疏天淡，雲來去，數枝雪。

勝絕，愁亦絕。此情誰共說。惟有兩行低雁，知人倚、畫樓月。

這是一首詠梅懷人之作。上闋寫景之勝，起頭兩句先寫梅蕊初綻的環境，接寫梅花映襯着淡天疏雲，質潔如雪、脈脈含情的神韻。下闋寫愁之絕，由讚歎美景急轉到愁情，由梅及人，以梅比人。末二句借飛鴻訴説悵惘孤寂和月夜憑高念遠之情。全詞筆調清新，風格清婉靈秀，景致極清絕，令人神往。

開時似雪，謝時似雪，花中奇絕。香非在蕊，香非在萼，骨中香徹。　占溪風，留溪月。堪羞損、山桃如血。直饒更、疏疏淡淡，終有一般情別。—— 晁補之《鹽角兒．亳社觀梅》上闋先讚梅之品格始終如一，再讚梅香徹骨。下闋讚梅之風姿，「占溪風，留溪月」勾勒出一幅溪月梅韻圖。

「玉龍三弄」即「梅花三弄」，又名《梅花引》《梅花曲》《玉妃引》等。傳說此曲即根據晉桓伊笛曲改編而成，內容寫傲雪的梅花。「玉龍」，是笛子的美稱。全曲主調出現三次，故曰「三弄」。

林逋（968—1028）字君復，錢塘（今浙江杭州）人。初遊江淮間，後歸隱杭州西湖孤山，賞梅養鶴，終身不仕不娶，人稱「梅妻鶴子」，賜謚和靖先生。工詩詞，風格淡遠、婉麗。以擅詠梅著稱，尤以「疏影橫斜水清淺，暗香浮動月黃昏」（《山園小梅》）兩句被視作千古絕唱。

宋馬遠（傳）《林和靖圖》，繪高士林逋曳杖水邊賞梅的情景。日本根津美術館藏

宋喬仲常《後赤壁賦圖》（局部）。美國納爾遜－阿特金斯藝術博物館藏

霜天曉角　赤壁

［南宋］辛棄疾

雪堂遷客，不得文章力。賦寫曹劉興廢，千古事、泯陳跡。

望中磯岸赤，直下江濤白。半夜一聲長嘯，悲天地、為予窄。

這是一首赤壁懷古詞，因赤壁而懷蘇軾，感歎江上依舊，英雄俱逝，人生瞬息，功業渺茫。結拍的感喟，則蘊有對現實的深深憂慮與壯士請纓無路的憤懣，孤獨焦灼中飛動跳蕩着強烈的生命激情，寫得尤為沉鬱悲壯。

霜天曉角

［南宋］高觀國

春雲粉色，春水和雲濕。試問西湖楊柳，東風外、幾絲碧。

望極，連翠陌。蘭橈雙槳急。欲訪莫愁何處，旗亭在、畫橋側。

在這首詞中，詞人以融情入景的高超技巧，不用濃筆渲染，只是輕抹淡繪雲、水、柳、舟、亭、橋，一幅秀美淡雅的西湖春景圖便生動地再現於眼前，而詞人愛春讚春的暢快感情渾然無跡地融入其中。結末兩句，暗用唐代詩人王之渙和詩友「旗亭畫壁」的故事。全詞委婉入妙，物我諧和，格調高雅，情趣橫生。清李調元許之為「西湖第一詞」，說：「西湖詞甚多，然無過高觀國《竹屋癡語》所載《霜天曉角》詞……初春情景，此詞盡之矣。」（《雨村詞話》卷三）

明抄本高觀國《竹屋癡語》（《宋元名家詞七十種》）書影

屈指數春來，彈指驚春去。簷外蛛絲網落花，也要留春住。

幾日喜春晴，幾夜愁春雨。十二雕窗六曲屏，題遍傷心句。——高觀國《卜算子·泛西湖坐間寅齋同賦》抒寫傷春惜春的情懷，而「其着意在末句題遍屏窗，可見亂愁無次，不僅傷春也」（俞陛雲《唐五代兩宋詞選釋》）。全詞曲折有致，輕倩婉麗，饒有韻味。

試問西湖楊柳，東風外幾絲碧（高觀國《霜天曉角》句）　清　徐三庚

霜天曉角　儀真江上夜泊

［南宋］黃機

寒江夜宿，長嘯江之曲。水底魚龍驚動，風捲地，浪翻屋。

詩情吟未足，酒興斷還續。草草興亡休問，功名淚，欲盈掬。

詞人夜宿於地處抗金前線的儀真（今江蘇儀徵）江邊，佇立寒

宋巖叟（或謂南宋宋伯仁作）《梅花詩意圖》，繪盛開的梅花，構圖疏密有致，運筆遒勁有力，枝條生動，富有韻味，頗具揚無咎遺法。美國弗利爾美術館藏

江，北望中原，不禁仰天長嘯，一腔鬱勃不平之氣噴薄而出，傾吐為這首雄闊蒼涼的小令。全篇感情沉鬱深厚，以驚心動魄的景物意象抒寫出詞人內心無法排遣的心係天下興亡而又報國無門的憂憤。結穴三句直抒胸臆，沉哀至痛，讀來使人黯然神傷。

黃機字幾仲（一作幾叔），號竹齋，婺州東陽（今屬浙江）人。曾為州郡屬吏，遊蹤多在吳楚間，常與岳珂以長詞唱酬，並有詞寄辛棄疾。詞風沉鬱蒼涼，亦近辛派。著有《竹齋詩餘》。

霜天曉角

［南宋］華岳

情刀無斤劚，割盡相思肉。說後說應難盡，除非是、寫成軸。
帖兒煩付祝，休對旁人讀。恐怕那懣知後，和它也淚瀑漱。

這首情詞抒寫刻骨相思，以口語入詞，抒情直白、真率，語氣皆為訴說，有點曲的味道。

劚，斫，砍。
那懣，即「那們」，那個人。
它，同「他」（男女通用）。
瀑漱，象聲詞，即「撲簌簌」「撲撲簌簌」，用以形容落淚。

華岳字子西，自號翠微，貴池（今屬安徽）人。嘉定武舉進士，為殿前司官屬。以謀去丞相史彌遠事覺，下獄杖死。為人倜儻豪爽。有《翠微南徵錄》。

霜天曉角　梅

［南宋］蕭泰來

千霜萬雪，受盡寒磨折。賴是生來瘦硬，渾不怕、角吹徹。
清絕，影也別。知心惟有月。元沒春風情性，如何共、海棠說。

詞人在理宗朝為御史時，右司李伯玉劾其依附丞相謝方叔，姚希得還指其為「小人之宗」。此詞當是憤慨宦海風波險惡，以梅自況而明素志。上片寫梅之「硬」，亦即寫梅的傲骨，天生堅勁挺拔，全不怕朔風勁吹，霜淒風緊；下片寫梅之「清」，亦即寫梅的高潔超俗，不屑與凡卉爭勝。梅的瘦硬清高，實象徵人的骨氣貞剛，品質高潔，梅格與人格融而為一，契合若神。全詞重在刻畫梅之神韻，命意措辭，新奇高逸，在諸多詠梅詞中可謂不同凡響。

蕭泰來字則陽（一說字陽山），號小山，臨江人。紹定進士。寶祐元年（1253）自起居郎出守隆興府。其詞雅俊，有《小山集》。

霜天曉角

［南宋］蔣捷

人影窗紗，是誰來折花。折則從他折去，知折去、向誰家。

樓槃字考甫，號曲澗，鄞縣（今浙江寧波）人。紹定初（約1228），為慶元府學教諭。

銅城驛，在今山東東阿縣北四十里。

魚山，又稱魚條山，在東阿縣西八里。

明文徵明《冰姿倩影圖》，寫老梅一株，盤折虯曲，蒼勁清凜，枝頭疏梅點點，清氣朗朗。南京博物院藏

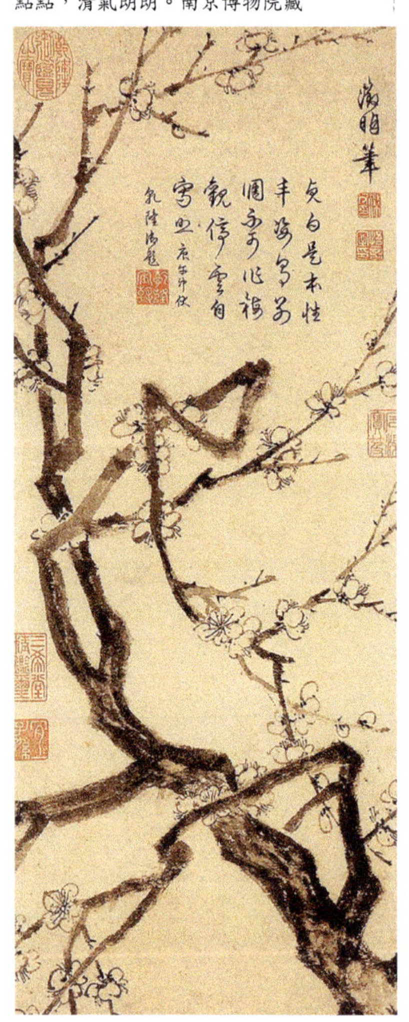

簷牙，枝最佳。折時高折些。說與折花人道，須插向、鬢邊斜。

這是一出清新、活潑的生活小品：朦朧的紗窗外人影一晃。「是誰？」室內主人略帶驚訝的一怔。哦，原來是折花的。折了就折了吧，不過，也不知是誰給折去了。哎，簷角那枝最好了，可要長長地折一枝啊。還有，記得，把花插上鬢邊時，可要斜斜地那樣插哦，那樣最好看。只寥寥幾筆，室內主人的豁達、慧心、雅趣，便活脱脱地勾勒出來了，讀來不禁莞爾。其時散曲初興，這首詞既有散曲白描、輕巧的特點，又保存了宋詞的「騷雅」和疏淡。

參讀

睡起煎茶，聽低聲賣花。留住賣花人問，紅杏下、是誰家。兒家，花肯賒，卻憐花瘦些。花瘦關卿何事，且插朵、玉搔斜。—— 明彭孫貽《霜天曉角．賣花，用竹山摘花韻》寫賣花，也寫得輕快活潑，對答情狀歷歷如繪，饒有情趣。

霜天曉角

［南宋］樓槃

月淡風輕，黃昏未是清。吟到十分清處，也不啻、兩三更。

曉鐘天未明，曉霜人未行。只有城頭殘角，說得盡、我平生。

這首詞詠調名本意，極寫霜天號角之聲清。以時間為序，黃昏清角不及半夜（二、三更），而最清則在曉鐘未動、秋夜將殘時，並說只有此時清角才能訴說其心底的哀傷，傾吐其平生的積鬱。全詞語妙格高，風致清絕。

霜天曉角　晚次東阿

［清］朱彝尊

鞭影匆匆，又銅城驛東。過雨碧羅天淨，才八月，響初鴻。

微風，何寺鐘。夕曛嵐翠重。十里魚山斷處，留一抹、棗林紅。

這首詞以自然清新的筆法，寫途中馬上耳目所接秋景，雨霽碧空，初歸的鴻雁，古寺鐘聲，夕照下的棗林，莫不一掠而過。不假塗飾渲染，而色彩明麗絢爛，流動明快，意境幽美。

詞林逸事

韓元吉致仕後僑寓在信州（今江西上饒）南澗。宋孝宗淳熙八年（1181）辛棄疾被王藺彈劾，亦退隱於信州之帶湖。兩人心氣相通，時相唱和，過從甚密。

月巖，在上饒楓嶺頭村西石橋山，與石城山對峙。紅石山體高聳挺拔，巖洞從石山腹部穿過，遠望如月，故名月巖，又稱雲洞。

淳熙九年（1182）重陽節，兩人攜手同遊月巖雲洞。韓元吉見月巖四周峰壁如削，如城如廓，景觀十分奇特，很是驚歎，於是先吟出一首：

今日俄重九，莫負菊花開。試尋高處攜手，躡屐上崔嵬。放目蒼巖千仞，雲護曉霜成陣，知我與君來。古寺倚修竹，飛檻絕纖埃。　笑談間，風滿座，酒盈杯。仙人跨海休問，隨處是蓬萊。落日平原西望，鼓角秋深悲壯，戲馬但荒臺。細把茱萸看，一醉且徘徊。——《水調歌頭·遊雲洞》

辛棄疾見好友韓尚書吟出如此妙句，情不自禁，接連和了兩首：

今日復何日，黃菊為誰開。淵明謾愛重九，胸次正崔嵬。酒亦關人何事，政自不能不爾，誰遣白衣來。醉把西風扇，隨處障塵埃。　為公飲，須一日，三百杯。此山高處東望，雲氣見蓬萊。翳鳳驂鸞公去，落佩倒冠吾事，抱病且登臺。歸路踏明月，人影共徘徊。——《水調歌頭·九日遊雲洞，和韓南澗尚書韻》

千古老蟾口，雲洞插天開。漲痕當日何事，洶湧到崔嵬。攫土摶沙兒戲，翠谷蒼崖幾變，風雨化人來。萬里須臾耳，野馬驟空埃。　笑年來，蕉鹿夢，畫蛇杯。黃花憔悴風露，野碧漲荒萊。此會明年誰健，後日猶今視昔，歌舞只空臺。愛酒陶元亮，無酒正徘徊。——《水調歌頭·再用韻呈南澗》

蝴蝶不傳千里夢（辛棄疾《滿江紅》句） 王福庵

兩人雖寄情山水，但都身在江湖，心存魏闕，仍以國事縈懷。韓元吉曾填一首《水龍吟》為辛棄疾祝壽，以恢復大業相期：

南風五月江波，使君莫袖平戎手。燕然未勒，渡瀘聲在，宸衷懷舊。臥佔湖山，樓橫百尺，詩成千首。正菖蒲葉老，芙蕖香嫩，高門瑞，人知否。　凉夜光躔牛斗，夢初回、長庚如晝。明年看取，纛旗南下，六騾西走。功畫淩煙，萬釘寶帶，百壺清酒。便公留剩馥，蟠桃分我，作歸來壽。

巧的是兩人生日相差僅一日，辛棄疾立即和了一首：

渡江天馬南來，幾人真是經綸手。長安父老，新亭風景，可憐依舊。夷甫諸人，神州沉陸，幾曾回首。算平戎萬里，功名本是，真儒事，公知否。　況有文章山斗，對桐陰、滿庭清晝。當年墮地，而今試看，風雲奔走。綠野風煙，平泉草木，東山歌酒。待他年整頓，乾坤事了，為先生壽。——《水龍吟．甲辰歲壽韓南澗尚書》

南澗原唱與稼軒和韻同聲相應，彼此勉勵，均寫得落落不凡，豪邁奔放，絕非一般俗濫的祝壽詞可同日而語。

倚聲依譜

《霜天曉角》又名《月當窗》《長橋月》《踏月》。雙調，四十三字，前後片各四句，三仄韻。別有平韻格一體。此調聲調淒婉悲壯，多用以表達抑鬱、惆悵或悲涼之情。

《詞譜》（《霜天曉角》）

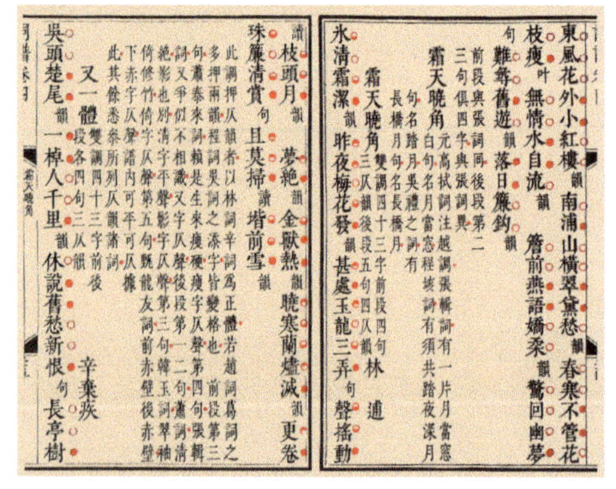

東風花外小紅樓韻南浦山橫翠黛愁韻春寒不管花
枝瘦叶無情水自流韻簷前燕語嬌柔韻驚回幽夢
句難尋舊遊韻落日簾鈎韻
前段與張詞同後段第二
三句俱四字與張詞異
霜天曉角 元高栻詞注越調張輯詞有一片月當窗
白句名月當窗程垓詞有須共踏夜深月
句名踏月吳禮之詞有
長橋月句名長橋月
霜天曉角 雙調四十三字前段四句
三仄韻後段五句四仄韻 林逋
冰清霜潔韻昨夜梅花發韻甚處玉龍三弄句聲搖動
讀枝頭月韻夢絕韻金獸熱韻曉寒蘭燼滅韻更卷
珠簾清賞句且莫掃讀堦前雪韻
此調押仄韻者以林詞辛詞為正體若趙詞葛詞之
多押兩韻程詞吳詞之添字皆變格也前段第三
句蕭泰來詞賴是生來瘦硬瘦字仄聲第四句張輯
詞又爭似不相識又字仄聲後段第一二句蕭詞清
絕影也別清字平聲影字仄聲第三句韓玉詞翠袖
倚修竹倚字仄聲第五句甄龍友詞前赤壁後赤壁
下赤字仄聲譜內可平可仄據
此其餘悉參所列仄韻諸詞
又一體 雙調四十三字前後
段各四句三仄韻 辛棄疾
吳頭楚尾韻一棹人千里韻休說舊愁新恨句長亭樹

定格

中平中**仄**，中仄平平**仄**。
平仄仄平平仄，中中仄、平平**仄**。

中平平仄**仄**，中平平仄**仄**。
平仄仄平平仄，中中仄、平平**仄**。

卜算子

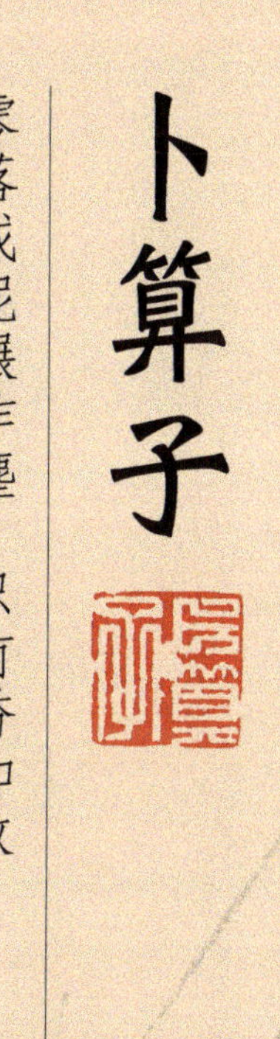

零落成泥碾作塵，只有香如故

華音流韻

卜算子　詠梅

［南宋］陸游

驛外斷橋邊，寂寞開無主。已是黃昏獨自愁，更著風和雨①。　無意苦爭春，一任群芳妒。零落成泥碾作塵，只有香如故。

臨風賞讀

這是一首卓絕千古的詠梅之作。

詞的上片運用白描手法，描繪出一幅冬梅怒綻圖：暮色朦朧，一陣陣刺骨的寒風不斷襲來，冰冷的雨點肆無忌憚在敲打着大地，一派蕭瑟淒涼。幽遠靜寂的破落驛站，破敗不堪的橋邊伸展出一樹臘梅，綻放出一朵朵小小的、冰清玉潔的花朵。這淩寒而立的鮮活的生命，以她的貞剛勁節、以她的高潔無匹、以她的卓爾不群，此時此地征服了天地、征服了觀者。

下片詞人筆鋒一轉，借梅抒情，表明心志。梅花不畏風寒，先百花而發，但她只有迎春報春的赤誠，而並非有意相爭，即使「群芳」有「妒心」，那也是它們自己的事情，就「一任」它們嫉妒去吧。她對這一切都毫不在乎，因為心地坦蕩，所以無懼無畏。這兩句表現出陸游的孤傲拔俗，決不與爭寵邀媚、阿諛逢迎之徒為伍的品格和不畏讒毀、堅貞自守的崚峋傲骨。結拍寫梅花的孤高，淩寒先發，即使飄零墜落，碾成塵土，那一份獨特的清香也會保持如故，彌漫在天空之中，表達了詞人雖九死而未悔的堅毅心志。

縱觀全詞，詞人以物喻人，託物言志，從梅花的意態、精神落筆，將詞人自己的身世之感及高潔品格融於其中，使人感受到一種崇高的人格魅力，為之產生共鳴。

林振武書《卜算子》

古今彙評

卓人月：（末句）想見勁節。（《古今詞統》卷四）

唐圭璋：此首詠梅，取神不取貌，梅之高格勁節，皆能顯出。……「零落」兩句，更揭出梅之真性，深刻無匹。詠梅即以自喻，與東坡詠鴻同意。東坡、放翁，固皆為忠忱鬱勃，念念不忘君國之人也。（《唐宋詞簡釋》）

夏承燾：陸游這首詞則是寫失意英雄志士的兀傲形象。（《唐宋詞欣賞》）

劉永濟：此亦作者身世之感，但借梅抒出之。（《唐五代兩宋詞簡析》）

錢仲聯：橋邊驛外、黃昏風雨的背景，無意爭春、俯視群芳的標格，切定梅花，移用於他花不得。通首不出現梅花字面，卻不脫不粘地傳出了梅花之神。（《唐宋詞譚》）

[註釋]
①著，受，遭。

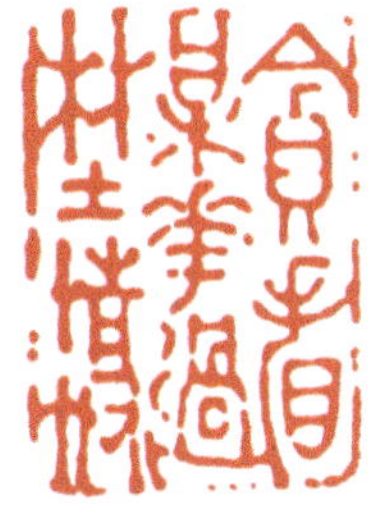

貪看梅花過野橋（明楊士奇《劉伯川席上作》句） 清江步青

讀陸游詠梅詞，反其意而用之。

風雨送春歸，飛雪迎春到。已是懸崖百丈冰，猶有花枝俏。

俏也不爭春，只把春來報。待到山花爛漫時，她在叢中笑。——毛澤東《卜算子·詠梅》寫出了梅花的神韻——既具有錚錚鐵骨和挑戰精神，又具有甘願隱於百花之中，謙遜脫俗、至剛無欲的品格，昇華了詞的藝術境界。

宋佚名《觀梅圖》，繪溪橋岸畔兩樹古梅虬枝交錯，一高士攜杖佇立一旁，注目觀賞。美國火奴魯魯藝術學院藏

詞人心史

陸游（1125—1210）字務觀，號放翁，越州山陰（今浙江紹興市越城區）人，陸佃之孫。生逢世亂，幼承父、師教誨，立下「上馬擊狂胡，下馬草軍書」（《觀〈大散關圖〉有感》）之志。孝宗隆興初，賜進士出身。歷任縣主簿、府州通判、禮部

清費丹旭繪《放翁先生像》。曹氏默齋藏

放翁

郎中、祕書監。自乾道六年（1170）出任夔州通判，至淳熙五年（1178）奉詔回朝、出川東歸，在劍南八年，期間鐵馬秋風，置身於忠勇的抗金官兵之間，為其一生中精神最為奮發的時期。東歸後在福建、江西和浙江做過幾任地方官，終因一貫主張抗金復地遭到「排陷」，去職還鄉。此後二十多年一直蟄居故里。嘉定二年十二月除夕（1210 年 1 月 26 日），老詩人吟出一首絕筆詩《示兒》，齎志以歿。有《劍南詩稿》八十七卷、《渭南文集》五十卷、《南唐書》十八卷。詞二卷，載於《渭南文集》。

作為中興四大詩人（陸游、尤袤、楊萬里、范成大）之冠，陸游尤為豪放不羈，感情奔放。其詩主要抒寫抗敵禦辱、恢復中原的激越情懷和有志難伸的憂憤，語言明朗瑰麗，情調悲壯磊落，氣魄雄渾慷慨，境界綽約多姿，時有「小太白」之稱。其詞風格多樣，既有充滿氣吞殘虜的愛國激情的雄放之作，又有抒寫深摯感情或寄寓着曠逸襟懷的婉麗飄逸之章。

放翁長短句，其激昂感慨者，稼軒不能過；飄逸高妙者，與陳簡齋、朱希真相頡頏；流麗綿密者，欲出晏叔原、賀方回之上；而歌之者絕少。（劉克莊《後

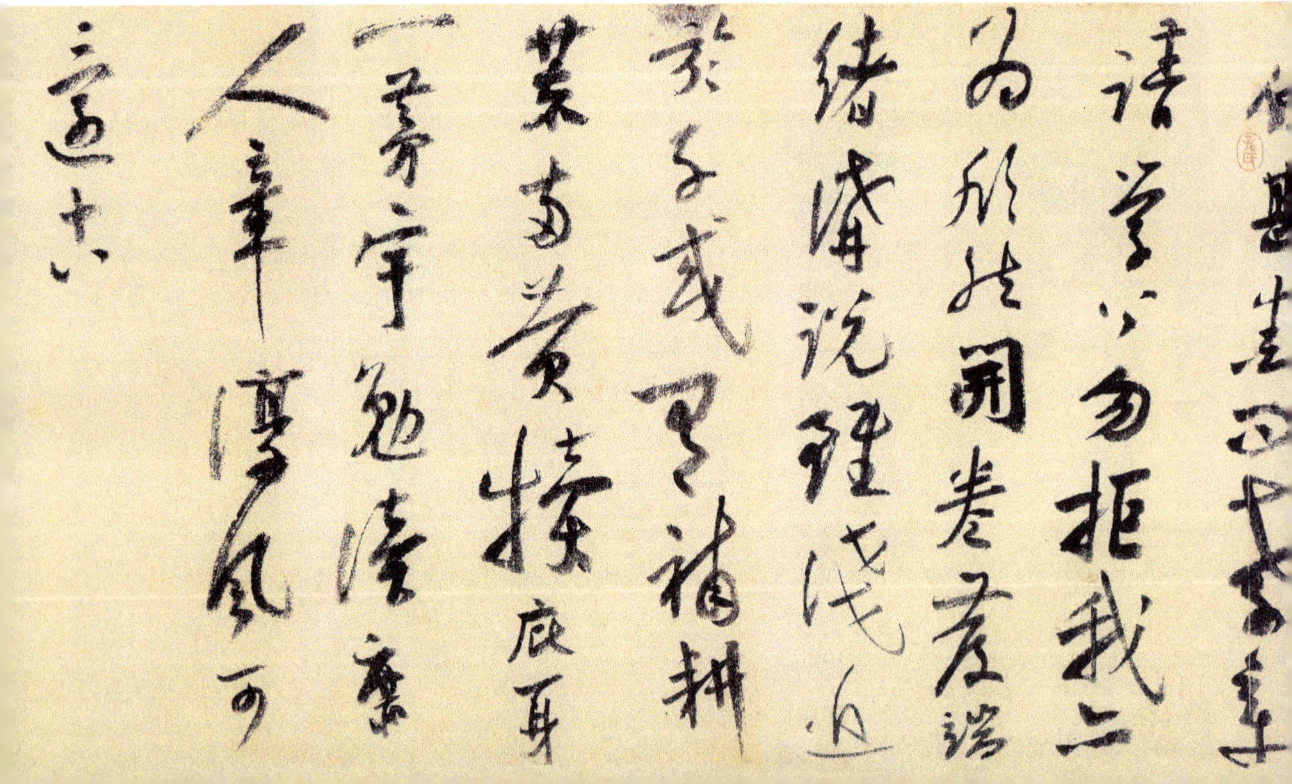

村大全集》卷一百八十）

放翁詞纖麗處似淮海，雄慨處似東坡。（楊慎《詞品》卷五）

南渡後唯放翁為詩家大宗，詞亦掃盡纖淫，超然拔俗。（許昂霄《詞綜偶評》）

陸放翁詞，安雅清贍，其尤佳者在蘇、秦之間。然乏超然之致，天然之韻。（劉熙載《藝概》卷四）

放翁詞格殊清快，迫稼軒。（李慈銘《越縵堂讀書記》八）

放翁樂府曲而至，婉而深，跌宕而昭彰。（譚獻《老學後庵自訂詞序》）

劍南屏除纖絕，獨往獨來，其逋峭沉鬱之概，求之有宋諸家，無可方比。（馮煦《蒿庵論詞》）

放翁、稼軒，掃盡綺靡，別樹詞壇一幟。然二公正自不同：稼軒詞悲而壯，如驚雷怒濤，雄視千古；放翁詞悲而鬱，如秋風夜雨，萬籟呼號，其才力真可亞於稼軒。人謂放翁頹放，詩詞一如其人，不知處放翁之境，外患既深，內亂已作，不得不緘口結舌，託於頹放，其忠君愛國之心，實與子美、子瞻無異也。（陳廷焯《雲韶集輯評》卷六）

詩界千年靡靡風，兵魂銷盡國魂空。集中十九從軍樂，亙古男兒一放翁。（梁啟超《讀陸放翁集》）

（陸游詞）有激昂慷慨和閑適飄逸的兩種境界。（胡適《詞選》）

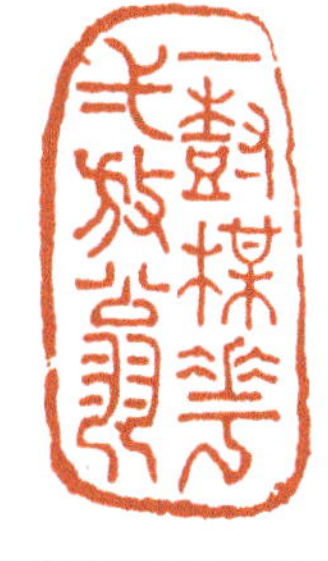

一樹梅花一放翁　陸開鈞

陸游《自書詩卷》（局部），筆勢飛揚，老辣而又天真，勁逸瀟灑，其胸中磊落、盤鬱之氣躍然紙上。遼寧省博物館藏

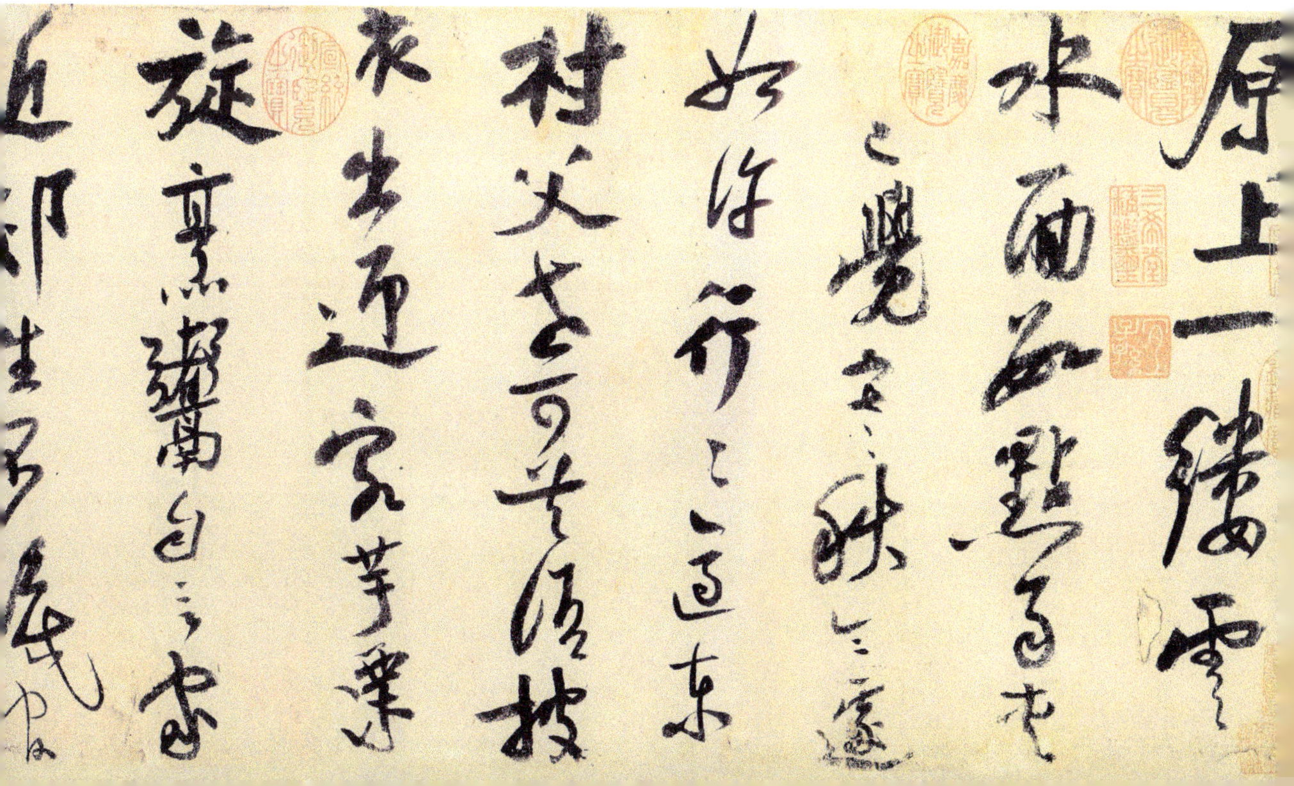

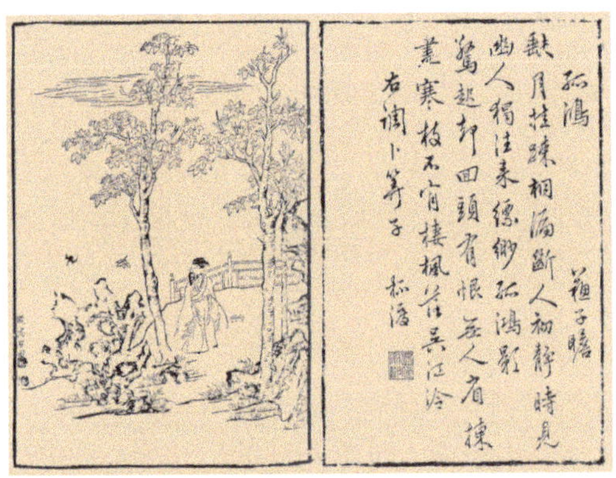

蘇軾《卜算子》(《詩餘畫譜》)

王觀(1032?—?)字通叟,號逐客,如皋(今屬江蘇)人。嘉祐二年(1057)進士。知江都縣事,任大理寺丞等。其詞工細輕柔,新麗清新。王灼說:「王逐客才豪,其新麗處與輕狂處,皆足驚人。」(《碧雞漫志》卷二)撰有《揚州芍藥譜》一卷。

低吟 / 浩唱

卜算子　送鮑浩然之浙東

[北宋] 王觀

水是眼波橫,山是眉峰聚。欲問行人去那邊,眉眼盈盈處。　才始送春歸,又送君歸去。若到江南趕上春,千萬和春住。

這是一首別具一格的、浸潤着真摯感情的送別詞。詞中妙用「倒喻」:那些清澈明亮的江水,仿佛是他所想念的人流動的眼波;而一路上團簇糾結的山巒,也似乎是她們蹙損的眉峰了。這兩個別致新穎的比喻,刻畫了友人所去的浙東秀麗山水和自己送別時脈脈含情的動態。全詞還把惜別與惜春交織一起來寫,更使作品構思精巧,蘊涵深厚而又富有靈性,千百年來一直膾炙人口。

卜算子　黃州定慧院寓居作

[北宋] 蘇軾

缺月掛疏桐,漏斷人初靜。誰見幽人獨往來,縹緲孤鴻影。

驚起卻回頭,有恨無人省。揀盡寒枝不肯棲,寂寞沙洲冷。

這首詞是元豐五年(1082)十二月詞人初貶黃州寓居定慧院時所作。詞中借月夜孤鴻為喻,表達了詞人高潔自賞、蔑視流俗的心境。上片以缺月、疏桐、漏斷這些淒冷意象的渲染,烘托貶所環境的幽寂和幽居之人的孤獨;下片專寫孤鴻遭遇不幸,心懷幽恨,驚恐不已,抒發詞人政治失意後寂寞、清傲的心情。這首詞意境高曠灑脫、運筆空靈,確如黃庭堅所說:「語意高妙,似非吃煙火食人語,非胸中有萬卷書,筆下無一點塵俗氣,孰能至此!」(《山谷題跋》卷二)黃蓼園亦謂「格奇而語雋,斯為超詣神品」(《蓼園詞選》)。

蘇軾《前赤壁賦》作於元豐五年(1082)貶謫黃州(今湖北黃岡)時,賦以浪漫絕美的筆調、主客問答的形式記敍與朋友月夜泛舟遊赤壁的所見所感,及對宇宙人生的思索,境界超拔、哲理雋永。此卷為友人傅堯俞書,用筆鋒正力勁,欲透紙背;結體寬厚豐腴,力斂筋骨,盡顯沉厚而靜穆。臺北「故宮博物院」藏

斜日對荒山，雲黑天垂暮。時見空中一雁來，冷入殘蘆去。

驚起卻低飛，有意同誰語。啄盡枝頭數點霜，還向空中舉。——明蔣冕《卜算子》追步蘇詞，描繪了荒涼冷落的環境，刻畫了孤雁夜飛的形象，暗喻了詞人政治失意的孤寂之情，反映出作者不同流俗、清高自守的品格。

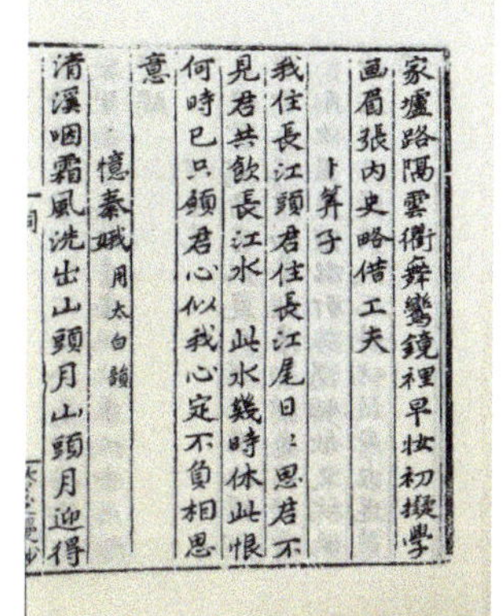

家壚路隔雲衢舜鸞鏡裡早妝初擬學
畫眉張內史略借工夫
卜算子
我住長江頭君住長江尾日日思君不
見君共飲長江水此水幾時休此恨
何時已只願君心似我心定不負相思
意
憶秦娥 用太白韻
清溪咽霜風洗出山頭月山頭月迎得

明抄本李之儀《姑溪詞》（《宋元名家詞七十種》）書影

卜算子

［北宋］李之儀

我住長江頭，君住長江尾。日日思君不見君，共飲長江水。

此水幾時休，此恨何時已。只願君心似我心，定不負相思意。

同住長江邊，同飲長江水，卻因相隔江山萬里而不能相見，此情如水長流不息，此恨綿綿終無絕期。江頭江尾的阻隔縱然不能飛越，而兩相摯愛的心靈卻一脈遙通。只願對空遙祝君心永似我心，彼此不負相思情意。李之儀這首情詞以長江水為抒情線索，明白如話，感情卻深沉真摯纏綿，設想很別致，深得民歌風味。

卜算子

［北宋］謝逸

煙雨冪橫塘，紺色涵清淺。誰把并州快剪刀，剪取吳江半。

隱几岸烏巾，細葛含風軟。不見柴桑避俗翁，心共孤雲遠。

這首詞上片寫景，描畫出了隱者所處的環境。煙雨空濛，水色天青，橫塘瀲灩，吳江潺湲，風景如畫，使人心靜神遠，幾欲忘卻濁世塵寰。下片寫人，烏巾葛衣儼若神仙，心逐孤雲，隱自恬淡。山水寄幽情，此之謂真隱士也，境是仙境，人是高士，境界和諧完美，難怪前人評曰：「標致雋永，全無蹊澤，可稱逸調。」（徐釚《詞苑叢談》卷三）

赤壁賦
壬戌之秋七月既望蘇子與
客泛舟游于赤壁之下清風
徐來水波不興
誦明月之詩
舉酒屬客
誦窈窕之章
少焉月出於東山之上裴回
於斗牛之間白露橫江水
光接天縱一葦之所如陵
万頃之茫然浩浩乎如馮虛
御風而不知其所止飄飄乎
如遺世獨立羽化而登僊
於是飲酒樂甚扣舷而
歌之歌曰桂棹兮蘭槳
擊空明兮泝流光渺渺兮
余懷望美人兮天一方客有
吹洞簫者倚歌而和之其
聲嗚嗚然如怨如慕如
泣如訴餘音嫋嫋不絕如
縷舞幽壑之潛蛟泣孤
舟之嫠婦蘇子愀然正
襟危坐而問客曰何為其
然也客曰月明星稀烏鵲
南飛此非曹孟德之詩乎
西望夏口東望武昌山川
相繆鬱乎蒼蒼此非孟德
之困於周郎者乎方其破
荊州下江陵順流而東也
舳艫千里旌旗蔽空釃
酒臨江橫槊賦詩固一世
之雄也而今安在哉況吾與
子漁樵於江渚之上侶魚

卜算子

［北宋］徐俯

天生百種愁，掛在斜陽樹。綠葉陰陰自得春，草滿鶯啼處。　不見淩波步，空憶如簧語。柳外重重疊疊山，遮不斷、愁來路。

宋佚名《泛舟柳塘圖》，繪一雅士泛舟湖面，意境遼闊幽逸。美國大都會藝術博物館藏

這首詞寫離愁，但能獨辟蹊徑。愁本無形，詞人卻使之有形，如斜陽下的煙靄，掛在他目眺所極的遠山樹頭。綠葉陰陰、草長鶯啼，舉目之間，絕無惹愁處；然葉也、草也、鶯也，皆欣欣自得，全不顧我的愁懷。唯淩波微步，如簧話語，已被群山隔斷，伊人已杳不可見，那擋住他視線的遠山煙靄，便化作了無窮閑愁。剛才它還掛在樹梢，轉眼之間，它已如波起雲湧，直奔詞人而來，縱有重重疊疊的群山為阻，也遮不住它的奔湧之勢。起首以樹喻愁，結尾以山遮愁，前後照應，渾然一體，創造出一種剛健質樸的意境。

徐俯（1075—1141）字師川，洪州分寧（今江西修水）人。黃庭堅之甥。以父禧死國事，授通直郎。紹興二年（1132），賜進士出身。累官端明殿學士，簽書樞密院事，權參知政事。為江西派詩人，但他後來極力擺脫江西詩派艱深雕琢的風格，追求平易自然的詩風。詞存十七首。

參讀

雙飛燕子幾時回？夾岸桃花蘸水開。春雨斷橋人不度，小舟撐出柳陰來。—— 徐俯《春遊湖》以清新的筆調勾畫出一幅情趣盎然的江南水鄉圖。一個「蘸」字，桃花映水的姿態宛然。小舟撐來，全詩隨之飛動，令人叫絕。南宋趙鼎臣在《和默庵喜雨述懷》詩中稱讚說：「解道春江斷橋處，舊時聞說徐師川。」詞人張炎則化用出另一名句 ——「荒橋斷浦，柳陰撐出扁舟小」（《南浦 · 春水》）。

卜算子

［南宋］朱敦儒

旅雁向南飛，風雨群相失。飢渴辛勤兩翅垂，獨下寒汀立。
鷗鷺苦難親，矰繳憂相逼。雲海茫茫無處歸，誰聽哀鳴急。

靖康元年（1126）十一月，金兵強渡黃河，進逼詞人的家鄉洛陽，中原大地沉浸在血與火的深淵。詞人不得不背井離鄉，開始入兩湖、過江西、至兩廣的漫長南奔逃難。這首詠旅雁詞就是以旅雁失群後的困厄來反映他的流亡生活和廣大人民流離艱辛的景況。詞中情景交融，處處寫雁，又處處在寫詞人身世感慨，心情十分沉痛。

卜算子　答施

［南宋］樂婉

相思似海深，舊事如天遠。淚滴千千萬萬行，更使人、愁腸斷。　要見無因見，拚了終難拚。若是前生未有緣，待重結、來生願。

這是一首情侶臨別之際互相贈答之詞。明陳耀文《花草粹編》卷二引宋楊湜《古今詞話》云：杭妓樂婉與施酒監善，施嘗贈以詞云：「相逢情便深，恨不相逢早。識盡千千萬萬人，終不似、伊家好。　別你登長道，轉更添煩惱。樓外朱樓獨倚欄，滿目圍芳草。」於是，樂婉以這首詞作答。此詞直抒胸臆，明白如話，寥寥數筆，一位至性真情、豪爽果決的女性形象，卻活脱躍然紙上。

贈、答皆用《卜算子》調。上下片兩結句（贈詞下結除外），較通常句式增加了一個字，化五言為六言句，於第三字頓，遂使這個詞調一氣流轉的聲情，增添了頓宕波峭之致。

卜算子

［南宋］游次公

風雨送人來，風雨留人住。草草杯盤話別離，風雨催人去。

淚眼不曾晴，眉黛愁還聚。明日相思莫上樓，樓上多風雨。

這是一首描寫男女離別的詞，四處寫到風雨，並以風雨起，風雨結。首尾呼應，主體的情與客體的風雨如魚得水，融洽諧和，意境渾然，不知何者為景何者為情了。

游次公字子明，號西池，又號寒巖，建安（今福建建甌）人。曾通判汀州。

卜算子

［南宋］嚴蕊

不是愛風塵，似被前緣誤。花落花開自有時，總賴東君主。

去也終須去，住也如何住。若得山花插滿頭，莫問奴歸處。

嚴蕊乃天台營妓，善琴弈、歌舞、絲竹、書畫，色藝冠一時。道學家朱熹以節使行部至天台，指前任太守唐與正與蕊濫，欲治罪，並收蕊入監，備極棰楚，蕊堅不屈服。繫獄兩月，聲價愈騰。未幾，朱熹改官，岳霖繼任，憐其無辜，判令從良。蕊當場填此詞以進。上片抒寫自己淪落風塵、俯仰隨人的無奈。下片承上不能自主命運之意，轉寫自己在去住問題上的不得自由，是一位身處卑賤但尊重自己人格的風塵女子的一番婉而有骨的自白。全詞和婉自然，寄喻頗深。

嚴蕊一名蕊奴，字幼芳。曾為天台營妓。色藝冠時，琴棋書畫，無不精妙。間作小詞亦復清新可喜。或謂《卜算子》詞非嚴蕊所作，洪邁《夷堅志》所記嚴蕊作詞訴冤全屬虛構。

宋夏珪《山水十二景》(局部)，描繪在江天空闊、山水微茫的景色中一行秋雁淩空飛去，意境清曠悠遠。美國納爾遜－阿特金斯藝術博物館藏

卜算子

［南宋］張孝祥

雪月最相宜，梅雪都清絕。去歲江南見雪時，月底梅花發。

今歲早梅開，依舊年時月。冷豔孤光照眼明，只欠些兒雪。

這首詠梅詞託物寄意，抒寫無限今昔之感。上片回憶去年在江南月下雪中賞梅的情景，寒雪、幽梅、明月，俱皆清絕；下片轉寫今年今時賞梅，只有梅、月冷豔孤光，卻少了雪的瑩潔，不能無憾。詞以對比手法寫來，蕭散出塵，餘韻不絕。

宋馬麟《樓臺夜月圖》，明月當空，臺榭儼然。上海博物館藏

卜算子

［南宋］程垓

獨自上層樓，樓外青山遠。望到斜陽欲盡時，不見西飛雁。

獨自下層樓，樓下蛩聲怨。待到黃昏月上時，依舊柔腸斷。

這首詞描寫女子登樓遠眺，盼望戀人歸來的情景，抒發她鏤心刻骨的思念之情。全詞從白天的獨自登樓至黃昏的獨自下樓循序寫來，深入展現女子由熱切盼望逐漸變為失望，再變為淒切哀怨，直到柔腸寸斷的苦悶心境。全詞意境清幽，淒怨感人。

張孝祥《臨存帖》。故宮博物院藏

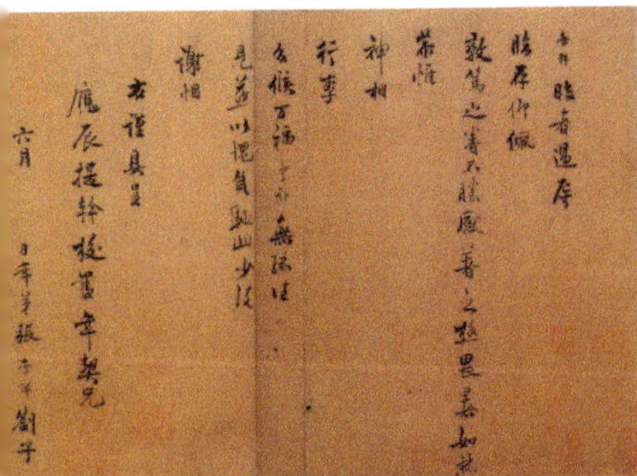

卜算子

［南宋］石孝友

見也如何暮，別也如何遽。別也應難見也難，後會難憑據。

去也如何去，住也如何住。住也應難去也難，此際難分付。

這首詞跳出離別詞的常態，另辟蹊徑，那些一向為人描摹的難割

難捨的纏綿情狀，都置之筆外，而是以「見」「別」「去」「住」四字為綱領，反覆回吟聚短離長、欲留不得的悵惘。如此則人物情景種種，讀者皆可於言外想象得之，所謂不著一字，盡得風流。全詞清新俊逸，聲情和諧，確是言情妙品。

卜算子

［南宋］劉克莊

片片蝶衣輕，點點猩紅小。道是天公不惜花，百種千般巧。

朝見樹頭繁，暮見枝頭少。道是天公果惜花，雨洗風吹了。

詞人一生有才情，有志向，有抱負，卻屢遭貶官，備受壓抑。這首《卜算子》以比興手法，含蓄地表達了詞人才不見用的淒楚情懷，流露出對當權者壓制、迫害和摧殘人才的不滿。

卜算子

［明］聶大年

楊柳小蠻腰，慣逐東風舞。學得琵琶出教坊，不是商人婦。

忙整玉搔頭，春筍纖纖露。老卻江南杜牧之，懶為秋娘賦。

這首詞窮極豔冶，腔調婉美，栩栩如生地烘托出一位新出教坊的歌妓的輕愁淡恨和不甘任人播弄的孤傲和自信。

卜算子　斷腸

［明］夏完淳

秋色到空閨，夜掃梧桐葉。誰料同心結不成，翻就相思結。

聶大年（1402—1455）字壽卿，號東軒，江西臨川人。正統間，官仁和縣教諭。景泰初，徵入翰林。善詩詞，尤精書畫。有《東軒集》。

聶大年《自書詩卷》。故宮博物院藏

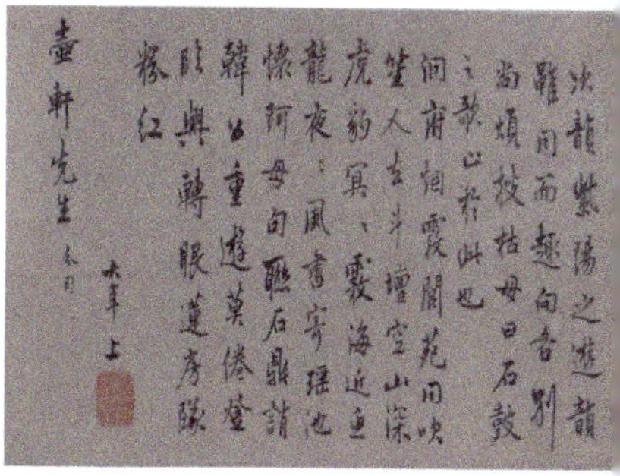

十二玉闌干，風動燈明滅。立盡黃昏淚幾行，一片鴉啼月。

這是一首思念故鄉妻子的詞。全篇採用「專從對面落筆」的寫法，着意描摹女主人公的深閨腸斷、幽情莫訴，既深刻而曲折地透露出詞人自己對妻子錢秦篆的深沉思念，又委婉形象地表達出妻子對自己的惓惓深情，而「立盡黃昏淚幾行」又寓有國破家亡淒涼身世之感。詞人才華絕代，意氣慷慨，奮志抗清，而此詞俠骨柔情，足見英雄也有情長之時。

卜算子

［清］吳蘭修

吳蘭修（1789—1839）字石華，嘉應州（今廣東梅州）人。嘉慶舉人。官信宜縣教諭。有《桐花閣詞》。陸以湉云：「《桐花閣詞》，清空婉約，情味俱勝，可稱嶺南詞家巨擘。」（《冷廬雜識》）

園綠萬重，月不下地，夜涼獨起，冰心悄然。惜無閑人同踏深翠也，輒倚橫竹寫之，時甲戌七月十三夜。

綠剪一窗煙，夜漏知何許。碧月濛濛不到門，竹露聽如雨。

獨自出籬根，樹影拖鞋去。一點螢燈隔水青，蛩作秋僧語。

夜深人靜，漏聲迢遞，園中竹露滴如疏雨，萬綠交加，月色朦朧，蛩吟淒切，好一幅迷人的秋夜園林圖！詞人着意渲染的淒清寂寥氣氛，正襯托出他勁竹般孤高清傲的情懷。詞境如空山流泉，清幽獨絕。

清任頤《承天夜遊圖》。中國美術館藏

參讀

元豐六年十月十二日夜，解衣欲睡，月色入戶，欣然起行。念無與樂者，遂至承天寺尋張懷民，懷民亦未寢，相與步於中庭。庭下如積水空明，水中藻荇交橫，蓋竹柏影也。何夜無月？何處無竹柏？但少閑人如吾兩人耳！—— 宋蘇軾《記承天寺夜遊》僅用八十三字就巧妙地營造了一種空明幽靜、亦真亦幻的美妙境界，折射出其曠達的人格魅力，是一篇渣滓滌盡的絕妙之作。

卜算子

［清］蔣春霖

燕子不曾來，小院陰陰雨。一角闌干聚落花，此是春歸處。

彈淚別東風，把酒澆飛絮。化了浮萍也是愁，莫向天涯去。

燕子未來，小院陰雨，落花委地，春歸冥然，景象已十分淒清；更兼之東風飛絮，把酒彈淚，愈見身世飄零之感。此詞上片着意描寫殘春景色，下片側重抒寫愁情。狀物逼真，風格淒婉，具有較強的藝術感染力。清陳廷焯說：「鹿潭窮愁潦倒，悲憤慷慨，一發於詞，如《卜算子》云（詞略），何其淒怨若此。」（《白雨齋詞話》卷五）

詞林逸事

陸游的原配夫人唐琬是同郡唐氏士族的大家閨秀，一位美麗多情的才女。結婚以後，夫婦之間伉儷相得，琴瑟甚和。不料，陸母卻對這位有才華的兒媳總是看不順眼，硬要逼着陸游休棄唐氏，陸游被迫和她分離。唐琬後來改嫁同郡宗人趙士程。這一不幸的愛情悲劇在此後漫長的歲月裏一直折磨着詩人的心靈。幾年以後的一個春日，陸游在家鄉山陰（今浙江紹興）城南禹跡寺附近的沈園，與偕夫同遊的唐琬邂逅。唐琬安排酒肴，聊表對陸游的撫慰之情。陸游感念舊情，悵恨不已，遂乘醉吟賦一首《釵頭鳳》，信筆題於園壁之上：

紅酥手，黃縢酒。滿城春色宮牆柳。東風惡，歡情薄。一懷愁緒，幾年離索。錯，錯，錯。　春如舊，人空瘦。淚痕紅浥鮫綃透。桃花落，閑池閣。山盟雖在，錦書難托。莫，莫，莫。

唐琬回到家中，愁怨難解，也和了一首《釵頭鳳》：

世情薄，人情惡。雨送黃昏花易落。曉風乾，淚痕殘。欲箋心事，獨語斜闌。難，難，難。　人成各，今非昨。病魂常似鞦韆索。角聲寒，夜闌珊。怕人尋問，咽淚裝歡。瞞，瞞，瞞。

不久，唐琬便怏怏而卒。這當然使陸游陷入了更深的悲痛，而直到垂暮之年，詩人仍對唐琬、對前塵影事、對沈園懷着深切的眷戀，常常在沈園幽徑上踽踽獨行。紹熙三年（1192），六十八歲的陸游再來沈園，寫下了《禹跡寺南，有沈氏小園，四十年前，嘗題小詞一闋壁間。偶復一到，而園已三易主，讀之悵然》一首：

楓葉初丹槲葉黃，河陽愁鬢怯新霜。

蔣春霖像

蔣春霖（1818—1868）字鹿潭，江蘇江陰人。屢試不第。咸豐中權知富安場鹽課大使。同治七年（1868）冬訪友途中，自沉於吳江垂虹橋。以身遭咸豐衰世戰亂，其詞特多離亂之情、感傷之音，「清警沉摯，清虛不失含蓄，淒緊中見渾圓」（嚴迪昌語），有「詞史」之稱。有《水雲樓燼餘稿》《水雲樓詞》。

沈園位於紹興市區東南的洋河弄。宋代池臺極盛，為越中著名園林。

紹興沈園

紹興沈園內陸游、唐琬《釵頭鳳》詞碑

或謂陸游《釵頭鳳》詞事為小說家附會。

占盡人間徹底癡（陸游《閑詠》句） 王福庵

林亭感舊空回首，泉路憑誰說斷腸。
壞壁醉題塵漠漠，斷雲幽夢事茫茫。
年來妄念消除盡，回向蒲龕一炷香。

七十五歲上，追憶着深印在腦海中那驚鴻一瞥的一幕，他又寫下了《沈園》兩首「絕等傷心之詩」：

城上斜陽畫角哀，沈園無復舊池臺。
傷心橋下春波綠，曾是驚鴻照影來。

夢斷香消四十年，沈園柳老不吹綿。
此身行作稽山土，猶弔遺蹤一泫然。

倚聲依譜

《卜算子》又名《百尺樓》《眉峰碧》《楚天遙》等。相傳是借用唐代詩人駱賓王的綽號。駱賓王寫詩好用數字取名，人稱「卜算子」。山谷詞「似扶著，賣卜算」，取賣卜算命的意思。北宋時盛行此曲。雙調，四十四字，上下片各四句，兩仄韻。兩結亦可酌增襯字，化五言句為六言句，於第三字逗。此調由四字句和七字句相間組成，每句用韻，仄韻與平韻交互，每兩句為一意群，詞意轉折，適合各種題材，其聲情兼有清新灑脫和低抑感傷兩種風格。宋教坊復演為慢曲，八十九字，前片四仄韻，後片五仄韻。

定格

中仄仄平平，中仄平平**仄**。
中仄平平仄仄平，中仄平平**仄**。

中仄仄平平，中仄平平**仄**。
中仄平平仄仄平，中仄平平**仄**。

《詞譜》（《卜算子》）

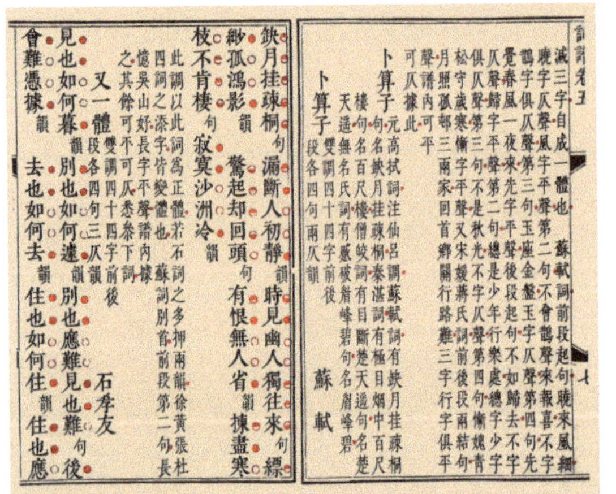

詞譜卷三 七

減三字自成一體也　蘇軾詞前段起句曉來風細
曉字仄聲風字平聲第二句不會鶯聲來報喜不字
鶯字俱仄聲第三句玉座金盤玉字仄聲第四句先
覺春風一夜來先字平聲後段起句不如歸去不字
仄聲歸字平聲第二句總是少年行樂處總字少字
俱仄聲第三句不是秋光不字仄聲第四句姮娥青
松守歲寒姮字平聲又宋媛蔣氏詞前後段兩結句
月照孤郵三兩家回首鄉關行路難三字行字俱平
聲譜內可平
可仄據此

卜算子　元高拭詞注仙呂調蘇軾詞有缺月挂疎桐
句名缺月挂疎桐秦湛詞有極目烟中百尺
樓句名百尺樓僧皎詞有目斷楚天遙句名楚
天遙無名氏詞有蹙破眉峯碧句名眉峯碧
雙調四十四字前後
段各四句兩仄韻

卜算子　蘇軾

缺月挂疎桐句漏斷人初靜韻時見幽人獨往來句縹
緲孤鴻影韻驚起却回頭句有恨無人省韻揀盡寒
枝不肯棲句寂寞沙洲冷韻

此調以此詞為正體若石詞之多押兩韻徐黃張杜
四詞之添字皆變體也　蘇詞別首前段第二句長
憶吳山好長字平聲譜內據
之其餘可平可仄悉參下詞

又一體　雙調四十四字前後
段各四句三仄韻　石孝友

見也如何暮韻別也如何遽韻別也應難見也難句後
會難憑據韻去也如何去韻住也如何住韻住也應

眼兒媚

春慵恰似春塘水

酣酣日脚紫煙浮妍暖破輕裘
困人天色醉人花氣午夢扶頭
春慵恰似春塘水一片縠紋愁
溶溶泄泄東風無力欲皺還休

范成大眼兒媚萍鄉道中乍晴臥輿中困甚小憩柳塘　乙未年花朝　吳瑾書于耐閒軒

華音流韻

眼兒媚

［南宋］范成大

萍鄉道中乍晴[①]，臥輿中困甚，小憩柳塘。

酣酣日腳紫煙浮[②]，妍暖破輕裘。困人天色，醉人花氣，午夢扶頭[③]。　春慵恰似春塘水，一片縠紋愁[④]。溶溶泄泄[⑤]，東風無力，欲皺還休。

臨風賞讀

乾道八年（1172），詞人以集英殿修撰知靜江府（今廣西桂林）、廣西經略安撫使。赴任途中，於九年閏正月末過萍鄉。時雨方晴，乘輿困乏，便停在柳塘邊小憩。柳條新抽，春塘微波盪漾，撩動情思，詞人遂吟下這一「字字軟溫」之作。

詞寫不可言說的春慵的微妙感受，寫得生動、細膩、充盈，真可謂化工之筆。上片寫綿綿春雨乍晴的景象和乘輿道中的困乏：妍豔的陽光直射在大地，蒸騰起紫色的煙靄，融融的暖意撲面襲來，直透薄裘。暖熏熏的天氣讓人感到無端的困乏無力，遍體酥軟，加上如釃酒般的花香極是醉人，更使人精神恍惚，終於令詞人在正午時分酣然入夢。

如果說上片將由陽春氣候引致的生理上的「春困」表現得淋漓盡致，那麼下片則將由柳塘水景觸發的心理上的「春思」描摹得十分奇巧而傳神：一塘春水，盈盈漾漾，在和軟東風吹拂下，輕泛漣漪，時而寧靜，時而微盪。那種軟綿綿的、慵怠而恬美的情思，那種些許幽婉、些許輕淡的閑愁正恰如這眼前和風中的春塘之水。

吳瑾書《眼兒媚》

全詞用筆輕靈和婉，情景交融，妙得神理，餘韻悠長。

古今彙評

沈際飛：(此詞) 字字軟溫，着其氣息即醉。(《草堂詩餘別集》卷一)

王闓運：自然移情，不可言説，綺語中仙語也。(《湘綺樓評詞》)

況周頤：詞亦文之一體。昔人名作，亦有理脈可尋，所謂蛇灰蚓線之妙。如范石湖《眼兒媚．萍鄉道中》……「春慵」緊接「困」字、「醉」字來，細極。(《蕙風詞話》卷二)

俞陛雲：上闋「午夢扶頭」句領起下文。以下五句借東風皺水，極力寫出春慵，筆意深透，可謂入木三分。(《唐五代兩宋詞選釋》)

宋佚名《柳塘春色圖》，用筆濕潤，調色雅致，描繪出江南山水的柔美和駘蕩醉人的春日氣息。故宮博物院藏

詞人心史

范成大（1126—1193）字致能，號石湖居士，平江府吳縣（治今江蘇蘇州吳中區）人。父范雩終官祕書郎，母乃著名書法家蔡襄之孫女、名相文彥博之外孫女，家學淵源有自。少年時連遭親喪，煢然哀毀；苦讀於崑山薦嚴資福禪寺，十年不出。在父親同年好友王葆的督勵下，於紹興二十四年（1154）中進士。歷知處州、靜江、婺州、明州、建康、福州等州府，興利除弊，政績頗著。乾道六年（1170）曾出使金國，交涉收回河南陵寢與更改跪拜受書禮（時南宋皇帝須跪拜接受金國書笥），慷慨抗節，從容應對，不畏強暴，幾被殺，最終不辱使命，全節而歸。淳熙五年（1178），從成都還朝，為參知政事，執政僅兩月。一生宦遊所至，北使幽燕，南至桂廣，西達巴蜀，東薄鄞海，蹤跡所及幾大半個中國。淳熙九年（1182）辭官，卜居於蘇州石湖別墅。紹熙四年（1193）九月五日卒，謚文穆。其著述豐富，有《石湖大全集》，已佚。今傳《石湖居士詩集》《吳郡志》《攬轡錄》《桂海虞衡志》等。

[註釋]

①萍鄉，今江西萍鄉市。

②酣酣，酣暢舒適之貌。日腳，日光穿過雲層射到平地，其光束顯出厚重的色澤，故稱日腳。

③扶頭，指困臥輿中，扶頭入睡。

④縠紋，縐紗似的皺紋。多用以比喻水的波紋。蘇軾《臨江仙》：「夜闌風靜縠紋平。」

⑤溶溶，水流和緩掠動之貌。泄泄，春波微盪之貌。

《絕妙好詞》(《眼兒媚》) 書影

范成大《西塞漁社圖卷跋》，用筆老辣，圓熟勁挺，生意鬱然。美國大都會藝術博物館藏

風神英邁的范成大乃一代名臣，文章政事，震耀一世。樓鑰説他「胸中之有甲兵，世稱小范之多才」，以之媲美北宋名臣范仲淹。他工於為詩，與尤袤、楊萬里、陸游齊名，號稱「中興四大詩人」。其詩多關心國事、關注民間疾苦之作，尤以田園詩著稱。他頗精樂律，擅長詞作，詞風清雅平和，清逸淡遠，清新明快，婉轉可歌。今存《石湖詞》一卷。

州橋南北是天街，父老年年等駕回。忍淚失聲詢使者，幾時真有六軍來。—— 范成大《州橋》表達在金人統治下北方人民盼望收復河山的強烈願望和懷念故國之情。清潘德輿謂此詩「沉痛不可多讀。此則七絕至高之境，超大蘇而配老杜矣」（《養一齋詩話》卷九）。

范成大題名

晝出耘田夜績麻，村莊兒女各當家。童孫未解供耕織，也傍桑陰學種瓜。—— 作於石湖晚年的《四時田園雜興》組詩六十首，分春、夏、秋、冬四組，描繪農村景物、風俗人情和農民生活，被譽為古代田園詩的典範。此首為《夏日田園雜興》，寫農民一家辛勤勞動的情景，親切、淳樸，饒有趣味。

范成大像

訓詁具兩漢之爾雅，賦篇有杜牧之刻深，騷詞得楚人之幽婉，序山水則柳子厚，傳任俠則太史遷。至於大篇決流，短章斂芒，縟而不釀，縮而不僒，清新嫵麗，奄有鮑、謝；奔逸雋偉，窮追太白。求其隻字之陳陳，一倡之嗚嗚，而不可得也。今四海之內，詩人不過三四，而公皆過之無不及者。（楊萬里《石湖居士

詩集序》）

蓋追溯蘇、黃遺法而約以婉峭，自為一家，伯仲於楊、陸之間，固亦宜也。（《四庫全書總目提要》卷一百九十八）

石湖詞跌宕分流，都歸於雅，所謂清空綺麗，兼而有之。姜、史、高、張而外，杳然寡匹。（江立《石湖詞跋語》）

成大雖以詩雄一代，而詞亦清雅瑩潔，迥異塵囂，小令更勝於長調。（何夢華抄本《石湖詞》）

石湖詞風神婉約，有元人先聲⋯⋯石湖詞音節最婉轉，讀稼軒詞後讀石湖詞，令人心平氣和。（陳廷焯《雲韶集輯評》卷五）

低吟／浩唱

眼兒媚

［北宋］阮閱

樓上黃昏杏花寒，斜月小闌干。一雙燕子，兩行征雁，畫角聲殘。　綺窗人在東風裏，無語對春閑。也應似舊，盈盈秋水，淡淡春山。

詞人曾任錢塘幕官，與一營妓相戀，罷官去後，作此詞寄去無盡相思。上片以形象鮮明的筆觸繪詞人佇立樓頭所見春日黃昏幽靜、淒寒之景，反襯出詞人此際的無限孤寂，油然而生懷人的情思。下片從懸想對方着筆，仿佛詞人從東風吹拂的綺窗裏透視進去，窺見其人亭亭玉立於春風之中，悄然無語，默默地思念着遠方征人。結處想象伊人還應似舊時慣見的那麼嬌嫵，秀目清眉間蘊藏着纏綿之思，迷離惝恍，筆有餘妍。全詞構思巧妙，情思委婉、真摯，深切感人。黃昇謂阮閱小詞「唯此篇見於世，英妙傑特，所謂

淡淡春山　佚名

無語，一作灑淚。

一說此詞為左譽作。

阮閱字閎休，號散翁，又號松菊道人，舒城（今屬安徽）人。宋神宗元豐八年（1085）進士，歷知郴州、袁州。擅長絕句，時號阮絕句。有《郴江百詠》《詩話總龜》。為以俗詞寫豔情的能手。存詞六首。

宋徽宗趙佶《聽琴圖》，人物神態刻畫細微，空間構局精心獨絕，堪稱北宋人物畫代表作。故宮博物院藏

百不為多，一不為少」（《唐宋諸賢絕妙詞選》卷六）。

趙家姊妹，合在昭陽殿。因甚人間有飛燕。見伊底、盡道獨步江南，便江北、也何曾慣見。惜伊情性好，不解嗔人，長帶桃花笑時臉。　向尊前酒底，得見些時，似恁地、能得幾回細看。待不眨眼兒、覷著伊，將眨眼底工夫，剩看幾遍。—— 政和間，阮閱「官於宜春。官妓有趙佛奴，籍中之錚錚者。嘗為《洞仙歌》贈之」（《能改齋漫錄》卷十七）。《詞林紀事》卷九引《宜春遺事》稱：「此詞已為元曲開山矣。」

眼兒媚

［北宋］趙佶

玉京曾憶昔繁華，萬里帝王家。瓊林玉殿，朝喧弦管，暮列笙琶。　花城人去今蕭索，春夢繞胡沙。家山何處，忍聽羌笛，吹徹梅花。

這首詞作於被金兵擄去朔方途中，上片追憶當年汴京的無比繁華和大國帝王的非凡氣派，下片抒寫囚居胡沙絕域的悲苦和對故國的思念。全詞採用強烈的對比手法，在昔盛今衰的深切悲歎中，真切地吐訴出這個亡國之君心中綿綿不盡的亡國之痛、故國之思，情詞哀絕，悲壯蒼涼。

（二帝及后漸入沙漠之地）經行日久，一晚宿於林下，時月微明，有番酋吹笛，其聲嗚咽特甚。太上口占一詞曰：「玉京曾憶舊繁

宋趙佶《穠芳詩帖》。臺北「故宮博物院」藏

華……」歌成，謂帝曰：「汝能賡乎？」帝乃繼韻曰：「宸傳三百舊京華，仁孝自名家。一旦奸邪，傾天拆地，忍聽琵琶。　而今在外多蕭索，迤邐近胡沙。家邦萬里，伶仃父子，向曉霜花。」歌畢，相持大哭。—— 宋佚名《南燼紀聞錄》卷下

四十年來家國，三千里地山河。鳳閣龍樓連霄漢，玉樹瓊枝作煙蘿。幾曾識干戈。　一旦歸為臣虜，沈腰潘鬢消磨。最是倉皇辭廟日，教坊猶奏別離歌。垂淚對宮娥。—— 南唐李煜《破陣子》先追懷故國的豐饒河山、嘉裕基業與繁華逸樂，通過「幾曾」陡轉，然後記述歸為臣虜之後的淒慘處境和當年辭別太廟的悲傷情景。家國淪亡之後的悲苦、愧疚、悔恨、絕望全由性靈肺腑中流出，如泣如訴，動人心魄。

宋徽宗像

趙佶（1082—1135）即宋徽宗。靖康元年（1126）冬，金兵攻破汴京，父子被俘。治國無能，藝術上卻有非凡天賦，能詩擅詞，熟諳音律，精通書法，自創「瘦金體」；工花鳥。

眼兒媚

［北宋］朱淑真

遲遲春日弄輕柔，花徑暗香流。清明過了，不堪回首，雲鎖朱樓。　午窗睡起鶯聲巧，何處喚春愁。綠楊影裏，海棠亭畔，紅杏梢頭。

這首詞寫春愁，但詞人並不是直露地傾訴，而以輕柔婉曼的筆調、流暢自然的語言，從聲、色、暖意、香味多方面描繪春景，將春景寫得清新婉麗，一派生機，進而在對春景的比襯聯想中，讓內心莫可名狀的愁緒映照、彌漫出來，演繹為形象可感的畫面。

秋波媚

［南宋］陸游

七月十六晚登高興亭望長安南山。

秋到邊城角聲哀，烽火照高臺。悲歌擊筑，憑高酹酒，此興悠哉。　多情誰似南山月，特地暮雲開。灞橋煙柳，曲江池館，應待人來。

孝宗乾道八年（1172）七月十六月明之夜，詞人在抗金前線南鄭（今陝西漢中），登臨高興亭，滿懷悠遠意興，遠眺長安（今陝西西安），寫下了這首洋溢着愛國激情的邊塞詞。上片以酣暢的筆墨，極寫肅殺的秋風裏，邊城角聲哀怨，烽火張天，映照高臺，將

清鄭文焯《陸游〈臨安春雨初霽〉詩意圖》

士悲歌擊筑，開懷暢飲，場面十分悲壯雄渾。下片則轉以含蓄蘊藉的筆調，虛寫淪陷中的霸橋煙柳、曲江池館等都在翹盼王師歸來，收復失地。全詞寓勁健於清麗之中，允稱佳構。

霜日明霄水蘸空，鳴鞘聲裏繡旗紅，澹煙衰草有無中。　萬里中原烽火北，一尊濁酒戍樓東，酒闌揮淚向悲風。—— 南宋張孝祥《浣溪沙．荊州約馬舉先登城樓觀塞》抒寫因觀塞而激起的對中原淪陷的悲痛之情，意緒悲涼，詞氣雄健，而蘊蓄深厚。

眼兒媚

［北宋］張孝祥

晚來江上荻花秋，做弄個離愁。半竿殘日，兩行珠淚，一葉扁舟。　須知此去應難遇，直待醉方休。如今眼底，明朝心上，後日眉頭。

張詞一說賀鑄作，見《彊村叢書》本《東山詞補》。「晚來」作「蕭蕭」，「珠淚」作「新雁」，「如今」作「今宵」。

清沙馥《芭蕉美人圖》，繪蔥蘢蒼翠的芭蕉下一女子獨坐凝眸，神情淡然。徐悲鴻紀念館藏

這首詞寫晚秋江邊送別。上下兩片都圍繞一個「愁」字着筆，在虛實結合中渲染出悲切的、無盡的愁思，透露出送別人與遠行者之間濃摯的情意。全詞淡淡着墨，淒婉、細膩，讀來令人黯然銷魂。

眼兒媚

［南宋］石孝友

愁雲淡淡雨蕭蕭，暮暮復朝朝。別來應是，眉峰翠減，腕玉香銷。　小軒獨坐相思處，情緒好無聊。一叢萱草，數竿修竹，幾葉芭蕉。

這是一首懷人詞，深刻誠摯地刻畫了詞人在綿綿不斷的春雨中的寂寥況味和思戀情人的心情。上片寫憶念，推想別後對方也被相思所折磨的模樣，筆端飽含體貼關切之情；下片專從自己方面來敘相思。結三句以「萱草」「修竹」「芭蕉」三種物象來暗示內心難以排遣的愁緒，語淡味濃，用筆瀟灑，有悠然不盡之妙。

眼兒媚　梅詞和傅參議韻

［南宋］黃公度

一枝雪裏冷光浮，空自許清流。如今憔悴，蠻煙瘴雨，誰肯尋蒐。　昔年曾共孤芳醉，爭插玉釵頭。天涯幸有，惜花人在，杯酒相酬。

詞人因與趙鼎友善，為秦檜所忌，被貶至嶺南，通判肇慶府，攝知南恩州。這首詞以梅之傲雪凌霜的高潔品性自況，並表達與知友聲氣相通的真摯感情。陳廷焯謂此首「情見乎詞矣，而措語未嘗不忠厚」（《白雨齋詞話》卷一）。

子規聲裏，立盡黃昏
清《飛鴻堂印譜》

眼兒媚

［南宋］洪咨夔

平沙芳草渡頭村，綠遍去年痕。遊絲下上，流鶯來往，無限銷魂。　綺窗深靜人歸晚，金鴨水沉溫。海棠影下，子規聲裏，立盡黃昏。

金鴨，鴨形香爐。唐戴叔倫《春怨》：「金鴨香消欲斷魂，梨花春雨掩重門。」

洪咨夔（1176—1236）字舜俞，號平齋，於潛（今浙江臨安）嘉前人。嘉定進士。官至刑部尚書。詞風清疏淡雅，有《平齋文集》三十二卷，《平齋詞》一卷。

這首詞通過秀麗春景的描寫，透露了閨中少婦的懷人幽思。結尾三句尤為傳神。暮色溟蒙中，婆娑搖曳的海棠樹影之下，哀囀啼血的杜鵑聲裏，一位佇立翹首、久盼意中人歸來的癡情少婦呼之欲出。全詞用筆舒暢圓轉，格調清麗淡雅，感情真摯動人，讀來意韻悠長，饒有風致。

狐鼠擅一窟，虎蛇行九逵。不論天有眼，但管地無皮。吏鶩肥如瓠，民魚爛欲糜。交征誰敢問，空想素絲詩。—— 洪咨夔《狐鼠》筆鋒犀利，譏刺貪官，最為淋漓痛快。

眼兒媚　醴泉和高齋《過煬帝故宮》

［元］耶律鑄

隔江誰唱《後庭花》，煙淡月籠沙。水雲凝恨，錦帆何事，也到天涯。　寄聲衰柳將煙草，且莫怨年華。東君也是，世間行客，知過誰家。

醴泉，即今陝西省禮泉縣，因其境內有後周醴泉宮而名。

南朝陳後主陳叔寶與其朝臣按曲造詞，誇讚張貴妃、孔貴嬪之美色，男女唱和，情致輕靡而其音甚哀，名《玉樹後庭花》。

錦帆，指隋煬帝的御船，以錦帛為帆，足見豪奢之極。

這是一首酬和友人高齋的懷古詞。上片吟詠史實，化用杜牧、李商隱等前代詩人詩句，慨歎陳後主、隋煬帝豪奢亡國，遺恨千古。下片由歷史轉入現實，因眼前的衰敗之景感慨年華易逝，進而催出人生如寄、遇合難期之歎。全詞立意高遠，襟懷灑脱，精警遒勁，頗具哲思。

耶律鑄（1221—1285）字成仲，耶律楚材子。官至中書省左丞相。有《雙溪醉隱集》。

清王翬《秋樹昏鴉圖》，描繪寒秋日暮、萬物蕭疏的自然景象。畫中那群歸巢棲息的烏鴉，鳴叫聲伴着淙淙的流水聲，為深秋黃昏的山林注入一片生機。故宮博物院藏

眼兒媚　秋思

［明］劉基

萋萋芳草小樓西，雲壓雁聲低。兩行疏柳，一絲殘照，萬點鴉棲。　春山碧樹秋重綠，人在武陵溪。無情明月，有情歸夢，同到幽閨。

這首詞以「緣情佈景」之法，即景抒情，極寫晚秋閨中深深的相思幽怨。上片寫樓頭秋色。「兩行」三句，渲染出秋天的蕭索肅殺。過片轉以虛筆寫秋閨念遠。「無情」三句，傷心語而以平常語出之，更見深摯感人。

眼兒媚

［清］厲鶚

一寸橫波惹春留，何止最宜秋。妝殘粉薄，矜嚴消盡，只有溫柔。　當時底事匆匆去，悔不載扁舟。分明記得，吹花小徑，聽雨高樓。

這首詞通過往事的美好回憶，抒寫對戀人的追懷。上片極力勾勒出記憶中的戀人形象。她天生麗質，率真活潑，嫵媚動人，尤其那一雙秋波流轉的眸子更是勾魂攝魄，惹人情懷。下片寫失去戀人後的自責、自悔。往日並肩在花徑散步、雙雙在高樓上聽雨的繾綣歡情每一憶及，徒增悵恨。全詞用筆簡約，幽雋秀美。

眼兒媚

［清］王鵬運

青衫淚雨不曾晴，衰鬢更星星。蒼茫對此，百端交集，恨滿新亭。　雁聲遙帶邊聲落，萬感入秋燈。風沙如夢，愁揮綠綺，醉拂青蘋。

「新亭」之淚，故國之思，佔據了作者心中所有的空間，對着一盞孤燈，百感交集，回天無力，只有在醉中打發痛苦的時光。作者寫得淒婉含蓄，真是「芒角撐腸，清寒入骨」。

詞林逸事

臨川王氏家學雖不以詞見長，但偶一出手便不同凡響，王安石的《桂枝香》筆力峭勁，早為東坡所歎賞；其次子的《眼兒媚》、長子的《倦尋芳慢》亦膾炙人口。

次子王旁也喜作詩，有一首絕句云：「杜家園上好花時，尚有梅花三兩枝。日暮欲歸巖下宿，為貪香雪故來遲。」王安石友人俞秀老對此詩稱賞不已，謂「絕似唐人」（《臨川先生文集》卷七十一）。

可惜的是，王旁素有精神疾病。他娶同郡龐氏女為妻，踰年即產一子。這孩子長得不像自己，王旁便由此產生偏執妄想，懷疑妻子龐氏的忠貞，竟然千方百計地想殺了孩子，最後這孩子被驚嚇致死。可憐龐氏淒苦不堪，一面承受失子之痛，一面還要忍受丈夫無端的尋釁吵鬧。王安石同情兒媳的遭遇，知道王旁的心疾無法治療，便讓他們離異，但考慮到兒媳並沒有過錯，又怕休掉她會敗壞她的名聲，遂為她挑選好夫婿改嫁。後來王安石與朋友提到此事頗為無奈，說「旁婦已別許人，亦未有可求昏處，此事一切不復關懷」（《王文公文集》卷四）。

王旁待到妻子別嫁成真清醒過來後，也頗為傷情，然而事已無可挽回，可奈之何？只有把傷離的痛苦和不盡的思念寄託在詞中，於是寫下了一首《秋波媚》：

楊柳絲絲弄輕柔，煙縷織成愁。海棠未雨，梨花先雪，一半春休。　而今往事難重省，歸夢繞秦樓。相思只在，丁香枝上，豆蔻梢頭。

詞寫得蘊藉婉媚，結尾三句寄相思於丁香的花蕾與豆蔻的枝頭，更是情思纏綿，含愁無限。

宋人筆記多將王旁誤為王雱。其實王雱是王安石的長子，更是才華橫溢，著有《道德真經註》《南華真經新傳》，是一個著名的道學家，不屑於作詞。但有一次，

宋佚名《楊柳溪堂圖》，繪江南春日景色。遠山如黛，樓閣臨水而建。人物傅彩，神態宛然。故宮博物院藏

有人取笑他不會作詞，自負的王雱沉吟片刻，即興揮毫，填了一首《倦尋芳慢》：

露晞向晚，簾幕風輕，小院閑晝。翠徑鶯來，驚下亂紅鋪繡。倚危牆，登高榭，海棠經雨胭脂透。算韶華，又因循過了，清明時候。　倦遊燕，風光滿目，好景良辰，誰共攜手。恨被榆錢，買斷兩眉長鬥。憶高陽，人散後，落花流水仍依舊。這情懷，對東風，盡成消瘦。

這首詞詠春愁，寫得韻致翩翩，嫵媚動人，令時人歎服。但他從此不再填詞，這首詞便成他的孤篇。

倚聲依譜

《眼兒媚》又名《秋波媚》。北宋新聲，阮閱詞為創調之作。四十八字，前片三平韻，後片二平韻。此調為重頭曲，但後片首句不入韻。音節極為柔婉，宋人多用以寫戀情。

定格

平仄平平仄平**平**，中仄仄平**平**。
中平中仄，中平中仄，中仄平**平**。

中平中仄平平仄，中仄仄平**平**。
中平中仄，中平中仄，中仄平**平**。

《詞譜》（《眼兒媚》）

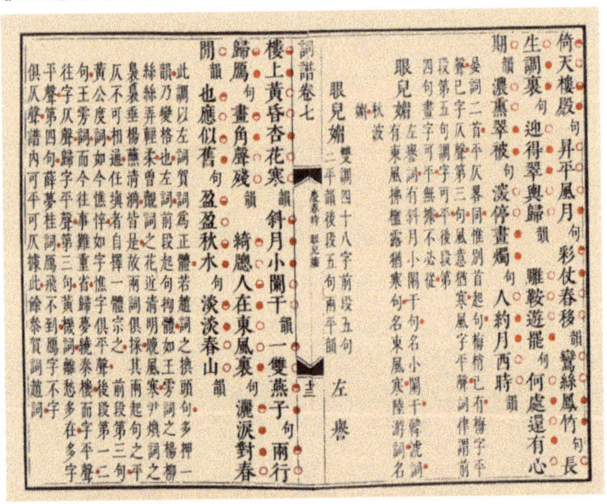

倚天樓殿句 昇平風月句 彩仗春移韻 鸞絲鳳竹句 長生調裏句 迎得翠輿歸韻 雕鞍遊罷句 何處還有心期韻 濃熏翠被句 深停畫燭句 人約月西時韻

晏詞二首平仄畧同惟別首起句梅梢已有春聲已字仄聲第三句風意猶寒風字平聲詞律謂前段第五句調字可不後段第四句畫字可平無據不必從

眼兒媚 左譽詞有斜月小闌干句名小闌干韓淲詞有東風拂檻露猶寒句名東風寒陸游詞名秋波媚

詞譜卷七　十三

眼兒媚 雙調四十八字前段五句兩平韻後段五句兩平韻

左譽

樓上黃昏杏花寒韻 斜月小闌干韻 一雙燕子句 兩行歸鴈句 畫角聲殘韻 綺窗人在東風裏句 灑淚對春閒韻 也應似舊句 盈盈秋水句 淡淡春山韻

此調以左詞賀詞為正體若趙詞之換頭句多押一韻乃變格也左詞前段起句拘體如王雱詞之楊柳絲絲弄輕柔曾覿詞之花近清明晚風寒尹煥詞之平裊裊垂楊蘸清漪皆是故兩詞俱採其兩起句之平仄不可相通任填者自擇一體宗之前段第三句黃公度詞如今憔悴如字憔字俱平聲後段第一二句王雱詞而今往事難重省歸夢繞秦樓而字平聲往字仄聲歸字平聲第三句黃機詞離愁多在多字平聲第四句薛夢桂詞鴈飛不到鴈字不字俱仄聲譜內可平可仄據此餘參賀詞趙詞

好事近

未是秋光奇絕，看十五十六

華音流韻

好事近

七月十三日夜登萬花川谷望月作

［南宋］楊萬里

月未到誠齋[①]，先到萬花川谷[②]。不是誠齋無月，隔一庭[③]修竹。　如今才是十三夜，月色已如玉。未是[④]秋光奇絕，看十五十六。

臨風賞讀

這是一首看似明白如話，實則景、情、意、趣俱佳的詠月妙品。

清秋夜，詞人步出誠齋，獨自登眺萬花川谷，但見碧空如洗，銀輝流瀉，一派澄明、靜謐，好不暢快！詞人觸景生情，思緒奔湧：同是一輪明月，為何皎潔的月光尚未照進誠齋，卻照到了萬花川谷？呵呵，原來不是誠齋無月，而是誠齋前面有一片幽篁掩映，遮蔽了月光。—— 上片先巧設懸念，掀動波瀾，逗出情趣，然後宕開一筆，淩空飛出「不是」「無月」二詞，令人懸念頓消。

下片再掀波瀾。今夜才是十三，月色已瑩瑩如玉。可若到秋光奇豔的十五十六，它定然更不尋常！一個「未是」竟劈面而來，將現實的月同遙想的月兩相輝映，各各的妙處，勾人遐思，真可謂一步一變，清趣無窮。

全詞初讀之下，似信手拈來，並無奇特之處，但慢慢品味咀嚼，則久而知味。有人說，他寫月真是一派活法奇情，一片天機雲錦，一

冷望高書《好事近》

般創意新機，而月的玉潔冰清，也是他的人格情操的折射與寫照。

古今彙評

屠　隆：楊萬里不特詩有別才，即詞亦有奇致。其《好事近》云：「月未到誠齋……」昔人謂東坡詞是曲子中縛不住者，廷秀詞又何多讓。乃知有氣節人，筆墨自然不同。（王奕清等《歷代詞話》卷七）

李濟阻：這首詞……在寫月，但又不全在寫月，更重要的，他是在借月寫人。不然就不好理解在月光朗照之下可寫之物很多而作者偏要寫他的園、他的竹、他的齋的原因。應當説，這些環境既是作者生活情趣的表現，也是他精神世界的窗口。花的芬芳，竹的正直，還有書齋所象徵的博學，以及用來作比喻的玉的堅和潔，都透露出一種高貴而雅潔的審美趣味，而清寒如玉的月光也就寓蘊了更豐富的人格象徵意義。（唐圭璋等《唐宋詞鑒賞辭典·南宋遼金卷》）

參讀

老夫渴急月更急，酒落杯中月先入。領取青天併入來，和月和天都蘸濕。天既愛酒自古傳，月不解飲真浪言。舉杯將月一口吞，舉頭見月猶在天。老夫大笑問客道：月是一團還兩團？酒入詩腸風火發，月入詩腸冰雪潑。一杯未盡詩已成，誦詩向天天亦驚。焉知萬古一骸骨，酌酒更吞一團月。——楊萬里的《重九後二日同徐克章登萬花川谷，月下傳觴》，其奇特新創的妙想、曠達豪逸的勝概，在古代詠月佳作之林中，可謂一枝特秀。對這一作品，他自己也頗為自得，常向人朗誦，並説「老夫拙作，自謂仿佛李太白」。

[註釋]

①誠齋，楊萬里自名在江西吉水的書室。

②萬花川谷，在誠齋不遠處，乃楊萬里自名的花圃。

③庭，庭院。

④未是，還不是。

宋夏珪《梧竹溪堂圖》。梧桐修竹掩映下的山齋中，一人端坐於榻上，若有所思。屋前欄干勾連，山石突兀。群峰若隱若現。全圖筆法蒼老勁健，下筆急速果斷，但氣韻清幽高逸。故宮博物院藏

楊萬里像

明周臣《閑看兒童捉柳花詩意圖》，寫楊萬里《閑居初夏午睡起》詩意。山中一隅，柳蔭庭院，一童仰首張嘴，另兩童在奔跑捕捉柳花。午睡後的高士，正慢慢走出茅軒，閑立旁觀。孩童嬉戲的意趣和柳絮的輕盈表現得淋漓盡致。臺北「故宮博物院」藏

詞人心史

楊萬里（1127—1206）字廷秀，自號誠齋，吉州吉水（今屬江西）人。紹興二十四年（1154）進士。歷任太常博士、廣東提點刑獄、尚書左司郎中兼太子侍讀、祕書監等，官至寶謨閣學士。他主張抗金，收復失地，以秉性剛直、遇事敢言而累遭貶抑，晚年閑居鄉里長達十五年之久。寧宗時因奸相專權誤國，憂憤而死。

楊萬里一生志節頗受抗金宿臣名將張浚和名臣胡銓的影響。在永州零陵丞任上，他所仰慕的張浚正謫居永州，「杜門謝客」，「萬里三往不得見，以書力請，始見之，浚勉以『正心誠意』之學」（《宋史》卷四百三十三）予以教誨，楊萬里將其讀書之室命名曰「誠齋」，並終身奉浚為師。當時，胡銓也自衡州來訪張浚，萬里始得以師事胡銓。張、胡兩人「無一語不相勉以天人之學，無一念不相憂以國家之慮也」（楊萬里《誠齋集》卷一百一《跋張魏公答忠簡胡公書十二紙》）。

楊萬里學問淵博，才思健舉。詩與尤袤、范成大、陸游齊名，並稱南宋「中興四大詩人」。其詩所見獨特，構思新巧，語言曉暢，描寫細膩，詼諧幽默，生動灑脫，自成一家，時稱「誠齋體」。傳有詩二萬餘首，現存詩四千二百餘首。著有《誠齋集》《誠齋易傳》，今存。詞有《彊村叢書》輯為《誠齋樂府》一卷。其詞風格清新、活潑自然，與詩相近。

梅子留酸軟齒牙，芭蕉分綠與窗紗。日長睡起無情思，閑看兒童捉柳花。——楊萬里《閑居初夏午睡起》。周密說：「極有思致。誠齋亦自語人曰：『功夫只在一捉字上。』」（周密《浩然齋雅談》卷中）

船離洪澤岸頭沙，人到淮河意不佳。何必桑乾方是遠？中流以北即天涯。——楊萬里《初入淮河四絕句》之一，憂時傷國，寄託遙深。

低吟 / 浩唱

清改琦《曉寒圖》

好事近

［北宋］魏夫人

雨後曉寒輕，花外早鶯啼歇。愁聽隔溪殘漏，正一聲淒咽。　不堪西望去程賒，離腸萬迴結。不似海棠陰下，按《涼州》時節。

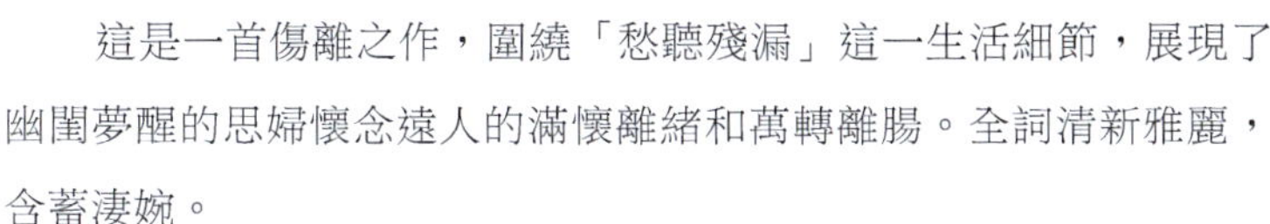
這是一首傷離之作，圍繞「愁聽殘漏」這一生活細節，展現了幽閨夢醒的思婦懷念遠人的滿懷離緒和萬轉離腸。全詞清新雅麗，含蓄淒婉。

《涼州》，《涼州曲》，為唐代邊塞之樂，聲情比較悲涼。

好事近　夢中作

［北宋］秦觀

春路雨添花，花動一山春色。行到小溪深處，有黃鸝千百。

飛雲當面舞龍蛇，夭矯轉空碧。醉臥古藤陰下，了不知南北。

這首詞題為「夢中作」，係借絢麗而又奇幻的夢境，隱託痛絕的情懷。詞人的夢魂漫遊在山間，一路上春雨霏霏，山花搖曳，拂動滿山春色爛漫，色彩繽紛，春光多麼柔媚。詞人沿着潺潺小溪，緩步行進，來到密林深處，只見千百隻黃鸝在自由地飛翔，悠閑自得地喧騰鳴囀。再仰望碧空，更見飛雲走霧，龍蛇幻化，夭矯勁舞。結拍兩句，才點出原來正醉臥於古藤陰下，酣然夢中，迷蒙間莫辨東西南北，忘卻了人世。整首詞出語奇警，意境空蒙幽渺，充滿浪漫、奇詭的色彩。

此詞名揚於時，蘇軾、黃庭堅都有題跋；後世讀者也莫不為之擊節歎賞。明人卓人月說「此詞如鬼如仙」（《古今詞統》卷五），清人陸雲龍評此首曰「奇峭」（《詞菁》卷二），陳廷焯則曰「筆勢飛舞」（《詞則輯評・別調集》卷一）。

宋陳容《九龍圖》（局部），繪矯龍翻騰於白浪蒼茫間。美國波士頓美術館藏

參讀

秦少游在處州，夢中作長短句曰：「山路雨添花……」後南遷，久之，北歸，逗留於藤州，遂終於瘴江之上光華亭。時方醉起，以

宋佚名《雪峰寒艇圖》，寫雪後寥廓江山。遠處一片空濛，近處老樹枝條紛披，隨風搖曳。江上一葉孤舟，一漁翁披蓑戴笠，逆風撐舟而行。構圖高遠遼闊，筆勢雄渾奔放。上海博物館藏

玉盂汲泉欲飲，笑視之而化。——《苕溪漁隱叢話》前集卷五十引

鸞石，清溪側。馬上輕衫寒惻惻。模糊一片煙光白，淺水淙淙數尺。小橋盡處青山隔，驚起鷗鴣千百。—— 清李繼燕《調笑令·響水塘早行》寫嶺南山水，清新如畫。末二語可與秦觀《好事近》詞「行到小溪深處，有黃鸝千百」媲美。

好事近　漁父詞

［南宋］朱敦儒

搖首出紅塵，醒醉更無時節。活計綠蓑青笠，慣披霜衝雪。　晚來風定釣絲閑，上下是新月。千里水天一色，看孤鴻明滅。

詞人前後作漁父詞（均調寄《好事近》）六首，是其晚年退居嘉禾（今浙江嘉興）鴛鴦湖畔恬淡自適的隱逸生活的寫照，梁啟超評讚這組詞「飄飄有出塵想，讀之令人意境翛遠」（《飲冰室評詞》乙卷）。這是其中的一首，在輕描淡寫中一位醒醉無時、披霜冒雪、自由自在的漁父形象躍然紙上，而清雅俊朗的畫面又流露出一股曠逸不群的風致，意境高遠、空靈。

釣得鯿魚不賣錢，瓷甌引滿看青天。芳樹下，夕陽邊，睡覺蘆花雪滿船。—— 明劉基《漁父詞》寫漁翁疏放兀傲之態可掬，將其高遠的情思化為清空的意境，借以表達灑脱淡雅的意趣，頗得朱敦儒詞的風神。

曾去釣江湖，腥浪黏天無際。淺岸平沙自好，算無如鄉里。從今只住鴨兒邊，遠或泛苕水。三十六陂秋到，宿萬荷花裏。—— 清李符效朱敦儒《漁父詞》作《釣船笛》十一首，以輕快

三十六陂秋色　陳巨來

恬遠的筆墨抒寫抑鬱情懷，語似輕脱曠逸，而意實凝重深沉，故陳廷焯認為「別有感喟，於朱希真五篇外，自樹一幟」(《白雨齋詞話》卷三）。這首是其中的名篇。

唐杜牧《齊安郡後池絕句》:「盡日無人看微雨，鴛鴦相對浴紅衣。」

好事近

［南宋］廖世美

落日水熔金，天淡暮煙凝碧。樓上誰家紅袖，靠闌干無力。

鴛鴦相對浴紅衣，短棹弄長笛。驚起一雙飛去，聽波聲拍拍。

這首詞寫男女戀情。詞中畫面出現兩人，一為在樓上揚起耀眼的紅袖的憑欄女子，一為盪一葉扁舟的弄笛人。弄笛人意欲吹簫引鳳，不料卻驚鴛鴦飛去。他們的戀情將如何發展？結局會是怎樣？詞人留給讀者去想象。詞繪景寫人，有聲有色，生動活潑，含蓄不盡。

好事近

［南宋］李清照

風定落花深，簾外擁紅堆雪。長記海棠開後，正傷春時節。

酒闌歌罷玉尊空，青缸暗明滅。魂夢不堪幽怨，更一聲啼鴂。

這首詞上片側重由景生情，為落花而慨歎，而傷春。下片則自然過渡到閨中孤寂的幽怨。整首詞在從容平靜中淡淡説來，緩緩揭示內心的離別愁思。篇末以「鴂」啼作結，使該詞淒清哀怨的色調更顯凝重。

好事近

［南宋］呂渭老

飛雪過江來，船在赤欄橋側。惹報布帆無恙，著兩行親劄。

從今日日在南樓，鬢自此時白。一詠一觴誰共，負平生書冊。

這首詞是詞人南渡平安抵達後，寫給友人的。上片寫抵達江南並報平安。下片抒發不能為國立功，辜負平生讀書素志的憤懣與懊惱。詞雖簡短平實，愛國之情卻極為強烈深切。

惹，同「偌」，如此，這樣。
布帆，布製的船帆。布帆無恙，旅途平安，沒出事故。

呂渭老（一作濱老）字聖求，嘉興（今屬浙江）人。宣和間曾為朝士。早期詞作多秀婉，後身逢國難，轉為雄放悲壯。有《呂聖求詞》。

清任頤《漁父圖》(局部)，繪漁父獨立於河岸上舉目遠望，在空曠無際的背景襯托下顯得更加孤寂蕭索。上海博物館藏

宋佚名《松陰策杖圖》。茵茵綠草的湖岸蒼松下，一白衣士人策杖悠然而行，僮僕攜琴緊隨其後。對岸青山疊嶂，樹木成陰，一派生機盎然。故宮博物院藏

好事近　汴京賜宴聞教坊樂有感

［南宋］韓元吉

凝碧舊池頭，一聽管弦淒切。多少梨園聲在，總不堪華髮。　杏花無處避春愁，也傍野煙發。惟有御溝聲斷，似知人嗚咽。

宋孝宗乾道八年（1172）十二月，詞人作為正使前往金朝祝賀次年三月初一的萬春節（金主完顏雍生辰）。行至汴梁（時為金人的南京），金人設宴招待。席間，詞人聽到了過去北宋的宮廷音樂，萬感交集，愴然有懷，隨後賦下這首小詞，並寄給了陸游。詞中將杏花、御溝擬人化，表達自己對故都淪陷，中原長久不能恢復的無比深沉的隱痛和悲慨。唐圭璋評此首說：「起言地，繼言人；地是舊地，人是舊人，故一聽管弦，即懷想當年，淒動於中。下片，不言人之悲哀，但以杏花生愁、御溝嗚咽，反襯人之悲哀。用筆空靈，意亦沈痛。」（《唐宋詞簡釋》）

凝碧池，在洛陽禁苑內。這裏借指汴京故宮。據《明皇雜錄》記載，天寶末年，安祿山叛軍攻陷東都洛陽，大會凝碧池，令梨園子弟演奏樂曲，他們皆欷歔泣下，樂工雷海青則擲樂器於地，西向大慟。安祿山暴跳如雷，下令將雷海青在試馬殿前肢解示眾。詩人王維在被囚禁中聞訊，淒然作詩：「萬戶傷心生野煙，百官何日再朝天？秋槐葉落深宮裏，凝碧池頭奏管弦。」

好事近

［南宋］陸游

秋曉上蓮峰，高躡倚天青壁。誰與放翁為伴，有天壇輕策。
鏗然忽變赤龍飛，雷雨四山黑。談笑做成豐歲，笑禪龕榔栗。

榔栗，印度語「剌竭節」的異譯，僧徒用的杖。

這是一首風格雄奇豪邁的作品。上片，奇特地想象自己持着天壇藤杖趁着清爽的秋晨，登上蓮花峰頂，踏在倚天峭立的懸崖上。下片，幻想手中的龍杖在雷雨交加的天空中飛翔，鏗地一聲，天壇杖頓時化成赤龍騰起，雷聲大作，四邊山峰黑成了一片。談笑間，甘霖普降，禾苗茁壯成長，給人們成就一個豐年。詞中表達了渴望以經世濟民之才，化及時雨，讓百姓豐衣足食的宏願。

梅花入夢香　清《飛鴻堂印譜》

好事近　詠梅

［南宋］陳亮

的皪兩三枝，點破暮煙蒼碧。好在屋簷斜入，傍玉奴吹笛。

月華如水過林塘，花陰弄苔石。欲向夢中飛蝶，恐幽香難覓。

的皪，鮮明。

這首詠梅詞以凝練的畫筆，似不經意地點染出屋角簷下那兩三枝寒梅的秀潔、綽約風姿，並別出心裁地以夢中化蝶、追蹤香跡抒發自己對梅的喜愛和追求之情，將梅的品格和詞人的心境交織在一起來寫，可謂獨具一格，頗出新意。

好事近　漁村即事

［南宋］孫居敬

孫居敬名杓，字居敬，號畸庵。東陽（今屬浙江）人。淳熙十四年（1187）進士。

買斷一川雲，團結樵歌漁笛。莫向此中輕說，污天然寒碧。

短篷穿菊更移棖，香滿不須摘。搔首斷霞夕影，散銀原千尺。

這首詞描繪了一派寧靜恬適的漁村晚景，個中透露出詞人對閑適隱逸生活的向往。

宋牧溪（傳）《漁村夕照圖》（局部），巧妙地利用水墨的濃淡留餘白的技法，描繪一小漁村隱沒於險峻山巒之中，三條光帶自雲隙間穿瀉而下，開闊的湖面只見數葉漁舟，有一種空濛清寂的韻味。日本根津美術館藏

元周朗《杜秋娘圖》（局部）。故宮博物院藏

金縷，即《金縷衣》，傳為唐杜秋娘所作。其詞云：「勸君莫惜金縷衣，勸君惜取少年時。花開堪折直須折，莫待無花空折枝。」

蔣子雲字元龍。生卒不詳。

銀鉤，指書法筆姿之遒勁多姿。《晉書》卷六十：「蓋草書之為狀也，婉若銀鈎，飄若驚鸞。」

高登（1104—1159）字彥先，漳浦（今屬福建）人。紹興進士。曾任歸善令。後以事觸怒秦檜，編管容州。有《東溪詞》。

雷應春字春伯，郴州人，嘉定十年（1217）進士，擢監察御史，有《洞庭集》。

鮮鮮霜中菊（韓愈《秋懷詩》句） 吳昌碩

劉子寰字圻父，建陽（今屬福建）人。嘉定進士。官至觀文殿學士。詞有輯本《篁嵲詞》。

好事近

［南宋］蔣子雲

葉暗乳鴉啼，風定亂紅猶落。蝴蝶不隨春去，入熏風池閣。

休歌《金縷》勸金卮，酒病煞如昨。簾捲日長人靜，任楊花飄泊。

這首詞寫晚春初夏景色，以抒閑雅之情。乳鴉、亂紅、熏風、長日、楊花，皆春夏之交景象，錯綜寫來，風光迷麗。詞雖寫到暮春，但不墜入傷春的窠臼，而是捲簾獨看晚春風色，一任楊花柳絮，蒙蒙飛盡。故俞陛雲説：「當春盡花飛，依然病酒，而絕不作傷春語，如誦淵明詩，氣靜神恬，令人意遠。」（《唐五代兩宋詞選釋》）

好事近　又和紀別

［南宋］高登

飲興正闌珊，正是揮毫時節。霜幹銀鈎錦句，看壁間三絕。

西風特地颯秋聲，樓外觸殘葉。匹馬翩然歸去，向征鞍敲月。

這首送別詞一洗慣常的悲酸之態，着意描繪臨別之際飲酒揮毫、吟詩作賦、品評書畫的逸興遄飛的場面和蕭瑟秋風中友人翩然歸去的灑脱、飄逸的風采。音調爽朗，意境新穎，別具一格。

參讀

輪臺東門送君去，去時雪滿天山路。山回路轉不見君，雪上空留馬行處。—— 唐岑參《白雪歌送武判官歸京》

好事近

［南宋］雷應春

梅片作團飛，雨外柳絲全濕。客子短篷無據，倚長風掛席。

回頭流水小橋東，煙掃畫樓出。樓上有人凝佇，似舊家曾識。

這首詞是寫在梅片紛飛，細雨綿綿的日子裏，久客他鄉的遊子揚帆歸來。轉眼間小篷船穿越小橋流水，煙消雨霽，回望畫樓高聳。遠望有位佳人，佇立高樓上，還像是似曾相識。結拍尤妙。

好事近

［南宋］劉子寰

秋色到東籬，一種露紅先占。應念金英冷淡，摘胭脂濃染。

依稀十月小桃花，霜蕊破霞臉。何事淵明風致，卻十分妖豔。

這是一首極少見的格調高雅、耐人咀嚼尋味的詠紅菊之作，詞中對於紅菊傲霜、卓然不群品格的推重與欽佩之情表露得淋漓盡致。

宋佚名《盧仝烹茶圖卷》，描繪盧仝得好友孟荀送來的新茶，並當即烹嘗的情景。意境蕭散清遠，令人有出塵之想。故宮博物院藏

好事近　次蔡丞相韻

［金］元德明

夢破打門聲，有客袖攜團月。喚起玉川高興，煮松簷晴雪。

蓬萊千古一清風，人境兩超絕。覺我胸中黃卷，被春雲香徹。

這是步金朝丞相蔡松年詞原韻之作，詞中多檃栝唐人盧仝（號玉川子）《走筆謝孟諫議寄新茶》詩意，上片敍有客攜茶來訪，主客趁雪煮茶的歡愉；下片寫品茶後心境。全詞疏淡超逸，充盈着高士風神散朗的情懷。

元德明（1159—1206）號東巖，太原秀容（今山西忻州）人。累舉不第，放浪山水間。其詩清美圓熟，無山林枯槁之氣。詞僅存此一首。

好事近

［元］趙可

密雪聽窗知，午醉晚來初覺。人與膽瓶梅蕊，共此時蕭索。

倚窗閑看六花飛，風輕止還作。個裏有詩誰會，滿疏籬寒雀。

全詞抒寫賞雪品梅的逸趣，由醉後初覺的凝神諦聽到移步倚窗閑看，境界心情屢變，景小意深。

趙可字獻之，號玉峰散人，高平（今屬山西）人。貞元進士。官至翰林直學士。其詞豪放、婉約兼備。有《玉峰散人集》，已佚。詞入《中州樂府》。

清任預《春水照影圖》

好事近

［明］湯顯祖

簾外雨絲絲，淺恨輕愁碎滴。玉骨近來添瘦，趁相思無力。　小蟲機杼隱秋窗，黯淡煙紗碧。落盡紅灰池面，又西風吹急。

這首詞寫秋閨思婦的幽愁暗恨，卻不說明愁恨的具體內容，也不描寫女子的服飾姿態，只以景物映襯心情，因而更見深美流婉。

好事近

[清] 萬樹

忍淚送君行，江上青山斜矗。別酒一杯還暖，恨風帆催促。

無情畫舸疾於飛，一水漸拖綠。欲上小樓凝望，又垂楊遮目。

這首詞寫別情，於送別之際，殷殷注目友人畫船歸去的情態畢現。全詞不雕琢不塗飾，純真自然，生動活潑。

萬樹（1630—1688）字紅友，號山翁，宜興（今屬江蘇）人。諸生。康熙間入兩廣總督吳興祚幕。工詞善曲，其詞以情馭筆，清逸疏放，雅韻與俗美兼具。有《香膽詞》。又精詞學，編纂《詞律》，被譽為「詞宗護法」。

好事近

[清] 陳維崧

夏日史蘧庵先生招飲，即用先生喜余歸自吳閶過訪原韻。

分手柳花天，雪向晴窗飄落。轉眼葵肌初繡，又紅欹欄角。

別來世事一番新，只吾徒猶昨。話到英雄失路，忽涼風索索。

這首詞憶分手，記相見，重在抒懷。上片寫景，窗外柳絮飄落，轉眼葵花新開，欄角花事正盛。下片抒發感慨。「只吾徒猶昨」，寫出了懷才不遇的牢騷。末二句陡然出以奇幻之筆，令小詞通體振起，由極平淡化為極奇崛，尤為讀者傳誦。吳梅說：「平敘中峰巒疊起，力量最雄，非餘子所能及也。」（《詞學通論》）

龔翔麟像

龔翔麟（1657—1718）字天石，號蘅圃，仁和（今浙江杭州）人。康熙副貢生。由工部主事累遷御史。工詞，與朱彝尊等合稱「浙西六家」，有《紅藕莊詞》。

好事近　沂水道中

[清] 龔翔麟

極目總悲秋，衰草似黏天末。多少無情煙樹，送年年行客。

亂山高下沒斜陽，夜景更清絕。幾點寒鴉風裏，趁一梳涼月。

這首詞寫行旅途中的悲涼心境，頗有空靈風致。

好事近

[清] 鄧廷楨

雲母小窗虛，窗濾金波疑濕。搖曳柳煙如夢，盪一絲寒碧。　天涯猶有未歸人，遙夜耿相憶。料得平沙孤艇，聽征鴻嘹嚦。

這首詞寫思歸情懷。譚獻曰：「韻勝。」（《篋中詞·今集續》卷一）

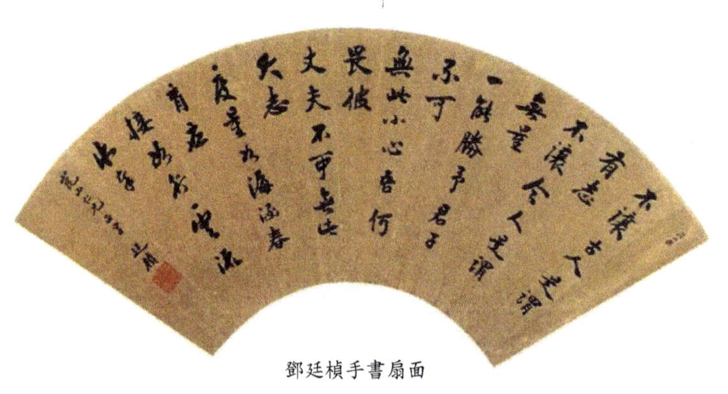

鄧廷楨手書扇面

好事近

［清］周之琦

輿中雜書所見，得四闋。

杭葦岸才登，行入亂峰層碧。十里平沙淺渚，又渡頭人立。

笥將搖夢上輕舟，舟尾浪花濕。恰好烏篷小小，載一肩秋色。（自獲鹿至井陘，日三四問渡。）

詩句夕陽山，扇底故人曾說。好是固關西去，看萬山紅葉。

翠蛟潭上認題名，展齒為君折。驀地蘚花濃處，出一雙胡蝶。（陳受笙畫扇贈行，題詩有「好山都在固關西」之句。）

峻阪怯肩輿，引綆兩行猶弱。幾日牽船岸上，只薄帆難著。

一聲璧月大堤頭，舊夢定誰託。何似春風天半，挽鞦韆紅索。（入太行道中，輿前以索挽之。）

引手摘星辰，雲氣撲衣如濕。前望翠屏無路，忽天門中辟。

等閑雞犬下方聽，人住半山側。行踏千家簷宇，看炊煙斜出。（南天門尤陡峻，人多鑿窯而居。）

這組詞寫太行景色，情景俱佳，極富情致，獨具特色。

傅抱石《二湘圖》，繪娥皇、女英（湘君、湘夫人）迎風而立，體態婀娜，眼中流露出和藹、安詳的神情。整幅作品筆簡意遠，瀟灑入神，給人以靈動、飄逸之美。曹氏默齋藏

杭葦，語出《詩經．河廣》：「一葦杭之。」葦原指草束，引申為小舟。杭，通「航」。

笥將，語出《公羊傳．文公十五年》：「笥將而來也。」笥，竹輿。

好事近　湘舟有作

［清］文廷式

翠嶺一千尋，嶺上彩雲如幄。雲影波光相射，盪樓臺春綠。

仙鬟撩鬢倚雙扉，窈窕一枝玉。日暮九疑何處，認舜祠叢竹。

這首詞寫在湖湘舟行中所見水光山色。翠嶺彩雲，波光盪綠，加上傳說中窈窕如玉的仙女，構成一幅充滿明麗而奇幻的畫面，又洋溢着懷古的悠思，極富情韻。王瀣《手批雲起軒詞鈔》云：「穠絕！」

九疑，即九嶷山，又名蒼梧山，在湖南省永州市寧遠縣境內，有九峰聳立，舜源峰居中，娥皇、女英、瀟韶等八峰，拔地而起，如眾星拱月，簇擁着舜源峰。

詞林逸事

紹興八年（1138）秦檜再次入相主和，派王倫往金議和，朝野輿論一片譁然。身為樞密院編修官的胡銓滿懷激憤地寫下了著名的《戊午上高宗封事》，說：「臣備員樞屬，義不與檜等共戴天。區區之心，願斬三人頭（指秦檜、王倫、孫近），竿之槁街。……

不然，臣有赴東海而死，寧能處小朝廷求活耶！」（《宋史》卷三百七十四）此書一出，轟動天下，金人聞訊急忙以千金購得此文，讀後「君臣失色」，連連驚呼「南朝有人」（《鶴林玉露》甲編卷六）。秦檜為之大怒，以「狂妄凶悖，鼓動劫持」之罪名，將胡銓「除名，編管昭州（今廣西平樂）」，四年後又解配新州（今廣東新興）。紹興十八年（1148）胡銓在新州得知李光因斥責秦檜，與趙鼎一同被貶至海南，含憤寫下一首《好事近》：

朱熹《朱子語類》卷一百零九：「如胡邦衡（邦衡，胡銓字）之類，是甚麼樣有氣魄！做出那文字是甚豪壯！」

富貴本無心，何事故鄉輕別。空使猿驚鶴怨，誤薜蘿秋月。
囊錐剛要出頭來，不道甚時節。欲駕巾車歸去，有豺狼當轍。

「豺狼當轍」即「豺狼當道」，語出《東觀漢紀．張綱傳》：「豺狼當道，安問狐狸！」

詞人痛斥了「豺狼當轍」的現實，抒發了壯志難酬的憤慨，寫得一氣呵成，慷慨激昂。據南宋王明清《揮麈後錄》卷十載，秦檜黨羽郡守張棣得知此詞後，上報秦檜，秦檜大怒，又將胡銓流放到更荒遠的吉陽軍（今海南三亞）。

倚聲依譜

「近」是詞的種類之一，屬一套大曲中的一個曲調。自詞和音樂分離，此字只是某個詞牌名稱的組成部分，已無實際意義。

《好事近》又名《釣船笛》《翠圓枝》《倚秋韆》等。四十五字，上下片各兩仄韻。上片四句，二十二字；下片四句，二十三字。兩結句以一字領下四字。此調前人習慣用入聲韻。調勢平緩，音節低沉，作者甚眾，凡寫景、抒情、詠物、酬贈、祝頌均適用。

《詞譜》（《好事近》）

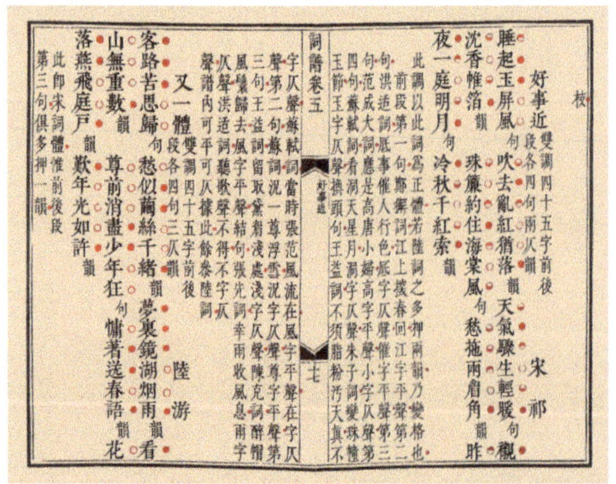

枝

好事近　雙調四十五字前後段各四句兩仄韻

宋　祁

睡起玉屏風　句　吹去亂紅猶落　韻　天氣驟生輕暖　句　襯沉香帷箔　韻　珠簾約住海棠風　句　愁拖兩眉角　韻　昨夜一庭明月　句　冷秋千紅索　韻

此調以此詞為正體若陸詞之多押兩韻乃變格也前段第一句鄭獬詞江上探春回江字平聲第二句洪适詞底事催人行色底字仄聲催字平聲第三句范成大詞應是高唐小婦高字平聲小字仄聲第四句蘇軾詞看洞天星月洞字仄聲朱子詞變珠幢玉節玉字仄聲換頭句王益詞不須脂粉污天真不字仄聲蘇軾詞當時張范風流在風字平聲在字仄聲第二句蘇詞況一尊浮雪況字仄聲尊字平聲第三句王益詞留取黛眉淺處淺字仄聲陳克詞醉帽風鬟歸去風字平聲結句張先詞幸雨收風息雨字仄聲洪适詞聽歌聲不得不字仄聲譜內可平可仄據此餘參陸詞

詞譜卷五　好事近　七

又一體　雙調四十五字前後段各四句三仄韻

陸　游

客路苦思歸　句　愁似繭絲千緒　韻　夢裏鏡湖烟雨　韻　看山無重數　韻　尊前消盡少年狂　句　慵著送春語　韻　花落燕飛庭戶　韻　歎年光如許　韻

此即宋詞體惟前後段第三句俱多押一韻

定格

中仄仄平平，中仄仄平平**仄**。
中仄仄平平仄，**仄**中平平**仄**。

中平中仄仄平平，中中仄平**仄**。
中仄仄平平仄，**仄**中平平**仄**。

定風波

五湖煙浪入清尊

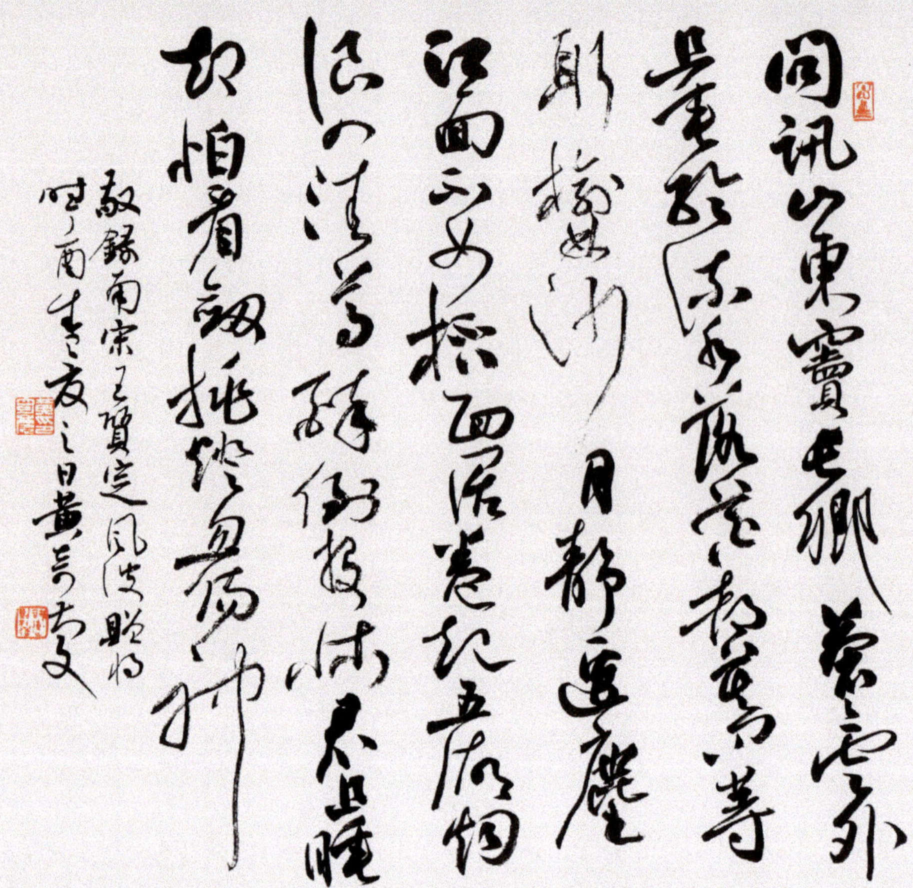

黃奇慶書《定風波》

華音流韻

定風波　贈將

［南宋］王質

問訊山東竇長卿，蒼蒼雲外且垂綸[①]。流水落花都莫問，等取，榆林沙月靜邊塵[②]。　江面不如杯面闊，卷起，五湖煙浪入清尊[③]。醉倒投牀君且睡，卻怕，看劍挑燈忽傷神。

臨風賞讀

「醉裏挑燈看劍，夢回吹角連營」（《破陣子・為陳同甫賦壯詞以寄》），讀到辛棄疾這一壯詞中的壯語時，人們也許不知道，約略早於辛詞（約作於淳熙十五年，1188）二十年，也就是乾道三年（1167）十月，王質的一首《定風波》已別出心裁描寫出一個豪飲看劍挑燈的情節，營造了一種雄快而

［註釋］

①垂綸，垂釣。

②榆林，在陝西北部，地臨毛烏素沙漠，北宋時防禦西夏的邊防重鎮。邊塵，指戰爭。

③五湖煙浪，指范蠡載西施泛舟五湖的故事，此指避禍遠難。

悲愴的氣氛，一抒渴望殺敵報國、恢復中原卻壯懷不酬的抑塞、悲憤心情。

詞是寫給一位退老山林的老將竇長卿的。上片勸對方遠離塵世，以優遊林泉為樂，任由花開花落，水流雲飛，單等着聽取傳來烽煙消盡、邊境安寧的好消息吧！這看似勸慰，實則已暗含憤激。當時國門之外，金人仍在虎視眈眈；朝廷卻屈辱苟安、腐敗昏聵，忠良見逐，壯士報國無門。這一切怎不令人頓生怨憤，非淋漓痛飲焉能排遣？故下片進而勉勵對方借酒澆愁。杯中有勝似江面的雄渾開闊，有充滿詩情畫意的「五湖煙浪」，醉乎其中，其樂融融。酩酊大醉、投牀入睡，自可一時寵辱皆忘，超然物外，怕就怕醒來時挑燈看劍，又觸發寶刀未老、壯志未酬的無限感傷。結末從對方落想，其實發抒的是詞人欲有所為而不能的一腔忠憤，沉痛刻骨，力透紙背。

詞人以蘇軾自況，曾說：「一百年前，蜀山之下有蘇子瞻」，「一百年後，楚江之濱有王景文」（《雪山集》卷十）。這首詞俊爽流暢，清壯雄渾，風格頗近東坡。

看劍讀《騷》 清訒庵藏印

古今彙評

周篤文：此詞以廓清邊塵、立功報國的壯圖勉勵自己的友人。悲涼慷慨，如見肺肝……「五湖」句攝大入小，清曠雄奇，是以一微塵轉大法輪的手段。（《宋百家詞選》）

參讀

浮雲在空碧，來往議陰晴。荷雨灑衣濕，蘋風吹袖清。鵲聲喧日出，鷗性狎波平。山色不言語，喚醒三日酲。—— 王質《山行即事》寫山行見聞、感受，景美情濃，興會淋漓。

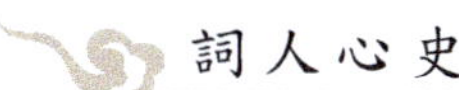

詞人心史

王質（1135—1189）字景文，號雪山。其先鄆州（今山東東平）人，南渡後，徙興國軍陽辛里（今湖北陽新龍港鎮陽辛村）。年二十三遊太學，與張孝祥父子交遊，頗受器重。紹興三十年（1160）進士。召試館職，為言者論罷。汪澈任荊襄宣諭使，張浚為江淮都督，皆以他有幹才，先後徵用於帳下。不久，奉召還朝，任太學正，以建言和、戰、守合而為一，被譏「年少好異論」而罷官。採石之戰大敗金軍後，虞允文於紹興三十二年（1162）被委任為川陝宣諭使，並與大將吳璘商議收復中原的大業，再次北伐中原，徵舉王質隨行，一日令草檄文，援毫立就，辭氣激壯，驚歎其為「天才」。入朝任敕令所刪定官，遷樞密院編修。時虞允文執政，推薦他為右正言。復因曾覿阻撓，出為荊南通判，後又改吉州通判，皆辭不就，退居林下，絕意仕途。淳熙十六年（1189）正月十九日卒，葬於陽辛牛頭山（今湖北陽新富水大壩西南兩公里處，墓尚存）。有《雪山集》《紹陶錄》《詩總聞》等傳世。

詞人多膽氣　清何通

王質博通經、史，文思敏捷，善詩、工詞、能文。其詩放曠不羈，豪氣橫生，近似蘇詩的風格。其詞駿發豪邁，喜用口語，風格清壯，閑逸詞、詠史懷古詞、詠物詞都各具特色。

聽景文論古，如讀酈道元《水經》，名川支川，貫穿周匝，無有間斷。咳唾皆成珠璣。（王阮《雪山集序》）

負排閶闔氣，有泣鬼神詩。（李流謙《送王景文入制幕》）

透，跳躍。

低吟／浩唱

閻選，生卒和字里不詳，五代後蜀布衣，人稱閻處士。工小詞，崇尚濃豔，頗近溫庭筠，然平淡無深趣。今存詞十首，分載《花間集》《尊前集》。

定風波

［五代］閻選

江水沉沉帆影過，游魚到晚透寒波。渡江雙雙飛白鳥，煙嫋，蘆花深處隱漁歌。　扁舟短棹歸蘭浦，人去，蕭蕭竹徑透青莎。深

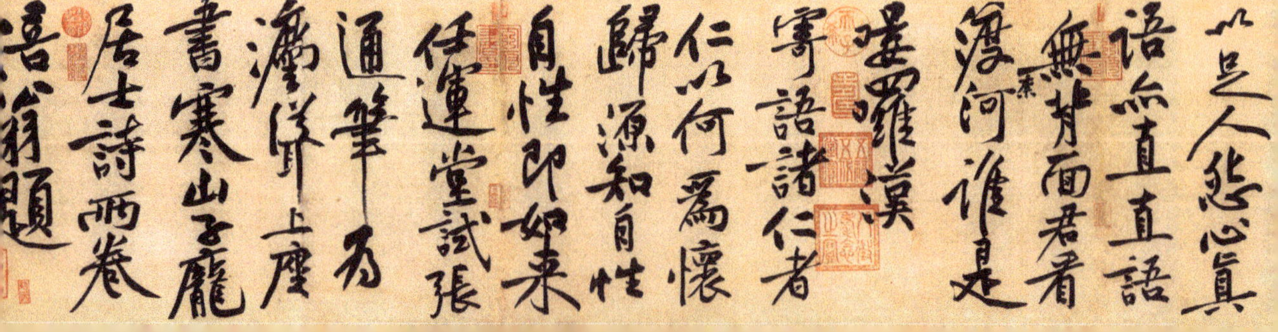

黃庭堅《龐居士寒山子詩》，書於元符二年（1099），其時已由黔州遷貶戎州（今四川宜賓）。臺北「故宮博物院」藏

夜無風新雨歇，涼月，露迎珠顆入圓荷。

這首詞表面上着意描繪江上一片蕭寥的秋景，展現南方澤國的柔美意境，實則寓情於景，委婉含蓄地流露詞人難以名狀的落寞情緒。全詞筆墨閑雅，氣韻生動，結末尤自然入妙。

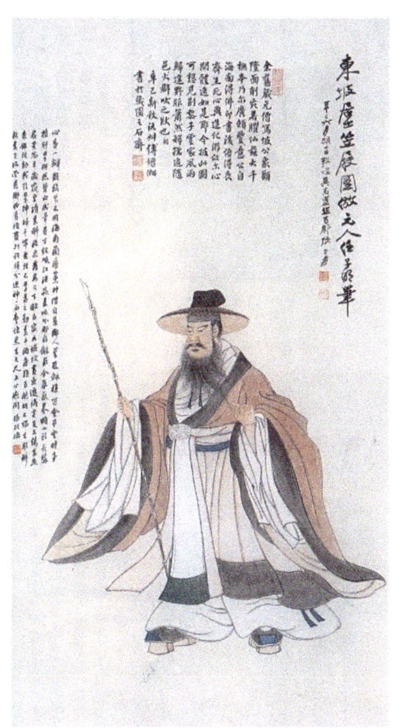

張大千《東坡居士笠屐圖》，仿元任仁發同名畫作。吉林省博物館藏

定風波

[北宋] 蘇軾

三月七日沙湖道中遇雨。雨具先去，同行皆狼狽，余獨不覺。已而遂晴，故作此。

莫聽穿林打葉聲，何妨吟嘯且徐行。竹杖芒鞋輕勝馬，誰怕，一蓑煙雨任平生。　料峭春風吹酒醒，微冷，山頭斜照卻相迎。回首向來蕭瑟處，歸去，也無風雨也無晴。

這首詞作於被貶黃州之後的第三年即元豐五年（1082）三月七日，為醉歸遇雨抒懷之作。本是極其平常的一場春雨，對經過一番精神煉獄之旅，心靈進入澄明境界的詞人，卻依然怦然心動，靈感來襲，輕輕一描，便成一幅極傳神的「東坡雨中行吟圖」，讀者彷彿能看到，一位從醉意中清醒的謫臣，正衣袂飄飄、含笑而立，體味着「也無風雨也無晴」的恬澹妙境。全詞於尋常生活小景中，興發超曠襟懷，將一己寵辱不驚、坦然自若的人生態度如鹽着水般地融入其中，語意雙關，機鋒四射，令人回味無盡。清鄭文焯評此詞：「此足徵是翁坦蕩之懷，任天而動。琢句亦瘦逸，能道眼前景。以曲筆寫胸臆，倚聲能事盡之矣。」（《手批東坡樂府》）

定風波　次高左藏使君韻

[北宋] 黃庭堅

萬里黔中一漏天，屋居終日似乘船。及至重陽天也霽，催醉，鬼門關外蜀江前。　莫笑老翁猶氣岸，君看，幾人黃菊上華顛。戲馬臺南追兩謝，馳射，風流猶拍古人肩。

黔中，即黔州（今四川彭水）。

漏天，指陰雨連綿。四川多雨，邛州有漏天，戎州僰道有大漏天、小漏天，此移以稱黔州。

鬼門關，即石門關，今重慶市奉節縣東，兩山夾峙如蜀門戶。

華顛，髮已花白之頭。顛，頭頂。

戲馬臺一名掠馬臺，項羽所築，在今江蘇徐州城南。晉安帝義熙十二年（416），被封為宋公的劉裕九月九日會僚屬於此，賦詩為樂，謝瞻和謝靈運各賦《九日從宋公戲馬臺集送孔令》一首。

兩謝，即謝瞻和謝靈運。

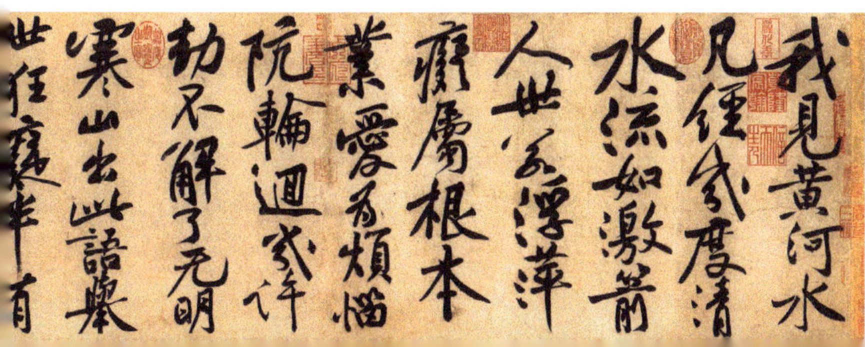

清吳宏《燕子磯莫愁湖二景圖》。「燕子磯」的構圖以仰視為主，突出表現山巒險峻巍峨的壯美氣勢。磯下片片沙漬、蘆草，港灣處停泊眾多船隻，亦有歸航的帆船駛向岸邊。左邊則是廣闊無際的長江。故宮博物院藏

這首詞乃紹聖四年（1097）重陽節於黔州貶所為次知州高羽之韻而作。黔州荒僻險惡，詞人萬里投荒卻能隨緣自適，安貧樂道，置榮辱生死於度外。詞以輕松而豪健的筆調，層層推進，由重陽節酣飲至賞菊，再至騎馬馳射，將其老而彌堅的豪邁奮發精神發揮得淋漓盡致，顯示了詞人身處逆境而寵辱不驚的傲岸與曠達，讀之使人神氣鷹揚。

萬里相看忘逆旅，三聲清淚落離觴。朝雲往日攀天夢，夜雨何時對榻涼。急雪鶺鴒相並影，驚風鴻雁不成行。歸舟天際常回首，從此頻書慰斷腸。——宋黃庭堅《和答元明黔南贈別詩》。黔州之貶，山谷長兄元明跋山涉險終始相陪，留數月不忍別，別後頻寄書信以慰離思。詩憶昔、慨今、遙想未來，宛轉曲折中發露手足真情。

菊殘猶有傲霜枝（蘇軾《贈劉景文》句）頓立夫

定風波　月下渡江

［清］黃之雋

燕子磯根急浪舂，浪痕遙颭水燈紅。無數帆檣先後發，乘月，阿誰能唱大江東。　呼起當年吳大帝，貪睡，不知船上有英雄。獨立柁樓吞沆瀣，簫響，一聲驚起萬魚龍。

燕子磯位於南京東北的長江南岸，形若嬌燕，展翅欲飛，乃著名的萬里長江第一磯。這首詞寫詞人在燕子磯邊月下渡江所見壯闊浩渺的景象，借以抒寫自己的豪情逸興。

黃之雋（1668—1748）字石牧，江南華亭（今上海市奉賢區）青村鄉陶宅村人。康熙六十年（1721）進士，授編修，出為福建學政，官至左春坊左中允。詩生新超雋，詞清麗流轉。又工戲曲。有《香屑集》。

定風波　擬六一詞

［清］嚴元照

一寸光陰一寸金，養花天氣半晴陰。莫管新來人漸老，還要，玉觴花下十分深。　往事分明還記得，傾國，清歌一曲墮瑤簪。幾日懨懨成酒病，休問，去年花放到而今。

宋歐陽修有《定風波》六首，酣暢淋漓地發抒把酒對花的慨歎。這首擬六一詞，從詞旨、語境乃至遣詞都極力仿效歐詞。上片描摹把酒花前的情志，醉態可掬。下片抒寫病酒的原委，表白對意

嚴元照（1773—1817）字元能（一作修能），號悔庵，歸安（今浙江湖州）人，貢生。性倜儻，絕意仕進，於聲音訓詁之學，多所闡發。有《柯家山館詞》二卷。

中女子的眷念之情。詞人追摹原作，不僅意境酷似，而且措詞畢肖，頗得醉翁真意和神韻。清詞人顧翰曰：「深情以淺語出之，使人低廻不盡。」（《篋中詞・今集續》卷二引）

定風波

［清］莊棫

為有書來與我期，便從蘭杜惹相思。昨夜蝶衣剛入夢，珍重，東風要到送春時。　三月正當三十日，占得，春芳畢竟共春歸。只有成陰並結子，都是，而今但願著花遲。

這首情詞從接到情書惹起對美人的思念寫起，寫到對見面時情形的猜測和自己的心願，將一位戀人對愛情渴望而又焦慮的心理刻畫得往覆迴環，細致入微，又語意雙關，耐人尋味。難怪清陳廷焯說：「蒿庵詞有看似平常，而寄興深遠，耐人十日思者，如《定風波》云：『為有書來與我期……』暗含情事，非細味不見。」（《白雨齋詞話足本校註》卷六）

蘭杜，蘭草和杜若，均為香草。

蝶衣入夢，用莊周夢為蝴蝶的典故。《莊子・逍遙遊》：「昔者莊周夢為蝴蝶，栩栩然蝴蝶也；自喻適志與，不知周也；俄然覺，則蘧蘧然周也。」

定風波

［清］況周頤

未問蘭因已惘然，垂楊西北有情天。水月鏡花終幻跡，贏得，半生魂夢與纏綿。　戶網遊絲渾是罥，被池方錦豈無緣。為有相思能駐景，消領，逢春惆悵似當年。

相思何以能駐景？事實上當年的春日怎能重回，只是每逢春日，心情惆悵猶似當年罷了。這首懷人小令追憶當年情愛往事，深情綿邈，百轉千迴。

蘭因絮果，佛家稱因果。這裏代指前世姻緣。

戶網，網戶倒文，門窗刻方格，狀如網，故名。

罥，掛礙，諧音「眷」。

被池，有緣飾的被子。

詞林逸事

神宗元豐元年（1078），正在徐州知州任上的蘇軾，盛邀王鞏重陽來新落成的黃樓雅聚。王鞏如約而至，與客登山遊水，吹笛飲酒，乘月而歸。蘇軾待之於黃樓上，對王鞏道：「李太白死，世無此樂三百年矣。」就是這位「豪逸有種」的朋友，因受使自己幾遭殺身之禍的「烏臺詩案」牽連，被貶謫到嶺南荒僻之地，監賓州（今廣西賓陽）鹽酒稅，蘇軾很是內疚。

元夏永《黃樓圖》（局部），美國大都會藝術博物館藏

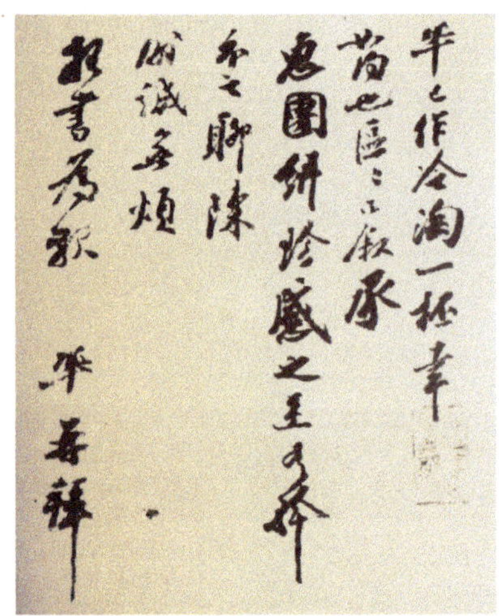

王鞏《冷淘帖》，小草頗有高韻

這次貶謫，崎嶇嶺海，去國萬里，遭遇堪悲，一子死貶所，一子死於家，自己亦病幾死，但王鞏仍處之泰然，在瘴煙窟裏三年，歸來顏色和豫，氣益剛實，尤令蘇軾欽服。當然，令蘇軾欽服的還有毅然隨王鞏南行的歌妓宇文柔奴。元豐六年（1083）王鞏北歸，出柔奴為蘇軾勸酒。軾問及廣南風土，柔奴答以「此心安處，便是吾鄉」。沒想到如此一個柔弱女子，竟能脫口說出如此豁達之語，蘇軾大受感動，立刻填下一闋《定風波》：

王定國歌兒曰柔奴，姓宇文氏，眉目娟麗，善應對，家世住京師。定國南遷歸，余問柔：「廣南風土，應是不好？」柔對曰：「此心安處，便是吾鄉。」因為綴詞云：

常羨人間琢玉郎，天教乞與點酥娘。自作清歌傳皓齒，風起，雪飛炎海變清涼。　萬里歸來顏愈少，微笑，時時猶帶嶺梅香。試問嶺南應不好，卻道，此心安處是吾鄉。

此心安處是吾鄉　王福庵

此詞一出，「點酥娘」宇文柔奴名動京師，王鞏與柔奴的戀情隨即也流傳開來，至今為人們所津津樂道。

倚聲依譜

《定風波》一作《定風波令》。唐教坊曲。雙調，六十二字，每句用韻，句式和韻律變化複雜。上片五句，三平韻，兩仄韻；下片六句，四仄韻，兩平韻。前後片之平聲必須是同一韻部，不能變換，所插入之三換仄聲韻則較為自由，不必是平聲本部之仄聲。宜表現重大社會題材，亦宜言志抒情與酬贈。

《詞譜》（《定風波》）

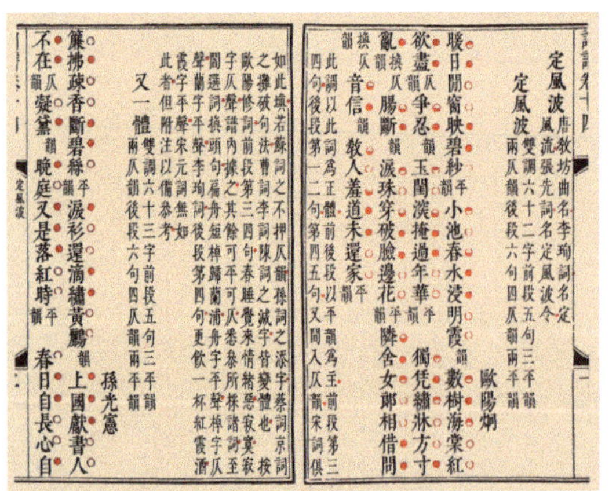

定風波

定風波　唐教坊曲名。李珣詞名定風流，張先詞名定風波令。

雙調六十二字，前段五句三平韻兩仄韻，後段六句四仄韻兩平韻

歐陽炯

暖日閑窗映碧紗平韻小池春水浸明霞韻數樹海棠紅欲盡仄韻爭忍韻玉闌濮掩過年華平韻獨凭繡牀方寸亂換仄韻腸斷韻淚珠穿破臉邊花平韻鄰舍女郎相借問音信換仄韻教人羞道未還家平韻

此調以此詞為正體，前後段以平韻為主，前段第三四句，後段第一二句、第四五句，又間入仄韻。宋詞俱如此。填若蘇詞之不押仄韻，孫詞之添字，蔡詞、京詞之攤破句法，曹詞、李詞、陳詞之減字，皆變體也。按歐陽修詞前段第三四句「春睡覺來情緒惡，寂寞」，寂字仄聲，譜內據之，其餘可平可仄，悉參所採諸詞。至閻選詞換頭句「扁舟短棹歸蘭浦」，舟字平聲，棹字仄聲，蘭字平聲；李珣詞後段第四句「更飲一杯紅霞酒」，霞字平聲，宋元詞無如此者，但附注以備參考。

又一體　雙調六十三字，前段五句三平韻，後段六句四仄韻兩平韻

孫光憲

簾拂疏香斷碧絲平韻淚衫還滴繡黃鸝韻上國獻書人不在仄韻凝黛韻曉庭又是落紅時平韻春日自長心自

定格

中仄平平仄仄**平**，中平中仄仄平**平**。

中仄中平平仄**仄**，平**仄**，中平中仄仄平**平**。

中仄中平平仄**仄**，平**仄**，中平中仄仄平**平**。

中仄中平平仄**仄**，平**仄**，中平中仄仄平**平**。

六州歌頭

長淮望斷，關塞莽然平

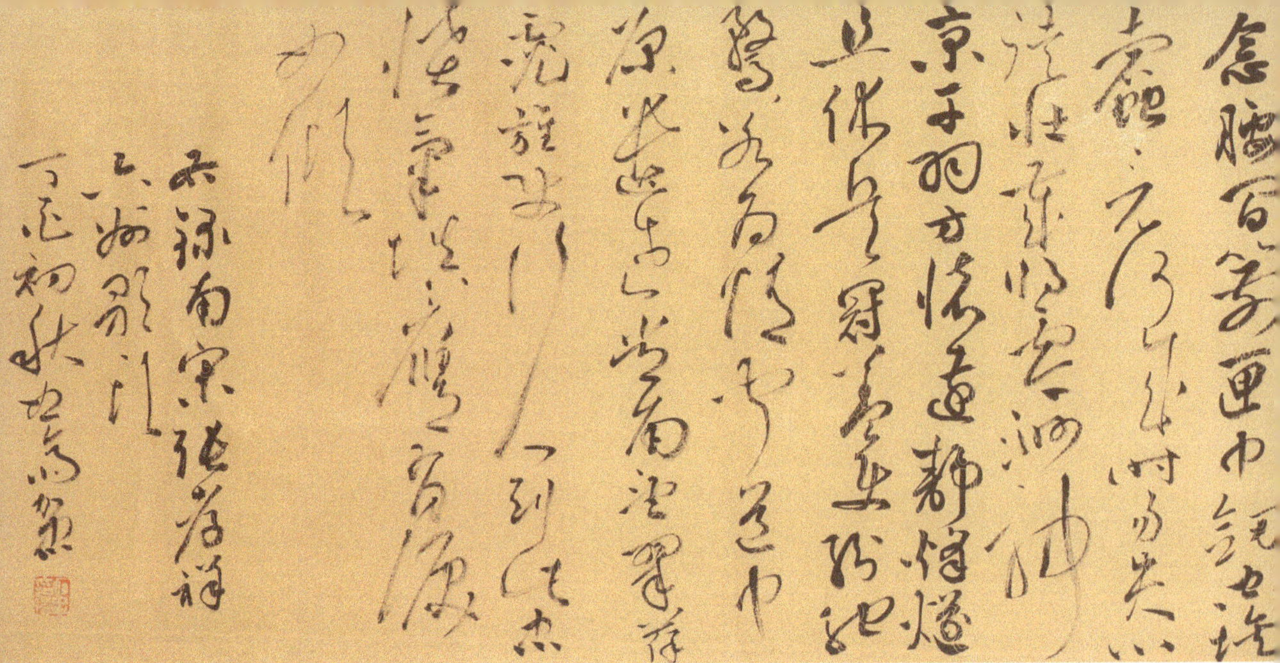

黃加忠書《六州歌頭》

華音流韻

六州歌頭

［南宋］張孝祥

長淮望斷，關塞莽然平[①]。征塵暗，霜風勁，悄邊聲。黯銷凝[②]。追想當年事，殆天數，非人力，洙泗上[③]，弦歌地，亦膻腥[④]。隔水氈鄉[⑤]，落日牛羊下，區脫縱橫[⑥]。看名王宵獵[⑦]，騎火一川明。笳鼓悲鳴。遣人驚。　念腰間箭，匣中劍，空埃蠹，竟何成。時易失，心徒壯，歲將零。渺神京。干羽方懷遠[⑧]，靜烽燧，且休兵。冠蓋使，紛馳騖，若為情。聞道中原遺老，常南望、翠葆霓旌[⑨]。使行人到此，忠憤氣填膺。有淚如傾。

［註釋］

①莽然，草木繁茂的樣子。

②銷凝，凝神冥思。

③洙泗，洙水與泗水，昔孔子聚徒弦歌講學之地。此代禮樂之邦。

④膻腥，牛羊等的腥臊味，此指被金兵所踐踏、玷污。

⑤氈鄉，北方少數民族住氈帳，故稱。

⑥區脫，亦作「甌脫」，漢時匈奴守邊所築土室。此指金兵哨所。區音鷗。

⑦名王，少數民族對貴族頭領的稱呼，此指金兵將領。

⑧干羽方懷遠，活用《尚書·大禹謨》「帝乃誕敷文德，舞干羽於兩階」（干羽，木盾和雉尾，舞者所執的道具）故事。據說舜大修禮樂，曾使遠方的有苗族來歸順。詞人借以辛辣地諷刺朝廷放棄失地，安於現狀。

⑨翠葆霓旌，帝王車駕儀仗。翠葆，以翠鳥羽毛裝飾的車蓋。霓旌，皇帝出行時的五彩旌旗。

臨風賞讀

高宗紹興三十一年（金大定元年，1161）歲暮，金主完顏亮舉兵南侵，直趨長江北岸，在向採石（今安徽馬鞍山市西南）渡江時，被虞允文督水師迎頭痛擊，潰退揚州，被部下射殺。這本是乘勝雪洗靖康之恥之大好時機，但高宗卻急不可待地與金議和，讓金兵退回至淮河以北，並不斷遣使奔走於金、宋之間，交納歲幣銀絹，備受屈辱。

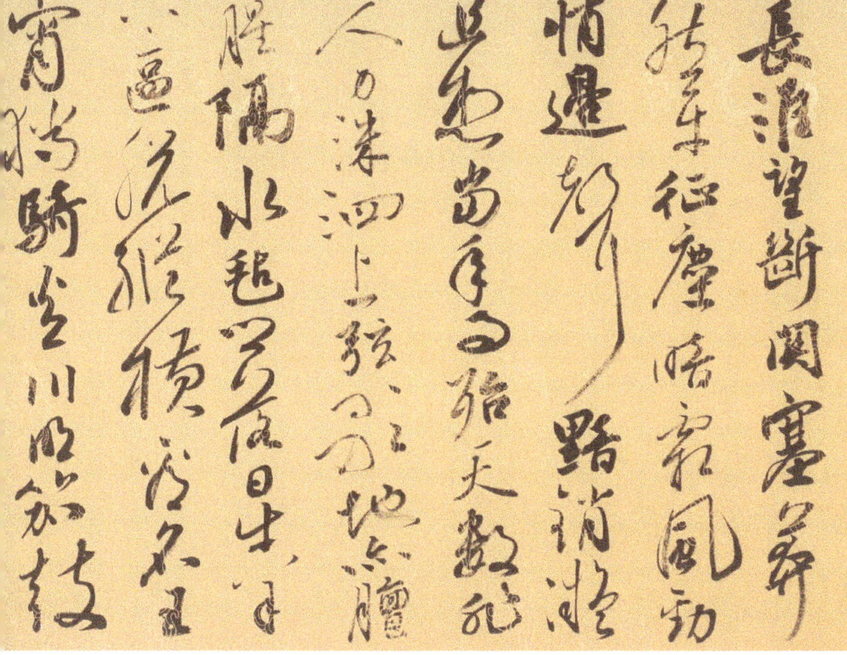

詞人有「雄略遠志」，「其欲掃開河洛之氛祲，蕩洙泗之羶腥者，未嘗一日而忘胸中」（謝堯仁《張于湖先生集序》），蒿目時憂，黯然神傷。三十二年（1162）秋冬間，詞人赴建康府行宮留守張浚幕作客，即席寫下這首詞。

上闋先寫臨淮北望，本是中國腹地，今則成為莽然邊塞，舉目有山河之異。這一起如驚濤出壑，引人扼腕，誰不為之肅然動容！次寫征塵蔽天，霜風淒厲，前沿陣地上卻一片疏閑寂靜，不聞鼓角邊聲，全無戒備氣氛。面對此情此景，詞人銷魂凝神，憂心忡忡，不由得追想起「當年事」——汴京失陷，宋室南遷的靖康之變。這等奇恥大辱，何嘗不是朝廷苟安誤國的責任，但在高宗朝，又能追究誰呢？不得已，只好憒而歸之於悠悠蒼天。如今數千年詩書禮樂之邦遭金兵鐵蹄踐踏，淪為犬羊窟宅。「羶腥」「氈鄉」「牛羊」「區脫」「名王」「宵獵」「騎火」「笳鼓」等本屬北方遊牧民族的風物習俗，以之渲染出一幅幅中原慘遭塗炭、敵騎驕縱橫行的圖景，令人觸目驚心。

下闋轉到己之復國壯志難酬的激憤。一「念」字充溢着忠憤之氣、不平之慨，統領以下八句。箭翎蟲蛀，劍匣塵封，空歎英雄久

宋陳居中（傳）《胡騎春獵圖》，圖繪胡騎出獵場景。美國大都會藝術博物館藏

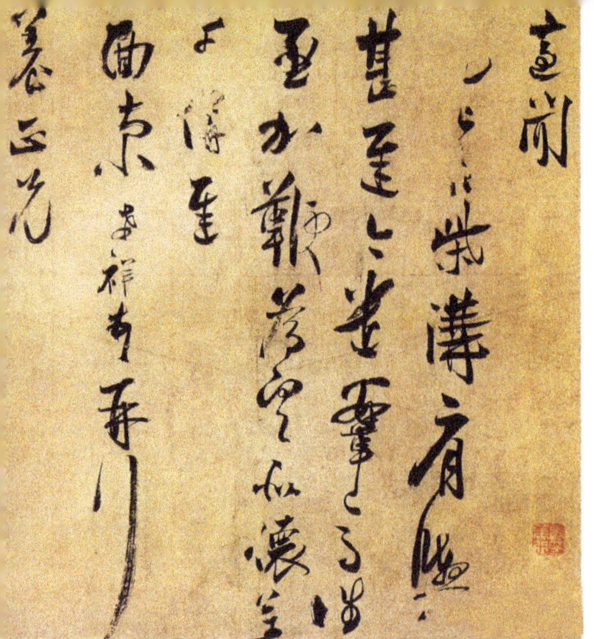

張孝祥《柴溝帖》，遒勁流暢，骨力內含，為其傳世墨跡中的代表作。上海博物館藏

不出戰，到頭一事無成！心懷「徒壯」，等閑虛度；神京渺遠，時機坐失，恢復難期！在這歲暮之時怎不令人更覺悲痛。接着，悲憤的詞人以「干羽」「懷遠」、「烽燧」不舉、邊疆上使臣冠蓋馳騖，辛辣地諷刺朝廷偏安半壁江山屈辱求和之可恥。下面，筆鋒一轉，寫中原父老翹首盼望王師北伐的耿耿衷懷，與君臣泄遝不思進取形成鮮明對照，進一步表明稱臣納貢的可恥與收復中原的迫切。最後以激憤語作結：「使行人到此」，長淮一望，不知他們將會如何氣憤填膺而痛哭流淚！

這首壯詞縱筆直書，縱橫開闔，從關塞之空虛到侵擾者的猖獗，從朝廷的荒謬舉措到淪陷區人民的痛苦，從時局的危機到英雄報國無門的悲憤，多層次、多角度地展示了那個時代的宏觀歷史畫卷，堪稱詞史。詞中一腔忠憤猶如怒濤狂潮般傾瀉而出，奔放激越，一氣貫注，撼人心魄。無怪主戰派將領張浚聞此詞，不勝感愴，為之罷席而去。

古今彙評

毛　晉：于湖《歌頭》諸曲駿發踔厲，寓以詩人句法者也。（《于湖詞跋》）

陳　霆：張安國在沿江帥幕。一日預宴，賦《六州歌頭》云……歌罷，魏公（按，張浚，字德遠，晚年封魏國公）流涕而起，掩袂而入。（《渚山堂詞話》卷一）

劉熙載：張孝祥安國於建康留守席上，賦《六州歌頭》，致感重臣為之罷席。然則詞之興觀群怨，豈下於詩哉！（《藝概》卷四）

張德瀛：張安國《六州歌頭》「長淮望斷，關塞莽然平」……皆所謂拔地倚天，句句欲活者。（《詞徵》卷五）

陳廷焯：張孝祥《六州歌頭》一闋，淋漓痛快，筆飽墨酣，讀之令人起舞。惟「忠憤氣填膺」一句，提明忠憤，轉淺轉顯，轉無餘味。或亦聳當途之聽，出於不得已耶？（《白雨齋詞話》卷六）

劉永濟：此詞音節蒼涼，多三字句，讀之有嗚咽之聲。（《唐五代兩宋

詞簡釋》）

王水照等： 全篇意脈盤旋而下，節拍急促頓挫，韻腳低沉，音調勃鬱悲壯，與詞人深心相激盪，如征戰鼓鼙，大聲鞺鞳，如驚濤出壑，轉轂雷鳴。（《宋詞三百首》）

早歲那知世事艱，中原北望氣如山。樓船夜雪瓜州渡，鐵馬秋風大散關。塞上長城空自許，鏡中衰鬢已先斑。出師一表真名世，千載誰堪伯仲間。—— 宋陸游《書憤》從立志報國的早歲，寫到衰鬢先斑的暮年，抒發夙願未償的鬱憤，字裏行間充盈着拳拳愛國之心。感情沉鬱，格調悲壯，氣韻渾厚，意境雄放豪邁。

詞人心史

張孝祥（1132—1169）字安國，歷陽烏江（今安徽和縣）人，生於明州鄞縣桃源鄉（今寧波市鄞州區橫街鎮），寓居蕪湖升仙橋西，因號于湖居士。紹興二十四年（1154）廷試，以「議論雅正，詞翰爽美」，被高宗從第二親擢為第一，替下了原本內定狀元的秦檜之孫秦塤。歷任祕書省正字、起居舍人、中書舍人、平江知府、建康留守、敷文閣待制、荊南荊北路安撫使、顯謨閣直學士等職。在十五年的從政生涯中，兩入中樞，六更州郡，旋進旋退，齎志以歿，葬建康（南京）鍾山。有《于湖集》，詞集為《于湖詞》。

孝祥自幼敏悟，捷於文思，以襟懷灑落獨步斯世，曾自稱「于湖，于湖，隻眼細，隻眼粗。細眼觀天地，粗眼看凡夫」（《自贊》）。文章俊逸，頃刻千言，出人意表；又能詩善詞工書。其詞託物寄情，兼有沉雄與曠放俊逸之美。早期多清麗婉約之作，南渡後轉為慷慨悲涼，駿發踔厲，激昂奔放，多抒發愛國情懷。風格上承蘇軾，下開辛棄疾愛國詞派的先河，在豪放派詞史上具有重要的橋梁作用。

其文翰皆超逸，天才也。（陳振孫《直齋書錄解題》卷十八）

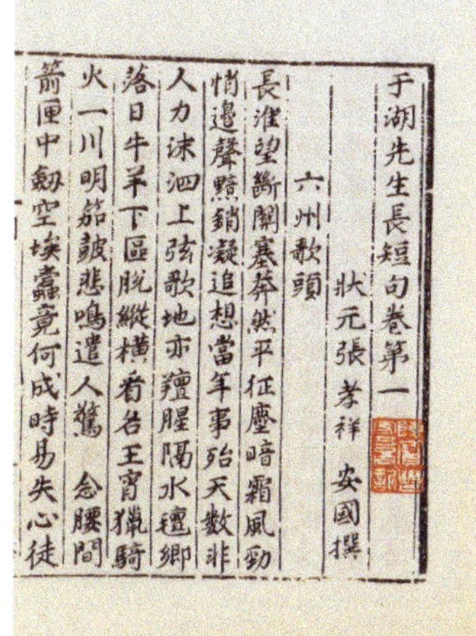

于湖先生長短句卷第一
狀元張孝祥 安國撰
六州歌頭
長淮望斷關塞莽然平征塵暗霜風勁
悄邊聲黯銷凝追想當年事殆天數非
人力洙泗上弦歌地亦羶腥隔水氊鄉
落日牛羊下區脫縱橫看名王宵獵騎
火一川明笳鼓悲鳴遣人驚 念腰間
箭匣中劍空埃蠹竟何成時易失心徒

明抄本張孝祥《于湖先生長短句》（《宋元名家詞七十種》）書影

張孝祥題名

張孝祥像

于湖先生，天人也，其文章如大海之起濤瀾，泰山之騰雲氣，倏散倏聚，倏明倏暗，雖千變萬化，未易詰其端而尋其所窮。（謝堯仁《張于湖先生集序》）

比遊荊、湖間，得公《于湖集》，所作長短句，凡數百篇。讀之泠然灑然，真非煙火食人辭語。予雖不及識荊，然其瀟散出塵之姿，自在如神之筆，邁往淩雲之氣，猶可以想見也。（陳應行《于湖先生雅詞序》）

衡嘗獲從公遊，見公平昔為詞，未嘗著稿，筆酣興健，頃刻即成，初若不經意，反覆究觀，未有一字無來處。……所謂駿發踔厲，寓以詩人句法者也。（湯衡《張紫微雅詞序》）

《于湖詞》一卷，聲律宏邁，音節振拔，氣雄而調雅，意緩而語峭。（查禮《銅鼓書堂詞話》）

清曠豪雄兩擅長，蘇辛之際作津梁。（繆鉞《靈谿詞說．論于湖詞》）

詩情語與誰（張孝祥《菩薩蠻》句） 清《飛鴻堂印譜》

低吟 / 浩唱

六州歌頭　項羽廟

［北宋］李冠

秦亡草昧，劉項起吞併。鞭寰宇，驅龍虎，掃欃槍。斬長鯨。血染中原戰，視餘耳，皆鷹犬，平禍亂，歸炎漢，勢奔傾。兵散月明，風急旌旗亂，刁斗三更。共虞姬相對，泣聽楚歌聲。玉帳魂驚。淚盈盈。　念花無主，凝愁苦，揮雪刃，掩泉扃。時不利，騅不逝，困陰陵。叱追兵。嗚咽摧天地，望歸路，忍偷生。功蓋世，何處見遺靈。江靜水寒煙冷，波紋細、古木凋零。遣行人到此，追念益傷情。勝負難憑。

餘耳，陳餘、張耳。二人曾參加抗秦，秦亡後被項羽封王分地。

刁斗，古代軍中用具，銅質，有柄，可容一斗粟，日間用以燒飯，夜間用來敲更。

騅不逝，馬不走。項羽曾對虞姬慷慨悲歌：「力拔山兮氣蓋世，時不利兮騅不逝，騅不逝兮可奈何，虞兮虞兮奈若何！」騅是毛色青白相間的馬，此處指項羽的坐騎。

陰陵，在今安徽定遠北。

這首詞檃栝《史記》卷七《項羽本紀》史實，破空而起，中間描寫碧血橫飛的沙場鏖戰，末路英雄的叱吒風雲，美姬的悲歌訣別，又以月明煙冷的淒清環境作烘托，形象地再現了項羽這一英雄人物悲壯的一生。結拍三句抒寫了詞人對項羽的無限同情和深深悲悼。全詞音聲悲壯，氣象雄偉，情致激昂，已於婉約詞風之外，別開有宋一代豪放詞風氣之先。

生當作人傑，死亦為鬼雄。至今思項羽，不肯過江東。——宋李清照《夏日絕句》借古諷今，發抒悲憤，慷慨雄健，擲地有聲。

六州歌頭

［北宋］賀鑄

少年俠氣，交結五都雄。肝膽洞，毛髮聳，立談中。死生同。一諾千金重，推翹勇，矜豪縱，輕蓋擁，聯飛鞚，斗城東。轟飲酒壚，春色浮寒甕，吸海垂虹。閑呼鷹嗾犬，白羽摘雕弓，狡穴俄空。樂匆匆。　似黃粱夢，辭丹鳳，明月共，漾孤篷。官冗從，懷倥傯，落塵籠。簿書叢。鶡弁如雲眾，供粗用，忽奇功。笳鼓動，漁陽弄，思悲翁。不請長纓，繫取天驕種，劍吼西風。恨登山臨水，手寄七弦桐。目送歸鴻。

這是一首自敘身世之作，作於哲宗元祐三年（1088）秋，詞人時任和州管界巡檢。此前數月中，西夏党項族軍隊兩次侵擾宋境，而其時朝中妥協派當道，欲棄西北戰略要地以為苟安。詞人有志報國，但羈宦千里，沉抑下僚，寶劍徒吼於西風，悲憤不能自抑。上片筆酣墨飽，追憶在京都所度過的六七年俠少生活，一位肝膽照人、千金一諾、豪縱使酒、驍勇無比的俠士、義士和豪士形象，呼之欲出。下片筆勢陡轉，陳述自己二十四歲至三十七歲以來南北羈宦、沉淪屈厄的生活經歷，吐訴報國無門的悲涼心緒。全詞筆力奇橫，聲調激越，「雄姿壯采，不可一世」（夏敬觀《手批東山詞》），開南宋愛國詞的先聲。

五都，漢、魏、唐各有五都，此泛指繁華的各大都市。

蓋，車蓋，這裏指車子。

鞚，有嚼口的馬絡頭，這裏指馬。

斗城，漢代長安城南形似南斗，城北形似北斗，故被稱為「斗城」，這裏借指京都。

丹鳳，唐長安宮闕有丹鳳門，故稱丹鳳城。這裏借指都城汴京。

簿書，官署中的文書。

鶡弁，即冠，插有毛的武士之冠。此指下級武官。

漁陽弄，鼓曲名。

思悲翁，漢《鐃歌十八曲》之一。

天驕種，《漢書》卷九十四載，匈奴單于自稱為「天之驕子」。

七弦桐，即七弦琴。琴以桐木製成，故稱。

目送歸鴻，嵇康《贈秀才從軍》詩：「目送歸鴻，手揮五弦。」

六州歌頭　題岳鄂王廟

［南宋］劉過

中興諸將，誰是萬人英。身草莽，人雖死，氣填膺，尚如生。年少起河朔，弓兩石，劍三尺，定襄漢，開虢洛，洗洞庭。北望帝京，狡兔依然在，良犬先烹。過舊時營壘，荊鄂有遺民。憶故將軍，淚如傾。　說當年事，知恨苦，不奉詔，偽耶真。臣有罪，

宋佚名《中興四將像》，繪南宋著名抗金四將劉光世、韓世忠、張俊、岳飛全身立像。中國國家博物館藏

宋佚名《碧桃圖》，繪紅白相映的兩枝碧桃，嬌柔嫵媚，意態無窮，為南宋寫生妙品。故宮博物院藏

陛下聖，可鑒臨，一片心。萬古分茅土，終不到，舊奸臣。人世夜，白日照，忽開明。衮珮冕圭百拜，九泉下、榮感君恩。看年年三月，滿地野花春，鹵簿迎神。

這首詞為詞人於寧宗嘉泰四年（1204）四遊漢沔（今湖北武漢）時所作，熱烈讚揚南宋抗金名將岳飛為南宋王朝的中興所作的豐功偉績和他精忠報國的凜凜風神，表達了對迫害忠良的朝廷權奸的強烈憤慨。全詞格調高昂，氣勢豪健，充滿一股浩然正氣，讀來令人迴腸盪氣。

六州歌頭　桃花

[南宋] 韓元吉

東風著意，先上小桃枝。紅粉膩，嬌如醉，倚朱扉。記年時。隱映新妝面，臨水岸，春將半，雲日暖，斜橋轉，夾城西。草軟莎平，跋馬垂楊渡，玉勒爭嘶。認蛾眉凝笑，臉薄拂燕支。繡戶曾窺。恨依依。　共攜手處，香如霧，紅隨步，怨春遲。銷瘦損，憑誰問，只花知，淚空垂。舊日堂前燕，和煙雨，又雙飛。人自老，春長好，夢佳期。前度劉郎，幾許風流地，花也應悲。但茫茫暮靄，目斷武陵溪，往事難追。

跋馬，勒馬使之迴轉。

玉勒，玉飾的馬銜。也泛指馬。

「舊日」句，劉禹錫《烏衣巷》詩：「舊時王謝堂前燕，飛入尋常百姓家。」

前度劉郎，唐劉禹錫《再遊玄都觀》詩：「百畝庭中半是苔，桃花淨盡菜花開。種桃道士歸何處？前度劉郎今又來。」

武陵溪，用陶淵明《桃花源記》故事，也暗指劉晨阮肇事。

這首詞由唐崔護《題都城南莊》脱胎而來，借詠桃花詠美人，講述一段唯美而淒怨的愛情故事：從在桃花似錦的良辰相遇，到在桃花陌上攜手步春的相愛，再到舊地重來，只見桃花飄零而不見如花人的蹤影，只能躑躅徘徊於花徑的悵恨，娓娓述來，宛轉關情。《六州歌頭》本為鼓角壯曲，向以聲情激昂著稱，詞人卻舉重若輕，翻為纏綿悱惻、深婉低迴的述情豔詞，別具匠心。

六州歌頭

[南宋] 劉辰翁

乙亥二月，賈平章似道督師至太平州魯港，未見敵，鳴鑼而潰。半月聞報，賦此。

向來人道，真個勝周公。燕然眇，浯溪小，萬世功。再建隆。十五年宇宙，宮中膺，堂中伴，翻虎鼠，搏鵰雀，覆蛇龍。鶴髮龐眉，憔悴空山久，來上東封。便一朝符瑞，四十萬人同。說甚東風。怕西風。　甚邊塵起，漁陽慘，霓裳斷，廣寒宮。青樓杳，朱門悄，鏡湖空，裏湖通。大纛高牙去，人不見，港重重。斜陽外，芳草碧，落花紅。抛盡黃金無計，方知道、前此和戎。但千年傳說，夜半一聲銅。何面江東。

恭帝德祐元年（1275），忽必烈再次南征，賈似道以精鋭七萬餘人盡屬孫虎臣，軍於池州之下流丁家洲（今安徽銅陵市北），夏貴以戰艦二千五百艘橫亙江中，似道自將四萬後軍軍魯港（今安徽蕪湖西南）。結果宋軍「三軍猶未戰，兩岸一時空」，一觸即潰，賈似道更是驚惶失措，抛下大軍，孤舟逃至揚州。這首詞以史為詞，記錄了賈似道都督諸路軍馬而兵敗魯港的重大時事，對賈氏兵敗之前飛揚跋扈、欺君壓臣、氣焰熏天之惡劣行徑，徵歌逐舞、醉生夢死之罪惡，兵敗之時倉皇逃竄之醜態，予以淋漓盡致的揭露。全詞筆鋒犀利，痛快酣暢，儼然一篇討賈檄文，堪稱宋詞中的一絕。

宮中膺，指受皇帝委命，宮廷中擔當重任的人，即宰相。膺，接受重任之意。

堂中伴，指唐代宰相盧懷慎，時人謂之「伴食宰相」。

翻虎鼠，用李白《送別離》「君失臣兮龍為魚，權歸臣兮鼠為虎」的意思。

鶚雀，鷂類猛禽。

龐眉，眉毛黑白雜色。形容老貌。

賈似道曾久居葛嶺不出以要挾宋王，「空山久」即指此事。

王莽假稱符瑞，吏民四十餘萬頌德。

西風指賈似道，東風指皇帝。

六州歌頭

［元］張翥

孤山歲晚，石老樹槎枒。逋仙去，誰為主，自疏花。破冰芽。烏帽騎驢處，近修竹，侵荒蘚，知幾度，踏殘雪，趁晴霞。空谷佳人，獨耐朝寒峭，翠袖籠紗。甚江南江北，相憶夢魂賒。水繞雲遮。思無涯。　又苔枝上，香痕沁，么鳳語，凍蜂衙。瀛嶼月，偏來照，影橫斜。瘦爭些。好約尋芳客，問前度，那人家。重呼酒，摘瓊朵，插鬢鴉。喚起春嬌扶醉，休孤負、錦瑟年華。怕流芳不待，回首易風沙。吹斷城笳。

自從北宋林逋隱居杭州西湖孤山，留下「梅妻鶴子」的佳話後，「孤山尋梅」便成為宋元文人一個津津樂道的話題。這首詞詠林逋去後的孤山梅花，上片寫尋梅：烏帽騎驢，孤山踏雪，竹林荒徑，尋覓那殘雪寒冰中綻開不久的早梅嫩葩，令人深感詞人對梅花的魂牽夢縈和無限鍾情。下片寫賞梅，從側面着筆，寫么鳳、蜂衙、冷月和瘦影，見出孤山之梅的優姿雅態，自然清妙。結尾更從尋梅、賞梅進一步拓展為惜花、惜芳時，意蘊更為豐厚深沉。此詞脈絡井井，鋪敘有致，舒展自如，故卓人月推許說：「古今梅詞甚多，唯蛻巖《六州歌頭》一首，真有飛鴻戲海，舞鶴遊天之勢。」（馮金伯輯《詞苑萃編》卷六引）

張翥（1287—1368）字仲舉，號蛻庵，晉寧襄陵（今山西臨汾）人。累官至翰林學士承旨，封潞國公。詩詞兼擅。有《蛻庵集》。詞風婉麗，亦有慷慨蒼涼之作，為元代詞宗。

宋馬遠《月下賞梅圖》，繪勁健曲折的梅枝斜出石上，一高士悠然坐於山石一角，一攜琴童子緊隨其後，兩人凝望前方，在一輪圓月朗照下靜靜賞梅。美國大都會藝術博物館藏

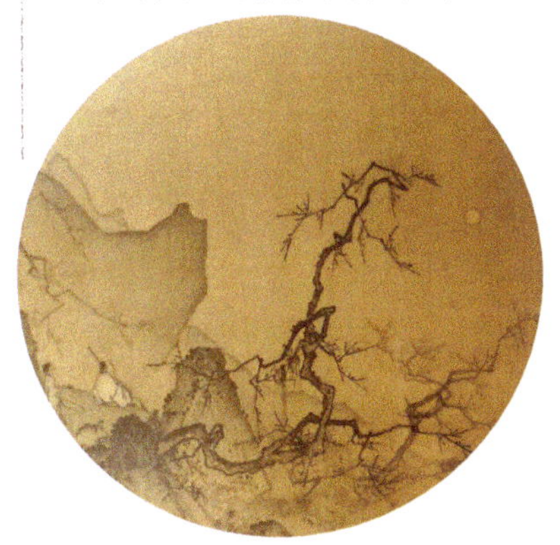

宋趙芾《江山萬里圖》(一名《長江萬里圖》，局部)，描繪江山壯麗景色。煙巒縹緲，峰迴路轉，氣勢雄偉，為江山萬里題材中別開生面的佳構。故宮博物院藏

六州歌頭　題萬里江山圖

［元］盧摯

詩成雪嶺，畫裏見岷峨。浮錦水，歷灩澦，滅坡陀。匯江沱。喚醒高唐殘夢，動奇思，聞巴唱，觀楚舞，邀宋玉，訪巫娥。擬賦《招魂》《九辯》，空目斷，雲樹煙蘿。渺湘靈不見，木落洞庭波。撫卷長哦，重摩挲。　問南樓月，癡老子，興不淺，夜如何。千載後，多少恨，付漁蓑。醉時歌。日暮天門遠，愁欲滴，兩青蛾。曾一舸，奇絕處，半經過。萬古金焦偉觀，鯨鰲背，盡意婆娑。更乘槎欲就，織女看飛梭。直到銀河。

江山萬里為繪畫中常見題材。據載，唐李思訓就曾窮三月之功繪嘉陵江三百里的景象於壁。這首題畫詞題寫的是一幅萬里長江的長卷，詞中依畫卷的先後順次而下，以透迤跳蕩的筆墨，飽蘸濃情，將萬里長江的雄奇偉觀和悠久絢爛的歷史文化揮灑得淋漓酣暢，攝人心魄。

詞林逸事

金兵越淮南南侵，少年張孝祥隨父母渡江避難，逃到蕪湖，與伯母李氏的侄女一見傾心，並於紹興十七年（1147）生下同之。由於家族恩怨或其他原因，這段姻緣卻一直未得到張家承認。紹興二十六年（1156）孝祥另娶仲舅之女時氏為妻，於是迫不得已與李氏忍痛分離。這年重九前夕，孝祥在建康（今江蘇南京）送李氏和九歲的兒子同之溯江西去，回李氏原籍浮山（今安徽樅陽浮山鎮）。

柔腸百轉，離恨悠悠，站在江邊，看着妻兒乘船而去，張孝祥心如刀絞，一腔哀怨愁恨化作了一闋《念奴嬌》：

風帆更起，望一天秋色，離愁無數。明日重陽樽酒裏，誰與黃花為主。別岸風煙，孤舟燈火，今夕知何處。不如江月，照伊清夜同去。　船過採石江邊，望夫山下，酌水應懷古。德耀歸來，雖富貴，忍棄平生荊布。默想音容，遙憐兒女，獨立蘅皋暮。桐鄉君子，念予憔悴如許。

從此，詞人背負着沉重的情債，一輩子都生活在悔恨、自責與懷念之中。就在送別李氏後不久，又寫下一首情韻幽馨綿邈的《木蘭花慢》：

送歸雲去雁，淡寒彩、滿溪樓。正佩解湘腰，釵孤楚鬢，鸞鑒分收。凝情望行處路，但疏煙遠樹織離憂。惟有樓前流水，伴人清淚長流。　霜華夜永逼衾裯，喚誰換衣篝。念粉館重來，芳塵未掃，爭忍嬉遊。情知悶來殢酒，奈迴腸不醉只添愁。脈脈無言竟日，斷魂雙鶩南州。

這樣的生離，又何異於死別！心靈所擔荷的痛苦或許只有通過詞章來宣泄。接到李氏的來信，又以同調、同韻傾訴他的愁恨幽怨：

紫簫吹散後，恨燕子、只空樓。念璧月長虧，玉簪中斷，覆水難收。青鸞送碧雲句，道霞扃霧鎖不堪憂。情與文梭共織，怨隨宮葉同流。　人間天上兩悠悠，暗淚灑燈篝。記谷口園林，當時驛舍，夢裏曾遊。銀屏低聞笑語，但夢時冉冉醒時愁。擬把菱花一半，試尋高價皇州。

張孝祥《木蘭花慢》詞頁

在《于湖詞》中，如《雨中花慢》（「一葉淩波」）、《轉調二郎神》（「悶來無那」）、《虞美人》（「雪消煙漲清江浦」）等纏綿悱惻的詞章，也都是為懷李氏之作，數百年後讀來猶令人感慨萬千。

倚聲依譜

《六州歌頭》乃取自軍中樂鼓吹曲《六州》的「歌頭」部分而為詞調。雙調一百四十三字，前後片各十九句，八平韻。又有於平韻外兼葉仄韻者，或同部平仄互葉，或平韻同部、仄韻隨時變換，並能增強激壯聲情，有繁弦急管、五音繁會之妙。韻位時稀時密，以三字句為主，音節急促，調勢奔放而雄壯，宜於表達悲壯慷慨之情，為詞調中最為激昂雄健之長調。

定格

平平中仄，中仄仄平**平**。

平中仄，平平仄，仄平**平**。

仄平**平**。

中仄中平仄，中平仄，平中仄，中中仄，平中仄，仄平**平**。

中仄中平，中仄平平仄，中仄平**平**。

仄中平中仄，中仄仄平**平**。

中仄平**平**，仄平**平**。

《詞譜》（《六州歌頭》）

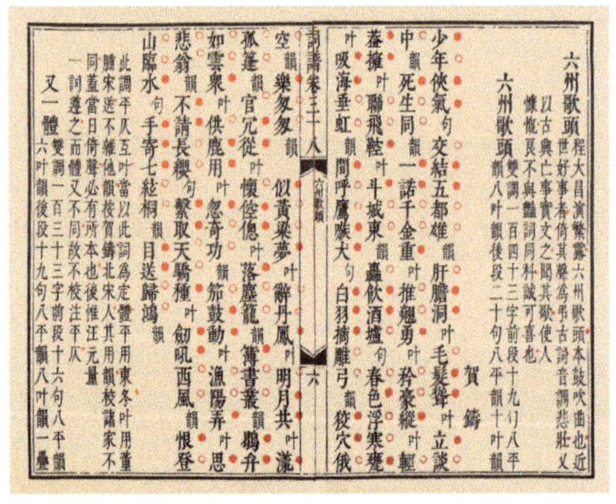

六州歌頭 程大昌演繁露六州歌頭本鼓吹曲也近世好事者倚其聲爲弔古詞音調悲壯又以古興亡事實文之聞其歌使人慷慨良不與豔詞同科誠可喜也

六州歌頭 雙調一百四十三字前段十九句八平韻八叶韻後段二十句八平韻十叶韻

賀鑄

少年俠氣句交結五都雄韻肝膽洞叶毛髮聳叶立談中韻死生同韻一諾千金重叶推翹勇叶矜豪縱叶輕蓋擁叶聯飛鞚叶斗城東韻轟飲酒壚句春色浮寒甕叶吸海垂虹韻閒呼鷹嗾犬句白羽摘雕弓韻狡穴俄空韻樂匆匆韻

詞譜卷三十八 六州歌頭 六

似黃粱夢叶辭丹鳳叶明月共叶漾孤篷韻官冗從叶懷倥偬叶落塵籠韻簿書叢韻鶡弁如雲衆叶供麤用叶忽奇功韻笳鼓動叶漁陽弄叶思悲翁韻不請長纓句繫取天驕種叶劍吼西風韻恨登山臨水句手寄七絃桐韻目送歸鴻韻

此調平仄互叶當以此詞為定體平用東冬叶用董腫宋送不雜他韻按賀鑄北宋人其用韻校諸家不同蓋當日倚聲必有所本也後惟汪元量一詞遵之而體又不同故不校注平仄

又一體 雙調一百三十三字前段十六句八平韻六叶韻後段十九句八平韻八叶韻一疊

仄平平仄，中平仄，平中仄，仄平**平**。

中中仄，平中仄，仄平**平**。

仄平**平**。

中仄平平仄，中中仄，仄平**平**。

平中仄，平中仄，仄平**平**。

中仄中平中仄，中平仄、中仄平**平**。

仄中平中仄，中仄仄平**平**。

中仄平**平**。

永遇樂

風流總被，雨打風吹去

華音流韻

永遇樂　京口北固亭懷古

［南宋］辛棄疾

千古江山，英雄無覓，孫仲謀處①。舞榭歌臺，風流總被，雨打風吹去②。斜陽草樹，尋常巷陌，人道寄奴曾住③。想當年，金戈鐵馬，氣吞萬里如虎。　元嘉草草，封狼居胥，贏得倉皇北顧④。四十三年⑤，望中猶記，烽火揚州路。可堪回首，佛狸祠下，一片神鴉社鼓⑥。憑誰問，廉頗老矣，尚能飯否⑦。

臨風賞讀

嘉泰四年（1204）正月，被投閑置散多年的辛棄疾從會稽奉詔晉京，陳奏抗金方略，三月後調任鎮江知府，出鎮江防要地京口（今江蘇鎮江）。一片緊鑼密鼓的北伐聲，當然能喚起他恢復中原的豪情壯志，但對獨攬朝政的韓侂胄輕敵冒進，他又深感憂心忡忡。這年秋天，他登上北固亭，眺望江山勝景，思緒紛至遝來，不由得把深重的憂慮和一腔悲憤化作一首令人迴腸盪氣的千古傑作。

上片即景懷古，追念起於京口建立功業的孫權、劉裕，借古人寄

陳斯鵬書《永遇樂》

懷。「千古江山」，起句偉岸、挺拔、宏闊，「英雄無覓」卻筆鋒轉入沉鬱。千古江山依舊，但已無處覓求像孫仲謀這樣一流的英雄豪傑了。昔日繁華的歌舞臺榭，英雄的業績風流，總被歷史的風雨吹打，到如今都已煙消雲散，湮滅殆盡。眼前，一抹斜陽映着叢密的草樹，平常的街巷，人們還說着劉裕曾在這裏寄住的故事。「想當年」三句，鏡頭由歷史陳跡轉向蓋世英雄，寫劉裕北面破敵，健筆勾勒，「金戈鐵馬，氣吞萬里如虎」，其英武形象躍然紙上，而當年的生氣虎虎與當朝苟且偷安於江左、畏敵如虎的懦怯反差立見。追憶和讚美英雄，正為濟世而圖功。

下片以古鑒今，折轉到現實，表達自己雖是烈士暮年，獻身恢復雄心猶存。起首「元嘉草草，封狼居胥，贏得倉皇北顧」，道盡元嘉年間劉義隆、王玄謨輩草率出兵北伐中原，夢想在狼居胥山封壇祭天，作為全勝的紀念，卻不料只落得驚慌敗北狼狽而逃，誤國誤民。這裏實則告誡南宋當局應當做好抗金北伐的充分準備，不可輕敵冒進，草率從事的覆轍不容再蹈。接着宕開一筆，回首自己當年抗金往事，揚州路上烽火殺敵的情景歷歷在目，而今侵略中原的拓跋燾祠廟卻香火盛燒，一片神鴉鳴噪，社鼓喧鬧，全無戰鬥氣氛，不迅速謀求恢復的話，百姓將安於異族的統治，忘記了自己是宋室的臣民。最後借廉頗自況，既抒發「烈士暮年，壯心不已」的情懷，又點明屢遭讒毀、投閑置散的境遇，意深而詞隱。

全詞立意宏博，筆調蒼勁，氣韻沉雄，基調雖是豪壯，卻流淌着一股濃鬱的悲涼、惆悵之情。用典雖多，但所有史事無不扣緊京口而關聯時事，渾然一體。明楊慎謂辛詞當以此首為第一（《詞潔》卷五引），可謂的評。

古今彙評

羅大經： 此詞集中不載，尤雋壯可喜。（《鶴林玉露》卷四）

先著、程洪： 升庵云：稼軒詞中第一。發端便欲涕落，後段一氣奔注，筆不得遏。廉頗自擬，慷慨壯懷，如聞其聲。謂此詞用人名多者，當是不解詞味。（《詞潔》卷五）

[註釋]

①孫仲謀，三國時孫權，字仲謀，原籍富春（今浙江富陽），創建東吳，抗衡曹魏，開疆拓土，成三國鼎峙之勢。在遷都建業（今江蘇南京）前，於建安十四年（209）先在京口建「京城」，以為新都屏障。

②舞榭歌臺，歌舞樓臺。榭，高臺上的建築物。風流，此指孫權的功業與雄風壯采。

③寄奴，南朝宋武帝劉裕小名。其先世由彭城移居晉陵郡丹徒縣之京口裏。劉裕以匹夫挺劍，雄略命世，曾兩伐中原，三擒國主，收復洛陽、長安等地，攻滅西蜀、南燕、後秦等國。

④元嘉草草，指劉裕子宋文帝劉義隆在元嘉年間（424－453）三次北伐北魏，全遭失敗。草草，草率從事。封，古代在山上築壇祭天的儀式。狼居胥，一名「狼山」，在今內蒙古克什克騰旗西北至阿巴嘎旗一帶。漢將霍去病北伐匈奴至狼居胥，封山而還。彭城太守王玄謨陳北伐之策，文帝嘗謂「有封狼居胥意」（《宋書》卷七十六）。贏得，剩得，落得。倉皇北顧，元嘉八年（431），宋文帝因滑臺失守，作詩云：「惆悵懼遷逝，北顧涕交流。」元嘉二十七年（450）第二次北伐失敗後，北魏太武帝拓跋燾乘勝追至長江邊，揚言欲渡江。宋文帝登樓北望，深悔不已。

⑤四十三年，此詞寫於開禧元年（1205）詞人出守京口時，上距其紹興三十二年（1162）南歸，已四十三年。

⑥可堪，猶「豈堪」「那堪」，即怎能忍受得了。堪，忍受。佛狸祠，北魏太武帝拓跋燾率兵追擊王玄謨，駐軍長江北岸瓜步山（在今江蘇六合東南），在山上修建一座行宮，後稱佛狸祠。白佛狸即拓跋燾的小名。神鴉，飛來吃祭品的烏鴉。社鼓，社日祭神的鼓樂聲，舊俗立春後第五個戊日為春社；立秋後第五個戊日為秋社。

⑦廉頗，戰國時趙國名將。被讒出奔魏國，閑居大梁（今河南開封）。趙遣使來視，廉頗一飯盡斗米、肉十斤，被甲上馬，以示可用。使者受仇家郭開賄，謊報趙王曰：「廉將軍雖老，尚善飯。然與臣坐，頃之三遺矢（通『屎』）矣。」（《史記》卷八十一）趙王遂不用。

樓臺煙雨夢南朝　丁二仲

李　佳：此闋悲壯蒼涼，極詠古能事。（《左庵詞話》卷上）

陳廷焯：稼軒詞拉雜使事，而以浩氣行之。如五都市中，百寶雜陳；又如淮陰將兵，多多益善。風雨紛飛，魚龍百變，天地奇觀也。（《詞則・放歌集》卷一）

俞陛雲：當其憑高四顧，煙樹人家，夕陽巷陌，皆孫、劉角逐之場，放眼古今，別有一種蒼涼之思。況自胡馬窺江去後，烽火揚州，猶有餘慟……當日魚龍戰伐，只贏得「神鴉社鼓」，一片荒寒。往者長已矣，而當世豈無健者？老去廉頗，猶思用趙，但知我其誰耶？英詞壯采，當以鐵綽板歌之。（《唐五代兩宋詞選釋》）

唐圭璋：此首京口北固亭懷古詞，雖曰懷古，實寓傷今之意。……結句，自喻廉頗，悲壯之至。（《唐宋詞簡釋》）

迷樓，在揚州，與鎮江之北固山隔江遙對，是隋煬帝幸江都時所建。很石，在北固山甘露寺，狀如伏羊，相傳孫權曾踞其上與劉備共商抗曹大計。

東晉大將桓溫從江陵出發北征前秦時，經少時所種柳樹，皆已十圍，不禁感歎道：「木猶如此，人何以堪！」因而攀援枝條，至於下淚。

參讀

雲隔迷樓，苔封很石，人向何處。數騎秋煙，一篙寒汐、千古空來去。使君心在，蒼厓綠嶂，苦被北門留住。有尊中酒差可飲，大旗盡繡熊虎。　前身諸葛，來遊此地，數語便酬三顧。樓外冥冥，江皋隱隱，認得征西路。中原生聚，神京耆老，南望長淮金鼓。問當時、依依種柳，至今在否。—— 姜夔《永遇樂・次稼軒北固樓詞韻》借裴度、諸葛亮、桓溫頌揚稼軒才略，寄寓自己心繫國家興亡、關注恢復大業的夙志，並沉痛地為中原父老道出了企盼南師北伐的心聲。結末用桓溫故事表達對稼軒北伐的期待和恢復大計不可一再蹉跎，發人深省。格調瘦勁豪快，別開一徑。

詞人心史

辛棄疾（1140—1207）字幼安，號稼軒，濟南府歷城縣（今山東濟南歷城區）人。他天生一副英雄相貌：「精神此老健如虎，紅頰白鬚雙眼青。」（劉過《呈稼軒》詩中語）辛棄疾出生時，山東已為金兵所佔。他自幼就決心為民族復仇雪恥、收復失地。高宗紹興三十一年（1161），濟南人耿京聚眾數十萬反抗金朝的暴虐統治，二十二歲的辛棄疾也乘機揭竿而起，嘯集義士二千，奔耿京部下，

江西鉛山西山辛姓族藏《稼軒公畫像》

為掌書記，並勸説耿京歸宋以圖大計。以一介書生而率眾起義者，兩宋唯稼軒一人而已。次年正月，受耿京的委派，辛棄疾等人赴建康（今江蘇南京）面見宋高宗。在完成使命返回山東途中，辛棄疾等人獲知耿京被降金的叛徒張安國殺害，便立即率領五十騎兵，直奔濟州（今山東巨野）有五萬之眾的金兵營地，將張安國生擒綁縛於馬上，疾馳送到建康處死。「壯聲英概，懦士為之興起，聖天子一見三歎息。」（洪邁《稼軒記》）歸南宋後，他歷任湖北、江西、湖南、福建、浙東安撫使等職。任職期間，採取積極措施，招集流亡，訓練軍隊，獎勵耕戰，打擊貪污豪強，注意安定民生。

辛棄疾墓坐落在江西上饒鉛山縣永平鎮陳家寨鄉鼓彭家灣村牛皮嶺半山腰，坐北面南，左右雙峰，如拱似抱

辛棄疾一生堅決主張抗金，深謀遠慮，智略超群。二十六歲時向孝宗上奏《美芹十論》，三十一歲進獻《九議》，指陳任人用兵之道，謀劃復國中興的大計，切實詳明。時人比之為「隆中諸葛」（劉宰《漫塘集》卷十五）。身為「歸正人」的辛棄疾，因受到歧視而不被重用。在四十二歲的壯年，被彈劾落職，自此開始閑居上饒帶湖十年，其後間被起用數年，五十六歲時二度罷居上饒，居瓢泉八年，六十四歲時，再次被起用然而兩年後又被去職。開禧三年（1207）九月十日，辛棄疾在南渡四十五年以後，懷抱着滿腔忠義和謀略賫志以歿。

在南宋豪放派的愛國主義詞人中，辛棄疾上繼蘇軾，獨創出「稼軒體」，成就最高，影響最大，人稱「詞中之龍」，與蘇軾並稱「蘇辛」。其詞題材廣泛，現存的六百多首詞作，凡政治哲理、朋友情誼、戀人之情、田園風光、民俗人情，乃至日常生活、讀書感受，無不入詞。與其虎嘯風生、豪氣縱橫的英雄氣質相適應，辛棄疾崇尚、追求雄豪壯大之美，詞風以沉雄豪邁為主，情懷的雄豪激烈，意象的雄奇飛動，境界的雄偉壯闊，語言的雄健剛勁，構成稼軒體的主要風格，但又不乏細膩柔媚之作。有《稼軒長短句》，今人鄧廣銘編校有《辛稼軒詞編年箋註》七卷。

元張埜酷嗜稼軒詞，屢效其體，深得稼軒神髓，曾賦《水龍吟·酹辛稼軒墓，在分水嶺下》追懷辛稼軒：「嶺頭一片青山，可能埋得淩雲氣。遐方異域，當年滴盡，英雄清淚。星斗撐腸，雲煙盈紙，縱橫遊戲。漫人間留得，陽春白雪，千載下，無人繼。

不見戟門華第，見蕭蕭、竹枯松悴。問誰料理，帶湖煙景，瓢泉風味。萬里中原，不堪回首，人生如寄。且臨風高唱，逍遙舊曲，為先生酹。」詞中感慨英雄壯志難酬，只得將一腔忠憤氣化作慷慨激昂、沉鬱頓挫的壯詞。

公一世之豪，以氣節自負，以功業自許，方將斂藏其用以事清曠，果何意於歌詞哉，直陶寫之具耳。故其詞之為體，如張樂洞庭之野，無首無尾，不主

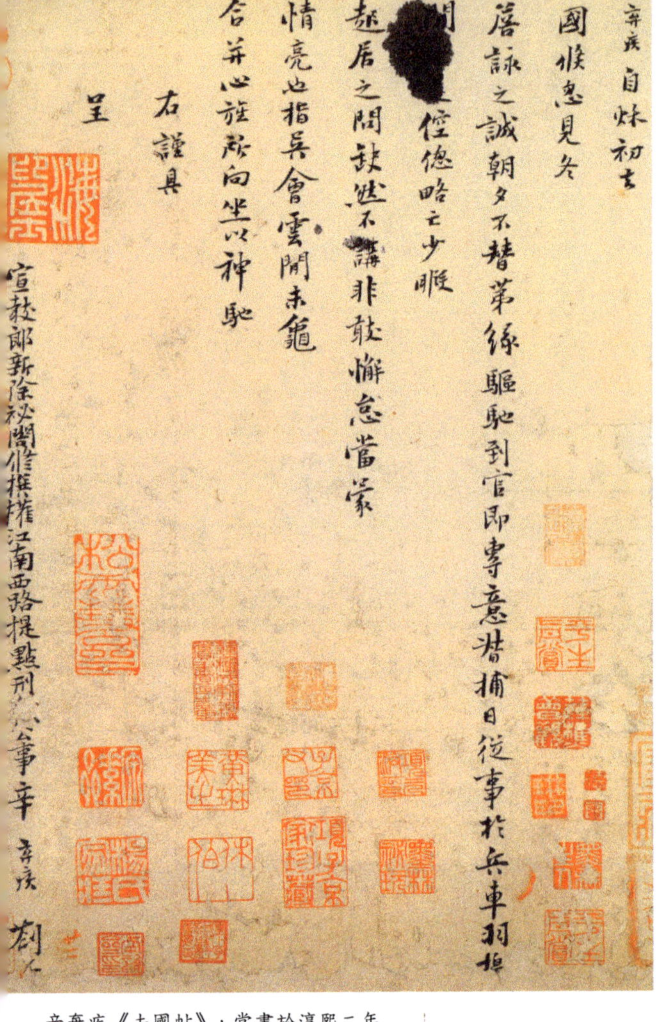

辛棄疾《去國帖》，當書於淳熙二年（1175）在江西提刑任平定茶寇賴文政之後。書寫流暢自如，為其僅見的墨跡珍品。故宮博物院藏

故常；又如春雲浮空，捲舒起滅，隨所變態，無非可觀。無他，意不在於作詞，而其氣之所充，蓄之所發，詞自不能不爾也。其間固有清而麗、婉而嫵媚，此又坡詞之所無，而公詞之所獨也。（范開《稼軒詞序》）

世之知公者，誦其詩詞，而以前輩謂有井水處皆唱柳詞，余謂耆卿直流連光景歌詠太平爾；公所作大聲鞺鞳，小聲鏗鍧，橫絕六合，掃空萬古，自有蒼生以來所無。其穠纖綿密者亦不在小晏、秦郎之下。（劉克莊《後山大全集》卷九十八）

詞至東坡，傾蕩磊落，如詩如文，如天地奇觀，豈與群兒雌聲學語較工拙；然猶未至用經用史，牽雅頌入鄭衛也。自辛稼軒前，用一語如此者必且掩口。及稼軒橫豎爛漫，乃如禪宗棒喝，頭頭皆是；又如悲笳萬鼓，平生不平事並卮酒，但覺賓主酣暢，談不暇顧。詞至此亦足矣。（劉辰翁《須溪集》卷六）

辛稼軒、劉改之作豪氣詞，非雅詞也。於文章餘暇，戲弄筆墨，為長短句之詩耳。（張炎《詞源》卷下）

詞家爭鬥穠纖，而稼軒率多撫時感事之作，磊砟英多，絕不作妮子態；宋人以東坡為詞詩，稼軒為詞論，善評也。（毛晉《稼軒詞跋》）

其詞慷慨縱橫，有不可一世之概，於倚聲家為別調；而異軍特起，能於剪紅刻翠之外，屹然別立一宗，迄今不廢。（《四庫全書總目提要》卷一百九十八）

辛稼軒當宋之南，抱英雄之志，有席捲中原之略，厄於時運，勢不得展，長短句濤湧雷發，坡公以後，一人而已。（馮班《敍詞源》）

稼軒雄深雅健，自是本色，俱從《南華》沖虛得來……中調短令，亦間作嫵媚語。觀其得意處，真有壓倒古人之意。（鄒祗謨《遠志齋詞衷》）

稼軒之詞，胸有萬卷，筆無點塵，激昂排宕，不可一世。（彭孫遹《金粟詞話》）

辛稼軒當弱宋末造，負管樂之才，不能盡展其用，一腔忠憤，無處發泄……故其悲歌慷慨、抑鬱無聊之氣，一寄之於詞。（徐釚《詞苑叢談》卷四引）

稼軒斂雄心，抗高調，變溫婉，成悲涼。……蘇、辛並稱，東坡天趣獨到處殆成絕詣。而苦不經意，完璧甚少。稼軒則沉着痛快，有轍可循。南宋諸公，無不傳其衣缽，固未可同年而語也。稼軒由北開南，夢窗由南追北，是詞家轉境。（周濟《宋四家詞選目錄序論》）

稼軒詞龍騰虎擲，任古書中理語、廋語，一經運用，便得風流，天姿是何夐異！蘇、辛皆至情至性人，故其詞瀟灑卓犖，悉出於溫柔敦厚。世或以粗獷託蘇、辛，固宜有視蘇、辛為別調者哉！（劉熙載《藝概》卷四）

辛稼軒，詞中之龍也，氣魄極雄大，意境卻極沉鬱。不善學之，流入叫囂一

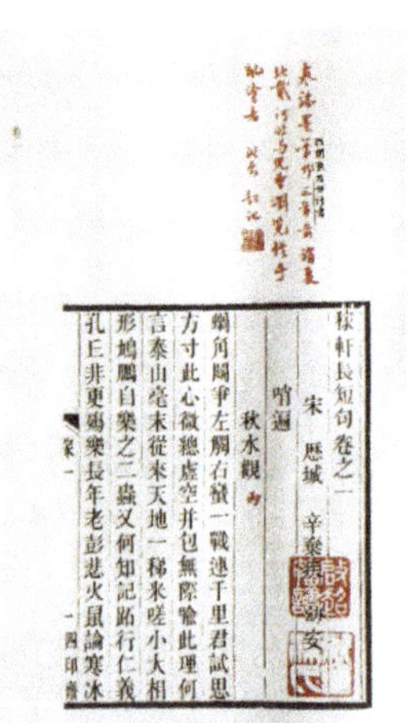

梁啟超《手批稼軒長短句》書影

派，論者遂集矢於稼軒，稼軒不受也。（陳廷焯《白雨齋詞話》卷一）

稼軒詞，於雄莽中別饒雋味……於悲壯中見渾厚。（陳廷焯《白雨齋詞話》卷六）

宋代詞家，源出於唐五代，皆以婉約為宗。自東坡以浩瀚之氣行之，遂開豪邁一派。南宋辛稼軒，運深沉之思於雄傑之中，遂以「蘇辛」並稱。他如龍洲、放翁、後村諸公，皆嗣響稼軒，卓卓可傳者也。嗣茲以降，詞家顯分兩派，學蘇辛者所在皆是。（蔣兆蘭《詞說》）

稼軒先生詞品，上承北宋之正聲，下開南宋之別派，雄風傑調，橫絕一時，在文學上之地位，自足千古。（梁啟勳《稼軒詞疏證》）

（辛棄疾）是詞中第一大家。他的才氣縱橫，見解超脫，情感深摯。（胡適《詞選》）

辛以真性情發清雄之思，足以喚起四座，別開境界，雖粗獷不掩其亂頭粗飾之美。（趙尊岳《填詞叢話》卷二）

唐貞元年間，武寧軍節度使張愔（字建封）鎮守徐州時，在其府第中為愛妾關盼盼特建一座小樓，因其飛簷挑角，形如飛燕，且年年春天南來燕子多棲息於此，故名燕子樓。張愔卒後，盼盼念舊日恩愛而不嫁，其事綺豔感人。1985 年，徐州市人民政府於雲龍公園知春島上重建燕子樓。

低吟／浩唱

永遇樂

［北宋］蘇軾

彭城夜宿燕子樓，夢盼盼，因作此詞。

明月如霜，好風如水，清景無限。曲港跳魚，圓荷瀉露，寂寞無人見。紞如三鼓，鏗然一葉，黯黯夢雲驚斷。夜茫茫、重尋無處，覺來小園行遍。　天涯倦客，山中歸路，望斷故園心眼。燕子樓空，佳人何在，空鎖樓中燕。古今如夢，何曾夢覺，但有舊歡新怨。異時對、黃樓夜景，為余浩歎。

紞如，擊鼓聲。如，助詞。

夢雲，宋玉《高唐賦》謂楚王遊高唐之觀，夢見巫山神女，神女自稱「朝為行雲，暮為行雨」。此謂夢見盼盼。

黃樓，在徐州城東，蘇軾所建。

元豐元年（1078）十月，明月皎潔如霜的靜夜，詞人宿燕子樓，與佳人夢魂相接，然三更鼓響，一片葉落，忽然驚覺，於是悵然若失，起而尋夢。上片先寫無限清幽的夜景，後述驚夢遊園，融情入景，若夢若醒，似真似幻，惝恍迷離。下片乃醒後述懷，因夢斷而觸發人生無常、古今同夢的浩歎，語意沉鬱而超然獨悟。胡仔謂此詞與《念奴嬌》（「大江東去」）等詞「絕去筆墨畦徑間，直造古人不到處，真可使人一唱而三歎」（《苕溪漁隱叢話》後集卷二十一）。

盼盼像（明佚名《千秋絕豔圖》）

參讀

東坡守徐州，作《燕子樓》樂章，方具稿，人未知之。一日，忽哄傳於城中。東坡訝焉，詰其所從來，乃謂發端於邏卒。東坡召而問之，對曰：「某稍知音律，嘗夜宿張建封廟，聞有歌聲，細聽，乃此詞也，記而傳之，初不知何謂。」東坡笑而遣之。——宋曾敏行《獨醒雜志》卷三

永遇樂

［南宋］李清照

落日熔金，暮雲合璧，人在何處。染柳煙濃，吹梅笛怨，春意知幾許。元宵佳節，融和天氣，次第豈無風雨。來相召、香車寶馬，謝他酒朋詩侶。　中州盛日，閨門多暇，記得偏重三五。鋪翠冠兒，撚金雪柳，簇帶爭濟楚。如今憔悴，風鬟霜鬢，怕見夜間出去。不如向、簾兒底下，聽人笑語。

吹梅笛怨，笛曲有音調哀怨的《梅花落》。

中州，河南古稱中州。這裏指汴京。

三五，正月十五日。

鋪翠冠兒，用翡翠羽毛裝飾的帽子。

撚金雪柳，以金線裝飾的雪柳。

雪柳，用絹或紙裝飾的花，元宵節女子插戴的頭飾。

簇帶，宋時俗語，插戴滿頭之意。

濟楚，整齊，整潔。

怕見，怕得，懶得。

這首詞當是詞人流寓臨安時所作，攄寫獨度元宵時的淒涼心境。上片以眼前勝景和節日氣氛的渲染襯托自己的孤淒，下片遙想當年汴京繁盛的元宵佳景，寄託了對自己的幸福時光乃至北宋那個承平時代的深切眷懷。「如今」以下跌回眼前，寫歷盡滄桑後的形容憔悴、潦倒傷心之狀。結末橫生波瀾，以樂景寫哀，情詞酸楚，愈見悲涼。全詞在時空的交織中，景之美與情之苦、人之歡與我之悲、昔之盛與今之衰形成強烈對比，而詞人內心深藏的故國之思和夫亡家破的淒涼之感含蓄地表現出來。

徐燦《觀音冊》

參讀

余自乙亥上元誦李易安《永遇樂》，為之涕下。今三年矣，每聞此詞，輒不自堪。遂依其聲，又託之易安自喻。雖辭情不及，而悲苦過之。

璧月初晴，黛雲遠淡，春事誰主。禁苑嬌寒，湖堤倦暖，前度遽如許。香塵暗陌，華燈明晝，長是懶攜手去。誰知道，斷煙禁夜，滿城似愁風雨。　宣和舊日，臨安南渡，芳景猶自如故。緗帙流離，風鬟三五，能賦詞最苦。江南無路，鄜州今夜，此苦又誰知否。空相對，殘釭無寐，滿村社鼓。——南宋劉辰翁《永遇樂》寫於臨安陷落已經兩年、國已無寸土的宋端宗景炎三年（1278），即帝昺祥興元年，借李清照之酒杯澆心中之塊壘，極寫國恨家愁，和

易安詞遙相承應，更有無可奈何之歎，哀惋無窮，實「悲苦過之」，堪稱宋詞殿後之作。

永遇樂　舟中感舊

［清］徐燦

無恙桃花，依然燕子，春景多別。前度劉郎，重來江令，往事何堪說。近水殘陽，龍歸劍杳，多少英雄淚血。千古恨，河山如許，豪華一瞬拋撇。　白玉樓前，黃金臺畔，夜夜只留明月。休笑垂楊，而今金盡，穠李還銷歇。世事流雲，人生飛絮，都付斷猿悲咽。西山在、愁容慘黛，如共人淒切。

詞人為明末清初知名詩人陳之遴之繼室，明崇禎十年（1637）之遴成進士、授編修後，曾隨夫在北京度過兩三年流連花月、題雲詠月的生活，後南歸。之遴於清順治二年（1645）失節降清，出仕新朝。詞人作為封建時代的一介婦人，內心深為愧恨，卻無法直面抗爭，於陳在清廷任職後不久，也不能不攜子女赴京。這首詞似作於這次旅途中，其經行之地皆昔曾遊歷，在滄桑巨變之後重臨，河山牽恨，昨是今非。詞中萬端感慨，無限淒愴，交織着身世感與亡國恨的飄盪無主的心態。煞拍處用擬人而兼移情手法，頓時將山川天地一同帶入浩莽的深愁大哀之中，沉鬱蘊藉，冷峭蒼涼。譚獻謂此詞「外似悲壯，中實悲咽，欲言未言」（《篋中詞・今集》卷五）。

徐燦（約 1618—1698）字湘蘋，號明霞，江南吳縣（今江蘇蘇州市西南）人。海寧陳之遴繼妻。之遴明崇禎進士，官中允。入清，官弘文院大學士，以賄結內監革職戍邊，燦隨夫遷謫塞外。之遴卒後二十年，始收其骸骨南歸。工詩詞，精書畫。其詞得北宋風格，或典雅清新或悲慨蒼涼，才鋒遒麗，陳維崧稱之為「南宋後閨秀第一」。有《拙政園詩餘》。

江令：江總，歷仕梁、陳、隋三朝，入陳為尚書令。此處有諷諫夫君之意。

永遇樂　登丹鳳樓懷陳忠湣公

［清］周星譽

放眼東南，蒼茫萬感，奔赴欄底。斗大孤城，當年曾此，笳鼓屯千騎。劫灰飛盡，怒潮如雪，猶捲三軍痛淚。滿江頭，陣雲團黑，蛟龍敢齧殘壘。　登臨狂客，高歌散髮，喚得英魂都起。天意倘教，欲平此虜，肯令將軍死。只今回首，笙歌依舊，一片殘山剩水。傷心處，青天無語，夕陽千里。

此詞約作於道光二十七年（1847），詞人途經上海時，登城遠望吳淞江，自然會想到陳化成這位抗英將軍，因而感慨賦詞。這是一曲充滿愛國主義精神的英雄讚歌，詞中在歌頌抗英烈士的同時，對醉生夢死的清廷當局予以辛辣的諷刺：「只今回首，笙歌依舊，一片殘山剩水。」使人讀來分外沉痛。

周星譽（1826—1884）字叔雲，祥符（今河南開封）人。道光進士，官廣東鹽運使兼署廣東按察使。其詞墨飽情濃，秀婉與雄放並具。有《東甌草堂詞》。

陳忠湣公，即陳化成。鴉片戰爭期間，調任江南提督，在吳淞口鑄炮修炮臺，練士卒，積極設防。道光二十二年（1842），英艦大舉犯吳淞，化成力排和議，率部奮力抵抗，擊傷敵艦七艘。後因孤軍無援，以身殉國，謚忠湣。

陳化成像

永遇樂　秋草

［清］文廷式

落日幽州，憑高望處，秋思何限。候雁哀鳴，驚麞晝竄，一片飛蓬捲。西風萬里，踰沙越漠，先到斡難河畔。但蒼然、平臯接軫，玉關消息初斷。　千秋只有，明妃塚上，長是青青未染。聞道胡兒，祁連每過，淚落笳聲怨。風霜未改，關河猶昔，汗馬功名今賤。驚心是，南山射虎，歲華易晚。

麞，或作麞，即獐子。

斡難河，古稱黑水，為黑龍江上游之一。為清王朝的北部邊疆。1206 年成吉思汗即位於此。

明妃塚，西漢王昭君墓，在今內蒙古呼和浩特市南，傳說墓上青草經冬不凋，世稱青塚。

光緒二十六年（1900）八月八國聯軍侵佔北京之時，詞人作《憶舊遊．秋雁》一闋感慨時事，託物寄意。這首詞亦寫秋日事物，借秋草寄慨東北國事，約當作於同時。上片登高遠眺所見蕭瑟淒涼之景，透露出詞人對國脈如縷、風雨飄搖的現實的關注。下片抒發弔古傷今的感慨：昔時能保家衛國、為國建樹汗馬功勞的人才，如今無人看重。篇末以李廣自比，感歎報國無門，並希望朝廷上下能及時奮發，挽救危亡。全篇蒼涼慷慨，驚心動魄，悲壯鬱勃處頗似稼軒。

詞林逸事

淳熙十五年（1188）冬日，雪後初晴，夕照輝映白雪皚皚的大地。已經罷官在江西上饒閑居八年，正患着小病的辛棄疾，在瓢泉新居高興地迎來了從東陽來訪的陳亮。主客二人相得甚歡，或共飲瓢泉，或同遊鵝湖，高談闊論，話題總是圍繞在國事和時局的問題上，各抒心中的積鬱。陳亮停留了十天，才飄然東歸。可他一走，辛棄疾又感到戀戀難捨。第二天，他立即起程追趕，打算在途中和陳亮再多盤桓些時日。可追到上饒東邊鷺鷥林，雪深路滑，再也沒法前進了。辛棄疾悵然停下來，獨飲於路旁的方村，晚間則投宿於吳家泉湖四望樓，半夜忽然聽到一陣笛聲，穿雪破空，婉轉淒絕，不由感慨萬千，不能成眠，揮筆作成一首《賀新郎》以寄意：

把酒長亭說。看淵明、風流酷似，臥龍諸葛。何處飛來林間鵲，蹙踏松梢微雪。要破帽、多添華髮。剩水殘山無態度，被疏梅料理成風月。兩三雁，也蕭瑟。　佳人重約還輕別。悵清江、天寒不渡，水深冰合。路斷車輪生四角，此地行人銷骨。問誰使、君來

約清愁、楊柳岸邊相候（辛棄疾《粉蝶兒．和趙晉臣敷文賦落花》句）　王福庵

愁絕。鑄就而今相思錯，料當初、費盡人間鐵。長夜笛，莫吹裂。

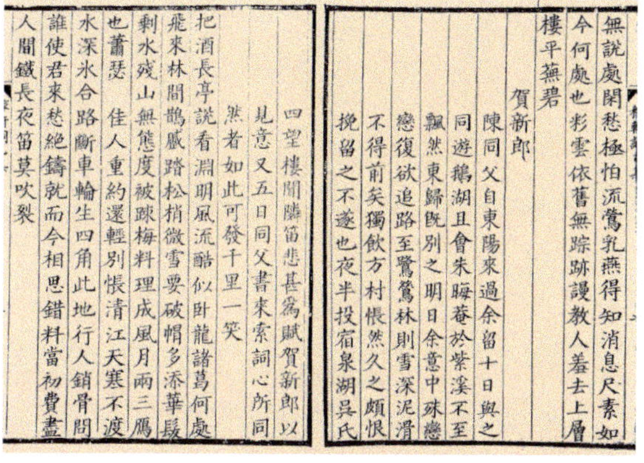

無說處閑愁極怕流鶯乳燕得知消息尺素如今何處也彩雲依舊無蹤跡謾教人羞去上層樓平蕪碧

賀新郎

陳同父自東陽來過余留十日與之同遊鵝湖且會朱晦菴於紫溪不至飄然東歸既別之明日余意中殊戀戀復欲追路至鷺鶿林則雪深泥滑不得前矣獨飲方村悵然久之頗恨挽留之不遂也夜半投宿泉湖吳氏四望樓聞鄰笛悲甚爲賦賀新郎以見意又五日同父書來索詞心所同然者如此可發千里一笑

把酒長亭說看淵明風流酷似卧龍諸葛何處飛來林間鵲蹙踏松梢微雪要破帽多添華髮剩水殘山無態度被疏梅料理成風月兩三鴈也蕭瑟　佳人重約還輕別悵清江天寒不渡水深冰合路斷車輪生四角此地行人銷骨問誰使君來愁絕鑄就而今相思錯料當初費盡人間鐵長夜笛莫吹裂

《稼軒詞》（《賀新郎》）書影，清初毛氏汲古閣影宋抄本。中國國家圖書館藏

辛棄疾怏怏而歸。五天後，已到家的陳亮來信索詞，並立即奉和一闋（《賀新郎・寄辛幼安和見懷韻》）：

老去憑誰說。看幾番、神奇臭腐，夏裘冬葛。父老長安今餘幾，後死無仇可雪。猶未燥、當時生發。二十五弦多少恨，算世間、那有平分月。胡婦弄，漢宮瑟。　樹猶如此堪重別。只使君、從來與我，話頭多合。行矣置之無足問，誰換妍皮癡骨。但莫使、伯牙弦絕。九轉丹砂牢拾取，管精金、只是尋常鐵。龍共虎，應聲裂。

辛棄疾收到此詞後，又用前韻賦詞（《賀新郎・同父見和再用韻答之》）以答：

老大那堪說。似而今，元龍臭味，孟公瓜葛。我病君來高歌飲，驚散樓頭飛雪。笑富貴、千鈞如髮。硬語盤空誰來聽，記當時只有西窗月。重進酒，換鳴瑟。　事無兩樣人心別。問渠儂：神州畢竟，幾番離合。汗血鹽車無人顧，千里空收駿骨。正目斷、關河路絕。我最憐君中宵舞，道男兒、到死心如鐵。看試手，補天裂。

此後，辛陳又賦詞多首唱和，言志抒懷，慷慨悲歌。尤其是辛棄疾的一闋《破陣子・為陳同甫賦壯詞以寄之》，一片壯心，滿腔憂憤，數百載之後猶令人掩卷扼腕歎息：

醉裏挑燈看劍，夢回吹角連營。八百里分麾下炙，五十弦翻塞外聲。沙場秋點兵。　馬作的盧飛快，弓如霹靂弦驚。了卻君王天下事，贏得生前身後名。可憐白髮生。

辛陳唱和，高山流水，劍膽琴心，流傳千古。

看劍引杯長（唐杜甫《夜宴左氏莊》句）　清《小石山房印譜》

倚聲依譜

《永遇樂》又名《消息》，為北宋新聲，有平韻、仄韻兩體。雙調一百零四字，二十二句，首起兩句，第四、五、七、八句均為四字對，前後闋各四仄韻，上去通押。此調紆徐和緩，適於言志、抒情、懷古、議論、寫景、詠物及酬贈、祝頌等題材。

定格

平仄平平，中平平仄，平仄平**仄**。
仄仄平平，平平仄仄，仄仄平平**仄**。
中平中仄，平平仄仄，中仄仄平平**仄**。
仄平平、平平中仄，仄平中中平**仄**。

平平仄仄，平平平仄，中仄中平中**仄**。
仄仄平平，中平平仄，平仄平平**仄**。
仄平平仄，中平中仄，中仄中平中**仄**。
中平仄、平平仄仄，仄平仄**仄**。

《詞譜》(《永遇樂》)

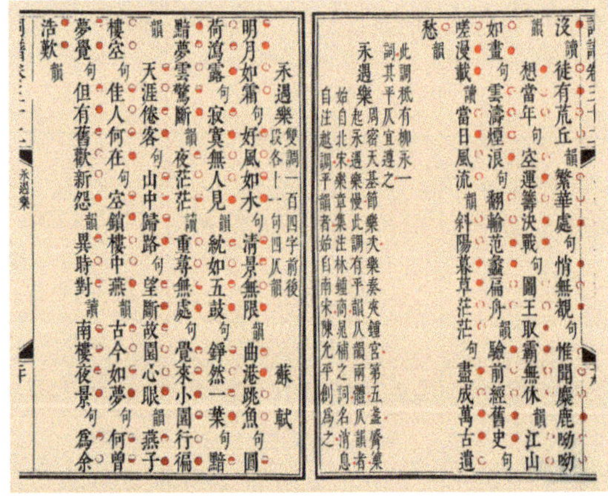

沒讀 徒有荒丘韻 繁華處句 悄無覩句 惟聞麋鹿呦呦
韻 想當年句 空運籌決戰句 圖王取霸無休韻 江山
如畫句 雲濤煙浪句 翻輸范蠡扁舟韻 驗前經舊史句
嗟漫載讀 當日風流韻 斜陽暮草茫茫句 盡成萬古遺
愁韻
此調祗有柳永一詞其平仄宜遵之
永遇樂 周密天基節樂次樂奏夾鐘宮第五盞觱篥起永遇樂慢此調有平韻仄韻兩體仄韻者始自北宋樂章集注林鍾商晁補之詞名消息自注越調平韻者始自南宋陳允平創爲之

永遇樂 雙調一百四字前後段各十一句四仄韻 蘇軾
明月如霜句 好風如水句 清景無限韻 曲港跳魚句 圓
荷瀉露句 寂寞無人見韻 紞如五鼓句 錚然一葉句 黯
黯夢雲驚斷韻 夜茫茫讀 重尋無處句 覺來小園行徧
韻 天涯倦客句 山中歸路句 望斷故園心眼韻 燕子
樓空句 佳人何在句 空鎖樓中燕韻 古今如夢句 何曾
夢覺句 但有舊歡新怨韻 異時對讀 南樓夜景句 爲余
浩歎韻

水龍吟

正銷魂又是，疏煙淡月，子規聲斷

王劉純書《水龍吟》

華音流韻

水龍吟　春恨

［南宋］陳亮

鬧紅深處層樓[①]，畫簾半捲東風軟。春歸翠陌，平莎茸嫩[②]，垂楊金淺。遲日催花[③]，淡雲閣雨[④]，輕寒輕暖。恨芳菲世界，遊人未賞，都付與、鶯和燕。　寂寞憑高念遠，向南樓、一聲歸雁。金釵鬥草，青絲勒馬，風流雲散。羅綬分香[⑤]，翠綃封淚，幾多幽怨。正銷魂又是，疏煙淡月，子規聲斷。

臨風賞讀

陳亮心空萬古，家國在懷，所作詞多自抒胸襟，雄健豪縱，但這首《水龍吟》則又婉秀疏宕，中有一片深情。

［註釋］

①鬧紅，一本作「鬧花」。形容百花盛開。

②平莎，平原上的莎草。或說，平整的草。茸嫩，形容初生之草十分柔嫩。

③遲日，春日晝長，故曰「遲日」。

④閣雨，把雨止住。閣，同擱。

⑤羅綬，羅帶。

詞的上片先烘托出一片豔冶爛漫的迷人春光：一簷紅樓掩映在鬧花深處，柔和溫軟的春風輕撫着半捲的畫簾。望中的郊野，蒼翠鍍上了小徑，嫩草鋪出了田疇，鵝黃嫩綠的楊柳枝輕輕地搖漾着；淡淡的雲，剛收住輕飛的雨；這乍暖還寒的時節，長長的白晝，催放着繽紛的花。接着「恨芳菲」三句筆鋒陡轉。如許春光，本可引人入勝，令人目不暇接而流連忘返，但在今朝，遊人卻未曾賞玩這芳菲世界，只能全付與那無知的流鶯閑燕領略享受。蓋國運岌岌，大好河山盡淪於敵手，自然難以有遊賞春景的閑情逸致了。原來，前面幾乎傾全力描繪春光之美是為了襯托此處的恨懷之深，氣氛之淒冷寥落。

下片就恨懷盡情渲染。在層樓上寂寞憑欄遠眺，觸目傷懷。雁歸人渺，勾起的只有如幻如夢的憶念。那時或與遠人踏青抽釵鬥草，或駕青絲勒馬的輕車共馳。這些美妙情事，別後已如風雲飄流分散，只有當年別離時所贈的絲帶還飄盪着芳香，翠綠的絲巾還殘留着眼淚，有多少的幽恨愁怨至今難消。結拍轉寫當前，當子規聲聲淒斷，將他從幻夢中驚回，他看到的便只有暮靄迷離中那一彎初升的淡月、一抹媚媚的疏煙……這一結含思極淒婉，餘音嫋嫋，有含蓄不盡之妙。

宋佚名《層樓春眺圖》。江天闊渺，臨江一座崇樓玲瓏空透，樓旁樹木枝葉蒼鬱繁茂，其下簇擁着妍麗的花叢。對岸遠岫叢林，山石清遠。層樓上一婦人攜侍女憑欄遠眺碧波中的歸帆，似有萬千心事。看似一派春意盎然，卻在明麗中帶有淡淡的清寂。故宮博物院藏

詞人從春晨的花鬧風軟一直寫到薄暮的子規聲斷，以春景帶出恨意，而恨意亦復層層渲染，令人刻骨鏤心，黯然銷魂。然而，這恨意並非尋常的閨怨和離愁。和辛棄疾的名篇《摸魚兒》（「更能消幾番風雨」）以欲吐還吞的手法抒寫悲壯鬱勃的憂國之情一樣，此詞也是用「幽秀」之筆，寫出了詞人對中原故國的悲思和懷念，將讀者帶進一個深沉而感傷的藝術境界。

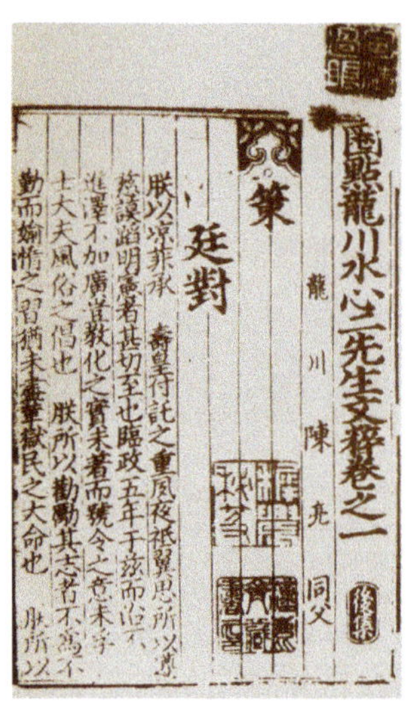
《龍川水心二先生文粹》書影

古今彙評

李攀龍：春光如許，遊賞無方，但愁恨難消，不無觸物生情。(《新刻李于鱗先生批評註釋草堂詩餘雋》卷二)

沈際飛：有能賞而不知者，有欲賞而不得者，有似賞而不真者。人不如鶯也，人不如燕也。(《草堂詩餘正集》卷五)

徐　釚：陳同父開拓萬古之心胸，推倒一世之豪傑，而作詞乃復幽秀，其《水龍吟》云（略）。(王弈清《歷代詩餘》卷一百十八)

黃　蘇：「鬧花深處層樓」，見不事事也。「東風軟」即東風不競之意也。遲日淡雲，輕寒輕暖，一曝十寒之喻也。好世界不求賢共理，惟與小人遊玩如鶯燕也。「念遠」者，念中原也。「一聲歸雁」，謂邊信至，樂者自樂，憂者徒憂也。(《蓼園詞選》)

劉熙載：同甫《水龍吟》云：「恨芳菲世界，遊人未賞，都付與鶯和燕。」言近指遠，直有宗留守大呼渡河之意。(《藝概》卷四)

唐圭璋：此首憑高念遠，疏宕有致。起數句，皆寫景物。「鬧花」兩句，寫樓高風微。「春歸」三句，寫平莎垂楊。「遲日」三句，寫寒暖不定。「恨芳菲」三句，總束上片，好景無人賞，只與流鶯閑燕賞之，可恨孰甚。換頭，因雁去而念遠。「金釵」三句，言當日之樂事無蹤。「羅綬」三句，言別後之幽怨難消。「正銷魂」三句，以景結，傷感殊甚。(《唐宋詞簡釋》)

周篤文：此詞幽秀妍麗，一往情深，居然小晏、秦郎風調。「鬧花」以下八句，以畫筆寫淑景，見出韶光之美豔，是賓；「恨芳菲」以下轉寫人事之孤寂，是主。「都付與，鶯和燕」，則春光深鎖，觸目成愁了。所謂以樂寫哀，一倍增其哀怨者，正是此類。所哀者何事？由下片補出：鬥草之戲，勒馬之遊，都隨分香、封淚而化為離恨了。結拍三句，以景足情，是加倍寫法。其境界與辛棄疾「斜陽」「煙柳」之詞相似，也是託意閑情寄慨時事的作品。是以劉熙載要稱其「言近指遠，直有宗留守大呼渡河之意」了。(《宋百家詞選》)

高建中：此詞即景興感，抒傷春念遠之情。今日芳菲世界，盡付鶯燕；昔年賞心樂事，風流雲散。其牢愁暗恨、寂寞銷魂之淒苦心境，沉潛幽約，不無家國之恨寓焉。(《唐宋詞》)

花才開處禁風，雨爭狼藉香塵軟。春情逗留，春光搖曳，春芳嬌淺。釀雨催花，籠煙擺柳，拖寒拖暖。恨年年心事，無人勾管。尋舊壘，淒涼燕。　塞北江南人遠，欲寄書、難憑征雁。春皋射獵，春衣琴酒，春煙微散。月去窗紗，燈殘花燼，棲烏啼怨。相思未是，白狼烽火，角聲吹斷。——明茅維《水龍吟·春恨寄張聖標諸公和陳同甫韻》筆調沉鬱，氣韻流動。

詞人心史

陳亮（1143—1194）字同甫，婺州永康（今浙江永康）龍窟山人。世稱龍川先生。為人才氣超邁，喜談兵，論議風生，下筆數千言立就。十八九歲時，慨然有經略四方之志，曾考古人用兵成敗之跡，著《酌古論》，以探求中興、復仇之策。孝宗乾道中，婺州以解元薦，補太學博士弟子員。隆興初，宋金議和，朝野忻然，獨陳亮上《中興五論》，極論議和之非和北伐圖強的方略，奏入不報，回鄉辦學、著書。後又多次詣闕上書，暢言恢復中原大計，反對偏安妥協，為朝中權臣所嫉恨，先後三次被誣入獄。光宗紹熙四年（1193）應禮部試，禮部奏名第三，孝宗御筆擢第一，授簽書建康府判官。翌年四月初八，病逝於赴任途中。有《龍川文集》三十卷。

在學術上，陳亮獨樹一幟，力倡「實事實功」，有益於國計民生，並譏諷空談心性的理學家為「皆風痹不知痛癢之人」，後人以他與葉適為永康事功學派的代表。圍繞王霸、義利、天理和人欲等重大哲學問題，曾與朱熹往覆辯論。所作政論筆力縱橫馳騁，說理透辟。其詞風則與摯友辛棄疾近似，往往以氣使之，直陳其「平生經濟之懷」，自由地抒寫復仇報國的強烈心願，語言斬截痛快，風格雄放恣肆，磅礴縱橫。當然，除愛國豪壯之詞外，他有不少詞也寫得和婉幽秀，疏宕有致。

陳亮像

研窮義理之精微，辨析古今之同異，原心於秒忽，較禮於分寸，以積累為工，以涵養為正，睟面盎背，則於諸儒誠有愧焉。至

於堂堂之陣，正正之旗，風雨雲雷交發而並至，龍蛇虎豹變現而出沒，推倒一世之智勇，開拓萬古之心胸，如世俗所謂粗塊大臠，飽有餘而文不足者，自謂差有一日之長。——《陳亮集》卷二十

公以解頭而魁多士，講學別出手眼，紫陽、東萊諸公往往敬憚之。如上宋帝四書，功雖未大就，而其心即鞠躬盡瘁死而後已之心。臥龍、龍川，千古一轍，何多讓焉！至其氣節，雖屢遭刑獄，而百折不迴，饒有銅肝鐵膽、唾手成功之志，所謂真英雄、真豪傑、真義士、真理學者，非其人耶？(《陳亮集》附錄三)

龍川好談天下大略，以節氣自居，而詞亦疏宕有致。(張宗橚《詞林紀事》卷十一引周密語)

生平經濟託微言，文似龍川意可原。亦有翠綃封淚語，散花庵選集無存。(譚瑩《論詞絕句》)

龍川痛心北虜，亦屢見於辭……忠憤之氣，隨筆湧出，並足喚醒當時聾聵，正不必論詞之工拙也。(馮煦《蒿庵論詞》)

同甫《水調歌頭》……精警奇肆，幾於握拳透爪，可作中興露布讀。(陳廷焯《白雨齋詞話》卷一)

詞至南宋，如稼軒、同甫之慷慨悲涼，碧山、玉田之委婉頓挫，皆傷時感事，上與風騷同旨，可薄為小技乎？(沈祥龍《論詞隨筆》)

龍川之詞，感憤淋漓，眷懷君國；稼軒之詞，才思橫溢，悲壯蒼涼。例之古詩，遠法太沖，近師太白，此縱橫家之詞也。(劉師培《論文雜記》)

龍川詞實獨具風格，其一種斬截痛快、雄放恣肆之氣，又非稼軒所能並比者。龍川之詞，干戈森立，如奔風逸足，直欲吞虎食牛，而語出肺腑，無少矯飾，實可見其胸襟懷抱。即專以詞藝論之，亦自有其精至獨到處。(姜書閣《陳亮龍川詞箋註》)

開拓萬古之心胸　王福庵

低吟／浩唱

水龍吟　詠月

[北宋] 晁端禮

倦遊京洛風塵，夜來病酒無人問。九衢雪少，千門月淡，元宵燈近。香散梅梢，凍消池面，一番春信。記南樓醉裏，西城宴闋，都不管、人春困。　屈指流年未幾，早人驚、潘郎雙鬢。當時體態，如今情緒，多應瘦損。馬上牆頭，縱教瞥見，也難相認。憑闌

晁端禮（1046—1113）一作元禮，字次膺，其先清豐（今屬河南）人，因其父葬於濟州任城（今山東濟寧），遂為任城人。熙寧進士。兩為縣令，忤上官，坐廢徙。政和間起為大晟府協律，未就職而卒。其詞俗詞、雅調俱工，令詞、長調兼擅。有《閑齋琴趣外篇》六卷。

干但有，盈盈淚眼，把羅襟揾。

這首詞以諧婉的聲韻和流暢自然的語言，將仕途上的落拓不遇和愛情上的挫折所帶來的失意與苦悶，抒發得淋漓盡致，動人心魄。全詞層層鋪排，層層深入，環環相扣，渾然天成。

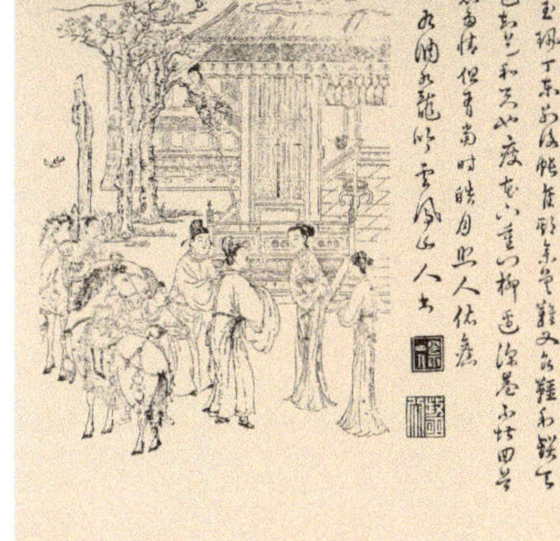

秦觀《水龍吟》(《詩餘畫譜》)

水龍吟

[北宋] 秦觀

小樓連苑橫空，下窺繡轂雕鞍驟。朱簾半捲，單衣初試，清明時候。破暖輕風，弄晴微雨，欲無還有。賣花聲過盡，斜陽院落，紅成陣、飛鴛甃。　玉珮丁東別後，悵佳期、參差難又。名韁利鎖，天還知道，和天也瘦。花下重門，柳邊深巷，不堪回首。念多情但有，當時皓月，向人依舊。

詞人在蔡州教授任上，與色藝俱佳的營妓婁琬來往甚密。元祐五年（1090），詞人離蔡州入京為祕書省校勘，這首贈給婁琬的詞當作於此時。詞的上片從女子着墨，寫她臨樓目送戀人騎着駿馬飛馳而去的場景以及初別時的環境和心理感受。下片從男方着筆，寫忍痛離別後的情懷。全詞空靈清快，婉轉依迴，寫出詞人對一個淪落風塵的薄命女子的深摯情愫，讀來淒惻感人。

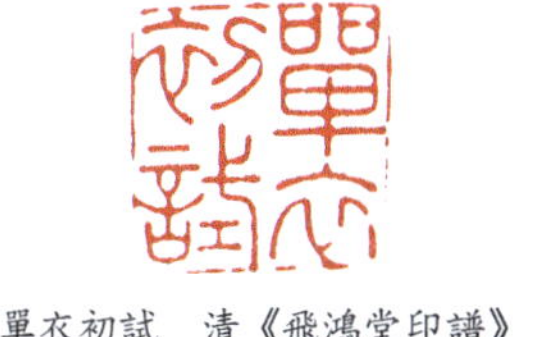

單衣初試　清《飛鴻堂印譜》

玉漏迢迢盡，銀潢淡淡橫。夢回宿酒未全醒，已被鄰雞催起怕天明。　臂上妝猶在，襟間淚尚盈。水邊燈火漸人行，天外一鈎殘月帶三星。—— 這首《南歌子》是秦觀在蔡州任上贈歌妓陶心兒的，寫情人黎明前不得不分別的情景，寫出了無限纏綿之情。

水龍吟　次韻林聖予惜春

[北宋] 晁補之

問春何苦匆匆，帶風伴雨如馳驟。幽葩細萼，小園低檻，壅培未就。吹盡繁紅，占春長久，不如垂柳。算春長不老，人愁春老，愁只是、人間有。　春恨十常八九，忍輕辜、芳醪經口。那知自是，桃花結子，不因春瘦。世上功名，老來風味，春歸時候。最多

多情未老頭先白(歐陽修《六一詩話》句　清《飛鴻堂印譜》

明吳偉《長江萬里圖》，以剛健奔放的勾勒與水墨暈染相結合的手法，揮灑縱橫，描繪萬里長江沿途壯美的雲山幽谷、山村墟市、江上風帆等，用筆簡勁放縱，昂然瀟灑，氣勢浩盪，撼人心魄。故宮博物院藏

情猶有，尊前青眼，相逢依舊。

詞人才華飄逸，但自二十七歲舉進士第，一生之中仕途坎坷，屢遭貶謫，五十一歲坐元祐黨籍，閑居鄉里達八年之久。因此他的詞章中不時流露出對仕宦生涯的悲感。這首和作即是在歎惜春光來去匆匆中注入對世事、人生的深沉思索和感慨。詞的上片說自然界春來春去，生生不息，只是人總愛擔心春老，空愁而已；詞人雖則通曉物理，下片表面上也以曠達情懷勸友人，痛飲狂歌，送春歸去，但其內心卻又依然難以排遣人生之「春歸」而功業無成的無奈和失落。全詞筆如遊龍，轉折多致，富於理趣，在惜春詞中別具一格。

唐玄宗教太常樂工子弟三百人為絲竹之聲，音響齊發。因其所居之院近於禁院之梨園，故號為梨園弟子。

江淹《恨賦》:「若夫明妃去時，仰天太息。」潘妃，南朝齊廢帝東昏侯之妃，名玉兒，顏色潔美。

水龍吟　梨花

［北宋］周邦彥

素肌應怯餘寒，豔陽占立青蕪地。樊川照日，靈關遮路，殘紅斂避。傳火樓臺，妒花風雨，長門深閉。亞簾櫳半濕，一枝在手，偏勾引、黃昏淚。　別有風前月底，布繁英，滿園歌吹。朱鉛退盡，潘妃卻酒，昭君乍起。雪浪翻空，粉裳縞夜，不成春意。恨玉容不見，瓊英謾好，與何人比。

樊川，漢武帝時長安一個梨園。

靈關，山名，在今四川寶興縣南，種梨，樹多遮路。

傳火，古代寒食節禁火後重新舉火，宮中取新火傳賜近臣，稱為傳火。

長門，即長門宮，漢武帝皇后陳阿嬌失寵後所居之處。

亞，壓。

此詞詠梨花，以濃豔著稱，羅致了許多與梨花有關的故事入詞，塑造了梨花無與倫比的精神風致，筆力矯健，境界闊大。

素娥洗盡繁妝，夜深步月鞦韆地。輕腮暈玉，柔肌籠粉，緇塵斂避。霽雪留香，曉雲同夢，昭陽宮閉。悵仙園路杳，曲欄人寂，

疏雨濕、盈盈淚。　　未放游蜂葉底，怕春歸、不禁狂吹。象牀困倚，冰魂微醒，鶯聲喚起。愁對黃昏，恨催寒食，滿襟離思。想千紅過盡，一枝獨冷，把梅花比。—— 南宋樓扶《水龍吟·次清真梨花韻》採用擬人化的手法，通過嫦娥、宮中美人、仙子、閨中思婦等意象的刻畫，細致地描摹了梨花的清雅風姿，從而賦予其高潔自守的人格魅力，彌漫着濃鬱的詩情。

宋陳清波《瑤臺步月圖》。故宮博物院藏

水龍吟

［南宋］朱敦儒

放船千里淩波去，略為吳山留顧。雲屯水府，濤隨神女，九江東注。北客翩然，壯心偏感，年華將暮。念伊嵩舊隱，巢由故友，南柯夢、遽如許。　　回首妖氛未掃，問人間、英雄何處。奇謀報國，可憐無用，塵昏白羽。鐵鎖橫江，錦帆沖浪，孫郎良苦。但愁敲桂棹，悲吟《梁父》，淚流如雨。

靖康之難後，詞人攜家從洛陽南逃。這首詞似是他離開淮海，沿江東下金陵時所作。詞以紀行為線索，一開始就以雄健之筆描繪了一路水行南下所見雲聚濤湧的壯麗景色，由此拓開境界，轉入去國離鄉的感懷，由個人悲歡寫到國家命運，最後以英雄報國無門之悲慨收結，餘味無窮。全詞將寫景、抒情、議論交相融合為一體，感情極痛快卻極沉着，字裏行間迴盪着一股忠憤之氣。

九江，泛指長江。

巢由，指巢父與許由，皆為唐堯時隱士。

鐵鎖橫江，指三國時晉滅吳之事。

《梁父》，即《梁父吟》，樂府古曲，音調悲切淒苦。諸葛亮便好為《梁父吟》。

水龍吟　紹興甲子上元有懷京師

［南宋］向子諲

華燈明月光中，綺羅弦管春風路。龍如駿馬，車如流水，軟紅成霧。太一池邊，葆真宮裏，玉樓珠樹。見飛瓊伴侶，霓裳縹緲，星回眼、蓮承步。　笑入彩雲深處，更冥冥、一簾花雨。金鈿半落，寶釵斜墜，乘鸞歸去。醉失桃源，夢回蓬島，滿身風露。到而今江上，愁山萬疊，鬢絲千縷。

高宗紹興十四年甲子（1144）上元佳節，詞人身處南宋京城臨安，追憶起當年汴京元夜的歡樂，情難以堪，作此詞，痛悼故國之淪亡。詞以主要的篇幅層層渲染皇城上元之夜觀燈的盛況和汴京的繁華，直到結尾「醉失桃源」以下，從追憶中霍然而醒，跌回現實，無限慘痛悲愴皆化作「愁山萬疊，鬢絲千縷」。

水龍吟　登建康賞心亭

［南宋］辛棄疾

楚天千里清秋，水隨天去秋無際。遙岑遠目，獻愁供恨，玉簪螺髻。落日樓頭，斷鴻聲裏，江南遊子。把吳鈎看了，欄干拍遍，無人會、登臨意。　休說鱸魚堪膾，盡西風、季鷹歸未。求田問舍，怕應羞見，劉郎才氣。可惜流年，憂愁風雨，樹猶如此。倩何人喚取，紅巾翠袖，搵英雄淚。

賞心亭，舊時為金陵第一勝概。南宋《景定建康志》載：「賞心亭在（南京城西）下水門（即今西水關）之城上，下臨秦淮，盡觀覽之勝。」歷史上曾數毀數建。近年在水西門外、秦淮河畔、西水關頭重建。

紅巾翠袖，代指美女。搵，擦拭，揩去。

這首詞作於淳熙元年（1174）秋，當時詞人應葉衡之聘，任江東安撫司參議官。詞人已南歸多年，卻一直沉淪下僚，滿腹經綸，迄無所用，不得一遂報國之願。登覽建康賞心亭，極目蒼茫，悵然浩歎，胸中鬱積的悲憤和苦悶不能不一吐為快，遂有此作。上片以景發端，楚天、清秋、落日、斷鴻、西風、遠山，一派空闊蒼涼的氣象，觸發起詞人一股濃烈的愁懷。這大好秋光在詞人眼裏，不過是恨水愁山，哀鴻的悲唳罷了。他這個江南遊子看着吳鈎寶劍把玩不已，拍遍了九曲欄干，可是世無知音，又有誰能領會他此時的真意 —— 恢復中原的壯志？詞人心境之悲苦可想而知。下片述情，連續運用張翰、劉備、桓溫三個人的故事將作者懷才不遇、流年空度的愁情逐層剝開，遞相展示出來，極盡沉鬱雄渾之美。結拍說英雄失志之餘，滾滾熱淚，只好拋向盈盈的麗質了，寓剛於柔。這首詞闊景、壯志、豪氣、悲懷一時齊集，氣度恢宏，筆致委曲，一波三折，愈轉愈深，寓雄豪於婉約，變激烈作悲涼，益見沉鬱，具有極強的藝術感染力，至今讀來仍動人心魄。

《三國志》卷七：「（劉）備曰：『君有國士之名，今天下大亂，帝主失所，望君憂國忘家，有救世之意，而君求田問舍，言無可採，是元龍所諱也，何緣當與君語？』」

劉義慶《世說新語．言語第二》：「桓公（桓溫）北征，經金城，見前為琅邪時種柳，皆已十圍。慨然曰：『木猶如此，人何以堪！』攀枝執條，泫然流淚。」

一說此詞作於乾道四至六年（1168—1170）間建康通判任上。

前不見古人，後不見來者。念天地之悠悠，獨愴然而涕下！—— 唐陳子昂的曠世絕作《登幽州臺歌》風雷俱出，鬱勃悲愴，所抒發的是孤獨感，是一個對功業和不朽執著追求，才能卓越但卻深受壓抑的志士的孤獨、悲憤和悲涼，其實也是亙古以來有大襟抱大才能者共有的人生悲哀。

前不見古人　鄧散木

水龍吟

[南宋] 程垓

夜來風雨匆匆，故園定是花無幾。愁多怨極，等閑辜負，一年芳意。柳困花慵，杏青梅小，對人容易。算好事長在，好花長見，元只是、人憔悴。　回首池南舊事，恨星星、不堪重記。如今但有，看花老眼，傷時清淚。不怕逢花瘦，只愁怕、老來風味。待繁紅亂處，留雲借月，也須拚醉。

程垓字正伯，眉山（今屬四川）人。其祖程正輔與蘇軾為中表兄弟。曾與尤袤、陸游等遊。其詞作多寫羈旅行役、離愁別緒，情意淒婉。有《書舟詞》。

這首詞以委婉哀怨的筆調，曲折盡致地抒發了詞人對故園的眷眷深情、對如煙往事的懷念和遲暮悲涼之感，並隱隱透着他憂時傷亂的情緒。結拍看似曠達，其實中有無限淒愴。馮煦謂其詞「淒婉綿麗」(《蒿庵論詞》)，此首風格正是如此。

痛飲讀《離騷》　明汪關

水龍吟　寄陸放翁

[南宋] 劉過

謫仙狂客何如。看來畢竟歸田好。玉堂無此，三山海上，虛無縹緲。讀罷《離騷》，酒香猶在，覺人間小。任菜花葵麥，劉郎去後，桃開處、春多少。　一夜雪迷蘭棹，傍寒溪、欲尋安道。而今縱有，新詩《冰柱》，有知音否。想見鸞飛，如椽健筆，檄書親草。算平生白傅風流，未可向、香山老。

唐詩人賀知章號四明狂客，晚年辭歸山陰，放翁亦隱山陰，故以賀知章擬放翁。

唐代詩人劉叉少有俠義之氣，曾因酒後殺人四處逃亡，遇大赦，發憤讀書寫詩，以險怪奇詭的《冰柱》詩獻給韓愈，成為韓愈門下士。

南朝劉義慶《世說新語·任誕第二十三》載，王子猷居山陰，夜大雪，眠覺，開室命酌酒。四望皎然，因起彷徨，詠左思《招隱》詩。忽憶戴安道，時戴在剡，即便夜乘小船就之。

光宗紹熙元年（1190），陸游被罷職歸田，閑處山陰三山故居，從此「思自放於山巔水涯，與世相忘」。這首詞是陸游歸隱後詞人寄贈給他的。詞中先以主要篇幅細致地鋪敘了放翁逍遙閑適的隱居生活，以及欲至山陰拜訪，表達對放翁的殷殷思慕之情，然後筆鋒陡轉，深望具有文韜武略的放翁在國難當頭之際能挺身而出，親草檄書，報國殺敵，而萬不可如白居易，在歸隱中終此一生。全詞筆勢跌宕，構思新奇，寓意深微，詞風俊逸。

水龍吟

［南宋］姜夔

黃慶長夜泛鑒湖，有懷歸之曲，課予和之。

夜深客子移舟處，兩兩沙禽驚起。紅衣入槳，青燈搖浪，微涼意思。把酒臨風，不思歸去，有如此水。況茂陵遊倦，長干望久，芳心事、簫聲裏。　屈指歸期尚未，鵲南飛、有人應喜。畫闌桂子，留香小待，提攜影底。我已情多，十年幽夢，略曾如此。甚謝郎、也恨飄零，解道月明千里。

紹熙四年（1193）之秋，詞人客居紹興，與友人黃慶長月夜泛舟城南之鑒湖，慶長作懷歸之詞，囑白石和之，詞人遂有此作。詞人數十年間浪跡江、浙、皖、鄂各地，故借此和詞自澆塊壘，抒發其懷歸之情、飄零之感。全詞基調悲涼，寫景、抒情都極深婉綿密，跌宕多姿。

有如此水，指水而誓語。《左傳．僖公二十四年》：「公子（重耳）曰：『所不與舅氏同心者，有如白水！』」

茂陵，漢武帝陵。司馬相如成都人，晚年多病，客居茂陵。李商隱有詩「茂陵秋雨病相如」。

長干，古金陵里巷名，故址在今江蘇省南京市南。樂府古辭有《長干曲》。此代指故鄉。

謝郎，謝莊，作《月賦》，有「美人邁兮音塵絕，隔千里兮共明月」之句。

水龍吟　落葉

［南宋］王沂孫

曉霜初著青林，望中故國淒涼早。蕭蕭漸積，紛紛猶墜，門荒徑悄。渭水風生，洞庭波起，幾番秋杪。想重厓半沒，千峰盡出，山中路、無人到。　前度題紅杳杳，溯宮溝、暗流空繞。啼螿未歇，飛鴻欲過，此時懷抱。亂影翻窗，碎聲敲砌，愁人多少。望吾廬甚處，只應今夜，滿庭誰掃。

詞人宋亡後雖再仕元朝，但亡國之痛在他內心深處仍是揮之不去。這首詞便是借深秋時節黃葉飄零的蕭索淒涼景象，抒發對故國的無限眷戀及難抑的悲哀之情。詞中緊緊圍繞「落葉」組織全篇，有實寫，而更多的是「望中」—— 想象中的虛寫，純以冷色調渲染成一幅廣寥、幽寂、淒清的深秋落葉圖景，而將詞人自己對國破家亡、無處可歸的淒愴哀怨、沉鬱悲苦意緒物化在落葉之上。清陳廷焯評曰：「淒涼奇秀，屈、宋之遺。此中無限怨情，只是不露，令讀者心怦怦焉。」（《雲韶集輯評》卷九）又說：「筆意幽冷，寒芒刺骨，其有慨於厓山乎？」（《白雨齋詞話》卷二）

渭水風生，賈島《憶江山吳處士》：「秋風吹渭水，落葉滿長安。」

洞庭波起，《楚辭．湘夫人》：「嫋嫋兮秋風，洞庭波兮木葉下。」

題紅，范攄《雲溪友議》中說：書生盧偓偶臨御溝，見水上紅葉有詩，知是宮人所題。其後竟結良緣。

溥儒《空山落葉圖》（局部）

世間無此娉婷，玉環未破東風睡。將開半斂，似紅還白，餘花怎比？偏占年華，禁煙才過，夾衣初試。歎黃州一夢，燕宮絕筆，無人解、看花意。　猶記花陰同醉，小闌干、月高人起。千枝媚色，一庭芳景，清寒似水。銀燭延嬌，綠房留豔，夜深花底。怕明朝、小雨蒙蒙，便化作燕支淚。—— 王沂孫《水龍吟．海棠》。王沂孫有《水龍吟》多首，均是「感慨沉至」之作。而此首「起筆絕世豐神。字字是痛惜之深，花耶人耶？吾烏乎測其命意之所至。（結句）纏綿嗚咽，風雨葬西施，同此淒豔」（陳廷焯《雲韶集輯評》卷九）。詞人在異族統治下的一腔憤懣之氣，化為幽怨淒惻之情，徐徐流出。

水龍吟

［金］元好問

素丸何處飛來，照人只是承平舊。兵塵萬里，家書三月，無言搔首。幾許光陰，幾回歡聚，長教分手。料婆娑桂樹，多應笑我，憔悴似、金城柳。　不愛竹西歌吹，愛空山、玉壺清晝。尋常夢裏，膏車盤谷，拏舟枋口。不負人生，古來惟有，中秋重九。願年年此夕，團圞兒女，醉山中酒。

這首詞當作於金興定三年（1219）至正大二年（1225）之間，詞人客居京師的某個中秋節。上片寫中秋望月感懷，感慨離亂，傾訴別離，淒愴纏綿；下片轉為述志，抒發不慕聲色繁華，獨愛清幽的隱逸情懷，清遠蘊藉。全詞感情沉鬱深摯，意蘊深厚。

滿紙春心墨未乾（元好問《鷓鴣天》句）　清王譜

盤谷為唐李願隱居之地，韓愈《送李願歸盤谷序》云：「膏吾車兮秣吾馬，從子於盤兮，終吾生以徜徉。」盤谷、枋口二地，皆在河南濟源縣，離登封較近。詞人興定二年（1218）移家登封。

水龍吟

［金］王渥

從商帥國器獵，同裕之賦。

短衣匹馬清秋，慣曾射虎南山下。西風白水，石鯨鱗甲，山川圖畫。千古神州，一時勝事，賓僚儒雅。快長堤萬弩，平岡千騎，波濤卷、魚龍夜。　落日孤城鼓角，笑歸來、長圍初罷。風雲慘澹，貔貅得意，旌旗閑暇。萬里天河，更須一洗，中原兵馬。看韃橐嗚咽，咸陽道左，拜西還駕。

金正大三年（1226），年二十即以善戰知名的商州鎮帥完顏斜烈（名鼎，字國器）會同僚屬射獵終南山，這首詞即寫此次圍獵盛況。上片大筆濃墨渲染完顏斜烈及其麾下獵騎雷鳴鯨吼、縱橫奔馳的壯闊氣勢和場面。下片寫將士獵歸途中興致勃勃、志得意滿的情景，並引發聯想，對完顏斜烈寄予安邦定國的厚望。全篇筆力雄健，以豪邁奔放的激情一氣貫注，充溢着一種雄闊陽剛之美，而於劍拔弩張氛圍之中又透出從容閑雅情趣。

少年射虎名豪，等閑赤羽千夫膳。金鈴錦領，平原千騎，星流電轉。路斷飛潛，霧隨騰沸，長圍高捲。看川空谷靜，旌旗動色，得意似、平生戰。　城月迢迢鼓角，夜如何、軍中高宴。江淮草

《史記》卷一百零九載，李廣居藍田南山中射獵，所居郡聞有虎，嘗自射之。

《三輔黃圖》載，昆明池中有豫章臺及石鯨，刻石為鯨魚，長三丈，每至雷雨，常鳴吼，尾皆動。

長堤萬弩，指五代吳越王錢鏐射潮事。相傳錢鏐築堤海塘，怒潮洶湧，板築不成。鏐命水犀軍架強弩五百射潮，迫使潮頭趨向西陵，遂奠基成塘。

劉向《說苑》載，武王伐紂，風霽而乘以大雨。散宜生諫曰：「此非妖歟？」王曰：「非也，天洗兵也。」

韃橐，古代馬上盛弓矢器。

咸陽，秦朝都城所在地，此代指金都。

木，中原狐兔，先聲自遠。蓋世韓彭，可能只辦，尋常鷹犬。問元戎早晚，鳴鞭徑去，解天山箭。—— 詞人元好問（字裕之）亦參與同獵，並有《水龍吟·從商帥國器獵於南陽，同仲澤、鼎玉賦此》，全詞氣勢崢嶸，場面豪闊，情境沉雄。

王渥（1186—1232）字仲澤，太原（今屬山西）人。少遊太學，以詞賦著名。金興定二年進士。連辟壽州、商州、武勝三帥府經歷官，在軍中凡十年。正大七年（1230），使南宋議和。應對敏捷，有「中州豪士」之稱。

水龍吟

［明］劉基

雞鳴風雨瀟瀟，側身天地無劉表。啼鵑迸淚，落花飄恨，斷魂飛繞。月暗雲霄，星沉煙水，角聲清嫋。問登樓王粲，鏡中白髮，今宵又、添多少。　極目鄉關何處，渺青山、髻螺低小。幾回好夢，隨風歸去，被渠遮了。寶瑟弦僵，玉笙指冷，冥鴻天杪。但侵階莎草，滿庭綠樹，不知昏曉。

這是一首感時傷事，自抒落魄時的哀頹、憂憤心緒之作，應作於元末天下大亂、詞人尚未遇合朱元璋之時。上片用劉表、王粲事，抒寫未遇明主、難展長才、蹭蹬失落的悵悵。下片承登樓意，抒寫思鄉懷遠的愁情，個中也寓含有不遇之歎和失路之悲。此詞寫出了風雨如晦的時代特徵，在深沉的憂思中，流注鬱勃的氣韻，出豪雄於婉約之中，正是其「秀煉入神」之代表作。陳霆謂「此詞當是無聊中作，『風雨瀟瀟』『不知昏曉』則有感於時代之昏濁。而世無劉表，『登樓王粲』，則自傷於身世之羈孤」（《渚山堂詞話》卷一）。

劉基像

劉基（1311—1375）字伯溫，處州青田縣南（今浙江溫州文成縣）人。元至順間進士。明興，官至御史中丞兼太史令，進封誠意伯。博通經史，尤精天文、兵法、數理。詞稱元明際作手，前期以悲慨蒼涼、抑鬱清深見勝。陳廷焯謂其詞「秀煉入神，永樂以後諸家遠不能及」（《雲韶集》卷十二）。有《寫情集》。

明張龍章《胡人出獵圖》，描繪胡人出獵情景，分為牽馬備鞍、列隊出發、圍捕猛虎三部分。人物鞍馬眾多，但畫面組織疏密適度、錯落有致、動靜結合，富有節奏感，鞍馬造型尤為生動。美國私人藏

徐之瑞字蘭生，浙江仁和（今杭州）人。崇禎九年（1636）舉人。入清，遁居山中。與曹溶交誼甚好。曾作《西湖竹枝詞》，以寓變哀之怨。有《橫秋堂詞》。

水龍吟　登瓜步江樓

［明］徐之瑞

怒濤千疊橫江，是誰截斷神鰲足。卻思當日，風雲叱吒，氣吞巴蜀。江左夷吾，風流頓盡，神州誰復。但茫茫睹此，河山如故，悲何限、吞聲哭。　正擬清遊堪續，剩荒臺、亂鴉殘木。傷心莫話，南朝舊事，春波猶綠。鼎鼎華年，滔滔逝水，浮生何促。指三山縹緲，淩雲東去，醉吹霜竹。

詞人生當明清鼎革之際，一日登上今南京附近瓜步山江樓眺望，觸景生情，追思六朝舊事，聯想現實人生，不勝今昔盛衰之慨，因而寫下這首懷古詞。全詞筆力勁健，詞境雄渾壯闊，含蘊無窮。

張良是五世相韓的後代，秦滅韓後，欲為韓報仇，買力士在博浪沙用巨椎狙擊秦始皇，誤中副車，幸在大索天下中脫身。劉邦起兵，張良為三傑之一，封留侯。遺廟在今江蘇徐州沛縣東南。圯橋，即沂水橋，在今江蘇邳縣南。張良早年曾在此遇見黃石公，為他拾鞋，得所授《太公兵法》，輔佐劉邦平定天下。

水龍吟　謁張子房祠

［清］朱彝尊

當年博浪金椎，惜乎不中秦皇帝。咸陽大索，下邳亡命，全身非易。縱漢當興，使韓成在，肯臣劉季。算論功三傑，封留萬戶，都未是、平生意。　遺廟彭城舊里，有蒼苔、斷碑橫地。千盤驛路，滿山楓葉，一灣河水。滄海人歸，圯橋石杳，古牆空閉。悵蕭蕭白髮，經過攬涕，向斜陽裏。

這首詞為懷古之作，上片追憶張良（字子房）的事跡，揭示他生前一心為韓國復仇的志願，其中自寓故國之思。下片轉寫張子房祠，描繪其遺廟的破敗不堪，反映其死後的悲涼，蘊涵着時移境遷物是人非的深沉的歷史感。全詞筆力高絕，意味濃鬱深沉。

鄧廷楨像

鄧廷楨（1776—1846）字維周，號嶰筠，江寧（今江蘇南京）人。嘉慶進士，道光十五年（1835）官兩廣總督。力助林則徐禁煙。鴉片戰爭起，六次擊退英艦挑釁。其詞氣勢寥廓，情韻高健，託興深微。有《雙硯齋詩鈔》《雙硯齋詞話》等。

水龍吟　雪中登大觀亭

［清］鄧廷楨

關河凍合梨雲，沖寒猶試連錢騎。思量舊夢，黃梅聽雨，危欄倦倚。披氅重來，不分明處，可憐煙水。算夔巫萬里，金焦兩點，誰說與、蒼茫意。　卻憶蛟臺往事，耀弓刀、舳艫天際。而今剩了，低迷魚艇，模糊雁字。我輩登臨，殘山送暝，遠江延醉。折梅花去也，城西炬火，照瓊瑤碎。

這首詞寫雪後登臨大觀亭，江天遠眺，一片煙水迷濛，追憶自己昔年禁煙抗英壯舉，百端交集，一種盛衰蒼涼的時代感和抑鬱孤憤的憂思油然而生。

水龍吟　秋聲

［清］項鴻祚

西風已是難聽，如何又著芭蕉雨。泠泠暗起，澌澌漸緊，蕭蕭忽住。候館疏砧，高城斷鼓，和成淒楚。想亭皋木落，洞庭波遠，渾不見、愁來處。　此際頻驚倦旅，夜初長、歸程夢阻。砌蛩自歎，邊鴻自唳，剪燈誰語。莫更傷心，可憐秋到，無聲更苦。滿寒江剩有，黃蘆萬頃，卷離魂去。

這首悲秋聲之苦、傷羈旅之情的作品，當作於詞人旅居江西之時。上片用足筆墨，寫種種秋聲，由自然界的風聲、雨聲，聯繫到人為的搗衣聲、更鼓聲，共同渲染出秋的空寂與淒清。然後借想象之草木搖落洞庭波翻，以映襯秋聲之衰颯，並點出「愁」意。下片則具體描寫旅人的愁苦與孤獨。「無聲更苦」一句癡絕虛靈的獨白，把孤獨的悲感推向極致。結尾宕開一筆，意謂將不盡之離愁卷入蒼茫寒江萬頃黃蘆深處，空闊淒迷，蕩魂奪魄，更增全詞淒楚的情調，令人讀後掩卷唏噓。

水龍吟

［清］文廷式

落花飛絮茫茫，古來多少愁人意。遊絲窗隙，驚飆樹底，暗移人世。一夢醒來，起看明鏡，二毛生矣。有葡萄美酒，芙蓉寶劍，都未稱、平生志。　我是長安倦客，二十年、軟紅塵裏。無言獨對，青燈一點，神遊天際。海水浮空，空中樓閣，萬重蒼翠。待驂鸞歸去，層霄回首，又西風起。

這是一首直抒胸臆的名作。詞之上闋以落花飄零、飛絮漫天的暮春景色象喻清王朝末世的衰落頹敗，抒發歲月如流，有心報國卻壯志難酬，面對國運衰微而又挽救不得、無可奈何的悲哀和感傷；下闋先是回首二十年京都生活，已感厭倦；繼而獨對孤燈，神遊八極，幻化出瑰麗神奇的理想境界，希冀在彷徨苦悶中尋求解脱。結尾三句筆鋒突轉，言乘鸞飛上層霄，從天際回首西風蕭瑟的人世 —— 當時江河日

梨雲，即梨花雲，原指夢中恍惚所見如雲似雪的繽紛梨花，後用以狀雪景。

連錢騎，即古代名馬「連錢驄」，因其毛色深淺斑駁而稱，此處指駿馬。

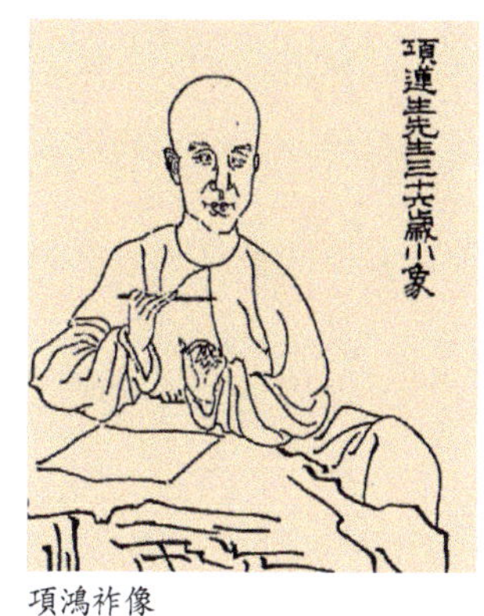

項鴻祚像

項鴻祚（1798—1835）字蓮生，又改名廷紀，錢塘（今浙江杭州）人。道光舉人。兩應進士試不第。肆力於詞。其詞寫情真切，幽豔哀斷。有《憶雲詞》。

清華嵒《歐陽修〈秋聲賦〉意圖》。日本大阪市立美術館藏

下的祖國正處於風雨飄搖之中，不禁又充滿了眷戀和牽掛。這正是屈原《離騷》「陟升皇之赫戲兮，忽臨睨夫舊鄉」心情的再現。全詞情感跌宕起伏，上片悲慨之中有昂揚之氣，下片奇情壯采，又淒沁心脾。王瀣謂此詞「思澀筆超，後片字字奇幻，使人神寒」（《手批雲起軒詞鈔》）；葉恭綽則讚此詞「胸襟興象，超越凡庸」（《廣篋中詞》卷一）。

儀克中像

儀克中（1796—1837）字協一，號墨農，廣東番禺人。道光舉人。精研金石，工詩善畫，為詞亦深美閎約，名重一時。有《劍光樓詞》一卷。

水龍吟　判春園納涼

［清］儀克中

涼雲飛度雙堤，柳梢樓閣簾初捲。東鄉好景，來年重到，落花如霰。波湧津亭，天浮浦樹，晚霞多變。向亂蟬聲裏，蒼煙起處，隱約見、孤帆轉。　漸覺芰荷風遠，又盈盈、暮潮將半。誰家擫笛，一回斷續，一回淒惋。月上三更，闌憑幾曲，冷吟都倦。記前宵、末麗開時，人在試香深院。

詞寫夏日向晚登判春園中江樓憑眺消暑，題為「納涼」，但通篇不見一暑熱字樣，而是從所見之景、所聞之香、所聽之樂，烘托出夏夜嶺南水鄉的清涼之美。結拍轉寫前宵與女子深院相見的情景，頓添無限韻致。

擫笛，按笛，吹笛。擫，以手指按捺。

末麗，即茉莉。粵中女子好以茉莉穿成花串簪戴。

水龍吟

［清］陳澧

壬辰九月之望，吾師程春海先生，與吳石華（蘭修）學博，登粵秀山看月，同賦此調，都不似人間語，真絕唱也。今十五年，兩先生皆化去。余於此夜，與許青皋、桂皓庭登山，徘徊往跡，淡月微雲，增我悄悵，即次原韻。

詞仙曾駐峰頭，鸞吟縹緲來天際。成連去後，冰弦彈折，百重雲水。碧月仍圓，蒼山不改，舊時煙翠。只長林墜葉，西風過處，都吹作、秋聲起。　此夜三人對影，倚高寒、紅塵全洗。珠江滾滾，暗潮銷盡，十年

宋佚名《水閣納涼圖》，描繪士人園林幽居的閑雅情態。水榭前風荷簇擁，旁側柳蔭環繞，一派清涼幽靜的景象。主人憑幾而坐，正在觀景納涼，若有所思。上海博物館藏

心事。欲問青天，素娥卻似，霧迷三里。剩出山回望，燈明佛屋，有閑僧睡。

道光十二年壬辰（1832）九月十五夜，程恩澤、吳蘭修登廣州粵秀山看月，同賦《水龍吟》詞。十五年後的此夜，詞人又與友人登山遠眺月色，緬懷先師，不覺「怊悵」。詞的上片追思往事，抒寫對恩師已逝的傷痛；下片轉而抒寫屢試不第、鬱鬱於懷的情結和希冀超然出世的心態。全詞感慨深沉，意境幽峭。

笛聲吹上銀蟾，山河影裏秋無際。溶溶一色，樓臺著處，都成寒水。水氣浮煙，煙痕罥樹，蕩為空翠。正人聲斷盡，西風料峭，聽幾杵、疏鐘起。　難得乘槎客至，愛青山、露華如洗。荒臺古甃，再休重問，漢時遺事。黃鶴招來，碧雲無恙，夢圓千里。正潮平海闊，珠光隱隱，有驪龍睡。—— 吳蘭修《水龍吟・壬辰九月十五夜，同儀墨農陪程春海祭酒登越王山看月》，寫越秀山之夜，清幽絕塵。

水龍吟

［清］況周頤

己丑秋夜，賦角聲《蘇武慢》一闋，為半塘所擊賞。乙未四月，移寓校場五條胡同，地偏宵警，嗚嗚達曙，淒徹心脾。漫拈此解，頗不逮前作，而詞愈悲，亦天時人事為之也。

聲聲只在街南，夜深不管人憔悴。淒涼和並，更長漏短，彀人無寐。燈灺花殘，香消篆冷，悄然驚起。出簾櫳試望，半珪殘月，更堪在、煙林外。　愁入陣雲天末，費商音、無端淒戾。鬢絲搔短，壯懷空付，龍沙萬里。莫謾傷心，家山更在，杜鵑聲裏。有啼烏見我，空階獨立，下青衫淚。

這首詞作於甲午戰爭的第二年，即光緒二十一年（1895）。是年4月17日李鴻章與日本代表簽訂了喪權辱國的中日《馬關條約》，割讓臺灣、澎湖列島等。詞從夜深聞警寫起，寫到外界景物環境，觸物生悲，極其細致地刻畫了內心無邊的愁緒，將個人身世感懷與時局政事緊密結合，表現了詞人對祖國命運的高度關注。趙尊岳評云：「蓋未能忘情於敗績者也。」（《蕙風詞史》）

陳澧像

陳澧（1810—1882）字蘭甫，號東塾，學者稱東塾先生，番禺（今廣東廣州）人，道光十二年（1832）舉人，六應會試，不第。為廣州學海堂學長多年，晚年主講菊坡精舍。凡天文、地理、樂律、算術、書法、詩詞、古文，無不精究。有《憶江南館詞》一卷。詞風清朗粹雅，頗得風騷之旨，在晚清諸詞家中獨樹一幟。

況周頤像

況周頤（1859—1926）字夔笙，晚號蕙風詞隱，臨桂（今廣西桂林）人。光緒舉人，曾官內閣中書，後入張之洞、端方幕府。一生致力於詞，尤精於詞論，主性靈，與同鄉王鵬運共創臨桂詞派。有《蕙風詞》《蕙風詞話》。

愁入雲遙，寒禁霜重，紅燭淚深人倦。情高轉抑，思往難回，淒咽不成清變。風際斷時，迢遞天涯，但聞更點。枉教人回首，少年絲竹，玉容歌管。 憑作出、百緒淒涼，淒涼惟有，花冷月閑庭院。珠簾繡幕，可有人聽，聽也可曾腸斷。除卻塞鴻，遮莫城烏，替人驚慣。料南枝明月，應減紅香一半。—— 況周頤《蘇武慢．寒夜聞角》作於光緒十五年（1889），以詠角聲抒發自己的身世之慨和憂困之情。其中「憑作出、百緒淒涼，淒涼惟有，花冷月閑庭院。珠簾繡幕，可有人聽，聽也可曾腸斷」句，以頂真句法，抒憂愁綿邈，跌宕起伏，淒惻動人，是其最為得意之筆。此詞堪稱其代表作，得到同鄉詞人王鵬運的擊賞，王國維稱此詞「境似清真，集中他作，不能過之」（《人間詞話》）。

夔笙翁與幼遐翁（王鵬運）崛起天南，各樹旗鼓。半塘氣勢宏闊，籠罩一切，蔚為詞宗；蕙風則寄興淵微，沉思獨往，足稱巨匠。各有真價，固無庸為之軒輊也。—— 葉恭綽《廣篋中詞》卷二

水龍吟　秋蝶

［清］徐致章

可憐香夢蘧蘧，哪知身世從頭換。霜嚴雨冷，欲飛難起，銷魂庭院。也想尋芳，秋花都瘦，殘枝空戀。怕無情團扇，閨娃戲撲，斜陽冷、添幽怨。　漫說愁長歡短，記年時、花叢春滿。雙飛雙宿，風光旖旎，那禁遷變。一片青蕪，醉鄉何處，荒寒滿眼。只滕王妙跡，金迷紙醉，向圖中見。

詞人曾任清法部主事，入民國，憶及前朝往事，飄零失據之感時時縈繞心頭。這首詞表面是詠秋蝶，實是自寫幽懷，在今昔對比中寄寓着一種失國之悲，一腔身世滄桑之情緒，可見出詞人淒寒的心境。

蘧蘧，悠然自得的樣子。

徐致章（1848—1923）字煥琪，號拙廬，宜興宜城鎮人。光緒十四年（1888）舉人，曾任浙江瑞安縣知縣，民國九年（1920）十二月，與蔣兆蘭創立白雪詞社。有《拙廬詞草》四卷。

宋佚名《海棠秋蝶圖》，繪彩蝶伴隨風中海棠起舞，生動傳神，情趣盎然。故宮博物院藏

水龍吟

［清］王允晢

甲午十月，遼沈邊報日急，偶過琴南冷紅齋閑話，感時憶舊，同賦。

高齋不閉空寒，何人問取垂楊意。清霜未落，北風漸緊，叢叢芳翠。地冷無花，城空多雁，斜陽千里。只故人此際，蕭然語罷，將絲鬢、臨流水。　何限閑愁待寄，有繁華、舊時塵世。斜階擁葉，危亭欹樹，秋來如此。病後逢杯，夢中聽角，沉吟暗起。算十年心事，江湖醉約，倦鷗能記。

王允晢（1867—1929）字又點，號碧棲，福建福州市亭江鎮人。光緒十一年（1885）舉人。曾應奉天將軍依克唐阿之招，出塞參其幕府。晚官婺源（今屬江西）知縣。工詩詞，近代「同光體」閩派著名詩人，詩風清逸曲折，絕句尤為峻拔；詞風清婉蒼清，有《碧棲詞》。

光緒二十年（1894），中日甲午戰爭爆發，清政府節節敗退，日本侵略軍於十月初九陷金州，初十佔大連，二十五日佔旅順，遼沈告急。詞中表達了詞人對外患愈急、國勢日危的深切憂慮和無奈。全詞清空一氣，讀來意味深長，感人至深。陳聲聰（兼與）謂「詞自工，『地冷無花』三句，寫關外冬景，尤為絕唱」（《閩詞談屑》）。

詞林逸事

蘇軾因烏臺詩案貶謫黃州後，仍有不少友朋與他書信往來，詩文酬唱，給他不少精神上的慰藉。元豐四年（1081）暮春柳花飄飛時節，正在提點湖北刑獄任上的友人章楶就來信囑咐他「慎靜以處憂患」，並將所作的《水龍吟・楊花》抄寄給他：

燕忙鶯懶芳殘，正堤上、楊花飄墜。輕飛亂舞，點畫青林，全無才思。閑趁遊絲，靜臨深院，日長門閉。傍珠簾散漫，垂垂欲下，依前被、風扶起。　蘭帳玉人睡覺，怪春衣、雪沾瓊綴。繡牀漸滿，香球無數，才圓卻碎。時見蜂兒，仰粘輕粉，魚吞池水。望章臺路杳，金鞍遊蕩，有盈盈淚。

這首詞以細膩的筆觸，寫出了楊花秀逸的風姿和「闖入」幽閨少婦之眼、激起其內心漣漪的狀態，真可謂情神畫出，「曲盡楊花妙處」。難怪蘇軾一讀讚為絕妙，幾乎擱筆不敢賡和，但想着幾位朋友「閉門愁斷」，還是次韻了一首寄去：

《唐宋諸賢絕妙詞選》（章楶《水龍吟》）書影

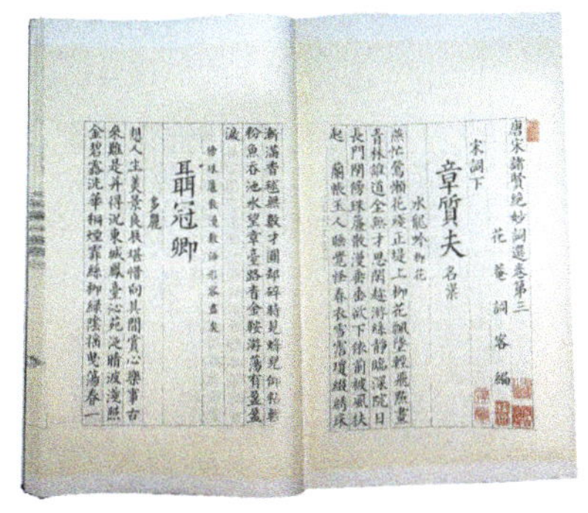
唐宋諸賢絕妙詞選卷第三
花菴詞客編
宋詞下
章質夫 名楶
水龍吟 柳花
燕忙鶯懶花殘正堤上柳花飄墜輕飛點畫青林誰道全無才思閑趁遊絲靜臨深院日長門閉傍珠簾散漫垂垂欲下依前被風扶起　蘭帳玉人睡覺怪春衣雪霑瓊綴繡床漸滿香毬無數才圓卻碎時見蜂兒仰粘輕粉魚吞池水望章臺路杳金鞍遊蕩有盈盈淚
聶冠卿
多麗
想人生美景良辰堪惜向其間賞心樂事古來難是并得況東城鳳臺沁苑泛晴波淺照金碧露洗華桐煙霏絲柳綠陰搖曳蕩春一

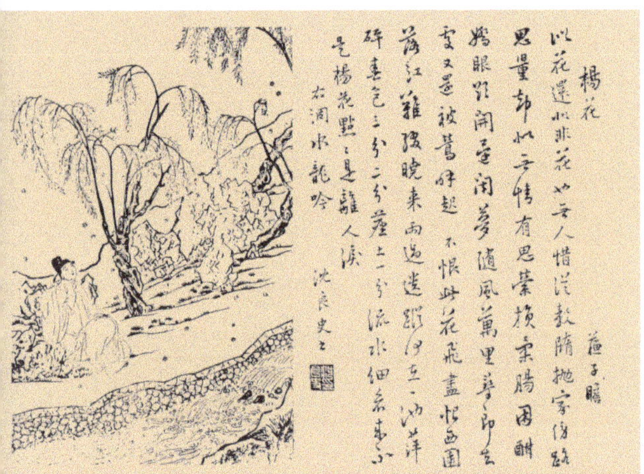

蘇軾《水龍吟》(《詩餘畫譜》)

似花還似非花，也無人惜從教墜。拋家傍路，思量卻是，無情有思。縈損柔腸，困酣嬌眼，欲開還閉。夢隨風萬里，尋郎去處，又還被、鶯呼起。　不恨此花飛盡，恨西園、落紅難綴。曉來雨過，遺蹤何在。一池萍碎。春色三分，二分塵土，一分流水。細看來，不是楊花，點點是、離人淚。——《水龍吟·次韻章質夫楊花詞》

和作別開生面，以神來之筆，由飄墜的楊花而及思婦，化「無情」之花為「有思」之人，既攝楊花之神，又表思婦之魂，人、物兩忘，亦物亦人，幽怨纏綿而又空靈飛動地抒寫了坎坷流離的身世之感。宋張炎謂「東坡次章質夫楊花《水龍吟》韻，機鋒相摩，起句便合讓東坡出一頭地。後片愈出愈奇，真是壓倒古今」(《詞源》卷下)；明沈際飛更說「讀他文字，精靈尚在文字裏面，坡老只見精靈，不見文字」(《草堂詩餘正集》卷五)，足見千百年來這一詞中妙品為人們反覆吟誦、玩味的藝術魅力。

在這兩首「絕唱」之後，次韻者不絕，宋李綱、劉鎮，明宋濂、趙南星、錢繼章，清女詞人薛凝波，近代王國維均有和韻，其中劉鎮《水龍吟·丙戌（理宗寶慶二年，1226）清明和章質夫韻》從清明着筆，力寫暮春時節的離情春恨，在秀美中自有一種幽怨的情調，頗為「情思宛妙」：

弄晴臺館收煙候，時有燕泥香墜。宿酲未解，單衣初試，騰騰春思。前度桃花，去年人面，重門深閉。記彩鸞別後，青驄歸去，長亭路、芳塵起。　十二屏山遍倚，任蒼苔、點紅如綴。黃昏人靜，暖香吹月，一簾花碎。芳意婆娑，綠陰風雨，畫橋煙水。笑多情司馬，留春無計，濕青衫淚。

趙南星的《水龍吟·楊花，用章質甫韻》描繪楊花從飛舞到墜地，又被低飛的燕子扶起，再說到它沾衣、撲鬢，像晴雪堆滿石階，亦可謂細膩入神，妙入毫端；至於把楊花的飄零和思婦的念遠

無災無難到公卿(蘇軾《洗兒詩》句) 清黃士陵

綰合，見出其構思精巧，極盡委婉纏綿：

春閨忒恁愁人，已看盡落紅翻墜。楊花更慘，連空映日，撩人情思。飛過高城，尋來小院，從教門閉。偶蘋風乍定，商量暫住，低飛燕、還扶起。　何處疑花亂玉，幾曾堪、髻簪衣綴。蘭閨人倦，多愁牽夢，難成易碎。小玉聲喧，晴天雪下，香階無水。憶遼西何處，神魂盪漾，暗拋紅淚。

而清代女詞人薛凝波的《水龍吟·詠楊花，和蘇東坡韻》則別出機杼，更為奇崛，有「語不驚人死不休」之氣概：

因何不見花開，紛紛只見花飛墜。臨桃色減，擬梅香遜，渾無佳思。羅幌粘時，瓊樓著處，幾人深閉。想東君不為，繁華妝點，多只為、愁人起。　遙憶霸陵橋上，折長條、繡鞍難綴。都來幾日，韶光催迸，共人心碎。更學遊人，隨風化作，斷萍流水。看一年一度春殘，敢則是、天揮淚。

參讀

某啟。承喻慎靜以處憂患。非心愛我之深，何以及此。謹置之座右也。《柳花》詞妙絕，使來者何以措詞。本不敢繼作，又思公正柳花飛時出巡按，坐想四子，閉門愁斷，故寫其意，次韻一首寄去，亦告不以示人也。《七夕》詞亦錄呈。——《蘇軾文集》卷五十五《與章質夫三首》其一

有悵寒潮，無情殘照，正是蕭蕭南浦。更吹起、霜條孤影，還記得、舊時飛絮。況晚來、煙浪斜陽，見行客、特地瘦腰如舞。總一種淒涼，十分憔悴，尚有燕臺佳句。　春日釀成秋日雨。念疇昔風流，暗傷如許。縱饒有、繞堤畫舸，冷落盡、水雲猶故。憶從前、一點東風，幾隔著重簾，眉兒愁苦。待約個梅魂，黃昏月淡，與伊深憐低語。——明柳如是《金明池．詠寒柳》為離開陳子龍以後感懷身世之作，處處寫柳卻實是處處寫自己，柳與己的疊合，如羚羊掛角，無跡可求，達到水乳交融的「不隔」之境。而詞間透出的自尊、獨立、平等的人格要求使詞格得以提升，真可與蘇軾之《水龍吟》比肩。

柳如是絕筆，冒巢民命蔡含補成之《雪山探梅圖》

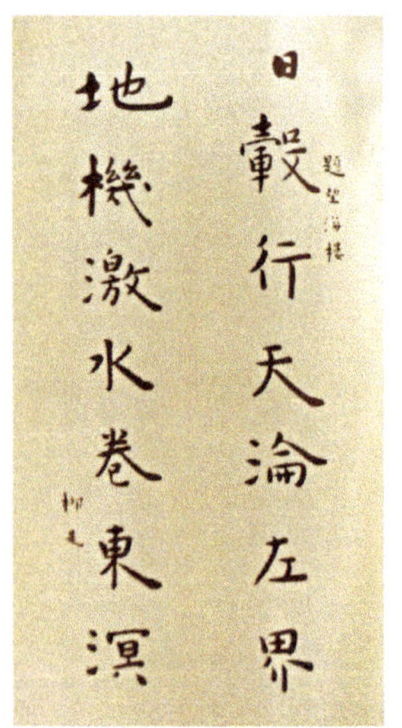

柳如是題望海樓聯

倚聲依譜

《水龍吟》得名於唐李白詩句「笛奏龍吟水」。又名《龍吟曲》《莊椿歲》《小樓連苑》。《清真集》入「越調」。各家格式出入頗多，茲以歷來傳誦蘇軾、辛棄疾兩家之作為准。一百零二字，前後片各四仄韻。此調氣勢雄渾，宜用以抒寫淒壯鬱勃的情思。

定格

仄平中仄平平，中平中仄平平**仄**。
中平仄仄，中平中仄，中平中**仄**。
中仄平平，中平中仄，中平平**仄**。
仄中平中仄，中平中仄，中平仄、平平**仄**。

中仄中平中仄，仄平平、中平平**仄**。
中平中仄，中平平仄，中平平**仄**。
中仄平平，中平中仄，中平平**仄**。
仄平平仄仄，中平中仄，**仄**平平**仄**。

開端有用上七、下六句式者，作為變格。

變格

中平平仄平平仄，中仄中平平**仄**。
中平仄仄，中平中仄，中平中**仄**。
中仄平平，中平中仄，中平平**仄**。
仄中平中仄，中平中仄，中平仄、平平**仄**。

中仄中平中仄，仄平平、中平平**仄**。
中平中仄，中平平仄，中平平**仄**。
中仄平平，中平中仄，中平平**仄**。
仄平平仄仄，中平中仄，**仄**平平**仄**。

《詞譜》（《水龍吟》）

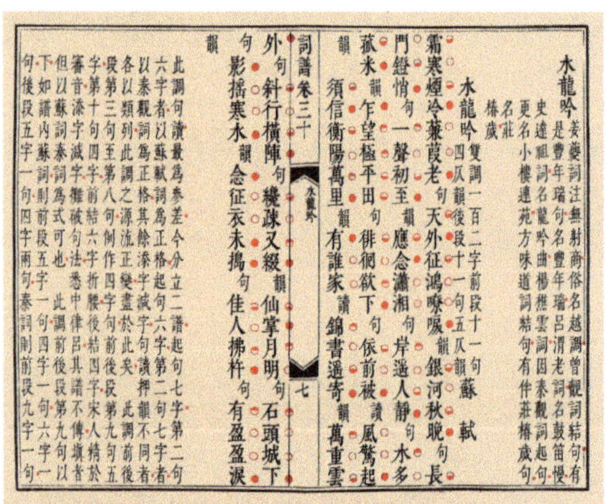

水龍吟
姜夔詞注無射商俗名越調曾覿詞結句有是豐年瑞句名豐年瑞呂渭老詞名鼓笛慢史達祖詞名龍吟曲楊樵雲詞因秦觀詞起句更名小樓連苑方味道詞結句有仵莊椿歲句名莊椿歲

水龍吟　雙調一百二字前段十一句四仄韻後段十一句五仄韻　蘇軾

霜寒煙冷蒹葭老句天外征鴻嘹唳韻銀河秋晚句長門燈悄句一聲初至韻應念瀟湘句岸遙人靜句水多菰米韻乍望極平田句徘徊欲下句依前被讀風驚起韻
須信衡陽萬里韻有誰家讀錦書遙寄韻萬重雲外句斜行橫陣句纔疎又綴韻仙掌月明句石頭城下句影搖寒水韻念征衣未搗句佳人拂杵句有盈盈淚韻

詞譜卷三十　水龍吟　七

此調句讀最為參差今分立二譜起句七字第二句六字者以蘇軾詞為正格起句六字第二句七字者以秦觀詞為正格其餘添字減字句讀押韻不同者各以類列此調之源流正變盡於此矣此調前後段第三句至第八句例作四字句前後段第九句五字第十句四字前結六字折腰後結四字宋人精於審音添字減字攤破句法悉中律呂其譜不傳填者但以蘇詞秦詞為式可也此調前後段第九句以下如譜內蘇詞則前段五字一句四字一句六字一句後段五字一句四字兩句秦詞則前段九字一句

唐多令

欲買桂花同載酒，終不似、少年遊

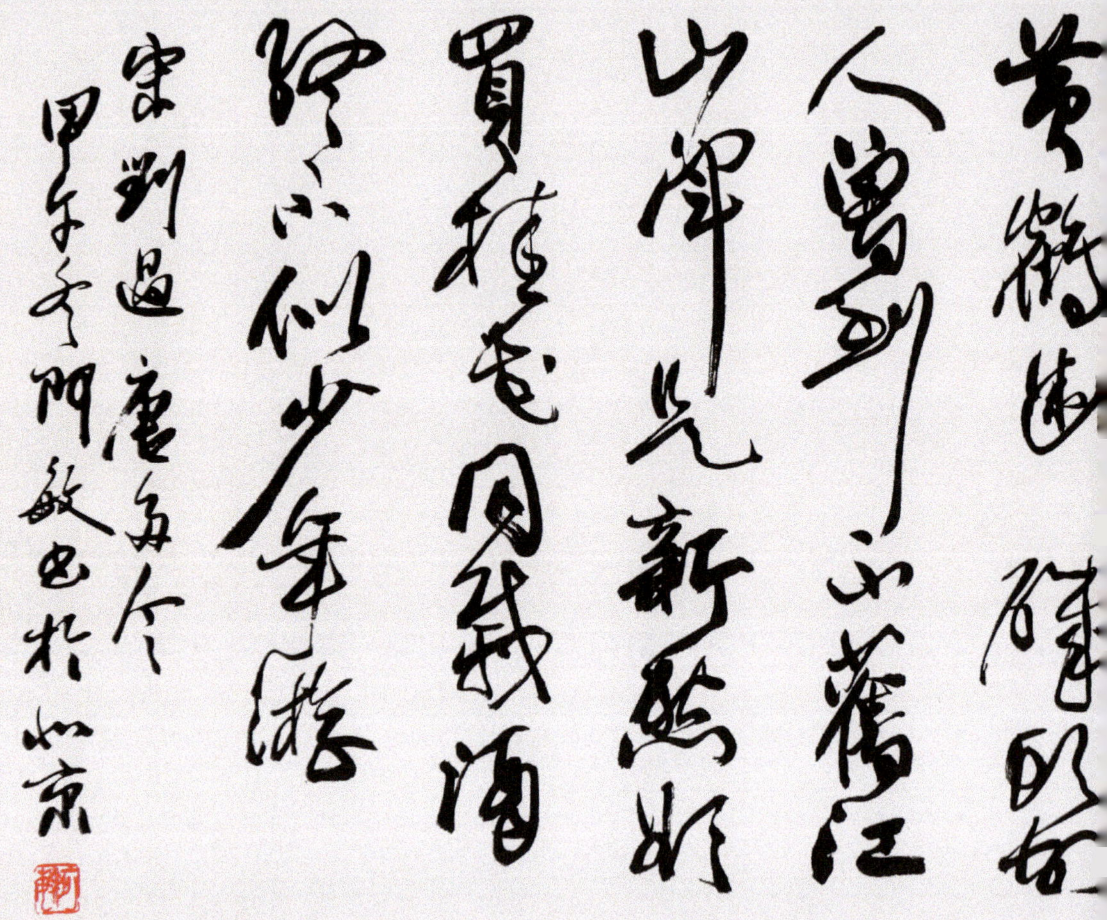

華音流韻

唐多令

[南宋] 劉過

安遠樓小集[①]，侑觴歌板之姬黃其姓者[②]，乞詞於龍洲道人，為賦此《唐多令》。同柳阜之、劉去非、石民瞻、周嘉仲、陳孟參、孟容，時八月五日也。

蘆葉滿汀洲，寒沙帶淺流。二十年、重過南樓。柳下繫舟猶未穩，能幾日、又中秋。　黃鶴斷磯頭[③]，故人曾到不[④]。舊江山、渾是新愁[⑤]。欲買桂花同載酒，終不似、少年遊。

[註釋]

①安遠樓，在湖北武昌黃鶴山（今蛇山）上，又名南樓、白雲樓、瑰月樓、楚觀樓。建於南宋淳熙十三年（1186）。姜夔曾自度《翠樓吟》詞紀之。現樓係 1985 年重建，位於黃鶴樓東南 185 米處。小集，小宴。

②侑觴，勸酒。歌板，執板奏歌。

③黃鶴磯，武昌西有黃鶴磯，上有黃鶴樓。

④不，平聲，即否，讀作「浮」。

⑤渾是，全是。

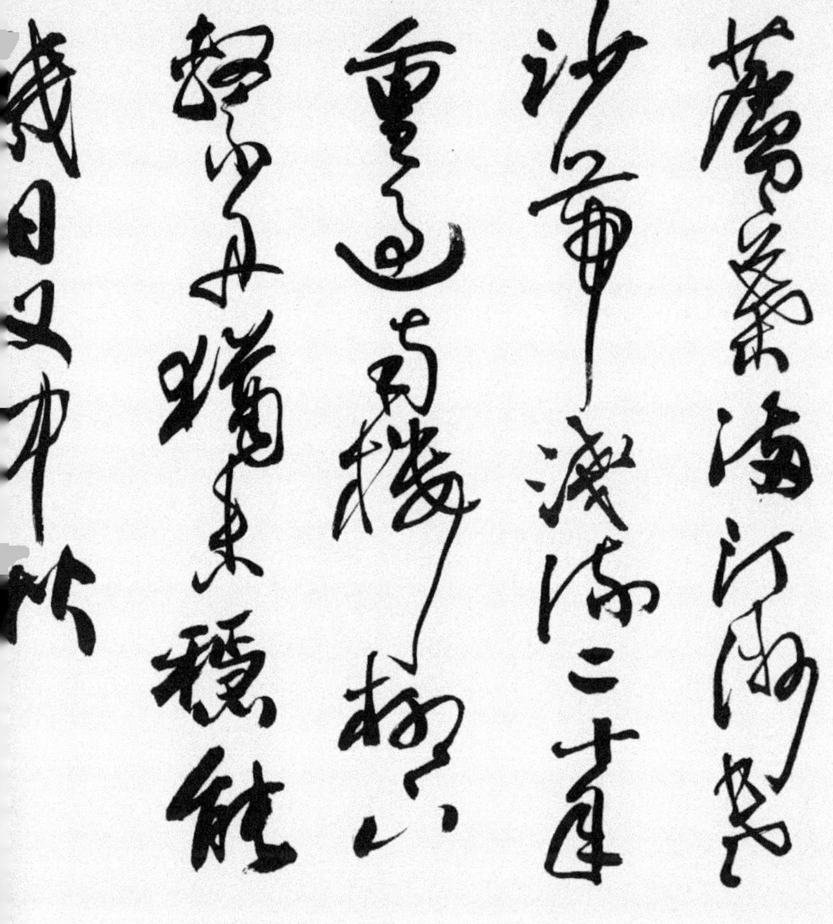

高惠敏書《唐多令》

臨風賞讀

這首詞是和友人在安遠樓聚會時席上所賦，一本題作「重過武昌」。詞人初臨南樓算來已是二十年前了，二十年來，詞人抱着「算整頓乾坤終有時」(《沁園春》)的壯志和信心，屢試不第仍然多次上書直陳恢復方略，並親至抗金前線重鎮襄陽，往來於武昌與襄陽之間，希圖以身許國。然而，這一切努力終歸是虛幻泡影。二十年後故地重經，已是垂垂老矣，依然一襲布衣，飄零湖海，而國事日非，危機四伏，怎不令人觸目生哀、淒然以悲呢？詞人遂將個人身世不遇、交遊零落以及家國興亡的種種感慨譜成這一闋深婉而悲愴的「奏鳴曲」。

詞的上片起首以簡潔的筆致勾勒出登臨安遠樓縱目遠眺所見殘蘆滿目、流沙生寒的蕭瑟秋景，給全詞着上一層淒黯的底色。「二十年」一句有無限今昔之感，摻入了無數難以言傳的人生況味！「柳下」三句，意謂乘船來到武昌，繫船岸邊柳下，停泊還沒有多久，過幾天，又是中秋節了。用「猶」「能」「又」三個虛字使詞意迭宕，其中「又」字更寫盡了詞人對時序催人的憂心、烈士暮年的悲感和漂泊四方的無奈。

下片寫登樓宴集時的所憶、所感。「黃鶴」二句以揣度的口吻提起，無限深情地惦念故人是不是重遊過舊地，如此過片，一面使詞銜接自然、起承緊湊，一面使詞的抒情色彩更為濃厚。「舊江山、渾是新愁」一句是全詞的主旨所在。時下不僅恢復無望，而且國變日亟，舊日的江山籠罩着戰爭的陰影，重過武昌這「與敵分爭之地」，怎麼不教人悲從中來，平添無盡新愁？末尾以前後不同的遊興作結，二十年前與故人在這裏遊宴，興致勃勃；今天縱然想買點桂花載酒同遊，可惜的是，少年時那種遊賞的豪情已經不再。結拍這三句真切而又含蓄地抒發了家國之感，既沉鬱又渾成，沉哀無極。

宋佚名《江天樓閣圖》。陡立的石磯峭岸上，一樓淩空，懸崖旁松樹虬枝斜出，石下有大船、小舟各一。樓中人物正舉目眺望，但見遠山綿延起伏，水天蒼茫，曠然不知際涯。南京博物院藏

這首詞將國運身世打並一處，道出了末世動盪中愛國志士的憂國情懷與對個人年華老大功業未就的悵恨，讀來宛如有卷地的悲風起於紙上，有問天的悲憤溢於行間，富有強烈的藝術感染力。劉過詞深得稼軒的神髓，多為豪放恣肆、淋漓痛快之作，而此首卻情調淒愴，於豪邁中頗顯清俊，於含蓄中有深致，韻協音調，輕圓柔脆，別具一格，被稱為小令中之工品。

此詞一出，即廣為傳唱，和者如林。南宋末劉辰翁「丙子中秋前聞歌此詞」，就用原韻追和七首之多。而周密因其有「重過南樓」之語，將詞調更名曰《南樓令》。直到元代，「楚中至今歌者競唱之」（《詞苑叢談》卷三）。

古今彙評

李攀龍：因黃鶴樓再遊而追憶故人不在，遂舉目有江山之感，詞意何等淒愴！又曰：繫舟未穩，舊江山都是新愁，讀之下淚。（《新刻李于鱗先生批評註釋草堂詩餘雋》卷四）

沈際飛：情暢語俊，韻協音調。（《草堂詩餘正集》卷二）

先著、程洪：與陳去非「杏花疏影裏，吹笛到天明」並數百年絕作，使人不復敢以《花間》眉目限之。（《詞潔》卷二）

黃　蘇：按宋當南渡，武昌係與敵分爭之地，重過能無今昔之感！詞旨清越，亦見含蓄不盡之致。（《蓼園詞選》）

李　佳：輕圓柔脆，小令中工品。（《左庵詞話》卷上）

陳廷焯：詞意淒感而句調渾成，似此亦幾升稼軒之堂矣。（《詞則輯評．放歌集》卷二》）

譚　獻：雅音。（《譚評詞辨》）

俞陛雲：勝地重經，舊情易感，況二十年之久，故友凋零，新愁重疊，人何以堪！結句感喟尤深，章良能所謂舊遊可尋，而少年心難覓也。（《唐五代兩宋詞選釋》）

唐圭璋：此首安遠樓小集詞，詞旨豪逸。起兩句點景，「二十年」一句點時，已極顯今昔之感。「柳下」三句，更申言時光之速。「猶未」與「又」字呼應，尤覺宛轉。下片，追憶故人不在，「舊江山、渾是新愁」，綴語亦俊。「欲買」兩句，直抒胸臆，跌宕昭彰。馮夢華謂龍洲學稼軒，「得其豪放，未得其宛轉」。然若此首，固豪放宛轉，兼得稼軒之神者。（《唐宋詞簡釋》）

如此江山　鄧散木

明月滿滄洲，長江一意流。更何人、橫笛危樓。天地不知興廢事，三十萬、八千秋。　落葉女牆頭，銅駝無恙不。看青山、白骨堆愁。除卻月宮花樹下，塵坱莽、欲何遊。——劉辰翁《糖多令．丙子中秋前，聞歌此詞者，即席借「蘆葉滿汀洲」韻》作於端宗景炎丙子（1276）。是年正月，臨安陷落，南宋亡，江南一帶慘遭蒙古鐵騎蹂躪。詞人目睹浩劫，難抑心頭苦恨。結拍語極沉痛。

新綠滿滄洲，孤帆帶遠流。更甚人、同倚南樓。一片傷心煙雨裏，猶記似、別時秋。　華髮漸蒙頭，相思如舊不。怪江山、不管離愁。二十年前曾載酒，都作了、夢中遊。—— 明末清初的愛國志士李天植，追和劉過的原韻寫了一首《糖多令》，以寄寓他的易代之悲，哀思婉約，詞意渾成。

杖（仗）酒祓清愁花銷英氣　唐醉石

淳熙丙午（1186）冬，武昌安遠樓成，與劉去非諸友落之，度曲見志。予去武昌十年，故人有泊舟鸚鵡洲者，聞小姬歌此詞，問之，頗能道其事，還吳為余言之；興懷昔遊，且傷今之離索也。

月冷龍沙，塵清虎落，今年漢酺初賜。新翻胡部曲，聽氈幕、元戎歌吹。層樓高峙。看檻曲縈紅，簷牙飛翠。人姝麗，粉香吹下，夜寒風細。　此地。宜有詞仙，擁素雲黃鶴，與君遊戲。玉梯凝望久，歎芳草、萋萋千里。天涯情味。仗酒祓清愁，花銷英氣。西山外，晚來還捲，一簾秋霽。—— 姜夔《翠樓吟》雖為慶賀安遠樓落成而作，力圖在「安遠」二字上做「文章」，描摹出壯麗繁華的喜慶場面；但此時北敵方強，而上下嬉恬、宴安鴆毒，「遠」何能「安」的憂懷盡在不言之中，讀來但覺淒婉悲壯，意味深厚。

詞人心史

劉過（1154—1206）字改之，號龍洲道人，吉州太和（今江西泰和）澄江鎮龍洲村人。與陸游、陳亮、辛棄疾等過往甚密。少懷志節，讀書論兵，好言古今治亂盛衰之變。面對南宋半壁江山，他曾以平民之身多次上書朝廷，力陳恢復大計，謂中原可一戰而取，終未見採納。他汲汲於功名，卻屢試不第，自稱是「四舉無成，十年不調，大宋神仙劉秀才」，只得落拓江湖，依人作客，潦倒終生。時常浩歌痛飲，借酒澆愁，被蘇紹叟稱為「人間酒戶詩流」。他一生足跡遍及大江南北，曾自南京溯長江而上，經採石、池州、九江、武昌，抵達抗金前線襄陽，意欲投筆從戎。其後，則在武昌與襄陽之間奔走。開禧元年（1205），年踰半百猶孑然一身的劉過沿長江東下，準備歸休故里。途經崑山時，投靠故友崑山令潘文友而留居於此，有「大姓某氏者愛之，女焉」（岳珂《桯史》卷二），一年後客死崑山。

劉過像

劉過「性疏豪好施」，「負不羈之才」，被人稱為「天下奇男子，平生以氣義撼當世」(《龍洲詞》跋引宋子虛語)。就是「世稱人豪」的陳亮、陸游、辛棄疾等輩,「皆折氣岸與之(劉過)交」(楊維楨語)。其中,他與辛棄疾交往尤深,宋元筆記中就有多段兩人交遊的逸事,被後世傳為佳話。

作為辛派豪放詞的代表之一,劉過蓄意學辛詞,詞風更相似,多寫得慷慨激越,氣勢豪壯,痛快淋漓,主要抒發對國事的痛切感慨和懷才不遇、報國無門的憤懣。較之辛詞,劉過詞更多一些潦倒、淪落的身世悲歌。他的詞中亦有俊逸纖秀、蘊藉含蓄之作。

劉過一生創作頗豐,但他「每有作,輒伸尺紙以為稿,筆法遒縱,隨好事者所拾,故無鈔集。詩章散漫人間,無從會萃」(劉澥《龍洲集序》),因而散佚較多,只留有《龍洲集》十四卷。存詞八十七首。

劉過墓在崑山亭林公園內馬鞍山東麓

清馮登府《滿江紅·崑山謁劉龍洲墓》:「斷碣山阿,歎故國、可憐天水。想魂銷紅拍,名驚青兕。蘆葉江寒風雨夜,金杯酒盡歌舞地。看狂來、氣岸轢辛陳,無餘子。　二頃業,何須計。千金散,渾閑事。且龕肩羊腎,高歌而已。大布衣能謀一戰,小朝廷竟容奇士。臥清風、埋鍤近梅花,君寧死。」

壯觀東南二百州,景於多處最多愁。江流千古英雄淚,山掩諸公富貴羞。北固懷人頻對酒,中原在望莫登樓。西風戰艦成何事,空送年年使客舟。—— 劉過的代表作《登多景樓》語言明白自然,不作修飾,一任感情的噴發,痛快淋漓地宣泄了對南宋朝廷苟安於一隅不圖恢復,使多少英雄豪傑壯志消磨的憤懣,曾被同時代的俞文豹評為「一空前作」。

品題

胸中九淵蛟龍蟠,筆底六月冰雹寒。有時大叫脫烏幘,不怕酒杯如海寬。(陸游《劍南詩稿》卷二十七)

合騎快馬健如龍,少年追逐曹景宗。弓弦霹靂餓鴟叫,鼻尖出火耳生風。安能規行復矩步,斂袂厭厭作新婦。黃金揮盡唯空囊,男兒虎變那能量。(《龍洲集》卷十五附陳亮《贈劉改之》)

家徒壁立,無擔石儲,此所謂生而窮者;塚蕪巖隈,荒草延蔓,此所謂死而窮者。先生何窮之至是哉!然橫用黃金,雄吞酒海,生雖窮而氣不窮;詩滿天下,身霸騷壇,死雖窮而名不窮。(《龍洲集》附呂大中《宋詩人劉君墓碑》)

劉改之詞,狂逸之中自饒俊致,雖沉着不及稼軒,足以自成一家。(劉熙載《藝概》卷四)

詞自唐歷五代以迄北宋之初,均以溫婉為宗。自東坡以歌行之筆為詞,盡變舊格;稼軒因之,益擴其範圍,充其才氣。於是溫婉之外,別成雄傑一派。雖曰

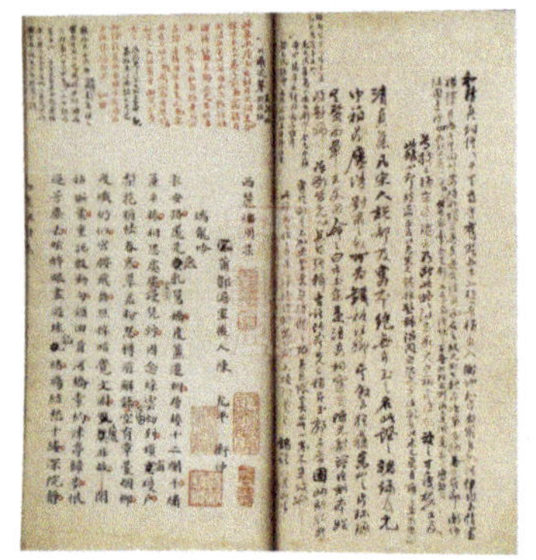
陳允平《西麓繼周集》書影

陳允平字君衡，號西麓，四明鄞縣（今浙江寧波）人。曾任餘姚令。宋亡後，徵至元大都，不受官，放還。晚年隱居四明日湖。精於審音，其詞平正和雅、清婉綿麗。詞集有《西麓繼周集》《日湖漁唱》二種。

變體，然兩派並稱，言詞者莫能廢也。特以作之難工，故數百年來，絕少嗣響。即當時攻此派者亦僅龍洲、後村等數家。後村詞多俚語，人亦晚節不終；龍洲則縱橫跌宕，浩氣盤屈，雖不能方駕蘇辛，而為之驂乘無愧色也。（馬興榮《龍洲詞校箋》附錄羅振常《蟫隱廬龍洲詞序》）

低吟 / 浩唱

唐多令

［南宋］吳文英

何處合成愁，離人心上秋。縱芭蕉、不雨也颼颼。都道晚涼天氣好，有明月、怕登樓。　年事夢中休，花空煙水流。燕辭歸、客尚淹留。垂柳不縈裙帶住，漫長是、繫行舟。

這是一首客中悲秋懷人之作。上片寫惜別驚秋之意，下片寫懷人盼歸之心。全詞字句不事雕琢，不用麗詞奧典，自然渾成，情感率真熱烈，在詞風以麗密深曲為主的夢窗詞中為少見的疏快之調。

唐多令　秋暮有感

［南宋］陳允平

休去採芙蓉，秋江煙水空。帶斜陽、一片征鴻。欲頓閑愁無頓處，都著在、兩眉峰。　心事寄題紅，畫橋流水東。斷腸人、無奈秋濃。回首層樓歸去懶，早新月、掛梧桐。

這首詞融情入景，即景寫心，以流暢、疏朗以及跌宕起伏的筆勢，細致入微地刻畫出秋暮時分思婦懷念遠人的情態和心理。結尾寫得尤為空靈透剔，意象鮮明，令人回味無窮。清陳廷焯稱讚此詞「疏快中情致綿邈」（《詞則輯評·別調集》卷二）。

唐多令

［南宋］鄧剡

雨過水明霞，潮回岸帶沙。葉聲寒、飛透窗紗。堪恨西風吹世換，更吹我、落天涯。　寂寞古豪華，烏衣日又斜。說興亡、燕入誰家。惟有南來無數雁，和明月、宿蘆花。

清余集《梧桐仕女圖》，繪寧靜而幽謐的小院，梧桐樹下，女子正倚案而坐，貌似挑燈而讀，卻凝神注目，另有所思。構圖十分淡雅

這首詞作於南宋亡國之年，即宋帝昺祥興二年（1279）的秋天。詞人在厓山兵敗後，投海殉國未遂，被元兵俘獲，以病滯留建康（今江蘇南京）。詞中通過寒葉、西風、烏衣巷、秋雁、明月、蘆花等，描繪古都金陵秋天的淒清景色，而深沉的興亡之感和亡國之慟寄寓景中。王闓運說：「亡國不死，仍有羈愁一語，寫盡黃梨洲、王船山一輩人。」（見《湘綺樓詞選》）詞的意境清麗幽冷，又淒厲峭拔，感情沉鬱，堪稱一曲南宋王朝的挽歌。

宋佚名《春郊問雁圖》，一士人持杖踽踽行走於湖邊逶迤的小徑上，僕人似是抱琴隨其後。近處湖水清淺，岸邊青草點點；遠處青山如黛，雁陣成行。美國克里夫蘭藝術博物館藏

疏雨洗天清，枕簟涼生。井桐一葉做秋聲。誰念客身輕似葉，千里飄零。　夢斷古臺城，月淡潮平。便須攜酒訪新亭。不見當時王謝宅，煙草青青。—— 鄧剡這首《浪淘沙》和《唐多令》蓋出於同時，從兩詞所抒發的懷古傷今的感慨、所描繪的景象和所創造的意境來看，都極為相似。

糖多令　登淮安倚天樓

［元］王奕

直上倚天樓，懷哉古楚州。黃河水、依舊東流。千古興亡多少事，分付與、白頭鷗。　祖逖與留侯，二公今在不。眉尖上、莫帶星愁。笑拍危闌歌短闋，翁醉矣，且歸休。

這首詞寫登樓抒感，慨歎興亡，緬懷前賢，寄託了山河破碎、難挽狂瀾的無可奈何之情。「莫帶星愁」，傳達出詞人在憂國的同時，更多的是無奈，只得故作灑脫來排遣苦悶。

王奕字伯敬，號斗山，玉山（今屬江西）人。約宋末前後在世。入元，特補玉山教諭，自號至元逸民。著有《斗山文集》十二卷，《梅品雜詠》七卷，並不傳。今存《東行斐稿》三卷。

南樓令

［明］謝應芳

老友劉景儀去秋以星術之書推測年命，謂今春當即世，乃預集葬具，且自為埋銘及賦詩自挽。既而失去行囊之資用，鬱鬱然康強無恙。

謝應芳（1296—1392）字子蘭，號龜巢老人，常州武進（今屬江蘇）人。隱居授徒，以詩酒自娛。其詞清曠詼諧。有《龜巢詞》。

宋佚名《花塢醉歸圖》，繪溪橋上一醉士騎於驢上，一童子托腋扶之，後隨一人，肩挑梅瓶、肴盒，一起向山間茅屋村店走來。茅屋旁杏花遍開。有詩云：「屋角東風吹柳絲，杏花開到最高枝。春來陌上多塵土，此老醉眠渾不知。」上海博物館藏

余故作此曲，戲而付之。

生死隔年期，劉伶老似癡。動教人、負鍤相隨。驚得青蚨飛去了，無酒飲，卻攢眉。　春暖典春衣，還堪醉似泥。趁清明、雨後遊嬉。楊柳池塘桃花塢，春水漫，夕陽遲。

這是一首透着書卷氣的雅謔幽默之作，讀來忍俊不禁：詞人老友劉景儀，無師自不通，自己給自己算命，要死在來年之春，於是把棺材都準備好了，甚至連墓志銘及挽詩都不勞他人動手。誰知冬去春來，仍活得好好的。活着，本來是件好事，只是他最後一次消費太慷慨，傾囊而出，結果落得買酒的錢都沒了。詞人便寫下這首詞戲謔他一番。詞的結尾化用唐嚴維《酬劉員外見寄》詩的名句「柳塘春水漫，花塢夕陽遲」，不僅顯得淵雅有風致，而且更重要的是，它那生機勃勃的氣象中還蘊含着一種積極的生命意識：老友，樂觀些，盡情享受生命、享受生活吧！

唐多令

［明］陳子龍

寒食，時聞先朝陵寢，有不忍言者。

碧草帶芳林，寒塘漲水深。五更風雨斷遙岑。雨下飛花花上淚，吹不去，兩難禁。　雙縷繡盤金，平沙油壁侵。宮人斜外柳陰陰。回首西陵松柏路，腸斷也，結同心。

這首詞作於順治四年丁亥（1647）春三月，關於「先朝陵寢」的荒涼破敗情況，當是聽自李雯所述。李氏葬父南歸，北還前訪陳子龍，「相向而泣」，泣談中必及前朝之事。詞中遙寄傳哀，充滿着感念故國的赤誠與熱烈，專執與堅守。「雨下飛花花上淚，吹不去，兩難禁」，可謂淒惻之至。而「回首西陵松柏路，腸斷也，結同心」，通心聲於地下，壯志氣於生者，讀來令人唏噓感慨，動魄驚心。

唐多令　感懷

［明］徐燦

玉笛擪清秋，紅蕉露未收。晚香殘、莫倚危樓。寒月多情憐遠客，長伴我、滯幽州。　小苑入邊愁，金戈滿舊遊。問五湖、那有扁舟。夢裏江聲和淚咽，頻灑向、故園流。

擪，用手指按。

朱孝臧為徐燦的《拙政園詩餘》題詞云：「雙飛翼，悔殺到瀛洲。詞是易安人道韞，可堪傷逝又工愁？腸斷塞垣秋。」（《彊村語業》卷三）

這首思鄉感懷詞當作於詞人之夫陳之遴在京為官、江南抗清烽煙未銷之時。丈夫降清，出處不慎，詞人隨夫留滯京師，無可奈何之感鬱積心頭。面對清秋寒月，詞人手執橫笛，吹出了一首飽含濃愁幽怨的思鄉曲。故國淪亡，家山阻隔，歸期渺渺，唯一還能帶來幾分慰藉的也就是歸夢了。末三句由秦觀《江城子》「便作春江都是淚，流不盡、許多愁」化出，但讀來仍令人「聲淚俱下，尺幅有千里之勢」（錢仲聯《清詞三百首》）。

唐多令　春暮半塘小泊

［清］陳維崧

水榭枕官河，朱欄倚粉娥。記早春、欄畔曾過。關著綠紗窗一扇，吹鈿笛、是伊麼。　無語注橫波，裙花信手搓。悵年光、一往蹉跎。賣了杏花挑了菜，春縱好、已無多。

這首情詞極為傳神地描繪了詞人與伊人春初與春暮兩次相遇、目接心契的情景，寫得情思幽渺，宛轉動人。

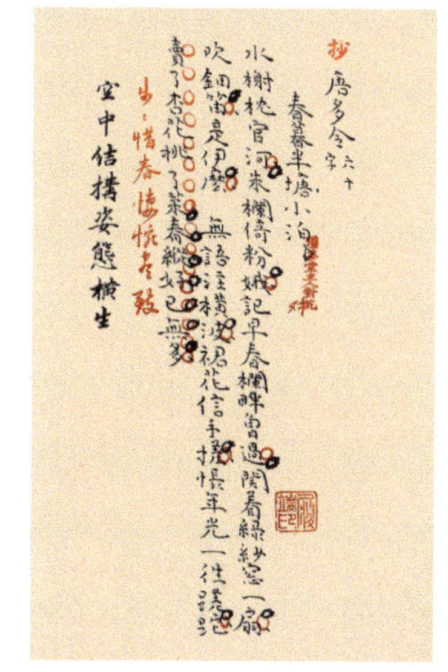
抄
唐多令 六十字
春暮半塘小泊
水榭枕官河朱欄倚粉娥記早春欄畔曾過閑着綠紗窗一扇
吹鈿笛是伊麼 無語注橫波裙花信手搓悵年光一往蹉跎
賣了杏花挑了菜春縱好已無多
空中結構姿態橫生

陳維崧《迦陵詞稿》(《唐多令》)書影

挑菜即挑菜節，古代農曆二月初二日，仕女出郊拾菜，士民遊觀其間，因得此稱。

南樓令

［清］朱彝尊

疏雨過輕塵，園莎結翠茵。惹紅襟、乳燕來頻。乍暖乍寒花事了，留不住、塞垣春。　歸夢苦難真，別離情更親。恨天涯、芳信無因。欲話去年今日事，能幾個、去年人。

詞人一生深愛着妻妹馮壽常（字靜志），這首詞即是為懷念她而作，寫得情意真摯。康熙三年（1664）詞人至雲中（今山西大同）投曹溶，次年二月曾與曹同出雁門關，這首詞或就寫於此時。

洪亮吉像

洪亮吉（1746—1809）字稚存，號北江，陽湖（今江蘇常州）人。乾隆進士，授翰林院編修，充國史館編纂官。後督貴州學政。嘉慶元年（1796）回京供職，以越職言事獲罪，充軍伊犁。五年赦還，從此家居撰述至終。精於史地和聲韻、訓詁之學。詩、文俱聞名於時，尤以駢文著稱。

唐多令

［清］洪亮吉

真氣本無前，豪情忽欲顛。一百番、沉醉酣眠。亂摘九天星與斗，權當作、酒家錢。　寥廓約頑仙，踏紅雲種田。待秋成、歲月三千。擬釣六鰲滄海去，雖不飽，且烹鮮。

這首詞以上天入地的神馳狂思之筆宣泄人世間的鬱悶與憤懣。詞雖作於飽經宦海風波和人世滄桑的晚年，但仍可見詞人狂逸之氣並未稍減。讀此詞，一個封建末世的狂狷放浪之士的形象呼之欲出，躍然紙上。全詞風格豪放奇崛，壯采飛騰，極具陽剛之美。

唐多令

［清］蔣春霖

楓老樹流丹，蘆花吹又殘。繫扁舟、同倚朱闌。還似少年歌舞地，聽落葉、憶長安。　哀角起重關，霜深楚水寒。背西風、歸雁聲酸。一片石頭城上月，渾怕照、舊江山。

詞人生當太平軍席捲南北、兵燹遍地之際，這首極寫由戰亂而引起的世事衰殘悲感和動盪時代內心深切的迷茫、失落和殷憂。詞的上下片將昔之盛時與今之衰時對照，將昔年之歌舞承平與如今江山變色對照，在時間和空間的展開上，筆力如椽，境界蒼涼、沉鬱，情調低徊、悲深。吳梅評此詞「精警雄秀，決非局促姜、張範圍者可能出此也」(《詞學通論》)。

古代男子出生後以桑木作弓，蓬草為矢，使射天地四方，寓志在四方之意。

燕昭王置千金於臺上，以延天下士，謂之黃金臺。

夏孫桐致龍榆生手箚

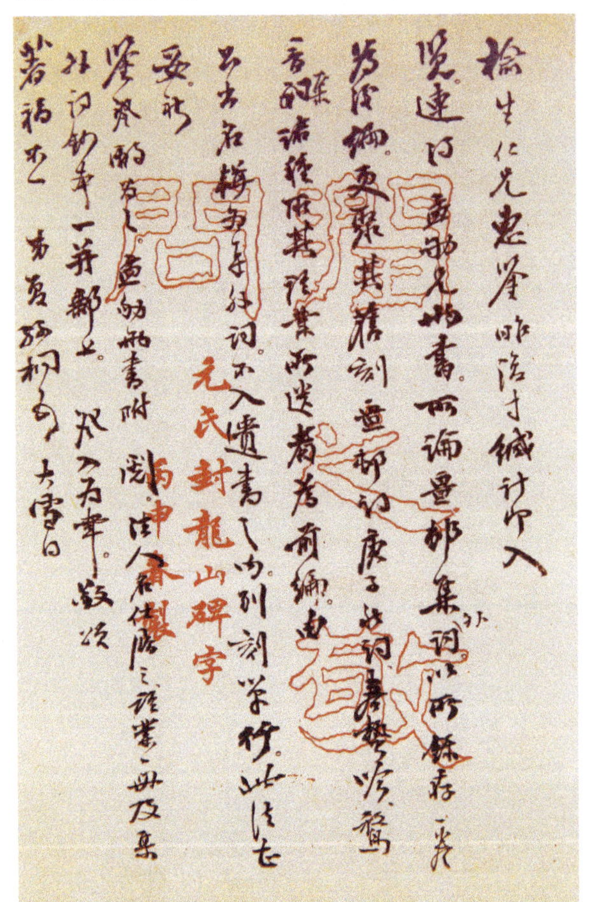
元氏封龍山碑字

唐多令　甲午生日感賦

［清］況周頤

已是百年期，韶華能幾時。攬青銅、謾惜鬚眉。試看江潭楊柳色，都不忍、更依依。　東望陣雲迷，邊城鼓角悲。我生初、弧矢何為。豪竹哀絲聊復爾，麈海闊，幾男兒。

光緒二十年甲午（1894）九月初一是詞人三十四歲生日。這年八月，日本侵略軍攻平壤，清援朝將領左寶貴戰死，葉志超狼狽逃歸。海軍提督丁汝昌率艦與日海軍遇於大東溝迤南海面，遭到慘敗。這首自壽詞惜時感世，憂時憂國之心、慷慨報國之情溢於言表，風格沉鬱悲涼。

南樓令　秋懷次韻

［清］夏孫桐

殘葉下寒階，秋風震旅懷。話尊罏、空自低迴。莽莽神州兵氣亙，聽不得、澤鴻哀。　夕照澹金臺，銷沉幾霸才。對霜天、尊酒悲來。叢菊漫淹詞客淚，偏多傍、戰場開。

這首詞寫秋日思歸。詞人身處清末風雨飄搖的時代，在旅途憂患不安。詞中寥寥數筆，將烽火連天、哀鴻遍野中旅客的哀時傷世之情勾勒出來。結句以「叢菊」和「戰場」聯在一起，以絢麗的黃花對應蕭瑟的戰場，反襯出戰爭的慘酷、國家的災難，具有強烈的感染力。

夏孫桐像

夏孫桐（1857—1941）字閏枝，晚號閏庵，江蘇江陰人。光緒十八年（1892）進士，授編修，歷任湖州、寧波、杭州知府。民國初入清史館。有《觀所尚齋文存》及《悔龕詞》。

詞林逸事

寧宗嘉泰三年（1203），辛棄疾任浙東安撫使兼紹興知府，邀約流寓杭州的劉過前去做客，劉過恰逢有事不能如期前往，便寫信一封，並作《沁園春》一首付與馳車來迎者，極委婉地訴説耽於西湖雨天之麗景而暫時滯留，待晴後造訪。詞寫得極為詼諧而風趣：

斗酒彘肩，風雨渡江，豈不快哉。被香山居士，約林和靖，與坡仙老，駕勒吾回。坡謂西湖，正如西子，濃抹淡妝臨鏡臺。二公者，皆掉頭不顧，只管銜杯。　白雲天竺去來，圖畫裏、崢嶸樓觀開。愛東西雙澗，縱橫水繞，兩峰南北，高下雲堆。逋曰不然，暗香浮動，爭似孤山先探梅。須晴去、訪稼軒未晚，且此徘徊。

全篇構思煞是奇特，在時空錯亂的荒誕處帶點幽默，劈空請出唐代白居易（香山居士）和北宋林逋（和靖）、蘇軾這三位年代不相及但都與杭州頗有淵源的先賢，來演一出勒轉他的車駕、不放他離杭的喜劇；又匠心獨運，化用他們詩中描繪杭州湖山美景風情的佳句，編排了一番相互爭辯首先應遊杭州何處的精彩對白，其間還點綴以「掉頭不顧，只管銜杯」的神情細節—— 如此鮮活靈動、妙趣盎然的譎幻描寫，有詞以來實不多見。

辛棄疾得此詞大為高興，特別邀請他去，留住賓館裏歡宴滿月，兩人酬唱不倦。「垂別，賙之千緡，曰：『以是求為田資。』改之歸，竟蕩於酒，不問也。」（岳珂《桯史》卷二）看來劉龍洲真的是個「酒戶詩流」。

這首詞詞筆諧謔而又豪放恣肆，學足了稼軒體，「下筆便逼真」，但又能自成一家風格，劉過自己也頗為自負。有一次，岳飛之孫岳珂邀劉過一起飲酒，席上談到這首詞，劉過掀動美髯，面有

江南西湖天下無　鄧爾雅

得色。岳珂立即揶揄他說：「詞句固佳，然恨無刀圭藥，療君白日見鬼症耳。」（岳珂《桯史》卷二）引得一座哄堂大笑。這首千古奇詞傳誦至今，看來「好作大言」的岳珂當時並沒有領會這首風格獨異、迥出常格的詞的妙處。

倚聲依譜

《唐多令》又名《糖多令》《南樓令》《箜篌曲》，雙調，六十字，上下片各四平韻。亦有前片第三句加一襯字者。此調為重頭曲，具有於流暢之中又略為停頓，疏快而不質實的特點。

定格

平仄仄平**平**，中平中仄**平**。
仄中平、中仄平**平**。
中仄中平平仄仄，中中仄、仄平**平**。

平仄仄平**平**，中平中仄**平**。
仄中平、中仄平**平**。
中仄中平平仄仄，中中仄、仄平**平**。

《詞譜》（《唐多令》）

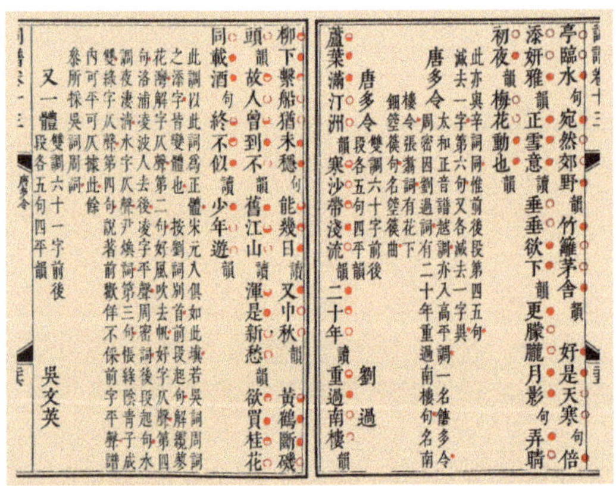

亭臨水句宛然郊野韻竹籬茅舍韻好是天寒句倍
添妍雅韻正雪意讀垂垂欲下韻更朦朧月影句弄晴
初夜韻梅花動也韻
此亦與辛詞同惟前後段第四五句
減去一字第六句又各減去一字異
唐多令 太和正音譜越調亦入高平調一名糖多令
周密因劉過詞有二十年重過南樓句名南
樓令張翥詞有花下
鈿箜篌句名箜篌曲
唐多令 雙調六十字前後段各五句四平韻 劉過
蘆葉滿汀洲韻寒沙帶淺流韻二十年讀重過南樓韻
柳下繫船猶未穩句能幾日讀又中秋韻黃鶴斷磯
頭韻故人曾到不韻舊江山讀渾是新愁韻欲買桂花
同載酒句終不似讀少年遊韻
此調以此詞為正體宋元人俱如此填若吳詞周詞
之添字皆變體也按劉詞別首前段起句解襯琴
花灣解字仄聲第二句好風吹去帆好字仄聲第四
句洛浦淒波人去後淒字平聲周密詞後段起句水
調夜淒清水字仄聲尹煥詞第三句悵綠陰青子成
雙綠字仄聲第四句說著前歡佯不保前字平聲譜
內可平可仄據此餘
參所採吳詞周詞
又一體 雙調六十一字前後段各五句四平韻 吳文英

小重山

舊遊無處不堪尋，無尋處、惟有少年心

曹寶麟書《小重山》

華音流韻

小重山

［南宋］章良能

柳暗花明春事深[①]。小闌紅芍藥[②]、已抽簪[③]。雨餘風軟碎鳴禽[④]。遲遲日，猶帶一分陰。　往事莫沉吟。身閑時序好、且登臨[⑤]。舊遊無處不堪尋，無尋處、惟有少年心。

［註釋］

①春事，春色、春意。

②小闌，矮小的欄干。

③簪，此處用以比喻花蕾。

④雨餘，雨後。碎鳴禽，唐杜荀鶴詩有「風暖鳥聲碎，日高花影重」句。

⑤時序，時節，節令。

臨風賞讀

這首詞以和婉輕靈的筆調抒寫詞人在春深雨後趁時登臨尋舊的逸興及感喟。

上片描寫暮春景色的嫵媚可人。起句點明時序。柳暗花明，已是暮春季節。一番春雨之後，小花圃中淨植的紅芍藥抽出了尖尖的花蕾，宛若一支支玉簪。惠風輕輕軟軟的，吹拂着大地，百鳥爭鳴，啁啁啾啾，顯得格外歡快愜意。太陽則是懶洋洋的，時不時地躲進薄薄的春雲裏。這樣，春風之和軟、融暢，鳥鳴之細碎、綿密，春日之遲遲，總合成一幅生機蓬勃的春之畫卷。

換頭以破常之筆宕開。詞人要重遊舊地，對往事必將有一番沉吟，但這裏以「莫沉吟」陡然煞住，努力將對往事的糾結乃至惆悵撇開，用「身閑時序好」勸勉自己不如登臨遊賞，一快胸襟。登臨之際，往日的蹤跡，又一一能尋訪得見，但往昔在此地遊賞所懷有的那一顆意氣飛揚的少年心，再也尋找不到了。時序雖好，此身雖閑，景物也依稀如故，但年華已去，人已老大，永遠也回不到過去，找不回少年情懷，這是多麼令人鬱塞、悵惘！詞就這樣宕開復又繞回，紆徐起伏，耐人尋味。

全詞對景遣懷，語意婉約，韻味深長。

古今彙評

陳　霆：語意甚婉約，但鳴禽曰碎，於理不通，殊為語病。唐人句云：「風暖鳥聲碎。」然則何不曰「暖風嬌語碎鳴音」也。（《渚山堂詞話》卷三）

唐圭璋：此首上景下情，作法明晰，意致清婉。起言春深花發，次言雨後鳥鳴。「風軟碎鳴禽」，用杜荀鶴「風暖鳥聲碎」詩。換頭，抒及時行樂之意。「舊遊」兩句，以轉筆作收，倍覺沉痛。（《唐宋詞簡釋》）

惠淇源：這首詠春小詞，語言清淺，喻意較深。……全詞和婉工麗，曲折含蓄，優美動人。（《婉約詞》）

宋劉松年《四景山水圖卷》，分春、夏、秋、冬四景，描繪幽居於臨安西湖一帶山湖樓閣中的士大夫閑逸的生活。此幅為春景，畫主人踏春歸來。堤邊屋外已柳綠桃紅，遠山下雲霧迷濛，雜樹小草生機勃勃，春意盎然。堤頭兩侍者牽馬攜盒向小橋走近，階下童僕忙於清理擔具，似是隨從主人倦遊歸來。筆墨蒼逸勁健，行筆設色嚴謹而注重法度，畫中人物雖小而形神完備。故宮博物院藏

明吳偉《琵琶美人圖》，繪一位手抱琵琶的女子，側面低首，神情幽怨哀愁。右上孫一元題詩中有「寂寥空抱長門怨」句。印第安納波利斯藝術博物館藏

詞人心史

章良能（？—1214）字達之，處州麗水（今屬浙江）人，居吳興（今浙江湖州），周密之外祖父。少好雅潔，襟抱脫俗，性滑稽。淳熙五年（1178）進士。慶元六年（1200）自樞密院編修官遷著作佐郎。嘉泰四年（1204）以朝散郎知泉州，至開禧元年（1205）除江西運判。開禧二年（1206），以太常少卿兼權直學士院，累遷權兵部侍郎兼權中書舍人、禮部侍郎兼侍講、御史中丞。嘉定二年（1209），同知樞密院事。六年四月，自同知樞密院事除參知政事。工詞章，有《嘉林集》百卷，不傳。周密云：「外大父文莊章公……間作小詞，極有思致。」（《齊東野語》卷十五）詞僅存一首。

低吟／浩唱

小重山

［五代］薛昭蘊

春到長門春草青。玉階華露滴，月朧明。東風吹斷紫簫聲。宮漏促，簾外曉啼鶯。　愁極夢難成。紅妝流宿淚，不勝情。手挼裙帶繞階行。思君切，羅幌暗塵生。

這首詞寫宮女春怨。上片通過視覺、聽覺形象的描寫，渲染失寵宮人的淒涼處境。下片由景及人，描摹她內心深處充滿着急切的思念。結末一句含蓄地表現宮女遭到拋棄的悲苦命運，流露出失落悵惘之意。

小重山

［五代．後晉］和凝

春入神京萬木芳。禁林鶯語滑，蝶飛狂。曉花擎露妒啼妝。紅日永，風和百花香。　煙鎖柳絲長。御溝澄碧水，轉池塘。時時微雨洗風光。天衢遠，到處引笙簧。

詞人當後晉全盛之時，身居相位。這首詞為詞人頌美時政之作，描寫春日京城的承平氣象。京城裏的一草一木、一鶯一蝶，在詞人的眼神裏無不帶強烈的歡快色彩。全詞妙聲豔色，境界明朗，正如楊慎所評：「藻麗，有富貴氣。」（楊慎評點本《草堂詩餘》卷二）

小重山

[北宋] 僧祖可

誰向江頭遺恨濃。碧波流不斷，楚山重。柳煙和雨隔疏鐘。黄昏後，羅幕更朦朧。　桃李小園空。阿誰猶笑語，拾殘紅。珠簾捲盡夜來風。人不見，春在綠蕪中。

這首詞通篇描寫暮春景色，隱隱吐露惜春之意。全詞清麗雋雅，結句頗得含蓄蘊藉之妙。

僧祖可字正平，丹陽（今屬江蘇）人，蘇伯固之子。約宋徽宗崇寧初前後在世。氣骨高邁，住廬山，被惡疾，人號「癩可」。工詩，自然清新；長短句尤佳。有《東溪集》《瀑泉集》。

小重山

[北宋] 賀鑄

花院深疑無路通。碧紗窗影下，玉芙蓉。當時偏恨五更鐘。分攜處，斜月小簾櫳。　楚夢冷沉蹤。一雙金縷枕，半牀空。畫橋臨水鳳城東。樓前柳，憔悴幾秋風。

這首詞抒寫情侶離別相思的情懷。上片寫夢中相會，下片寫夢回淒涼。結拍以樓前楊柳幾度秋風、幾度凋零來暗示女方的失望和憔悴，由己推人，代人念己，語彌淡而情彌深。

天與多情不自由（賀鑄《喚春愁》句） 王福庵

小重山　吳松浮天閣送別

[北宋] 蔡伸

樓外江山展翠屏。沉沉虹影畔，彩舟橫。一尊別酒為君傾。留不住，風色太無情。　斜日半山明。畫欄重倚處，獨銷凝。片帆回首在青冥。人不見，千里暮雲平。

這首詞為江邊送別友人之作，詞中從別前、別時寫到別後，情景交融，筆調輕快，抒別情而不感傷，別具一格。

明唐寅《垂虹別意圖》(局部)。人物在吳江垂虹橋畔舟中敍談，樹和遠山濃淡相稱，逸筆入妙。美國大都會藝術博物館藏

何大圭字晉之，廣德（今屬安徽）人。政和進士及第，歷任太學錄、祕書省正字、祕書省著作郎。晚年居福州。

沈晦（1084—1149）字元用，號胥山，錢塘（今浙江杭州）人。與弟沈遼、叔沈括時稱「三沈」。宣和六年（1124）廷對第一。歷知舒州、建康府。高宗朝，進徽猷閣直學士，出守衢州。

琅玕，竹。

芰荷，菱角和荷花。菱角，兩角者為菱，四角者為芰。

斜，一作「長」。

蔣子雲字元龍。生平不詳。工詩詞。

蔣子雲此詞《全宋詞》謂作者為沈蔚。

小重山

［北宋］何大圭

綠樹鶯啼春正濃。釵頭青杏小，綠成叢。玉船風動酒鱗紅。歌聲咽，相見幾時重。　車馬去匆匆。路隨芳草遠，恨無窮。相思只在夢魂中。今宵月，偏照小樓東。

這首詞抒發傷離惜別之情。上片寫暮春送別，以一派鬱鬱春景襯托淒淒離情；下片寫別後無窮的相思憾恨。全詞思致綿綿，詞清韻遠。明楊慎《詞品》卷一引臨邛高恥庵云：「『玉船風動酒鱗紅』之句，譬如雲錦月鈎，造化之巧，非人琢也。此等句在天地間有限。」清況周頤則獨賞「車馬去匆匆，路隨芳草遠」十字，認為「其淡入情，其麗在神」（《蕙風詞話》卷二）。

小重山

［北宋］沈晦

湖上秋來蓮蕩空。年華都付與，木芙蓉。採菱舟子兩相逢。雙媚靨，一笑與誰儂。　斜日落溟濛。鴛鴦飛起處，水無蹤。望湖樓上兩三峰。人不見，林外數聲鐘。

這首詞為西湖秋日傍晚即景。畫面生動，人物若隱若現，空靈蘊藉，讀來引人遐思。

小重山　初夏

［南宋］蔣子雲

花過園林清蔭濃。琅玕新脫筍，綠叢叢。語聲只在小池東。閑欹枕，直面芰荷風。　斜日敞簾櫳。輕塵飛不到，畫堂空。一樽今夜與誰同。人如玉，相對月明中。

這首詞描寫初夏一日景色與情事，語言清麗，意境清幽閑雅。

宋劉松年《四景山水圖卷》之《夏景》。一文士端坐於臨水亭閣中，納涼觀景，甚是愜意。亭外夏木濃蔭，碧荷點點。遠山清淡，湖水無皺，水天一線。故宮博物院藏

小重山

［南宋］李清照

春到長門春草青。江梅些子破，未開勻。碧雲籠碾玉成塵。留曉夢，驚破一甌春。　花影壓重門。

疏簾鋪淡月，好黃昏。二年三度負東君。歸來也，著意過今春。

這首詞為詞人早期作品，由春草返青寫到江梅初綻，由花影壓門寫到淡月鋪簾，中間更穿插以春晨早起，茶香驅夢，如此反覆點染初春之美妙，目的是要逼出結拍心底深情的呼喚：請你立刻回來吧，讓我們一同好好地度過今春這大好時光！全詞閑適淡雅，自然雋永，格調歡快，較之她那些寫離愁別苦的詞迥異其趣。

宋佚名《飲茶圖》，畫一侍女雙手捧茶盤，一婦人伸手盤中拿茶具。右邊一貴婦面向她們而立，儀態端莊嫻靜。後隨侍女雙手捧一錦盒。美國弗利爾美術館藏

參讀

梧桐雨細，漸滴作秋聲，被風驚碎。潤逼衣篝，線嫋蕙爐沉水。悠悠歲月天涯醉。一分秋、一分憔悴。紫簫吹斷，素箋恨切，夜寒鴻起。　又何苦、淒涼客裏。負草堂春綠，竹溪空翠。落葉西風，吹老幾番塵世。從前諳盡江湖味。聽商歌、歸興千里。露侵宿酒，疏簾淡月，照人無寐。——南宋張輯《疏簾淡月．秋思》將秋夜的相思苦、羈旅愁，傳神地勾畫了出來。詞境幽遠清逸，自然風雅。詞牌《疏簾淡月》即由李詞「疏簾鋪淡月，好黃昏」一句而來。

些子，猶言一些，即少量之意。

碾玉，宋人飲茶尚白，先合香料製茶餅，飲用時須用茶碾碾成細末，然後煮飲。

東君，春日、春天之神。

小重山

[南宋] 吳淑姬

謝了荼蘼春事休。無多花片子，綴枝頭。庭槐影碎被風揉。鶯雖老，聲尚帶嬌羞。　獨自倚妝樓。一川煙草浪，襯雲浮。不如歸去下簾鈎。心兒小，難著許多愁。

這首詞寫一位閨中少婦思念遠方情人的愁苦，筆墨靈秀。上片寫暮春之景，下片寫閨中之人。結拍「心兒小，難著許多愁」，將愁寫得活靈活現，與李清照名句「只恐雙溪舴艋舟，載不動、許多愁」有異曲同工之妙。

荼蘼，又作酴醾，初夏開花，夏季盛放，色香俱美，故被認為荼蘼花開是一年花季的終結。蘇軾詩：「荼蘼不爭春，寂寞開最晚。」

吳淑姬，失其本名。生平不詳。有詞集《陽春白雪》五卷，已佚，今存詞三首。

小重山

[南宋] 岳飛

昨夜寒蛩不住鳴。驚回千里夢，已三更。起來獨自繞階行。人悄悄，簾外月朧明。　白首為功名。舊山松竹老，阻歸程。欲將心

宋米友仁《瀟湘圖》(局部)，三湘、九嶷之際，山巒逶迤、江水迷茫、雜木疏落、白雲浮動的雨後景色，以淡淡的水墨染出，一派空濛，如同一個夢幻世界。筆觸簡約渾厚，暈染精確，純然合乎造化，為其水墨雲山的典型之作。上海博物館藏

寒蛩，蟋蟀。

唐朝成都官妓灼灼，善舞《柘枝》，能歌《水調》，御史裴質和她有情。裴被召還朝後，灼灼以軟綃聚紅淚為寄。

事付瑤琴。知音少，弦斷有誰聽。

這首詞以傳統婉約與比興手法表現對國家前途的隱憂以及壯志難酬的孤憤。上片描述夢回故國，繞室彷徨，憂慮國事，坐臥不寧的惆悵心緒；下片抒寫白首無成、北伐受阻、「知音」難遇的孤淒情懷。全篇沉鬱蘊藉，委曲婉轉，與慷慨悲壯的《滿江紅》風格迥別。清王奕清等人評曰：「《小重山》詞，夢想舊山，悲涼悱惻之至。」(《歷代詩餘》卷一百一十七)

參讀

將軍佳作世爭傳，三十功名路八千。一種壯懷能蘊藉，諸君細讀《小重山》。—— 繆鉞《靈谿詞說》

小重山

［南宋］陳亮

碧幕霞綃一縷紅。槐枝啼宿鳥，冷煙濃。小樓愁倚畫闌東。黃昏月，一笛碧雲風。　往事已成空。夢魂飛不到，楚王宮。翠綃和淚暗偷封。江南闊，無處覓征鴻。

詞人一生遭際坎坷，以恢復中原為志，曾屢屢上書恢復方略，卻全都如石沉大海，且被斥為「狂怪」，令他「悲淚填臆」。這首詞上片以一縷紅、啼鳥、冷煙、黃昏月、一笛風諸景物渲染出秋暮時節悲淒幽咽的氣氛，襯托出自己的滿懷愁緒；下片抒情，託為逐臣屈原，託為情女灼灼，曲折而形象地表明自己雖不為世用，卻一片忠憤未泯。全詞哀婉悲切，真摯感人。

小重山令　賦潭州紅梅

［南宋］姜夔

人繞湘皋月墜時。斜橫花樹小，浸愁漪。一春幽事有誰知。東風冷，香遠茜裙歸。　鷗去昔遊非。遙憐花可可，夢依依。九疑雲杳斷魂啼。相思血，都沁綠筠枝。

詞人重遊潭州（今湖南長沙），見梅懷人而作此詞。詞從詠紅梅入手，人梅合寫，繼又梅竹交映，筆墨變幻，含蘊空靈，淒豔入骨，達到了似花非花，似人非人，花人合一的恍惚迷離的藝術效果。俞陛雲評此詞說：「梅苑人歸，蘅皋月冷，感懷弔古，愁並毫端。其淒麗之致，頗似東山、淮海。」（《唐五代兩宋詞選釋》）

遙憐花可可，夢依依　喬大壯

湘皋，湘江岸邊。屈原《離騷》：「步余馬於蘭皋兮。」註：「澤曲曰皋。」

小重山

［南宋］米友仁

醉倚朱闌一解衣。碧雲迷望眼，斷虹低。近來休說帶寬圍。人千里，還是燕雙飛。　深院日初遲。綺窗簾幕靜，恨生眉。不堪虛度是花時。鴻來速，爭解寄相思。

這首懷人詞即事寫景，抒情造境，純用白描的手法，曉暢自然，情味雋永。

米友仁（1074—1153）字元暉，小名寅哥，黃庭堅戲稱他為「虎兒」，晚號懶拙老人，祖籍山西太原，遷襄陽（今屬湖北），定居潤州（今江蘇鎮江）。官至兵部侍郎、敷文閣直學士。係米芾長子，書法繪畫皆承家學，故世稱「大小米」。

小重山

［南宋］陳成之

恨入眉尖熨不開。日高猶未肯，傍妝臺。玉郎嘶騎不歸來。梁間燕，猶自及時回。　粉淚污香腮。纖腰成瘦損，有人猜。一春那

明佚名（舊傳元唐棣）《煙波漁樂圖》，繪溪山平遠，雲霧彌漫，在一片寬闊的河口上，漁夫專注捕魚的情景。臺北「故宮博物院」藏

識下香階。春又去，花落滿蒼苔。

這首詞寫女子相思。全篇純以白描的手法，表現一位獨守空閨的女子對情郎的期盼與失望的心情。人物刻畫活靈活現。開篇一「熨」字用得極新奇。

小重山

［南宋］吳潛

溪上秋來晚更宜。夕陽西下處，碧雲堆。誰家舟子採蓮歸。雙白鷺，驚起背人飛。　煙水漸淒迷。漁燈三數點，乍明時。西風一陣白蘋湄。凝佇久，心事有誰知。

這首詞通過對秋天晚景變化的描寫，傳達出淡淡的愁意。

小重山

［金］元好問

酒冷燈青夜不眠。寸腸千萬縷，兩相牽。鴛鴦秋雨半池蓮。分飛苦，紅淚曉風前。　天遠雁翩翩。雁來人北去，遠如天。安排心事待明年。無情月，看待幾時圓。

這首詞寫離情，上片描述了一對戀人痛苦悲淒的別離過程，下片寫女主人公送別戀人遠去，並寄予對團圓之期的期盼。詞寫得一往情深，搖曳多姿。

陳成之字伯可，紹興六年（1136）為入內東頭供奉。九年，奉命撫諭陝西。

小重山

［元］黃子行

一點斜陽紅欲滴。白鷗飛不盡，楚天碧。漁歌聲斷晚風急。攪蘆花，飛雪滿林濕。　孤館百憂集。家山千里遠，夢難覓。江湖風月好收拾。故溪雲，深處著蓑笠。

這首詞上片勾勒點染楚天秋江淒迷的晚景，下片鋪寫羈旅鄉愁和歸隱故山溪雲的憧憬。全詞筆調閑靜淡遠，意境淒清。

風颭蘆花雪滿溪（元周權《漁翁》句）　清汪成

黃子行號蓮甕，江西修水人，寓籍分宜。黃庭堅之諸孫。有《蓮甕寐語》，今佚。

小重山　端午

［元］舒頔

碧艾香蒲處處忙。誰家兒共女，慶端陽。細纏五色臂絲長。空惆悵，誰復弔沅湘。　往事莫論量。千年忠義氣，日星光。《離騷》讀罷總堪傷。無人解，樹轉午陰涼。

這首端午詞上闋以慶端陽的熱鬧繁忙景象與無人弔沅湘的冷落世情形成對比，下闋以屈原忠義之氣光照千秋令人景仰與自己心繫故國而世無知己理解同情形成對比，融弔古與傷時、懷人與自傷為一體，抒情委婉，寄慨悲涼。結拍語淡情深，尤為含蓄有味。

舒頔（1304—1377）字道原，號貞素先生，績溪（今屬安徽）人。曾辟為貴池教諭。為詩盤桓蒼古，詞亦清爽排宕。有《貞素齋集》。

小重山

［明］今釋

得程周量民部詩，卻寄。

落落寒雲曉不流。是誰能寄語，竹窗幽。遠懷如畫一天秋。鐘徐歇，獨自倚層樓。　點點鬢霜稠。十年山水夢，未全收。相期人在別峰頭。閑鷗意，煙雨又扁舟。

這首詞描繪倚樓獨眺之秋景，流美婉曲，於淡靜平和之中隱含着人生事業的悲涼。

今釋（1614—1680）字性因，號澹歸。俗姓金氏，名堡，字道隱，浙江杭州人。明崇禎進士。南明永曆三年戊子（1648）詣肇慶，謁永明王，授禮科給事中，抗直不畏強禦。桂林破，削髮為僧，住韶州丹霞山寺。有《遍行堂集》《嶺南焚餘》等。

小重山

［清］宋徵輿

春流半繞鳳凰臺。十年花月夜，泛金杯。玉簫嗚咽畫船開。清風起，移棹上秦淮。　客夢五更回。清砧迎塞雁，渡江來。景陽宮井斷蒼苔。無人處，秋雨落宮槐。

這首詞當作於南明福王小朝廷傾覆之後的順治二年（1645）或三年秋季。上片追憶明亡前南京之遊花前月下春夢般的旖旎情事，下片寫清兵南下福王弘光朝傾覆後的悲涼景色。上片的歡樂與下片的悲慨形成今昔盛衰的強烈對比，寓亡國之痛於身世感慨之中，表達了詞人對亡國原因的檢討與反思。全詞淒麗悱惻，歇拍三句寫得尤為低迴幽咽，悲淒沉痛。

明文伯仁《金陵十八景圖》之《鳳凰臺》。上海博物館藏

參讀

淮水橫拖柳線柔，曾聞簫鼓夜，美人遊。

一從好事斷香鈎，西窗月，不肯照梳頭。　苦雨更深秋，怎禁桐葉下、一更愁。寒潮依舊繞城流，無人處，私倚閱江樓。—— 清鄧漢儀《小重山．金陵步芝麓韻》寫南明弘光朝覆亡後詞人重來南京的感觸，亦是寄託懷思故國之意。

張景祁（1827—？）字孝威，別號新蘅主人，錢塘（今浙江杭州）人。同治進士。曾任福安、連江等地知縣。晚年渡海去臺灣，宦遊淡水、基隆等地，頗有惠政。工詩詞。有《新蘅詞》。

小重山

[清] 張景祁

幾點疏鴉眷柳條。江南煙草綠，夢迢迢。十年舊約斷瓊簫。西樓下，何處玉驄驕。　酒醒又今宵。畫屏殘月上，篆香銷。憑將心事記回潮。青溪水，流得到紅橋。

此詞以時空轉換手段追懷舊情，委婉含蓄，情味雋永。譚獻謂此詞「高尋歐、晏，參異己之長」（《篋中詞．今集》卷五）。

小重山　晚過黃渡

[清] 朱孝臧

過客能言隔歲兵。連村遮戍壘，斷人行。飛輪衝暝試春程。回風起，猶帶戰塵腥。　日落野煙生。荒螢三四點，淡於星。叫群創雁不成聲。無人管，收汝淚縱橫。

1924 年 9 月，江蘇直系軍閥齊燮元與浙江皖系軍閥盧永祥為爭奪上海，激戰於嘉定、黃渡、太倉、瀏河等地。次年春，詞人晚過黃渡，有感於軍閥戰亂，民生凋敝，遂填此詞。詞中通過戍壘連村、行人幾至於無、回風猶捲血腥塵等景況以及落日、野煙、荒螢、創雁等意象的描寫，渲染出兵燹過後黃渡一帶荒涼死寂的氣氛，譴責了軍閥不義戰爭的殘酷與可憎，並對當地人民飽受戰亂之苦寄予了深切的同情。

夏敬觀（1875—1953）字劍丞，晚號吷庵，江西新建人。光緒舉人，歷任三江師範學堂、復旦、中國公學監督，江蘇巡撫參議，署提學使。民國初，任浙江教育廳長。不久退隱滬西。通經史，工詩詞，善畫。朱孝臧稱其詞可與文廷式相頡頏。晚年以鬻畫自給。有《詞調溯源》《忍古樓詞話》《吷庵詞》等。

夏敬觀《霜葉飛》手稿

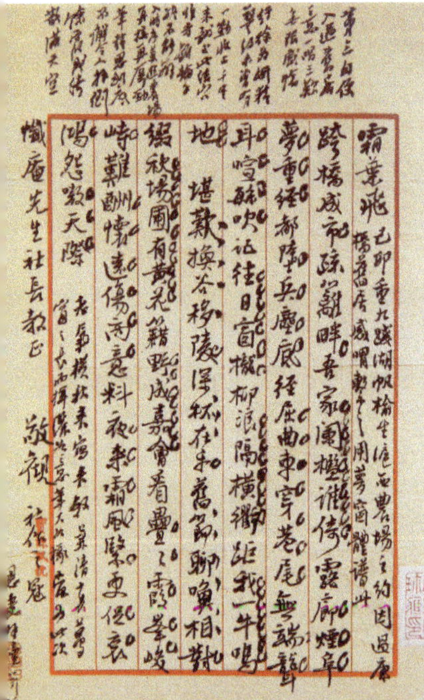

小重山

[近代] 夏敬觀

人事支離到歲殘。夢程天樣闊，枕難安。糾紛心目是關山。宵來雪，未比曉晴寒。　身世寄危欄。樓臺噓蜃現，不堪看。西飛多少雁聲酸。滄洲畔，閑地可容寬。

這首詞約作於 1936 年 1 月，詞人正退隱於上海滬西之康家橋。當時，日本侵佔東三省已五年，並醞釀着發動全面的侵華戰爭。詞人身世寄危樓之中，洞察到了望中十里洋場的上海，有似海市蜃樓之現於眼前，而現實卻是外患愈急，國勢日危，更大的民族危機還在後面，於是詞人將對國事的深切憂慮和家國阽危之際的身世之感一泄於詞中。全詞雄闊深惋，詞清骨秀，意味深長。

小重山令

［近代］黃侃

二月二十五日寒食，遊高座寺。

馬腦岡頭石徑微。寂寥高座寺，掩禪扉。種松幾度旋成圍。人何在，春物鎮芳菲。　青史事多違。梅陵留廟祀，也崔巍。野棠如雪落還飛。南朝夢，一例付斜暉。

這首詞通篇以蕭寺景物為線索，以懷古幽緒為核心，抒發時代變遷、朝代興亡的慨歎，意境蕭疏，情致婉轉，結句尤令人涵詠不盡。葉恭綽以「高華」二字評此詞（《廣篋中詞》卷三）。

黃侃像

黃侃（1886—1935）字季剛，號量守居士，湖北蘄春人。章太炎弟子。早歲遊日本，入同盟會。歸國後，曾任北京大學、南京中央大學教授。精究文字、聲韻、訓詁之學。有《攜秋華室詞》。

高座寺，位於南京城南中華門外的雨花臺。始建於東晉初年，原名為甘露寺。

梅陵，即梅岡。東晉豫章內史梅賾家在崗下，因有功於晉，後立廟於此，名梅將軍廟。

詞林逸事

韋莊是一個多情的詩人，「一生漂泊，所至有情」。據說韋莊寓蜀時，有一個非常寵愛的姬妾，不但容貌美麗，而且還通詞翰。後來這個姬妾被王建召入禁中教導宮女。宮禁森嚴似海，從此兩人被迫分別，再會無期。韋莊終日懷念姬人，怏怏寡歡，遂作《荷葉杯》：

絕代佳人難得，傾國，花下見無期。一雙愁黛遠山眉，不忍更思惟。　閑掩翠屏金鳳，殘夢，羅幕畫堂空。碧天無路信難通，惆悵舊房櫳。（其一）

記得那年花下，深夜，初識謝娘時。水堂西面畫簾垂，攜手暗相期。　惆悵曉鶯殘月，相別，從此隔音塵。如今俱是異鄉人，相見更無因。（其二）

「不忍更思惟」五字，淒然欲絕。姬獨何人，能不斷腸乎！（《白雨齋詞話》卷一）

繼而又寫下一首《小重山》：

一閉昭陽春又春。夜寒宮漏永，夢君恩。臥思陳事暗銷魂。羅衣濕，紅袂有啼痕。　歌吹隔重闇。繞庭芳草綠，倚長門。萬般惆悵向誰論。凝情立，宮殿欲黃昏。

這幾首詞語淡而悲，情意淒怨，人相傳播，盛行於世。姬後傳聞之，悲傷之餘，絕食而死。

這段逸事記載在宋人楊湜《古今詞話》和蔣一葵《堯山堂外紀》中，但夏承燾先生認為王建奪姬之説無徵難信，因為王建相當禮敬其手下有能力的大臣，似不致有此。

（天復元年）韋莊以才名寓蜀，王建割據，遂羈留之。莊有寵人，姿質豔麗，兼善詞翰。建聞之，託以教內人為詞，強莊奪去。莊追念悒怏，作《小重山》及《空相憶》（實為《謁金門》）：「空相憶，無計得傳消息。天上嫦娥人不識，寄書何處覓。　新睡覺來無力，不忍把伊書跡。滿院落花春寂寂，斷腸芳草碧。」—— 明楊湜《古今詞話》

倚聲依譜

《小重山》又名《小重山令》。五十八字，前後片各四平韻。唐人例用以寫宮愁，故其調婉轉悲抑，一般不宜寫豪放感情。

定格

中仄平平中仄**平**。
中平平仄仄，仄平**平**。
中平中仄仄平**平**。
平中仄，中仄仄平**平**。

中仄仄平**平**。
中平平仄仄，仄平**平**。
中平中仄仄平**平**。
平中仄，中仄仄平**平**。

《詞譜》（《小重山》）

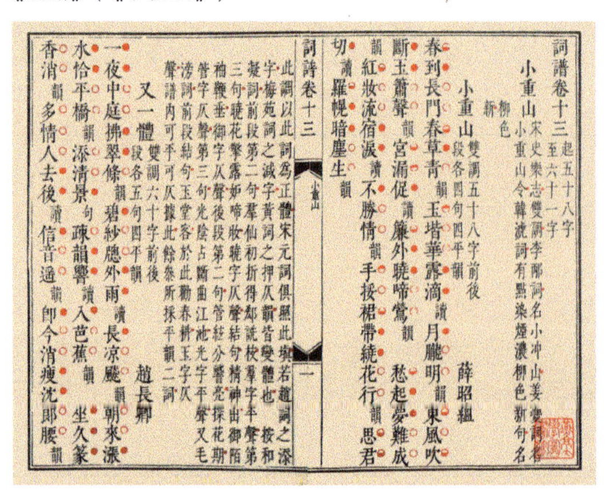
詞譜卷十三 起五十八字至六十一字
小重山 宋史樂志雙調李邴詞名小冲山姜夔詞名小重山令韓淲詞有點染煙濃柳色新句名柳色新
小重山 雙調五十八字前後段各四句四平韻 薛昭蘊
春到長門春草青 韻 玉堦華露滴 讀 月朧明 韻 東風吹斷玉簫聲 韻 宮漏促 讀 簾外曉啼鶯 韻 愁起夢難成 韻 紅妝流宿淚 讀 不勝情 韻 手挼裙帶繞花行 韻 思君切 讀 羅幌暗塵生 韻
詞詩卷十三 小重山 一
此調以此詞為正體宋元詞俱照此填若趙詞之添字梅苑詞之減字黃詞之押仄韻皆變體也 按和凝詞前段第二句羣仙初折得郄詵枝羣字平聲第三句曉花擎露妒啼妝曉字仄聲結句精神出御陌袖輕垂御字仄聲後段第二句管弦分響亮探花期管字仄聲第三句光陰占斷曲江池光字平聲又毛滂詞前段結句玉堂客於此勸春耕玉字仄聲譜內可平可仄據此餘參所採平韻二詞
又一體 雙調六十字前後段各五句四平韻 趙長卿
一夜中庭拂翠條 韻 碧紗窗外雨 讀 長涼飈 韻 朝來添水恰平橋 韻 添清景 句 疎韻響 讀 入芭蕉 韻 坐久篆香消 韻 多情人去後 讀 信音遙 韻 即今消瘦沈郎腰 韻

點絳唇

數峰清苦，商略黃昏雨

燕雁無心太湖西畔隨雲去數峰清苦商略黃昏雨第四橋邊擬共天隨住今何許憑欄懷古殘柳參差舞

右姜白石點絳唇

丁未過吳松作

乙未長夏 文俊書

叢文俊書《點絳唇》

吳淞江，源出太湖，經吳江、蘇州、上海，匯黃浦江入海。

華音流韻

點絳唇　丁未冬過吳松作①

［南宋］姜夔

燕雁無心，太湖西畔隨雲去。數峰清苦，商略黃昏雨②。第四橋邊③，擬共天隨住④。今何許。憑欄懷古，殘柳參差舞。

臨風賞讀

南宋淳熙十四年丁未（1187）之冬，詞人往返於湖州、蘇州之間，經過吳松時，乃作此詞。此詞寥寥數語間即將懷古傷時之情化為幽韻冷香，令人挹之無盡。

上闋之境，乃詞人俯仰天地之境。劈頭寫入空中之燕雁。獨立湖畔，俯仰天地，見北來之雁無心競逐，隨淡淡飛雲悠然遠去，暗喻詞人一生純任天機、漂泊不住的本心，起句即是託物言己，只是語極蘊藉、不着痕跡而已。「數峰清苦，商略黃昏雨」，清寂悲苦的遠山青峰，於黃昏降臨之時，正在醞釀着一番蒼茫暮雨。詞人悲天憫人之心與數峰幽寂黯淡之色，至此已了無分際，渾化相生，遂寫下了千古擬人寫山鮮此奇絕之筆：身處南宋衰微、國運衰頹之世，詞人焉不「清苦」？以此心觀物，目之所及，當是層巒悲染，風雨如晦。上闋兩語，一悠遠，一深哀，情感波盪，集於一身，生平況味與時世悲懷，在兩相對比之下益見深致，但都是詞人之「我」所化出的闊大清幽之境界。

下闋之境，乃詞人俯仰今古之境。詞作將眼前境界推向歷史的縱深之處。陸龜蒙隱居的「第四橋邊」，如今其地仍在，其人已逝，詞人期許與前賢共住，泯沒古今時間界限，以此見出對自然、人生與歷史追溯凝思的心靈之旅。隨後，「今何許？」的詰問奇峰突起，令人有刹那間置身於天地悠悠、宇宙無限的蒼茫之感，遂使下句「憑欄懷古，殘柳參差舞」寫出氣象闊大、蒼涼悲壯的意境：纖弱殘敗的楊柳，依然參差不齊地舞動着。此地古屬吳越，今為南宋偏安之一隅，詞人深知，傾頹的必然命運終將降臨其上。獨對雨中蒼茫古跡而淒然起「舞」，使殘柳風姿蘊涵了詞人多少古今同悲之慨？

此詞從虛處傳達出無窮哀感，筆調卻輕靈幽渺，意境空靈灑脫，寫來飄然欲仙。

[註釋]

①吳松，即今江蘇吳江。淳熙十四年（1187）春，姜夔曾由楊萬里介紹到蘇州去見范成大。

②商略，商量，醞釀。此處指遙望山峰，雨意很濃。

③第四橋，吳江城外的甘泉橋。

④天隨，晚唐隱逸詩人陸龜蒙，號天隨子，隱居吳江。姜夔生平素許陸龜蒙，曾賦詩云：「沉思只羨天隨子，蓑笠寒江過一生。」（《三高祠》）

明文伯仁《泛太湖圖》，以平遠法描繪從胥口泛舟太湖所見之景，意境清曠幽遠。故宮博物院藏

姜夔《跋王獻之保母帖》(局部)，用筆精到，典雅俊潤，清新脫俗。故宮博物院藏

古今彙評

卓人月：「商略」二字誕妙。(《古今詞統》卷四)

陳廷焯：白石長調之妙，冠絕南宋；短章亦有不可及者，如《點絳唇·丁未過吳淞作》一闋，通首只寫眼前景物，至結處云：「今何許？憑闌懷古，殘柳參差舞。」感時傷事，只用「今何許」三字提唱，「憑闌懷古」下，僅以「殘柳」五字詠歎了之，無窮哀感，都在虛處。令讀者弔古傷今，不能自止，洵推絕調。(《白雨齋詞話》卷二)

俞陛雲：欲雨而待「商略」，「商略」而在「清苦」之「數峰」，乃詞人幽渺之思。白石泛舟吳江，見太湖西畔諸峰，陰沉欲雨，以此二句狀之。「憑闌」二句其言往事煙消，僅餘殘柳耶？抑謂古今多少感慨，而垂柳無情，猶是臨風學舞耶？清虛秀逸，悠然騷雅遺音。(《唐五代兩宋詞選釋》)

參讀

淳熙丙申正日，予過維揚。夜雪初霽，薺麥彌望。入其城則四顧蕭條，寒水自碧，暮色漸起，戍角悲吟。予懷愴然，感慨今昔，因自度此曲。千巖老人以為有《黍離》之悲也。

淮左名都，竹西佳處，解鞍少駐初程。過春風十里，盡薺麥青青。自胡馬窺江去後，廢池喬木，猶厭言兵。漸黃昏、清角吹寒，

漫嬴得天涯羈旅(姜夔《玲瓏四犯》句) 清黃景仁

都在空城。　杜郎俊賞，算而今、重到須驚。縱豆蔻詞工，青樓夢好，難賦深情。二十四橋仍在，波心盪、冷月無聲。念橋邊紅藥，年年知為誰生。—— 這首《揚州慢》是姜夔的壓卷之作，亦是懷古傷世，寄託對揚州昔日繁華的懷念和對今日山河破碎的悲慨，寫得深沉悲愴，清幽窈渺，意境空靈含蓄，令人百讀不厭。

詞人心史

姜夔（1155—1221）字堯章，號白石道人，又號石帚，饒州鄱陽（今屬江西）人。一生漂泊不定，居無定所。父卒於漢陽之後，就依姊居於漢川。除漢川之外，其居所足跡所至，如饒州、維揚、楚州、濠梁、武陵、長沙等地。三十二歲時，叔岳父千巖老人蕭德藻曾約他到湖州，在此處依蕭生活了八九年。光宗紹熙元年（1190），始卜居吳興與白石洞天為鄰，因號「白石道人」。慶元二年（1196）秋時，移住武康葛天民處，冬時即又與天民、俞灝等一起到無錫的張鑒處。以後，又移家杭州，依張鑒而居。嘉定十四年（1221），卒於杭州西湖。窮得無以為殮，得吳潛等人幫助，葬於錢塘門外西馬塍。

雖然浪跡江湖、寄食諸侯，一生貧窘，但姜夔為人卻清高狷雅，以文藝創作自娛，詩詞、散文和書法、音樂，無不精善，是繼蘇軾之後又一難得的藝術全才，當世名流如辛棄疾、楊萬里、范成

姜夔像

大、朱熹和蕭德藻等人都極為推重。姜夔尤以詞著稱於世，在南宋詞壇上與辛棄疾、吳文英鼎足而三，是獨領風騷的一位大家。他是清雅（或騷雅）詞派的開山祖師和主要代表。他的詞，在形式上源自北宋雅詞的集大成者周邦彥，吸收了周詞典雅、鋪陳、精心刻鏤的長處，在內在精神氣韻上，又與其同代稍前的大詞人辛棄疾息息相通，秉承了他那種清剛的風骨，並借此洗去了北宋以降詞壇上濃豔的氣息，從內容和形式上都使宋詞復歸雅正。兼之他精通音律，能嫻熟地運用七聲音階和半音，使曲調顯得清越秀麗，與他獨有的「清虛騷雅」的詞風結合得天衣無縫，成為南宋張炎等以至清代浙西詞派所尊崇的作詞典範。有《白石道人歌曲》。

詞要清空，不要質實。清空則古雅峭拔，質實則凝澀晦昧。姜白石詞如野雲孤飛，去留無跡。吳夢窗詞如七寶樓臺，眩人眼目，碎拆下來，不成片斷。此清空質實之說。……白石詞如《疏影》《暗香》《揚州慢》《一萼紅》《琵琶仙》《探春》《八歸》《淡黃柳》等曲，不惟清空，又且騷雅，讀之使人神觀飛越。（張炎《詞源》卷下）

夔詩格高秀，為楊萬里等所推，詞亦精深華妙，尤善自度新腔，故音節文采，並冠絕一時。（《四庫全書總目提要》卷一百九十八）

白石脫胎稼軒，變雄健為清剛，變馳驟為疏宕。蓋二公皆極熱中，故氣味吻合。（周濟《宋四家詞選目錄序論》）

白石才子之詞，稼軒豪傑之詞。才子、豪傑，各從其類愛之，強論得失，皆偏辭也。姜白石詞幽韻冷香，令人挹之無盡。擬諸形容，在樂則琴，在花則梅也。（劉熙載《藝概》卷四）

姜堯章詞，清虛騷雅，每於伊鬱中饒蘊藉，清真之勁敵，南宋一大家也。夢窗、玉田諸人，未易接武。（陳廷焯《白雨齋詞話》卷二）

低吟／浩唱

點絳唇

［北宋］王禹偁

雨恨雲愁，江南依舊稱佳麗。水村漁市，一縷孤煙細。
天際征鴻，遙認行如綴。平生事，此時凝睇，誰會憑欄意。

這首詞以清麗的筆觸，描繪江南水鄉的風物景色，委婉地表

王禹偁（954—1001）字元之，山東巨野人。宋太宗太平興國進士。歷任長洲知縣、翰林學士等職。提倡「韓柳文章李杜詩」。詩風格清麗平易，在北宋詩壇頗有影響。存詞僅此一首。

達了空有用世的抱負卻無知音賞識的苦悶。全詞情景交融，清新自然，格調沉鬱而高曠，一改宋初小令雍容典雅、柔靡無力的格局，向被認為是一首開風氣的佳作。《歷代詩餘》卷一百一十四引《詞苑》評此詞云：「清麗可愛，豈止以詩擅名。」

點絳唇

［北宋］林逋

金谷年年，亂生春色誰為主。餘花落處，滿地和煙雨。

又是離歌，一闋長亭暮。王孫去，萋萋無數，南北東西路。

這是一首詠草的傑作。全詞以清新空靈的筆觸，將詠物與抒情熔於一爐，在淒迷柔美的物象中寄寓惆悵傷春之情，渲染出綿綿不盡的離愁。詞境極冷絕淒楚，語言清新柔婉，與歐陽修的《少年遊》、梅堯臣的《蘇幕遮》同為詠春草的絕唱。徐士俊謂「終篇不出『草』字，古今詠草，惟此壓卷」（《古今詞統》卷四）。

金谷園，指西晉富豪石崇在洛陽的一座奢華別墅。因征西將軍祭酒王詡回長安時，石崇曾在此為其餞行，而成了送別、餞行的代稱。

點絳唇

［北宋］韓琦

病起懨懨，畫堂花謝添憔悴。亂紅飄砌，滴盡胭脂淚。

惆悵前春，誰向花前醉。愁無際，武陵回睇，人遠波空翠。

這首詞是詞人北鎮大名等地時，病起觀景而作。詞中抒發了作者病體初愈、徘徊香徑時，悼惜春殘花落、感傷年華流逝的惘悵和哀愁。全詞閑筆婉妙，辭意淒麗，頗有情致深韻，難以想象出自剛毅英偉、喜怒不見於色的大丈夫韓琦之手。《詞林紀事》卷三引《詞苑》評價說：「公經國大手，而小詞乃以情韻勝人。」

韓琦（1008—1075）字稚圭，相州安陽（今河南安陽）人。天聖進士。為相十載，輔佐三朝。封魏國公。有《安陽集》。

宋佚名《柳溪春色圖》。遠處群山連綿，白雲悠悠；近岸垂柳依依，表現出江南山水的秀美和春日融融的氣息。故宮博物院藏

清黃慎《韓魏公簪金帶圍圖》。慶曆五年（1045），韓琦知揚州時，官署後花園中有芍藥一株，花分枝四岔，每岔有一朵花，其花瓣上下紅色，中間有一圈金黃蕊，被稱為金帶圍。時王珪、王安石及陳升之俱在揚州。飲酒賞花之際，韓琦剪下這四朵金帶圍，在每人頭上插了一朵。後來四個人竟先後做了宰相。此圖即寫「四相簪花」故事。揚州博物館藏

點絳唇

［北宋］魏夫人

波上清風，畫船明月人歸後。漸消殘酒，獨自憑欄久。　聚散匆匆，此恨年年有。重回首，淡煙疏柳，隱隱蕪城漏。

此詞寫月夜送別。上片由景引人。清風拂過水面，明月瀉下銀輝，波光粼粼，月夜恬靜皎潔。畫船盪離江岸，伊人獨自憑欄，凝視那一葉輕舟。江波、清風、明月、畫船，一個清麗純淨的意境。下片抒情，從當前的離別進而回想人生聚散匆匆，別恨年年。遠處的蕪城傳來隱隱的更鼓聲，讓她從凝想中猛然醒過神來，原來夜已很深，回首遙望，向時的津渡一片沉寂，只有殘月清輝下的數行疏柳、幾縷淡煙。全詞清新雅潔，幽怨纏綿。

點絳唇　桃源

［北宋］秦觀

醉漾輕舟，信流引到花深處。塵緣相誤，無計花間住。　煙水茫茫，千里斜陽暮。山無數，亂紅如雨，不記來時路。

在痛苦的貶謫、流放生涯中，詞人在不斷追尋精神解脫，表現在詞中就是對桃源的向往。貶居郴州，他對桃源的向往和望不見的悵惘，早就寫進了《踏莎行》，其中就有「霧失樓臺，月迷津渡，桃源望斷無尋處」的佳句。這首詞同樣大量檃栝了《桃花源記》中的內容。上片起筆寓情於景，立刻就把人帶進一個優美、清麗的境界，接着忽而轉折，情辭悲苦。下片先承上深入，通過各種淒涼景色，造成一個煙水茫茫、斜陽千里、山峰無數、風起花落、日暮途遠的渾成意境，來折射詞人悵惘、感傷的心緒。全詞情蘊意深，委曲含蓄，咀嚼無滓，久而知味。

蕪城，即揚州。南朝宋竟陵王劉誕作亂，城邑荒蕪，遂稱蕪城。鮑照寫過著名的《蕪城賦》，其後，蕪城常被用來寄慨。

點絳唇　傷感

［北宋］周邦彥

遼鶴歸來，故鄉多少傷心地。寸書不寄，魚浪空千里。

憑仗桃根，說與淒涼意。愁無際，舊時衣袂，猶有東門淚。

這首詞為追憶昔日戀人之作。詞人在蘇州時，據說常與營伎岳楚雲往來。楚雲歌藝出眾，兩人一個作詞，一個吟唱，十分親密。後周邦彥赴京城任官，兩人斷了音訊。又過了數年，詞人回到蘇州，想重敘舊歡，怎料這時楚雲已經嫁人。隔天，飲於太守蔡巒席上，有位歌伎輕唱流行曲子，原來是楚雲的妹妹。詞人於是寫下這首《點絳唇》，請她轉送楚雲。楚雲得詞，感泣累日。詞中運用迴環吞吐的描摹手法，觸物生情，直抒胸臆，極言其愁，層層遞進，婉轉迴盪地表達了作者對昔日戀人的一往情深。最妙處當是結句，觸物生情，遙應篇首，既綰合全篇，又點透題旨，有語淡情深之餘味。

遼鶴，《蒐神後記》中丁令威的典故。丁令威，遼東人，外出學道多年，化為仙鶴。

桃根，東晉王獻之愛妾名桃葉，其妹名桃根。

點絳唇

［南宋］汪藻

高柳蟬嘶，採菱歌斷秋風起。晚雲如髻，湖上山橫翠。

簾捲西樓，過雨涼生袂。天如水，畫闌十二，少個人同倚。

汪藻此詞一作蘇過作。

這首詞借初秋之景寫懷人念遠，以景物暗示、烘托情思。上片寫詞人所見湖上遠景，秋風初度，岸柳亂蟬嘶囀，菱歌漸歇，遠山橫翠，晚雲如髻，一派淒清幽邈。下片轉入近景。雨洗清秋，頓生涼意，水天一色，在如此清幽的氛圍中登樓，獨少一人相倚。懷人之思，見於言外。全詞意境淡遠，秀媚有致。前人謂「『雲如髻』，可方太白『煙如織』」（卓人月《古今詞統》卷三）。

點絳唇

［南宋］汪藻

新月娟娟，夜寒江靜山銜斗。起來搔首，梅影橫窗瘦。

好個霜天，閑卻傳杯手。君知否。亂鴉啼後，歸興濃於酒。

這首詞抒發詞人旅居他鄉為官的孤寂情懷。上片寫景，星月熠耀，夜寒江靜，梅影橫斜，好一幅冷潔清疏、幽邃曠遠的「霜天月夜圖」。下片筆鋒陡轉，情隨景至，酣暢淋漓地表達了詞人對官場上「亂鴉」聒噪的疾恨，以及強烈的歸隱願望，於自然幽默中含憤激之氣。本篇寫景高遠清麗，表現手法含蓄，失意落寞的情懷借景言之，不動聲色而蘊藉有味。

雲山何處訪桃源（唐戴叔倫《漢宮人入道》句） 王福庵

清石濤《桃源圖卷》(局部)，描繪世外桃源怡然自樂的田園生活場景。構圖新奇，筆墨酣暢，氣韻虛靈靜穆，令人有身臨其境的奇妙感覺。美國弗利爾美術館藏

汪彥章在翰苑，屢致言者。嘗作《點絳唇》…… 或問曰：「歸夢濃於酒，何以在曉鴉啼後？」公曰：「無奈這一隊畜生聒噪何！」—— 吳曾《能改齋漫錄》卷十六

點絳唇

[北宋] 曹組

雲透斜陽，半樓紅影明窗戶。暮山無數，歸雁愁邊去。

十里平蕪，花遠重重樹。空凝佇，故人何處，可惜春將暮。

這是一首深情款款的送別詞。上片寫景，斜陽、高樓、暮山、歸雁，營造了一個澄朗幽寂的日暮送別環境，籠罩上一層纏綿難解的情緒。下片寫別後情景，極目曠野，遠樹重重阻隔，此去天各一方，相見無由，詞人不禁觸目傷懷，依戀不舍之情倍增。全詞情思深切，委婉多姿。

點絳唇　紹興乙卯登絕頂小亭

[南宋] 葉夢得

縹緲危亭，笑談獨在千峰上。與誰同賞，萬里橫煙浪。

老去情懷，猶作天涯想。空惆悵，少年豪放，莫學衰翁樣。

元方從義《高高亭圖》。山峰突聳於雲海之中，近景的峰頂設孤亭，一人沿山徑向峰頂走去。此幅鉤雲點苔，隨意不羈，風格簡逸，而山川精氣更在水墨精微中見出。臺北「故宮博物院」藏

宋高宗紹興五年（1135），年已五十九歲的詞人仍獨登吳興卞山（一稱弁山）絕頂亭，縱覽山河，暢想奔赴天涯，恢復中原萬里江山。篇幅雖短，卻翻波作浪，曲折迴旋地抒寫出登、望、感、懷的過程，可謂「一轉一深，一深一妙」，一個有願難酬卻仍然情懷豪壯的愛國志士形象呼之欲出。全篇風格雄放，語言明快，音韻鏗鏘。

曹組字彥章，陽翟（今河南禹縣）人，一說潁昌（今河南許昌）人。宣和三年（1121）賜同進士出身，官閤門宣贊舍人，睿思殿應制。詞以「側豔」和「滑稽下俚」著稱。趙萬里輯有《箕潁詞》。

點絳唇

［南宋］李祁

樓下清歌，水流歌斷春風暮。夢雲煙樹，依約江南路。

碧水黃沙，夢到尋梅處。花無數，問花無語，明月隨人去。

此為懷人念遠之詞。全詞以行雲流水般的空靈筆調，從聞歌入手，轉入夢境，又由夢中尋覓轉入對月懷人。整首詞迴旋往覆，婉約清麗，勝處不減少遊。

李祁字蕭遠（一作肅遠），雍丘（今河南杞縣）人。曾登科。宣和間，責監漢陽酒稅。官至尚書郎。其詞語言清俊婉樸，意境超逸。《樂府雅詞》卷下載其詞十四首。

點絳唇

［南宋］李清照

蹴罷鞦韆，起來慵整纖纖手。露濃花瘦，薄汗輕衣透。

見客入來，襪剗金釵溜。和羞走，倚門回首，卻把青梅嗅。

清陳枚《月曼清遊圖》，描繪盪鞦韆場景。故宮博物院藏

這首詞描寫少女春心初萌的微妙心態。上片以靜寫動，以花喻人，生動形象地勾勒出一少女盪罷鞦韆後的神態。下片寫少女乍見來客的情態。幾個動作層次分明，曲折多變，把一個輕盈活潑、嫵媚天真、嬌羞膽怯的少女形象栩栩如生地刻畫出來了，讀來如見其人，如聞其聲。全詞風格明快，節奏輕松，文筆輕靈。

點絳唇　春愁

［南宋］趙鼎

香冷金猊，夢回鴛帳餘香嫩。更無人問，一枕江南恨。

消瘦休文，頓覺春衫褪。清明近，杏花吹盡，薄暮東風緊。

金猊，香爐的一種。其形似獅。休文，即南朝梁沈約，他是一個多愁多病的才子。據載，沈約病中日益消瘦，以致「百日數旬，革帶常應移孔，以手握臂，率計月小半分」。後人以「沈腰」來比喻消瘦。

這首詞寫春景，抒離恨，於日暮花飛、夢醒閑恨之中，蘊藉人生、世事之鬱悶，風格委婉柔媚而猶有筋骨，意境幽美。

點絳唇

［南宋］張元幹

呈洛濱、筠溪二老。

清夜沉沉，暗蛩啼處簷花落。乍涼簾幕，香繞屏山角。

堪恨歸鴻，情似秋雲薄。書難託，盡交寂寞，忘了前時約。

這首詞的上片着重寫景，着力渲染秋夜清冷的氣氛和孤獨寂靜的境界，寓情於景；下片巧設比喻，抒發情懷，曲折地表達其內心對朝廷長久不能收復中原的悲憤和失望。全詞筆力委婉，意境深沉。

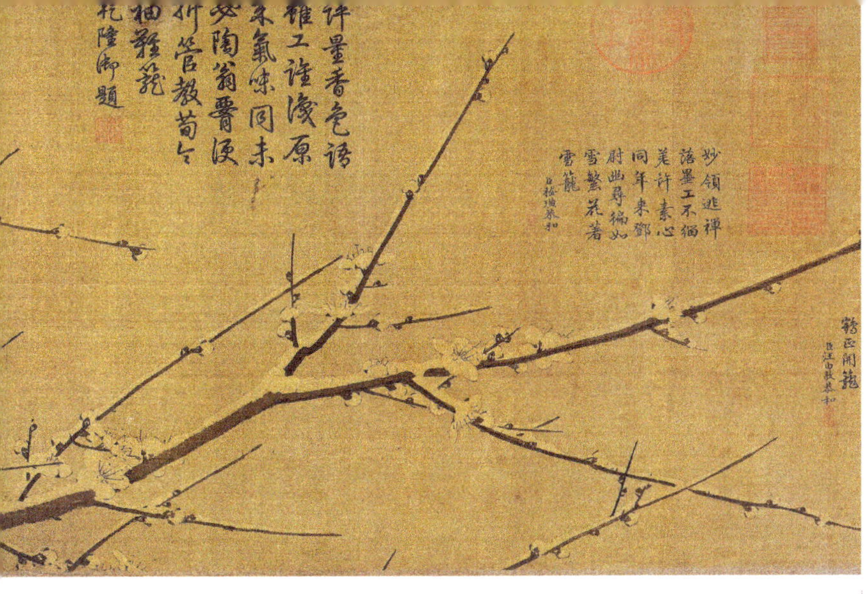

宋徐禹功《雪中梅竹圖》(局部)，繪老梅一枝橫空掠出，許多新枝衝破層層積雪，俏然而立；繁星般的花蕾點綴在梅枝之上，呈現出一派勃勃生機。遼寧省博物館藏

點絳唇　雪中看西湖梅花作

［南宋］朱翌

流水泠泠，斷橋橫路梅枝亞。雪花飛下，渾似江南畫。

白壁青錢，欲買春無價。歸來也，風吹平野，一點香隨馬。

這是一首別具特色的詠梅詞。上片寫梅寫景，勾勒出一幅清新淡雅的、滲透着春意的詠梅圖。下片寫出了詞人感悟到的春意和賞梅歸來其樂也融融的心情。歷來詠梅詞大多寫得乾枯瘦硬，老氣橫秋，這首則寫得清光明媚，風流俊賞，《詞林紀事》卷九引《詞苑》:「西湖詠梅者多矣，而不為雕琢，自然大雅，首推此詞。」據説朱敦儒拜訪作者之父不遇，「於幾案間見此詞，驚賞不已，遂書於扇而去」(陳鵠《西塘集耆舊續聞》卷一)。

朱翌（1097—1167）字新仲，號灊山居士、省事老人。舒州（今安徽潛山）人，卜居四明鄞縣（今浙江寧波）。曾官秘閣修撰，出知宣州、平江府。有《猗覺寮雜記》二卷、《潛山集》四十四卷。

點絳唇

［南宋］陸游

採藥歸來，獨尋茅店沽新釀。暮煙千嶂，處處聞漁唱。

醉弄扁舟，不怕黏天浪。江湖上，這回疏放，作個閑人樣。

淳熙七年（1180），江西鬧水災，詞人於常平提舉任上，因下令開倉賑濟災民，事後以「擅權」罪名遭彈劾而罷職還鄉。這首詞即作於閑居山陰時。上片寫採藥歸來獨沽酒，下片寫醉後弄舟江湖間。詞中再現了江南水鄉的秀美溫婉和鄉村生活的恬淡閑適。詞人對「閑人」生活的似正實反的肯定與詠唱，婉曲地表述了鬱積在他心頭的隱痛，是對自己書劍報國的政治理想落空的自我解嘲。這首詞的風格看似灑脱超爽，實則中蘊沉鬱。

聽鸝深處　明何震

牟子才，先世井研（今屬四川）人，因為愛好吳興山水清遠，遂家居湖州的南門。南漪小隱是牟存叟家花園的名字，園中有碩果軒、萬鶴亭、岷峨一畝宮諸景。碩果軒旁有大梨樹一株。

點絳唇　訪牟存叟南漪釣隱

［南宋］周晉

午夢初回，捲簾盡放春愁去。晝長無侶，自對黃鸝語。

絮影蘋香，春在無人處。移舟去，未成新句，一硯梨花雨。

這首小令係為訪問友人牟子才（字存叟）而作，抒寫惜春情緒，而能不落俗套。結句借寫梨花滴到墨汁之中，使得寫出的詩文也帶有梨花之香，蘊含着無限情韻。全詞寫得清新別致，委婉含蓄，辭語工麗，柔和自然。

一硯梨花雨　頓立夫

點絳唇　越山見梅

［南宋］吳文英

春未來時，酒攜不到千巖路。瘦還如許，晚色天寒處。

無限新愁，難對風前語。行人去，暗消春素，橫笛空山暮。

這首意境悠遠、空靈的詠梅詞純是寫神，把梅花與詞人自己拍合一起，借天寒幽獨的梅花，抒發性靈，寫出一種蒼涼、冷寂的心境。末三句寫得尤為溫婉渾厚，含蘊不盡：詞人悵然遠去，梅花在春日裏悄無聲息地凋殘，暮色蒼茫的空山中只有一絲笛音在震顫、繚繞⋯⋯在千百年後的今天，它似乎依然還在我們的耳邊、心中迴響。

點絳唇　雨中故人相過

［元］王惲

誰惜幽居，故人相過還晤語。話餘聯步，來看花成趣。

春雨霏微，吹濕閑庭戶。香如霧，約君少住，讀了《離騷》去。

這首小詞約為詞人晚年所作。上片寫雨中有故人相訪，以簡潔的筆墨勾勒出一幅興趣盎然的看花圖。下片意脈承前，集中描寫在「春雨霏微」中與故人共賞春花春雨的情景。結拍揭出全詞主旨。《離騷》是屈原遭遇憂愁後用血和淚寫成的一篇扣人心弦的抒發憂國之思的作品。約讀《離騷》，其雖隱逸山林卻心存魏闕可見。

魏初字太初，號青崖，宏州順聖（今河北張家口陽原東城）人。生卒年均不詳。官至南臺御史中丞。有《青崖集》。

點絳唇

［元］魏初

昨日郵亭，樹頭一帶青山晚。綠波清淺，人與天涯遠。

今日相逢，綠蟻新醅滿。歌聲斷，落紅零亂，夢逐春來雁。

這首詞寫詞人與友人離別、重逢到再次離別的過程，真切地表現了詞人與友人離別的感傷、重逢的快意和別後的思念。

點絳唇

［元］張弘範

獨上高樓，恨隨春草連天去。亂山無數，隔斷巫陽路。

信斷梅花，惆悵人何處。愁無語，野鴉煙樹，一點斜陽暮。

這首懷人詞化用前人成句，意象渾成，思致含蓄，頗得小晏詞纏綿悱惻的韻味，堪耐咀嚼。

張弘範（1238—1280）字仲疇，定興（今屬河北）人。元初名將，資兼文武，官至蒙古漢軍都元帥，封淮陽王。率師攻陷厓山，宋室以亡。今傳《淮陽集》一卷，附詩餘一卷，名《淮陽樂府》。

點絳唇

［元］劉敏中

人至承以二絕句見貺，清簡幽深，情意都盡，披閱諷詠，如接芝宇，感慰可勝言哉！輒有小詞，錄奉一笑，且以寄企響之意云。劉敏中上。

短夢驚回，北窗一陣芭蕉雨。雨聲還住，斜日明高樹。

起望行雲，送雨前山去。山如霧，斷虹猶怒，直入山深處。

這首小詞為酬贈有元一代名臣程雪樓（鉅夫）所作。詞人以清簡之筆，寫出驟雨乍晴後的光景，極盡大自然陰晴雨晦之美。詞中寓情於景，純用景語表現思友懷人的情思。通篇寫景，而又處處關情，自然湊泊，情韻悠然。

劉敏中（1243—1318）字端甫，號中庵，山東省章丘人。曾任監察御史，因彈劾秉政的桑哥奸邪，不報，辭職歸里。後又入為翰林學士承旨。詞風曠雄清拔，雖多議論，猶多情致。有《中庵樂府》。

點絳唇

［元］曾允元

一夜東風，枕邊吹散愁多少。數聲啼鳥，夢轉紗窗曉。

來是春初，去是春將老。長亭道，一般芳草，只有歸時好。

一夜東風，原應羅愁織恨，而詞中卻說「枕邊吹散愁多少」；「來是春初，去是春將老」往往引起人們歎春惜花，無限感傷，而詞中偏說「只有歸時好」。在即將結束羈旅生活、踏上歸程的征人眼中，長亭道上的芳草也在分享着他內心的喜悅。況周頤云：「曾鷗江《點絳唇》後段云『來是春初……只有歸時好』看似毫不吃力，政恐南北宋名家未易道得，所謂自然從追琢中出也。」（《蕙風詞話》卷三）全詞清麗婉約，情景交融。

曾允元字舜卿，號鷗江，江西太和人。生平事跡不詳。

宋李成《晴巒蕭寺圖》，畫幅中間為蕭寺平臺，上部高峰重疊，右有飛瀑直瀉而下，山麓林館中人群往來，描繪出一幅清幽靜謐的山景。美國納爾遜 - 阿特金斯藝術博物館藏

王慎中（1509—1559）字道思，號遵巖居士，福建晉江安平鎮（今安海鎮）人。嘉靖五年（1526）進士。官河南參政。有《遵巖集》。

點絳唇　光澤寺

［明］王慎中

門掩青山，空庭竹影門長掃。一溪斜繞，水氣香花草。

木石幽殊，禽鳥傳昏曉。誰知道，白雲鎖了，恰有人尋到。

這首寫景詞通過描寫光澤寺清幽秀潔的景色，抒發詞人峻潔脱塵的襟懷。結拍尤淡逸雋永。

參讀

鐘鼓沉沉，寺門落葉歸僧獨。晚鴉初宿，影亂牆頭竹。　長嘯風前，清籟飛空谷。松如沐，炊煙斷續，杯底青山綠。—— 明陳繼儒《點絳唇》亦寫僧寺景色，夏承燾謂「有骨重神寒之妙」（《金元明清詞選》）。

點絳唇　春日風雨有感

［明］陳子龍

滿眼韶華，東風慣是吹紅去。幾番煙霧，只有花難護。

夢裏相思，故國王孫路。春無主，杜鵑啼處，淚染胭脂雨。

詞人生當明清易代之際，往往將愛國深情寄寓在纏綿婉轉的詞中。此詞即以比興手法，借東風吹紅，幾番風雨，春花難護，隱喻明朝江山大勢已去；而夢中相思，故國難歸，杜鵑啼血，則寄託了對故國深摯的感情。全詞風格淒婉，把對於家國敗亡後的一片傷痛之情寫得纏綿悱惻，百轉千迴。

點絳唇　夜宿臨洺驛

［清］陳維崧

晴髻離離，太行山勢如蝌蚪。稗花盈畝，一寸霜皮厚。

趙魏燕韓，歷歷堪回首。悲風吼，臨洺驛口，黃葉中原走。

這首詞作於康熙七年（1668）十月。這年夏天，詞人由避禍寄食八載的如皋冒襄家入京謀職，失意而歸，取道去河南商丘探望入贅侯方域家的四弟陳宗石。初冬日，途經臨洺驛投宿，在蒼茫夜色中俯仰今古，感慨萬端，因有此作。此詞設想奇特，筆底下的太行山勢和北方草地風光都寫得蒼莽雄渾，營造出一種蕭瑟清冷的境界，寄寓了他的故國之痛與身世之悲。於悲風怒叫、黃葉飆飛中，讀者仿佛能看到詞人踽踽獨行、蒼涼悲憤的形象。全詞意境雄闊，氣勢豪邁，造語不凡。

點絳唇　春詞和漱玉韻

［清］王士禛

水滿春塘，柳綿又蘸黃金縷。燕兒來去，陣陣梨花雨。

情似黃絲，歷亂難成緒。凝眸處，白蘋紅樹，不見西洲路。

這首詞是用李清照《點絳唇》原韻寫的和作。上片描繪盎然的春景，下片則借女子的口吻抒發索寞孤寂的相思之情。全詞哀豔倩盼，語近情遙，神韻悠然。

王士禛（1634—1711）字子真，號漁洋山人。因避雍正帝胤禛諱，曾被改作士正，乾隆時又賜名士禎。新城（今山東桓臺）人。順治進士。官至刑部尚書。其詞清雋處似其詩，側豔之作則追慕「花間」。有《衍波詞》《花草蒙拾》。

點絳唇　湖上

［清］止嵓

來往煙波，此生自號西湖長。輕風小槳，盪出蘆花港。

得意高歌，夜靜聲偏朗。無人賞，自家拍掌，唱得千山響。

這首詞抒寫靜夜盪舟西湖、忘情高歌的情景，表現詞人高曠脱塵、悠然自適的情趣。全詞明白如話，隨手寫來，卻含蘊無限。清陳廷焯稱其為「一片化機，古今絕調」(《詞則輯評·放歌集》卷六)。

止嵓，一作正嵓，字豁堂，號隨山，仁和（今浙江杭州）人。俗姓郭，後削髮為僧。順治、康熙間在世。居杭州南屏淨慈寺。工書畫。有《同凡草》。

點絳唇　題潯陽愛山樓

［清］全德

不厭頻看，愛山樓外峰千朵。淡妝濃裹，好景平分可。

遙指樓前，多少雲帆過。閑中課，吟風相和，翠竹青松我。

全德，清乾隆間人，字惕莊，漢軍鑲黃旗人。

清禹之鼎《漁洋山人放鷴圖》，繪王士禛坐於庭前榻上，手執書卷沉思，令小童放鷴出籠，表現其久宦京師欲脫卻樊籠的心境。故宮博物院藏

這是一首優美飄逸的寫景抒情小令。上片集中讚美潯陽（今江西九江）愛山樓外群峰，有如鮮花怒放，爭妍鬥奇。巧用一個「朵」字，繪出了眾山如花的「心中之景」，別具妙趣。遠山的疏曠淡遠與近景的清晰穠麗濃淡相宜，可人心意。下片則從樓前江中的點點白帆入筆，過渡到自身的行動和心境。白帆如雲，流動飄逸。在天光、山色、水影的交相輝映下，詞人登高吟詠，吟誦聲與清風相和，物我交融，飄然欲仙。此詞清麗曠逸，耐人吟味。

閑倚胡牀，庾公樓外峰千朵。與誰同坐，明月清風我。　別乘一來，有唱應須和。還知麼，自從添個，風月平分破。——蘇軾《點絳唇》

點絳唇　春眺

［清］淩廷堪

青粉牆西，紫騮嘶過垂楊道。畫樓春早，一樹桃花笑。

前夢迷離，人遠波聲小。年時到，越溪雲杳，風雨連天草。

這首詞抒寫春日感懷。上片點染春光之明媚，下片抒懷人之愁思。全詞造語精而不琢，氣韻高妙，意境清俊。

點絳唇

［清］勒方錡

舟行晚霽，光景極佳，詞以寫之。貴溪道中作。

溪雨收寒，斷霞紅淺飄魚尾。樹簪山髻，村塢斜陽醉。

數點漁舟，隨意橫沙觜。東風細，棹歌聲裏，一鏡春煙翠。

這首詞寫貴溪道中所見景致，筆致淡雅，清麗如畫。

點絳唇

［近代］王國維

屏卻相思，近來知道都無益。不成拋擲，夢裏終相覓。

醒後樓臺，與夢俱明滅。西窗白，紛紛涼月，一院丁香雪。

這首詞為悼亡之作，時詞人妻莫夫人新喪，詞中抒寫為相思纏擾的惆悵心情。上片寫明知相思無益，決心將其放棄，但相思又難

與誰共坐，明月清風我　王福庵

淩廷堪像

淩廷堪（1755—1809）字仲子，安徽歙縣人，生於海州板浦鎮（今江蘇連雲港海州區）。乾隆進士，官寧國府教授。博通經史。有《禮經釋例》《校禮堂文集》《梅邊吹笛譜》等。

勒方錡（1816—1880）原名人璧，字悟九，號少仲，江西南昌人。道光二十四年（1844）舉人，翰林學士，歷任江蘇按察使，廣西布政使，江蘇、福建和貴州巡撫，官至河東河道總督。工詩能文，對詞造詣極深，享名於時。精於書畫。著有《太素齋集》。

紛紛涼月，形容丁香院落的月色。杜甫詩：「絺衣掛蘿薜，涼月白紛紛。」

「拋擲」，所以「夢裏終相覓」。下片寫醒後情景：夢中樓臺，還隱約可見，若明若滅。舉目西窗，惟覺月光如水，丁香似雪，一片淒涼意。結拍以「雪」喻開在春夏之交的「丁香」，更深刻地表現了詞人因思念亡妻而難以為懷的悲愴冷寂心境，無理而妙絕。

一鈎涼月掛西樓（宋胡仔《和人七夕詩》句） 清《飛鴻堂印譜》

詞林逸事

紹熙二年（1191）冬，姜夔冒雪去拜訪石湖居士范成大，在范府逗留一個月。在這裏，姜夔遇到他一生中第二個紅顏知己小紅。一日，范成大拿出詩箋，向姜夔索要詞章新作，姜夔填寫了兩首詞。

梅邊吹笛客 清吳讓之

舊時月色，算幾番照我，梅邊吹笛。喚起玉人，不管清寒與攀摘。何遜而今漸老，都忘卻、春風詞筆。但怪得、竹外疏花，香冷入瑤席。　江國，正寂寂。歎寄與路遙，夜雪初積。翠尊易泣，紅萼無言耿相憶。長記曾攜手處，千樹壓、西湖寒碧。又片片吹盡也，幾時見得。（其一）

苔枝綴玉，有翠禽小小，枝上同宿。客裏相逢，籬角黃昏，無言自倚修竹。昭君不慣胡沙遠，但暗憶、江南江北。想佩環月夜歸來，化作此花幽獨。　猶記深宮舊事，那人正睡裏，飛近蛾綠。莫似春風，不管盈盈，早與安排金屋。還教一片隨波去，又卻怨、玉龍哀曲。等恁時、重覓幽香，已入小窗橫幅。（其二）

范成大命兩個歌妓演唱，聽來音調節律和婉，不禁擊節讚賞。於是，姜夔便將這兩首既深蘊對合肥女子的深切思戀之情，又寄託個人蹭蹬不遇的身世之感的自度曲，分別命名為《暗香》和《疏影》。據說這次姜夔來訪，范成大還將那位色藝雙絕的歌妓小紅送給他。姜夔帶着小紅歸家路過蘇州城東的垂虹亭時，詩興大發，乃作詩：

自琢新詞韻最嬌，小紅低唱我吹簫。
曲終過盡松陵路，回首煙波十四橋。

清任頤《清溪吹簫圖》，描繪姜夔攜小紅過垂虹橋的情景。徐悲鴻紀念館藏

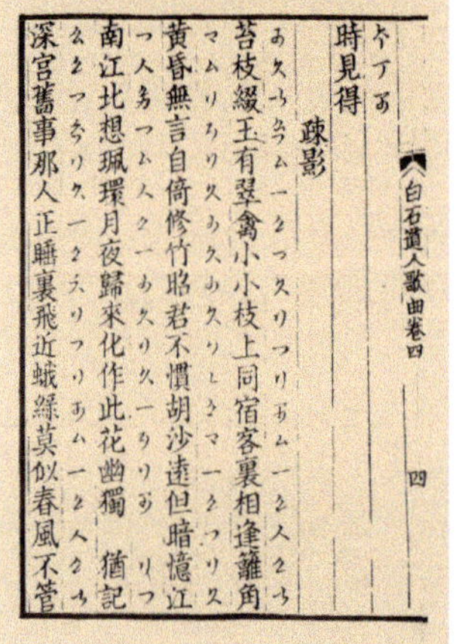
暗香 疏影

舊時月色算幾番照我梅邊吹笛喚起玉人不管
清寒與攀摘何遜而今漸老都忘却春風詞筆但
怪得竹外疎花香冷入瑤席 江國正寂寂歎寄
與路遙夜雪初積翠尊易泣紅萼無言耿相憶長
記曾攜手處千樹壓西湖寒碧又片片吹盡也幾

白石道人歌曲卷四 四

時見得 疏影
苔枝綴玉有翠禽小小枝上同宿客裏相逢籬角
黃昏無言自倚修竹昭君不慣胡沙遠但暗憶江
南江北想珮環月夜歸來化作此花幽獨 猶記
深宮舊事那人正睡裏飛近蛾綠莫似春風不管

《白石道人歌曲》「暗香疏影」譜

六百餘年之後，清代回族詞人改琦有感於姜白石訪范成大之事，作《酹江月・石湖》一首，並抒其飄然遠舉之雅逸情志：

玉虹橫臥，放湖山、閑了春風詞筆。花影吹笙無覓處，何況梅邊吹笛。鶴澗煙消，馬塍雨黯，棖觸今猶昔。舊家亭館，舊時魚鳥相識。　還念譜出新聲，蛾眉愁絕，醉把闌干拍。萬頃清光流皓月，飛下一雙鸂鶒。西望群峰，飄然引去，淼淼澄波白。人間天上，不知今夕何夕。

詩之賦梅，惟和靖一聯（按，指「疏影橫斜水清淺，暗香浮動月黃昏」）而已。世非無詩，不能與之齊驅耳。詞之賦梅，惟姜白石《暗香》《疏影》二曲，前無古人，後無來者，自立新意，真為絕唱。—— 張炎《詞源》卷下

倚聲依譜

《點絳唇》又名《點櫻桃》《十八香》《南浦月》《沙頭雨》《尋瑤草》《萬年春》。雙調，四十一字，上片第二、三、四句，下片第二、三、四、五句押韻，均押仄聲韻。上片第二句第一字，第三句第一字均宜用去聲；下片第四句第一字亦宜用去聲。下片第三句為三字句，用上二下一句法。此調平緩凝重，尤宜於表達苦澀情緒。

《詞譜》（《點絳唇》）

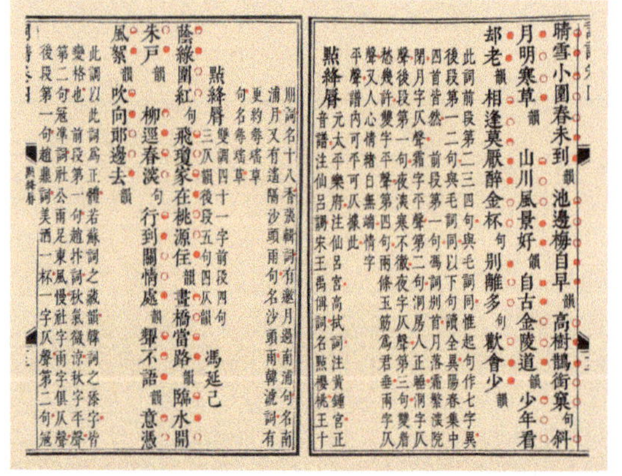
晴雪小園春未到 韻 池邊梅自早 韻 高樹鵲銜巢 句 斜
月明寒草 韻 山川風景好 韻 自古金陵道 韻 少年看
却老 韻 相逢莫厭醉金杯 句 別離多 句 歡會少 韻
點絳唇

點絳唇 雙調四十一字 馮延巳
蔭綠圍紅 句 飛瓊家在桃源住 韻 畫橋當路 韻 臨水開
朱戶 韻 柳徑春深 句 行到關情處 韻 顰不語 韻 意憑
風絮 韻 吹向郎邊去 韻

定格

中仄平平，中平中仄平平**仄**。
仄平平**仄**，中仄平平**仄**。

中仄平平，中仄平平**仄**。
平中**仄**，仄平平**仄**，中仄平平**仄**。

柳梢青

變盡人間，君山一點，自古如今

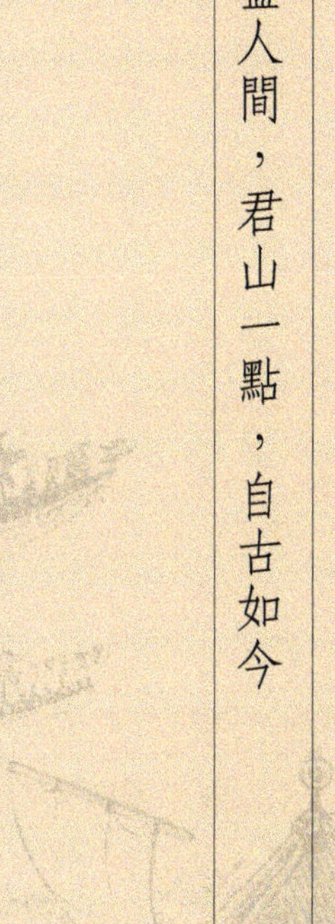

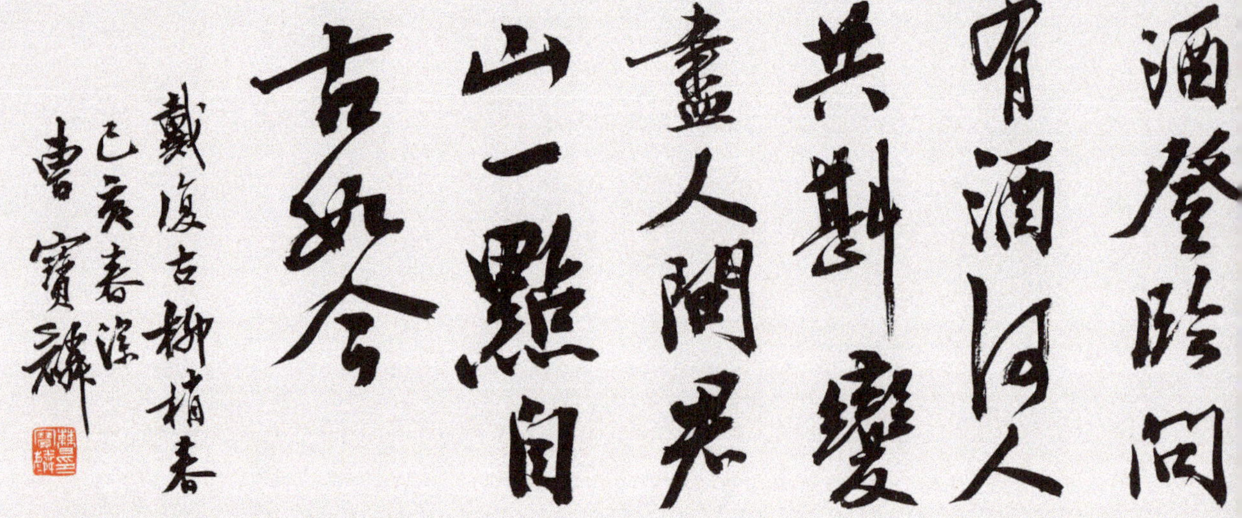

曹寶麟書《柳梢青》

華音流韻

柳梢青　岳陽樓

［南宋］戴復古

袖劍飛吟①。洞庭青草②，秋水深深。萬頃波光，岳陽樓上，一快披襟③。　不須攜酒登臨。問有酒、何人共斟。變盡人間，君山一點④，自古如今。

臨風賞讀

「一樓何奇？杜少陵五言絕句，范希文兩字關情」，自從詩聖杜甫、名相范仲淹分別寫下傳誦千古的名篇《登岳陽樓》《岳陽樓記》之後，登臨之作指不勝屈，卻幾無人可及，而戴復古的這首小令清新可讀，或差可比肩。

詞的開篇一句「袖劍飛吟」，讓人聯想起呂洞賓壯遊洞庭、醉飲岳陽樓的傳說，而一個仗劍浪遊、凝眸遠望之後昂首朗吟的詩人亦似是迎面而來。他獨立岳陽樓上，縱目深深秋水和萬頃波光的洞庭湖，披襟當風，胸膽開張，快意淋漓！

然念及國家危難，金甌破缺，面對名樓勝景，更令憂憤

［註釋］

①袖劍飛吟，用呂洞賓故事。《唐才子傳》載，呂洞賓曾飲岳陽樓，醉後留詩曰：「朝遊南浦暮蒼梧，袖裏青蛇膽氣粗。三入岳陽人不識，朗吟飛過洞庭湖。」袖劍，指袖裏青蛇劍。

②洞庭湖和青草湖，兩湖相通，總稱洞庭湖。

③一快披襟，語本宋玉《風賦》：「（楚襄）王乃披襟而當之，曰：『快哉此風！』」

④君山，洞庭湖中一座奇秀的小島，傳說它是湘君曾遊之地，故名。又名湘山、洞庭山。

袖翻飛吟洞庭青草秋水深深岳陽樓上一快披襟不須攜

倍深。於是下片筆鋒陡轉，「快」意頓生波瀾，痛苦地喊出：「不須攜酒登臨。」詞人平生流落江湖，一片憂國丹心，期望能早日北伐中原，一洗國恥，但此時的朝廷偏安一隅，苟且度日，恢復無望。不須攜酒的原因正是知音寥落，無人共斟，冷靜道來，中有沉鬱的孤寂感傷在。結尾詞人俯仰古今，從而發出了青山不改、「變盡人間」的無限深切的悲涼惋歎，既富有哲理的意蘊，也隱隱含着對國家前途尚存一絲希望。

全篇氣勢靈動，情景融和，風格豪逸超曠。

古今彙評

周篤文：上片自呂洞賓的傳說寫起，筆力跳蕩，氣魄雄闊。過片一轉，筆遂沉咽。結尾三句，意謂人間多變，唯有君山自古至今，不改其貌。一波三折，句法遒峭，神氣流行，遂有奇采。雖小令，亦戛然獨造，不肯猶人，可見文心之創辟。（《宋百家詞選》）

宋佚名《呂洞賓過岳陽樓圖》，繪眾人在岳陽樓伸長脖子看着道仙呂洞賓酒後騰雲飛升而去的情景。美國大都會藝術博物館藏

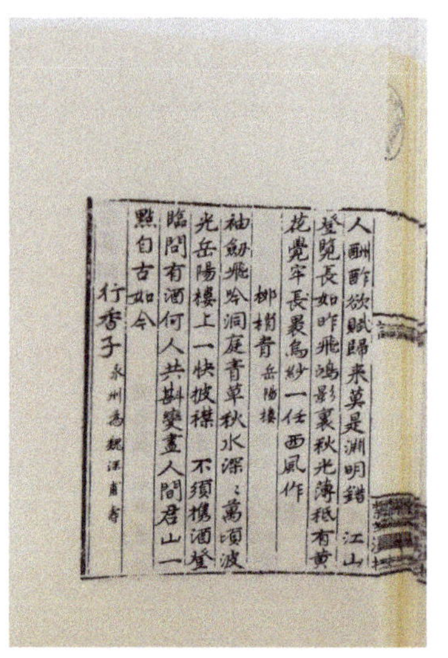

人酬酢欲賦歸来莫是淵明錯 江山
登覽長如昨飛鴻影裏秋光薄抵有黄
花覺牢長裊烏紗一任西風作
柳梢青 岳陽樓
袖劍飛吟洞庭青草秋水深深萬頃波
光岳陽樓上一快披襟 不須携酒登
臨問有酒何人共斟變盡人間君山一
點自古如今
行香子 永州為魏深甫壽

明抄本戴復古《石屏詞》(《宋元名家詞七十種》)書影

陶文鵬等：此詞是作者登岳陽樓所寫。詞中抒發登臨送目的豪情，表現缺少知音的孤獨，更顯示決不隨波逐流的堅定愛國操守。作者俯仰古今，將其對自然、歷史、人生的深沉感慨熔於一爐。寫景抒情凝練而明快，生動而概括。全篇氣勢飛動，思妙境奇。結拍推出蘊含象徵意義的青翠君山孤矗茫茫湖上的畫面，使詞的意境昇華，可謂自然高妙。(《宋詞三百首新譯》)

參讀

昔聞洞庭水，今上岳陽樓。吳楚東南坼，乾坤日夜浮。親朋無一字，老病有孤舟。戎馬關山北，憑軒涕泗流。—— 唐杜甫《登岳陽樓》將湖山之勝與詩人心中家國多難的悲哀結合起來抒寫，意境開闊宏偉，風格雄渾淵深，前人稱之為盛唐五律第一。

屏上村瀨海，位於五獸山中龍、虎二山之下。從南谷進，有一巨石突兀於桑園之中，高約兩丈，寬六尺有餘，石上四季漫生苔蘚，宛若翡翠屏風，其村因此得名。當年戴復古常在這石下徘徊、吟詩，因自號石屏。

詞人心史

戴復古（1167—1250？）字式之，自號石屏，台州黃巖縣南塘屏山（今屬浙江溫嶺）人。父親戴敏，自號東皋子，是一位「以詩自適」，「不肯作舉子業，終窮而不悔」（宋樓鑰《石屏詩集・序》）的詩人。他臨終時，復古尚在繈褓中，十分擔心身後「詩遂無傳」。戴復古倒是不負父親的遺言，終以詩鳴世。他一如乃父，終身布衣，「負奇尚氣，慷慨不羈」，半生天涯羈旅，浪跡江湖，「南遊甌閩，北窺吳越，上會稽，絕重江，浮彭蠡，泛洞庭，望匡廬、五老、九嶷諸峰，然後放於淮、泗，以歸老於委羽之下」（元貢師泰《重刊石屏集序》），其遊蹤遍及大半個南中國，凡空迥奇特荒怪古僻之跡，無不登歷。

作為江湖四靈之一，戴復古一生行吟。他曾從陸游學詩，作品崇尚晚唐，然能轉益多師而獨創新意。其詩多憂國憂民之篇，格調高朗，詩筆俊爽，清健輕快，率性自然。其詞名不及詩名，但他的詞受南宋愛國詞風的影響，語言清麗，不乏豪壯，接近蘇辛，在宋末詞壇上獨具一番面目。有《石屏詩集》《石屏詞》。

清石濤《江南八景圖冊》之《岳陽樓》。題詩曰：「萬里洞庭水，蒼茫失曉昏。片帆遙雲腳，堆浪洗山根。白羽縱橫去，蒼梧涕淚存。軍聲正搖盪，極目欲銷魂。」大英博物館藏

戴復古詩詞，高處不減孟浩然。（真德秀《石屏詞跋》）

方回《瀛奎律髓》稱其豪健清快，自成一家。今觀其詞，亦音韻天成，不費斧鑿。（《四庫全書總目提要》卷一百九十九）

《石屏詞》往往作豪放語，綿麗是其本色。《滿江紅．赤壁懷古》云……歇拍云云，是本色流露處。（況周頤《蕙風詞話續編》卷一）

（戴復古）有《石屏詞》，豪健清快，不作蹈襲語，是一位導源蘇辛而能自具面目的詞家。（周篤文《宋百家詞選》）

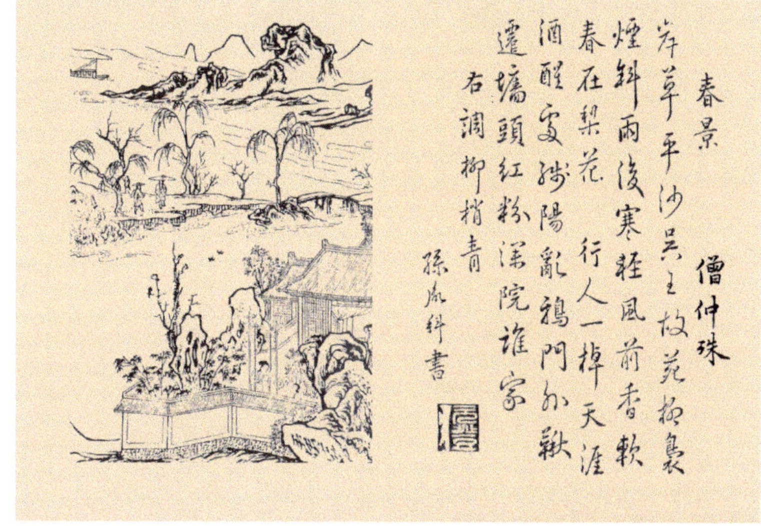

仲殊《柳梢青》（《詩餘畫譜》）

低吟／浩唱

柳梢青

［北宋］仲殊

岸草平沙。吳王故苑，柳裊煙斜。雨後寒輕，風前香軟，春在梨花。　行人一棹天涯。酒醒處、殘陽亂鴉。門外鞦韆，牆頭紅粉，深院誰家。

這是一首傷春抒懷之作。上片寫船行所見風和香軟的吳中春色，下片寫酒醒後所見的吳中暮景。全詞清麗和婉，含蓄蘊藉。

柳梢青　過何郎石見早梅

［南宋］趙長卿

雲暗天低。楓林凋翠，寒雁聲悲。茅店兒前，竹籬笆後，初見橫枝。　盈盈粉面香肌。記月榭、當年見伊。有恨難傳，無腸可斷，立馬多時。

這首詞借詠梅而抒懷舊悵惘之情。上片寫「初見橫枝」的情景。下片所詠，似花似人，亦花亦人，朦朧得妙。

何郎，即梁代詩人何遜，其《詠早梅》詩極有名。石在何處不詳。

宋揚無咎《四梅圖》，分四段畫梅，自跋云：「范端伯要余畫梅四枝：一未開、一欲開、一盛開、一將殘，仍各賦詞一首。……予舊有《柳梢青》十首，亦因梅所作，今再用此聲調，蓋近時喜唱此曲故也。」四梅純以水墨繪成，將梅花的盛衰過程表現得淋漓盡致。構圖上，皆以疏朗自然取勝，瘦枝冷蕊，清氣逼人，寫出梅花真魂。故宮博物院藏

柳梢青

［南宋］揚無咎

茅舍疏籬。半飄殘雪，斜臥低枝。可更相宜，煙籠修竹，月在寒溪。　亭亭佇立移時。判瘦損、無妨為伊。誰賦才情，畫成幽思，寫入新詩。

詞人善畫墨梅，自題「右《柳梢青》十首，平生與梅有緣，既畫之又賦之，自樂如此」，此首為其中之一。上片通過對梅花生長的環境、外在形象的描繪，着力刻畫出梅花超凡脱俗的韻致。下片詞人筆鋒轉向刻寫自己，一位在梅樹前佇足凝思的世外高士形象躍然紙上。

柳梢青　西湖

［南宋］趙汝愚

水月光中，煙霞影裏，湧出樓臺。簾外笙簫，雲間笑語，人在蓬萊。　天香暗逐風回。正十里、荷花盛開。買個扁舟，山南遊遍，山北歸來。

這首詞描寫夏夜泛舟西湖賞荷的情景。在詞人的筆下，西湖成了仙山瓊閣、蓬萊仙境。詞中有色有香，有光有影，有笙簫歡笑之聲，充滿詩情畫意。

柳梢青　黃梔林送李粹伯

［南宋］趙師俠

料峭餘寒。元宵欲過，燈火闌珊。宿酒難醒，新愁未解，搖兀吟鞍。　深林百舌關關。更雨洗、桃紅未乾。野燒痕青，荒陂水滿，春事何堪。

這首送別之作，貼切疏秀，別具情致。

揚無咎字補之，號逃禪老人、清夷長者，清江（今江西樟樹）人。高宗時，因不願依附奸臣秦檜，累徵不起，隱居而終。尤善畫梅。其詞正如其人品，高潔清幽，不沾塵俗。其《逃禪詞》，有《宋六十家詞》本。

趙汝愚（1140—1196）字子直，饒州餘干（今屬江西）人。太宗趙光義八世孫。乾道二年（1166）狀元及第。官至右丞相。有《忠定集》。

范端伯要予畫梅四枝一未開一欲開一盛開一將殘仍各賦詞一首畫可信筆詞難命意却之不從勉徇其請予舊有柳梢青十首亦因梅所作今再用此聲調蓋近時喜唱此曲故也
端伯奕世勳臣之家了無膏粱氣味而胸次洒落筆端敏捷觀其好尚如許不問可知其人也要須亦作四篇共詫此畫庶幾衰朽之人託以俱不泯爾乾道元年七夕前一日癸丑丁丑人揚无咎補之書于豫章武寧僧舍

揚無咎《四梅圖》自跋，書法清勁穩健，佈局均勻，令人賞心悅目

柳梢青　送盧梅坡

［南宋］劉過

泛菊杯深，吹梅角遠，同在京城。聚散匆匆，雲邊孤雁，水上浮萍。　教人怎不傷情。覺幾度、魂飛夢驚。後夜相思，塵隨馬去，月逐舟行。

這首詞抒寫詞人對友人盧梅坡魂牽夢縈的刻骨思念之情。上片寫離別之苦，下片寫別後之思。詞寫得情真意切，蘊藉含蓄，委婉動人。

趙師俠字介之，號坦庵，太祖子燕王趙德昭七世孫，居新淦（今江西新幹）。淳熙進士。曾任江華郡丞。其詞蕭疏淡遠。有《坦齋長短句》（一名《坦齋詞》）。

後夜相思明月中（宋陳東《與士繇遊金山翌日分袂二絕》句）　馮康侯

柳梢青　春感

［南宋］劉辰翁

鐵馬蒙氈，銀花灑淚，春入愁城。笛裏番腔，街頭戲鼓，不是歌聲。　那堪獨坐青燈，想故國、高臺月明。輦下風光，山中歲月，海上心情。

這首詞作於詞人晚年避居故鄉虎溪（今江西吉水境內）「山中」。詞從想象入筆，於虛處見意。上片想象處於元軍鐵蹄的蹂躪之下，故都臨安城元宵節一片淒涼悲愁的氣氛。下片抒發對故都臨安和南宋故國的深沉懷念和無限眷戀之情。

清黃慎《蘇武牧羊圖》。蘇武身着漢裝，鬚髮盡白。雙手緊握漢節，節旄盡落；目視遠方，似在遙望故國，沉靜而又剛毅。雖無背景，而寒荒之地、寂寥無人之境卻可想見。上海博物館藏

結拍三句，層層推進：「山中歲月」指自己身之所在；「輦下風光」指自己心之所係；「海上心情」則是自己志之所向 —— 如同蘇武北海矢志守節。全篇格調蒼涼沉鬱，讀來別具吞咽悲苦、欲說還休之致。

黃簡，一名居簡，字符易，號東浦，建安（今福建建甌）人，隱居吳郡光福山。工詩。理宗嘉熙中卒，通判翁逢龍葬之虎丘。有《東浦集》，已佚。《全宋詞》輯其詞三首。

柳梢青

［南宋］黃簡

病酒心情。喚愁無限，可奈流鶯。又是一年，花驚寒食，柳認清明。　天涯翠巘層層。是多少、長亭短亭。倦倚東風，只憑好夢，飛到銀屏。

這首詞抒發清明時勾起的鄉關之思。當他望盡天涯的層層翠巘，心中暗數着那根本數不清的「長亭短亭」，懷人之情油然而生，但家山迢遠，思歸而不能歸，只得寄希望於夢中與家人相會。詞寫得十分婉曲纏綿。

子野，晉桓伊的字。每聞清歌，輒喚「奈何」。謝公（安）聞之，曰：「子野可謂一往有深情。」

周郎，指周瑜。精通音樂。時人謠曰：「曲有誤，周郎顧。」

第四橋，在吳江城外，因泉品居第四而得名。

羅椅（1214—？）字子遠，廬陵（今江西吉安）人。寶祐進士。歷江陵教官，知信豐縣，遷提轄榷貨院。其文以質樸見長，有《澗谷遺集》。

柳梢青

［南宋］羅椅

萼綠華身，小桃花扇，安石榴裙。子野聞歌，周郎顧曲，曾惱夫君。　悠悠羈旅愁人，似零落、青天斷雲。何處銷魂，初三夜月，第四橋春。

這是一首情詞，上片倒敘昔日相見時情人的美麗姿容、神韻氣質，下片寫別後羈旅飄零與對情人的無限相思。結尾「初三夜月，第四橋春」二句，情景交融，意境深遠，讀來意味悠長，堪稱妙絕。

金粟，燈花呈金黃色顆粒狀。

張林字去非，號樗巖。宋末知池州。元兵南下，叛降。

柳梢青　燈花

［南宋］張林

白玉枝頭，忽看蓓蕾，金粟珠垂。半顆安榴，一枝穠杏，五色薔薇。　何須羯鼓聲催。銀釭裏、春工四時。卻笑燈蛾，學他蝴蝶，照影頻飛。

這首詞上片連用五個比喻，淋漓盡致地描繪了燈花從初綻到盛開的過程中呈現出的千種姿態、萬種風情。下片則是以虛筆來稱讚燈花之美。詞雖無深情遠意，但寫得奇巧生動，俏皮有趣，讀來饒有情味。

斜點銀釭，高擎蓮炬，夜深不耐微風。重重簾幕卷堂中。香漸遠、長煙嫋穟，光不定、寒影搖紅。偏奇處、當庭月暗，吐焰為虹。　紅裳呈豔，麗娥一見，無奈狂蹤。試煩他纖手，捲上紗籠。開正好、銀花照夜，堆不盡、金粟凝空。丁寧語、頻將好事，來報主人公。—— 宋趙長卿《瀟湘夜雨》亦詠燈花，語言形象，典故融洽，如鹽着水，最為妙品。

柳梢青　七夕

[南宋] 劉鎮

乾鵲收聲，濕螢度影，庭院秋香。步月移陰，梳雲約翠，人在迴廊。　醺醺宿酒殘妝。待付與、溫柔醉鄉。卻扇藏嬌，牽衣索笑，今夜差涼。

這首詞脱出「七夕」詞寫悲劇愛情的俗套，而是以「七夕」良辰為發端，來裝點一個洞房燕爾、新人戲鬧的喜劇故事。全詞格調疏朗雋逸，氣氛熱烈歡快，情韻自然流麗。

柳梢青　楊花

[南宋] 周晉

似霧中花，似風前雪，似雨餘雲。本自無情，點萍成綠，卻又多情。　西湖南陌東城，甚管定、年年送春。薄幸東風，薄情遊子，薄命佳人。

這首楊花詞直以楊花為描寫對象，但又不僅僅是楊花，而是在對楊花的詠歎中包含着深層的人生和生活的蘊意，令人尋味無窮。全詞新清可愛，流暢蘊藉。

柳梢青

[明] 孫承宗

鐵馬嘶雲，金戈揮日，人在芳皋。閱盡空華，英雄著眼，恨滿綈袍。　漫猜蜃海樓高，且聽個、松風海濤。試問東方，春華秋實，幾個蟠桃。

天啟五年（1625）八月，山海關總兵馬世龍誤信自後金逃歸的

明佚名《乞巧拜月圖》。西安美術學院美術博物館藏

劉鎮字叔安，廣東南海人。嘉泰進士。工詞，以新麗見稱。有《隨如百詠》，今不傳。潘飛聲《粵詞雅》謂「其詞格高氣遠，情致綿邈，而才足以運之，為宋代詞家特出」。

周晉字明叔，號嘯齋，周密之父。其先濟南人，寓居吳興（今浙江湖州）。曾知汀州。工詞。詞作清新自然。

孫承宗像

孫承宗（1563—1638）字稚繩，高陽（今屬河北）人。萬曆進士。天啟二年（1622）以兵部尚書經略薊遼。清兵圍高陽，率全家及城內百姓登城拒守，城破殉國。詞粗獷豪邁，可謂燕趙悲歌。

「降虜生員」劉伯鎰的話，派兵渡柳河，襲取耀州，中伏遭敗。閹黨借機圍攻馬世龍，並參劾孫承宗。孫承宗氣極，連上二疏，自請罷官。九月返鄉。從此家居四年。這首詞即寫於在家賦閑時，抒寫的是投閑置散中鬱結盤旋的滿腔怨憤和力求超越與解脫的心情。

李濂（1488—1566）字川父，祥符（今河南開封）人。正德進士。歷官山西按察僉事。詩風流暢飛揚，詞則以清峭見勝。有《嵩渚集》。

柳梢青　修武道中

［明］李濂

爛漫春遊，人生行樂，山水夷猶。昨夜河陽，今朝修武，明日懷州。　平生雅興難酬，信轡去、東風紫騮。問酒花村，題詩松寺，飛夢蓬丘。

這首詞以極其明快的語言、跳躍的節奏、大跨度的時空變換，表現行旅中輕松自在和快意，是一首頗有個性的紀遊之作。

白頭搔更短，渾欲不勝簪　王福庵

柳梢青　春望

［明］陳子龍

繡嶺平川，漢家故壘，一抹蒼煙。陌上香塵，樓前紅燭，依舊金鈿。　十年夢斷嬋娟。回首處、離愁萬千。綠柳新蒲，昏鴉春雁，芳草連天。

青蘋，寶劍名。

唐杜甫作於安史亂中的《春望》一詩，抒寫的是國破之恨、亂離之痛。這首詞詞題亦為《春望》，寫的也不是一般的懷古幽思、傷春閑愁，而是將滿腔的國破家亡之深哀巨痛寓之於故壘蒼煙、昏鴉芳草這些可見可感的生動形象，很自然地引導讀者進入詞的意境，產生共鳴。

國破山河在，城春草木深。感時花濺淚，恨別鳥驚心。烽火連三月，家書抵萬金。白頭搔更短，渾欲不勝簪。—— 唐杜甫《春望》抒發詩人傷悼國家殘破、眷念親人離散生死不知，「感時」與「恨別」交織的滿腔愁情。全詩沉着蘊藉，真摯自然。

張煌言像

張煌言（1620—1664）字玄著，號蒼水，鄞縣（今浙江寧波）人。崇禎時舉人，官至南明兵部尚書。堅持抗清近二十年。康熙三年（1664）見大勢已去，於南田的懸嶴島解散義軍，隱居不出。是年被俘，後遭殺害。有《張蒼水集》。

柳梢青

［明］張煌言

錦樣江山，何人壞了，雨嶂煙巒。故苑鶯花，舊家燕子，一例闌珊。　此身付與天頑，休更問、秦關漢關。白髮鏡中，青蘋匣裹，和淚相看。

這是一首抒發愛國赤誠、寄託抗清復明之志的小詞，開篇即發出悲憤質問，表現了對明朝亡國悲劇的沉痛思考，接着以含蓄深婉的筆調表露亡國之痛；下片轉寫自己雖九死亦無悔的心志和烈士暮年的悲涼心境。全詞低迴宛轉，悲愴沉鬱，讀來迴腸盪氣。晚清郭則澐評曰:「張蒼水《柳梢青》詞，亦激昂憤慨。…… 當其荒波龍徙，絕島猿依，留眼看天，立身無地，宜有此孤憤之作。」(《清詞玉屑》卷一)

柳梢青

［清］李良年

懷友人，在白下。

春事闌探，月斜風細，葉葉輕帆。燕子來時，梅花落盡，人在江南。　晚來何處停驂。攜手處、王孫舊語。白下殘鐘，青溪遠笛，今夜難堪。

這首懷人小詞寫來輕閑淡婉，意境幽美。懷人之意，見於言表。更兼取景如畫，的是作手。

李良年（1635—1694）字武曾，號秋錦，秀水梅里（今浙江嘉興市王店鎮）人。諸生。與朱彝尊並稱「朱李」，為浙西詞派大家，有「亞聖」之譽。有《秋錦山房集》二十二卷（詩文各十卷、詞二卷）。

柳梢青（兩首）

［清］何采

梟

莫厭梟鳴，山人衣白，載酒曾聽。如拍悲笳，如吹商笛，如軋哀箏。　不隨燕燕鶯鶯。也不學、時禽變聲。明月清風，繁霜積雪，四季三更。

鵲

不解呀呀，何曾嚦嚦，只管喳喳。對悶人喑，對閑人默，對鬧人譁。　慣紿兒女人家。趁昨夜、紅燈結花。憐比猧兒，愛同蟢子，惱殺慈鴉。

前一首以貓頭鷹自比，後一首痛斥似「鵲」諛且騙的宵小之輩，也屬恢奇警策之甚的好詞。

何采（1626—1700）字滌源，號南礀，一號省齋。安徽桐城人。順治六年（1649）進士，改庶吉士，授編修，官至侍讀。有《南詞選》二卷。

宋佚名《清溪風帆圖》。故宮博物院藏

秦松齡（1637—1714）字漢石，號留仙，無錫縣（今江蘇無錫）人。順治進士。改庶吉士，授國史館檢討，罷歸。康熙十八年（1679）薦博學鴻詞科，參與編修《明史》。有《微雲詞》。

邊壽民（1684—1752）原名維祺，字頤公，號葦間老人，山陽（今江蘇淮安）人。「揚州八怪」之一，精於詩文書畫，尤擅長用潑墨法創寫蘆雁，瀟灑生動，飛鳴宿食，各得神趣，人稱「邊雁」。

柳梢青 感事

［清］彭孫遹

何事沉吟，小窗斜日，立遍春陰。翠袖天寒，青衫人老，一樣傷心。　十年舊事重尋，回首處、山高水深。兩點眉峰，半分腰帶，憔悴而今。

這首詞以驚才絕豔的筆墨，抒寫了詞人對一位絕代佳人刻骨銘心的相思之情，情韻兼勝，神味邈遠。譚獻說此詞「不嫌太盡」（《篋中詞·今集》卷一）。

柳梢青 即事

［清］秦松齡

小艇橫斜，故園輕別，未是天涯。秋雨殘燈，秋心殘酒，秋色殘花。　博山香蝕窗紗，夢斷也、西陵路賒。天外歸雲，水邊去鳥，煙底浮家。

這首羈旅詞抒寫詞人對故園的深情，上片寫離鄉時的心情，下片寫思鄉時的情景。全詞溫婉動人，意境空靈疏淡。

柳梢青

［清］邊壽民

水落寒沙，攜來儔侶，相伴蘆花。塞北霜林，江南煙浦，到處為家。　行行字字欹斜，聲斷續、嗚嗚暮笳。匹馬秋風，孤舟夜雨，人在天涯。

這首詞一派蕭瑟淒清之氣，道出了秋雁的精神，其中也正有詞人的寫照。

柳梢青

［清］蔣春霖

芳草閑門，清明過了，酒滯香塵。白楝花開，海棠花落，容易黃昏。　東風陣陣斜曛，任倚遍、紅闌未溫。一

邊壽民《晴沙集影圖》，繪一叢瑟瑟蘆花旁，兩雁悠閑寧靜，姿態生動自然。故宮博物院藏

片春愁，漸吹漸起，恰似春雲。

詞人生當晚清干戈紛擾的時代，窮愁潦倒，輾轉流離，內心極度抑塞、彷徨、悽愴。這首詞寫春愁，即是將暮春景象與詞人的處境及心境的淒苦之態融為一體。前人喻愁緒，取象春水、海、煙草、飛絮、黃梅雨，各有所勝，而此詞喻為「春雲」，翾起無因，鋪捲無定，亦巧妙貼切，十分警策。譚獻評此詞曰：「自然。」（《篋中詞．今集》卷五）

早春怨　春夜

［清］顧春

楊柳風斜，黃昏人靜，睡穩棲鴉。短燭燒殘，長更坐盡，小篆添些。　紅樓不閉窗紗，被一縷、春痕暗遮。淡淡輕煙，溶溶院落，月在梨花。

這首詞寫春夜溫馨駘蕩的景色，由戶外楊柳、棲鴉，到室內短燭篆香，長坐不寐之人，轉由紅樓窗紗再至月下院落，最後聚集在那雅麗清淡的一樹梨花上，一切都是淡淡的、朦朧的，而詞人的一縷孤棲意緒，卻在這靜謐中隱約流露。

柳梢青　登大觀臺

［清］姚燮

無限愁懷，平嵐雁薄，斜日橋回。萬壑西蟠，一江東折，中有危臺。　今宵酒尊重開，聽落葉、西風滿崖。地遠雲橫，天高星動，月上潮來。

這首詞起首就寫愁懷，似乎沒有擺脫秋日登高賦愁的老套，但接下來寫山景，寫江景，眼看要落到「愁」的實體，卻突然陡轉，宕開新境，描繪壯麗的河山，頓覺心襟一快，極峰迴路轉之能事。

柳梢青　寒食日石溪莊作

［清］黃子高

九十韶光，回頭過半，久雨初晴。百草抽芽，垂楊著絮，幾處開耕。　撩人蝶蝶鶯鶯。最叵耐、啼鵑數聲。昨日花朝，今朝寒食，明日清明。

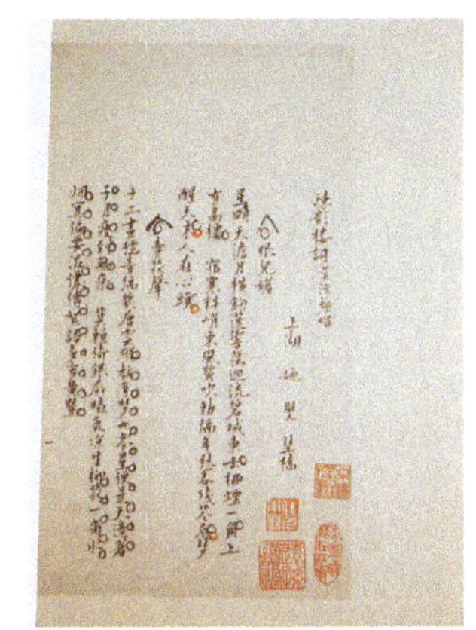

姚燮《疏影樓詞》稿本。天一閣博物館藏

姚燮（1805—1864）字梅伯，浙江鎮海崇邱鄉（今北侖區小港街道）姚家斗人。道光十四年（1834）舉人，工詩畫，尤善人物、梅花。有《疏影樓詞》。

石溪莊，在廣州海珠。

九十，指春季九十天。

宋佚名《晴春蝶戲圖頁》，繪一群翩翩起舞的蝴蝶及一隻小蜂，宛若俏麗的花圃在明媚的春光下漫天綻放，形態生動逼真。故宮博物院藏

黄子高（1794—1839）字叔立，號石溪，廣東番禺人。能詩，工篆隸。有《知稼軒集》，附詞。

這首詞用白描手法，描繪出一幅生機勃勃的江南田園春景。語言淺近，形象鮮明，感情輕快。

柳梢青

［清］居巢

小巷誰家，雙扉白板，一樹桃花。花底驚看，心頭牢閣，碧玉初瓜。　重來劫墮塵沙。牆匡裏、蔓草枯槎。莫問東風，飛花飛絮，何處天涯。

詞人所居廣州河南隔山村（在今廣州海珠區），依山傍水，風景幽美。此詞當寫少年鄉居時的一段情事，事過境遷，在詞人心頭留下的是莫名的悵惘。

清謝彬《漁家圖》（局部），繪蘆叢中露出數艘漁舟，有婦女在哺乳，漁夫們或對酌憩息，或奏笛自娛，或帶着魚鷹歸來，富有漁村生活氣息。上海博物館藏

柳梢青

［清］崔宗武

野店荒村，蒼涼如許，那不銷魂。衰柳千絲，歸鴉數點，掩映斜曛。　幾家小艇當門，望不斷、煙痕水痕。蟹舍煙疏，鷗天月上，人語黄昏。

這首詞寫漁村黄昏景色如畫。

柳梢青

［清］汪兆鏞

雨暗煙昏，故園何處，花落成茵。幾日離愁，閑拋笛譜，懶拂箏塵。　盡教燕去鶯嗔，休忘卻、東風舊因。夢裏還尋，愁邊獨寫，忍說殘春。

這首詞寫春殘花落，舊夢離愁；故園事事，俱成追憶。詞寫得情致深婉，葉公綽評曰：「欲言不盡。」（《廣篋中詞》卷三）

詞林逸事

戴復古流寓江西武寧時，曾有一金姓富翁愛其才，將女兒伯華嫁給他。幾年後，戴復古忽然起了思鄉之情，執

意要走。妻子百般追問，戴復古道出在老家曾娶妻生子的真情。岳父知道後勃然大怒。面對父親的暴怒，這位情深義重的妻子反過來替戴復古解釋周旋，並把妝奩都送他東歸。臨別之際，她填下了《祝英臺近》一首送行：

惜多才，憐薄命，無計可留汝。揉碎花箋，忍寫斷腸句。道旁楊柳依依，千絲萬縷，抵不住、一分愁緒。　如何訴。便教緣盡今生，此身已輕許。捉月盟言，不是夢中語。後回君若重來，不相忘處，把杯酒、澆奴墳土。

這首情調淒婉、苦痛決絕的泣血之作並沒有挽留住夫君的腳步。等薄幸男人走了之後，這位癡情而剛烈的女子終於被這巨大的不幸所擊潰，毅然舉身赴清池。

十年後，戴復古舊地重遊，人物兩非，但見眼前春水新漲，綠波盪漾，流不盡落花殘紅，也帶不走胸中湧起的舊恨新愁。在孤寂的客舍中，當日夫妻雙雙粉壁題詩、妻子在燈下連夜為自己縫製春衣的情景歷歷在目。懷着內疚的心緒，戴復古寫下了一首《木蘭花慢》：

鶯啼啼不盡，任燕語、語難通。這一點閑愁，十年不斷，惱亂春風。重來故人不見，但依然、楊柳小樓東。記得同題粉壁，而今壁破無蹤。　蘭皋新漲綠溶溶，流恨落花紅。念著破春衫，當時送別，燈下裁縫。相思謾然自苦，算雲煙、過眼總成空。落日楚天無際，憑欄目送飛鴻。

這首詞用綿麗之筆，寫哀惋之思，所謂「懷舊」，實為悼亡。

石屏（戴復古號）可謂不仁不義之甚矣。既誑良人女為妻，三年興盡而棄之，又受其奩具而甘視其死。俗有謔詞云：「孫飛虎好色，柳盜蹠貪財，這賊牛兩般都愛。」石屏之謂歟？——明楊慎《升庵先生文集》卷五十一

居巢（1811—1865）字梅生，號梅巢。廣東番禺人。嶺南畫家。善畫山水、花卉，草蟲尤精。有《今夕庵煙語詞》。

崔宗武字驤雲，浙江海鹽人。有《壺隱詞鈔》。

汪兆鏞（1861—1939）字伯序，號憬吾。廣東番禺人。光緒舉人。有《雨屋深燈詞》。

（半夜）梅花入夢香（戴復古《覺慈寺》句）　清《飛鴻堂印譜》

倚聲依譜

《柳梢青》又名《隴頭月》《早春怨》。四十九字，前後片各三平韻，後片第十二字宜去聲。別有一種改用入聲韻。前片三仄韻，後片二仄韻，平仄略異。此調音節和婉、響亮、流美，適用題材廣泛，然尤以寫景見長。

定格

中仄平**平**，中平中仄，仄仄平**平**。
中仄平平，中平中仄，中仄平**平**。

中平中仄平**平**，仄中仄、平平仄**平**。
中仄平平，中平中仄，中仄平**平**。

變格

仄平平**仄**，仄平中仄，中平平**仄**。
中仄平平，中平中仄，中平平**仄**。

平平仄仄平平，仄中仄、平平仄**仄**。
中仄平平，中平中仄，中平平**仄**。

《詞譜》（《柳梢青》）

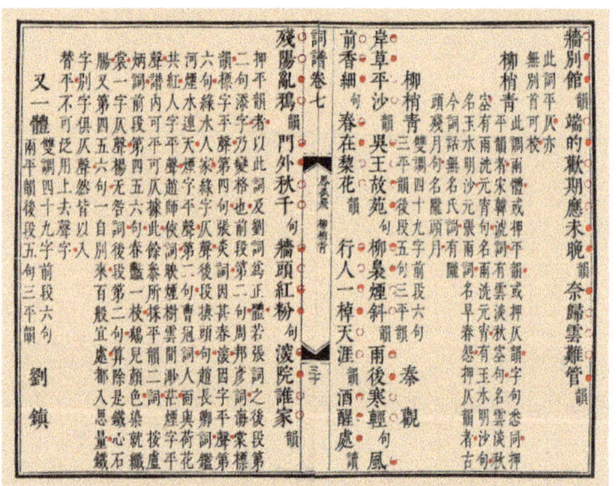

牆別館韻 端的歎期應未晚韻 奈歸雲難管韻

此詞平仄亦無別首可校

柳梢青

柳梢青 雙調四十九字前段六句三平韻後段五句三平韻 秦觀

岸草平沙韻 吳王故苑句 柳裊煙斜韻 雨後寒輕句 風前香細句 春在梨花韻 行人一棹天涯韻 酒醒處讀 殘陽亂鴉韻 門外秋千句 牆頭紅粉句 深院誰家韻

詞譜卷七

又一體 雙調四十九字前段六句兩平韻後段五句三平韻 劉鎮

少年遊

曉夢入芳裀

華音流韻

少年遊　草

［南宋］高觀國

春風吹碧，春雲映綠，曉夢入芳裀[①]。軟襯飛花，遠隨流水，一望隔香塵[②]。　萋萋多少江南恨[③]，翻憶翠羅裙。冷落閑門，淒迷古道，煙雨正愁人。

張桂光書《少年遊》

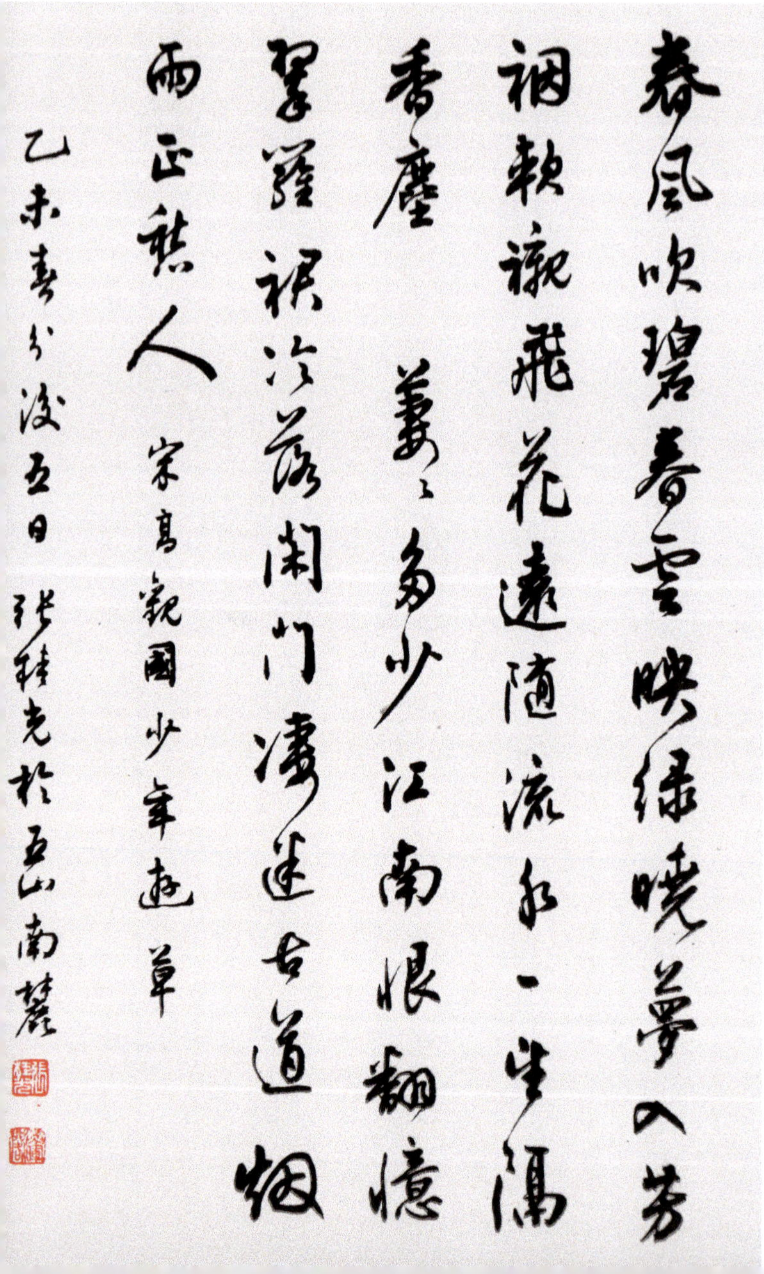

臨風賞讀

「王孫遊兮不歸，春草生兮萋萋。」自從在《楚辭》中出現以後，春草的形象猶如霸陵年年如煙的柳色反覆撞擊着詩人們的心靈，成為抒寫傷別的永恆意象，名篇佳構指不勝屈，而此詞借草之神韻以寫傷離懷人之情，一種惆懷幽恨漫溢其中，允為別樹一幟的詠草絕調。

詞的上片虛寫曉夢幻境：風吹碧草，雲映翠色，花逐流水，遠隨無盡的天際，好一幅迷人的陽春芳景！可惜伊人的芳蹤被無邊的芳草隔斷，微露出惆悵意緒。下片再返真境，轉寫醒後情懷。仍從草字生發挽合上片：萋萋芳草逗引起對遠隔香塵的伊人的一縷綿綿思念。接下以冷落門庭、淒迷遠道、蒙蒙煙雨幾個意象將草色與離情渾化一片，情景相生，悵然無盡。

全詞以草為言情之映托，不沾不滯，秀美深婉，格調不凡，自可與林逋、歐陽修、梅堯臣諸公詠草名篇比美。

[註釋]

①芳裀，有如厚厚裀褥的芳草。裀，褥子，牀墊。

②香塵，女子的芳蹤。

③萋萋，芳草美盛之貌。

古今彙評

俞陛雲：「飛花」「流水」三句詠草固工，兼寓「天隨人遠」之感。後幅閑門古道，懷古傷今，百端交集，若平子之工愁矣。（《唐五代兩宋詞選釋》）

參讀

鎖離愁、連綿無際，來時陌上初熏。繡幃人念遠，暗垂珠露，泣送征輪。長亭長在眼，更重重、遠水孤雲。但望極、樓高盡日，目斷王孫。　銷魂。池塘別後，曾行處、綠妒輕裙。恁時攜素手，亂花飛絮裏，緩步香茵。朱顏空自改，向年年、芳意長新。遍綠野、嬉遊醉眠，莫負青春。—— 宋神宗元豐初年，韓縝奉使與西夏議地界，臨行前與愛妾劉氏劇飲通宵，作《鳳簫吟》留別。通篇巧用擬人手法，把點點離愁都化作可感的春草，情韻悠漾，極具空靈之美，一時盛傳於天下。

詞人心史

高觀國字賓王，號竹屋，山陰（今浙江紹興）人。生卒年不詳。生活於南宋中期，約與姜夔相近。與史達祖交誼厚密，時相唱和。其詞取法周邦彥，句琢字煉，格律精嚴；同時也受姜夔騷雅詞風的影響，清雋可喜，或與史達祖並稱為姜夔「羽翼」。有詞集《竹屋癡語》一卷，存詞一百零八首。

品題

秦少游、高竹屋、姜白石、史邦卿、吳夢窗，此數家格調不侔，句法挺異，俱能特立清新之意，刪削靡曼之詞，自成一家，各名於世。（張炎《詞源序》）

詞自鄱陽姜夔句琢字煉，始歸醇雅；而達祖、觀國為之羽翼。（《四庫全書總目提要》卷一百九十九）

元高克恭《春雲曉雨圖》，繪雲山飛瀑，老樹溪舟，山坳塔樓半露，山中煙雲飄渺，意境迷蒙。故宮博物院藏

元人《梅花仕女圖》（局部），寫壽陽公主故事，繪一老梅下美人對鏡理妝，額上飾以梅花。臺北「故宮博物院」藏

竹屋詞最雋快，然亦有含蓄處。抗行梅溪則不可。要非竹山所及。（陳廷焯《白雨齋詞話》卷二）

陳造序高賓王詞，謂竹屋、梅溪，要是不經人道語。玉田亦以兩家與白石、夢窗並稱……平心論之，竹屋精實有餘，超逸不足，以梅溪較之，究未能旗鼓相當。（馮煦《宋六十一家詞選例言》）

低吟 / 浩唱

少年遊

［北宋］楊億

江南節物，水昏雲淡，飛雪滿前村。千尋翠嶺，一枝芳豔，迢遞寄歸人。　壽陽妝罷，冰姿玉態，的的寫天真。等閑風雨又紛紛，更忍向、笛中聞。

這首詠梅之作以嚴冬時節的江南為背景，妙用典故的意境，淋漓盡致地刻畫梅花玉骨冰肌、雅淡自然的姿質和淩霜傲雪的精神。最後以於風雨中不忍聽笛曲《梅花落》收結，委婉地表明自己為梅花受風雨摧殘而傷感，情致極為淒婉。全詞借物言情，營造出若即若離、雋逸柔美的藝術境界，讀來真味無窮。

翠嶺，指梅嶺，位於粵、贛交界處。據傳張九齡為相，令人開鑿新路，沿途植梅，故稱。

壽陽妝罷，用南朝宋武帝之女壽陽公主梅落額上的典故。

漢樂府中二十八橫吹曲之一《梅花落》，是自魏晉南北朝以來一直流傳不息的笛子曲代表作品。

楊億（974—1020）字大年，建州浦城（今屬福建）人。淳化進士，官至工部侍郎。「西崑體」代表作家之一。有《武夷新集》。

少年遊

［北宋］柳永

參差煙樹灞陵橋，風物盡前朝。衰楊古柳，幾經攀折，憔悴楚

宮腰。　夕陽閑淡秋光老，離思滿蘅皋。一曲《陽關》，斷腸聲盡，獨自憑蘭橈。

這首詞為詞人客遊長安時所作，以哀景寫哀，借助霸橋、古柳、夕陽、陽關等寓意淒迷蒼涼、清越悠遠的意象，反覆渲染，強化客中作別時的旅思羈愁與今古滄桑之感。筆力遒勁，境界高遠，感慨沉鬱、悲涼。

元佚名《山水圖》。故宮博物院藏

長安古道馬遲遲，高柳亂蟬嘶。夕陽島外，秋風原上，目斷四天垂。　歸雲一去無蹤跡，何處是前期。狎興生疏，酒徒蕭索，不似少年時。—— 柳永這首《少年遊》當為晚期之作，寫入其「秋士易感」的失志之悵惘與悲愴，風格蒼茫寥落。

少年遊

［北宋］晏幾道

離多最是，東西流水，終解兩相逢。淺情終似，行雲無定，猶到夢魂中。　可憐人意，薄於雲水，佳會更難重。細想從來，斷腸多處，不與者番同。

這首詞以雲水比況人情，迴旋往覆，柔腸百折，道出了情殤後的迷茫與掙紮。「可憐人意，薄於雲水」，可視為對天下所有負心人的譴責。結拍語極為深摯、沉痛，讀來盪氣迴腸，一唱三歎。

宋揚無咎《雪梅圖》，圖繪雪中綻放梅花。故宮博物院藏

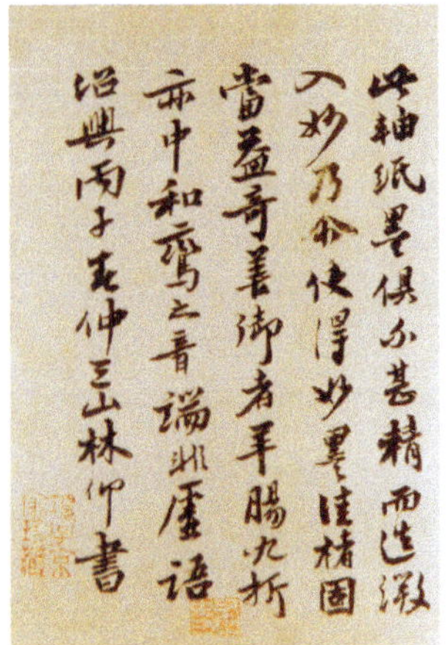

林仰手跡

林仰字少瞻，長溪（今福建霞浦）赤岸人。紹興十五年（1145）進士。歷官袁州宜春縣尉、蕪湖令、知海鹽縣。官至朝奉郎。

明董其昌《秋興八景圖》之一（林仰《少年遊》）。上海博物館藏

少年遊

[北宋] 蘇軾

潤州作，代人寄遠。

去年相送，餘杭門外，飛雪似楊花。今年春盡，楊花似雪，猶不見還家。　對酒捲簾邀明月，風露透窗紗。恰似姮娥憐雙燕，分明照、畫梁斜。

熙寧七年（1074）四月，詞人於潤州（今江蘇鎮江）行役中作，託為思婦懷念遠人（一說為假託妻子在杭思己之作）。送別之際，雨雪霏霏。冬去春盡，離人猶不見回家。思念之時，只能對酒邀月，無奈明月一似嫦娥憐慕雙棲的燕子，卻偏照着畫梁。此情此景，更添詞人孤寂、淒冷與惆悵。這首詞構思新巧別致，感情真摯，動人心魂。

少年遊

[北宋] 周邦彥

朝雲漠漠散輕絲，樓閣澹春姿。柳泣花啼，九街泥重，門外燕飛遲。　而今麗日明金屋，春色在桃枝。不似當時，小橋沖雨，幽恨兩人知。

這首詞作於元祐八年（1093）前詞人流寓荊州時。上闋描寫淒冷的春景，逆敘舊時的戀愛故事；下闋轉寫今日明媚的春光，相聚的歡好。結末忽然再轉，寫今日的歡聚反倒不如舊時那種緊張、淒苦、恨別、彼此相思的情景來得意味深長，愛的過程似比愛的結果更為刻骨銘心。全詞清新和婉，情溢於詞，韻致綿遠。

少年遊　早行

[南宋] 林仰

霽霞散曉月猶明，疏木掛殘星。山徑人稀，翠蘿深處，啼鳥兩三聲。　霜華重迫駝裘冷，心共馬蹄輕。十里青山，一溪流水，都做許多情。

這首詞以極清新的筆調活畫出一幅清幽靜謐的山徑早行圖，洋溢着歸家的無限喜悅之情。全詞以景襯情，

情思綿綿，韻味悠長。

晨起動征鐸，客行悲故鄉。雞聲茅店月，人跡板橋霜。槲葉落山路，枳花明驛牆。因思杜陵夢，鳧雁滿迴塘。——唐溫庭筠《商山早行》描寫旅途中寒冷淒清的早行景色，抒發遊子在外的孤寂之情和濃濃的思鄉之意，語言明淨，情景交融，含蓄有致。

少年遊

［南宋］蔣捷

楓林紅透晚煙青，客思滿鷗汀。二十年來，無家種竹，猶借竹為名。　春風未了秋風到，老去萬緣輕。只把平生，閑吟閑詠，譜作棹歌聲。

這首詞為詞人晚年自敍平生之作，以恬淡而輕逸的筆調，抒寫漂泊江湖的亡國遺民內心的愁悶和隱痛。

少年遊　春情

［明］陳子龍

滿庭清露浸花明，攜手月中行。玉枕寒深，冰綃香淺，無計與多情。　奈他先滴離時淚，禁得夢難成。半晌歡娛，幾分憔悴，重疊到三更。

這首詞作於崇禎八年（1635）初夏柳如是離開詞人前夕。詞中擷取攜手花間月下流連忘返的片斷，真實細膩地流露出春已歸去而別離在即的綿綿愁思。結末以歡情與傷感相疊收，寫得極其起伏婉折，感情波瀾在紙上大起大落。清鄒祗謨評曰：「詞不極情者，未能臻妙如此。朦朧宛折，應稱獨絕。」（《陳忠裕公全集》卷二十）

少年遊

［清］吳錫麒

江南三月聽鶯天，買酒莫論錢。晚筍餘花，綠陰青子，春老夕陽前。　欲尋舊夢前溪去，過了柳三眠。桑徑人稀，吳蠶才動，寒倚一梯煙。

高劍父《雞聲茅店圖》。廣州藝術博物院藏

蔣捷曾隱居於故鄉宜興東北太湖之濱的竹山，故號竹山。

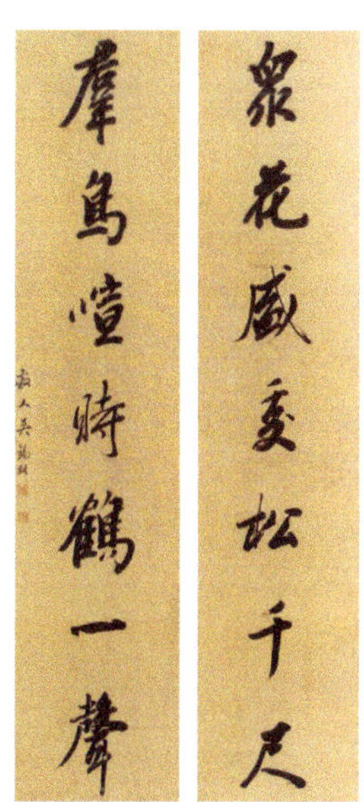

吳錫麒手書對聯

彭孫遹像

彭孫遹（1631—1700）字駿孫，號羨門，又號金粟山人，浙江海鹽人。順治進士。康熙十八年（1679）舉博學鴻詞科第一，授編修。歷吏部侍郎兼翰林掌院學士，為《明史》總裁。其詞多寫豔情，早年亦有慷慨蒼涼之作。有《延露詞》《金粟詞話》等。

這首詞以極為清新的筆調描寫三月江南水鄉特有的風貌和文人的閑情逸趣。結句「寒倚一梯煙」尤有情致，耐人尋味。全詞流麗秀逸，自然鮮活。

少年遊　席上有贈

［清］彭孫遹

花底新聲，尊前舊侶，一醉盡平生。司馬無家，文鴛未嫁，贏得是虛名。　當時顧曲朱樓上，煙月十年更。老我青袍，誤人紅粉，相對不勝情。

這首詞當作於清順治康熙之交詞人已中進士而尚未貴顯之時，寫給席間重逢的紅粉知己。詞人以直筆寫豔情，卻不僅僅是寫男女戀慕之情，而是打入了身世之感，其所流露的更多的是青衫名士與紅粉佳人兩皆惆悵不得意的悲慨。譚獻謂此詞「自然湊泊」（《篋中詞·今集》卷一）。

少年遊

［清］徐紹楨

一江春漲碧迢迢，隔岸酒旗招。十里鶯花，半溪楊柳，小泊漱珠橋。　名園綠水年年好，雙槳莫辭遙。無賴春風，牽情芳草，到處惹魂消。

酒旗，酒家所用的招子。以布綴竿，懸於門首，以招徠酒客。

漱珠橋，在今廣州海珠同福路。橋下有涌可通珠江，涌邊遍植垂柳，舊時為名勝之地。

徐紹楨字伯生，廣東番禺人。有《水南閣詞草》。

這首詞寫廣州珠江南岸水鄉陽春小景。鶯花楊柳，綠水名園，一派醉人的春光。

詞林逸事

暮春的一日，一班朋友歡聚於歐陽修家談詩論詞。有人饒有興致地吟唱起林逋的詞《點絳唇》：

金谷年年，亂生春色誰為主。餘花落處，滿地和煙雨。　又是離歌，一闋長亭暮。王孫去，萋萋無數，南北東西路。

吟唱畢，這位朋友嘖嘖稱妙，認為當世最好的詠草詞莫過於此了。梅堯臣在一旁頗為不服，心想哪能讓林和靖專美於前，一時興會成吟，便填下一首《蘇幕遮》：

露堤平，煙墅杳。亂碧萋萋，雨後江天曉。獨有庾郎年最少，窣地春袍，嫩色宜相照。　接長亭，迷遠道。堪怨王孫，不記歸期早。落盡梨花春事了，滿地斜陽，翠色和煙老。

歐公一旁擊節稱賞，也禁不住技癢難耐，一首《少年遊》便衝口而出：

欄干十二獨憑春，晴碧遠連雲。千里萬里，二月三月，行色苦愁人。　謝家池上，江淹浦畔，吟魄與離魂。那堪疏雨滴黃昏，更特地、憶王孫。

這三首詠草詞都不着一「草」字，卻用環境、形象、神態的描繪，將春草寫得形神俱備。林詞於淒迷柔美的物象中渲染出綿綿不盡的離愁，筆觸清新空靈，詞境極冷絕淒楚；梅詞意新語工，初仕的得意情態和後來倦於宦遊、春末思歸的苦悶心緒，只在精心描繪的意境中微微透出，可謂「能狀難寫之景如在目前，含不盡之意見於言外」；而歐詞雖寫思婦懷人，卻一改花間習氣，寫得意境開闊遼遠，「最工切超脫」（吳梅《詞學通論》）。近代王國維將這三首詞稱為詠春草絕調。

宋徽宗趙佶《文會圖》，描繪一座安靜優美的園林內，一群文人雅士在庭院柳蔭下宴飲文會的生動場面。他們圍坐案旁，或端坐，或談論，或持盞，或私語，儒衣綸巾，意態閑雅。圖中右上有趙佶題詩：「儒林華國古今同，吟詠飛毫醒醉中。多士作新知入彀，畫圖猶喜見文雄。」臺北「故宮博物院」藏

倚聲依譜

《少年遊》又名《桃花曲》《隴首山》《十二時》。宋人用此調者甚眾，而以柳永詞此體為正體，雙調，五十字，前片五句，三平韻；後片五句，二平韻。蘇軾、周邦彥、姜夔三家又各為變格，五十一字，前後片各兩平韻。此調奇句與偶句配置和諧，後段韻稀，具有流暢婉約的特點。

定格

中平中仄仄平平，中仄仄平平。
中平中仄，中平中仄，中仄仄平平。

中平中仄平平仄，中仄仄平平。
中仄平平，中平中仄，中仄仄平平。

變格一

仄平平仄，平平平仄，平仄仄平平。
平平平仄，平平仄仄，平仄仄平平。

仄仄仄平平平仄，平仄仄平平。
仄仄平平平平仄，平平仄、仄平平。

變格二

平平平仄，平平仄仄，平仄仄平平。
仄仄平平，仄平中仄，中仄仄平平。

平平仄，仄平平仄，平仄仄平平。
仄仄平平，仄平中仄，中仄仄平平。

變格三

平平仄仄，平平平仄，平仄仄平平。
仄仄平平，平平平仄，平仄仄平平。

平平仄仄平平仄，平仄仄平平。
平仄平平，平平平仄，平仄仄平平。

《詞譜》(《少年遊》)

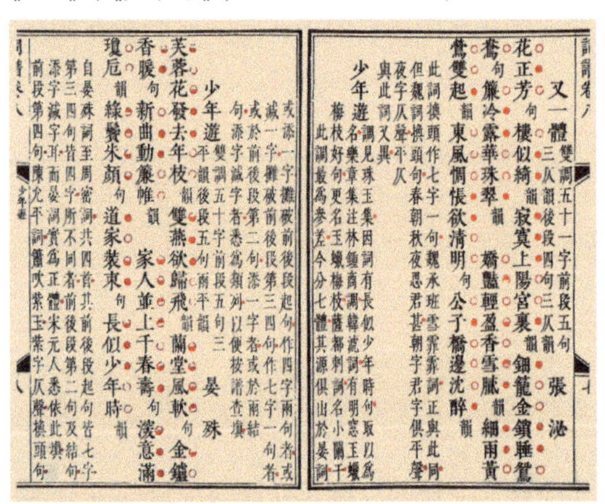

詞譜卷八

又一體 雙調五十一字，前段五句三仄韻，後段四句三仄韻 張泌

花正芳 句 樓似綺 韻 寂寞上陽宮裏 韻 鈿籠金鎖睡鴛鴦 句 簾冷露華珠翠 韻 嬌豔輕盈香雪膩 韻 細雨黃鶯雙起 韻 東風惆悵欲清明 句 公子橋邊沉醉 韻

此詞換頭作七字一句，魏承班雪霏霏詞正與此同，但魏詞換頭句春朝秋夜思君甚，朝字君字俱平聲，夜字仄聲，平仄與此詞又異。

少年遊

調見珠玉集，因詞有長似少年時句，取以爲名。樂章集注林鍾商調。韓淲詞有明窗玉蠟梅枝好句，更名玉蠟梅枝。薩都剌詞名小闌干。此調最爲參差，今分七體，其源俱出於晏詞。或添一字攤破前後段起句作四字兩句者，或減一字攤破前後段第三四句作七字一句者，或於前後段第二句添一字者，或於兩結句添字減字者，悉爲類列，以便按諸查填。

少年遊 雙調五十字，前段五句三平韻，後段五句兩平韻 晏殊

芙蓉花發去年枝 韻 雙燕欲歸飛 韻 蘭堂風軟 句 金鑪香暖 句 新曲動簾帷 韻 家人並上千春壽 句 深意滿瓊卮 韻 綠鬢朱顏 句 道家裝束 句 長似少年時 韻

自晏殊詞至周密詞共四首，其前後段起句皆七字，第三四句皆四字，所不同者，前後段第二句及結句添字減字耳，而晏詞實爲正體，宋元人悉依此填。前段第四句陳允平詞簫吹紫玉，紫字仄聲，換頭句

詞譜卷八 少年遊

祝英臺近

極目萬里沙場，事業頻看劍

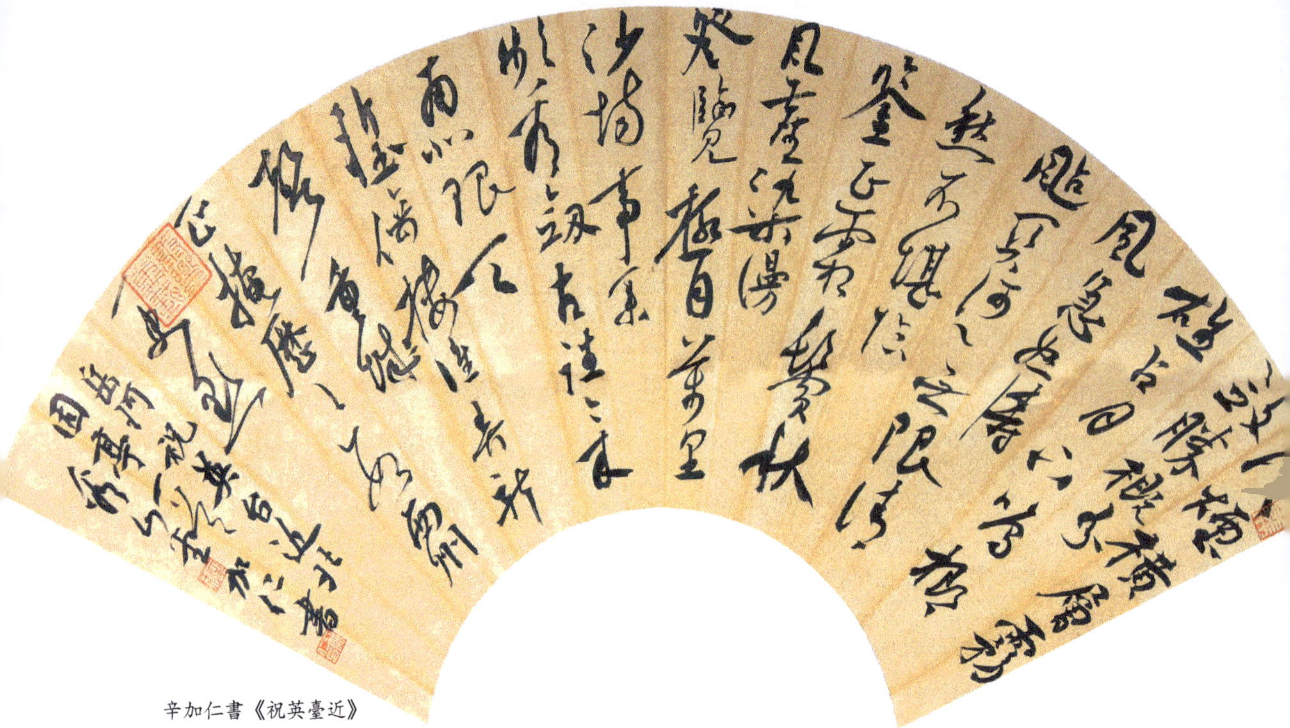

辛加仁書《祝英臺近》

華音流韻

祝英臺近　北固亭

［南宋］岳珂

澹煙橫，層霧斂。勝概分雄占。月下鳴榔[①]，風急怒濤颭[②]。關河無限清愁，不堪臨鑒。正霜鬢、秋風塵染。

漫登覽。極目萬里沙場，事業頻看劍。古往今來，南北限天塹。倚樓誰弄新聲，重城正掩。歷歷數、西州更點[③]。

臨風賞讀

千百年來，鎮江北固山以其形勢的雄險、風光的壯麗，吸引着無數詩人登臨感懷吟詠，如李白、蘇軾、米芾、陸游、辛棄疾等都在此留下了千古傳誦的名篇。

大約是嘉定十四年（1221）的某個秋月之夜，正在鎮江權知府事任上的岳珂亦信步登上滿眼風光的北固亭，遙望中原，感慨沉痛，作此闋以抒胸臆。

詞作先以疏淡的筆墨，描繪朦朧而蒼茫的江月夜景。層

［註釋］

①鳴榔，以棒敲擊船舷，使魚驚而入網。

②颭，風吹使顫動。

③西州，是晉揚州刺史治所（今江蘇江寧西）。《通鑒》胡三省註：「揚州治所，在臺城西，故謂之西州。」

霧逐漸斂盡天邊，淡煙一抹。當前勝景曾是英雄豪傑分佔據守創業之地，可眼下一片沉寂，只有江上漁者「鳴榔」聲不時地遠遠傳來，四周夜風勁急，江上波濤洶湧。其時金兵壓境，時局動盪，國家蒙恥。面對眼前清奇無比的萬里河山，詞人心中充滿對邊備荒廢，戍守無人，華夏禮儀之邦竟變成腥膻遊牧之場的悲涼，不禁產生「無限清愁」，唯有空歎塵染霜鬢，衰容落魄，不敢對鏡。年華易逝、功業未成的悲憤之情溢於言表，用語蒼涼而沉痛。

下片承上片抒情。詞人登上北固亭，極目遠眺，眼中的山河原是抗金殺敵的萬里沙場，禁不住低頭頻頻注視置閑的佩劍。一「頻」字，見出詞人揮劍殺敵、建功報國之心切。俯視亭下的長江，又勾起無盡思緒，歷史上長江多次成為分裂南北的天塹，至今仍是與金對峙的界限。這裏不僅是懷古，更是對眼前南北分裂，而南朝當政者偏安一隅、苟且偷安的痛心。正倚樓傷感時，一重重的城門都關閉了，除了遠處樓上不知是誰奏演新曲，傳來陣陣歌舞聲之外，到處是一片死寂，唯有揚州更鼓聲歷歷可聞。這一聲聲更點，敲擊着詞人的心，也敲擊着讀者的心。詞作至此戛然而止，給人以不盡的遐想。

這首詞表達了詞人驅逐強敵、改變分裂局面，使國家歸於統一的拳拳愛國之心。全詞平易暢達，無一處用典，卻淋漓盡致地將夜登北固亭的所見、所聞、所為和所想刻畫出來了，寫得沉鬱而悲壯，又含蓄而蘊藉，境界雄邁，真摯感人，頗具乃祖之遺風。

古今彙評

楊　慎：此詞感慨忠憤，與辛幼安「千古江山」一詞相伯仲。（《詞品》卷五）

葛汝桐：這首詞，抒發了一位愛國志士對國勢一蹶不振的悲歎和自己空有沙場殺敵的雄心壯志，但苦無用武之地的苦悶。全詞寫得沉鬱而悲壯……詞中所寫的風聲、濤聲、鳴榔聲、更鼓聲，構成了一部雄渾的交響曲，讀來極有韻味。（《宋詞鑒賞辭典》）

清任頤《關河一望蕭索圖》。「一望關河蕭索」為柳永《曲玉管》（「隴首雲飛」）中句。畫一馬立山巖之上，露半身。一人背倚馬立，頭仰僅露鼻眼，凝望遠飛之雁，意境低沉悲愴。關河蕭索，神京杳杳，不堪久望，寄寓着畫家對祖國命運的深切憂慮。南京博物院藏

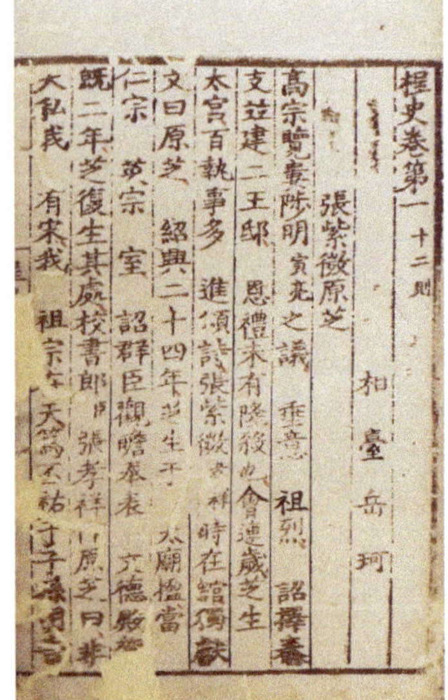
程史卷第一 十二則
相臺岳珂
張紫微原芝

明嘉靖刻本《程史》書影

古人有分釵贈別的習俗。杜牧《送人》詩：「明鏡半邊釵一股，此生何處不相逢。」

南浦，泛指送別的碼頭。江淹《別賦》：「送君南浦，傷如之何。」

岳珂跋唐摹《萬歲通天進王氏帖》。遼寧省博物館藏

參讀

牛渚天門險，限南北、七雄豪佔。清霧斂，與閑人登覽。待月上潮，平波灩灩，塞管輕吹新《阿濫》。風滿檻，歷歷數、西州更點。—— 北宋賀鑄《天門謠．登採石蛾眉亭》詞寫得大起大落，時而劍拔弩張，氣勢蒼莽，時而輕裘緩帶，情趣蕭閑，讀之令人盪氣迴腸。

詞人心史

岳珂（1183—1243）字肅之，號亦齋、東幾，晚號倦翁。相州湯陰（今屬河南）人。寓居嘉興（今屬浙江）。岳飛之孫，岳霖之子。嘉定十年（1217），出知嘉興。官至寶謨閣直學士。

岳珂文采出眾、學識淵博，長於經學，工於詞章。著述甚多，有《程史》《玉楮集》《棠湖詩稿》和《金佗粹編》等。其詩詞爽朗俊美，自成一格。傳詞八首。

低吟／浩唱

祝英臺近　晚春

［南宋］辛棄疾

寶釵分，桃葉渡，煙柳暗南浦。怕上層樓，十日九風雨。斷腸片片飛紅，都無人管，更誰勸、啼鶯聲住。　鬢邊覷。試把花卜歸期，才簪又重數。羅帳燈昏，哽咽夢中語。是他春帶愁來，春歸何處，卻不解、帶將愁去。

這首詞抒發晚春時節空閨獨守女子怨春懷人的纏綿悱惻之情。上片描述別時的淒迷情景和別後閨中的冷落，烘托出女子淒苦悵惘的心境。下片極寫女子

苦苦企盼心上人回歸、夜眠難安的苦楚。詞從南浦贈別，怕上層樓，花卜歸期到哽咽夢中語，紆曲遞轉，將閨中女子的柔媚多情、慵倦嬌癡刻繪得聲情畢肖，真切動人。此詞婉約清麗，於縱橫鬱勃之外，別具一副筆墨，正如清沈謙所云：「稼軒詞以激揚奮厲為工，至『寶釵分，桃葉渡』一曲，昵狎溫柔，魂銷意盡，才人伎倆，真不可測。」（《填詞雜說》）

霽煙輕，涼月澹，腸斷西陵浦。松露廉纖，灑遍篷窗雨。可憐舊日青山，無人吟眺，算誰肯、移家暫住。　憑闌覷，幾株垂柳陰邊，屬玉遙堪數。萬壑千巖，猶記虎頭語。任他客帽頻攲，村醪半醉，聊目送、亂雲歸去。—— 清董俞《祝英臺近．會稽道中，用辛稼軒韻》筆致清新疏朗，不乏稼軒野逸之趣。

宋佚名《玉樓春思圖》，中為遼闊的江面，左部江堤上柳蔭濃鬱，岸邊有一水殿樓閣迴廊縈繞，樓閣中女子孤單一人，正憑欄眺望煙水迷離處，似乎在輕輕吟唱着幽怨的詞曲。隔江雲山起伏，意境深遠。畫面上部題有《魚遊春水》一詞：「秦樓東風裏，燕子還來尋舊壘。餘寒猶峭，紅日薄侵羅綺。嫩草方抽碧玉茵，媚柳輕窣黃金蕊。　鶯囀上林，魚遊春水。幾曲闌干遍倚，又是一番新桃李。佳人應怪歸遲，梅妝淚洗。鳳簫聲絕沉孤雁，望斷清波無雙鯉。雲山萬重，寸心千里。」詞意正是寫思婦春日懷念遠人的惆悵，詞情畫意交融妙合，意韻無窮。遼寧省博物館藏

祝英臺近

［南宋］張輯

竹間棋，池上字，風日共清美。誰道春深，湘綠漲沙觜。更添楊柳無情，恨煙顰雨，卻不把、扁舟偷繫。　去千里。明日知幾重山，後朝幾重水。對酒相思，爭似且留醉。奈何琴劍匆匆，而今心事，在月夜、杜鵑聲裏。

這首詞以閨中人的口吻傾訴滿腹別情。上片追憶當日共遊之樂，歎惋好景不長，暮春時節水漲舟去，將只剩離情。下片設想別後，山長水遠，當下心中難以割捨和無奈。況周頤謂「對酒相思，爭似且留醉」二句「寫綿邈遙深之景、低迴往覆之情，尤有事外遠致，未可第以綺語目之」（《歷代詞人考略》卷二十四）。

兒女心腸英雄肝膽　清黃士陵

元夏永《映水樓臺圖》，故宮博物院藏

祝英臺近　中秋

［南宋］湯恢

月如冰，天似水，冷浸畫欄濕。桂樹風前，穠香半狼藉。此翁對此良宵，別無可恨，恨只恨、古人頭白。　洞庭窄。誰道臨水樓臺，清光最先得。萬里乾坤，原無片雲隔。不妨彩筆雲箋，翠尊冰醞，自管領、一庭秋色。

這是一首別具一格的中秋月夜遣興之作，描繪了一個清逸、高遠、明淨又有些淒清的境界，洋溢着詞人歡快、喜悅和自得的情調。

穠香，此指代桂花。

冰醞，喻指美酒。

湯恢字充之，號西村，眉山（今屬四川）人。理宗寶祐年間（1253—1258）在世。存詞六首。其詞兼具柔媚與勁峭之風。

祝英臺近　春日客龜溪遊廢園

［南宋］吳文英

採幽香，巡古苑，竹冷翠微路。鬥草溪根，沙印小蓮步。自憐兩鬢清霜，一年寒食，又身在、雲山深處。　晝閑度。因甚天也慳春，輕陰便成雨。綠暗長亭，歸夢趁風絮。有情花影闌干，鶯聲門徑，解留我、霎時凝佇。

這首詞為詞人寒食節作客龜溪遊春感懷之作。上闋寫遊園所見清麗淒寂景色及客中生出的感喟。下闋敘述遊園遇雨獨自於花影之下沉思，更加感歎歸期無定，一片鄉情只能寄託夢中，但幽思縹緲，猶如隨風輕颺的花絮；自己的歸夢也仿佛悠然飄盪在綠蔭滿地的長亭路上。結句清逸出塵，在篇外宕出遠神，如楊鐵夫所云：「就題忽然而止，非止也。『凝佇』二字有無窮之情思，身官雖止而神已行也。」（《吳夢窗詞淺釋》）

明陳洪綬《鬥草圖》（局部），描繪端陽時節，五位妙齡女子圍坐石下鬥草為戲的情節。人物神態生動微妙，各具神韻。遼寧省博物館藏

祝英臺近　除夜立春

［南宋］吳文英

剪紅情，裁綠意，花信上釵股。殘日東風，不放歲華去。有人添燭西窗，不眠侵曉，笑聲轉、新年鶯語。　舊尊俎。玉纖曾擘黃柑，柔香繫幽素。歸夢湖邊，還迷鏡中路。可憐千點吳霜，寒銷不盡，又相對、落梅如雨。

這首詞為詞人客居異鄉立春感懷之作。上片極力渲染濃厚的節日歡樂氣氛，從中反襯老客異鄉的孤獨淒苦。下片是對溫馨家庭生活的回憶，則又以昔日之溫馨反襯今日之淒苦。結末寫詞人斑斑白

髮與點點白梅相對，更將有家歸不得的愁情推向極致，令人為之淒絕。清彭孫遹獨愛此詞，謂「兼有天人之巧」(《金粟詞話》)。

祝英臺近

［南宋］李彭老

杏花初，梅花過，時節又春半。簾影飛梭，輕陰小庭院。舊時月底鞦韆，吟香醉玉，曾細聽、歌珠一串。　忍重見。描金小字題情，生綃合歡扇。老了劉郎，天遠玉簫伴。幾番鶯外斜陽，闌干倚遍，恨楊柳、遮愁不斷。

這是一首寄情詞，回憶舊時的一段戀情。全詞工秀婉麗，深情綿渺。俞陛雲謂此詞「寫景言情，撫今追昔，循序寫來，自是佳作。結處『鶯外斜陽』三句，含思綿緲，群稱警句」(《唐五代兩宋詞選釋》)。

李彭老字商隱，號篔房，生平事跡不詳。有《龜溪二隱詞》(與李萊老合集)。

清商，秋聲。

屏山，屏風。

庾郎賦，北周庾信有《哀江南賦》和《愁賦》。

邵亨貞(1309—1401)字復孺，號清溪，雲間(今上海松江)人。曾任松江府訓導。其詞風格清雋雅致、情韻渾融，且託寄遙深。有《蛾術詞選》。

祝英臺近　和雲西老人秋懷韻

［元］邵亨貞

暮天雲，深夜雨，幽興到何許。風拍疏簾，燈影逗窗戶。自從暝宿河橋，露聽江笛，久不記、舊遊湘楚。　正無緒。可奈滿目清商，蕭蕭五陵樹。斜掩屏山，腸斷庾郎賦。幾回思繞蘋花，夢尋蘭棹，怕驚起、故溪鷗鷺。

這首詞通過描寫秋雨之夜一室內外淒冷氛圍，襯托出詞人對友人的深切懷念和羈客他鄉的哀愁，筆致曲折靈動。

祝英臺近　難後懷蕙庵

［明］徐石麒

雨中山，山下渡，猶是舊時路。指盡征帆，都

曹知白(雲西老人)《溪山泛艇圖》。此圖寫遠山峭拔，飛瀑如練，近巖蒼松虬屈盤空，水鳥低掠於明淨溪面，景色清曠雄奇。溪山之間，有士人泛舟。上海博物館藏

史可法率領揚州人民阻擋清軍南侵守衛戰失敗後，清軍對揚州城內人民展開大屠殺，史稱揚州十日又稱揚州屠城、揚州之屠。當時幸存者王秀楚有《揚州十日記》。

徐石麒字又陵，號坦庵，明末清初浙江鄞縣人。善畫花卉，工詩詞。有《坦庵詩餘甕吟》《坦庵樂府黍香集》《詩餘定譜》等。

向日邊去。蕭蕭紅蓼西風，白蘋秋水，望嶺表、蘇郎何處。　莫回顧，只有煙雨嗚鳩，驚飛夕陽塢。斷剎荒丘，再誦鮑照賦。歸來又恐傷心，人非物換，空一座、錦城如故。

這首詞是清兵陷揚州後詞人懷念其兄之作。上片敘述沿途景物和思念的心情；下片寫亂後景物。據「鮑照賦」句，知作於揚州被屠之後。「斷刹荒丘」「人非物換」正是對清兵暴行的沉痛控訴。

祝英臺近　感春

[清] 文廷式

剪鮫綃，傳燕語，黯黯碧雲暮。愁望春歸，春到更無緒。園林紅紫千千，放教狼藉，休但怨，連番風雨。　謝橋路。十載重約鈿車，驚心舊遊誤。玉佩塵生，此恨奈何許。倚樓極目天涯，天涯盡處，算只有、濛濛飛絮。

這首詞作於光緒二十一年（1895）春，其時詞人因彈劾李鴻章「畏葸求和，挾夷自重」得罪當局，被迫南歸。詞中通過傷春女子愁眼看落花的獨特情景，道出對春天消逝的哀惋和無奈，並借以寄託對國事日非無力回天的感慨。王瀣謂「此作得稼軒之骨」(《手批雲起軒詞鈔》)，葉恭綽也說「與稼軒『寶釵分』，同為感時之作」(《廣篋中詞》卷一)，都指出了此詞受辛棄疾《祝英臺近·晚春》詞的影響。

無邊風月　清訒庵藏印

參讀

倦尋芳，慵對鏡，人倚畫闌暮。燕妒鶯猜，相向甚情緒。落英依舊繽紛，輕陰難乞，枉多事、愁風愁雨。　小園路。試問能幾銷凝。流光又輕誤。聯袂留春，春去竟如許。可憐有限芳菲，無邊風月，恁都付、等閑風絮。—— 清王鵬運《祝英臺近·次韻道希（文廷式）感春》與文廷式原詞題旨相近，亦寫得深婉要眇，感情真摯。

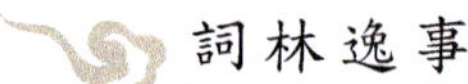

詞林逸事

寧宗開禧元年（1205），辛棄疾任鎮江知府。二十二歲的岳珂也正以承務郎監鎮江府戶部大軍倉，以超群之才在京口與辛棄疾交遊，有機緣親見這位大詞人對自己詞作的創作、欣賞、接受、品評和修改等一系列藝術活動，並在他的《桯史》卷三中有生動形象的記述：

稼軒以詞名，每燕必命侍姬歌其所作。特好歌《賀新郎》一詞，自誦其警句曰：「我見青山多嫵媚，料青山見我應如是。」又曰：「不恨古人吾不見，恨古人不見吾狂耳。」每至此，輒拊髀自笑，顧問座客何如，皆歎譽如出一口。既而又作一《永遇樂》，序北府事，首章曰：「千古江山，英雄無覓，孫仲謀處。」又曰：「尋常巷陌，人道寄奴曾住。」其寓感慨者，則曰：「可堪回首，佛狸祠下，一片神鴉社鼓。憑誰問、廉頗老矣，尚能飯否。」特置酒召數客，使妓迭歌，益自擊節，遍問客，必使摘其疵，遜謝不可。客或措一二詞，不契其意，又弗答，然揮羽四視不止。余時年少，勇於言，偶坐於席側，稼軒因誦啟語，顧問再四。余率然對曰：「待制詞句，脫去今古軫轍……童子何知，而敢有議？然必欲知范文正以千金求《嚴陵祠記》一字之易，則晚進尚竊有疑也。」稼軒喜，促膝亟使畢其說。余曰：「前篇豪視一世，獨首尾二腔警語差相似；新作微覺用事多耳。」於是大喜，酌酒而謂坐中曰：「夫君實中予痼。」乃味改其語，日數十易，累月猶未竟。其刻意如此。余既以一語之合，益加厚。

《賀新郎》中「我見青山多嫵媚，料青山見我應如是」乃全篇之警策。詞人不僅覺得青山「嫵媚」，而且覺得似乎青山也以自己為「嫵媚」了，委婉地表達了自甘落寞，寧與自然相契，決不與奸人同流合污的高潔之志；「不恨古人吾不見，恨古人不見吾狂耳」，表現的是詞人傲視古今的英雄氣概，僅是句法相似。至於《永遇樂》中雖然用了五個典故（即孫權、劉裕、劉義隆、北魏武帝、廉頗），但前四個典故與京口緊密相關，與「京口北固亭懷古」照應自然妥帖，渾然天成，情致深沉，自有無窮的韻味。岳珂之見雖是一家之言，但老詞人很虛心地聽取，並給予肯定，足見其虛懷若谷，對後進的愛護有加。岳珂後來亦有《祝英臺近》兩首記鎮江事，其一是「登多景樓」，寫登樓北望的感慨：「斷腸煙樹揚州，興亡休論。」另一即本詞，恐亦受到辛棄疾的影響。

清王鑒《北固山圖》，繪鎮江北固山一帶風景。曹氏默齋藏

倚聲依譜

《祝英臺近》又名《月底修簫譜》。北宋新聲，始見於《東坡樂府》，殆是唐宋以來民間流傳歌曲。此調詠祝英臺與梁山伯的故事。雙調，七十七字，前片三仄韻，後片四仄韻。此調聲韻和諧，委宛而流暢，宜於表述溫柔纏綿之情。忌用入聲韻部。

定格

仄平平，平仄仄，平仄仄平**仄**。
中仄平平，中仄仄平**仄**。
中平中仄平平，中平中仄，仄中仄、中平平**仄**。

仄平**仄**，中中平仄平平，中平仄平**仄**。
中仄平平，中中仄平**仄**。
中平中仄平平，中平中仄，仄中仄、中平平**仄**。

《詞譜》(《祝英臺近》)

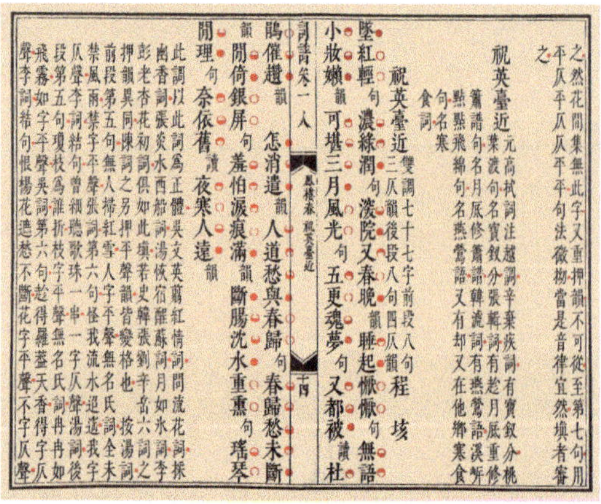

沁園春

但淒涼感舊，慷慨生哀

陳秋明書《沁園春》

華音流韻

沁園春　夢孚若

［南宋］劉克莊

何處相逢，登寶釵樓[①]，訪銅雀臺[②]。喚廚人斫就，東溟鯨膾[③]，圉人呈罷[④]，西極龍媒[⑤]。天下英雄，使君與操[⑥]，餘子誰堪共酒杯。車千輛，載燕南趙北，劍客奇才。　飲酣畫鼓如雷[⑦]，誰信被晨雞輕喚回。歎年光過盡，功名未立，書生老去，機會方來。使李將軍，遇高皇帝，萬戶侯何足道哉[⑧]。披衣起，但淒涼感舊，慷慨生哀。

臨風賞讀

韓侂胄舉恢復之謀，北伐金人，旋即覆敗。危難之際，年僅三十、只是一個七品小吏的蕭山縣丞方信孺（字孚若，

［註釋］

①寶釵樓，漢武帝時所建，故址在今陝西咸陽市。

②銅雀臺，曹操時所建，故址在今河北臨漳縣西南。

③東溟，東海。膾，細切肉。

④圉人，養馬之人。圉，音語。

⑤龍媒，駿馬。《漢書》卷二十二載「天馬徠，龍之媒」。顏師古註引應劭曰：「言天馬者，乃神龍之類，今天馬已來，此龍必至之效也。」

⑥使君，指劉備。操，即曹操。《三國志》卷三十二：「曹公從容謂先主曰：『今天下英雄，唯使君與操耳。本初之徒，不足數也。』」

⑦畫鼓，戰鼓，因鼓上有畫，故名。

⑧這三句化用《史記》卷一百零九中漢文帝對李廣說的話：「惜乎，子不遇時！如令子當高帝時，萬戶侯何足道哉！」

何處相逢登寶
釵樓訪銅雀臺
喚廚人斫就東
溟鯨膾圉人呈
罷西極龍媒天
下英雄使君與
操餘子誰堪共
酒盃車千兩載
燕南趙北劍客
奇才飲酣畫鼓

號詩境，福建莆田縣下皐即今華亭鎮霞皐村人）受命出使議和，自春至秋，使金三往返。金帥以囚或殺相威脅，方信孺大義凜然，抗節不屈，置生死於度外，「以口舌折強敵」（《宋史》卷三百九十五），可是回朝竟被貶謫，此後或廢置，或在地方官吏任上浮沉，四十六歲便在窘迫中早逝。

對這樣一位有雋才有抱負、志同道合的同鄉好友，詞人時在念中，於是寫下這首長調追懷傷悼亡友。詞從夢境寫起。恰似陸游「鐵馬冰河入夢來」一般，詞人與友人夢中相逢於魂縈夢繞的中原，攜手暢遊漢代的寶釵樓、曹魏的銅雀臺，吃的是東海長鯨之肉，乘的是西極天馬「龍媒」。兩人對飲，一如三國時期的劉備與曹操，英雄蓋世，餘子皆不足道。中原地區劍客奇才遝來紛至，從者如雲。正當他們在夢中逸興遄飛、宴飲正酣之時，一陣畫鼓如雷，原來人間晨雞報曉，詞人驚回到嚴酷淒涼的現實處境。天地悠悠，歲月不居。詞人既哀歎自己年光過盡壯志未酬，也為方孚若胸懷大

鐵馬冰河入夢來（陸游《十一月四日風雨大作》句） 陳茗屋

志卻不得施展抱負鬱鬱而死而鳴不平。時局是如此危急，詞人幻想讓李廣將軍能遇上高皇帝那樣，在國家多事之秋建功立業，實現恢復中原的宏圖大願。結尾三句把詞人從夢境中的豪情勃發到夢醒時分披衣而起，環顧四周不見故人的惆悵不已、悲從中來的淒涼心境，以及回首往事前塵，年華空老，報國欲死無戰場的悲慨，刻畫得淋漓盡致、入木三分，可謂神來之筆。

全詞筆勢淩雲，雄健豪宕，上片馳騁想象，極寫瑰麗豪壯的夢境，過片寫醒後淒涼失意的現實，現實與夢境對比極其強烈，撼人心魄，堪為後村詞中壓卷之作。

古今彙評

卓人月：氣概雷擊霆震。(《古今詞統》卷十五)

陳廷焯：(眉批) 何等抱負。「書生（老去，機會方來）」八字，感慨真切。(《詞則輯評·放歌集》卷二)

俞陛雲：人若具此健筆，胸中當磊落不平時，即潑墨傾寫，亦一快事。宋人評東坡詞，為以作論之筆為詞，後村殆亦同之。(《唐五代兩宋詞選釋》)

陶文鵬：全篇以想象構境，議論傳神，感情跌宕奔湧，動人心魄。點竄史書成句入詞，自然妥帖。後村詞學稼軒，此詞頗得稼軒神髓。(《宋詞三百首新譯》)

但淒涼感舊，慷慨生哀　潘英偉

一卷《陰符》，二石硬弓，百斤寶刀。更玉花驄噴，鳴鞭電抹，烏絲闌展，醉墨龍跳。牛角書生，虯鬚豪客，談笑皆堪折簡招。依稀記，曾請纓繫粵，草檄征遼。　當年目視雲霄，誰信道、淒涼今折腰。悵燕然未勒，南歸草草，長安不見，北望迢迢。老去胸中，有些磊塊，歌罷猶須著酒澆。休休也，但帽邊鬢改，鏡裏顏凋。—— 劉克莊《沁園春·答九華葉賢良》借為朋友作答之詞，一抒少年的英姿勃發、雄視一切的豪壯氣概與老年的憂國傷時、磊塊不平的幽憤，慷慨悲歌，氣若貫虹。

詞人心史

劉克莊（1187—1269）初名灼，字潛夫，號後村居士，莆田（今屬福建）後村（在今城關英龍街）人。以父蔭入仕，曾任建陽、仙都縣令，樞密院編修官。淳祐六年（1246）被理宗召見，稱讚他「文名久著，史學尤精」，特賜同進士出身，除祕書少監兼國史編修官。度宗咸淳四年（1268）特授龍圖閣學士，次年卒於故里，葬城北徐潭之原（在今城郊鄉延壽村馬坑）。有《後村大全集》一百九十六卷，詞集《後村長短句》凡五卷。

克莊一生經歷五朝，性格剛正，直言切諫，故多次入朝為官，卻屢遭罷黜，鬱鬱難伸。三十八歲時，因所作《落梅》詩中有「東風謬掌花權柄，卻忌孤高不主張」的句子，得罪權貴，廢置十年。在江湖派詩人中，他是自出機杼的名家，其詩多諷喻南宋偏安政局，感歎國土淪喪，或申訴亂世人民身受徵斂之苦，悲憤激烈。而作為辛派著名詞人，其詞亦多感慨時事，氣象開闊，豪邁奔放，而含蓄精警不足，趨於散文化、議論化，未免失之粗豪。

品題

後村《別調》一卷，大約直致近俗，效稼軒而不及者。（楊慎《詞品》卷五）

劉後村克莊有《滿江紅》十二首，悲壯激烈，有敲碎唾壺，旁若無人之意……升庵（楊慎）稱其壯語足以立懦，信然。（李調元《雨村詞話》卷三）

後村詞與放翁、稼軒猶鼎三足，其生丁南渡，拳拳君國，似放翁；志在有為，不欲以詞人自域，似稼軒。（馮煦《六十一家詞選例言》）

張安國詞，熱腸鬱思，可想見其為人。劉後村則感激豪宕，其詞與安國相伯仲，去稼軒雖遠，正不必讓劉（過）、蔣（捷）。世人多好推劉、蔣，直以為稼軒後勁，何耶？（陳廷焯《白雨齋詞話》卷一）

低吟 / 浩唱

沁園春

［北宋］蘇軾

早行，馬上寄子由。

孤館燈青，野店雞號，旅枕夢殘。漸月華收練，晨霜耿耿，雲

練，白色的帛。

耿耿，微明貌。

摛，鋪開。

溥溥，露水多貌。

二陸，西晉詩人陸機、陸雲兄弟。

唐杜甫《奉贈韋左丞丈二十二韻》中有「讀書破萬卷，下筆如有神」「致君堯舜上，再使風俗淳」句。

《論語．述而》：「用之則行，舍之則藏，惟我與爾有是夫。」

優遊卒歲，語出《詩經．采菽》：「悠哉悠哉，聊以卒歲。」唐牛僧孺《席上贈劉夢得》詩有「休論世上升沉事，且斗尊前見在身」句。

山摘錦，朝露溥溥。世路無窮，勞生有限，似此區區長鮮歡。微吟罷，憑征鞍無語，往事千端。　當時共客長安，似二陸初來俱少年。有筆頭千字，胸中萬卷，致君堯舜，此事何難。用舍由時，行藏在我，袖手何妨閑處看。身長健，但優遊卒歲，且斗尊前。

這首行役詞作於熙寧七年（1074）七月由杭州移守密州途中，是寄給其弟蘇轍的。上片開篇繪聲繪色地畫出一幅淒清幽迥的早行圖。詞人觸景生情，不禁生出許多人生感慨，千端往事湧上心頭。下片追懷當年兄弟初到汴京才華飛揚橫放、躊躇滿志的情景，表明經歷了崎嶇世路、頻頻挫折後對得失榮辱的豁達態度。結尾三句與弟共勉，於曠達樂觀中，仍能隱約地讀出詞人極意「致君堯舜」卻素志難償的惆悵與無奈。全詞集寫景、抒情、議論為一體，熔鑄詩文經史入詞，遣詞命意，揮灑自如。

浮丘，浮丘公，古代傳說中的仙人。

天都，即天都峰，黃山主峰之一，相傳為天國神都，天帝會見眾仙之地。

翠微，即翠微峰，為黃山三十六大峰之一。

汪莘（1155—1227）字叔耕，號柳塘，休寧（今屬安徽）人。曾詣闕三上書，論天變、人事、民窮、吏污之弊。中年後築室柳溪，自號方壺居士，布衣而終。有《方壺存稿》八卷、《方壺詩餘》二卷。

沁園春　憶黃山

［南宋］汪莘

三十六峰，三十六溪，長鎖清秋。對孤峰絕頂，雲煙競秀，懸崖峭壁，瀑布爭流。洞裏桃花，仙家芝草，雪後春正取次遊。曾親見，是龍潭白晝，海湧潮頭。　當年黃帝浮丘，有玉枕玉牀還在不。向天都月夜，遙聞鳳管，翠微霜曉，仰盼龍樓。砂穴長紅，丹爐已冷，安得靈方聞早修。誰知此，問源頭白鹿，水畔青牛。

詞人早年曾屏居於黃山，這座名山的清奇靈秀、神姿仙態久已深深地刻在詞人的記憶中，多少年之後仍縈繞在腦際，浮現於目

清石濤《黃山圖卷》（局部），為其屢遊黃山神會之作，描繪黃山奇峰峭壁、雲海奇觀。筆意恣縱，淋漓灑脫，大氣磅礴，奇險中兼饒秀潤。日本京都泉屋博古館藏

前，於是便寫下了這首清麗秀逸無比之作。詞中既寫出黃山千峰競秀、萬壑爭流的山水實景，又糅合虛幻動人的神話傳說，虛實相生，情韻無窮。

沁園春　餞稅巽甫

［南宋］李曾伯

唐人以處士辟幕府如石、溫輩甚多。稅君巽甫以命士來淮幕三年矣，略不能挽之以寸。巽甫雖安之，如某歉何！臨別，賦《沁園春》以餞。

水北洛南，未嘗無人，不同者時。賴交情蘭臭，綢繆相好，宦情雲薄，得失何知。夜觀論兵，春原弔古，慷慨事功千載期。蕭如也，料行囊如水，只有新詩。　歸兮歸去來兮，我亦辦征帆非晚歸。正姑蘇臺畔，米廉酒好，吳松江上，蓴嫩魚肥。我住孤村，相連一水，載月不妨時過之。長亭路，又何須回首，折柳依依。

這首送別詞作於淮東制置使兼知揚州任上，以自然流暢的筆調表達了與友人稅巽甫惜別的綣繾情思、對友人才不得用的無奈和歉疚，以及自己歸隱之志向。

沁園春

［南宋］辛棄疾

將止酒，戒酒杯使勿近。

杯汝來前，老子今朝，點檢形骸。甚長年抱渴，咽如焦釜，於

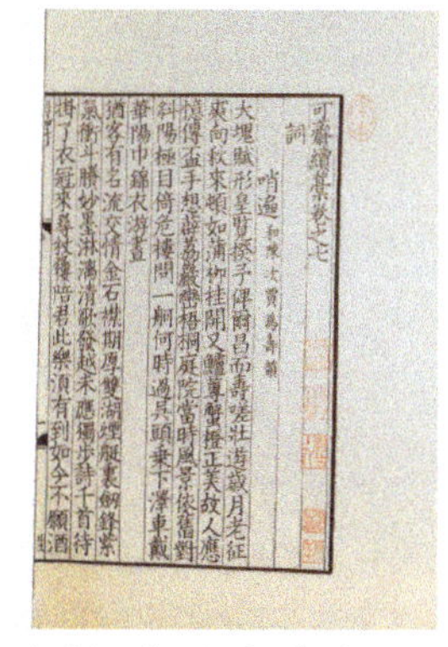

李曾伯《可齋續稿》書影

李曾伯字長孺，號可齋，原籍覃懷（今屬河南），寓居嘉興。累官湖南安撫大使兼知潭州，移治靜江。素知兵，所至有治績。有《可齋類稿》。

蘭臭，見《易經》的「同心之言，其臭如蘭」，謂其氣味相投。綢繆，見《文選．漢高祖功臣頌》的「綢繆睿後，無競惟人」，言親密貌。

劉伶，西晉人，竹林七賢之一。《世說新語．文學第四》註引《名士傳》：「（劉）伶字伯倫，沛郡人。肆意放蕩，以宇宙為狹。常乘鹿車，攜一壺酒，使人荷鍤隨之，云：『死便掘地以埋。』土木形骸，遨遊一世。」

合，應。

成言，說好，約定。

肆，古代死刑後陳屍示眾叫肆，這裏作處分、懲治解。

今喜睡，氣似奔雷。汝說劉伶，古今達者，醉後何妨死便埋。渾如此，歎汝於知己，真少恩哉。　更憑歌舞為媒。算合作、人間鴆毒猜。況怨無小大，生於所愛，物無美惡，過則為災。與汝成言，勿留亟退，吾力猶能肆汝杯。杯再拜，道麾之即去，招亦須來。

這首詞作於慶元二年（1196），家居上饒、鉛山之際。自紹熙五年（1194）秋，詞人被罷福州知府兼福建路安撫使，兩年之內，四掛彈章，平生職名，褫奪淨盡，只得無奈地將一腔沉憂鬱憤消解於蕭閑放曠的田園生活中，借詞以陶寫胸中之塊壘，遂有此等戒酒叱杯的奇趣之作。詞題就旁逸斜出，似乎病酒不怪自己貪杯，倒怪酒杯緊跟自己，從而將酒杯人格化，為詞安排了一主（老子）一僕（杯）兩個角色，居高臨下，展開一場妙趣橫生的對話，宛然一出短小精湛的滑稽戲，而於縱性放誕中蘊藏着詞人內心無限的苦澀。全篇引賦法入詞，傳情達意卻愈見自由揮灑，別饒風趣，堪稱詞史上別樹一幟之作，為後世詞人開啟了無數法門。

余既以太初名石，且為記。客曰：「雖命之，不可無號，號所以貴之也。」乃以己意，號之曰「蒼然」。余復援稼軒例，作樂府《沁園春》一首，改名曰《蒼然吟》，附於記後。

石汝來前，號汝蒼然，名之太初。問太初而上，還能記否，蒼然於此，為復何如。偃蹇難親，昂藏不已，無乃於予太簡乎。須臾便、喚一庭風雨，萬竅號呼。　依稀似道狂夫。在一氣何分我與渠。但君才見我，奇形怪狀，我先知子，冷淡清虛。撐拄黃壚，莊嚴繡水，攘斥紅塵力有餘。今何許，倚長風三叫，對此魁梧。——元劉敏中《沁園春》作於延祐五年（1318），以亦莊亦諧的人石對話，抒寫詞人與太初之石的默契及神會，對世界、人生的感悟，投射其一生行跡襟抱，奇思滿篇，心語交通，豪邁高爽，洵為元詞上品。

島佛祭詩，豔傳千古。八百年來，未有為詞修祀事者。今年辛峰來京度歲，倡酬之樂，雅擅一時。因於除夕，陳詞以祭，譜此迎神，而以送神之曲屬吾弟焉。

詞汝來前，酹汝一杯，汝敬聽之。念百年歌哭，誰知我者，千秋沆瀣，若有人兮。芒角撐腸，清寒入骨，底事窮人獨坐詩。空中語，問綺情懺否，幾度然疑。　玉梅冷綴苔枝，似笑我、吟魂蕩不支。歎春江花月，競傳宮體，楚山雲雨，枉託微詞。畫虎文章，屠龍事業，淒絕商歌入破時。長安陌，聽喧闐簫鼓，良夜何其。——清王鵬運《沁園春》以酒為祭作邀，直呼詞來恭敬地聽取自己的傾訴之辭，並借這一傾訴，塑造了自己孤傲耿介、清寒入骨而柔情難消的寂寞不遇者的形象。同時回眸自己學詞的經歷，表達自己治詞心得，實質乃在於推尊詞體。其姊妹篇《沁園春·代詞答》反對卑視詞格，主張詞可以抒寫詞人真情實感。這二首不僅為晚清詞苑名篇，在學辛詞「止酒」之系列作品中，允當推為翹楚。

梅花傲雪偏繞吟魂　清吳兆傑

沁園春

［南宋］辛棄疾

靈山齊庵賦，時築偃湖未成。

疊嶂西馳，萬馬回旋，眾山欲東。正驚湍直下，跳珠倒濺，小橋橫截，缺月初弓。老合投閑，天教多事，檢校長身十萬松。吾廬小，在龍蛇影外，風雨聲中。　爭先見面重重，看爽氣、朝來三數峰。似謝家子弟，衣冠磊落，相如庭戶，車騎雍容。我覺其間，雄深雅健，如對文章太史公。新堤路，問偃湖何日，煙水濛濛。

靈山，在江西上饒境內，有奇美山峰七十二座。

這首詞作於寧宗慶元二年（1196）前後，時詞人鄉居江西上饒帶湖之濱。上片以白描手法由遠及近，由大到小，層層鋪敘出靈山雄奇、壯美的景色。在十萬長松中築廬而居、投閑置散的詞人，面對這飛動排宕、生氣凜然的山水畫境，胸中塊壘能不勃然觸發？但一切皆在不言中。下片一反上片的寫山之「形」，連用三個立意別致、構思奇特的比喻——如謝家子弟的衣冠，司馬相如的車騎，太史公的文章，寫出山之「神」：磊落、雍容、雄深、雅健。結末似問非問，景中見情，筆致空靈，微妙入神。全詞寫景形神俱現，盎然有趣；用典取事，驅遣自然；氣格渾雄而又雍容閑肆，正是其英雄氣質、學養襟抱的生動寫照。

明張路《詩人覓句圖》。美國明尼阿波利斯美術館藏

沁園春　張路分秋閱作

［南宋］劉過

萬馬不嘶，一聲寒角，令行柳營。見秋原如掌，槍刀突出，星

馳鐵騎，陣勢縱橫。人在油幢，戎韜總制，羽扇從容裘帶輕。君知否，是山西將種，曾繫詩名。　龍蛇紙上飛騰，看落筆、四筵風雨驚。便塵沙出塞，封侯萬里，印金如斗，未愜平生。拂拭腰間，吹毛劍在，不斬樓蘭心不平。歸來晚，聽隨軍鼓吹，已帶邊聲。

寧宗初韓侂胄當權，銳意北伐，一雪亡國之恥。一時間抗金志士們歡欣鼓舞躍躍欲試。這首詞以軍事演習（「秋閱」）為背景，以演兵場上「槍刀突出，星馳鐵騎，陣勢縱橫」的驚心動魄、扣人心弦的場面作烘托，生動地描繪出一位膽略、氣魄、才幹過人的統帥形象，而詞人期待及早舉兵北伐之迫切心情昭然若揭。全詞氣勢淩厲，激情迸發，直抒胸臆，撼人心魄。

路分，即路分都監，為宋代路一級的軍事長官。張路分，擔任路分都監官職之張姓者。

古代軍隊常於秋天演習，由長官檢閱，故稱「秋閱」。

油幢，油幕軍帳。

戎韜總制，按兵法統御萬馬千軍。

山西將種，古人認為華山以西是出將才之地。

沁園春　讀《史記》有感

［南宋］程珌

試課陽坡，春後添栽，多少杉松。正桃塢晝濃，雲溪風軟，從容延叩，太史丞公。底事越人，見垣一壁，比過秦關遽失瞳。江神吏，靈能脫罟，不發衛平蒙。　休言唐舉無功，更休笑、丘軻自厄窮。算汨羅醒處，元來醉裏，真敖假孟，畢竟誰封。太史亡言，牀頭釀熟，人在晴嵐煙靄中。新堤路，喜樛枝鱗角，夭矯蒼龍。

詞人立朝以經時濟世自任，拳拳於國計民瘼，然其晚年因受奸相史彌遠猜忌，處處受制於人，故屢請致仕。這首詞思接千載，借讀史叩問司馬遷，傾吐自己的滿腹牢騷，同時又在和諧的大自然中消解自己的精神苦悶，開拓胸襟。全詞筆勢靈動飛舞，思致婉曲綿邈，讀來耳目一新。

越人，秦越人，即名醫扁鵲。見《史記》卷一百零五。

江神吏，事見《史記》卷一百二十八。

唐舉，相士，曾相蔡澤。見《史記》卷七十九。

丘軻，孔子和孟子。見《史記》卷四十七及卷七十四。

汨羅，指屈原。見《史記》卷八十四。

敖，孫叔敖。孟，優孟。見《史記》卷一百二十六。

程珌（1165—1242）字懷古，號洺水遺民，安徽休寧人。紹熙進士。官至端明殿學士。有《洺水詞》一卷。

沁園春

［南宋］陳人傑

予弱冠之年，隨牒江東漕闈，嘗與友人暇日命酒層樓。不惟鍾阜、石城之勝班班在目，而平淮如席，亦橫陳樽俎間。既而北歷淮山，自齊安溯江泛湖，薄遊巴陵，又得登岳陽樓，以盡荊州之偉觀。孫、劉虎視，遺跡依然；山川草木，差強人意。洎回京師，日詣豐樂樓以觀西湖。因誦友為「東南嫵媚，雌了男兒」之句，歎息者久之。酒酣，大書東壁，以寫胸中之勃鬱。時嘉熙庚子秋季下浣也。

記上層樓，與岳陽樓，釃酒賦詩。望長山遠水，荊州形勝，夕陽枯木，六代興衰。扶起仲謀，喚回玄德，笑殺景升豚犬兒。歸來也，對西湖歎息，是夢耶非。　諸君傅粉塗脂，問南北戰爭都不知。恨孤山霜重，梅凋老葉，平堤雨急，柳泣殘絲。玉壘騰煙，珠淮飛浪，萬里腥風送鼓鼙。原夫輩，算事今如此，安用毛錐。

這首詞作於理宗嘉熙四年（1240）九月下旬，醉書於都城臨安豐樂樓東壁之上。其時元兵壓境，萬里前線，一派腥風；鼓鼙之聲，不絕於耳，國勢危殆已極。但君臣上下仍沉溺於文恬武嬉、歌舞湖山，顢頇苟安。詞人五內如焚，登臨之際，懷古慨今，對於萎靡的政風、士風，中懷鬱怒、憤激，最後發為絕望的悲呼。全詞不假雕飾，感情激越，格調蒼涼悲壯。

玄德，劉備之字。

景升，劉表之字。豚犬兒，指其子劉琮。

原夫輩，忙於從事科考追逐功名的士子。

陳人傑（1218—1243）字剛夫，號龜峰，長樂（今屬福建）人。有《龜峰詞》，全用《沁園春》調，抒發憂國傷時的沉痛心情，激壯悲涼，筆力豪縱，詞風近辛棄疾。

沁園春　送春

［南宋］劉辰翁

春汝歸歟，風雨蔽江，煙塵暗天。況雁門阨塞，龍沙渺莽，東連吳會，西至秦川。芳草迷津，飛花擁道，小為蓬壺借百年。江南好，問夫君何事，不少流連。　江南正是堪憐，但滿眼楊花化白氈。看兔葵燕麥，華清宮裏，蜂黃蝶粉，凝碧池邊。我已無家，君歸何里，中路徘徊七寶鞭。風回處，寄一聲珍重，兩地潸然。

這是一首悲悼故國的送春苦調，其擬人手法顯然學自辛詞。宋室淪亡，山河變色，詞人心中的痛楚與悲愴耿耿難消，無以言表，只能向「春」傾訴。春天裏本應是處處生機勃勃、繁花似錦，但詞人眼中，故國卻只是一片頹敗荒涼。「我已無家，君歸何裏？」俱是天涯淪落者，只有無奈地「寄一聲珍重」，卻也止不住「兩地潸然」。真可謂沉哀入骨，催人淚下！

雁門，即雁門關，長城關隘，在今山西忻州，古為晉北交通及軍事要地。

龍沙，《後漢書》卷四十七：「定遠慷慨，專功西遐，坦步蔥、雪，咫尺龍沙。」李賢註云：「蔥嶺、雪山、白龍堆，沙漠也。」後以指塞外沙漠之地。

神話渤海三仙山，有方丈、瀛洲、蓬萊。蓬萊又稱蓬壺。蓬音彭。

兔葵，即葵菜。燕麥即野麥。

凝碧池，在唐朝東都洛陽。天寶十五年（756）安祿山叛軍攻陷長安，曾大會凝碧池，逼使梨園弟子為他奏樂。

唐宋時女子以黃色妝料塗額，謂之蜂黃。蝶粉亦為宮妝。

七寶鞭，以多種珍寶為飾的馬鞭。晉明帝用七寶鞭迷惑敵人，倉皇逃脫。

送春去，春去人間無路。鞦韆外，芳草連天，誰遣風沙暗南浦。依依甚意緒，謾憶海門飛絮。亂鴉過，斗轉城荒，不見來時試燈處。　春去最誰苦。但箭雁沉邊，梁燕無主。杜鵑聲裏長門暮。想玉樹凋土，淚盤如露。咸陽送客屢回顧，斜日未能度。　春去尚來否。正江令恨別，庾信愁賦。蘇堤盡日風和雨。歎神遊故國，花記前度。人生流落，顧孺子，共夜語。——劉辰翁《蘭陵王·丙子

送春》沉痛悼惜當年（宋恭帝德祐二年丙子，1276）二月臨安陷落，宗社淪亡，淒絕哀怨。陳廷焯謂此首「題是送春，詞是悲宋。曲折說來，有多少眼淚」（《雲韶集》卷九）。

沁園春

［南宋］劉將孫

大橋名清江橋，在樟鎮十里許，有無聞翁賦《沁園春》《滿庭芳》二闋，書避亂所見女子，末有「埋冤姐姐，銜恨婆婆」，語極俚。後有螺川楊氏和二首，又自序楊嫁羅，丙子暮春，自涪翁亭下舟行，追騎迫，間逃入山，卒不免於驅掠。行三日，經此橋，睹無聞二詞，以為特未見其苦，乃和於壁。復云「觀者毋謂弄筆墨非好人家兒女」。此詞雖俚，諒當近情，而首及權奸誤國。又云「便歸去，懶東塗西抹，學少年婆」，又云「錯應誰鑄」，皆追記往日之事，甚可哀也。因念南北之交，若此何限，心常痛之。適觸於目，因其調為賦一詞，悉敘其意，辭不足而情有餘悲矣。

流水斷橋，壞壁春風，一曲韋娘。記宰相開元，弄權瘡痏，全家駱谷，追騎倉皇。彩鳳隨鴉，瓊奴失意，可似人間白面郎。知他是，燕南牧馬，塞北驅羊。　啼痕自訴衷腸，尚把筆低徊愧下堂。歎國手無棋，危塗何策，書窗如夢，世路方長。青塚琵琶，穹廬笳拍，未比渠儂淚萬行。二十載，竟何時委玉，何地埋香。

據詞序，這首詞當作於元元貞二年（1296），上距宋端宗景炎元年丙子（1276）元兵攻陷臨安（今浙江杭州），江南大被劫掠，已二十年。詞人驟栝清江橋上無聞翁與楊氏女子題壁詞詞意，為賦此詞，以寫其家國淪亡之血淚哀慟。詞中描繪了當年一群弱女子被元軍擄掠、蹂躪的慘狀，對下層人民的悲苦命運寄予深切的同情，而對權臣擅權誤國痛予譴責。全詞自胸臆流出，淒切悱惻，結末語尤沉痛。

我生不辰，逢此百罹，況乎亂離。奈惡因緣到，不夫不主，被擒捉去，為妾為妻。父母公姑，弟兄姊妹，流落不知東與西。心中事，把家書寫下，分付伊誰。　越人北向燕支，回首望、雁峰天一涯。奈翠鬟雲軟，笠兒怎帶，柳腰春細，馬性難騎。缺月疏桐，淡

劉將孫（1257—？）字尚友，廬陵（今江西吉安）人，劉辰翁之子。曾任邵武路光澤縣主簿。《彊村叢書》輯有《養吾齋詩餘》一卷。其詞多感懷故國，感情真摯飽滿，風格沉鬱蒼涼，洵為宋末辛派詞人之後勁。

清江橋，在江西樟樹市，為交通要衝。

韋娘，即杜韋娘，唐歌女名，後為唐教坊曲名。

宰相開元，李林甫為開元時宰相，專權誤國。這裏借指南宋末宰相賈似道。

瘡痏，創傷，此比喻戰亂帶來的民生疾苦。

駱谷，在今陝西周至西南。谷長四百餘里，為關中與漢中間的交通要道。安史亂作，人民倉皇避兵，杜甫《絕句》云：「二十一家同入蜀，唯殘一人出駱谷。」

國手，經國之手，即宰相。賈似道治國無策，又專制權勢，以致誤國害民。

青塚，昭君之墓。王昭君遠嫁匈奴，常以琵琶抒憂思。

穹廬笳拍，即《胡笳十八拍》。蔡文姬被擄入匈奴，作此曲以抒愁怨。

金太古遺民《江山行旅圖》(局部)，全景式地展現出一幅氣勢恢宏的北方山水場景。所繪山川連綿起伏、雄渾峻厚；水關村寺，行旅歸樵，相映成趣，處處引人入勝，氣度疏秀。美國納爾遜－阿特金斯藝術博物館藏

煙衰草，對此如何不淚垂。君知否，我生於何處，死亦魂歸。——據宋末元初人韋居安《梅澗詩話》卷下記載，南宋末雁峰人劉氏，被元兵擄去，行至途中，書《沁園春》一詞於長興（今浙江北部）酒庫之前，泣訴國破家亡、被敵擒掠的悲慘命運，「語意悽惋」，聲調慘然，乃是喪亂中以血淚凝結而成的時代哀音，故「見者為之傷心」。

沁園春　西巖三澗

[南宋] 劉子寰

雲壑泉泓，小者如杯，大者如罌。更石筵平瑩，寬容數客，淙流回激，環繞飛觥。三澗交流，兩岸懸瀑，搗雪飛霜落翠屏。經行處，有丹荑碧草，古木蒼藤。　徘徊卻倚山楹，笑山水娛人若有情。見傍回側轉，峰巒疊疊，欲窮還有，巖谷層層。仰視雲間，茅茨雞犬，疑是仙家來避秦。青林表，望煙霞縹緲，隱隱鸞笙。

劉子寰字圻父，號篁栗翁，建陽（今屬福建）人，居麻沙。嘉定進士。曾問學於朱熹。工詩詞。

這首山水遊記詞以極為輕靈的筆調，描繪西巖三澗泉流飛瀑、峰嶺橫逸、煙霞幻異的仙境一般的風光，抒發詞人閑逸情懷，並隱約透露其不滿戰亂，向往和平安定生活的意緒。用語淺近不俗，生動流轉，韻致悠然。

沁園春　墾田東城

[元] 許衡

月下簷西，日出籬東，曉枕睡餘。喚老妻忙起，晨餐供具，新炊藜糝，舊醃鹽蔬。飽後安排，城邊墾劚，要佔蒼煙十畝居。閑談

藜，一名灰草，嫩葉可食。糝，以米和羹。

墾劚，墾荒。

驕蹇，傲慢。

許衡像

許衡（1209—1281）字仲平，祖籍懷州河內，生於新鄭城西陽緩里（今河南新鄭辛店鎮許崗村）。累官中書左丞、集賢大學士兼國子祭酒。精通天文、曆算。有《魯齋遺書》，詞存四首。

明唐寅《茅屋蒲團圖》（局部），繪茅草小亭內一儒士端坐蒲團之上，似是讀書，又或參禪，神志靜穆閑適。亭前一小石橋與外界連接，橋上一童子持書侍立。此圖刻畫儒士徘徊於入世與出世的隱逸情懷。遼寧省博物館藏

裏，把從前荒穢，一旦驅除。　為農換卻為儒，任人笑、謀身拙更迂。念老來生業，無他長技，欲期安穩，敢避崎嶇。達士聲名，貴家驕蹇，此好胸中一點無。歡然處，有膝前兒女，幾上詩書。

詞人晚年不滿朝政，遂稱病老，退居鄉里。這首詞當作於其退歸之後。上片將清苦卻閑適愜意的躬耕生活娓娓道來，充溢着一股濃烈的泥土氣息；下片着重自剖心跡，拈出天倫之樂與詩書自娛，見出其不務虛名、不矜權勢，瀟灑出塵的襟懷。不過詞中於恬淡曠達中又隱隱滲出一絲苦味來。詞人飽讀詩書，以天下為己任，歸隱田園情非得已，在吟唱高蹈情懷時反倒露出了其內心的淒涼。

沁園春　壽同館虎賁百夫長鄧仁甫

［元］許有壬

十載炎方，同飲漢江，同為轉蓬。恨尋常會面，當年無分，三千餘里，此地相逢。宇宙英奇，幽并慷慨，肯事區區筆硯中。男兒志，要長槍大劍，談笑成功。　轅門醉臥秋風，看落日旌旗掩映紅。愛朔雲邊雪，一聲寒角，平沙細草，幾點飛鴻。湖海情懷，金蘭氣誼，莫惜瓊杯到手空。君知否，怕明朝回首，渭北江東。

這首詞不落窠臼，超脱俗境，與其説是壽友詞，不如説是一首別情詞，抒寫的是男兒一腔豪情和朋友的宛轉惜別之情。筆勢汪洋恣肆，一氣貫注。「『幽并慷慨』『湖海情懷』云云，幾有握爪透掌之勢」，「於豪縱中見沉着，痛快中見悲涼，愈見其性情之深厚」（夏承燾《金元明清詞選》）。

沁園春　泉南作

［元］張埜

自入閩關，形勢山川，天開兩邊。見長溪漱玉，千瓴倒建，群峰潑黛，萬馬迴旋。石磴盤空，天梯架壑，驛騎蹣跚鞭不前。心無那，恰鷓鴣聲裏，又聽啼鵑。　區區仕宦誰憐，道有志從來鐵石堅。但長存一片，忠肝義膽，何愁半點，瘴雨蠻煙。盡卷南溟，不供杯杓，得遂斯遊豈偶然。天公意，要淋漓醉墨，海外流傳。

這首行旅詞奇情壯采，上片一氣揮灑，縱筆描繪泉南山川形勝之雄秀奇險，感歎入閩旅途險阻難行，令人心生惆悵哀傷；下片轉寫知難而進，一心報國為民，不以險惡環境為意的豁達豪邁情懷。

許有壬（1286—1364）字可用，彰德湯陰（今屬河南）人。延祐進士。官至集賢大學士、中書左丞。其詞多寫身世榮枯，頗具「北宗風範」與「儒雅氣象」。有《至正集》《圭塘小稿》。

閩關，福建泉州南蒲城北有梨關。閩關當指此。

張埜字野夫，河北邯鄲人。入元官翰林學士，詞格清朗。有《古山樂府》。

結末語極豪壯，尤覺雄健有力，有十蕩十決不可抑勒之勢，讀來令人激奮。

沁園春　觀潮

［清］吳偉業

八月奔濤，千尺崔嵬，砉然欲驚。似靈妃顧笑，神魚進舞，馮夷擊鼓，白馬來迎。伍相鴟夷，錢王羽箭，怒氣強於十萬兵。崢嶸甚，訝雪山中斷，銀漢西傾。　孤舟鐵笛風清，待萬里、乘槎問客星。歎鯨鯢未翦，戈船滿岸，蟾蜍正吐，歌管傾城。狎浪兒童，橫江士女，笑指漁翁一葉輕。誰知道，是觀潮枚叟，論水莊生。

這首詞描繪杭州錢塘江大潮撼人心魄的壯景，並自抒懷抱。上片寫觀潮所見之景，豪放雄奇。起首三句排空而來，落筆心驚。「似」字領起，連設九喻，形容潮之形、聲、勢，恢弘奇譎，氣勢飛動，有聲有色。下片感傷時事，沉鬱婉致。以一縷笛聲起興，筆勢驟緩，馳騁想象，生出「乘槎」遙至天河、問津仙境的縹緲之思。但一個「歎」字又將思緒跌落於現實之中。強敵未除，戰船滿岸，可傾城歌舞，宴安逸樂，深可慨歎。結末以觀潮之枚乘和論水之莊子自喻，發人深思。全詞想象新穎奇特，用典自然活脫。

長憶觀潮，滿郭人爭江上望，來疑滄海盡成空，萬面鼓聲中。　弄潮兒向濤頭立，手把

清石濤《狂壑晴嵐圖》，繪峻峰聳立，溪流蜿蜒，雲霧中開。高士聚此，走筆吟嘯，吞吐萬象。南京博物院藏

清袁江《觀潮圖》(局部)，描繪錢塘江大潮洶湧壯闊的景象。故宮博物院藏

紅旗旗不濕。別來幾向夢中看，夢覺尚心寒。—— 宋潘閬《酒泉子》描繪錢江潮湧的壯美和弄潮兒的驍勇矯健，氣勢豪邁，雄渾奔放，堪稱「古今詠潮詩第一」。

漫漫平沙走白虹，瑤臺失手玉杯空。晴天搖動清江底，晚日浮沉急浪中。—— 宋陳師道《十七日觀潮三首》之三

海色雨中開，飛濤江上臺。聲驅千騎疾，氣捲萬山來。絕岸愁傾覆，輕舟故溯洄。鴟夷有遺恨，終古使人哀。—— 清施閏章《錢塘觀潮》

沁園春

［清］陳維崧

題徐渭文《鍾山梅花圖》，同雲臣、南耕、京少賦。

十萬瓊枝，矯若銀虬，翩如玉鯨。正困不勝煙，香浮南內，嬌偏怯雨，影落西清。夾岸亭臺，接天歌板，十四樓中樂太平。誰爭賞，有珠璫貴戚，玉佩公卿。　如今潮打孤城，只商女船頭月自明。歎一夜啼烏，落花有恨，五陵石馬，流水無聲。尋去疑無，看來似夢，一幅生綃淚寫成。攜此卷，伴水天閑話，江海餘生。

雖已身處漸趨盛世的康熙朝，但家國之痛、幻滅之怨、壓抑之悲仍在詞人心中揮之不去。康熙十年（1671）間，詞人的同鄉摯友徐元琜（字渭文）遊南京，實則有一弔故國之意，歸來作《鍾山梅花圖》，旋即在陽羨詞人中引發強烈的共鳴，群起題詠殆遍，而詞人此闋尤為翹楚。上片極寫梅花之矯潔與往昔賞梅季節歌舞昇平冠蓋雲集的盛況，深含一種對「珠璫貴戚，玉佩公卿」們「十四樓中樂太平」的逸樂亡國的怨憤；下片詞筆從石頭城邊、秦淮河上推向鍾山畔、孝陵前，描寫梅花落後、南明亡後鍾山、孝陵一帶的淒涼景象，抒露故國淪亡，今日「淚寫成」之哀痛。詞情幾番折疊，畫中梅花亦真亦幻、真幻難分，往昔與如今、想象與現實兩相錯雜，

靈妃，指水神。

馮夷，水神名。

伍相，伍子胥。越王勾踐請和，子胥極力勸諫，觸怒夫差，被迫自殺，其屍盛入鴟夷（皮囊）中，投入錢塘江。其怒氣化而為潮，日夜奔騰咆哮不已。

錢王羽箭，五代十國時吳越王錢鏐曾築海堤以遏大潮，令人造三千羽箭、攜五百強弩，射壓潮頭。

乘槎，典出張華《博物志》。

觀潮枚叟，指漢朝枚乘，濟世而不得，而寫《七發》，文中有描寫江潮一節。

論水莊生，指莊周，主張無為而治，曾寫《秋水》篇。

每年農曆八月十七日、十八日，錢塘江口形成湧潮，高達數米的波濤，直立江面，氣勢磅礡，被譽為「壯觀天下無」的一大勝景。

構思極縝密，故陳廷焯有「情詞兼勝，骨韻都高，幾合蘇、辛、周、姜為一手」（《白雨齋詞話》卷三）之評。全詞低廻掩抑，沉鬱悲涼，又與其雄勁蒼茫、激昂霸悍之作頗為不同。

沁園春　黃鶴樓

［清］史惟圓

萬里澄波，漢耶江耶，登臨快哉。有晴雲舒捲，層層樓迥，雄風披拂，面面窗開。作賦禰生，題詩崔顥，佔得人間幾許才。都休問，怕蒼茫弔古，觸緒生哀。　仙蹤一去難回，任幾度、人民換劫灰。看東連吳會，寒潮斷岸，西鄰巫峽，暮雨荒臺。倚檻多時，憑闌竟日，玉笛何人又《落梅》。斜陽外，望淩空孤鶴，為我重來。

自從唐代詩人崔顥登臨寫下一首千古流傳的名作《黃鶴樓》以來，真不知有多少詩人騷客對此古樓興發心緒與感慨。詞人早年也曾懷抱素志，「便欲請纓天闕」，「亦思有所建立」，但一生潦倒。這首登臨之作亦是將個人際遇融入人世滄桑，在寫景和弔古中攄寫自己內心的隱痛，慨歎世事更迭、王朝興替給百姓帶來的災難。結末望仙鶴重來，對未來仍寄予希望。

昔人已乘黃鶴去，此地空餘黃鶴樓。黃鶴一去不復返，白雲千載空悠悠。晴川歷歷漢陽樹，芳草萋萋鸚鵡洲。日暮鄉關何處是，煙波江上使人愁。—— 唐崔顥《黃鶴樓》

一為遷客去長沙，西望長安不見家。黃鶴樓中吹玉笛，江城五月落梅花。—— 唐李白《與史郎中欽聽黃鶴樓上吹笛》

茫茫九派流中國，沉沉一線穿南北。煙雨莽蒼蒼，龜蛇鎖大江。　黃鶴知何去？剩有遊人處。把酒酹滔滔，心潮逐浪高。—— 毛澤東《菩薩蠻．黃鶴樓》

元夏永《黃鶴樓圖》，繪巍峨的樓閣融於浩渺曠遠的自然景觀中，一鶴淩空飛去。用筆極為精細，堪稱界畫精品。雲南省博物館藏

南內，古代宮禁稱大內。此指明南京宮城。

西清，皇宮中遊宴處。

十四樓，明南京官伎所居。

「潮打」句用唐劉禹錫《石頭城》「潮打空城寂寞回」詩意。

「商女」句用唐杜牧《泊秦淮》「商女不知亡國恨，隔江猶唱後庭花」詩意。

五陵，指西漢五位皇帝的陵墓，此指明太祖孝陵。

史惟圓字雲臣，號蝶庵，又號荊水釣客，江蘇宜興人。以隱逸終老。為陽羨詞派健將。詞風前期清雋，後期恢奇狂逸。著有《蝶庵詞》。

煙波江上　王福庵

沁園春

[清] 傅世垚

檢點行藏，漫勞彈鋏，出也無車。算殷勤惟有，夕陽紅樹，會心都在，衰草流霞。皺慰晨昏，琴隨左右，九折羊腸輿未奢。看不盡、那牛羊村落，秫黍田家。　蕭蕭短鬢天涯，笑點染西風雪漸加。縱連雲石磴，漫勞躡屐，拍天孤浪，漸愧乘槎。來則須來，去耶何去，博得荒涼邵圃瓜。都付與，這匆匆寒月，瑟瑟黃花。

詞人旅食四方，風塵僕僕奔走於利祿之途，鬱塞憤懣無從發舒，唯有醉心於大自然，棲止瓜架豆棚之下尋求得精神上的解脫和心靈的安寧。結拍有無限感慨在。

邵圃瓜，即東陵瓜。邵平，秦故東陵侯，秦亡後，為布衣種瓜長安城東青門外，瓜味甜美，時人謂之「東陵瓜」。後世因以「邵平瓜」美稱退官之人的瓜田。

傅世垚字賓石，河南汝陽人。曾知四川資中縣，不久即厭棄宦途而告歸。其詞「以爽騰越見長，具有一種鬱怒與冷峻相濟，淒清時見放逸的特點」（嚴迪昌《清詞史》）。

此地曾經爭戰，土人傳說，三載之前。白骨青磷，遍野膏血尚紅豔。敗垣中，都無砧杵，亂茅裏，猶有狼煙。最傷心，鳶烏日暮，狐兔林邊。　堪憐，遺黎幾個，無家棲止，窟穴顛連。更苦涼閨有夢，新鬼抱星眠。痛沙場、京觀萬壘，問骷髏、牙齒千年。況西風，又吹殘角，送入重泉。—— 傅世垚《玉蝴蝶・益門鎮有感》以白描的手法，重現了寶雞縣戰後一片「白骨狼煙」、慘絕人寰的荒涼景象，字裏行間透露出詞人痛泣民生的深情，讀後令人鼻酸。

沁園春

[清] 納蘭性德

丁巳重陽前三日，夢亡婦淡妝素服，執手哽咽，語多不復能記，但臨別有云：「銜恨願為天上月，年年猶得向郎圓。」婦素未工詩，不知何以得此也？覺後感賦。

瞬息浮生，薄命如斯，低徊怎忘。記繡榻閑時，並吹紅雨，雕闌曲處，同倚斜陽。夢好難留，詩殘莫續，贏得更深哭一場。遺容在，只靈飆一轉，未許端詳。　重尋碧落茫茫，料短髮、朝來定有霜。便人間天上，塵緣未斷，春花秋月，觸緒還傷。欲結綢繆，翻驚搖落，減盡荀衣昨日香。真無奈，倩聲聲鄰笛，譜出迴腸。

這首詞作於康熙十六年（1677）九月。詞人愛妻盧氏歿於當年五月三十日，至重陽前三日，尚未滿百日之期，衾枕猶溫。終日沉

紅雨，指桃花。

靈飆，靈風。這裏指夢中愛妻飄忽之身影。

東漢荀彧，曾守尚書令，坐處生香，世稱「荀令香」「荀令衣香」。又其孫荀粲與婦至篤，年二十九悼亡，哀慟不已，踰年亦卒。這裏合其祖孫二事為一，以寫一己之哀。

鄰笛，晉向秀經亡友嵇康山陽故居聽到鄰人吹笛，笛聲淒婉，感音而歎，作《思舊賦》。

浸於思念亡妻的哀痛之中的詞人，終於感而得夢，夢中相見，喜極而泣，執手凝咽，自有說不完的殷殷情話。無奈短夢成空，靈飆一轉的夢遇反而勾起更深的悲傷、恨憾和無窮的思念。詞人大慟難禁，賦下這首聲淚俱隨、沉哀入骨的詞作。上片以低婉的歎息起筆，寫出對盧氏的一往深情。接着更以往日夫妻恩愛情形反襯今日永別的苦情。下片再進一步刻畫重尋夢境，而茫茫碧落尋而不得的癡苦。全篇充滿着溢自肺腑的真情，用語直白而有低迴深婉之致，而其纏綿惻愴、至情至性，堪與蘇軾的《江城子》記夢詞比美。

此恨何時已。滴空階、寒更雨歇，葬花天氣。三載悠悠魂夢杳，是夢久應醒矣。料也覺、人間無味。不及夜臺塵土隔，冷清清、一片埋愁地。釵鈿約，竟拋棄。　重泉若有雙魚寄，好知他、年來苦樂，與誰相倚。我自終宵成轉側，忍聽湘弦重理。待結個、他生知己。還怕兩人俱薄命，再緣慳、剩月零風裏。清淚盡，紙灰起。—— 納蘭性德《金縷曲．亡婦忌日，有感》，通過對妻子死後孤魂無依的關切，以及期待來生再結姻緣的癡想，寄託無時或忘的哀傷痛悼之情，極淒惋之至，令人不忍卒讀。嚴迪昌先生謂此詞純是一段癡情裹纏、血淚交溢的超越時空的內心獨白語，在納蘭性德悼亡作品中，「情傷腸斷、語癡入骨」的最數這一首。

納蘭性德《致張純修書簡》，告移亡婦柩。寸斷肝腸，感人至深

沁園春　恨

[清] 鄭燮

花亦無知，月亦無聊，酒亦無靈。把夭桃斫斷，煞他風景，鸚哥煮熟，佐我杯羹。焚硯燒書，椎琴裂畫，毀盡文章抹盡名。滎陽鄭，有慕歌家世，乞食風情。　單寒骨相難更，笑席帽青衫太瘦生。看蓬門秋草，年年破巷，疏窗細雨，夜夜孤燈。難道天公，還鉗恨口，不許長吁一兩聲。顛狂甚，取烏絲百幅，細寫淒清。

鄭燮像

滎陽鄭，滎陽為鄭氏郡望。用唐白行簡《李娃傳》故事。

骨相，相術之一種。通過觀察人的骨骼形貌推論人的命和性。

太瘦生，即太瘦。生，語助詞。

詞人於雍正十年（1732）中舉，時為四十歲。這首詞當作於中舉之前落魄時。上片以極端性的反語盡情傾瀉對是非顛倒、美醜不分、賢愚錯勘的世道的激憤，下片轉寫窮困潦倒的處境，並悲憤地發出對當時森嚴的迫害士人精神的文網必欲沖決而後快的吶喊。通

鄭燮（1693—1765）字克柔，號板橋，揚州興化（今江蘇泰州）人。乾隆進士。初授范縣知縣，改調濰縣。詩、書、畫三絕，為「揚州八怪」之一。嚴迪昌謂其詞或辛辣鋒銳，亦莊亦諧；或快筆放言，語淺情深。有《鄭板橋集》，《板橋詞鈔》收在集中。

首一氣直下，沉着痛快，直攄血性，道出了古往今來所有備受壓抑渴望自由的人的共同心聲。清查禮謂此詞「風神豪邁，氣勢空靈，直逼古人」（《銅鼓書堂詞話》）。

沁園春

［清］黃景仁

壬辰生日自壽時年二十四。

蒼蒼者天，生我何為，令人慨慷。歎其年難及，丁時已過，一寒至此，辛味都嘗。似水才名，如煙好夢，斷盡黃虀苦筍腸。臨風歎，只六旬老母，苦節難償。　男兒墮地堪傷，怪二十、何來鏡裏霜。況笑人寂寂，鄧曾拜衮，所居赫赫，周已稱郎。壽豈人爭，才非爾福，天意兼之忌酒狂。當杯想，想五湖三畝，是我行藏。

黃虀苦筍，粗惡的飯食。

鄧，指東漢鄧禹。協助劉秀建東漢，年二十四拜大司徒。拜衮，拜官。

周，指三國時吳國周瑜。

這首自壽詞作於乾隆三十七年（1772）遊幕安徽時，淋漓盡致地傾訴了自己身世的悲辛困頓，生計艱難才命相妨的酸楚，以及對人世不公的憤慨，直抒胸臆，淒愴激楚。

沁園春　憎蚊

［清］黃位清

蚊爾何心，未到黃昏，呼隊前來。怪由蟲而化，饗都成雨，以人為炙，聲尚如雷。狂竟連宵，飽能幾日，如此轟闐亦妄哉。么麼樣，豈而公臥榻，容爾徘徊。　亦知銳意難回，令名士、燈窗莫費才。奈禰衡鸚鵡，還相促迫，莊周蝴蝶，也怕喧豗。蛛網誰憐，虹竿難赦，薄予懲誅該不該。秋風起，想棲遲何所，清景重開。

轟闐，形容眾聲喧鬧。

么麼，微小，微不足道之物。而公，你老子，自倨之辭。

禰衡，東漢人。作《鸚鵡賦》，抒寫才士失志之悲。後被黃祖殺害。

喧豗，哄鬧聲。

虹竿，李白嘗自稱海上釣鰲客，以虹蜺為竿，以明月為鈎。詞中借用此語，謂雨過天晴，飛蚊滅跡。

這首詞惟妙惟肖地描繪蚊子擾人的種種情狀，意在攝取世間那些「以人為炙」的么麼小丑的魂魄，對其呼朋引類、貪婪嗜血、肆虐一時予以諷刺和痛斥。詞人深信：「狂竟連宵，飽能幾日？」正如古希臘史家希羅多德所說：「上帝欲使之滅亡，必先使之瘋狂。」一旦秋風起，貌似強大的飛蚊便逃不脫滅跡的宿命。全詞酣暢淋漓，犀利痛快。

黃位清（1774—？）字瀛波，號春帆，廣東番禺人。道光元年（1821）舉人。官國子監學錄。有《松風閣詞鈔》。

名賤身且輕，遇炎涼，起愛憎，尖尖小口如鋒刃。叮能痛人，叮能癢人，嬌聲夜擺迷魂陣。好無情，偷精吮血，猶自假惺

愭。—— 明文徵明［南商調］《黃鶯兒》。蚊叮之態，如在目前；憎蚊之情，感同身受。

沁園春

［清］汪兆銓

小除夕祀灶，時有海警。

夕届小除，祭設陘前，聽我祝詞。愧黃羊未宰，肉才掩豆，薄糟難醉，酒但浮卮。命未能司，媚寧可獻，休咎從來定不移。觚邊踞，願如聞謦欬，不薦膠飴。　天門訣宕開時，更奏取、通明殿上知。說徙薪曲突，更無上客，蹈湯赴火，誰奮前麾。煬蔽偏工，趨炎成俗，如沸如羹事可危。枯桐在，但焦來爨下，判絕金徽。

這首詞作於光緒二十年（1894）歲暮，時中日甲午戰爭發生，黃海海戰後，日軍攻佔大連、旅順，清政府派張蔭桓等前往日本議和。詞人有感國勢岌岌可危，發為此詞，對當時朝廷腐敗、政治黑暗作了辛辣的諷刺。陳永正謂此詞「壯采奇情，當不亞於王鵬運此調『祭詞』兩作」（《嶺南歷代詞選》）。

小除，小除夕。又稱小節夜、小年夜。農曆十二月二十九日。

陘，灶邊突出部分。

黃羊，祭灶所薦之物。

豆，古代食器，形似高足盤，多用於祭祀。

觚，本指多角棱形的器物。這裏指灶的邊角。

膠飴，飴糖，麥芽糖。舊俗祭灶時以飴糖置於爐口，據說灶神享之則黏住他的牙，使他不能調嘴學舌，對玉帝說壞話。

徙薪曲突，意為搬開灶旁柴禾，將直的煙囪改成彎的，語出《淮南子．說山》及《漢書．霍光傳》。

煬蔽，煬灶蔽賢。喻佞幸專權，蒙蔽國君。

枯桐，琴的別稱。

金徽，金飾的琴徽。這裏用作琴的美稱。

汪兆銓（1859—1928）字莘伯，廣東番禺人。光緒舉人，官廣東海陽縣教諭。後任教忠學校校長。有《惜楚軒詞稿》。

詞林逸事

二十世紀詞壇上，有一首詞的問世曾激起了一波史無前例的巨瀾，這就是毛澤東這闋橫絕六合、氣雄萬古的《沁園春．雪》：

北國風光，千里冰封，萬里雪飄。望長城內外，惟餘莽莽，大河上下，頓失滔滔。山舞銀蛇，原馳蠟象，欲與天公試比高。須晴日，看紅裝素裹，分外妖嬈。　江山如此多嬌，引無數英雄競折腰。惜秦皇漢武，略輸文采，唐宗宋祖，稍遜風騷。一代天驕，成吉思汗，只識彎弓射大雕。俱往矣，數風流人物，還看今朝。

這首「初到陝北看見大雪時填」的詞，被廣為人知則是在近十年後的1945年。這年8月末，在憂慮日本戰敗後再次爆發國內戰爭的輿論背景下，毛澤東應蔣介石的再三邀請由延安飛抵重慶談判。期間，毛澤東把這首詞抄送給老友、詩人柳亞子。得詞後，自稱「詞壇跛扈」的柳亞子歎服不已，「推為千古絕唱，雖東坡、幼安，

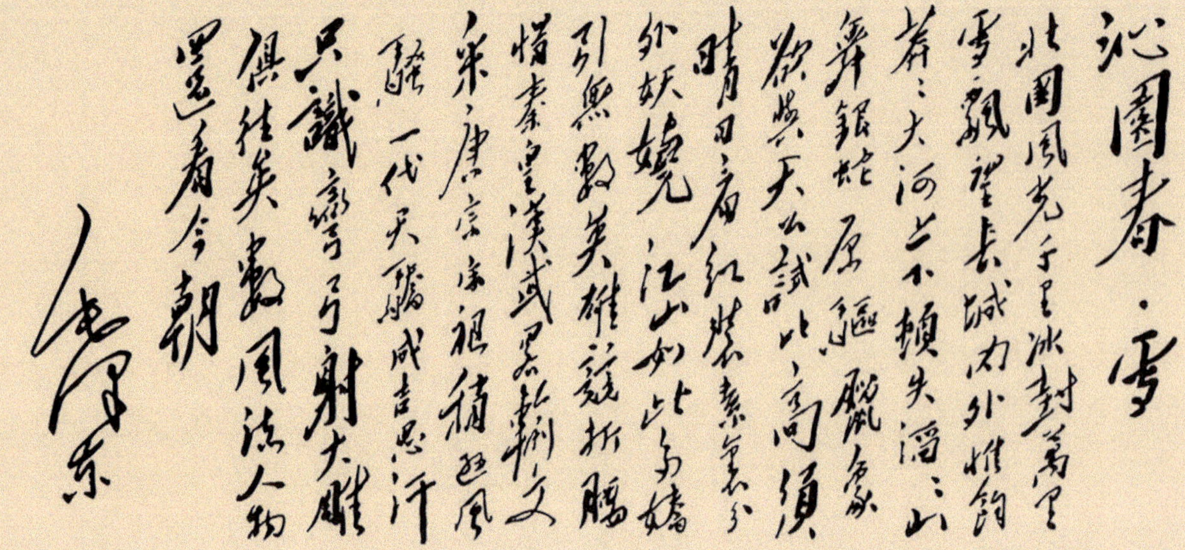

沁園春·雪
北國風光千里冰封萬里
雪飄望長城內外惟餘
莽莽大河上下頓失滔滔山
舞銀蛇原馳蠟象
欲與天公試比高須
晴日看紅裝素裹分
外妖嬈江山如此多嬌
引無數英雄競折腰
惜秦皇漢武略輸文
采唐宗宋祖稍遜風
騷一代天驕成吉思汗
只識彎弓射大雕
俱往矣數風流人物
還看今朝
毛澤東

毛澤東《沁園春》手跡

數風流人物，還看今朝　方介堪

柳亞子像

猶瞠乎其後；更無論南唐小令、南宋慢詞矣」，於是「不自諱其狂，技癢效顰」，步原韻和了一首《沁園春·次韻毛潤之初到陝北看大雪之作，不能盡如原意也》：

廿年重逢，一闋新詞，意共雲飄。歎青梅酒滯，餘懷惘惘，黃河流濁，舉世滔滔。鄰笛山陽，伯仁由我，拔劍難平塊壘高。傷心甚，哭無雙國士，絕代妖嬈。　才華信美多嬌，看千古詞人共折腰。算黃州太守，猶輸氣概，稼軒居士，只解牢騷。更笑胡兒，納蘭容若，豔想穠情著意雕。君與我，要上天下地，把握今朝。

隨後，柳亞子將原韻與和詞交重慶《新華日報》。該報是中國共產黨的機關報，因有所顧慮，便僅發表了和詞。然而，毛詞竟被輾轉傳抄，不脛而走。《新民報晚刊》編輯吳祖光也從黃苗子等朋友處得到幾個抄件，進行比勘，並特加按語「毛潤之先生能詩詞，似鮮為人知。客有抄得其《沁園春·雪》一詞者，風調獨絕，文情並茂，而氣魄之大乃不可及。據毛氏自稱，則遊戲之作，殊不足為青年法，尤不足為外人道也」，將毛澤東詞發表在11月14日《新民報晚刊》「西方夜譚」專欄上。接着，《大公報》等十多家報刊紛紛轉載。一時間，石破天驚，山城騷然，一場筆戰在國共雙方間激烈展開。

蔣介石指斥毛詞有「帝王思想」，責令他的「文膽」陳布雷組織「圍剿」。從年底到正月，國民黨機關報《中央日報》及《和平日報》等相繼刊出二十餘篇攻擊性評論與和詞。在眾多批評攻擊毛詞的作品中，「三湘才子」易君左在《和平日報》發表的詞作頗有代表性：

鄉居寂寞，近始得讀《大公報》轉載毛澤東、柳亞子二詞。毛詞粗獷而氣雄，柳詞幽怨而心苦。因次成一韻，表全民心聲，非一人私見；望天下詞家，聞我興起！其詞曰：

國脈如絲，葉落花飛，梗斷蓬飄。痛紛紛萬象，徒呼負負，茫茫百感，對此滔滔。殺吏黃巢，坑兵白起，幾見降魔道愈高。明神胄，忍支離破碎，葬送妖嬈。　　黃金堆貯阿嬌，任冶態妖容學細腰。看大漠孤煙，生擒頡利，美人香草，死剩離騷。一念參差，千秋功罪，青史無私細細雕。才天亮，又漫漫長夜，更待明朝。

如果說易詞在攻訐的同時還流露出一絲憂國憂民的哀婉情愫的話，那麼在《和平日報》上發表的署名「慰素女士」的詞作則進行直接攻擊、詆毀：

十載延安，虎視眈眈，赤旗飄飄。趁島夷入寇，胡塵滾滾，漢奸竊柄，濁浪滔滔。混亂中原，城鄉分佔，躍馬彎弓氣焰高。逞詞筆，諷唐宗宋祖，炫盡風騷。　　柳枝搖曳含妖，奈西風愁上沈郎腰。算才情縱似，相如辭賦，風標不類，屈子離騷。闖獻遺徽，李巖身世，竹簡早將姓氏雕。功與罪，任世人指點，暮暮朝朝。

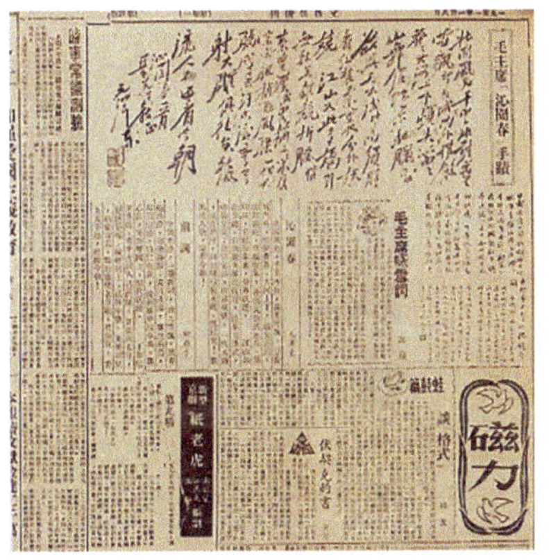

1951年1月8日，《文彙報》副刊發表毛澤東的《沁園春．雪》

面對國民黨連篇累牘的攻擊，共產黨人和進步文化人士也挺身而出，郭沫若、陳毅、柳亞子、黃齊生、崔敬伯、吳景洲等在《新華日報》、《客觀》雜誌、《民主星期刊》等報刊發表和作，揮筆作槍，奮力回擊。毛澤東本人則根本不以為意，看了由王若飛收集的重慶國民黨報刊攻擊的所謂「和詞」和文章後，在給民主人士黃齊生的信中說：「國民黨罵人之作，鴉鳴蟬噪，可以噴飯。」

一首詞在當時能引起如此規模的論爭，在千年詞史上絕無僅有，至今人們仍在津津樂道。

傅抱石《〈沁園春·長沙〉詞意圖》

獨立寒秋，湘江北去，橘子洲頭。看萬山紅遍，層林盡染，漫江碧透，百舸爭流。鷹擊長空，魚翔淺底，萬類霜天競自由。悵寥廓，問蒼茫大地，誰主沉浮。　攜來百侶曾遊，憶往昔崢嶸歲月稠。恰同學少年，風華正茂，書生意氣，揮斥方遒。指點江山，激揚文字，糞土當年萬户侯。曾記否，到中流擊水，浪遏飛舟。——1925 年 10 月，毛澤東正在苦苦尋求救國之路，寫下這首《沁園春·長沙》，發出了「悵寥廓，問蒼茫大地，誰主沉浮」的疑問。十年後《沁園春·雪》，終於給出了一個「俱往矣，數風流人物，還看今朝」的答案。兩首詞主旨相連，都是抒寫對國家命運的關切和以天下為己任的博大胸懷與豪情壯志，一問一答，遙相呼應。

鷹擊長空　王個簃

倚聲依譜

《沁園春》又名《壽星明》《洞庭春色》。當得名於北宋真宗時駙馬都尉李遵勖的府第沁園。一説東漢竇憲仗勢奪取沁水公主園林，後人作詩以詠其事，因此得名。一百一十四字，前片四平韻，後片五平韻，亦有於過片處增一暗韻者。格局恢弘，和諧婉轉而流暢，饒有雍容氣象，適用於敘事、議論、酬贈等題材，而最宜抒壯闊襟懷，因而歷來多被豪邁磊落的英雄志士所愛採用。

定格

中仄平平，仄仄平平，仄仄仄**平**。
仄中平中仄，中平中仄，中平中仄，中仄平**平**。
中仄平平，中平中仄，中仄平平中仄**平**。
平平仄，**仄**中平中仄，中仄平**平**。

平平中仄平**平**，仄中仄平平中仄**平**。
仄中平中仄，中平中仄，中平中仄，中仄平**平**。
中仄平平，中平中仄，中仄平平中仄**平**。
平平仄，**仄**中平中仄，中仄平**平**。

《詞譜》(《沁園春》)

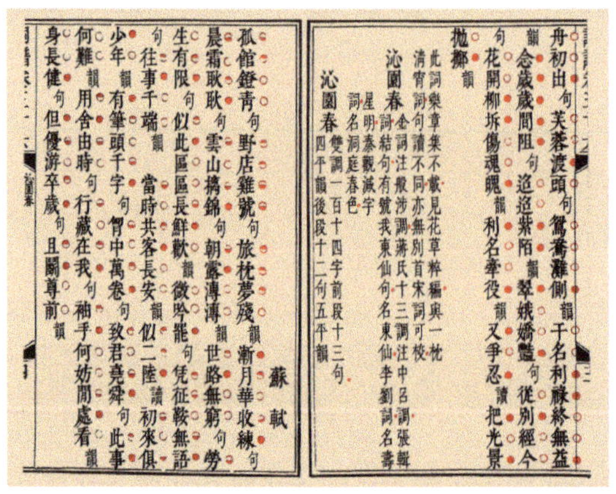

舟初出句芙蓉渡頭句鴛鴦灘側韻千名利祿終無益
韻念歲歲間阻句迢迢紫陌韻翠娥嬌豔句從別經今
句花開柳坼傷魂魄韻利名牽役韻又爭忍讀把光景
拋擲韻
此詞樂章集不載見花草粹編與一枕
清宵詞句讀不同亦無別首宋詞可校
沁園春 金詞注般涉調蔣氏十三調注中呂調張輯
詞結句有號我東仙句名東仙李劉詞名壽
星明秦觀減字
詞名洞庭春色
沁園春 雙調一百十四字前段十三句四平韻後段十二句五平韻

蘇軾
孤館鐙青句野店雞號句旅枕夢殘韻漸月華收練句
晨霜耿耿句雲山摛錦句朝露漙漙韻世路無窮句勞
生有限句似此區區長鮮歡韻微吟罷句凭征鞍無語
句往事千端韻 當時共客長安韻似二陸讀初來俱
少年韻有筆頭千字句胸中萬卷句致君堯舜句此事
何難韻用舍由時句行藏在我句袖手何妨閒處看韻
身長健句但優游卒歲句且鬬尊前韻

風入松

黃蜂頻撲鞦韆索，有當時、纖手香凝

歐陽烈旺書《風入松》

華音流韻

風入松

［南宋］吳文英

聽風聽雨過清明，愁草瘞花銘[①]。樓前綠暗分攜路，一絲柳、一寸柔情。料峭春寒中酒，交加曉夢啼鶯。　西園日日掃林亭，依舊賞新晴。黃蜂頻撲鞦韆索，有當時、纖手香凝。惆悵雙鴛不到[②]，幽階一夜苔生。

［註釋］

①草，起草，擬寫。瘞，埋葬。庾信有《瘞花銘》。銘，文體的一種。

②雙鴛，女子的繡鞋。這裏指女子的蹤跡。

臨風賞讀

這是一首懷人傷別之作。詞人三十餘歲入蘇州提舉常平倉司做幕僚，流連吳會十二年，曾與一愛姬寓居於閶門西之西園，後來也在此分手，故爾西園誠是悲歡交織之地。這首詞即以暮春時節西園的風雨、樓、路、柳、鶯、黃蜂、鞦韆、幽階、綠苔等景物為線索，層層描繪，探尋伊人芳蹤，將懷人的深摯之情寫得曲折淒婉。

詞的上片寫風雨愁思，見相思之苦。清明時節，愁聽風雨。風雨瘞花之日，正是當年與伊人離別之時；「樓前綠暗」的小徑，正是當年「分攜」之路，可而今伊人何處？唯見柳絲弄碧，一片濃綠，豈不令人黯然傷神。回首往事，愁懷無以排遣，只得借酒醉入夢，尋覓往日歡娛情事，無奈黃鶯無情，清晨驚夢，片刻的歡娛反倒換來無窮的追憶，使人悵恨不已。

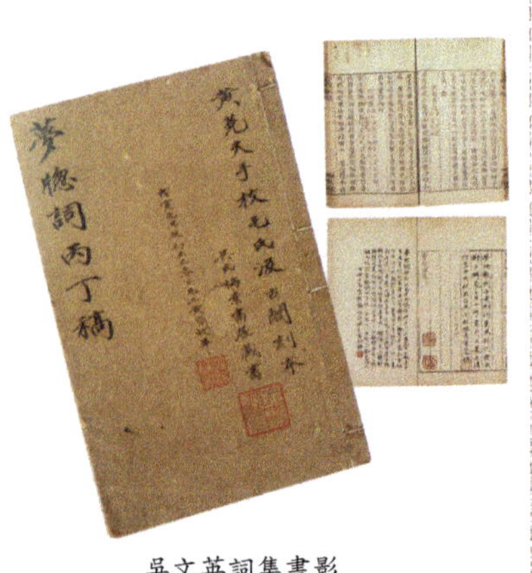

吳文英詞集書影

下片寫新晴癡想，見相思之深。清明已過，雨止天晴。

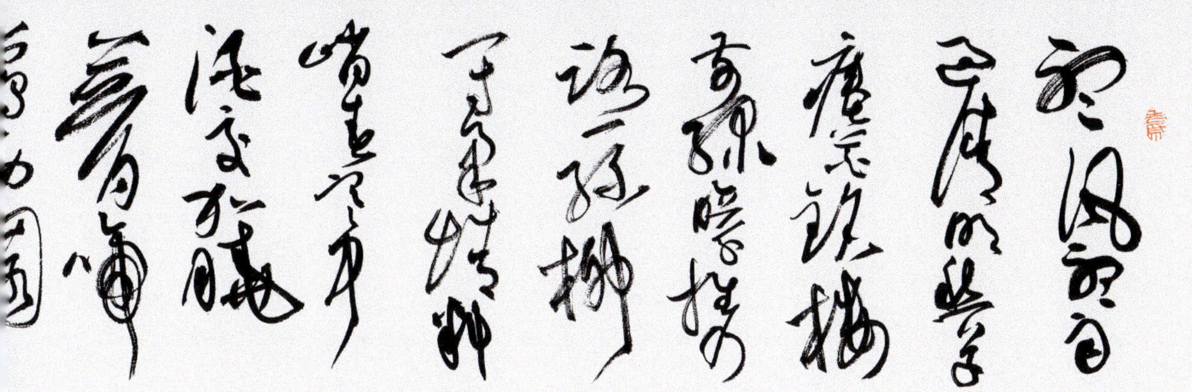

故地重遊，情人已杳然遠別，但詞人天天還是去把西園的林亭打掃一番，獨自欣賞撩人的明媚春色。他睹物生情，神思飛越，想到和情人一道在林園雙棲之時歡愛異常，而今卻只空餘鞦韆繩索上的纖纖玉手的手澤，惹得黃蜂撲來。所聞所見，無一不帶上當時的歡樂、今日的悵惘之情。最後不說一別不再，而說「雙鴛不到」，似未來赴約，是終不絕望，還可期盼；不說蹤跡全無，只說一夜之間，連空寂的臺階上都生滿了青苔。幽階尚且如此，詞人情何以堪！結尾以景收束，深沉、柔婉、淒清，令人一吟三歎。

這首詞委婉細膩地寫出了詞人的一片癡情，在藝術表現上運用時空交錯的手法，將情景糅合一氣，一反其藻飾太過、醉心鈎勒之弊，既慘淡經營，又出以自然淡雅，渾樸天成；既奇思麗想，迷離惝恍，又不流於玄虛晦澀，自是《夢窗詞》中充滿深情遠韻的上乘之作。

清閔貞《紈扇仕女圖》，繪夏日園中一位嫵媚的女子，星眸半啟，倚於一古樹，似是憩息，又似相思

古今彙評

陳廷焯：情深而語極純雅，詞中高境也。婉麗處亦見別致。（《雲韶集輯評》卷八）

許昂霄：「愁草瘞花銘」，琢句險麗。「惆悵雙鴛不到，幽階一夜苔生」，此則漸近自然矣。結句亦從古詩「全由履跡少，並欲上階生」化出。（《詞綜偶評》）

譚　獻：此是夢窗極經意詞，有五季遺響。「黃蜂」二句，是癡語，是深語。結處見溫厚。（《譚評詞辨》）

陳　洵：思去妾也，此意集中屢見。《渡江雲》題曰「西湖清明」，是邂

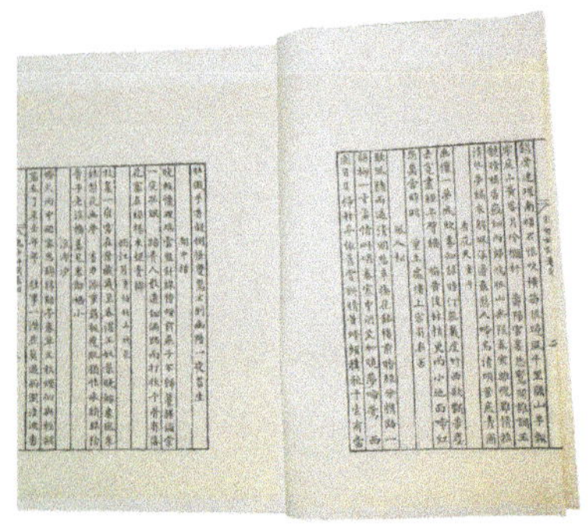

《絕妙好詞》(《風入松》等)書影

逅之始;此則別後第一個清明也。「樓前綠暗分攜路」,此時覺翁當仍寓居西湖。風雨新晴,非一日間事,除了風雨,即是新晴,蓋云我只如此度日。「掃林亭」,猶望其還,賞則無聊消遣。見鞦韆而思纖手,因蜂撲而念香凝,純是癡望神理。「雙鴛不到」,猶望其到;「一夜苔生」,蹤跡全無,則惟日日惆悵而已。當味其詞意醞釀處,不徒聲容之美。(《海綃說詞》)

俞陛雲:「絲柳」七字寫情而兼錄別,極深婉之思。起筆不遽言送別,而傷春惜花,以閑雅之筆引起愁思,是詞手高處。「黃蜂」二句於無情處見多情,幽想妙辭,與「霜飽花腴」「秋與雲平」皆稿中有數名句。結處「幽階」六字,在神光離合之間,非特情致綿邈,且餘音嫋嫋也。(《唐五代兩宋詞選釋》)

陳匪石:全篇之眼即在此「分攜」二字中。(《宋詞舉》)

唐圭璋:此首西園懷人之作。上片追憶昔年清明時之別情,下片入今情,悵望不已。起言清明日風雨落花之可哀,次言分攜時之情濃,「一絲柳,一寸柔情」,則千絲柳亦千丈柔情矣。「料峭」兩句,凝煉而曲折,因別情可哀,故藉酒消之,但中酒之夢,又為啼鶯驚醒,其悵恨之情,亦云甚矣。「料峭」二字疊韻,「交加」二字雙聲,故聲響倍佳。換頭,入今情,言人去園空,我則依舊遊賞,而人則不知何往矣。「黃蜂」兩句,觸物懷人。因園中鞦韆,而思纖手;因黃蜂頻撲,而思香凝,情深語癡……「惆悵」兩句,用古詩意,望人不到,但有苔生,意亦深厚。(《唐宋詞簡釋》)

臧克家:這首詞,不論是寫景,寫情,寫現實,寫回憶,都細致、真摯、委婉,脈絡清晰可按,語意纏綿,音調和諧,令人一讀再讀,不忍釋手。藝術的偉力、魅力,有如此者!(《北京日報》1979年4月5日)

燕子不知春事改　張建平

燈火雨中船,客思綿綿。離亭春草又秋煙。似與輕鷗盟未了,來去年年。　往事一潸然,莫過西園。淩波香斷綠苔錢。燕子不知春事改,時立鞦韆。—— 吳文英《浪淘沙》。西園有詞人與他所思念的愛姬過去美妙的生活回憶。此詞亦是情深語雅、疏快清麗之作。

時立秋千　張建平

詞人心史

吳文英（1200—1260，一說約 1212—約 1272，或約 1207—約 1269）字君特，號夢窗，晚年又號覺翁，四明鄞縣（今浙江寧波）人。本姓翁，與翁元龍、逢龍為親兄弟，出而為吳氏後嗣。一生行跡幾乎未出江浙兩省，而於蘇州、杭州、越州三地居留最久，晚年潦倒依人，困頓而死。他終身未入科舉，沉淪幕僚。理宗紹定年間，他遊幕於蘇州轉運使署，為提舉常平倉司的門客，長達十年之久。淳祐年間，他來到臨安，出入於兩浙轉運使判官尹煥、史彌遠之孫史宅之、參知政事吳潛及後為右丞相的賈似道等人之門。晚年在越州（今浙江紹興），又旅食於宋度宗之生父嗣榮王趙與芮府中。除了這些權貴，他還結交了許多詞人文士，與施樞、方萬里、馮去非、沈義父等皆為筆緣之友，晚年又與周密結成忘年交。

吳文英才秀人微，落拓江湖，只得將一生心力傾注於詞章。他通曉音律，能自度曲，作詞遠祖花間之溫庭筠，近法周邦彥、姜白石，論詞法強調協律、典雅、含蓄、柔婉。其詞既以沉博麗密深曲見長，又具空靈迴盪之美，而以其「穠摯綿麗」的獨特風格：穠豔新奇的語言、綿密曲折的結構、奇麗淒迷的境界、纏綿沉摯的情感而在詞壇上戛戛獨造，別樹一幟，自成一家。然而他有時過於追求形式技巧，藻飾太甚，確有晦澀堆砌之弊。其題材內容仍不出戀情、詠物、傷今懷古和酬贈唱和的範圍，其中寫得最為真摯動人的是那些懷念蘇州去妾和杭州亡姬的詞章，這些作品或哀思婉轉，或悱惻纏綿，無不一往情深。有《夢窗甲乙丙丁稿》四卷傳世。

在南宋詞史上，吳文英可與辛棄疾、姜夔鼎足而三，而他受到爭議最多，七百年來，評者眾說紛紜，毀譽相殊。不論褒貶如何，他的詞作和詞論對後世都產生了重大的影響。特別是晚清時學夢窗詞蔚然成風，近人吳梅在《樂府指迷箋釋序》中則有「近世學夢窗者幾半天下」之語。

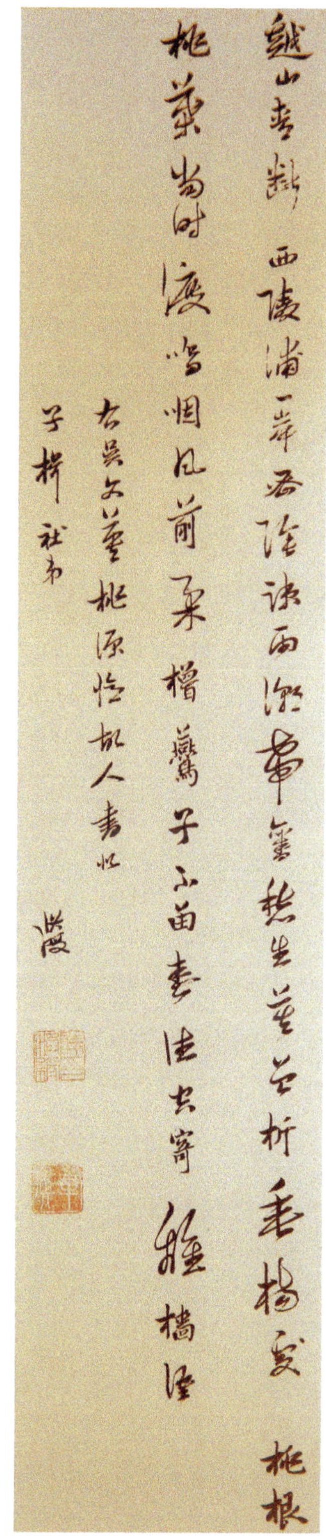

明陳洪綬書吳文英《桃源憶故人》詞。檀香山美術學院藏

品題

詞要清空，不要質實。清空則古雅峭拔，質實則凝澀晦昧。姜白石詞如野雲孤飛，去留無跡。吳夢窗詞如七寶樓臺，眩人眼目，碎拆下來，不成片段。此清空質實之說。（張炎《詞源》卷下）

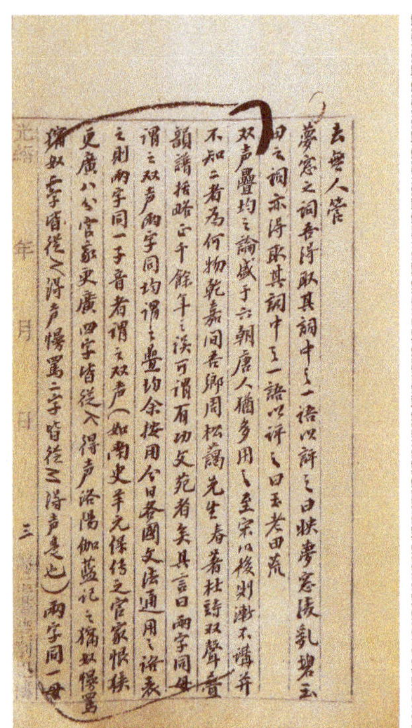

王國維《人間詞話》（手稿）關於吳文英詞的評述

求詞於吾宋者，前有清真，後有夢窗，此非煥之言，四海之公言也。（黃昇《中興以來絕妙詞選》卷十引尹煥語）

夢窗深得清真之妙，其失在用事下語太晦處，人不可曉。（沈義父《樂府指迷》）

夢窗奇思壯采，騰天潛淵，返南宋之清泚，為北宋之穠摯。（周濟《宋四家詞選目錄序論》）

夢窗每於空際轉身，非具大神力不能。夢窗非無生澀處，總勝空滑。況其佳者，天光雲影，搖盪綠波，撫玩無斁，追尋已遠。君特意思甚感慨，而寄情閑散，使人不易測其中所有。（周濟《介存齋論詞雜著》「良卿論吳文英詞」條）

夢窗在南宋，自推大家。惟千古論夢窗者，多失之誣……其實夢窗才情超逸，何嘗沉晦。夢窗長處，正在超逸之中見沉鬱之意，所以異於劉、蔣輩，烏得轉以此為夢窗病？（陳廷焯《白雨齋詞話》卷二）

夢窗密處，能令無數麗字，一一生動飛舞，如萬花為春，非若琱璚蹙繡，毫無生氣也……即其芬菲鏗麗之作，中間儁句豔字，莫不有沉摯之思，灝瀚之氣，挾之以流轉。令人玩索而不能盡，則其中之所存者厚。（況周頤《蕙風詞話》卷二）

於逼塞中見空靈，於渾樸中見勾勒，於刻畫中見天然，讀夢窗詞，當於此着眼。性情能不為詞藻所掩，方是夢窗法乳。（周爾墉《周批絕妙好詞箋》卷四）

夢窗詞，殿天水一朝，分鑣清真，碎璧零璣，觸之皆寶。雖蘊藩溷，其精神行天壤，固自不敝。（張爾田《遁堪文存》）

夢窗之詞，吾得取其詞中一語以評之，曰：「映夢窗，淩亂碧。」（王國維《人間詞話》）

夢窗從吳履齋遊，晚年好填詞，以綿麗為尚。運意深遠，用筆幽邃，煉字煉句，迥不猶人。貌觀之，雕績滿眼，而實有靈氣行乎其間。細心吟繹，覺味美於方回，引人入勝。既不病其晦澀，亦不見其堆垛，此與清真、梅溪、白石，並為詞學之正宗。一派真傳，特稍變其面目耳。猶之玉溪生之詩，藻采組織，而神韻流傳，旨趣永長，未可妄譏其獺祭也。（戈載《宋七家詞選》）

低吟 / 浩唱

風入松

［南宋］俞國寶

一春長費買花錢，日日醉湖邊。玉驄慣識西湖路，驕嘶過、沽酒樓前。紅杏香中簫鼓，綠楊影裏鞦韆。　暖風十里麗人天，花壓鬢雲偏。畫船載取春歸去，餘情付、湖水湖煙。明日重扶殘醉，來尋陌上花鈿。

俞國寶，臨川（今江西撫州）人。淳熙太學生。有《醒庵遺珠集》，不傳。

侯寘字彥周，東武（今山東諸城）人。南渡後居長沙，曾為耒陽縣令，乾道、淳熙間尚在世。有《懶窟詞》一卷。

這首詞是淳熙間詞人為西湖斷橋畔小酒家所作，並書寫在酒家的素色屏風之上。詞中形象地勾勒出一幅暖風繁花、簫鼓喧天的西湖春遊圖。詞中先寫遊湖的豪興，繼而描繪西子湖畔迷人的風光及遊人絡繹不絕、爭相賞春的歡樂場面。「畫船」一句寫人們戀惜春光的情緒，風致妍秀，乃是畫龍點睛之筆。結句別出心裁，設想明日之事，補足今日的留戀之情，餘味嫋嫋，情韻無限。通篇綺麗和婉，情致濃而近雅。

杜韋娘像（明佚名《千秋絕豔圖》）

姚魏，姚黃魏紫的簡稱，本指宋時洛陽兩種名貴的牡丹花，此處喻指美人。

風入松　西湖戲作

［南宋］俁寘

少年心醉杜韋娘，曾格外疏狂。錦箋預約西湖上，共幽深、竹院松窗。愁夜黛眉顰翠，惜歸羅帕分香。　重來一夢覺黃粱，空煙水微茫。如今眼底無姚魏，記舊遊、凝佇淒涼。入扇柳風殘酒，點衣花雨斜陽。

這首詞題為「戲作」，實有真摯之情。上片回憶少年情事，下片感歎往事如夢，追尋舊遊蹤跡，不禁黯然神傷。詞寫得十分婉約閑雅。

宋佚名《西湖圖》，較寫實地再現了杭州西湖全景。中為寬闊的湖面。湖上方山巒起伏，對峙的南北二高峰，橫臥的蘇堤和六橋隱約可辨；湖下方坐落幾座樓閣亭臺。湖右畫孤山、白堤、裏湖及寶石山和保俶塔，右邊臨湖則是高聳的雷峰塔。上海博物館藏

五代董源《瀟湘圖》，圖繪湘江景色。平緩圓潤的山巒，隱於密林深處的村莊，寬闊而靜謐的大河，映帶無盡的沙洲葦渚，來往繁忙的渡船，正在收網的漁夫，還有河畔待渡的過客，營造出一種清幽朦朧、平淡天真的意境。此圖賦色鮮明，刻畫入微，被畫史視為「南派」山水的開山之作。故宮博物院藏

酒邊人倚紅樓（侯寘《朝中措》句） 清徐三庚

月破輕雲天淡注，夜悄花無語。莫聽《陽關》牽離緒，拚酩酊、花深處。　明日江郊芳草路，春逐行人去。不似荼蘼開獨步，能著意、留春住。—— 侯寘的代表作《四犯令》曲折委婉地寫出晚春送別情人時深摯而沉重的情感，寫得含蓄空靈，嫻雅清婉，讀來回味無盡。

風入松　福清道中作

［南宋］劉克莊

歸鞍尚欲小徘徊，逆境難排。人言酒是消憂物，奈病餘、孤負金罍。蕭瑟擣衣時候，淒涼鼓缶情懷。　遠林搖落晚風哀，野店猶開。多情惟是燈前影，伴此翁、同去同來。逆旅主人相問，今回老似前回。

這首詞當作於理宗紹定二年（1229）詞人自建陽縣令任上罷職歸莆田，道經福清之際，是為悼念亡妻林氏夫人而作。夫人歿於宋理宗紹定元年（1228）七月六日。夫人名節，為人堅貞儉慧，夫妻間情篤意深。詞人把對亡妻深摯的懷念之情與政治上的失落悲憤糅合在一起，自然渾成，不着痕跡。

風入松

［南宋］趙師俠

戊申沿檄衡永，舟泛瀟湘。

溪山佳處是湘中，今古言同。平林遠岫渾如畫，更漁村、返照斜紅。兩岸荻風策策，一江秋水溶溶。　　蒼崖石壁景尤雄，人自西東。利名汩沒黃塵裏，又那知、清勝無窮。何日輕舠蓑笠，持竿獨釣西風。

這首詞以淡語從遠到近描繪出清絕的湘江晚秋勝景，表現了詞人對芸芸眾生沉溺於名利的感慨和對隱逸生活的向往。

風入松　聽琴中彈樵歌

［南宋］張炎

松風掩晝隱深清，流水自泠泠。一從柯爛歸來後，愛弦聲、不愛枰聲。頗笑山中散木，翻憐爨下勞薪。　　透雲遠響正丁丁，孤鳳劃然鳴。疑行嶺上千秋雪，語高寒、相應何人。回首更無尋處，一江風雨潮生。

宋劉松年《松蔭鳴琴圖》，繪一蒼松下兩高士，一焚香撫琴，一側耳聆聽，人物鬚眉畢現，神態怡然。美國克里夫蘭藝術博物館藏

虞集（1272—1348）字伯生，號道園。祖籍仁壽（今屬四川），宋亡，其父虞汲移居江西崇仁，為宋丞相虞允文五世孫。曾任集賢修撰。擅詩，與楊載、范梈、揭傒斯並稱「元詩四大家」。有《道園學古錄》。

直，通「值」。

虞集像（元佚名《名賢四像圖》）。美國辛辛那提藝術博物館藏

杏花春雨江南　清林皋

英母，即鸚鵡。鸚鵡善效人言，故少女睡起時捲簾無語，恐為鸚鵡泄漏也。唐朱慶餘《宮詞》：「含情欲說宮中事，鸚鵡前頭不敢言。」

這首詞寫聽琴曲，上片開始兩句寫琴聲，描摹樵夫伐木的山中環境：松風簌簌，流水泠泠，一派清幽古淡的氣象。下片從各個角度描摹音樂形象，這些形象既扣住了樵歌的特點，又渲染出聽者的主觀感受，寄寓着詞人的生活追求和胸襟。全詞清空疏朗，古雅峭拔。

風入松　寄柯敬仲

[元] 虞集

畫堂紅袖倚清酣，華髮不勝簪。幾回晚直金鑾殿，東風軟、花裏停驂。書詔許傳宮燭，輕羅初剪朝衫。　御溝冰泮水挼藍，飛燕又呢喃。重重簾幕寒猶在，憑誰寄、銀字泥緘。為報先生歸也，杏花春雨江南。

元文宗時，詞人以翰林直學士兼奎章閣侍書學士，柯九思（字敬仲）則為奎章閣鑒書博士，二人既為同僚，又情趣相投。至順三年（1332）五月，在文宗避暑上都之際，九思被讒去職，流寓吳中。次年三月，正逢江南杏花旖旎、煙雨蒙蒙之時，詞人於大都館閣中感懷念遠，作此詞寄贈九思。詞的上片回憶受文宗知遇，同在奎章閣任職時相識相知的溫馨而美好的時光，下片意脈直承入手兩句，轉寫眼前景色，勾起對友人的思念，並流露出厭倦館閣生活、亟望歸老田園的心情。煞尾一句將杏花、春雨、江南巧妙組合，由小及大，由近及遠，逐層推衍開去，活脫脫地勾勒出一幅氣象空靈、韻味雋永的江南春豔圖，從而生動地表明故鄉之可愛，歸去之刻不容緩，讀來令人遐想聯翩，幽思難抑。

柯九思見詞後，深深為之感動。次年元夕，九思赴友人姚文奐宴席，即以此詞裝裱成軸，並作詞和之。時人張翥為賦《摸魚兒》詳述其事，中云：「但留意江南，杏花春雨，和淚在羅帕。」（《蛻庵詞》卷上）直至明代，瞿佑「曾見機坊以詞織成帕，為時所貴重如此」（《歸田詩話》卷下）。明人雷迅還取其成句作《杏花春雨江南賦》。

風入松　憶舊

[明] 張喬

海棠憨睡晚風時，柳帶垂垂。捲簾不語羞英母，任落花、透濕

胭脂。戲逐鴛鴦尋夢，更從蝴蝶相期。　山園春草又芳菲，淚雨凝枝。憑欄細數殘紅片，乍陰晴、雲雨絲絲。只是偶然心事，如何動上雙眉。

這首憶舊小詞宛麗可喜，道出兒女心事，而又不流於纖佻輕薄。末二語情態刻畫細膩，雖是偶有所感，實際上是終日縈懷，故禁不住雙眉緊鎖。兩句筆觸甚輕而用意頗重，極有韻味。

清王翬《江南早春圖》，繪出一派春光明媚的江南景色。遼寧省博物館藏

風入松

［清］宋育仁

小樓一雨作春寒，獨自倚闌看。東風又綠樓前柳，一絲影、一憶華年。泥酒情懷似絮，焚香心事如煙。　流光彈指記華鬘，揮手向人間。夢身猶著天花雨，認綠楊、魂住江南。覺後追尋迷路，屏風無限關山。

這是一首悼亡追思詞。上片先說初春陣雨過後，帶來一片寒意，春風吹拂小樓下面庭院中的柳樹，綠影搖盪，牽惹無限華年舊事。下片用佛教中的典故入詞，以禪語寫男女傷悼之情，迷離惝恍中情思宛轉，淒美婉麗，饒有餘韻。

宋育仁（1857—1931）字芸子，晚年號道復，四川自貢市仙市鎮（原屬富順縣）人。光緒十二年（1886）進士，授翰林院庶吉士，改任檢討。二十年（1894）任出使英法意比四國公使參贊。為清末「新學巨子」，有《時務論》《採風記》等。其墓在成都錦江區幸福梅林。

風入松　重九

［近代］陳洵

人生重九且為歡，除酒欲何言。佳辰慣是閑居覺，悠然想、今古無端。幾處登臨多事，吾廬俯仰常寬。　菊花全不厭衰顏，一歲一回看。白頭親友垂垂盡，尊前問、心素應難。敗壁哀蛩休訴，雁聲無限江山。

昔人作重九詞，必寫登高臨遠，而詞人卻寫閑居不出。上片故作閑適語，下片急轉，寫出胸中寂寞悲涼。末句以雁聲與江山並舉，境界又復拓開。葉恭綽評云：「沉厚轉為高渾，此境最不易到。」（《廣篋中詞》卷三）

陳洵（1871—1942）字述叔，廣東新會人。中秀才後，入江右幕中十餘年。中歲歸粵授徒度日。晚年任中山大學教授，講授詞學。晚年之作尤能淨洗鉛華，運密入疏，寓濃於淡。有《海綃詞》《海綃說詞》。

風入松

［近代］陳洵

甲戌（1934）寒食，陳劍秋、葉湘南、張庶平、葉茗孫、韓樹園先後來過，皆四十年故人也。獨劍秋時相見，其四人皆避地香港。湘南乃至四十年不相聞，庶平則已九十矣。良辰聚首，往事茫然，聲以寫之，亦餘情之不能已也。

人生離合似萍蓬，時節苦匆匆。年年寒食空相憶，今年見、蠟燭光融。往事山河夢裏，高談風雨聲中。　承平冉冉逐孤鴻，天闊更無蹤。相攜便作佳期看，親知面、也算遭逢。且喜落花門巷，依然故國東風。

這首詞抒寫人生無常、世事滄桑之慨，詞語質樸，渾厚深沉，當為詞人晚年詞之代表作。

詞林逸事

高宗建炎三年（1129），宋室南渡，升杭州為臨安府。南宋紹興八年（1138）正式定都於此，於是大興土木，修建皇宮，擴建城池，一時商貿繁榮，城內酒樓林立，華奢過於汴京，尤其是湧金門外西子湖畔的「豐樂樓」，樓臺軒榭瑰麗宏偉，堪稱湖山之冠。登樓俯瞰西湖，可見畫舫穿梭、柳汀花塢，可聽蓮娃清唱、漁歌悠揚。文武官員、騷人墨客經常在此樓飲酒歡宴，詩詞唱和。時在吳潛幕的吳文英也常出入此樓會飲，曾作詞多首。

淳祐十一年（1251）知臨安府趙德淵（號節齋）新建豐樂樓落成，二月甲子，吳文英在豐樂樓宴飲時，即席作四疊長調《鶯啼序・豐樂樓，節齋新建》一詞，並大書於樓壁，為時人傳誦：

天吳駕雲閬海，凝春空燦綺。倒銀海、蘸影西城，四碧天鏡無際。彩翼曳、扶搖宛轉，雩龍降尾交新霽。近玉虛高處，天風笑語吹墜。　清濯緇塵，快展曠眼，傍危闌醉倚。面屏障、一一鶯花，薜蘿浮動金翠。慣朝昏、晴光雨色，燕泥動、紅香流水。步新梯，藐視年華，頓非塵世。　麟翁衮舄，領客登臨，座有誦魚美。翁笑起、離席而語，敢詫京兆，以役為功，落成奇事。明良慶會，賡歌

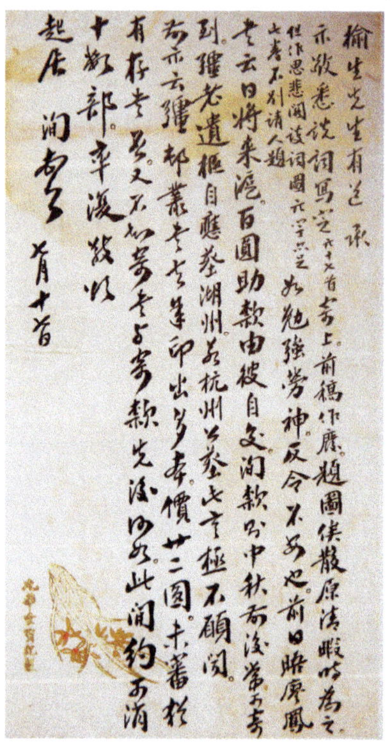

陳洵致龍榆生手箚

熙載，隆都觀國多閑暇，遣丹青、雅飾繁華地。平瞻太極，天街潤納璿題，露牀夜沉秋緯。　清風觀闕，麗日罘罳，正午長漏遲。為洗盡、脂痕茸唾，淨捲曲塵，永晝低垂，繡簾十二。高軒駟馬，峨冠鳴佩，班回花底修禊飲，御爐香、分惹朝衣袂。碧桃數點飛花，湧出宮溝，溯春萬里。

元夏永《豐樂樓圖》，用水墨界畫畫殿閣山水，線條纖如毫髮，逼真地再現宋代杭州這一名樓的整體和細部。故宮博物院藏

全詞四闋，先從讚美豐樂樓的宏麗景觀入手，再敘登樓之所見，續之以主人在樓上宴客的盛況，終以觀京城之景並發感慨作結。這雖是一首投贈望幸之作，寫來高華密麗，但並未見過分諛揚的塵俗氣。而在他的另一首《高陽臺·豐樂樓分韻得如字》中則將個人情事的傷感、對國家危亡的憂慮兩相交織，表現得更為深沉哀婉：

修竹凝妝，垂楊駐馬，憑闌淺畫成圖。山色誰題，樓前有雁斜書。東風緊送斜陽下，弄舊寒、晚酒醒餘。自消凝、能幾花前，頓老相如。　傷春不在高樓上，在燈前攲枕，雨外熏爐。怕艤遊船，臨流可奈清臞。飛紅若到西湖底，攪翠瀾、總是愁魚。莫重來，吹盡香綿，淚滿平蕪。

詞人晚年重來斯樓，登樓望遠，見此「東風緊送斜陽下」，春色將殘、煙柳斜陽的淒涼景象，想到國土日蹙、國運日危，於酒樓會飲、即席分韻的場合，竟悲從中來，憂思叢集，從而以咽抑凝回的詞語表達出傷春又傷時的深切感慨。正如陳洵所說，此篇「是吳詞之極沉痛者」(《海綃說詞》)。劉永濟更指出：「此詞寫登高眺遠，感今傷昔，滿腔悲慨。作者觸景而生之情，決非專為一己，蓋有身世之感焉。以身言，則美人遲暮也；以世言，則國勢日危也，大有『舉目有河山之異』之歎。」(《微睇室說詞》)

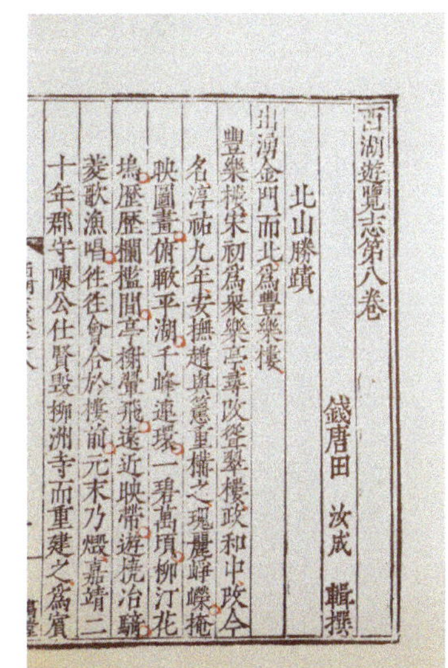

西湖遊覽志第八卷

錢唐田　汝成　輯撰

北山勝蹟

出湧金門而北為豐樂樓

豐樂樓宋初為衆樂亭尋改聳翠樓政和中改今名淳祐九年安撫趙與𥲅重構之瑰麗崢嶸掩映圖畫俯瞰平湖千峰連環一碧萬頃柳汀花塢歷歷欄檻間亭榭翬飛遠近映帶遊橈治騎菱歌漁唱往往會合於樓前元末乃燬嘉靖二十年郡守陳公仕賢毀柳洲寺而重建之為賓

明田汝成《西湖遊覽志》關於豐樂樓的記載

倚聲依譜

《風入松》又名《風入松慢》《遠山橫》。古琴曲有《風入松》，傳為晉嵇康所作。唐釋皎然有《風入松》歌。調名本此。雙調，七十六字，前後片各四平韻。音節輕柔婉轉，極掩抑低徊之致，最適宜於表達和婉情調。

定格

中平中仄仄平平，中仄仄平平。
中平中仄平平仄，中平中、中仄平平。
中仄平平平仄，中平中仄平平。

中平中仄仄平平，中仄仄平平。
中平中仄平平仄，中平中、中仄平平。
中仄平平平仄，中平中仄平平。

《詞譜》(《風入松》)

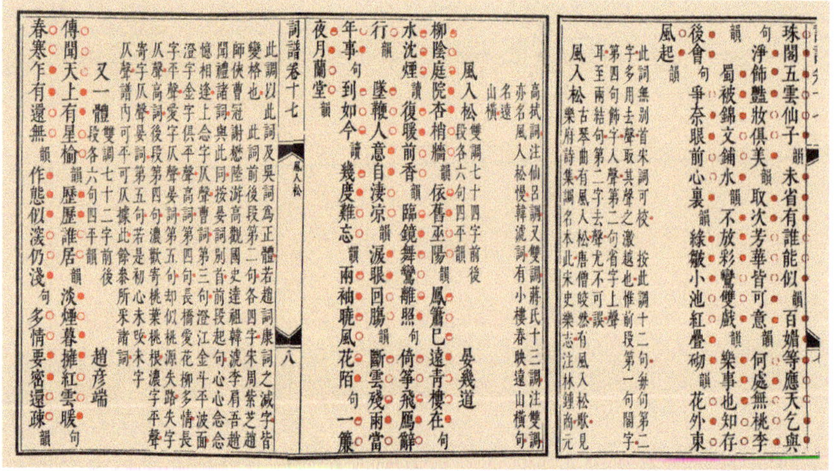

珠閣五雲仙子 韻 未省有誰能似 韻 百媚等應天乞與 句 淨飾豔妝俱美 韻 取次芳華皆可意 韻 何處無桃李 韻 蜀被錦文鋪水 韻 不放彩鸞雙戲 韻 樂事也知存後會 句 爭奈眼前心裏 韻 綠皺小池紅疊砌 韻 花外東風起 韻

此詞無別首宋詞可校 按此調十二句無句第二字多用去聲取其聲之激越也惟前段第一句閤字第四句飾字入聲第二句省字上聲耳至兩結句第二字去聲尤不可誤

風入松 古琴曲有風入松唐僧皎然有風入松歌見樂府詩集調名本此宋史樂志注林鍾商元高拭詞注仙呂調又雙調蔣氏十三調注雙調亦名風入松慢韓淲詞有小樓春映遠山橫句名遠山橫

風入松 雙調七十四字前後段各六句四平韻 晏幾道

柳陰庭院杏梢牆 韻 依舊巫陽 韻 鳳簫已遠青樓在 句 水沈煙 讀 復暖前香 韻 臨鏡舞鸞離照 句 倚箏飛鴈辭行 韻 墜鞭人意自淒涼 韻 淚眼回腸 韻 斷雲殘雨當年事 句 到如今 讀 幾度難忘 韻 兩袖曉風花陌 句 一簾夜月蘭堂 韻

詞譜卷十七 風入松 八

此調以此詞及吳詞為正體若趙詞康詞之減字皆變格也 此詞前後段第二句各四字宋周紫芝趙師俠曹冠謝懋陸游高觀國史達祖韓淲李肩吾趙聞禮諸詞與此同 按晏詞別首前段起句心心念念憶相逢上念字仄聲曹詞第三句澄江金斗平波面澄字金字俱平聲高詞第四句長橋愛花柳多情長字平聲愛字仄聲晏詞第五句却似桃源失路失字仄聲高詞後段第四句濃歡寄桃葉桃根濃字平聲寄字仄聲晏詞第五句若是初心未改未字仄聲譜內可平可仄據此餘參所采諸詞

又一體 雙調七十二字前後段各六句四平韻 趙彥端

傳聞天上有星榆 韻 歷歷誰居 韻 淡煙暮擁紅雲暖 句 春寒乍有還無 韻 作態似濃仍淺 句 多情要密還疏 韻

高陽臺

折盡梅花，難寄相思

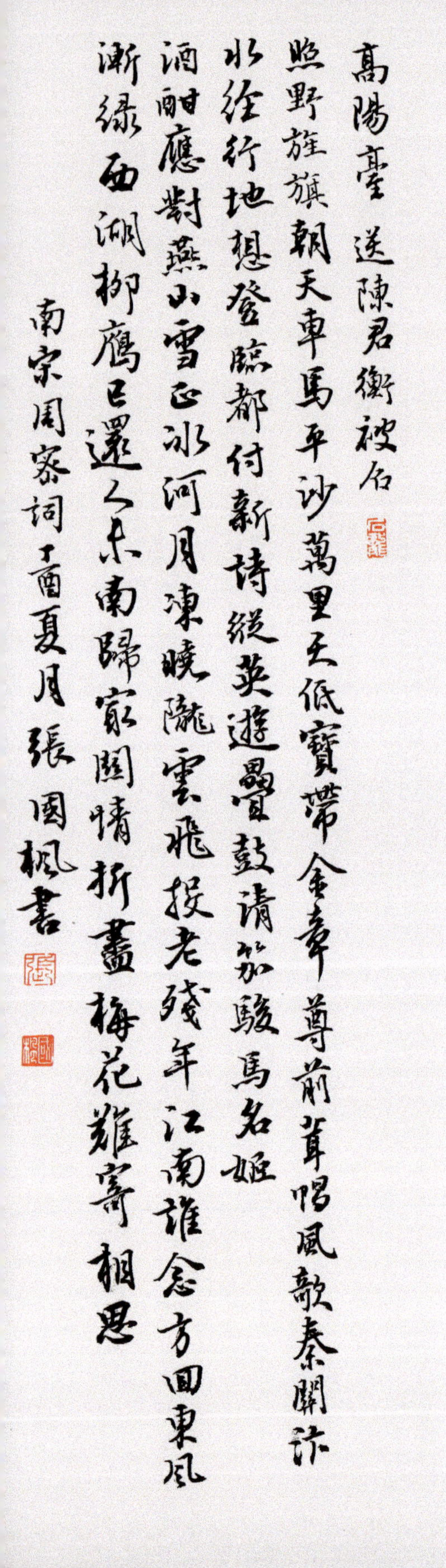

華音流韻

高陽臺　送陳君衡被召

［南宋］周密

照野旌旗，朝天車馬，平沙萬里天低。寶帶金章①，尊前茸帽風欹②。秦關汴水經行地，想登臨、都付新詩。縱英遊，疊鼓清笳，駿馬名姬。　酒酣應對燕山雪，正冰河月凍，曉隴雲飛。投老殘年，江南誰念方回③。東風漸綠西湖柳，雁已還、人未南歸。最關情，折盡梅花④，難寄相思。

臨風賞讀

這是一首寄意幽微的送別詞。

江山依舊，故國已非。友人陳允平（字君衡）此番被新朝徵召北上元大都，而作為一個守節不屈的南宋遺民，詞人臨歧之際，以詞相別，內心是極為複雜的。開篇破空而來，描畫陳允平行色之壯。只見旌旗獵獵，車馬轔轔，友人在天曠雲低中朝北而去，好一幅雄渾闊遠、威武雄壯的遠行圖。接下去由遠而近，詞人從冠帶和風貌略加勾畫，稍帶得意之態的主角便栩栩如生地出現在這幅畫卷中。

郊野餞行的場面到此鋪陳已足，但詞人意猶未盡，更懸想友人別後的情景。一路北上，駿馬名姬，登秦關臨汴水，吟詩作賦，其樂無窮。友人豈不知秦關是南宋苦戰之地，汴水乃北宋舊帝裏？在此縱樂，於心忍乎？詞人婉諷之深心在焉。

過片意脈相連，以「應」字遙接上片「想」字，進一步設想友人遠去北國，歡遊酒酣間卻眼見雪封

張國楓書《高陽臺》

燕山，冰鎖江河，雲飛月冷。意境則由上片的宏壯轉為蕭索。接着詞人筆下陡然一轉，寫別後自己的淒涼孤苦，以及對友人的思念，實則寄意友人顧念舊友、休戀北闕、勿忘故國。

全詞上下闋情思流轉，意折層深，含蓄宛轉地道出了送別故人的難舍和傷感，對他晚節不固的委婉責備，以及對故國淪亡的悵恨。

或是讀懂了詞人的深心，陳允平北赴大都後並未受官，被放還，南歸後隱居山中而卒。

古今彙評

俞陛雲：陳君衡名允平。觀其詞意，當是受北朝干旌之召，為當時顯宦。故上闋言旌旗笳鼓，駿馬名姬，極寫行色之壯。下闋但賦離情，於陳君衡出處，不加褒貶之詞，僅言江湖投老，見兩人窮達殊途，新朝有振鷺之歌，而故國無歸鴻之信，意在言外也。（《唐五代兩宋詞選釋》）

唐圭璋：此首送陳君衡北上，兼有豪俠俊逸之勝。起寫途景，氣概頗大。次寫途情，胸次亦壯。一路飲酒賦詩，笳鼓喧喧，且有名姬相伴，寫來何等風流曠達。換頭，設想遠去冰雪之域。「投老」兩句，自傷無人顧念。「東風」兩句，歎人去不歸。著末備致懷念之意，殊覺真摯。（《唐宋詞簡釋》）

參讀

駝褐輕裝，狨韉小隊，冰河夜渡流澌。朔雪平沙，飛花亂拂蛾眉。琵琶已是淒涼調，更賦情、不比當時。想如今，人在龍庭，初勸（一作賜）金巵。　一枝芳信應難寄，向山邊水際，獨抱相思。江雁孤回，天涯人自歸遲。歸來依舊秦淮碧，問此愁、還有誰知。對東風，空似垂楊，零亂千絲。—— 王沂孫《高陽臺．陳君衡遠遊未還，周公謹有懷人之賦，倚歌和之》亦是寄語友人北遊早日歸來，暗寓眷懷故國之思。

[註釋]

①寶帶，絲織的印綬。金章，官印。

②茸帽，毛皮帽。欹帽即側帽，典出《北史》卷六十一：「信在秦州，嘗因獵，日暮，馳馬入城，其帽微側，詰旦而吏人有戴帽者咸慕信而側帽焉。」

③方回，北宋詞人賀鑄字。黃庭堅《寄方回》詩云：「解道江南腸斷句，世間惟有賀方回。」此處以方回自比。

④《太平御覽》卷九百七十：「陸凱與范曄相善，自江南寄梅花一枝，詣長安與曄，並贈詩曰：『折花逢驛使，寄與隴頭人。江南無所有，聊寄一枝春。』」後因以「驛使梅花」表示對親友的問候及思念。

詞人心史

周密（1232—1298）字公謹，號草窗，又號四水潛夫、華不注山人、弁陽老人、弁陽嘯翁、蕭齋。其先濟南（今屬山東）人，自曾祖祕起寓居吳興（今浙江湖州）。父晉於宋理宗紹定四年（1231）官富陽令，次年密生於縣署齋中。少嘗肄業太學。理宗景定二年（1261）為臨安府幕僚。五年夏，與楊纘諸人在西湖之環碧結吟社。端宗景炎元年（1276）為義烏令。是年杭州為元兵所陷，其湖州之家亦毀，自此終身寓杭。抗節特立，與謝翱、鄧牧輩交遊。祥興二年（1279）寓居杭州癸辛街（今仁和路），著書以寄憤。有《武林舊事》《齊東野語》《癸辛雜識》《雲煙過眼錄》等野史筆記傳世。

在宋末詞人中，周密領袖群倫，與王沂孫、張炎合稱為「宋末三大家」。青年時代即從楊纘、張樞等老輩倚聲家酬唱遊處，多惆悵之作，韻美聲諧，清雅秀潤；宋亡之後多寫不可掩抑的故國之思，憂傷淒楚，情寄深遠。詞作有《草窗韻語》六卷、《蘋洲漁笛譜》二卷、《草窗詞》二卷。

齊周密印章

品題

白石飛仙，紫霞淒調，斷歌人聽知音少。幾番幽夢欲回時，舊家池館生青草。　風月交遊，山川懷抱，憑誰說與春知道？空留離恨滿江南，相思一夜蘋花老。（王沂孫《踏莎行．題草窗詞卷》）

公謹敲金戛玉，嚼雪盥花，新妙無與為匹。公謹只是詞人，頗有名心，未能自克，故雖才情詣力，色色絕人，終不能超然遐舉。（周濟《介存齋論詞雜著》）

草窗博學多識……故其詞盡洗靡曼，獨標清麗，有韶倩之色，有綿渺之思，與夢窗旨趣相侔。二窗並稱，允矣無忝。其於律亦極嚴謹，蓋交遊甚廣，深得劘切之益。（戈載《宋七家詞選》）

公謹生於宋末，以博雅名東南。所作音節淒清，情寄深遠，非徒以綺麗勝者。（高士奇《絕妙好詞序》）

夢窗、草窗大致相同，昔人已有定評。然兩家之師白石，取法皆同，但夢窗高處人不易知，草窗高處一望而知，此其同而不同者也。及細按之，其實夢窗何嘗沉晦，人自領略不到耳。草窗亦不僅軒豁呈露，其骨韻之高，仍與夢窗無二，真一

周密跋宋趙孟堅《水仙圖》，楷法參取歐、柳，勁拔而秀朗。美國大都會藝術博物館藏

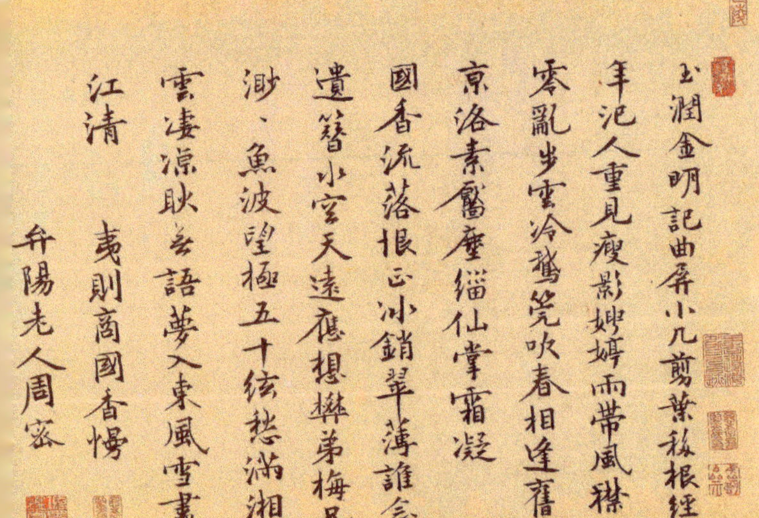

時雨難也。（陳廷焯《雲韶集》卷八）

南宋之末，終推草窗、夢窗兩家為此事眉目，非碧山、竹屋輩所可頡頏。（李慈銘《孟學齋日記》）

宋佚名《百子嬉春圖》，圖繪樓閣庭院間，數十名孩童嬉戲的吉祥場景。故宮博物院藏

低吟／浩唱

高陽臺　除夜

［南宋］韓疁

頻聽銀簽，重燃絳蠟，年華衮衮驚心。餞舊迎新，能消幾刻光陰。老來可慣通宵飲，待不眠、還怕寒侵。掩清尊，多謝梅花，伴我微吟。　鄰娃已試春妝了，更蜂腰簇翠，燕股橫金。勾引東風，也知芳思難禁。朱顏那有年年好，逞豔遊、贏取如今。恣登臨，殘雪樓臺，遲日園林。

這首詞為除夕夜守歲寄慨之作。上片老懷衰颯，一「驚」年華飛逝，二歎老來不能守歲，三寫心靈的孤獨，只有寒梅相伴，共作吟哦度歲的清苦之詩侶。下片春思盪漾，詞筆一宕，忽然轉向鄰娃寫去，從年輕人迎春試裝、踴躍遊冶的歡快情緒中體味到，亟須趁此良辰，作樓臺園林之遊，盡情享受生活之美好，莫負大好春光。周汝昌謂此詞「前片幾令人擔心只是傷感衰颯之常品，而一入過片，筆墨一換，以鄰娃為引，物境心懷，歸於重拾青春，一片生機活力，方知寄希望於前程，理情腸於共勉，傳為名篇，自非無故」（《千秋一寸心》）。

銀簽，指銅壺滴漏，每過一刻時光，則有簽鏗然自落。

衮衮，連續。此指時光匆匆。

韓疁字子耕，號蕭閑，生平不詳。有《蕭閑詞》一卷，不傳。存詞六首。趙萬里有輯本。

高陽臺　落梅

［南宋］吳文英

宮粉雕痕，仙雲墮影，無人野水荒灣。古石埋香，金沙鎖骨連環。南樓不恨吹橫笛，恨曉風、千里關山。半飄零，庭上黃昏，月冷闌干。　壽陽空理愁鸞鏡，問誰調玉髓，暗補香瘢。細雨歸鴻，孤山無限春寒。離魂難倩招清些，夢縞衣、解珮溪邊。最愁人，啼鳥晴明，葉底青圓。

古石埋香，鮑照《蕪城賦》：「東都妙姬，南國麗人，蕙心紈質，玉貌絳唇，莫不埋香幽石，委骨窮塵。」原指美人死去，此處喻指落梅。

吹橫笛，古笛曲中有《梅花落》。

壽陽，化用南朝宋武帝女壽陽公主梅花妝事。

孤山，在杭州西湖之濱。北宋初林逋隱居於此，遍種梅花。

詞人在蘇州時曾納一妾，後遣去；居於杭州時又納一妾，後亡故，給他留下刻骨銘心的隱痛和難以磨滅的思念。這首詞人梅合寫，亦梅亦人，以仙姿綽約、幽韻冷香，無聲地飄落在闃寂的野水荒灣的梅花來比喻香消玉殞的佳人，而詞人對落梅的深情吟頌正幽微隱約地寄託了自己對逝者的傷懷與眷戀。清陳廷焯極賞此詞，謂「既幽怨，又清虛，幾欲突過中仙（王沂孫）詠物諸篇，是集中最高之作」（《白雨齋詞話》卷二）。

高陽臺　和周草窗寄越中諸友韻

［南宋］王沂孫

殘雪庭陰，輕寒簾影，霏霏玉管春葭。小帖金泥，不知春在誰家。相思一夜窗前夢，奈個人、水隔天遮。但淒然，滿樹幽香，滿地橫斜。　江南自是離愁苦，況遊驄古道，歸雁平沙。怎得銀箋，殷勤與說年華。如今處處生芳草，縱憑高、不見天涯。更消他，幾度東風，幾度飛花。

古人燒葦膜成灰，置於自黃鐘至應鐘之十二律管中，放室內封閉，以占節候。哪一節候至，相應的律管中的葭灰即飛出。

小帖，春帖子。宋制，立春日宮中命大臣撰寫殿閣的宜春帖子詞。小帖金泥，蓋以泥金書春帖子或聯語。

這首和作作於宋亡後的一個立春時節，以哀婉含蓄的筆調抒寫了深深的懷友之情和亡國遺民的流離之悲。上片由節令寫出物是人非、「不知春在誰家」的亡國隱痛，感慨遙深；由隔別抒寫相思無奈，在夢境中故人都難以相見，深情綿邈。下片直抒別恨離懷。詞終以不能與故人相見為憾，又以經受不起幾次風吹花落作結，種種愁懷縈迴糾結，更令人感傷不已。難怪清陳廷焯說此首「無限哀怨，一片熱腸，反覆低迴，不能自已」（《詞則輯評・大雅集》卷四）。俞陛雲亦謂「後半首以蘊藉之筆，致纏綿之懷。『芳草天涯』句憂生念亂，情見於辭」（《唐五代兩宋詞選釋》）。

小雨分江，殘寒迷浦，春容淺入蒹葭。雪霽空城，燕歸何處人家。夢魂欲渡蒼茫去，怕夢輕、還被愁遮。感流年，夜汐東還，冷照西斜。　萋萋望極王孫草，認雲中煙樹，鷗外春沙。白髮青山，可憐相對蒼華。歸鴻自趁潮回去，笑倦遊、猶是天涯。問東風，先到垂楊，後到梅花。——宋亡後周密湖州故家毀於兵火，終身寄寓杭州，作《高陽臺・寄越中諸友》，抒發家國破亡，懷鄉念友之情懷。語意新奇，辭句幽遠，結尾空靈蘊藉，耐人尋味。

張惠言手批張炎《山中白雲詞》書影

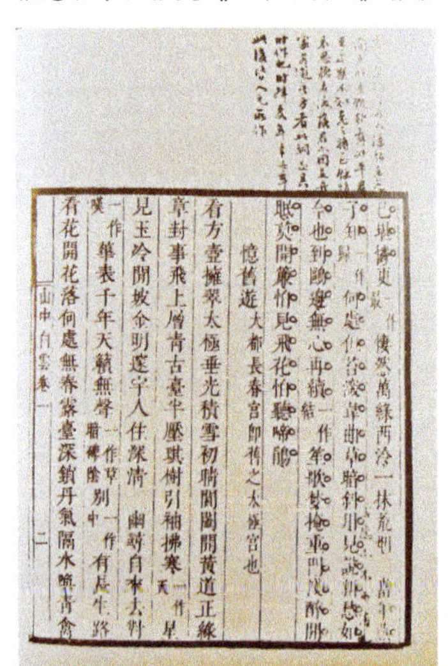

憶舊遊　大都長春宮即舊之太極宮也

看方壺擁翠太極垂光積雪初晴闐闐閒黃道正緣

章封事飛上層青古臺半壓琪樹引袖拂寒

看花開花落何處無春寄臺深鎖丹氣隔水噴青禽

山中白雲卷一　二

高陽臺　西湖春感

［南宋］張炎

接葉巢鶯，平波捲絮，斷橋斜日歸船。能幾番遊，看花又是明年。東風且伴薔薇住，到薔薇、春已堪憐。更淒然、萬綠西泠，一抹荒煙。　當年燕子知何處，但苔深韋曲，草暗斜川。見說新愁，如今也到鷗邊。無心再續笙歌夢，掩重門、淺醉閑眠。莫開簾，怕見飛花，怕聽啼鵑。

南宋亡後，詞人北遊燕、薊，南歸後重到杭州，放舟西湖上，舉目所見，斜日荒煙，苔深草暗，荒蕪冷落，一片淒然，於是作此詞，借詠西湖春深時景以抒亡國哀痛。全詞畫面蒼涼慘淡，音節低沉，卻又筆致空靈，感慨沉鬱，字裏行間流露出一種無可奈何的悵惘、落寞與絕望，故清陳廷焯評此詞曰：「淒涼幽怨，鬱之至，厚之至，與碧山如出一手。」(《白雨齋詩話》卷二)

掩重門、淺醉閑瞑　沙曼翁

韋曲，唐時韋氏世居地，在長安城南。斜川，位於江西星子縣，陶淵明曾作《遊斜川》詩。這裏均指西湖邊文人雅集之地。

高陽臺　玉泉山燕集

［清］鄧廷楨

徑轉疏花，畦連寒菜，籃輿一路秋光。琴筑聲清，冷泉緩瀉鴛梁。憑高莫向闌干倚，倚闌干、容易斜陽。寫閑情，細把金英，淺醉瑤觴。　欃槍未掃鐃歌唱，歎軍符憔悴，戰壘蒼涼。飲至筵開，愁聽滿耳《伊》《涼》，卻憐老圃霜華重，怕孤他、晚節幽香。乍歸來，燈火城南，澹月昏黃。

道光二十年（1840）詞人調任閩浙總督，次年被革職遣戍伊犁，二十三年釋回，旋授甘肅布政使，詞當作於自伊犁返京待命時。其時英侵略軍未退，邊患未靖，朝廷卻一味「節制」議和，以致「戰壘蒼涼」，「軍符憔悴」，將才空耗，猛志銷蝕。詞中抒寫對這種時勢的深重憂慮，反映了詞人憂國傷時的悲愴心情。清譚獻評此詞曰：「竟有新亭之淚。」(《篋中詞．今集續》卷一)

宋佚名《柳塘秋草圖》，圖繪蕭瑟冷寂的池塘秋景，遠處一群大雁飛離，尋找棲息之所。故宮博物院藏

趙樸初書林則徐《高陽臺》

林則徐像

林則徐（1785—1850）字少穆，侯官（今福建福州市區）人。嘉慶十六年（1811）進士。曾任湖廣總督、陝甘總督和雲貴總督。道光十九年（1839）到廣州任欽差大臣，禁銷鴉片於虎門。次年鴉片戰爭爆發，任兩廣總督，屢敗來犯之英軍。有《雲左山房詩鈔》，詞附後。

高陽臺　和嶰筠前輩韻

［清］林則徐

玉粟收餘（原註：罌粟一名蒼玉粟），金絲種後（原註：呂宋煙草曰金絲醺），番航別有蠻煙。雙管橫陳，何人對擁無眠。不知呼吸成滋味，愛挑燈、夜永如年。最堪憐，是一泥丸，損萬緡錢。

春雷欻破零丁穴，笑蜃樓氣盡，無復灰然。沙角臺高，亂帆收向天邊。浮槎漫許陪霓節，看澄波、似鏡長圓。更應傳，絕島重洋，取次回舷。

這首和鄧廷楨之作作於道光十九年（1839）九月間。由於鴉片煙毒泛濫，白銀外流，嚴重危害着國計民生，是年詞人以欽差大臣之職赴廣東禁煙，與兩廣總督鄧廷楨（字嶰筠）、水師提督關天培等協力查禁鴉片，收繳英美煙商鴉片二萬餘箱、袋，共計二百多萬斤，於四月二十二日至五月十五日（6月3日至25日）在虎門海灘進行銷毀。同時，關天培指揮廣東水師多次擊退英國侵略者的挑釁。此詞真實地反映出中國近代這段令人羞恥而又異常壯烈的歷史。上片直陳「蠻煙」入境對國人的戕害。下片敘寫禁煙初捷，擊退敵艦的快意與豪情，抒發禁絕鴉片、趕走侵略者的必勝信心。錢仲聯謂此詞「氣魄雄壯，風調激盪，足以當詞史而無愧」（《清詞三百首》）。

鴉度冥冥，花飛片片，春城何處青煙。膏膩銅盤，枉猜繡榻閑眠。九微夜熱星星火，誤瑤窗、多少華年。更那堪，一道銀潢，長貸天錢。　星槎恰到牽牛渚，歎十三樓上，暝色淒然。望斷紅牆，青鸞消息誰邊。珊瑚網結千絲密，乍收來、萬斛珠圓。指滄波，細雨歸帆，明月空弦。—— 鄧廷楨《高陽臺》上片寫鴉片對中國人的毒害和對國家財富的消耗，下片寫林則徐堅決禁煙對英國不法煙商的痛擊。

欻，突然。零丁，即零丁洋，在廣東珠江口外，並有零丁島。當時英艦停泊於此。

然，燃。

沙角炮臺，在廣東虎門海口東側沙角山，與大角炮臺東西斜峙，為虎門海防第一重門戶。

浮槎，時林則徐以欽差大臣來廣東辦煙禁，故言浮槎，謂使臣。鄧廷楨以兩廣總督在廣州，故言霓節。霓節，符節。

回舷，返航。九月十七日林則徐下令，限英船於三日內具結入口，或開回本國，不得滯泊於零丁洋面。

高陽臺

［清］郭麐

將返魏塘，疏香女子亦以次日歸吳下，置酒話別，離懷惘惘。

暗水通潮，癡嵐閣雨，微陰不散重城。留得枯荷，奈他先作離聲。清歌欲遏行雲住，露春纖、坐並調笙。莫多情，第一難忘，席上輕盈。　天涯我是飄零慣，任飛花無定，相送人行。見說蘭舟，明朝也泊長亭。門前記取垂楊樹，只藏他、三兩秋鶯。一程程，愁水愁風，不要人聽。

詞人流寓著名詩人袁枚的隨園（在今江蘇南京），將回浙江嘉善，而袁枚之子袁通（號蘭村）所眷懷的女子疏香亦將還吳。這首詞作於這次餞別宴席上，綰合了詞人與蘭村、疏香之間的朋友之別和蘭村與疏香之間的情人之別的惘惘情懷，又打並入身世漂泊之苦、失意之恨，以輕快語寫抑鬱情，故爾「芬芳悱惻，淒沁心脾」（丁紹儀《聽秋聲館詞話》卷十七）。

林則徐印

高陽臺

［清］邊浴禮

柳發霜髡，苔衣雨坼，夕陽紅上孤城。風翦雲羅，昨宵偷放新晴。秋光不管人腸斷，斷腸人、翻愛秋清。小銀塘，凋了殘荷，荒了枯萍。　僧樓半角蒼煙織，記香迷稚蝶，絮攪雛鶯。一夜涼颸，陰陰換作蟲聲。臨流悄向沙鷗說，算蕭騷、誰更如卿。悵歸途，楓葉蘆花，無限飄零。

這首詞敘寫羈旅的淒清幽怨，迷離惝恍，顯出襟懷高潔和清雅。

邊浴禮（1820—1861）字夔友，號袖石，直隸任丘（今屬河北）人。道光進士。官至河南布政使。其詩激昂排奡，慷慨淋漓。亦工詞，所作清雅明秀，溫婉瑩潤。有《空青館詞》。

芙蓉湖，在江蘇無錫市西北，江陰南。

浮漚，水面浮沫。

簾鈎，指月。

顧翃（1785—1861）字駿孫，號蘭崖，金匱（今江蘇無錫）人。嘉慶貢生，官宣城、昭文諸縣訓導。詩學李商隱，其弔古諸作雄勁蒼涼，對現實多有諷喻。著有《金粟庵集》。

高陽臺

［清］顧翃

同蕙塘兄、竹畦弟芙蓉湖秋泛。

柳老絲煙，蓮凋粉水，短篷暇日尋幽。月小於眉，斜天掛一分秋。鴛鴦生在西風裏，便雙飛、也自工愁。怕催將，雪色蘆花，點上人頭。　悲秋不在因風雨，在曉寒孤枕，暝色高樓。遠夢無憑，墜歡空逐浮漚。故鄉猶自嗟搖落，念天涯、多少淹留。太無聊，心事難圓，只似簾鈎。

這首詞詠秋景，抒漂泊淹留之感，卻構思新穎，不落俗套。「鴛鴦生在西風裏」三句尤為別出機杼。

近代高劍父《一鞭殘照圖》。廣東省博物館藏

高陽臺　夕陽

［清］關鍈

斷雁飄愁，盤鴉聚暝，一鞭殘夢歸鞍。酒醒郵程，嶺雲隴樹漫漫。渡江幾點歸帆影，近荒林、一帶楓殷。最難堪，第一峰前，立馬斜看。　而今休說鄉關路，剩蒙蒙野水，瘦柳漁灣。短帽西風，古今無此荒寒。蘆笳聲裏旌旗起，問當年、誰姓江山。有悠悠、幾處牛羊，短笛吹還。

這首詞當作於太平天國戰亂時期，抒發沉鬱的家國憂思。大好江南遭兵燹荼毒，孤雁、盤鴉、荒林、野水……一片蕭索荒寒。旅人欲歸不得，心無所依。「問當年、誰姓江山」，筆力蒼涼雄渾。清譚獻曰「忽聞變徵」（《篋中詞・今集》卷五），有悲壯之聲。民國王蘊章則謂此詞「沉雄激宕，中邊俱徹。閨中若准『張春水』之例，正可稱為『關夕陽』也」（《然脂餘韻》卷四）。

高陽臺

［清］陳澧

元日獨遊豐湖，湖邊有張氏園林，叩門若無人者，遂過黃塘寺，啜茗而返。憶去年此日遊南昌螺墩，不知明年此日又在何處也。

新曙湖山，釃寒城郭，釣船猶閣圓沙。短策行吟，何曾負了韶華。虛亭四面春光入，愛遙峰、綠到簷牙。欠些些，

幾縷垂楊，幾點桃花。　　去年今日螺墩醉，記石苔留墨，窗竹搖紗。底事年年，清遊多在天涯。平生最識閑中味，覓山僧、同說煙霞。卻輸他，斜日關門，近水人家。

詞人自二十餘歲中舉後，屢試不第而歸。這首詞寫道光二十五年（1845）元日孑然一身，獨遊惠州西湖，極賞湖亭春色之淡泊清幽，真能得「閑中味」，內中更有天涯淪落的無奈、茫然與辛酸，寫得極為含蓄深婉。

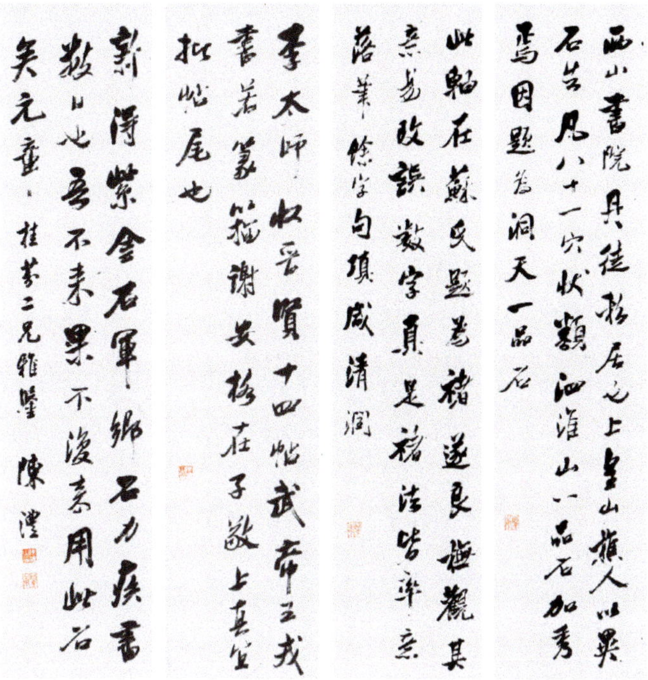

清陳澧行書四條屏

關鍈字秋芙，自號妙妙道人。道咸間錢塘（今浙江杭州）人，諸生蔣坦妻。工詩詞，善書畫、古琴。有《夢影樓詞》《三十六芙蓉詩存》等。

道光二十四年（1844）元日，詞人北行應試，乘舟沿贛江而下，至南昌，遊螺墩，留題而去。

釅寒，濃寒，嚴寒。

閣，同「擱」。停泊。

短策，短杖。

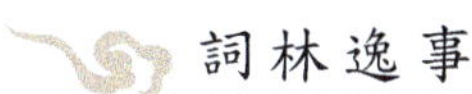

詞林逸事

一日，吳江松陵古鎮西城門外，一位叫葉元禮（名舒崇）的翩翩少年從流虹橋上款款走來，正巧被河邊酒樓上一位多情美貌的少女瞥見。元禮那英俊瀟灑、神采飛揚的模樣頓時令這位少女一見傾心。無奈禮教橫隔，心魂難通，少女終日懨懨，竟至一病不起，鬱鬱魂歸離恨之天。臨終之際，她把女兒家的心思告訴了母親。就在這時，葉元禮恰好又路經她的家門，母親急忙向他轉達她女兒的臨終話語和一片癡苦。多情善良的葉元禮聽後，深為無意中傷害了一位佳女子而歉疚，而悵恨。他急急奔進香閨，撫着少女痛哭呼喚。少女被元禮悲戚的呼喚聲所動，無憾地閉上雙目。那一刻，香魂化作一縷青煙，飄向天際……

詞人朱彝尊從友人處聽到這個故事後，為之動容，遂以「記恨」為題，寫下一闋淒婉哀豔、令人盪氣迴腸的《高陽臺》：

吳江葉元禮，少日過流虹橋，有女子在樓上見而慕之，竟至病死。氣方絕，適元禮復過其門，女之母以女臨終之言告葉，葉入哭，女目始瞑。友人為作傳，余記以詞。

橋影流虹，湖光映雪，翠簾不捲春深。一寸橫波，斷腸人在樓陰。遊絲不繫羊車住，倩何人、傳語青禽。最難禁，倚遍雕闌，夢

吳江舊影

遍羅衾。　重來已是朝雲散，悵明珠佩冷，紫玉煙沈。前度桃花，依然開滿江潯。鍾情怕到相思路，盼長堤、草盡紅心。動愁吟，碧落黃泉，兩處難尋。

當年這淒美動人的愛情故事追詠者甚多，嚴秋槎的《摸魚兒》有「宛君去後江楓盡，誰寄返生詞譜？埋玉處，剩一片斜陽，冷到相思土」之句，淒絕動人。康熙初年，嘉興才女黃媛介還應王士禎所囑而作《流虹橋遺事圖》，「圖繪湖村景色，楊柳婆娑，枝柯蓊鬱，樹下草屋三四椽，竹籬繞院，簾內釵影綽約。村邊石橋上有二白衣少年，遙望遠方湖光嵐色。扁舟一葉靜泊埠側，岸石上下，水草芊芊，恰是江南三月，草長鶯飛時節」。此圖曾為近代女詩人吳芝瑛收藏，並加題跋，還抄錄了《高陽臺·吳江郭頻伽過流虹橋感葉元禮事》。

倚聲依譜

《高陽臺》又名《慶春澤》。高陽，在今河南杞縣西。上古顓頊氏佐少昊有功封於此。漢初劉邦兵過高陽，酈食其入謁，自稱高陽酒徒。調名本此。為北宋新聲。雙調，一百字，前後片各四平韻。此調音節整齊諧悅，以抒情、懷古、敘事、寫景為主。

定格

中仄平平，平平仄仄，中平中仄平**平**。
中仄平平，中平中仄平**平**。
中平中仄平平仄，仄中平、中仄平**平**。
仄平**平**、中仄平平，中仄平**平**。

平平仄仄平平仄，仄平平中仄，中仄平**平**。
中仄平平，中平中仄平**平**。
中平中仄平平仄，仄中平、中仄平**平**。
仄平**平**、中仄平平，中仄平**平**。

《詞譜》(《高陽臺》)

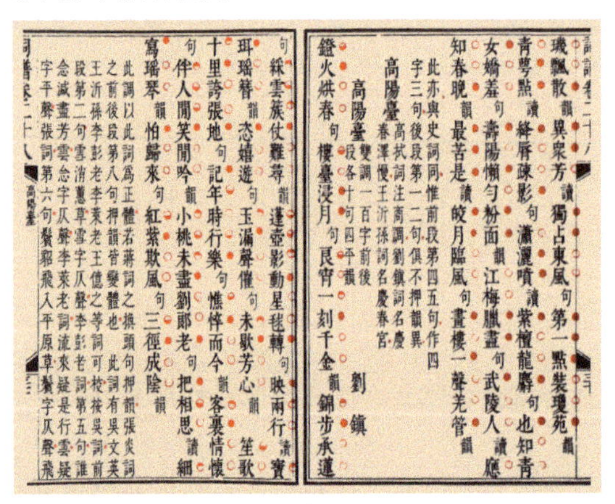

詞譜卷二十八
瓊瓢散韻 異衆芳讀 獨占東風句 第一點裝瓊苑韻
青萼點讀 絳脣疎影句 瀟灑噴讀 紫檀龍麝句 也知青
女嬌羞句 壽陽懶勻粉面韻 江梅臘盡句 武陵人讀 應
知春晚韻 最苦是讀 皎月臨風句 畫樓一聲羌管韻
此亦與史詞同惟前段第四五句作四
字三句後段第一二句俱不押韻異
高陽臺 高拭詞注商調劉鎮詞名慶春澤慢王沂孫詞名慶春宮
高陽臺 雙調一百字前後段各十句四平韻　劉鎮
鐙火烘春句 樓臺浸月句 良宵一刻千金韻 錦步承蓮
句 綵雲簇仗難尋韻 蓬壺影動星毬轉句 映兩行讀 寶
珥瑤簪韻 恣嬉遊句 玉漏聲催句 未歇芳心韻 笙歌
十里誇張地句 記年時行樂句 憔悴而今韻 客裏情懷
句 伴人閒笑閒吟韻 小桃未盡劉郎老句 把相思讀 細
寫瑤琴韻 怕歸來句 紅紫欺風句 三徑成陰韻
此調以此詞為正體若蔣詞之換頭句押韻張炎詞
之前後段第八句押韻皆變體也 此詞有吳文英
王沂孫李彭老李萊老王億之等詞可校按吳詞前
段第二句雪消蕙草雪字仄聲李彭老詞第五句誰
念減盡芳雲念字仄聲李萊老詞流來疑是行雲疑
字平聲張詞第六句鬢鄒飛入平原草鬢字仄聲飛
詞譜卷二十八　高陽臺　三

一剪梅

流光容易把人拋，紅了櫻桃，綠了芭蕉

一片春愁待酒澆江上舟搖樓上簾招秋娘渡與泰娘橋風又飄飄雨又蕭蕭何日歸家洗客袍銀字笙調心字香燒流光容易把人拋紅了櫻桃綠了芭蕉

右錄南宋蔣捷一剪梅舟過吳江詞一首

丁酉秋月王文博書

王文博書《一剪梅》

華音流韻

一剪梅　舟過吳江[①]

［南宋］蔣捷

一片春愁待酒澆。江上舟搖，樓上簾招。秋娘渡與泰娘橋[②]，風又飄飄，雨又蕭蕭。　何日歸家洗客袍。銀字笙調[③]，心字香燒[④]。流光容易把人拋，紅了櫻桃，綠了芭蕉。

臨風賞讀

詞人乘舟路過吳江時，一路風雨蕭瑟，鄉愁日漸深濃，人生浩歎油然而生，於是寫下了這首清麗婉轉、極具韻律美的小令。

上片着意抒寫客中漂泊的「春愁」。詞人胸中一懷愁緒

[註釋]

①吳江，指瀕臨太湖東岸的吳江縣。

②秋娘渡與泰娘橋，都是吳江地名。「秋娘」「泰娘」是唐代著名歌女。

③銀字笙，笙上用銀作字以表示音色的高低。調，吹弄。

④心字香，即用香末縈篆成心字的香。

無以排遣，渴望借酒澆愁。江上泛舟，見酒樓挑出了大字酒招，明晃晃地隨風飄擺，就像在朝船上的旅人招手，邀請他前往暖酒飄香的樓上暢飲一場，一醉解愁。然而，船並沒能攏岸，而是滿載着詞人的愁思酒渴，從風光秀麗的秋娘渡和泰娘橋搖過。這時，陣陣清風飄然拂面，春雨也蕭蕭疏疏地灑落到人的身上、船上、水上。岸與水，同時籠罩在清風冷雨之中。

下片懸想歸家團聚的溫馨甜美，反襯眼前的愁苦。詞人以設問句式點出「春愁」的由來，原是思鄉心切。他遐想回到家的情景：速速浣洗這佈滿征塵雨漬的衣袍，妻子吹奏着銀字笙，屋內香爐里燃燒着象徵男女愛情的心字香，笙管悠悠，青煙嫋嫋，何等的美滿愜意！寫到這裏，詞人筆鋒一轉，感歎歲月無情，眼見得時光已催紅了櫻桃，染綠了芭蕉，更是把韶華人生拋在後頭，使人悵惘不已，心頭泛起更濃的憂愁。這愁，是客愁，鄉愁，傷春惜時之愁，也是家國之愁。

這首詞語言淺近自然而又清新秀妍，逐句葉韻，反覆吟歎，讀起來聲節朗朗，辭情諧暢，讓人有「餘音繞梁，三日不絕」的意味。

紅了櫻桃綠了芭蕉　清趙之琛

古今彙評

李　佳：蔣竹山《一剪梅》詞，有云「銀字笙調，心字香燒。流光容易把人拋，紅了櫻桃，綠了芭蕉」，久膾炙人口。(《左庵詞話》卷上)

周篤文：酒渴與春愁都從舟行中寫出。讀來如聽風雨打篷聲。韻美情流，真俊句也。「秋娘渡與泰娘橋」，拖逗入妙，用地名表現香茜情調……「紅了櫻桃，綠了芭蕉」以色澤表時間，別饒風致。毛晉所謂「字字妍倩」。(《宋百家詞選》)

白鷗問我泊孤舟。是身留，是心留。心若留時、何須鎖眉頭。

明楊慎《詞品》中關於《一剪梅》和心字香的記述

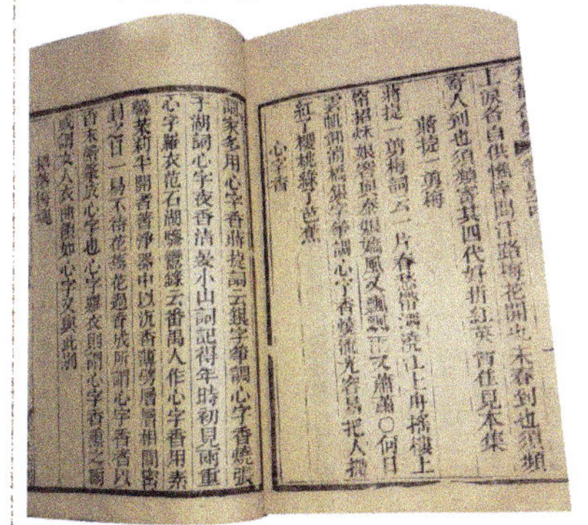

宋佚名《風雨歸舟圖》，繪一葉扁舟在風浪中顛簸前行，艙內一客抬頭遙望江岸。遠處水天一色，雲山悠遠蒼茫。故宮博物院藏

風拍小簾燈暈舞，對閑影，冷清清，憶舊遊。　舊遊舊遊今在不。花外樓，柳下舟。夢也夢也，夢不到、寒水空流。漠漠黃雲、濕透木棉裘。都道無人愁似我，今夜雪，有梅花，似我愁。—— 蔣捷《梅花引．荊溪阻雪》也是寫羈旅愁思，在冷清的畫面上，織進了熱烈的回憶和灑脱的情趣，在淡淡的哀愁中，展示了一個清妍瀟灑而悠閑的藝術境界。

詞人心史

蔣捷（生卒年不詳）字勝欲，號竹山，陽羨（今江蘇宜興）人。先世為宜興巨族。度宗咸淳十年（1274）中進士，尚未一展鴻圖，南宋便告覆亡。深懷亡國之痛的蔣捷，輾轉異鄉，生活落魄，飽經憂患。元成宗大德年間，有人薦他出仕，他堅辭未受，「抱節終身」，終其一生，不肯仕元。他退隱於太湖之竹山，人稱竹山先生。長於詞，與周密、王沂孫、張炎並稱「宋末四大家」。其詞多抒發故國之思、山河之慟，其感傷勝似長空雁鳴，其哀苦猶如寒泉低吟，其內蘊的激越難抑又如地火湧動，形成鬱勃悲慨、蕭寥疏爽的風格。而有的詞作則格調清新，樂觀輕快，富有生活氣息，充滿意趣。蔣捷在宋末詞壇上獨立於時代風氣之外，卓然成家，對明清詞壇影響很大，清初陽羨詞派尤為推崇他。

明抄本蔣捷《竹山詞》（《宋元名家詞七十種》）書影

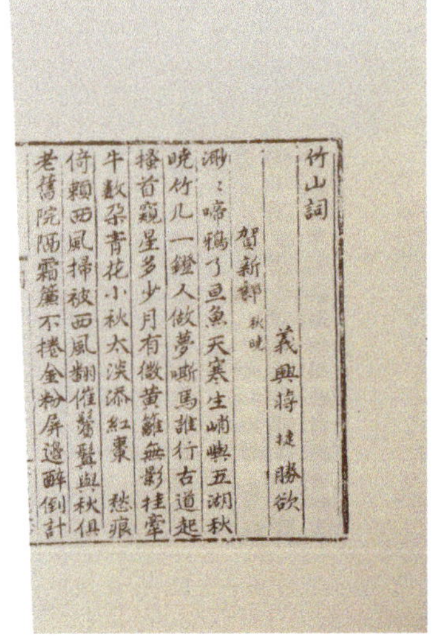

竹山詞

義興蔣捷勝欲

賀新郎 秋曉

渺〻啼鴉了亘魚天寒生峭嶼五湖秋曉竹几一鐙人做夢嘶馬誰行古道起搔首窺星多少月有微黃籬無影挂牽牛數朵青花小秋太淡添紅棗　愁痕倚賴西風掃被西風翻催鬢鬒與秋俱老舊院隔霜簾不捲金粉屏邊醉倒計

蕙花香也，雪晴池館如畫。春風飛到，寶釵樓上，一片笙簫，琉璃光射。而今燈漫掛。不是暗塵明月，那時元夜。況年來、心懶意怯，羞與蛾兒爭耍。　江城人悄初更打。問繁華誰解，再向天公借。剔殘紅灺。但夢裏隱隱，鈿車羅帕。吳箋銀粉砑。待把舊家風景，寫成閑話。笑綠鬟鄰女，倚窗猶唱，夕陽西下。—— 蔣捷《女冠子．元夕》。這首詞作於宋亡之後，寄寓了詞人對故國的深切緬懷之情。

小巧樓臺眼界寬。朝捲簾看，暮捲簾看。故鄉一望一心酸，雲又迷漫，水又迷漫。　天不教人客夢安。昨夜春寒，今夜春寒。梨花月底兩眉攢，敲遍闌干，拍遍闌干。—— 蔣捷《一剪梅》寫於他夜宿龍遊朱氏樓時，寄託的也是故國難回首、天涯無歸路的淡淡哀愁。

《竹山詞》一卷，語語纖巧，真《世說》靡也；字字妍倩，真六朝隃也。豈其稍劣於諸公耶！(《宋六十名家詞》丙集)

其詞練字精深，調音諧暢，為倚聲家之榘矱。(《四庫全書總目提要》卷一百九十九)

竹山有俗骨，然思力沉透處，可以起懦。(周濟《宋四家詞選目錄序論》)

蔣竹山詞洗煉縝密，語多創獲。其志視梅溪較貞，視夢窗較清。劉文房為五言長城，竹山真亦長短句之長城歟！(劉熙載《藝概》卷四)

蔣捷受了辛棄疾的影響，故他的詞明白爽快，又多嘗試的意味。(胡適《詞選》)

竹山小詞，極富風趣，詩中之楊誠齋也。(唐圭璋《讀詞札記》)

濃花淡柳錢塘　清陳鴻壽

低吟／浩唱

一剪梅

［南宋］李清照

紅藕香殘玉簟秋。輕解羅裳，獨上蘭舟。雲中誰寄錦書來，雁字回時，月滿西樓。　花自飄零水自流。一種相思，兩處閑愁。此情無計可消除，才下眉頭，卻上心頭。

紅藕香殘玉簟秋　清許容

這首詞寫秋別相思愁懷。元伊世珍《琅嬛記》卷中載：「易安結婚未久，明誠即負笈遠遊。易安殊不忍別，覓錦帕書《一剪梅》詞以送之。」但從詞的內容來看，吐露的是別後思念離人的相思之苦，而非送別。結拍三句更將難以排遣的愁思描繪得有形有影有動作，雖從范仲淹《御街行》「都來此事，眉間心上，無計相迴避」脫胎，但一經點化，更有一種曲折起伏的韻味。整首詞格調柔婉

清任頤《李清照像》扇面。溫州市博物館藏

纏綿，文筆清新精致，語意飄逸雋永，展示了女詞人的細膩筆法。

紛紛墜葉飄香砌。夜寂靜，寒聲碎。真珠簾捲玉樓空，天淡銀河垂地。年年今夜，月華如練，長是人千里。　　愁腸已斷無由醉，酒未到，先成淚。殘燈明滅枕頭攲，諳盡孤眠滋味。都來此事，眉間心上，無計相迴避。—— 范仲淹懷人之作《御街行》洋溢着一片柔情，讀之令人黯然傷懷。

一剪梅

［南宋］蕭氏

染淚修書寄彥章。貪卻前廊，忘卻迴廊。功名成遂不還鄉，石做心腸，鐵做心腸。　　紅日三竿未理妝。虛度韶光，瘦損容光。相思何日得成雙，羞對鴛鴦，懶對鴛鴦。

易祓字彥章，號山齋，寧鄉人。淳熙進士第一，後人稱為易狀元。官至禮部尚書。他往京城應試，其妻蕭氏仍居家鄉，亦嫻詞章，因久不歸，蕭氏思夫心切，將滿腹情思與怨懟凝聚筆端，賦成《一剪梅》以寄。全詞連句疊唱，口語直尋，心波聲吻，躍然紙上。

一剪梅

［南宋］劉仙倫

劉仙倫，一名儗，字叔儗，號招山，吉州廬陵（今江西吉安）人。與劉過齊名，時稱廬陵二士。布衣終生。其詞以清暢自然見長。有感慨時事之作，激昂明健，與劉過相近。有《招山小集》一卷。

唱到陽關第四聲。香帶輕分，羅帶輕分。杏花時節雨紛紛，山繞孤村，水繞孤村。　　更沒心情共酒尊。春衫香滿，空有啼痕。一般離思兩銷魂，馬上黃昏，樓上黃昏。

這首詞寫情人離別，寫得情深意切，纏綿悱惻，幽怨動人。詞中檃栝前人的詩詞，構成一個個孤寂、落寞的意象，再加上巧妙的組合，從而宣泄出內心對離別情緒的無奈。

一剪梅

［南宋］劉克莊

余赴廣東，實之夜餞於風亭。

束緼宵行十里強，挑得詩囊，拋了衣囊。天寒路滑馬蹄僵，元是王郎，來送劉郎。　酒酣耳熱說文章，驚倒鄰牆，推倒胡牀。旁觀拍手笑疏狂，疏又何妨，狂又何妨。

理宗嘉熙三年（1239）冬，詞人赴廣州任廣南東路提舉常平官，摯友王邁（字實之）在風亭為他餞別，於是寫下了這首別具一格的告別詞。友人的餞別，始而愁苦，繼而激憤，最後是酒酣耳熱，語驚四座，大有沖決鄰牆之勢，活像一出動人的短劇，而兩位慷慨奔放、豪氣干雲的狂士形象呼之欲出。

風亭，驛名，在今福建莆田。

束緼，以亂麻捆束做成的火把。

陌上行人怪府公，還是詩窮，還是文窮。下車上馬太匆匆，來是春風，去是秋風。　階銜免得帶兵農，嬉到昏鐘，睡到齋鐘。不消提獄與知宮，喚作山翁，喚作溪翁。—— 劉克莊的另一首《一剪梅．袁州解印》寓憤懣不平之氣於諧謔閑適之中，在其豪放粗獷的詞風中頗為獨特。

一剪梅

［南宋］楊僉判

襄樊四載弄干戈，不見漁歌，不見樵歌。試問如今事若何，金也消磨，谷也消磨。　《柘枝》不用舞婆娑，醜也能多，惡也能多。朱門日日買朱娥，軍事如何，民事如何。

度宗咸淳四年（1268）九月蒙古大軍南侵，包圍襄樊，圍城達四年多。守城軍民頑強抵抗，但內外交圍，竟達到以孩肉為食，以人骨為薪的地步，而臨安城裏仍是過着紙醉金迷、歌舞昇平的生活。賈似道權奸當路，對敵屈辱求榮。此詞強烈地表達了詞人對戰事的憂慮，對當道者禍國殃民、荒淫無度的抨擊。全詞感情激切，風格剛勁潑辣。

楊僉判，其真實名字不詳。僉判是一個幕職官。

一剪梅

［南宋］醴陵士人

宰相巍巍坐廟堂，說著經量，便要經量。那個臣僚上一章，頭說經量，尾說經量。　輕狂太守在吾邦，聞說經量，星夜經量。山東河北久拋荒，好去經量，胡不經量。

這是一首諷刺佳作，原載《花草粹編》卷七，題記中說：「咸淳甲子，又復經量湖南。」咸淳為宋度宗年號，其間無甲子，該年應為宋理宗景定五年甲子（1264）。這一年，賈似道當權，推行所謂「經界推排法」，在江南各地經界丈量農民的土地，按田畝收稅，引起民怨沸騰。這首詞所寫即此事。詞人對南宋統治集團中的「宰相」「臣僚」和「太守」對百姓殘酷盤剝、對敵人屈辱求和、不思收復北方失地的醜惡面目予以辛辣的嘲諷。

一剪梅

［南宋］佚名

漠漠春陰酒半酣。風透春衫，雨透春衫。人家蠶事欲眠三，桑滿筐籃，柘滿筐籃。　先自離懷百不堪。檣燕呢喃，梁燕呢喃。篝燈強把錦書看，人在江南，心在江南。

此詞寫春日對江南的懷念。詞人先用清麗洗練的語言生動描繪出記憶中印象最深的暮春江南風情畫，下片換轉筆鋒，折入抒寫遊子離鄉懷鄉的深摯之情。

周文璞字晉仙，號方泉，又號野齋或山楹，陽谷（在今山東兗州境內）人。寧宗時曾官溧水（今江蘇溧水）縣丞。有《方泉集》四卷。

清焦秉貞《耕織圖》（局部之「三眠」）

一剪梅

［南宋］周文璞

風韻蕭疏玉一團。更著梅花，輕嫋雲鬟。這回不是戀江南。只是溫柔，天上人間。　賦罷閑情共倚闌。江月庭蕪，總是銷魂。流蘇斜掩燭光寒，一樣眉尖，兩處關山。

這是一首閨思閨怨詞。全詞從風韻蕭嫻、貌美如玉的思婦插梅為飾寫起，引出她對當年與她恩愛諧處而今分手而去江南的意中人無限留戀之情，以及別後的離索情懷。語言疏朗自然，格調清豔婉約。

一剪梅

［明］唐寅

雨打梨花深閉門，忘了青春，誤了青

春。賞心樂事共誰論，花下銷魂，月下銷魂。　愁聚眉峰盡日顰，千點啼痕，萬點啼痕。曉看天色暮看雲，行也思君，坐也思君。

這首詞以重章疊句之法，迴環往覆，上下片分寫一春的愁怨和一日的愁思，一位淚痕難拭的癡心女子形象躍然紙上。全詞活潑自然，輕捷明暢，纏綿動人，意味深永。

唐寅（1470—1523）字伯虎，號六如居士，蘇州吳縣人。弘治十一年（1498）鄉試應天第一，次年會試以科場案下獄，謫為吏，遂棄科舉業，縱酒佯狂，放浪形骸以終。工詩，與文徵明等合稱「吳中四才子」，尤以書畫名世，詞亦流麗清婉。有《六如居士集》。

一剪梅　詠柳

［明］夏完淳

無限傷心夕照中，故國淒涼，剩粉餘紅。金溝御水自西東，昨歲陳宮，今歲隋宮。　往事思量一晌空，飛絮無情，依舊煙籠。長條短葉翠濛濛，才過西風，又過東風。

這首詞選用傷心夕照、御水舊宮、飛絮籠煙、長條滴翠等意象，寄託詞人身際家國破敗之時無以排解的淒楚與哀傷。

三年羈旅客，今日又南冠。無限河山淚，誰言天地寬？已知泉路近，欲別故鄉難。毅魄歸來日，靈旗空際看。—— 明夏完淳《別雲間》。對祖國河山、親人、故土和自由生活的深深眷戀，國仇未報、壯志難伸的悲憤心情和誓死不屈的鬥志，在這首慷慨悲壯的絕命詩中表現得淋漓盡致，令人讀來盪氣迴腸，禁不住對這位少年英雄充滿深深的敬意。

詞林逸事

明唐寅《秋風紈扇圖》，繪一女子手執紈扇在湖石叢竹為背景的庭園中側身凝望，眉宇間微露幽怨惆悵的神情，寄寓着畫家一種同是天涯淪落人的淒涼及才下眉梢又上心頭的無奈。上海博物館藏

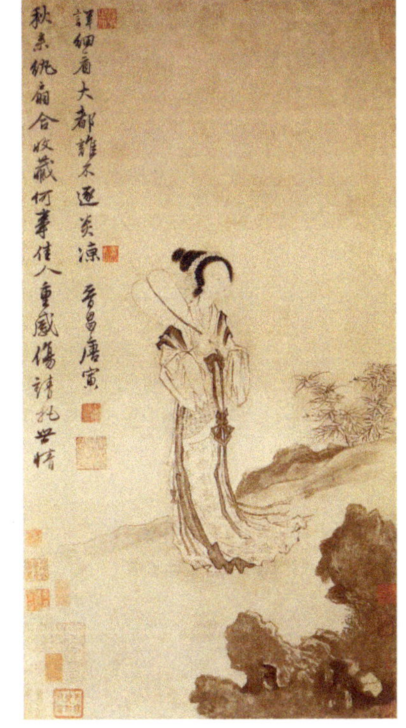

南宋末年，昏帝理宗、度宗酣歌醉舞，沉湎湖山，加上賈似道弄權誤國，把朝廷弄到兵虛財潰、內外交困的地步。有識之士或直言上諫，希望朝廷改弦更張，或運用詩詞諷喻當朝權貴的醉生夢死。蔣捷的同鄉（鄉士）當是這樣一位剛直、桀驁之士，因忠諫獲罪，被驅出臨安城。蔣捷對這位鄉友由衷敬佩，設酒為他送行，並寫下一首《賀新郎·鄉士以狂得罪，賦此餞行》：

甚矣君狂矣。想胸中、些兒磊魂，酒澆不去。據我看來何所

韓家五鬼，韓愈在《送窮文》中稱「智窮、學窮、文窮、命窮、交窮」為「五鬼」。

楊家風子，五代時楊凝式行為放縱，有「風子」之別號。

似，一似韓家五鬼。又一似、楊家風子。怪鳥啾啾鳴未了，被天公、捉在樊籠裏。這一錯，鐵難鑄。　濯溪雨漲荊溪水。送君歸、斬蛟橋外，水光清處。世上恨無樓百尺，裝著許多俊氣。做弄得、棲棲如此。臨別贈言朋友事，有殷勤、六字君聽取。節飲食，慎言語。

這首獨具特色的送別詞，着力刻畫了一個剛直耿介、憂愁國事的狂者形象，寓欽敬、同情之心於戲謔之內，藏憤激、沉痛之感受於嬉笑之中，詼諧、豪放，卻又發人深省。

倚聲依譜

《一剪梅》亦稱《玉簟秋》《臘梅香》。得名於周邦彥詞中的「一剪梅花萬樣嬌」。雙調小令，六十字，上下片各六句，三平韻。每句並用平收，節奏明快，聲情低抑。亦有句句葉韻者。

定格

中仄平平中仄**平**。

中仄平平，中仄平**平**。

中平中仄仄平平，中仄平平，中仄平**平**。

中仄平平中仄**平**。

中仄平平，中仄平**平**。

中平中仄仄平平，中仄平平，中仄平**平**。

《詞譜》(《一剪梅》)

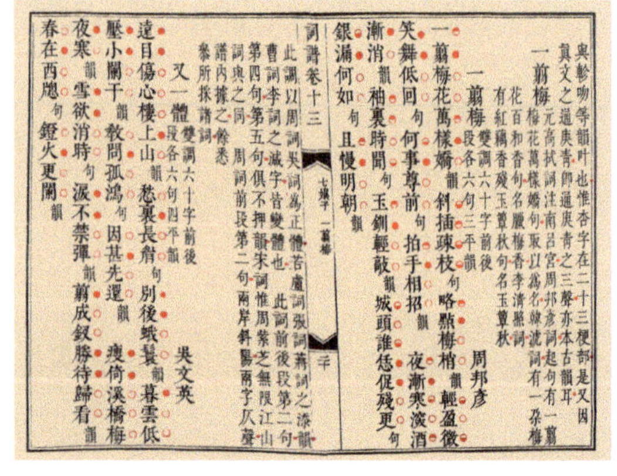

與軫吻等韻叶也惟杳字在二十三梗部是又因
眞文之通庚青即通庚青之三聲亦本古韻耳

一翦梅　元高拭詞注南呂宮周邦彥詞起句有一翦梅花萬樣嬌句取以爲名韓淲詞有一朶梅花百和香句名臘梅香李清照詞有紅藕香殘玉簟秋句名玉簟秋

一翦梅　雙調六十字前後段各六句三平韻　周邦彥

一翦梅花萬樣嬌 韻 斜插疎枝 句 略點梅梢 韻 輕盈微笑舞低回 句 何事尊前 句 拍手相招 韻 夜漸寒深酒漸消 韻 袖裏時聞 句 玉釧輕敲 韻 城頭誰恁促殘更 句 銀漏何如 句 且慢明朝 韻

詞譜卷十三

此調以周詞吳詞爲正體若盧詞張詞蔣詞之添韻曹詞李詞之減字皆變體也　此詞前後段第二句第四句第五句俱不押韻宋詞惟周紫芝無限江山詞與之同　周詞前段第二句兩岸斜陽兩字仄聲譜內據之餘悉參所採諸詞

又一體　雙調六十字前後段各六句四平韻　吳文英

遠目傷心樓上山 韻 愁裏長眉 句 別後蛾鬟 韻 暮雲低壓小闌干 韻 教問孤鴻 句 因甚先還 韻 瘦倚溪橋梅夜寒 韻 雪欲消時 句 淚不禁彈 韻 翦成釵勝待歸看 韻 春在西牕 句 燈火更闌 韻

參讀

一剪梅花萬樣嬌。斜插梅枝，略點眉梢。輕盈微笑舞低迴，何事尊前，拍手相招。　夜漸寒深酒漸消。袖裏時聞，玉釧輕敲。城頭誰恁促殘更，銀漏何如，且慢明朝。—— 周邦彥創製的《一剪梅》

解連環

寫不成書，只寄得、相思一點

楚江空晚悵離群萬里恍然驚散自顧影欲下寒塘正沙
淨草枯水平天遠寫不成書祇寄得相思一點料因循誤了殘氈
擁雪故人心眼誰憐旅愁荏苒漫長門夜悄錦箏彈怨想伴
侶猶宿蘆花也曾念春前去程應轉暮雨相呼怕驀地玉關重見
未羞他雙燕歸來畫簾半捲
張炎解連環孤雁詞一首
癸卯正月 吳曉懿書

吳曉懿書《解連環》

華音流韻

解連環　孤雁

［南宋］張炎

楚江空晚[1]。悵離群萬里，怳然驚散[2]。自顧影、欲下寒塘，正沙淨草枯，水平天遠。寫不成書，只寄得、相思一點。料因循誤了[3]，殘氈擁雪[4]，故人心眼。　誰憐旅愁荏苒。漫長門夜悄[5]，錦箏彈怨[6]。想伴侶、猶宿蘆花，也曾念春前，去程應轉。暮雨相呼，怕驀地、玉關重見。未羞他、雙燕歸來，畫簾半捲。

臨風賞讀

詞人以詠物詞見稱於宋末元初詞壇，而這首借詠失群的孤雁，抒寫亡國後自己南北羈旅漂泊，淒惶無告而孤節獨持的一腔悲慨，是其最負盛名的代表作。

全篇緊扣一「孤」字極力刻畫。上片先描繪出一個寥廓、黯淡、肅殺的境界來襯托離群驚散之雁顧影徘徊、驚惶無定的情態。薄暮時分，楚江悠悠，秋空遼闊，寒塘四周也一派衰颯空曠之景，雖則顧影自憐，想落下來棲息，但枯草淨沙，水連天遠，終究影單心怯，惶惶然不知該棲止何處！「寫不成書」以下五句由雁陣排字聯想到雁足傳書，再與蘇武故事結合，表面上是說孤雁耽擱傳書，不免愧對故人的託付，實則寄寓詞人的自省與自愧：自己如失群之孤雁，因循自誤，無力抗元，愧對那些被迫北行、守節不屈的志士。「寫不成書，只寄得、相思一點」，既狀出斷雁孤飛之神態，寫出雁之孤單；也暗示出詞人家破國亡之後漂泊南北的孤淒，將人與雁融為一體，精巧生動，形神兼備，真是丹青難畫。前人極賞這兩句，詞人也由此獲得「張孤雁」的美譽。

下片由雁及人，以渾化無跡之筆，借陳皇后之事，將人、雁的羈旅哀怨一並寫出。旅愁無限，有誰堪憐？如長門夜哭，錦箏清怨，又有誰理會？在極端孤寂哀怨中，它想到失群的伴侶也許還宿在蘆花中吧，它也許想到在來春之前飛回北方去。這裏寫孤雁想到自己伴侶的棲止、心情，然後又從伴侶的心情擬想有朝一日忽然玉關重逢，必是心中戚戚，情難以堪，即所謂「望之至深至切，翻成疑懼」，暗寓着「亡國遺民，不堪重見也」（沈祖棻語）。結句以雙燕反結，襯出孤雁之自守清操的心跡。當着珠簾半捲，雙燕歸來，寄身雕梁畫棟的時候，孤雁雖淒苦卻不曾同流合污，望之自當不羞，而那些奴顏婢膝、投靠蒙元者如宰相留夢炎之流，又當作何想呢？這樣反結，頗有「有餘不盡之意」在焉，令人尋繹無盡。

全詞以雁之孤綰合自己獨處飄零、淪落淒涼的身世，人雁雙關，渾融一氣，寄意深微。用典取喻貼切深刻，既摹寫物態，窮形盡相；又傳達心境，無跡可尋。全篇於清空蘊藉中透着蒼涼悲壯，情辭纏綿悱惻，淒婉動人。

古今彙評

周　密：「自顧影、欲下寒塘，正沙淨草枯，水平天遠。寫不成書，只寄得、相思一點。」如此等語，雖丹青難畫矣。（王弈清等《歷代詩餘》卷一百十八）

孔克齊：錢塘張叔夏……嘗賦《孤雁》詞，有「寫不成書，只寄得、相思一點」，人皆稱之曰「張孤雁」。（《靜齋至正直記》卷四）

[註釋]

①楚江，泛指南方。

②悵然，惆悵失意的樣子。

③因循，拖遝，延誤。

④殘氈擁雪，指漢蘇武被匈奴所拘的故事。《漢書》卷五十四：「單于……乃幽武，置大窖中，決不飲食。天雨雪，武臥齧雪，與氈毛並咽之，數日不死，匈奴以為神。」此處似以蘇武比喻被金人擊擄北行而堅貞不屈之士。

⑤長門，漢代宮殿名，漢武帝時陳皇後被棄置幽居的冷宮。

⑥錦箏，箏的美稱。古箏有十二或十三弦，斜列如雁行，稱雁箏，其聲淒清哀怨，故又稱哀箏。

清黃慎《孤雁圖》，畫面僅繪一淒惶的孤雁和兩杆蕭疏的蘆葦，卻營造出滿紙悲涼、孤寂的氛圍，而畫上題詩「久客思鄉意不休，遙看一雁下孤洲。那堪連夜瀟湘雨，夢斷江南萬里秋」，更加重了這幅作品的感染力。廣東省博物館藏

只寄得、相思一點　清黃士陵

宋佚名《寒汀落雁圖》，蕭瑟的岸邊樹葉已落盡，水邊蘆荻枯萎，了無生氣。暮色中四隻寒鴉擇木而棲，數隻大雁則歇於坡岸，或鳴叫或靜臥，氣氛冷寂，寒氣襲人。遠處天色濛濛，一行大雁正結伴而飛。意境寂寥悠遠。故宮博物院藏

許昂霄：（「寫不成書」二句）奇警。（《詞綜偶評》）

俞陛雲：《孤雁》與《春水》詞皆玉田少年擅名之作，晚年無此精湛矣。孔行素稱玉田以此詞得名，人以「張孤雁」稱之。「寫不成書」二句寫「孤」字入妙，即懷人之作，亦極纏綿幽渺之思，況詠孤雁，人雁雙關，允推絕唱。下闋「伴侶」以下數語替孤雁着想，沙岸蘆花，念其故侶，空際傳情，不讓唐人「暮雨相呼疾，寒塘欲下遲」之句。借喻人事，亦停雲之誼，故劍之思也。結句以雙燕相形，別饒風致，且自喻貞操也。（《唐五代兩宋詞選釋》）

唐圭璋：此首詠孤雁。「楚江」兩句，寫雁飛之處。「自顧影」三句，寫雁落之處。「離群」「顧影」，皆切孤雁。「寫不」兩句，言雁寄相思，寫出孤雁之神態。「料因循」兩句，用蘇武雁足繫書事，寫出人望雁之切。換頭，言雁聲之悲。「想伴侶」三句，懸想伴侶之望己。「暮雨」兩句，言己之望伴侶。末以雙燕襯出孤雁之心跡。（《唐宋詞簡釋》）

參讀

幾行歸塞盡，念爾獨何之。暮雨相呼失，寒塘欲下遲。渚雲低暗度，關月冷相隨。未必逢矰繳，孤飛自可疑。——唐崔塗《孤雁》以孤雁自喻，表現其孤淒憂慮的羈旅之情。字字珠璣，回味無窮。

木落時來，花發時歸，年又一年。記南樓望信，夕陽簾外，西窗驚夢，夜雨燈前。寫月書斜，戰霜陣整，橫破瀟湘萬里天。風吹斷，見兩三低去，似落箏弦。　相呼共宿寒煙。想只在、蘆花淺水邊。恨嗚嗚戍角，忽催飛起，悠悠漁火，長照愁眠。隴塞間關，江湖冷落，莫戀遺糧猶在田。須高舉，教弋人空慕，雲海茫然。——明高啟《沁園春·雁》亦是詠雁名篇，結末處叮嚀告誡，千萬要高飛遠翥，全身避害，可謂和血淚寫出。陳廷焯云：「此作句句精秀，雖非宋人風格，因自成明代傑作。『橫破』七字，精湛而雄秀，真才子之筆。先生能言之，而終自不免，

何也？」(《雲韶集》卷十二)「天才高逸」的高啟最終還是未能逃脫無形的網羅矰繳，被朱元璋借蘇州知府魏觀一案腰斬於南京。

高啟像

恨沙蓬、偏隨人轉，更憐霧柳難青。問征鴻南向，幾時暖返龍庭？正有無邊煙雪，與鮮飆千里，送度長城。向並門少待、白首牧羝人，正海上、手攜李卿。　秋聲，宿定還驚。愁裏月、不分明。又哀笳四起，衣砧斷續，終夜傷情。跨羊小兒爭射，恁能到、白蘋汀。盡長天、遍排雁字，逆風飛去，毛羽隨處飄零，書寄未成。—— 清屈大均《紫萸香慢·送雁》。詞人以歸雁自喻，有感於身世漂泊，壯志難酬，故其詞流露出無限的憤激、悲慨與淒愴。葉恭綽評云:「聲情激楚，噴薄而出。」(《廣篋中詞》卷一) 較之張詞，亦不遜色。

結多少、悲秋儔侶，特地年年，北風吹度。紫塞門孤，金河月冷，恨誰訴。過汀枉渚，也只戀、江南住。隨意落平沙，巧排作、參差箏柱。　別浦，慣驚移莫定，應怯敗荷疏雨。一繩雲杪，看字字懸針垂露。漸欹斜、無力低飄，正目送、碧羅天暮。寫不了相思，又蘸涼波飛去。—— 清朱彝尊《長亭怨慢·雁》借詠大雁南飛，抒發無限感慨，由張詞的「只寄得、相思一點」掘進為「寫不了相思」，苦怨更顯深重。陳廷焯曰:「感慨身世，以淒切之情，發哀婉之調，既悲涼，又忠厚，是竹垞直逼玉田之作，集中亦不多見。」(《白雨齋詞話》卷三)

碧盡遙天。但暮霞散綺，碎剪紅鮮。聽時愁近，望時怕遠，孤鴻一個，去向誰邊。素霜已冷蘆花渚，更休倩、鷗鷺相憐。暗自眠。鳳凰縱好，寧是姻緣。　淒涼勸你無言。趁一沙半水，且度流年。稻粱初盡，網羅正苦，夢魂易警，幾處寒煙。斷腸可是嬋娟意，寸心裏、多少纏綿。夜未闌，倦飛便宿平田。—— 清賀雙卿《惜黃花慢·孤雁》亦是以天涯孤雁歷盡風霜網羅之苦，寄寓女詞人自己的悲慘身世和不幸遭遇，以溫厚之筆寫淒涼之境，自有一種打動人心的力量。陳廷焯在《詞則輯評·別調集》卷六中謂此詞「鵑血猿聲，令人腸斷」。

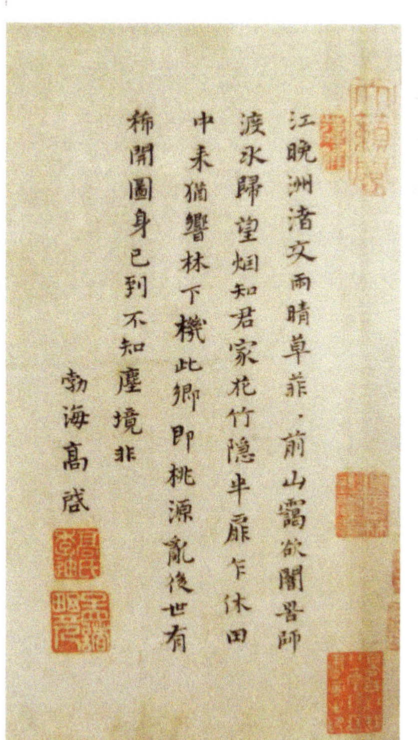
明高啟手跡

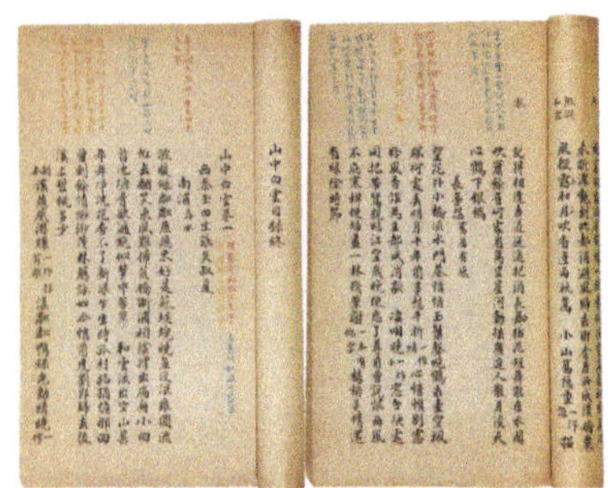

北山樓藏《山中白雲》舊抄本書影

片雲未識我心閒（張炎《瑤臺聚八仙》句） 清吳咨

王寄公《張炎〈南浦．春水〉詞意圖》。詞云：「波暖綠粼粼，燕飛來，好是蘇堤才曉。魚沒浪痕圓，流紅去，翻笑東風難掃。荒橋斷浦，柳陰撐出扁舟小。回首池塘青欲遍，絕似夢中芳草。　和雲流出空山，甚年年淨洗，花香不了。新綠乍生時，孤村路，猶憶那回曾到。餘情渺渺，茂林觴詠如今悄。前度劉郎歸去後，溪上碧桃多少。」

詞人心史

張炎（1248—1320）字叔夏，號玉田，晚年又號樂笑翁，先世成紀（今甘肅天水）人，寓居臨安（今浙江杭州）。名將循王張俊六世孫。曾祖張鎡是活躍於南宋中興詩壇的著名詩人，亦擅詞，其詠物詞尤為細膩入神，風致蕭散。父親張樞也精曉音律，於詞稱當行，曾於西湖之濱的南湖別墅建「吟臺」，與楊纘、周密、李彭老等詞壇名流結社宴遊酬唱。作為世家貴遊子弟，二十八歲之前，張炎沉酣於西子湖畔，一直過着奢華、悠閑而又富有藝術情趣的生活。南宋德祐二年（1276）春，蒙古將軍伯顏遣廉希賢、嚴忠範持國書使宋勸降。三月丙戌，至張炎祖父張濡鎮守的獨松關（今浙江安吉縣東南），守關者不知為使，襲而殺之。次年元兵破臨安，尋仇報復，張濡被「磔殺」，不久又被籍沒家資，張炎從此不得不懷抱着亡國破家之痛，四處漂泊。元至元二十七年（1290），曾北遊大都（今北京），「一日，思江南菰米蓴絲，慨然襆被而歸」（舒岳祥《贈玉田序》），此後漫遊江浙各地，曾設卜肆於四明，鬱鬱而終。有《山中白雲詞》（又名《玉田詞》）八卷。

張炎於詞幼承家學，兼學周邦彥和姜夔，並轉益多師，形成了深婉雅淨、清空疏宕的詞風，終成文學史上頗有影響的詞壇宗匠，與周密、王沂孫、蔣捷並稱「宋末四大家」。他的詞尤其是入元後之作多以親身體驗抒寫真切、沉摯的故國宗社傾覆之痛和遺民身世零落之悲，其間既流注着空靈俊爽之氣，又有着吞咽綿邈之情，備極蒼涼激楚，淒愴纏綿，讀之使人黯然神傷。他精通音律，審音拈韻，細致入微；語言醇雅清暢，疏宕明快；用典融合巧妙，活脫自然，常別出新意。

作為宋詞的殿軍，張炎融合了北宋詞之渾化與南宋詞之騷雅，集婉約詞之大成，其創作和詞論對後世均有深遠影響。清初浙派執柄詞壇，張炎詞大受青睞，朱彝尊說：「數十年來，浙西填詞者家白石而戶玉田。」（《曹溶靜惕堂詞序》）其後厲鶚、蔣春霖等人在填詞時也都奉玉田為圭臬。

他還是一位著名的詞論家，所著《詞源》是詞學批評史上的一部重要的文獻，分上下兩卷，上卷論詞樂、音律，下卷論詞的風格、音樂特徵、創作方法等。他獨創「清空」說，並以此為核心，輔以「騷雅」「意趣」說，為詞學提供了一種新的審美範式。

品題

玉田張叔夏與余初相逢錢塘西湖上，翩翩然……風神散朗……飲酣氣張，取平生所自為樂府詞自歌之，噫嗚宛抑，流麗清暢，不惟高情曠度，不可褻企，而一時聽之，亦能令人忘去達窮得喪所在。（戴表元《剡源集》卷十三）

讀《山中白雲詞》，意度超玄，律呂協洽，不特可寫音檀口，亦可被歌管，薦清廟。方之古人，當與白石老仙相鼓吹。（《山中白雲詞》卷首仇遠《玉田詞序》）

所作往往蒼涼激楚，即景抒情，備寫其身世盛衰之感，非徒以剪紅刻翠為工。至其研究聲律，尤得神解，以之接武姜夔，居然後勁。（《四庫全書總目提要》卷一百九十九）

玉田詞皆雅正，故集中無俚鄙語，且別具忠愛之致；玉田詞皆空靈，故集中無濁滯語，且多婉麗之態。（吳梅《詞學通論》）

玉田詞所具有的清虛俊爽的風格，淒愴纏綿的情調，確實和姜白石最為接近。張炎的出現，擴大了姜夔的影響，不愧為宋詞三百年發展的最後殿軍。（程千帆、吳新雷《兩宋文學史》第九章）

撼秋聲、都是梧桐（張炎《聲聲慢》句） 清許容

低吟／浩唱

解連環

［北宋］ 周邦彥

怨懷無託。嗟情人斷絕，信音遼邈。縱妙手、能解連環，似風散雨收，霧輕雲薄。燕子樓空，暗塵鎖、一牀弦索。想移根換葉，盡是舊時，手種紅藥。　汀洲漸生杜若。料舟移岸曲，人在天角。漫記得、當日音書，把閑語閑言，待總燒卻。水驛春回，望寄我、江南梅萼。拚今生、對花對酒，為伊淚落。

這首詞以極盡迴環往覆、纏綿低迴的手法抒寫一位癡情男子失戀後鬱結於心的種種幽怨、感傷、眷戀之情。全詞構思巧妙，委曲迴宕，癡情癡語全由肺腑中流出，感人至深。陳洵云：「篇中設景設情，純是空中結想，此固詞之極幻化者。」（《海綃說詞》）

把閑語閑言，待總燒卻　喬大壯

二喬像（明佚名《千秋絕豔圖》）

大喬、小喬，三國時東吳「橋公兩女，皆國色也。策自納大橋，瑜納小橋。」（《三國志》卷五十四）。「橋」常又寫作「喬」。這裏，大喬、小喬代指詞人合肥戀人姊妹。

算如此溪山，甚時重至　徐無聞

雙成，董雙成，傳說西王母的侍女，能吹雲和之笙。

玉繩，玉衡的北二星。玉衡為緯書中所指北斗七星的第五星，是斗柄的部分。玉繩西落標志下半夜已過。

綀帷，布帷。

解連環

［南宋］姜夔

玉鞍重倚。卻沉吟未上，又縈離思。為大喬、能撥春風，小喬妙移箏，雁啼秋水。柳怯雲松，更何必、十分梳洗。道郎攜羽扇，那日隔簾，半面曾記。　西窗夜涼雨霽。歎幽歡未足，何事輕棄。問後約、空指薔薇，算如此溪山，甚時重至。水驛燈昏，又見在、曲屏近底。念唯有、夜來皓月，照伊自睡。

這首詞寫詞人離開合肥後，在驛舍追念與合肥情侶的臨別情境，聲吻宛然。全詞曲折盡致，深摯纏綿。結拍處詞人陷入癡情之懸想，淒涼無盡。

《吳都賦》云：「戶藏煙浦，家具畫船。」唯吳興為然。春遊之盛，西湖未能過也。己酉歲，予與蕭時父載酒南郭，感遇成歌。

雙槳來時，有人似、舊曲桃根桃葉。歌扇輕約飛花，娥眉正奇絕。春漸遠、汀洲自綠，更添了、幾聲啼鴂。十里揚州，三生杜牧，前事休說。　又還是、宮燭分煙，奈愁裏、匆匆換時節。都把一襟芳思，與空階榆莢。千萬縷、藏鴉細柳，為玉尊、起舞回雪。想見西出陽關，故人初別。—— 姜夔《琵琶仙》。淳熙十六年己酉（1189），詞人在山水清絕的吳興（今浙江湖州）載酒遊春時，因見畫船歌女酷似合肥情侶，而觸發一襟芳思，詞中用健筆寫柔情，癡絕奇絕，清剛空靈。

解連環

［南宋］吳文英

暮簷涼薄。疑清風動竹，故人來邈。漸夜久、閑引流螢，弄微照素懷，暗呈纖白。夢遠雙成，鳳笙杳、玉繩西落。掩綀帷倦入，又惹舊愁，汗香闌角。　銀瓶恨沉斷索。歎梧桐未秋，露井先覺。抱素影、明月空閑，早塵損丹青，楚山依約。翠冷紅衰，怕驚起、西池魚躍。記湘娥、絳綃暗解，褪花墜萼。

這首詞當是秋夜憶念蘇州去妾之作。詞中以惝恍迷離之筆，營造出一個如夢似幻一般奇麗、淒迷、朦朧的境界，從而表達出詞人對戀人的沉摯、纏綿的情感。

解連環

［南宋］高觀國

露條煙葉，惹長亭舊恨，幾番風月。愛細縷、先窣輕黃，漸拂水藏鴉，翠陰相接。纖軟風流，眉黛淺、三眠初歇。奈年華又晚，縈絆遊蜂，絮飛晴雪。　依依灞橋怨別，正千絲萬緒，難禁愁絕。悵歲久、應長新條，念曾繫花驄，屢停蘭楫。弄影搖晴，恨閑損、春風時節。隔郵亭、故人望斷，舞腰瘦怯。

這首詞詠柳懷人，情思細膩悠長。俞陛雲説：「此調上闋固專詠柳，下闋因柳感懷，而乃由『柳』字發揮。結句懷友而歸至本題，不黏不脱。詠柳題本非難，佳處在細膩熨帖而仍縈拂有情也。」（《唐五代兩宋詞選釋》）

窣，突然出現。

三眠，《三輔故事》：漢苑有柳如人形，一日三眠三起。

解連環

［明］史鑒

銷魂時候。正落花成陣，可人分手。縱臨別、重訂佳期，恐軟語無憑，盛歡難又。雨外春山、會人意，與眉交皺。望行舟漸隱，恨殺當年，手栽楊柳。　別離事，人生常有。底何須為著，成個消瘦。但若是兩情長，便海角天涯，等是相守。潮水西流，肯寄我、鯉魚雙否。倘明年、來遊燈市，為儂沽酒。

這首送別詞以直率之語，抒深婉之情。「望行舟漸隱，恨殺當年，手栽楊柳」三句，説悔恨自己當年親手所栽楊柳，因為縱有柳絲千萬條，卻不能挽住「可人」的行舟，只能任其遠去，直到消失在視線之外，雖無理之極卻情真意切，頗得柳永詞的神髓。

史鑒（1434—1496）字明古，號西村，別署西村逸史，南直隸蘇州府吳縣（今屬江蘇）人。書無不讀，尤熟於史。隱居不仕。有《西村集》。

解連環　詠蘆花遙和錢舍人

［清］曹貞吉

驚風淒切。滿江干一片，凍云吹折。飄萬點、不辨東西，枉賺得行人，鬢絲添雪。明月光中，隱沙岸、鴻聲清絕。更閑隨釣艇，暗入柴門，伴人騷屑。　助他怒潮嗚咽，捲興亡舊恨，浪花明滅。笑垂楊、只解飛綿，難點上征衫，迷離成纈。露冷蒹葭，還記得、綠芽如髮。問故家、秋娘何在，風流總歇。

這首詠物詞以圓熟的擬人化手法，抒寫羈旅飄零的淒苦和對世事無常、年華易逝的慨歎。

元吳鎮《蘆花寒雁圖》（局部），繪深秋水濱瑟瑟的蘆花隨風恣意搖曳。兩隻寒雁振翅飛起，舟中一人仰首凝視。畫面蕭瑟荒寒。故宮博物院藏

曹貞吉（1634—1698）字升六，號實庵，山東安丘人。康熙進士，官禮部郎中。詩風雄渾豪宕，詞風雄深蒼穩。其論詞主獨創。有《珂雪詞》二卷。

孤篷夜傍低叢宿，蕭蕭雨聲悲切。一岸霜痕，半江煙色，愁到沙頭枯葉。澹雲沒滅。黯西風吹老，滿汀新雪。天豈無情，離騷點點送歸客。　歸去來兮怎得，盡鷺翹鷗倚，乍寒時節。秋晚山川，夕陽浦溆，贏得別腸千結。濤翻浪疊。那得似西來，一笱橫絕。搔首江南，雁銜千里月。—— 宋方岳《齊天樂．和楚客賦蘆》當是詠蘆花的開山之作，詞境蕭疏蒼遠。

孫致彌像

孫致彌（1642—1709）字海似，號松坪，江南嘉定（今屬上海）人。康熙二十七年（1688）進士，歷官至翰林院侍讀學士。工於詩，兼善書法，其詞則有「骨堅音脆」之評。有《杕左堂集》。

解連環　秋夜感舊

［清］孫致彌

豆花微雨。傍半窗孤影，做成酸楚。枉怨悵、春帶愁來，怎解事秋風，不吹愁去。誰家方響，細按徹、《雲藍》小部。正涼欺瘦骨，尋思舊夢，醉瞢騰處。　歸舟字能認否。只燒香汲井，分明蟾虎。悄記得、茉莉香中，伴玉漏聲沉，冰肌無暑。仙袂蟬紗，映澹月、輕如綸絮。怪姮娥、不為人圓，看看四五。

這首懷人詞上片寫秋夜獨處的淒涼心境，下片追懷往日的歡會，情思宛轉。結拍與東坡詞「不應有恨，何事長向別時圓」有異曲同工之妙。

麥孟華像

麥孟華字孺博，號蛻庵，廣東順德人。光緒十九年（1893）舉人。著有《蛻庵詞》一卷。

解連環

［清］麥孟華

酬任公，用夢窗留別石帚韻。

旅懷千結。數征鴻過盡，暮雲無極。怪斷腸、芳草萋萋，卻綠到天涯，釀成春色。盡有輕陰，未應恨、浮雲西北。只鸞釵密約，鳳屧舊塵，夢回淒憶。　年華逝波漸擲。歎蓬山路阻，烏盼頭白。近夕陽、處處啼鵑，更刬地亂紅，暗簾愁碧。怨葉相思，待題付、西流潮汐。怕春波、載愁不去，恁生見得。

戊戌變法失敗後，梁啟超逃亡日本，於光緒三十三年（1907）返國，欲成立憲之事無成，意態蕭索，旋又東渡，作《金縷曲》寄滬上諸子，這首詞或因此酬答。詞中宛轉纏綿，託情男女，實則寓箴規之意，約之以君臣之義。

思和雲結。斷江樓望睫，雁飛無極。正岸柳、衰不堪攀，忍持贈故人，送秋行色。歲晚來時，暗香亂、石橋南北。又長亭暮雪，點點淚痕，總成相憶。　杯前寸陰似擲。幾酬花唱月，連夜浮白。省聽風、聽雨笙簫，向別枕倦醒，絮揚空碧。片葉愁紅，趁一舸、西風潮汐。歎滄波、路長夢短，甚時到得。——南宋吳文英《解連環・留別姜石帚》亦為臨別留贈之作，寫得婉轉曲折而又情意綿長。陳洵極賞此首，說：「雲起夢結，遊思縹緲，空際傳神。中間『來時』，逆挽。『相憶』，倒提。全章機杼，定此數處。」（《海綃說詞》）

詞林逸事

大約在元大德五年（1301），深秋，江浙間的巨浸——汾湖，煙水蒼茫，湖上蘆葦蕭瑟，一派清淒景色。漂泊中的張炎來到汾湖邊上的蘆墟來秀裏，晤訪友人陸行直。陸有歌伎卿卿，才色皆稱。張炎為她寫下《清平樂》：

候蛩淒斷，人語西風岸。月落沙平江水漫，驚見蘆花來雁。
可憐瘦損蘭成，多情因為卿卿。只有一枝梧葉，不知多少秋聲。

後收入詞集時詞人作了一些改動：

候蛩淒斷，人語西風岸。月落沙平江似練，望盡蘆花無雁。
暗教愁損蘭成，可憐夜夜關情。只有一枝梧葉，不知多少秋聲。

定稿筆底秋聲、秋景、秋情，清空蕭瑟，沉鬱蒼涼，風流豔情轉向為入骨的亡國失家之痛的哀吟。結拍更被譽為「精警無匹」的不世佳句。

至治元年（1321）四月二十四日，已致仕歸鄉的陸行直與陸留西窗夜坐，憶及與張叔夏（炎）那次難忘的相聚，不覺轉瞬二十一載，如今張叔夏、卿卿皆成故人，恍如隔世之事，心中無限感慨，遂將張叔夏的贈詞《清平樂》書於自己所作的《碧梧蒼石圖》卷首，

元陸行直《碧梧蒼石圖》，繪湖石、梧桐、柏樹，筆墨清潤，為其傳世繪畫孤本。故宮博物院藏

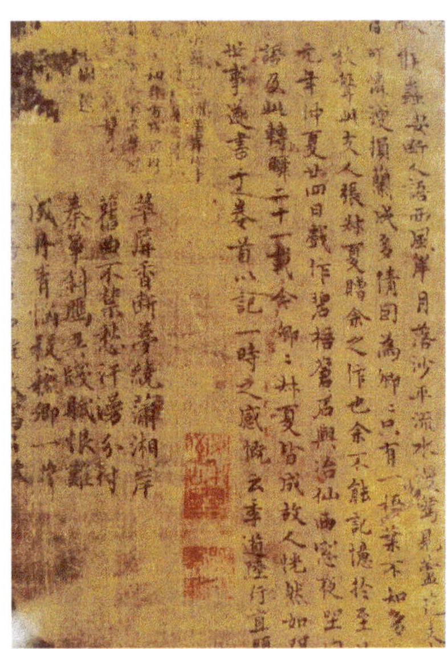

《碧梧蒼石圖》(局部)

以寓悼惜無涯之意，並步原韻和了一首：

楚天雲斷，人隔瀟湘岸。往事悠悠江水漫，怕聽樓前新雁。　深閨舊夢還成，夢中獨記憐卿。依約相思碎語，夜涼桐葉聲聲。

倚聲依譜

《解連環》又名《望梅》《杏梁燕》。因周邦彥詞有「妙手能解連環」句，故名。雙調，一百零六字。上片十一句，下片十句，各五仄韻。調中韻位配置勻稱，調勢頓挫之處較多，變化而迴環，若用入聲韻則音節沉重而尤諧美。多用於抒寫感舊和離懷。

定格

仄平平**仄**。中平平仄仄，仄平平**仄**。

仄仄中、中仄平平，仄中仄中平，仄平平**仄**。

中仄平平，中中仄、中平平**仄**。

仄中平仄仄，中仄中平，中中平**仄**。

平平仄平仄**仄**。仄平平仄仄，中中平**仄**。

仄仄平。平仄平平，仄中仄平平，仄中平**仄**。

仄仄平平，仄中仄。中平平**仄**。

中平中。仄平仄仄，仄平仄**仄**。

《詞譜》(《解連環》)

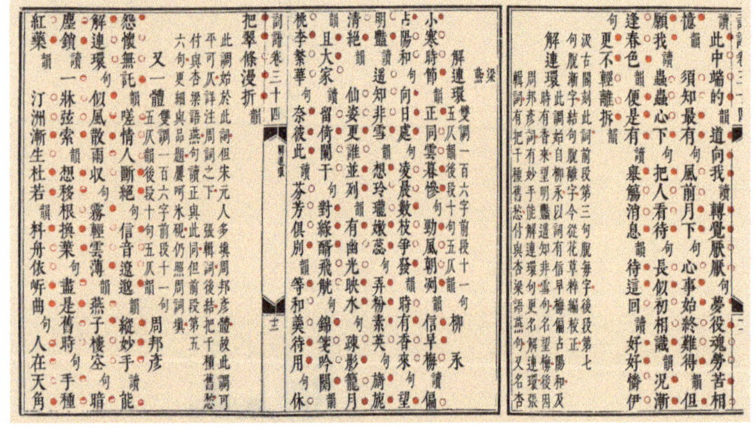

讀 此中端的 韻 道向我 讀 轉覺厭厭 句 夢役魂勞苦相
憶 韻 須知最有 句 風前月下 句 心事始終難得 韻 但
願我 讀 蟲蟲心下 句 把人看待 句 長似初相識 韻 況漸
逢春色 韻 便是有 讀 舉觴消息 韻 待這回 讀 好好憐伊
句 更不輕離拆 韻
汲古閣刻此詞前段第三句脫每字後段第七
句脫漸字結句脫離字今從花草粹編校正
解連環 此調始自柳永以詞有信早梅偏占陽和及
時有香來望明豔遙知非雪句名望梅後因
周邦彥詞有妙手能解連環句更名解連環張
輯詞有把千種舊愁付與杏梁語燕句又名杏
梁燕
解連環 雙調一百六字前段十一句 柳永
五仄韻後段十句五仄韻
小寒時節 韻 正同雲暮慘 句 勁風朝冽 韻 信早梅 讀 偏
占陽和 句 向日處 句 凌晨數枝爭發 韻 時有香來 句 望
明豔 讀 遙知非雪 韻 想玲瓏嫩蕊 句 弄粉素英 句 旖旎
清絕 韻 仙姿更誰並列 韻 有幽光映水 句 疏影籠月
韻 且大家 讀 留倚闌干 句 對綠醑飛觥 句 錦箋吟闋 韻
桃李繁華 句 奈彼此 讀 芬芳俱別 韻 等和羹待用 句 休
詞譜卷三十四 解連環 十二
把翠條漫折 韻
此調始於此詞但宋元人多填周邦彥體故此調可
平可仄詳注周詞之下 張輯詞後結把千種舊愁
付與杏梁語燕句讀正與此同但前段第五
六句更細與品題屢呵冰硯仍照周詞填
又一體 雙調一百六字前段十一句 周邦彥
五仄韻後段十句五仄韻
怨懷無託 韻 嗟情人斷絕 句 信音遼邈 韻 縱妙手 讀 能
解連環 句 似風散雨收 句 霧輕雲薄 韻 燕子樓空 句 暗
塵鎖 讀 一牀弦索 韻 想移根換葉 句 盡是舊時 句 手種
紅藥 韻 汀洲漸生杜若 韻 料舟依岸曲 句 人在天角

齊天樂

一襟餘恨宮魂斷

朱庚先書《齊天樂》

華音流韻

齊天樂　蟬

[南宋] 王沂孫

一襟餘恨宮魂斷[①]，年年翠陰庭樹。乍咽涼柯[②]，還移暗葉，重把離愁深訴。西窗過雨。怪瑤珮流空[③]，玉箏調柱。鏡暗妝殘，為誰嬌鬢尚如許[④]。　銅仙鉛淚似洗[⑤]，歎攜盤去遠，難貯零露。病翼驚秋，枯形閱世[⑥]，消得斜陽幾度。餘音更苦。甚獨抱清商[⑦]，頓成淒楚。漫想薰風，柳絲千萬縷。

[註釋]

①一襟，滿懷。馬縞《中華古今註》：「昔齊后忿而死，屍變為蟬，登庭樹嘒唳而鳴，王悔恨。故世名蟬為齊女焉。」宮魂斷，指淒斷的蟬聲。

②涼柯，涼秋的樹枝。

③瑤珮流空，玉珮叮噹聲在空中迴盪。指箏聲。

④嬌鬢，魏文帝時宮人曾製作一種髮式，薄如蟬翼，至為美觀。

⑤銅仙，漢宮之金銅仙人承露盤。據云晉時拆移至洛陽，銅仙眼中流淚。

⑥枯形閱世，枯槁的軀體苟活世間。此以蟬喻亡國之悲。

⑦清商，秋聲。秋主商聲，見《禮記·月令》。

臨風賞讀

宋元易代之際，亡國者受禍之慘絕，亡人國者施暴之酷烈，震古未聞。元兵入會稽（今浙江紹興），江南釋教總攝、

王沂孫齊天樂

一襟餘恨宮魂斷年年
翠陰庭樹乍咽涼柯還
移暗葉重把離愁深
訴西窗過雨怪瑤珮流

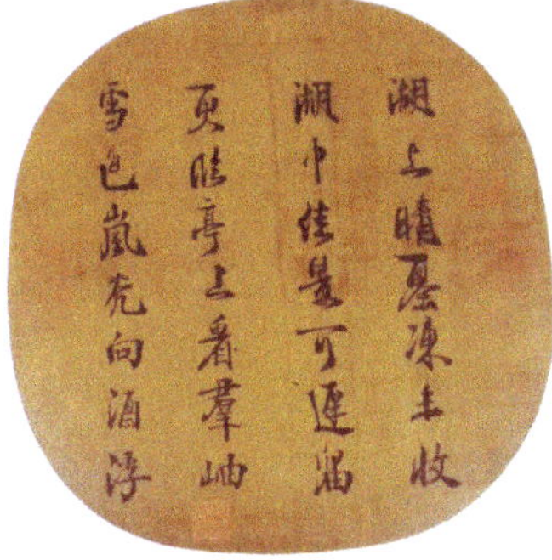

宋理宗自書《雪壓西湖》詩，描繪杭州西湖冬景

西域僧人楊璉真伽（即嘉木揚喇勒智）在宰相桑哥的支持下，盜掘南宋帝后陵墓，劫掠隨葬珍寶，而將帝后遺骸毀棄荒野，理宗頭顱甚至被截為飲器。這種野蠻暴虐的行徑激起了廣大遺民的義憤。次年，周密、王沂孫、張炎、李彭老、仇遠、唐珏等十四人相聚，填詞分詠龍涎香、白蓮、蓴、蟬、蟹，隱寓此事，以誌家國淪亡之深悲巨痛。後來這些詞作編成了《樂府補題》一卷計五詠三十七首。

這首詞收入《樂府補題》第三詠「齊天樂（餘閑書院擬賦蟬）」。詞以行將枯死的秋蟬感發生興，劈頭一句即以勁筆擒題，直攝蟬的神魂，揭出全篇一腔冤魂遺恨之題意。據馬縞《中華古今註》載，齊王后怨懟而死，屍變為蟬。蟬在樹間忽而哽咽，忽而哀泣，聲聲淒惋，有似齊后的魂魄宣泄自己滿腔的餘恨，令人為之魂斷。以下「乍咽」「還移」「重訴」寫其棲處不寧，哀鳴凝噎，隱隱折射出遺民自危的心態。「西

《宋理宗坐像》。臺北「故宮博物院」藏

清蔣廷錫《柳蟬圖》，以秋風蕭瑟中兩隻寒蟬為題，以逸筆寫出。構圖簡潔明快，寒蟬刻畫栩栩如生。左角自題一首：「更化功夫亦苦心，短長聲在綠楊林。秋風古岸斜陽裏，惟有寒蟬抱葉吟。」故宮博物院藏

《樂府補題》五詠：第一詠天香（宛委山房擬賦龍涎香）；第二詠水龍吟（浮翠山房擬賦白蓮）；第三詠齊天樂（餘閑書院擬賦蟬）；第四詠摸魚兒（紫雲山房擬賦蓴）；第五詠桂枝香（天柱山房擬賦蟹）。

窗」句以下寫雨後驚聞驚視：蟬聲嬌鬢，這莫不是齊后生前的嬌音倩影麼？一「怪」字直貫上片之末，意謂秋雨後天氣慚寒，蟬的大限將至，而怪其聲音卻還如此清婉動聽，如珮玉相叩，玉箏試彈；鏡已昏暗，妝已殘損，而怪其嬌鬢尚如此齊整 —— 此實乃以樂景寫哀。

過片承上一氣貫下，從蟬的唯啜清露，聯想到長安漢宮中的金銅仙人承露盤被魏明帝拆移洛陽，仙人臨載竟潸然淚下。蟬既無露可飲，於是翼病而形枯，料禁不起秋天的幾個黃昏了。即使將亡，仍在苦苦哀鳴不斷，令人頓覺淒苦異常。收結忽作頓宕，向往疇昔薰風送暖，柳絲搖曳的季節，而「漫想」二字，卻將希望一筆抹去，以極盛反跌極哀，酸楚至極。

通篇着力描摹蟬的聲影，刻畫蟬的憂患餘生，而有意無意間將家國淪亡之後遺民的惆惶、哀苦和絕望的心境自然托出，字字淒斷，感人至深。句句寫蟬，又句句寫人，貌合神似，渾然一體，洵為詠物傑作。

古今彙評

陳廷焯：碧山《齊天樂》諸闋，哀怨無窮，都歸忠厚，是詞中最上乘。……（詠蟬）次章起句云：「一襟餘恨宮魂斷。」下云：「鏡暗妝殘，為誰嬌鬢尚如許。」合上章觀之，此當指王昭儀改裝女冠。後疊云：「銅仙鉛淚如洗……」字字淒斷，卻渾雅不激烈。餘音數語，或有感於「太液芙蓉」一闋乎？（《白雨齋詞話》卷二）

唐圭璋：此首詠蟬，蓋詠殘秋哀蟬也。妙在寄意沉痛，起筆已將哀蟬心魂拈出，故國滄桑之感，盡寓其中。（《唐宋詞簡釋》）

槐薰忽送清商怨，依稀正聞還歇。故苑愁深，危弦調苦，前夢蛻痕枯葉。傷情念別。是幾度斜陽，幾回殘月。轉眼西風，一襟幽恨向誰説。　輕鬢猶記動影，翠蛾應妒我，雙鬢如雪。枝冷頻移，葉疏猶抱，孤負好秋時節。淒淒切切。漸迤邐黃昏，砌蛩相接。露

洗餘悲，暮煙聲更咽。—— 周密《齊天樂．蟬》與王沂孫《齊天樂》詠蟬詞作於同時，都以蟬為齊宮怨女的化身抒寫一懷故國的遺恨。周密詞描寫蟬的形象更鮮明貼切，寄託處用筆不多，頗為輕新明快，清俊爽利。

一襟幽事，砌蛩能説（周密《玉京秋》句） 齊白石

夕陽門巷荒城曲，清音早鳴秋樹。薄剪綃衣，涼生鬢影，獨飲天邊風露。朝朝暮暮。奈一度淒吟，一番淒楚。尚有殘聲，驀然飛過別枝去。　齊宮往事謾省，行人猶與說，當時齊女。雨歇空山，月籠古柳，仿佛舊曾聽處。離情正苦。甚懶拂冰箋，倦拈琴譜。滿地霜紅，淺莎尋蛻羽。—— 宋仇遠《齊天樂．蟬》也是借詠蟬寄寓深沉的家國之思，身世之痛，詠蟬與寫人完美結合，是蟬是人，難於區辨，意味深厚。

詞人心史

王沂孫（約 1230—約 1291）字聖與，號碧山，又號中仙，曾居紹興東南玉笥山，故又稱玉笥村民、玉笥山人，會稽（今浙江紹興）人。生平不見史傳，至難考索。生年和年輩，或以為少於（或以為長於）周密，與張炎相若，且與周、張交往最密，結社西湖，時相酬唱。元世祖至元（1264—1294）中，一度出為慶元路（路治今寧波鄞州）學正。晚年往來杭州、紹興間。有《花外集》。

生當有宋末造，王沂孫身歷了亡國破家的歷史慘變，在異族的高壓統治環境下，善於化實為虛，詠物以寄興，以清辭麗句抒寫悲憤鬱悒，寄託興亡之感。他取法姜夔，亦博採周邦彥、吳文英諸家之長，創作出一些寄意遙深、情味雋永的優秀作品，以淒冷鬱憤的情感、溫婉清麗的語言、物我渾融的藝術形象、紆徐曲折吞吐有致的筆法、既騷雅又沉至的高秀境界，形成了沉鬱深婉、幽約悱惻的獨特詞風。王沂孫與周密、張炎、蔣捷並稱「宋末詞壇四大家」，前人評價甚高，尤其清代常州詞派詞人更是推崇備至。

宋馬麟《夕陽山水圖》，描繪秋色夕陽。水面上，四隻燕子正低飛嬉戲。遠景處，天水遼闊，迷蒙遠山數峰憂鬱的輪廓，被夕暉籠罩，一派玫瑰紫的紅。或謂此作延續了乃父馬遠「殘山剩水」的哀惋，是國恨的寫照。畫幅上部題「山含秋色近，燕渡夕陽遲。賜公主」，為宋理宗所書。日本根津美術館藏

品題

碧山能文，工詞，琢語峭拔，有白石意度。（張炎《山中白雲詞》卷一）

詞法之密，無過清真；詞格之高，無過白石；詞味之厚，無過碧山：詞壇三絕也。（陳廷焯《白雨齋詞話》卷二）

詠物詞至碧山，可謂空絕千古，然亦身世之感使然，後人不能強求也。（陳廷焯《白雨齋詞話》卷七）

中仙最多故國之感，故着力不多，天分高絕，所謂意能尊體也。中仙最近叔夏一派，然玉田自遜其深遠。（周濟《介存齋論詞雜著》）

碧山胸次恬淡，故「黍離」「麥秀」之感，只以唱歎出之，無劍拔弩張習氣。詞以思筆為入門階陛。碧山思筆，可謂雙絕，幽折處大勝白石。惟圭角太分明，反覆讀之，有水清無魚之恨。（周濟《宋四家詞選目錄序論》）

予嘗謂白石之詞，空前絕後，匪特無可比肩，抑且無從入手，而能學之者則惟中仙。其詞運意高遠，吐韻妍和；其氣清，故無沾滯之音；其筆超，故有宕往之趣；是真白石之入室弟子也。（戈載《宋七家詞選》）

碧山詞頡頏雙白，揖讓二窗，實為南宋之傑。（王鵬運《花外集跋》）

大抵碧山之詞，皆發於忠愛之忱，無刻意爭奇之意，而人自莫及。論詞品之高，南宋諸公，當以《花外》為巨擘焉。其詠物諸篇，固是君國之憂，時時寄託，卻無一筆犯復，字字貼切故也。（吳梅《詞學通論》）

集詠物詞之大成，而能提高斯體之地位者，厥惟王沂孫氏。（龍榆生《中國韻文史》）

王沂孫題詩墨跡。至元二十四年（1287），周密得《保母帖》，王沂孫題詩。故宮博物院藏

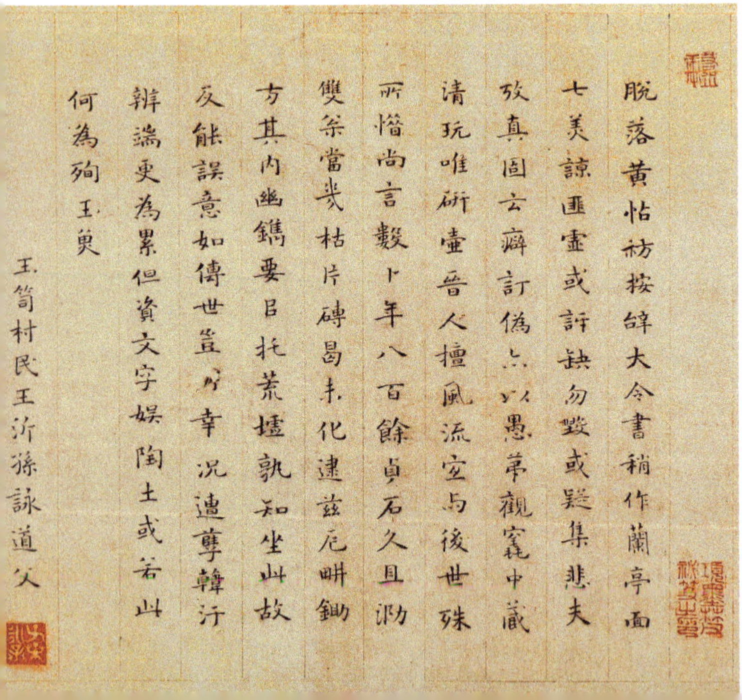

參讀

王碧山又號中仙，越人也。能文工詞，琢語峭拔，有白石意度，今絕響矣。余悼之玉笥山，所謂長歌之哀，過於痛哭。

斷碧分山，空簾剩月，故人天外。香留酒殢，蝴蝶一生花裏。想如今、醉魂未醒，夜臺夢語秋聲碎。自中仙去後，詞箋賦筆，便無清致。

都是、淒涼意。悵玉笥埋雲，錦袍歸水。形容憔悴，料應也、孤吟山鬼。那知人、彈折素弦，黃金鑄出相思淚。但柳枝、門掩枯陰，候蛩愁暗葦。—— 張炎《瑣窗寒》

低吟／浩唱

齊天樂

［北宋］周邦彥

綠蕪凋盡臺城路，殊鄉又逢秋晚。暮雨生寒，鳴蛩勸織，深閣時聞裁剪。雲窗靜掩。歎重拂羅裀，頓疏花簟。尚有綀囊，露螢清夜照書卷。　荊江留滯最久，故人相望處，離思何限。渭水西風，長安亂葉，空憶詩情宛轉。憑高眺遠。正玉液新篘，蟹螯初薦。醉倒山翁，但愁斜照斂。

臺城，東晉至南朝時期的臺省（中央政府）和皇宮所在地，位於國都建康（今江蘇南京）城內，核心地區在今大行宮周圍及其以北南京總統府東西一線。

這首詞寫作時地，多有爭論。從首句及內容看，當作於金陵（今江蘇南京），時間當在詞人元祐、紹聖間知溧水縣前後。全幅詞境，時空囊括了暮年與少年，江寧與荊、汴，筆法迂迴曲折，濡染勾勒，將悲秋、客愁、念舊融並一體，其間又隱含着多重的人生感慨，沉鬱淒惋，別具一格。清陳廷焯評此詞說：「只起二句便覺黯然銷魂。下字用意，無不精練。（下闋眉批）沉鬱蒼涼，太白『西風殘照』，復有嗣音矣。」（《雲韶集輯評》卷四）

側身天地更懷古（唐杜甫詩句）　清林皋

齊天樂　與馮深居登禹陵

［南宋］吳文英

三千年事殘鴉外，無言倦憑秋樹。逝水移川，高陵變谷，那識當時神禹。幽雲怪雨。翠蓱濕空梁，夜深飛去。雁起青天，數行書似舊藏處。　寂寥西窗久坐，故人慳會遇，同剪燈語。積蘚殘碑，零圭斷璧，重拂人間塵土。霜紅罷舞。漫山色青青，霧朝煙暮。岸鎖春船，畫旗喧賽鼓。

蓱，同「萍」。

殘鴉影沒，天地蒼茫，詞人觸景而生感慨，由感慨而入禹的神話異傳，再由對禹的追懷想起燈下漫談，最後又在眼前之景中結束思緒，歸之眼前的自然，思緒跳宕，生動而又細膩地表現了詞人登禹陵時觸發的荒忽千古盛衰成敗之思與寂寥人世一已離合之悲。清陳廷焯評此詞曰：「憑弔中純是一片感歎，我知先生胸中應有多少憂時眼淚。」（《雲韶集輯評》卷八）鄭文焯亦極為稱賞，謂：「萬古精靈，空蕩幽默，懷古之作，至此乃神。」（《手批夢窗詞》）

紹興大禹陵碑

鄞縣大梅山頂有梅木（即楠木），伐為會稽禹廟之梁。張僧繇畫龍於其上，夜或風雨，飛入鏡湖與龍斗。後人見梁上水淋漓，始駭異之，以鐵索鎖於柱。——《大明一統志．紹興府志》引《四明圖經》

夜或大雷雨，梁輒失去，比復歸，水草被其上，人以為神……—— 南宋嘉泰《會稽志》卷六「禹廟」條

齊天樂　送童甕天兵後歸杭

［南宋］詹玉

詹玉字可大，號天遊，古郢（今湖北江陵）人。至元間歷翰林應奉、集賢學士。故國之思，時流露於筆墨間。有《天遊詞》一卷。

相逢喚醒京華夢，吳塵暗斑吟發。倚擔評花，認旗沽酒，歷歷行歌奇跡。吹香弄碧。有坡柳風情，逋梅月色。畫鼓紅船，滿湖春水斷橋客。　當時何限俊侶，甚花天月地，人被雲隔。卻載蒼煙，更招白鷺，一醉修江又別。今回記得。再折柳穿魚，賞梅催雪。如此湖山，忍教人更說。

德祐二年（1276），元丞相伯顏率軍攻破臨安。童甕天在戰後返杭，詞人作了這首詞送別友人。詞以樂景寫悲情，把依依惜別之情和故國之思、興亡之歎熔鑄於一爐，用典自然，渾然一體，清淡飄逸卻又勁直。

齊天樂　吳山望隔江霽雪

［清］厲鶚

瘦筇如喚登臨去，江平雪晴風小。濕粉樓臺，釅寒城闕，不見

元趙孟頫書歐陽修《秋聲賦》。歐陽修《秋聲賦》以其高超的藝術技巧，從秋聲中發掘出意趣和哲理，乃是聲情並茂的絕世之作。趙孟頫此卷行筆灑脫流暢，結體豐容婀娜，一氣呵成，圓轉遒麗，妍潤多姿，深得二王遺韻。遼寧省博物館藏

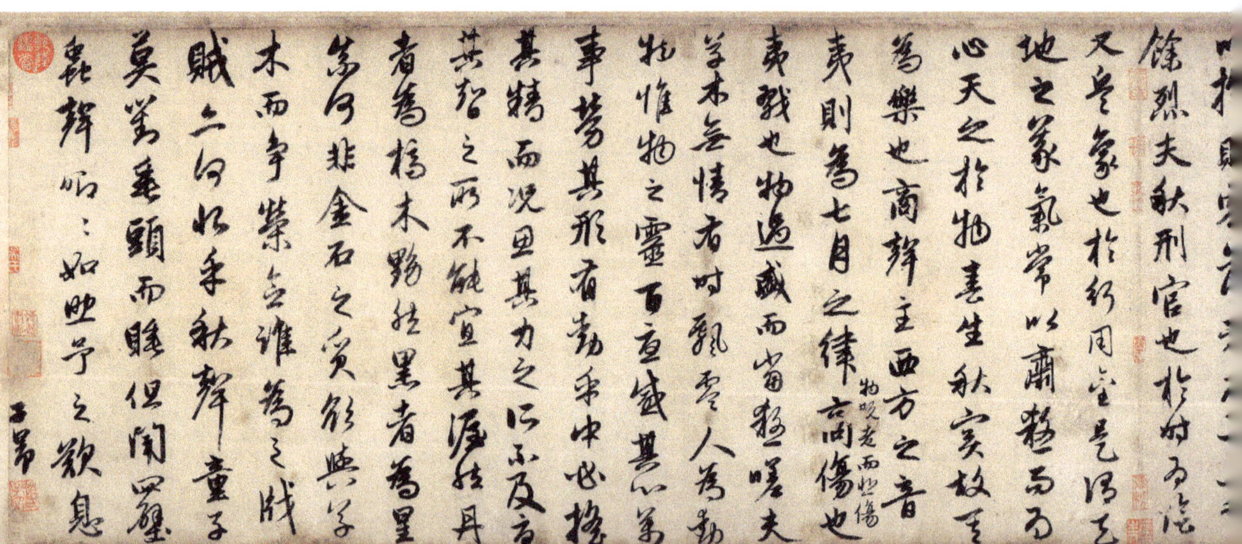

春紅吹到。微茫越嶠，但半沍雲根，半銷沙草。為問鷗邊，而今可有晉時棹。　清愁幾番自遣，故人稀笑語，相憶多少。寂寂寥寥，朝朝暮暮，吟得梅花俱惱。將花插帽，向第一峰頭，倚空長嘯。忽展斜陽，玉龍天際繞。

詞人登上吳山，眺望隔江雪景，江天一色，滿目澄澈，於是以幽雋清靈的筆墨描繪出一幅雄渾壯麗、境界闊大的霽雪江色圖。上片寫雪景，透出寒意與迷惘情致，下片轉寫對故人的懷思與心境的寒寂。結末忽起頓挫，以狂狷之態與天際一抹斜陽照射雪峰的壯景相結合，轉出生氣，令人神思俱爽，超然塵表。譚獻謂此詞「頓挫跌宕」（《篋中詞·今集》卷二），所言極是。

清王岡《厲鶚像》

齊天樂　秋聲館賦秋聲

［清］厲鶚

簟淒燈暗眠還起，清商幾處催發。碎竹虛廊，枯蓮淺渚，不辨聲來何葉。桐飆又接。盡吹入潘郎，一簪愁髮。已是難聽，中宵無用怨離別。　陰蟲還更切切。玉窗挑錦倦，驚響簷鐵。漏斷高城，鐘疏野寺，遙送涼潮嗚咽。微吟漸怯。訝籬豆花開，雨篩時節。獨自開門，滿庭都是月。

康熙六十年（1721）秋，詞人寂處秋聲館，聆聽深夜四起的秋聲，無限感傷，於是淒然命筆，寫下了這首詠秋聲的絕調。詞選擇「碎竹」「枯蓮」「桐飆」「陰蟲」、野寺之鐘、嚴城之「漏」（守更鐘鼓）、「涼潮」、籬豆花葉等物象，營造出一派蕭疏寒瑟的境界，而一片秋聲逼人視聽，令人如臨其境。結筆寫秋聲固無往而不在，但

厲鶚（1692—1752）字太鴻，號樊榭，又自號花隱，錢塘（今浙江杭州）人，原籍慈溪。康熙五十九年（1720）舉人。畢生以設館授徒為業。其詞以「幽雋」著稱，為浙西詞派之中堅人物。有《樊榭山房集》等。

簷鐵，簷馬，亦謂之風鈴，風馬兒。懸於簷下，風起則錚鏦有聲。

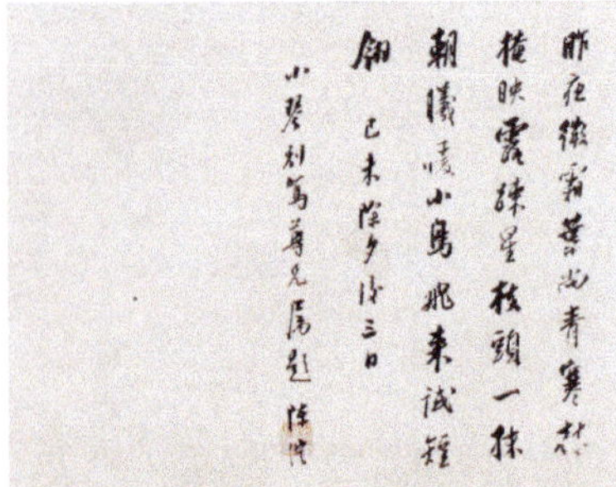

陳澧題畫詩

着意尋聲，卻只見滿庭秋月……如此運筆，尤極空靈、傳神。譚獻以「詞禪」（《篋中詞·今集》卷三）評之。錢仲聯則謂此詞「處處從實處襯托出秋聲，有神無跡。……一結更有『不著一字』『羚羊掛角』之妙」（《清詞三百首》）。

齊天樂　秋煙

［清］汪元浩

汪元浩（1808—1867）字孟然，號珊漁，鎮洋（今江蘇太倉）人。工詩文，尤長於詞，其詞不務雕琢而自然渾雅。有《結鐵網齋詞》等。

非雲非霧非嵐氣，遙看半空籠住。似淡偏濃，乍分仍合，秋在極模糊處。輕綃萬縷，織一幅瀟湘，畫圖如許。踏葉人歸，斷虹橋外易迷路。　依稀蘆雪捲起，聽歌聲緩緩，漁艇搖去。水際將消，林端又起，欲斷還連情緒。蒼茫釣浦，問短笛誰橫，喚醒眠鷺。幾陣風絲，滿天篩細雨。

這首詠物詞以極溫婉和平的手法，描寫秋天的煙雲，刻畫入微，盡態極妍，十分細膩。透過秋煙，讀者分明能體味到詞人一段剪不斷理還亂的愁情。

齊天樂　十八灘舟中夜雨

［清］陳澧

倦遊諳盡江湖味，孤篷又眠秋雨。碎點飄鐙，繁聲落枕，鄉夢更無尋處。幽蛩不語，只斷葦荒蘆，亂垂煙渚。一夜瀟瀟，惱人最是繞堤樹。　清吟此時正苦。漸寒生竹簟，秋意如許。古驛疏更，危灘急溜，並作天涯離緒。歸期又誤。望庾嶺模糊，濕雲無數。鏡裏明朝，定添霜幾縷。

贛江流經贛縣、萬安之境，有灘十八，中多怪石，甚險。

道光二十四年（1844），詞人北行應試，復鎩羽南歸。途中寫了不少詞作，抒發個人蹉跎失意之感。這首詞寫秋夜舟中聽雨，天涯客子旅況羈愁，從聽覺、視覺、觸覺層層堆砌，層層轉進，環境氣氛描寫極為出色。最後歸結到望斷家鄉，年華漸老的悲哀。夏承燾評此詞「情景交融，寄託深婉，自是佳作」（《金元明清詞選》），甚是。

臺城路　登雷峰望宋勝景園故址

［清］過春山

過春山字葆中，號湘雲，吳縣（今江蘇蘇州）人。生活於康乾間。博通經史，工詩詞。有《湘雲遺稿》二卷。

東風又入荒園畔，繁華已成塵土。太液芙蓉，未央楊柳，曾見當年歌舞。危闌漫撫。歎事逐飛雲，夢隨香霧。指點江山，斜陽一片下平楚。　悠悠此恨誰訴。想青磷斷續，還過南浦。鐵馬憑江，香車碾月，忍讀昭儀詞句。淒涼幾許。但山鬼吟秋，杜鵑啼雨。回首宮斜，白楊深夜語。

詞人遊杭州，登西湖南岸夕照山上之雷峰，下瞰宋勝景園故址，追想當年園中盛景，因填此闋，為南宋興亡之事一掬悲憫之淚，將深沉、蒼茫的歷史感融於清逸蕭散之中，頗見骨力，被陳廷焯稱為「湘雲壓卷」之作。

詞林逸事

理宗、度宗朝，國家社稷已處在傾覆的邊緣，朝野上下卻仍然文嬉武恬，楊纘、周密、張炎等高人雅士恥於趨附權奸，遂詩酒嘯傲放情山水，結社西湖之畔，沉醉在朝歌暮嬉的生活中。周密在《草窗韻語》中就記述了多次西湖雋遊吟詠活動：

度宗咸淳三年（1267）七月既望，周密與諸友人遠修太白採石、坡仙赤壁數百年故事，避暑於東溪之清賦，泛舟於三彙之交。「舟無定遊，會意即止，酒無定行，隨意斟酌。坐客皆幅巾練衣，般薄嘯傲，或投竿而漁，或叩舷而歌，各適其適。既而蘋風供涼，桂月蜚露，天光翠合，逸興橫生，痛飲狂吟，不覺達旦。」

第二年秋，他們又乘船來到此地，以續前遊。「復尋前盟於白荷涼月間。風露浩然，毛髮森爽，遂命蒼頭奴橫小笛於舵尾，作悠揚杳渺之聲，使人真有乘查飛舉想也。舉白盡醉，繼以浩歌。」於是，周密有了這一首《齊天樂》：

清溪數點芙蓉雨，蘋飆泛涼吟艗。洗玉空明，浮珠沆瀣，人靜籟沉波息。仙潢咫尺。想翠宇瓊樓，有人相憶。天上人間，未知今夕是何夕。　此生此夜此景，自仙翁去後，清致誰識。散髮吟商，簪花弄水，誰伴涼宵橫笛。流年暗惜。怕一夕西風，井梧吹碧。底事閑愁，醉歌浮大白。

這真是一闋遁世高人的雅遊醉歌。及至亡國破家，周密他們淪為遺民，憂患飄零，追想昔遊，殆如夢寐，紛紛用詞來抒寫身世之感和亡國的哀痛。

宋夏珪《松溪泛月圖》，繪數人泛舟江上，明月高懸，煙波浩淼，水天一色。在一派澄淨中，只有溪流與松風的和奏飄盪在水面上。構圖巧妙，筆法簡練，意境空靈幽深。故宮博物院藏

故國山河，故園心眼　壽石工

步深幽。正雲黃天淡，雪意未全休。鑒曲寒沙，茂林煙草，俯仰千古悠悠。歲華晚、飄零漸遠，誰念我、同載五湖舟。磴古松斜，崖陰苔老，一片清愁。　回首天涯歸夢，幾魂飛西浦，淚灑東州。故國山川，故園心眼，還似王粲登樓。最負他、秦鬟妝鏡，好江山、何事此時遊。為喚狂吟老監，共賦消憂。——周密《一萼紅．登蓬萊閣有感》寫於亡國之際，蒼茫感慨，情見乎詞。特別是詞至歇拍「最負他、秦鬟妝鏡，好河山、何事此時遊」，沉痛悲憤，淒涼掩抑，可謂「長歌之哀過於痛哭」，天地山川均為之動容。此詞一直被推為《草窗詞》的壓卷之作。

倚聲依譜

《齊天樂》，周邦彥詞為創調之作，因首句有「綠蕪凋盡臺城路」，又名《臺城路》。另又名《五福降中天》《如此江山》。雙調，一百零二字，上片十句，五仄韻；下片十一句，五仄韻，音調流美而和婉。宋人用此調者甚眾，尤為南宋婉約派詞人所喜用。用以抒情、寫景、詠物、祝頌，適宜之題材廣泛。

定格

仄平平仄平平**仄**，平平仄平平**仄**。
仄仄平平，平平仄仄，平仄平平平**仄**。
平平仄**仄**。
仄平仄平平，仄平平**仄**。
仄仄平平，仄平中仄仄平**仄**。

平平仄平仄仄，仄平平仄仄，平仄平**仄**。
仄仄平平，平平仄仄，中仄平平中**仄**。
平平仄**仄**。
仄中仄平平，仄平平**仄**。
仄仄平平，仄平平仄**仄**。

《詞譜》（《齊天樂》）

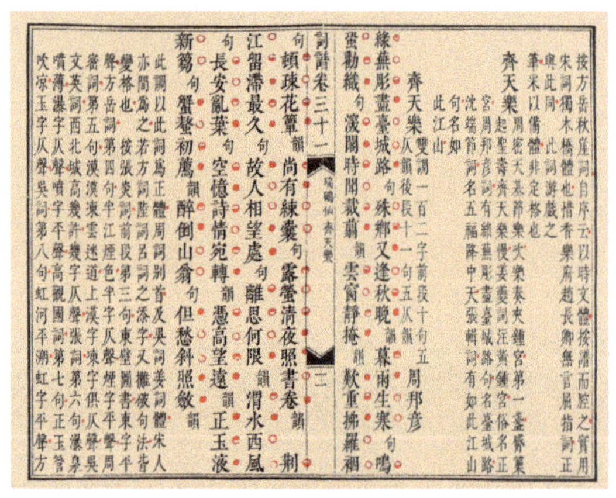

按方岳秋崖詞自序云以時文體按譜而腔之實用
宋詞獨木橋體也惜香樂府趙長卿無它屑指詞正
與此同此詞游戲之
筆采以備體非定格也

齊天樂

周密天基節樂次大樂奏夾鍾宮第一盞觱篥
起聖壽齊天樂慢姜夔詞注黃鍾宮係名正
宮周邦彥詞有綠蕪彫盡臺城路句名臺城路
沈端節詞名五福降中天張輯詞有如此江山
句名如
此江山

齊天樂　雙調一百二字前段十句五
仄韻後段十一句五仄韻　周邦彥

綠蕪彫盡臺城路　句　殊鄉又逢秋晚　韻　暮雨生寒　句　鳴
蛩勸織　句　深閣時聞裁剪　韻　雲窗靜掩　韻　歎重拂羅裀

詞譜卷三十一　二

句　頓疎花簟　韻　尚有練囊　句　露螢清夜照書卷　韻　荊
江留滯最久　句　故人相望處　句　離思何限　韻　渭水西風
句　長安亂葉　句　空憶詩情宛轉　韻　憑高望遠　韻　正玉液
新篘　句　蟹螯初薦　韻　醉倒山翁　句　但愁斜照斂　韻

此調以此詞為正體周詞別首及吳詞姜詞體宋人
亦間為之若方詞陸詞呂詞之添字又攤破句法皆
變格也　按張炎詞前段第三句東壁圖書東字平
聲方岳詞第四句半江煙色半字仄聲煙字平聲周
密詞第五句漠漠寒雲迷道上漠字寒字俱仄聲吳
文英詞西北城高幾許幾字仄聲張詞第六句瀑泉
噴薄瀑字仄聲噴字平聲高觀國詞第七句正玉管
吹涼玉字仄聲吳詞第八句虹河平溯虹字平聲方

訴衷情

殘月照吟鞭

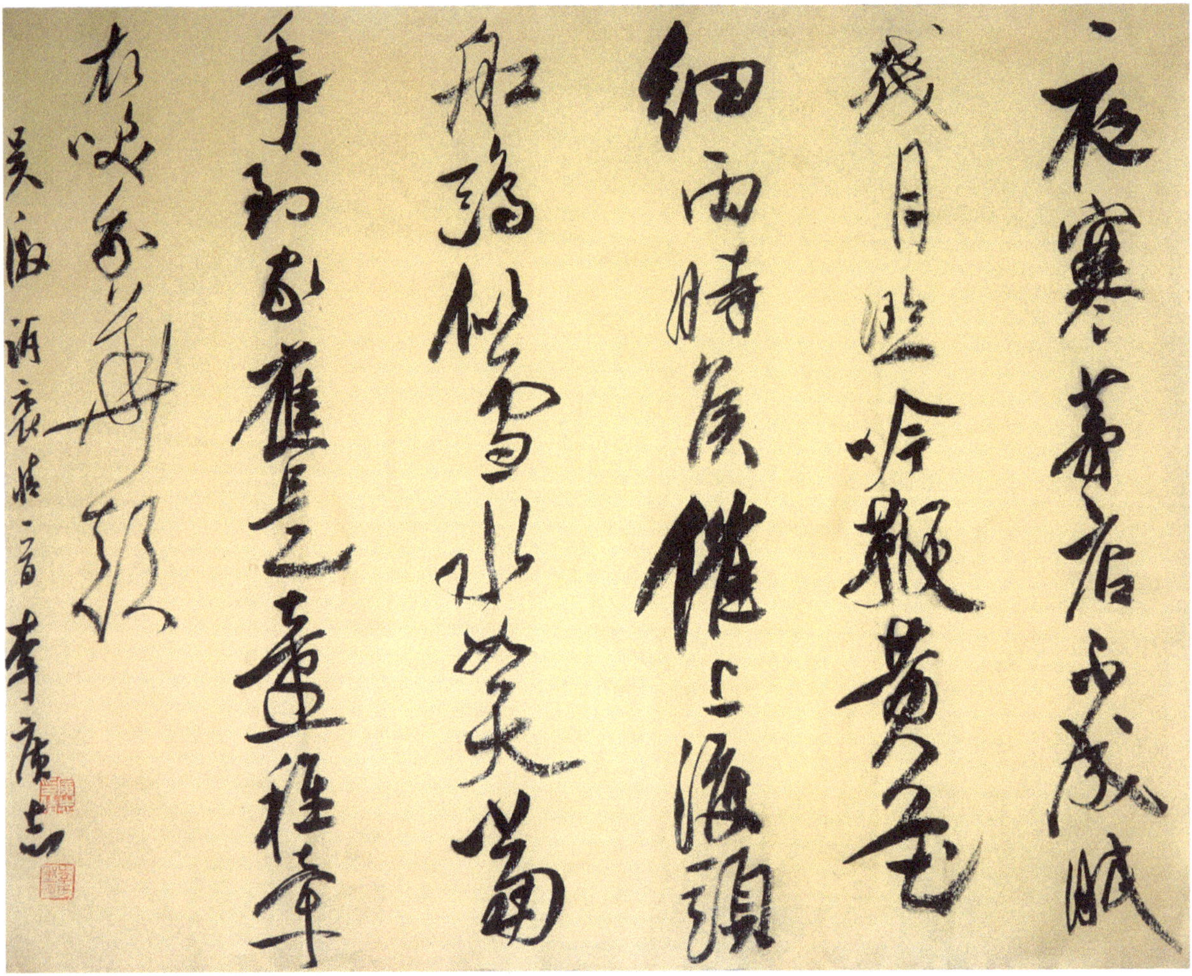

李廣志書《訴衷情》

華音流韻

訴衷情

［金］吳激

夜寒茅店不成眠，殘月照吟鞭。黃花細雨時候，催上渡頭船。　鷗似雪，水如天，憶當年。到家應是，童稚牽衣，笑我華顛。

臨風賞讀

詞人使金後被留，「老作北朝臣」（《滿庭芳》），鄉國之思日夜縈繞，深齧其心。這首詞吐露的即是一腔思鄉渴念。

詞的上闋着重寫「我」之思家心切。在寒意料峭的涼秋深夜，獨自歇宿於荒郊茅店的「我」難以成眠，歸家的心情實在太過激動，於是踏着拂曉的殘月，早早地就揚鞭起程了。黃花初綻，秋雨濛濛，「我」且行且吟，終於到了渡頭，上了船頭，而神魂也隨之飛向南國。一個「催」字下得尤為精妙，寫出了遊子思歸的急切心態。

白鷗似雪，水天一色，令人愜意的景色觸發了留存在「我」記憶中的當年歡愉怡悅的感受。此時「我」若是回家鄉的話，兒童們將定然拍着手笑指「我」的滿頭白髮了。詞人久客北地，南歸全成空夢。其實，這下闋純屬懸想之辭，表面是寫歸家的欣悅，實則以虛無之樂反跌實在之悲，歸家的光景想象得愈美好，不能歸家的哀苦就愈濃重。

全詞自然清婉，意趣橫生，那無可奈何的思鄉情思仍觸動着讀者的心弦。

笑問客從何處來（唐賀知章《回鄉偶書》句） 清林皋

古今彙評

元好問：（吳彥高）樂府「夜寒茅店不成眠」「南朝千古傷心事」「誰挽銀河」等篇，自當為國朝第一手。而世俗獨取《春從天上來》，謂不用他韻；《風流子》，取對屬之工，豈真識之論哉！（《中州集》卷一）

夏承燾：久別將歸。雖寒不成眠，很早就起程了。且行且吟，可見興致，水邊鷗鳥，倚門童稚，在在都引起心頭的歡悅。詞筆也松秀自然，可當《歸去來辭》看。（《金元明清詞選》）

嚴迪昌：上片寫失眠，寫淒愴，景色寒涼。下片轉以虛擬之筆，顯現溫馨，愈見強化「殘月吟鞭」的悵惘心緒。吳激朗秀中出淒婉的風格於此畢現，運語又如此輕捷自然不留痕跡。（《金元明清詞精選》）

宋佚名《征人曉發圖》，細致描繪行人曉發時的情景。天色微明，蒼松掩映一座茅草客店內，一士人正趴在桌上，似醒非醒。店家女子正在為客人準備早餐，室外侍者立於行囊旁，作待發狀。人物、馬匹造型準確，線條細勁簡練。故宮博物院藏

詞人心史

吳激（1090—1142）字彥高，自號東山，建州（今福建建甌）人。宰相吳栻之子，書畫家米芾之婿。宋欽宗靖康二年（1127），奉命使金，金不遣返，被迫仕金，官翰林待制。曾出使朝鮮。金皇統二年（1142）出知深州（今河北深縣），到官三日卒。

作為詞壇翹楚，他和蔡松年、党懷英、王庭筠等被金人「借才異代」，元好問推之為「國朝第一手」（《中州集》卷一）。他作詞與蔡松年齊名，時號「吳蔡體」。今存詞全係留北後作，多故國之思，詞風清麗自然，悲婉相濟，韻致清遠，使人品味不盡。詞而外，他還工詩能文善書畫，書法俊逸，繪畫得米芾筆意。有《東山集》《東山樂府》，已佚。存詩收入《中州集》，詞收入《全金元詞》。趙萬里《校輯宋金元人詞》輯為《東山樂府》一卷。

片雲蹤跡任飄然，南北東西共一天。萬里山川悲故國，十年風雪老窮邊。名高冀北無全馬，詩到江西別是禪。頗憶米家書畫否？夢魂應逐過江船。（劉迎《題吳彥高詩集後》）

彥高詞集篇數雖不多，皆精美盡善，雖多用前人詩句，其剪裁點綴若天成，真奇作也。先人嘗云：詩不宜用前人語，若夫樂章，則剪截古人語亦無害，但要能使用爾。如彥高《人月圓》半是古人句，其思致含蓄甚遠，不露圭角。（劉祁《歸潛志》卷八）

激，米芾之婿也。工詩能文，字畫俊逸，得芾筆意。尤精樂府，造語清婉，哀而不傷。（《金史》卷一百二十五）

金代詞人，自以吳彥高為冠，能於感慨中饒伊鬱，不獨組織之工也。同時尚吳蔡體，然伯堅非彥高匹。（陳廷焯《白雨齋詞話》卷三）

金源詞人，以吳彥高、蔡伯堅稱首，實皆宋人。吳較綿麗婉約，然時有淒厲之音；蔡則疏快平博，雅近東坡。（陳匪石《聲執》卷下）

春盡小庭花落（顧夐《荷葉杯》句） 清張炳

低吟／浩唱

訴衷情

［唐］溫庭筠

鶯語，花舞，春晝午，雨霏微。金帶枕，宮錦，鳳凰帷。

柳弱蝶交飛，依依。遼陽音信稀，夢中歸。

這首詞寫思婦對征夫的懷念，情韻促迫。陳廷焯云：「節愈促，詞愈婉。結三字淒絕。」（《詞則輯評・別調集》卷一）

訴衷情

[五代] 顧夐

永夜拋人何處去，絕來音。香閣掩，眉斂，月將沉。　爭忍不相尋。怨孤衾。換我心，為你心，始知相憶深。

這首詞以淺白的文字描敘一位閨中少婦的內心獨白，她滿懷幽怨的背後是深切的思念與無悔的期待，情辭真摯熱烈，感人肺腑，可謂寫情之極品。王士禛稱許末三句「自是透骨情語」（《花草蒙拾》），近人王國維亦以這三句作為「有專作情語而絕妙者」的顯例之一，並說：「此等詞，求之古今人詞中，曾不多見。」（《人間詞話》）

永夜，長夜。

爭忍，怎忍。

顧夐，前蜀王建時給事內庭。入後蜀，累遷至太尉。工詩，尤善豔情詞，詞風綺麗清朗，詞中常有清新而生動的意象、悱惻纏綿的情懷。

美人捲珠簾，深坐顰蛾眉。但見淚痕濕，不知心恨誰。—— 唐李白《怨情》寫一位美人由於殷殷盼望的情侶不至而引起的幽怨之情。她那暗自蹙眉垂淚的神情，寫得惟妙惟肖，楚楚動人。

訴衷情

[五代・前蜀] 毛文錫

鴛鴦交頸繡衣輕，碧沼藕花馨。偎藻荇，映蘭汀，和雨浴浮萍。　思婦對心驚，想邊庭。何時解佩掩雲屏，訴衷情。

這首詞抒寫閨中少婦對征夫的深切思念。上片描繪衣上鴛鴦戲水的綺麗景象，興起少婦之思。下片轉抒寫少婦黯然心驚，表露出少婦對邊庭丈夫的渴念與愁怨。

誓掃匈奴不顧身，五千貂錦喪胡塵。可憐無定河邊骨，猶是春閨夢裏人。—— 唐陳陶《隴西行》詩情慷慨悲涼，吟來潸然淚下。

清陳崇光《柳下曉妝圖》，繪一嬌媚的仕女在柳下整理晨妝，畫面清新動人。南京博物院藏

清華喦《桃潭浴鴨圖》。桃樹枝幹上，灼灼的桃花俯仰生姿，幾絲嫩柳垂落在清澈見底的潭水之上，柳梢隨風拂動着水面，引得潭中野鴨回首注目，泛起漣漪。整幅畫面充滿着機趣天然，春意撲面而來。故宮博物院藏

訴衷情

［北宋］張先

花前月下暫相逢，苦恨阻從容。何況酒醒夢斷，花謝月朦朧。　花不盡，月無窮，兩心同。此時願作，楊柳千絲，絆惹春風。

這首詞敘寫一段橫遭挫折的愛情，表現出苦難人生中一對情侶的至愛情深。上闋敘述兩人匆匆相逢的情景，悲愴沉痛；下闋描寫兩人對愛情的堅決和美好期待。全詞感情真摯而細膩，很是動人。

訴衷情

［北宋］晏殊

東風楊柳欲青青，煙淡雨初晴。惱他香閣濃睡，撩亂有啼鶯。　眉葉細，舞腰輕，宿妝成。一春芳意，三月和風，牽繫人情。

這首詞在着意描寫濃春煙景中，巧妙地將楊柳的絲縷和人物的紛亂心緒牽連綰合，襯寫香閣女子的綽約風姿，曲傳離思別意，景與情諧，物與人合，宛轉含蓄，情致纏綿。

訴衷情

［北宋］晏殊

青梅煮酒斗時新，天氣欲殘春。東城南陌花下，逢著意中人。　回繡袂，展香茵，敍情親。此時拚作，千尺遊絲，惹住朝雲。

這首詞寫殘春時節與意中人的不期而遇，感情深摯，而文筆純淨，有一種幽細、含蓄之美。

訴衷情

［北宋］歐陽修

清晨簾幕捲輕霜，呵手試梅妝。都緣自有離恨，故畫作、遠山長。　思往事，惜流芳，易成傷。擬歌先斂，欲笑還顰，最斷人腸。

這是一首閨怨詞，寫一位歌女的生活片段。詞人通過對清晨梳妝、畫出遠山眉、想歌笑卻因心底哀傷而轉為幽咽等一系列動作、

梅妝，古代婦女在額頭上點畫出梅花的一種化妝樣式，據傳起源於南朝宋武帝之女壽陽公主。

情態的傳神描寫，將一個內心充滿怨嗟和淒苦的歌女形象刻畫得栩栩如生、呼之欲出。

訴衷情

［北宋］黃庭堅

小桃灼灼柳鬖鬖，春色滿江南。雨晴風暖煙淡，天氣正醺酣。山潑黛，水挼藍，翠相攙。歌樓酒旆，故故招人，權典青衫。

這首小令以輕快的筆調，從桃柳、天氣、山水、「歌樓酒旆」到結語層層勾勒，描繪出明麗、清新、俊美，充滿勃勃生機的江南春景，頗有生活情趣。

訴衷情

［北宋］黃庭堅

在戎州登臨勝景，未嘗不歌漁父家風，以謝江山。門生請問：先生家風如何？為擬金華道人作此章。

一波才動萬波隨，蓑笠一鈎絲。金鱗正在深處，千尺也須垂。吞又吐，信還疑，上鈎遲。水寒江靜，滿目青山，載月明歸。

宋哲宗元符元年（1098），詞人自黔州貶所移戎州（今四川宜賓），暇日登高覽勝，感懷賦此。這首詞在構思用意上搬用了唐代船子和尚的《撥棹歌》，而將張志和那種志不在魚、逍遙自由的漁父家風，又昇華為一種擺脱世網，頓悟入聖的精神境界，表白自己當時遭貶後閑曠灑脱的心志襟懷。

金華道人，即唐代詞人張志和，東陽金華人。曾寫過五首《漁父》詞，以「西塞山前白鷺飛，桃花流水鱖魚肥。青箬笠，綠蓑衣，斜風細雨不須歸」一闋最有名。

千尺絲綸直下垂，一波才動萬波隨。夜靜水寒魚不食，滿船空載月明歸。—— 唐船子和尚《撥棹歌》吟詠其悠遊自在的船子漁父生涯，並將禪意彙入其中，交織出詩情禪趣渾然一處的寧靜、空明、清朗之境。

清黃鼎《漁父圖》，描繪唐人張志和泛舟荒郊古渡之間的隱逸生活。上海博物館藏

訴衷情　寒食

［北宋］仲殊

涌金門外小瀛洲，寒食更風流。紅船滿湖歌吹，花外有高樓。晴日暖，淡煙浮，恣嬉遊。三千粉黛，十二闌干，一片雲頭。

宋佚名《溪橋歸騎圖》，攝取溪橋一角，繪一行旅之人正策驢上橋，行進在歸途之中。構圖嚴謹，用筆粗放。上海博物館藏

這首詞在寫足西湖寒食時節繁華盛況之後，最後着一冷語，遂使全篇別具深意。全詞奇麗清婉而造境空靈，在歌詠西湖的詩詞佳作中別具風姿。

訴衷情

［北宋］周邦彥

出林杏子落金盤，齒軟怕嘗酸。可惜半殘青紫，猶印小唇丹。

南陌上，落花閑，雨斑斑。不言不語，一段傷春，都在眉間。

這首詞以空靈的筆觸，傳神地描繪了少女傷春的情事。詞中將少女嘗鮮得酸的偶然情節，與其懷春時的微妙心理相勾連，以前者觸發後者，寫來活潑可愛，清麗可喜。

訴衷情

［南宋］万俟詠

一鞭清曉喜還家，宿醉困流霞。夜來小雨新霽，雙燕舞風斜。

山不盡，水無涯，望中賒。送春滋味，念遠情懷，分付楊花。

這首詞寫遊子遠別回鄉途中的喜悅心情。上片敍述昨夜還家在即，歡情難抑，把盞痛飲，一夜沉醉，醒來一鞭清曉，策馬登程，覺得眼前的景象 —— 小雨初霽、雙燕翻飛，都洋溢在喜悅的氣氛之中。過片將歡快的旋律略作頓宕，寫遊子快要到家了，回望已經

康與之字伯可，號順庵，洛陽人，建炎初（1127），高宗駐揚州，上《中興十策》，不為用，但由此名著一時。後依附秦檜，專應制為歌詞。檜死後，編管欽州，復送新州牢城。詞風清婉工麗。其詞多粉飾太平的應制之作，但亦有情韻深長之作。有《順庵樂府》五卷不傳，今有趙萬里輯本一卷。

走過的悠長的山程水驛，心中不禁湧起了歷盡滄桑的複雜意緒。不過，一切都過去了。結拍幽默、俏皮地將歡情再度揚起：讓年年客中送春、倍受煎熬的悲涼滋味，還有家人為我牽腸掛肚、思親念遠的淒苦情懷，統統都隨楊花飄盪而去吧！全詞圍繞着「喜」字落筆，輕盈流走，清新和雅，語淡情深，為詠春詞的創作開了一個新的意境。

訴衷情

［南宋］康與之

阿房廢址漢荒丘，狐兔又群遊。豪華盡成春夢，留下古今愁。

君莫上，古原頭，淚難收。夕陽西下，塞雁南飛，渭水東流。

這首詞弔古傷今，抒發詞人身處偏安局面，睹景傷懷的憂時之痛。上片寫古都長安的滄桑變化，下片直接抒發「古今愁」。全詞工麗哀婉，情韻悠長。王銍（性之）云：「如此居然不俗。今有晏叔原（幾道），亦不得獨擅。」（《歷代詩餘》卷一百十七引）

訴衷情

［南宋］陸游

當年萬里覓封侯，匹馬戍梁州。關河夢斷何處，塵暗舊貂裘。　胡未滅，鬢先秋，淚空流。此生誰料，心在天山，身老滄洲。

這首詞為詞人晚年退居山陰鏡湖邊的三山村後所作，抒發國仇未報、壯志未酬的深切悲憤。上片開頭以「當年」二字楔入往日到南鄭（今陝西漢中）從戎抗金，豪雄飛縱的軍旅生活的回憶，聲情高亢，「夢斷」轉入今日的落魄潦倒，形成一個強烈的情感落差，慷慨化為惆悵與悲涼；至下片則進一步抒寫報國立

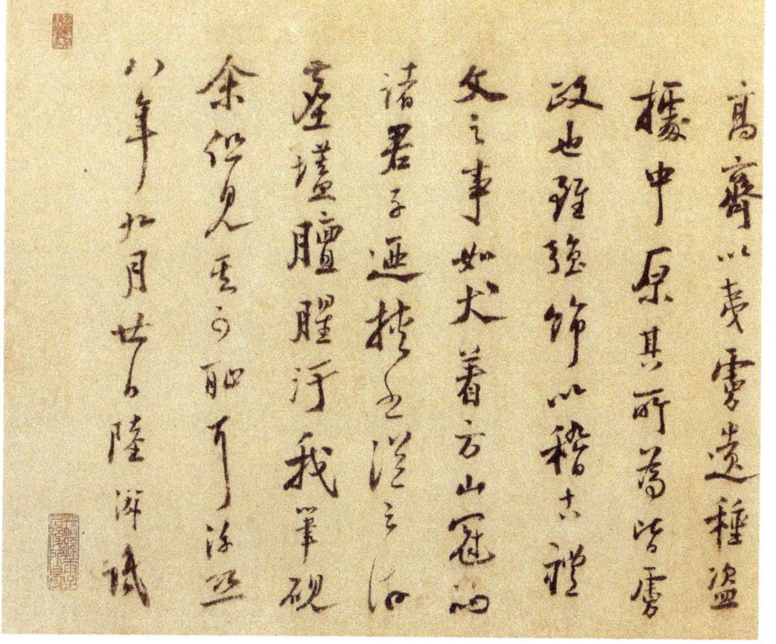

陸游跋《北齊校書圖》，原圖描繪北齊高洋（文宣帝）命人刊定經史典籍的歷史場景，在放翁眼中，乃是「如犬着方山冠」，可見其心中念念不忘「北恨」。美國波士頓藝術博物館藏

功的熱望和投閑置散的冷遇的尖銳對立，跌入更深沉的浩歎，悲涼化為沉鬱。詞作説盡滿腔忠憤，風骨凜然，讀後令人迴腸盪氣。

訴衷情　春遊

［明］陳子龍

小桃枝下試羅裳，蝶粉鬥遺香。玉輪碾平芳草，半面惱紅妝。

風乍暖，日初長，嫋垂楊。一雙舞燕，萬點飛花，滿地斜陽。

半面妝，南朝梁元帝蕭繹「眇一目」（獨眼），每次臨幸時，妃子徐昭佩只作「半面妝」（半面梳妝，半面未妝），知道她是有意嘲笑自己，盛怒而去。這活用此典，謂柳如是心裁別出，設計出不同流俗的新樣梳妝，惹人憐愛。

崇禎八年（1635）寒食（清明前一日），詞人攜柳如是春遊，作此詞。另有《寒食》七絕三首亦記此事。詞抒寫遊春逸興和傷春情懷，上片寫柳如是令人目眩神蕩的美姿麗色，放誕風流的情致，傳神入妙，情態如畫；下片用周匝渲染的筆法，有聲有色地描繪出江南春光的明麗嬌豔，並暗示春之將逝，美景不常。景色嫵媚而見人之美，不言情而情在境中，故深切感人。王士禛評此詞「情景相生」（《陳忠裕公全集》卷二十引）。

今年春早試羅衣，二月未盡桃花飛。應有江南寒食路，美人芳草一行歸。—— 陳子龍《寒食》七絕之一

佚名《歌樂圖》（局部），描繪歌樂女伎演奏、彩排的場景。畫面中九位女伎、一位老樂官和二位女童於庭院中一字排開，手持笛、鼓、排簫、琵琶等多種樂器。或認為演員雜糅宋人和遼人的服飾，可看作金代沿襲前朝遺制的反映，此幅應是金人北曲雜劇演習圖，但也有人認為是南宋作品。上海博物館藏

詞林逸事

同是使金被留的宇文虛中主盟着金初文壇，視吳激為後進，呼之為「小吳」。一次，宇文虛中與吳激、洪皓等在張總侍御家飲酒會宴，主人叫出侍兒佐酒，中有一女神態鬱悒可憐，一問，原來竟是流落異邦的宋宗室之後。座中諸公感慨萬千，遂皆作詞一首。其中宇文虛中首作《念奴嬌》，其中有句云：「宋室家姬，陳王幼女，曾嫁欽慈族。干戈浩盪，事隨天地翻覆。」（金劉祁《歸潛志》卷八）次及吳激，即席也填了一首《人月圓》：

南朝千古傷心事，猶唱後庭花。舊時王謝，堂前燕子，飛向誰家。　恍然一夢，仙肌勝雪，宮髻堆鴉。江州司馬，青衫淚濕，同是天涯。

這首詞用筆空靈蘊藉，運化前人成句，渾然一體。詞中雖詠歌女，亦是借以自傷，情思甚為沉痛，以致在場諸公讀之無不揮淚。宇文虛中看了更是大為震驚，不由得推崇備至，此後凡是有人前來求詞時，他便虛心地要來人去向吳激求取。

另有一次，吳激在會寧府遇見流落在金的故國老姬，她宛轉的琴聲觸引着吳激心中的故國之思、家世之恨奔湧而出，不覺又填下

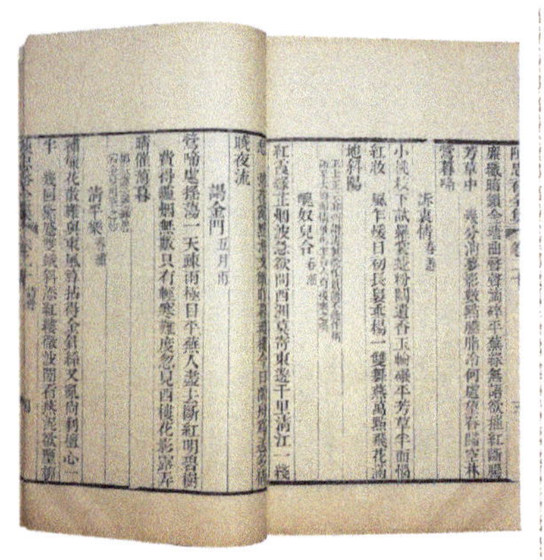

《陳忠裕公全集》(《訴衷情》)書影

了一闋哀惋痛切、極盡纏綿悱惻之致的《春從天上來・會寧府遇老姬，善鼓瑟，自言梨園舊籍，因感而賦此》:

海角飄零。歎漢苑秦宮，墜露飛螢。夢裏天上，金屋銀屏。歌吹競舉青冥。問當時遺譜，有絕藝、鼓瑟湘靈。促哀彈，似林鶯嚦嚦，山溜泠泠。　梨園太平樂府，醉幾度春風，鬢變星星。舞破中原，塵飛滄海，飛雪萬里龍庭。寫胡笳幽怨，人憔悴、不似丹青。酒微醒，對一窗涼月，燈火青熒。

《人月圓》和《春從天上來》二闋最為時人稱賞，直至元代猶傳唱不衰。

倚聲依譜

《訴衷情》又名《桃花水》《漁父家風》；另有《步花間》《晝樓空》等名。唐教坊曲。此調有多體，雙調四十四字，上下片各三平韻，宜為定格；單調三十三字，六平韻為主，五仄韻兩部錯葉。一般宜於抒情或言志。

定格

中平中仄仄平**平**，中仄仄平**平**。
中平中仄平仄，中仄仄平**平**。

平仄仄，仄平**平**，仄平**平**。
中平平仄，中仄平平，中仄平**平**。

變格

平**仄**，平**仄**，平仄**仄**，仄平**平**。
平仄**仄**，平**仄**，仄平**平**。
仄仄仄平**平**，平**平**。平平平仄**平**，仄平**平**。

《詞譜》(《訴衷情令》)

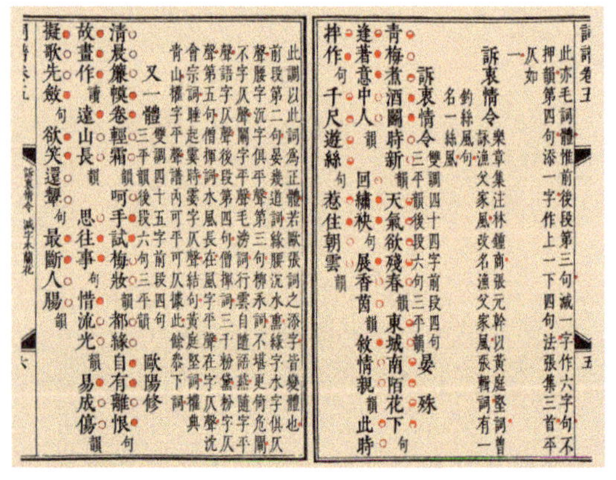

詞譜卷五

此亦毛詞體惟前後段第三句減一字作六字句不押韻第四句添一字作上一下四句法張集三首平仄如一

訴衷情令 樂章集注林鍾商張元幹以黃庭堅詞曾有「釣絲風」句詠漁父家風改名漁父家風張輯詞有一絲風名

訴衷情令 雙調四十四字前段四句三平韻後段六句三平韻 晏殊

青梅煮酒鬬時新 韻 天氣欲殘春 韻 東城南陌花下 句 逢著意中人 韻 回繡袂 句 展香茵 韻 敘情親 韻 此時拌作 句 千尺遊絲 句 惹住朝雲 韻

此調以此詞為正體若歐張詞之添字皆變體也前段第二句晏幾道詞綠腰沉水熏綠字水字俱仄聲腰字沉字俱平聲第三句柳永詞不堪更倚危闌不字仄聲闌字平聲毛滂詞行雲自隨語燕隨字平聲語字仄聲後段第四句僧揮詞三千粉黛粉字仄聲第五句僧揮詞水風長在風字平聲在字仄聲沉會宗詞睡起雲時雲字仄聲結句黃庭堅詞權典青山樣字平聲譜內可平可仄據此餘參下詞

又一體 雙調四十五字前段四句三平韻後段六句三平韻 歐陽修

清晨簾幕卷輕霜 韻 呵手試梅妝 韻 都緣自有離恨 句 故畫作 讀 遠山長 韻 思往事 句 惜流光 韻 易成傷 韻 擬歌先斂 句 欲笑還顰 句 最斷人腸 韻

訴衷情令 減字木蘭花

摸魚兒

問世間、情為何物，直教生死相許

盧培釗書《摸魚兒》

華音流韻

摸魚兒

［金］元好問

泰和五年乙丑歲，赴試并州，道逢捕雁者，云:「今日獲一雁，殺之矣。其脫網者鳴不能去，竟自投於地而死。」予因買得之，葬之汾水之上，累石為識，號曰雁丘。時同行者多為賦詩，予亦有《雁丘辭》。舊所作無宮商，今改定之。

問世間、情為何物，直教生死相許。天南地北雙飛客，老翅幾回寒暑。歡樂趣，離別苦，就中更有癡兒女。君應有語。渺萬里層雲，千山暮雪，隻影向誰去。　橫汾路[1]，寂寞當年簫鼓，荒煙依舊平楚[2]。招魂楚些何嗟及[3]，山鬼暗啼風雨[4]。天也妒，未信與、鶯兒燕子俱黃土。千秋萬古，為留待騷人，狂歌痛飲，來訪雁丘處。

[註釋]

①橫汾路，橫渡汾河。漢武帝數次行幸河東汾陰（今山西萬榮西南，在汾河之南），曾作《秋風辭》，有「泛樓船兮濟汾河，橫中流兮揚素波，簫鼓鳴兮發棹歌，歡樂極兮哀情多」諸句，此用其意。

②平楚，平林，遠方的樹叢。楚，叢木。

③招魂，《楚辭》篇名。所招之魂或認為乃楚懷王之魂，或認為乃屈原之魂。些，是句末語氣詞。

④山鬼，亦《楚辭》篇名，有「雷填填兮雨冥冥，猨啾啾兮又夜鳴。風颯颯兮木蕭蕭，思公子兮徒離憂」諸句。

臨風賞讀

「問世間、情為何物，直教生死相許。」數百年來，這破空而來的癡絕一問，不知攫住過多少癡情兒女的心！此詞也因之廣為傳誦。

據詞序，此詞記錄了這樣一段淒美的、真實的故事：金章宗泰和五年（1205），時年十六歲的詞人到并州（今山西太原一帶）應試，路遇捕雁人，捕殺一雁，另一雁脫網而出，豈料它並不飛去，而是在空中久久盤旋、悲鳴，最後竟搶地而死。詞人向捕雁人買下雙雁，葬於汾水之畔，累石為標記，名之為「雁丘」。當時同行諸人皆為這雙雁之生死悲烈而感動不已，紛紛賦詩以誌，詞人也作了《雁丘辭》一首。後來詞人飽經滄桑，遭遇「神州陸沉之痛，銅駝荊棘之傷」，對這段縈繞於心的故事又有新的別樣感受，於是將少年之作《雁丘辭》詩改寫為一首哀婉真摯、沉慨無比的詞。

上闋寫雙雁情至極處，「生死相許」！雁猶如此，人何以異？故詞人先以石破天驚的一「問」開篇，拈出一「情」字，揭示全詞的主旨，筆力千鈞。接着具體詠雁，寫它們秋南下而春北歸，經寒冬，歷酷暑，雙飛雙棲，形影不離。既有團聚的歡樂，也嘗到離別的悲苦，其中更為不幸的是竟然為失去伴侶而殉情，猶如人世間癡情的兒女一般。「君應有語」以下以設想之詞揣度漏網之雁殉情前的內心獨白：此去千山萬水，雲海茫茫，風雪迷蒙，形單影隻，誰與共飛？如今既已雙棲夢碎，縱然脫網逃生，又豈能苟活！詞人以此虛筆盪出其殉情之由，悠然遠韻，又哀婉淒絕，動人心弦。

下闋宕開筆觸，痛悼雁魂。詞人想起這葬雁之地——汾水之濱，當年本是漢武帝巡幸祭祀之地，那時總是簫鼓喧天，棹歌四起，何等盛況非凡，而今卻是簫鼓聲絕，只餘荒煙衰草，一派蕭索。如此景色，更令人感到雁魂的淒苦與孤寂。但雁死不能復生，即使用悲惋的楚辭招魂也無濟於事，連山鬼淒風冷雨中也是枉自悲啼！在這裏，詞人借《楚辭》之典，景情交融，更渲染出悲劇氣氛，寄託弔雁的哀思。接着以「鶯兒燕子」的平庸之死反襯大雁殉情的崇高。結句寫

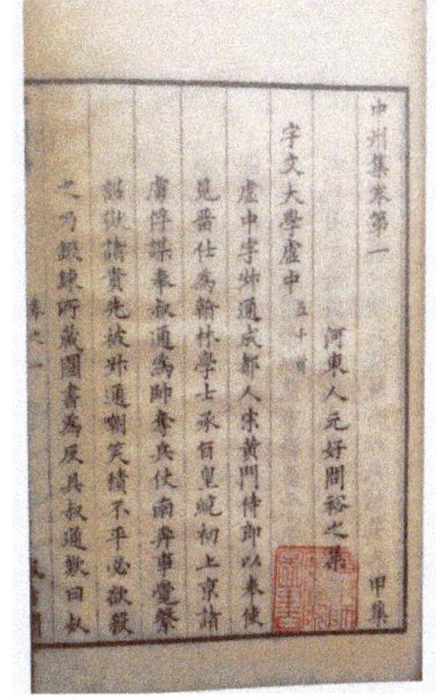
中州集卷第一　甲集
河東人元好問裕之集
宇文大學虛中　五十首
虛中字叔通成都人宋黃門侍郎以奉使
見留仕為翰林學士承旨皇統初上京諸
虜俘謀奉叔通為帥奪兵仗南奔事覺繫
詔獄請貴先被叔通嘲笑積不平必欲殺
之乃鍛鍊所藏圖書為反具叔通歎曰奴

明末毛氏汲古閣刻元好問輯《中州集》書影

天下有情人盡解相思死　清吳讓之

剛健婀娜 清喬林

雁丘將永遠為詩人墨客憑弔，千古長存，萬世留芳，點出壘築雁丘的用意。

這首詞當改定於金元易代之際。一般認為，這是「一曲淒婉纏綿、感人至深的愛情悲歌」，但細味詞意，顯然絕不是一般地傷悼殉情之雁，也不僅僅是為天下癡情兒女一哭，而是有詞人傷悼在金覆亡中赴國難的殉國者、寓一己之忠愛故國之深意在焉。全詞「以健筆寫柔情，熔沉雄之氣韻與柔婉之情腸於一爐，確實是柔婉之極而又沉雄之至」，真有辛稼軒之遺風。

清邊壽民《蘆雁圖軸》，生動地描繪了秋雁溫情相對的小景。在寒沙折蘆之間，遊弋於葦間的那隻，長頸彎曲向上，專注顧盼於在上空盤旋的夥伴。兩雁目光相接，宛如旅途中一對含情脈脈的情侶。故宮博物院藏

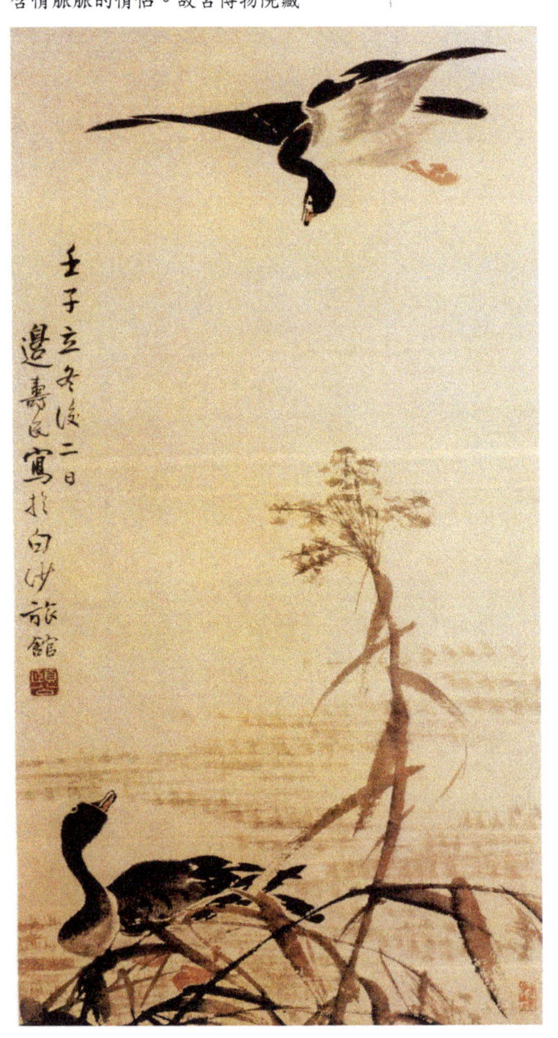

古今彙評

張　炎：元遺山極稱稼軒詞，及觀遺山詞，深於用事，精於煉句，有風流蘊藉處，不減周、秦。如《雙蓮》《雁丘》等作，妙在模寫情態，立意高遠，初無稼軒豪邁之氣。豈遺山欲表而出之，故云爾？（《詞源》卷下）

許昂霄：遺山二闋，綿至之思，一往而深，讀之令人低徊欲絕。同時諸公和章，皆不能及。前云「天也妒」，此云「天已許」，真所謂「天若有情天亦老」矣。（《詞綜偶評》）

夏承燾等：純是議論，詞中別體。悲雁即所以悲人。通過雁之殉情而死，為天下癡情兒女一哭。「寧同萬死碎綺翼，不忍雲間兩分張」就是本篇的主旨……是對堅貞愛情的歌頌。寓意深刻，所感甚大，不僅僅工於用事和煉句而已。（《金元明清詞選》）

參讀

雁雙雙、正分汾水，回頭生死殊路。天長地久相思債，何似眼前俱去。摧勁羽，倘萬一幽冥，卻有重逢處。詩翁感遇。把江北江南，風嚎月唳，並付一丘土。　仍為汝，小草幽蘭麗句，聲聲字字酸楚。

拍江秋影今何在，宰木欲迷堤樹。霜魂苦，算猶勝、王嬙青塚真娘墓。憑誰説與，對烏道長空，龍艘古渡，馬耳淚如雨。—— 元李治《邁陂塘·和元遺山雁丘》和的乃是改定之稿，其時已是金國覆亡之後。他以詩人特有的鋭感和想象，先是將筆觸直抵於孤雁的心靈深處，為其道癡絕忠貞之情，繼而揭出遺山埋雁賦詞繫家國興亡之恨、寓一己之忠愛之情的深心。其妙在能入能出，思奇意深。

悵年年、雁飛汾水，秋風依舊蘭渚。網羅驚破雙棲夢，孤影亂翻波素。還碎羽，算古往今來，只有相思苦。朝朝暮暮。想塞北風沙，江南煙月，爭忍自來去。　埋恨處，依約並門舊路。一丘寂寞寒雨。世間多少風流事，天也有心相妒。休説與，還卻怕、有情多被無情誤。一杯會舉。待細讀悲歌，滿傾清淚，為爾酹黃土。——元楊果《摸魚兒·同遺山賦雁丘》寄寓對人間真情的無限感懷，情真詞暢，剛柔相濟，亦足堪與元詞共稱「連璧」。

元好問畫像

詞人心史

元好問（1190—1257）字裕之，山西秀容（今山西沂州忻府區）人。先世為北魏皇室鮮卑族拓跋氏。曾在定襄遺山讀書，故號遺山，世稱遺山先生。少從郝天挺學，淹通經史。興定五年（1221）進士。正大元年（1224）中博學宏詞科，授儒林郎，充國史院編修，歷鎮平、南陽、內鄉縣令，累官至尚書省左司員外郎。金哀宗天興二年（1233）四月汴京城破被蒙古兵俘虜，押赴山東聊城羈管，後居冠氏縣（今山東聊城冠縣）。元太宗窩闊台十年（1238）八月結束羈縶，於次年秋回歸故里，築野史亭，潛心著述，以故國文獻自任。撰《金源君臣言行錄》《壬辰雜編》等，為元末修《金史》所採摭；又輯《中州集》《中州樂府》，金人詩詞多賴以傳。元憲宗蒙哥七年（1257）九月初四卒於獲鹿寓舍，歸葬繫舟山下故園之東（今山西忻州東南西張鄉韓巖村東北）。有《遺山先生文集》四十卷、《遺山先生新樂府》五卷等傳世。

百年遺稿天留在（元好問《自題中州集後》句） 清林皋

以其才雄學贍，元好問在金元之際「屹然為文章大宗」，詩、文、詞、曲，各體皆工，而尤以詩、詞為著。其詩以雄渾剛健、沉鬱悲涼擅場，追蹤老杜，堪稱一代「詩史」。其詞被譽為金源一代

《遺山先生詩集》書影

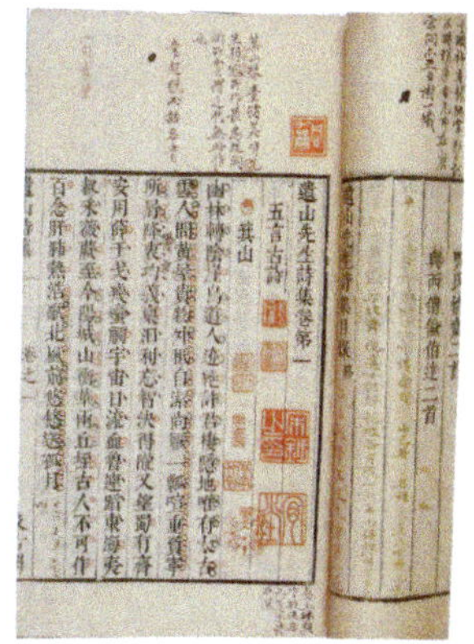

之冠，題材廣泛，寫志、抒情、寄贈、詠物、弔古、摹山水、詠田園，可謂包羅萬象；詞風則直承兩宋，既踵武蘇、辛，又兼容秦、周、姜、史，融會貫通，豪放之外濟以婉約，剛健之中又具婀娜，透顯出一種大家風範。存詞三百七十餘闋。

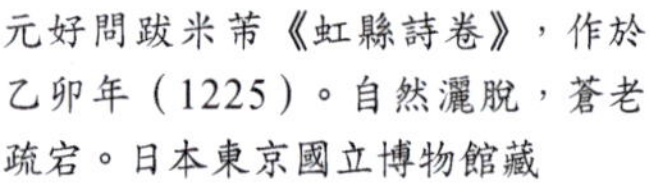

元好問跋米芾《虹縣詩卷》，作於乙卯年（1225）。自然灑脫，蒼老疏宕。日本東京國立博物館藏

品題

先生雅言之高古，雜言之豪宕，足以繼坡、谷；古文之有體，金石之有例，足以肩蔡、党；樂章之雅麗，情致之幽婉，足以追稼軒。（郝經《祭遺山先生文》）

（詞）逮宋而大盛，其最擅名者東坡蘇氏，辛稼軒次之，近世元遺山又次之。三家體裁各殊，並傳而不相悖。（劉敏中《江湖長短句引》）

（元遺山）蓋生長雲、朔，其天稟本多豪健英傑之氣。又值金源亡國，以宗社丘墟之感，發為慷慨悲歌，有不求工而自工者，此固地方為之也，時為之也。（趙翼《甌北詩話》卷八）

金元遺山，詩兼杜、韓、蘇、黃之勝，儼有集大成之意。以詞而論，疏快之中，自饒深婉，亦可謂集兩宋之大成者矣。（劉熙載《藝概》卷四）

遺山詩祖李、杜，律切精深，而有豪放邁往之氣。文宗韓、歐，正大明達，而無奇纖晦澀之語。樂府則清雄頓挫，閑婉瀏亮，體制最備，又能用俗為雅，變故作新，得前輩不傳之妙，東坡、稼軒而下不論也。（《元遺山詩集》中統本徐世隆序）

遺山雖較之東坡，亦自不免肌理稍粗。然其秀骨天成，自是出群之姿。若無其秀骨，而但於氣概求之，則亦末矣。（翁方綱《石洲詩話》卷五）

金詞於彥高（吳激）外，不得不推遺山。遺山詞刻意爭奇求勝，亦有可觀。然縱橫超逸，既不能為蘇、辛；騷雅清虛，復不能為姜、史。於此道可稱別調，非正聲也。（陳廷焯《白雨齋詞話》卷三）

元遺山以絲竹中年，遭遇國變……神州陸沉之痛，銅駝荊棘之傷，往往寄託於詞。……遺山之詞，亦渾雅，亦博大。有骨幹，有氣象。以比坡公，得其厚矣，而雄不逮焉者。豪而後能雄，遺山所處，不能豪，尤不忍豪。（況周頤《蕙風詞話》卷三）

低吟／浩唱

摸魚兒　東臯寓居

［北宋］晁補之

買陂塘、旋栽楊柳，依稀淮岸湘浦。東皋嘉雨新痕漲，沙觜鷺來鷗聚。堪愛處，最好是、一川夜月光流渚。無人獨舞。任翠幄張天，柔茵藉地，酒盡未能去。　青綾被，莫憶金閨故步。儒冠曾把身誤。弓刀千騎成何事，荒了邵平瓜圃。君試覷，滿青鏡、星星鬢影今如許。功名浪語。便似得班超，封侯萬里，歸計恐遲暮。

詞人與司馬光、蘇軾、黃庭堅等被宰相蔡京列入元祐奸黨，於崇寧二年（1103）退閑濟州金鄉，因孺慕陶淵明，置東皐五畝宅，葺歸來園，野居幽棲，昂首塵外。詞的上闋以輕快流利的詞筆極寫東皐靜穆、澄澈，宛如仙境般的景致，表現了歸隱田園的樂趣及悠然忘機的情懷；下闋由景宕出，落筆議論，追憶京師任職往事，抒寫厭棄仕進、急流勇退的心聲。全闋純用賦體，筆致疏朗豪健，辭氣充沛，境界宏闊，情趣清曠，感喟深沉，確可追步東坡，誠為《晁氏琴趣外篇》中壓卷之作。

青綾被，漢代制度規定，尚書郎值夜班，官供新青縑白綾被或錦被。此處泛指居官服用。

金閨，漢宮門名，又稱金馬門，是學士們著作和草擬文稿的地方。晁補之曾任校書郎、著作佐郎。

杜甫《奉贈韋左丈二十二韻》有「紈袴不餓死，儒冠多誤身」之句。

邵平，秦時人，曾被封為東陵侯。秦亡，在長安城東種瓜，瓜有五色，味極甜美，世稱東陵瓜。

班超，東漢名將，在西域三十餘年，七十餘方回京都洛陽，不久即世。

宋趙令穰《湖莊消夏圖》（局部），描繪盛夏時節的陂塘景致。塘中荷葉田田，鳧鳥嬉水，岸邊煙樹迷離，曲徑蜿蜒，村莊屋舍點綴其間，清幽靜謐。筆法秀潤，設色清麗，描繪出一種淡泊、閑適、蕭散、簡遠的感覺，反映當時文人對隱逸生活的向往。美國波士頓藝術博物館藏

摸魚兒

[南宋] 辛棄疾

淳熙己亥，自湖北漕移湖南，同官王正之置酒小山亭，為賦。

更能消、幾番風雨，匆匆春又歸去。惜春長怕花開早，何況落紅無數。春且住。見說道、天涯芳草無歸路。怨春不語。算只有殷勤，畫簷蛛網，盡日惹飛絮。　長門事，準擬佳期又誤。蛾眉曾有人妒。千金縱買相如賦，脈脈此情誰訴，君莫舞，君不見、玉環飛燕皆塵土。閑愁最苦。休去倚危欄，斜陽正在、煙柳斷腸處。

孝宗淳熙六年（1179）暮春時節，詞人由湖北轉運副使調往湖南，將從鄂州至潭州主持漕運，離抗金前線更遠。離筵之上，詞人撫今追昔，想到自己慷慨南來、矢志抗金，卻屢遭疑忌和迫害，不由得觸動滿腔悲憤，而又憂讒畏譏，於是以婉曲的筆致，寫下這首千古名作，抒發內心的萬端棖觸和對國勢的深切憂懷。上闋惜春、留春轉而怨春，層層深入，百折千迴，極寫他對南宋王朝「愛深恨亦深」的矛盾心情，可謂迴腸盪氣，忠愛纏綿之至。下闋悲憤意緒與上闋意脈相承，以漢武帝時陳皇后的失寵比況自己被排擠、嫉恨的現實處境，以得寵的楊玉環、趙飛燕直面警告誤國奸邪小人的結局；最後以斜陽煙柳的慘淡景象，寄予對風雨飄搖中的半壁江山深深的憂慮，聲情沉咽淒壯。整首詞摧剛為柔，沉鬱頓挫，於溫婉之中洋溢陽剛雄豪之氣，被譽為「肝腸似火，色貌如花」（夏承燾《唐宋詞欣賞》）的詞中極品。

更能消、幾番風雨　馮康侯

閑愁最苦　喬大壯

山鬼謠

［南宋］辛棄疾

雨巖有石，狀怪甚，取《離騷》《九歌》，名曰「山鬼」，因賦《摸魚兒》，改今名。

問何年、此山來此，西風落日無語。看君似是羲皇上，直作太初名汝。溪上路，算只有、紅塵不到今猶古。一杯誰舉。舉我醉呼君，崔嵬未起，山鳥覆杯去。　須記取，昨夜龍湫風雨，門前石浪掀舞。四更山鬼吹燈嘯，驚倒世間兒女。依約處，還問我，清遊杖履公良苦。神交心許。待萬里攜君，鞭笞鸞鳳，誦我《遠遊》賦。（石浪，庵外巨石也，長三十餘丈。）

這首詞約作於淳熙十四年（1187），此時詞人罷官歸隱帶湖已六年。詞以空靈的筆調，賦予怪石山鬼以非凡的生命力，與之「神交心許」，心意相通，並相約駕馭鸞鳳，雲遊萬里。詞人上天入地蒐冥想象，借山之怪形發荒誕離奇之思，表達壯志難酬後寄情山水、快意人生的豁達胸懷，從中隱微卻又恣肆地宣泄他政治上的抑鬱孤憤之心境。這首詞寫得詭異奇特，具有扣人心弦的藝術魅力。

摸魚兒　海棠

［南宋］劉克莊

甚春來、冷煙淒雨，朝朝遲了芳信。驀然作暖晴三日，又覺萬姝嬌困。霜點鬢。潘令老，年年不帶看花分。才情減盡。悵玉局飛

元鮮于樞書《蘇軾海棠詩卷》。蘇詩摹寫海棠神態風韻，也是詩人流寓黃州心靈孤獨的絕妙寫照。樞之書法筆墨淋漓酣暢，結字嚴謹而縱肆，用筆中鋒直下，圓勁有方，大氣磅礴而規矩森然。故宮博物院藏

雨巖，在今江西廣豐縣西南博山附近，有怪崖石浪，有飛泉冰濤，露冷松梢，風高桂子，幽谷蘭芳，頗擅林壑之美。

仙，石湖絕筆，孤負這風韻。　傾城色，懊惱佳人薄命。牆頭岑寂誰問。東風日暮無聊賴，吹得胭脂成粉。君細認。花共酒，古來二事天尤吝。年光去迅。漫綠葉成陰，青苔滿地，做得異時恨。

詞人耿介不群，與世多違，屢官屢罷，岑寂落拓。這首詞為海棠傳神韻，淋漓盡致地抒發對海棠那一腔熾熱的愛賞、憐惜之情，為其不遭天幸、不遇真賞而鳴不平，從而打入身世之感，寄寓自己的心魂。

摸魚兒　酒邊留同年徐雲屋

［南宋］劉辰翁

怎知他、春歸何處，相逢且盡尊酒。少年嫋嫋天涯恨，長結西湖煙柳。休回首。但細雨斷橋，憔悴人歸後。東風似舊。問前度桃花，劉郎能記，花復認郎否。　君且住，草草留君剪韭，前宵正恁時候。深杯欲共歌聲滑，翻濕春衫半袖。空眉皺，看白髮尊前，已似人人有。臨分把手。歎一笑論文，清狂顧曲，此會幾時又。

劉郎桃花，謂劉禹錫作桃花詩譏諷當權賈禍遭貶之事。

恁，宋時口語，如此、這樣之意。

這首詞作於臨安淪陷後，抒寫友情之深，並融注深沉的人生感慨。上闋寫暮春故友舊地相逢的感懷。東風、細雨、斷橋依舊，但故國云亡，江山易主，重歸臨安之人卻已憔悴衰弱。劉郎與桃花的癡問，流露出昨是今非之慨和故國興亡之恨。下闋寫臨別之際深杯縱飲、論文聽曲的情景，在極樂的表面下，隱然透露出兩人內心深沉的悲苦，及其重逢難期的悲涼與傷感。全篇語言質樸，筆勢曲折頓挫，風格疏快遒勁。

摸魚兒

［南宋］王沂孫

洗芳林、夜來風雨，匆匆還送春去。方才送得春歸了，那又送君南浦。君聽取。怕此際、春歸也過吳中路。君行到處。便快折湖邊，千條翠柳，為我繫春住。　春還住。休索吟春伴侶，殘花今已塵土。姑蘇臺下煙波遠，西子近來何許。能喚否。又恐怕、殘春到了無憑據。煩君妙語。更為我將春，連花帶柳，寫入翠箋句。

這首詞以跳脱的筆勢描寫暮春送人遠行，將送春與送別綰結一處，深切表達出詞中主人公對君的一片癡情。婉轉嫵媚，疏快清空，意趣盎然，神韻頗似姜白石，故鄧廷楨謂此首「通體一氣卷舒，生香不斷，鄱陽家法，斯為嗣音矣」（《雙硯齋詞話》）。

摸魚兒　艮岳

［元］姚雲文

艮岳，宋徽宗時在汴京所建大型人工山水皇家園林。靖康二年（1127）金人攻陷汴京後被拆毀。

渺人間、蓬瀛何許，一朝飛入梁苑。輞川梯洞層崖出，帶取鬼愁龍怨。窮遊宴，談笑裏、金風吹折桃花扇。翠華天遠。悵莎沼螢枯，錦屏煙合，草露泫蒼蘚。　東華夢，好在牙檣珊輦。畫圖歷歷曾見。落紅萬點孤臣淚，斜日牛羊春晚。摩雙眼。看塵世，鰲宮又報鯨波淺。吟鞭拍斷。便乞與媧皇，化成精衛，填不盡遺憾。

姚雲文字聖瑞，號江村，江西高安人。咸淳四年（1268）進士。入元，授承直郎，撫、建兩路儒學提舉。有《江村遺稿》，已佚。《全宋詞》存詞九首。

這首詞以淒麗之筆，細膩描寫了艮岳這座皇帝囿園昔日的富麗華美與今日的荒寂凋零，直截了當地揭示了宋徽宗奢侈糜爛生活帶來的內憂外患，及最終導致滅亡的歷史悲劇。全詞格調老蒼，感慨深沉，情辭憤切，滿紙淒涼。清陳廷焯評曰：「（上闋）字字奇警嗚咽，句句錘煉無渣滓。（下闋）塵世滄桑，可勝浩歎。」（《雲韶集輯評》卷十一）

卷西風、雁飛寥落，沉雲疑是無路。黃深塞草賓州道，五國舊阡何處。閑弔古，同一片、金源又是誰家土。斜陽幾度。歎南陌冬青，北垣瘴骨，一樣化煙霧。　銷魂事，花石池臺在否。淒涼忍話鸜鵒。幹難江水春如染，曾照六宮東渡。君莫苦，便齧雪、龍荒比翼猶雙聚。重來訪故。更鬢髮霜凝，節旄冰墜，誰念老蘇武。——清李綺青《摸魚兒．賓州訪五國城》。詞人出任寧安知府時經賓州，訪五國城（即今黑龍江依蘭，宋徽宗被金人所俘，囚死於此），感懷宋金舊事，賦此寄慨，詞意悲慨蒼涼。錢仲聯評云：「持節龍荒，銅琶亂撥，雄麗綿密，得未曾有。」（《清詞三百首》）

摸魚兒　秋日旅懷

［元］王結

王結（1275—1336）字儀伯，易州定興（今屬河北）人。官至中書左丞，參與修撰泰定、天曆兩朝實錄。晚邃於《易》，著《易說》一卷。有《王文忠集》，詞在集中，有沉鬱之作。

快秋風、颯然來此，可能消盡殘暑。辭巢燕子呢喃語，喚起滿懷離苦。來又去，定笑我、兩年京洛長羈旅。此時愁緒。更門掩蒼苔，黃昏人靜，閑聽打窗雨。　英雄事，謾說聞雞起舞。幽懷感念今古。金張七葉貂蟬貴，寂寞子雲誰數。癡絕處。又剗地、欲操朱墨趨官府。瑤琴獨撫。惟流水高山，遺音三歎，猶冀傷心遇。

這首詞上片寫逢秋羈於旅邸的滿懷愁苦、萬端感慨，下片追思歷史人物，歷數豪傑志士之奮發事跡，感慨古今，攄發生不逢時、志不得伸的憤懣胸臆和遇知音的渴望，寫來淋漓痛快，慷慨蒼涼。

摸魚兒　東洲桃浪（《瀟湘小八景詞》之三）

［清］王夫之

剪中流、白蘋芳草，燕尾江分南浦。盈盈待學春花靨，人面年年如故。留春住，笑幾許、浮萍舊夢迷殘絮。棠橈無數。盡泛月蓮舒，留仙裙在，載取春歸去。　佳麗地，仙院迢遙煙霧，濕香飛上丹戶。醮壇珠斗疏鐙映，共作一天花雨。君莫訴。君不見、桃根已失江南渡。風狂雨妒。便萬點落英，幾灣流水，不是避秦路。

這是一首傷弔故國之作，作於南明永曆九年（清順治十二年，1655）之春，為其《瀟湘怨詞》中《瀟湘小八景詞》之一。其時大明已天崩地解，連南明桂王所憑據的西南地區，也已大部落入清兵之手。詞人深感大勢已去，心中正有不盡的悲涼和淒愴。上片着筆東洲桃浪，從桃花盛開的豔春，寫到殘絮浮萍漂流的暮春，實含故國之思。下片在極力描寫東洲昔日旖旎風光之後，又着筆描述東洲今日被摧殘的情景，寓亡國之痛。收結處發出避亂無地這一哀傷悲憤的浩歎。此詞效辛棄疾《摸魚兒》（「更能消幾番風雨」）體，愁苦孤憤，纏綿往覆，正「所謂傷心人別有懷抱，真屈子《離騷》之嗣響也」（龍榆生《近三百年名家詞選》）。

摸魚兒

［清］陳維崧

家善百自崇川來，小飲冒巢民先生堂中。聞白生璧雙亦在河下，喜甚，數使趣之。須臾，白生抱琵琶至，撥弦按拍，宛轉作陳、隋數弄，頓爾至致。余也悲從中來，並不自知其何以故也。別後寒燈孤館，雨聲蕭槭，漫賦此詞，時漏已下四鼓矣。

是誰家、本師絕藝，檀槽搯得如許。半彎邐迆無情物，惹我傷今弔古。君何苦。君不見、青衫已是人遲暮。江東煙樹。縱不聽琵琶，也應難覓，珠淚曾乾處。　淒然也，恰似秋宵掩泣，燈前一對

漢金日磾家，自武帝至平帝，七世為內侍；而張湯一家自宣帝、元帝以來為侍中、中常侍者則有十餘人。後世便以「金張」作為功臣士族的代稱。

七葉，指七代人。

貂蟬，即貂蟬冠，古代王公貴族及顯官貴戚冠上之飾物，故又以喻指達官貴人。

子雲，指漢揚雄。

剗地，猶言平白無故地，沒來由地。

流水高山，用伯牙、鍾子期知音之典。

棠橈，沙棠木製成的船槳，指代船。

蓮舒，化用太乙真人以蓮葉作舟事。

留仙裙，即有皺褶的裙，類似今之百褶裙。

花雨，雨花，落花如雨。傳梁武帝時有雲光法師講經於江蘇江寧縣南，感天雨花。雨花臺因此得名。

避秦路，避亂之所在。陶淵明《桃花源記》「自云先世避秦時亂，率妻子邑人來此絕境」。

傷心人別有懷抱　王福庵

兒女。忽然涼瓦颯然飛，千歲老狐人語。渾無據。君不見、澄心結綺皆塵土。兩家後主，為一兩三聲，也曾聽得，撇卻家山去。

這首詞作於康熙初，即詞人寓居冒襄水繪園期間。詞寫聽曲感懷，以聽白璧雙精妙琴藝起調，引出不可遏止的「傷今弔古」意緒，其中不但有身世悲涼之感，更有故國淪亡的不盡之恨，被稱為「詞中之《琵琶行》」。當時此闋「倚弦歌之，聽者皆淒然泣下」（徐釚《詞苑叢談》卷九），足見其極大的感染力。

家善百，指南通州人陳世祥。與詞人同姓，故稱「家」。

白璧雙，名珏，人稱白三郎，河北通州人。善琵琶，好製新聲，時稱「琵琶第一手」。

邏逤，唐吐蕃都城，今西藏拉薩，所產檀木是製作琵琶的優質材料。此代指琵琶。

澄心，堂名，南唐烈祖李昪所居。結綺，閣名，南朝陳後主寵妃張麗華的居所，故址在今江蘇省南京市。

摸魚兒

［清］張琦

漸黃昏、楚魂愁斷，啼鵑早又相喚。芳心欲寄天涯路，無奈水遙山遠。春過半，看絲影花痕，罥盡青苔院。好春一片，只付與、輕狂蜂兒蝶子，吹送午塵暗。　關山客，漫說歸期易算，知他多少淒怨。不曾真個東風妒，已是燕殘鶯嫩。春晼晚，怕花雨、朝來一霎方塘滿。嫣紅誰伴。盡倚遍回欄，暮雲過盡，空有淚如霰。

這首詞寫暮春時節，遊子不歸，思婦空負美好時光，一片淒苦愁怨。意境淒婉悲愴，情思沉鬱，啟人遐思。常州詞派尚比興寄託，此詞主旨似仍是抒傳統的所謂「美人遲暮」之感。

張琦（1764—1833）初名翊，字翰風，號宛鄰，陽湖（今江蘇常州）人。嘉慶十八年（1813）舉人。歷知章丘、館谷縣。精於詩詞、輿地、醫學。助其兄惠言編《詞選》，開常州詞派，影響極大。其詞宛轉纏綿。有《立山詞》。

買陂塘　贖裘

［清］鄧廷楨

悔殘春、爐邊買醉，豪情脫與將去。雲煙過眼尋常事，怎奈天寒歲暮。寒且住。待積取叉頭，還爾綈袍故。喜餘又怒。悵子母頻權，皮毛細相，抖擻已微蛀。　銅斗熨，皺似春波無數，酒痕襟上猶涴。歸來未負三年約，死死生生漫訴。凝睇處，歎毳幕氈廬，久把文姬誤。花風幾度。怕白袷新翻，青蚨欲化，重賦贈行句。

詞人曾在兩廣總督任上，與林則徐協力查禁鴉片，擊退英艦挑釁。後調閩浙，被誣在粵辦理不善謫戍伊犁。道光二十三年（1843）釋還，遷陝西巡撫。幾年間榮辱升沉，歷盡滄桑。這首詞詠物託意，寫裘袍典而復贖，贖後又將典出的遭遇，正是對自己起落無常的仕途、辛酸命運的總結。全詞情感內容豐富複雜，描寫悔、喜、怒、悵、惜、怕等一系列情緒變化，曲折多致，細膩入微。後半闋以物喻人，如對舊友諧語溫存，更添趣味。譚獻謂此詞曰「姿態橫

叉頭、青蚨，均指錢。

綈袍，厚繒製成之袍。戰國時期魏大夫須賈贈綈袍於范雎得以釋嫌弭禍的故事。後多用為眷念故舊之典。

凡物相生者稱子母，後因以稱本息。

毳幕氈廬，北方少數民族生活居住的帷帳。

文姬，蔡琰，東漢女詩人。漢末大亂時為胡騎所虜，流落南匈奴十二年，後被曹操以金璧贖回。

生」(《篋中詞·今集續》卷一),允稱精當。

摸魚兒

［清］陳澧

東坡《江郊》詩序云:「歸善縣治之北數百步抵江,少西有磐石小潭,可以垂釣。」余訪得之,題以此闋。

繞城陰、雁沙無際,水光搖漾千頃。蒼崖落地平於掌,濕翠倒涵天鏡。風乍定,看絕底明漪,曾照東坡影。林煙送暝。只七百年來,斜陽換盡,一片古苔冷。　幽尋處,付與牧村樵徑。江郊詩句誰省。平生我亦煙波客,笠屐倘堪持贈。雲水性,便挈鷺提鷗,佔取無人境。商量畫幀。向碎竹叢邊,荒蘆葉外,添個小漁艇。

歸善,即今廣東惠州惠陽。

笠屐,蓑笠和木屐。遊山玩水的用具。

這是一首意境蕭疏幽冷的紀遊懷古詞。上片惟妙惟肖地描摹一幅幽清明淨的江郊山水畫卷,並將對東坡的追慕之情與世事滄桑之慨盡寓於景色之中,用筆絕妙。下片從幽尋轉入直抒胸臆,表明自己向往追隨東坡高跡,歸隱山林的素願。結末亦真亦畫,生趣盎然。讀者在悠然會意的同時,或能隱隱感覺到詞人沉淪下僚懷抱難伸的牢落心情。

摸魚兒　詠蟲

［清］況周頤

古牆陰、夕陽西下,亂蟲蕭颯如雨。西風身世前因在,盡意哀吟何苦。誰念汝。向月滿花香,底用淒涼語。清商細譜。奈金井空寒,紅樓自遠,不入玉箏柱。　閑庭院,清絕卻無塵土。料量長共秋住。也知玉砌雕闌好,無奈心期先誤。愁謾訴,只落葉空階,未是銷魂處。寒催堠鼓。料馬邑龍堆,黃沙白草,聽汝更酸楚。

堠鼓,報警的鼓聲。

馬邑龍堆,泛指邊境征戍之地。馬邑,在今山西朔州。漢武帝用王恢計,伏兵於馬邑旁,誘匈奴單于,因亭尉泄漏於匈奴,事不成。龍堆,白龍堆,古西域沙漠。

這首詞作於光緒二十年(1894),時中日甲午海戰,北洋海軍一敗塗地。詞借蟲聲抒寫深沉的家國之恨,淒切掩抑,滿紙秋聲。

明曾鯨《蘇文忠公笠屐圖》,寫蘇軾遠貶海南儋州時,做客黎子雲家,歸途遇雨,從農戶借得笠屐冒雨前行的情景。畫中東坡先生頭戴斗笠,足登木屐,雙手提衣,俯身前行,表現出他的野逸情趣與曠達節操。西安美術學院藏

詞林逸事

金泰和(1201—1208)間,河北大名府曾發生一樁奇事:一對青年男女因戀情受挫而投水,官府到處蒐尋,不見蹤影。後來採藕人在荷塘中發現了他們屍體。那年仲夏,那荷塘中的荷花,居然無

一不並蒂而開。

貞祐四年（1216），二十七歲的詞人元好問從朋友李用章處聽到這個故事，深深為之動容，揮筆為這對敢於私奔、壯烈殉情的小兒女寫下一首盪氣迴腸的《雙蕖怨》（即《摸魚兒》）：

問蓮根、有絲多少，蓮心知為誰苦。雙花脈脈嬌相向，只是舊家兒女。天已許，甚不教、白頭生死鴛鴦浦。夕陽無語。算謝客煙中，湘妃江上，未是斷腸處。　香奩夢，好在靈芝瑞露，人間俯仰今古。海枯石爛情緣在，幽恨不埋黃土。相思樹，流年度、無端又被西風誤。蘭舟少住。怕載酒重來，紅衣半落，狼藉臥風雨。

同窗好友李治讀了這首詞，也為大名小兒女的精誠所感，立即用同調和了一首同樣淒惋高華、纏綿悱惻的《買陂塘》：

為多情、和天也老，不應情遽如許。請君試聽雙蕖怨，方見此情真處。誰點注，香激灩、銀塘對抹胭脂露。藕絲幾縷。絆玉骨春心，金沙曉淚，漠漠瑞紅吐。　連理樹，一樣驪山懷古。古今朝暮雲雨。六郎夫婦三生夢，幽恨從來艱阻。須念取，共鴛鴦翡翠，照影長相聚。秋風不住。悵寂寞芳魂，輕煙北渚，涼月又南浦。

從此，詞壇又多了兩首膾炙人口的千古情詞。

王季境湖亭，蓮花中雙頭一枝，邀予同賞，而為人折去。季境悵然，請賦。

問西湖、舊家兒女，香魂還又連理。多情欲賦雙蕖怨，閑卻滿奩秋意。嬌旖旎，愛照影、紅妝一樣新梳洗。王孫正擬。喚翠袖輕歌，玉箏低按，涼夜為花醉。　鴛鴦浦，淒斷凌波夢裏。空憐心苦絲脆。吳娃小艇應偷採，一道綠萍猶碎。君試記，還怕是、西風吹作行雲起。闌

清黃慎《蓮塘雙禽圖》，繪荷塘中，雙禽遊弋，水色接天。畫家以淡墨加赭石渲染荷葉將要乾枯之態，淡墨線勾花，濃墨點畫蓮蓬，雙禽以墨色點染，顧盼含情。畫面傳達出一種淒冷、寂寞而又傷感的意境。無錫市博物館藏

干謾倚。便載酒重來，尋芳已晚，餘恨渺煙水。—— 元張翥《摸魚兒》十分巧妙地融花事與人情於一體，顯然直接受到了元遺山的影響，但能蠶蛻自新，婉曲深致，自具特色。

倚聲依譜

《摸魚兒》一名《摸魚子》，又名《買陂塘》《邁陂塘》《陂塘柳》《雙蕖怨》。唐教坊曲，本為歌詠捕魚的民歌，後用作詞牌。一百一十六字，前片六仄韻，後片七仄韻。前後片第四韻，並定十字一氣貫注。雙結倒數第三句第一字皆領格，宜用去聲。此調頗流暢，音節起伏變化，適用於寫景、抒情、詠物、酬唱、祝頌，然以表現聲情幽咽而詞意含蓄者為勝。

定格

仄平平、仄平平仄，平平平仄平**仄**。
中平平仄平平仄，平仄仄平平**仄**。
平仄**仄**，仄中仄、中平中仄平平**仄**。
中平中**仄**。
仄仄仄平平，中平中仄，中仄仄平**仄**。

平平仄，中仄平平仄**仄**，平平平仄平**仄**。
中平中仄平平仄，中仄中平平**仄**。
平仄**仄**，仄中仄、中平中仄平平**仄**。
中平中**仄**。
仄仄仄平平，中平中仄，中仄仄平**仄**。

《詞譜》(《摸魚兒》)

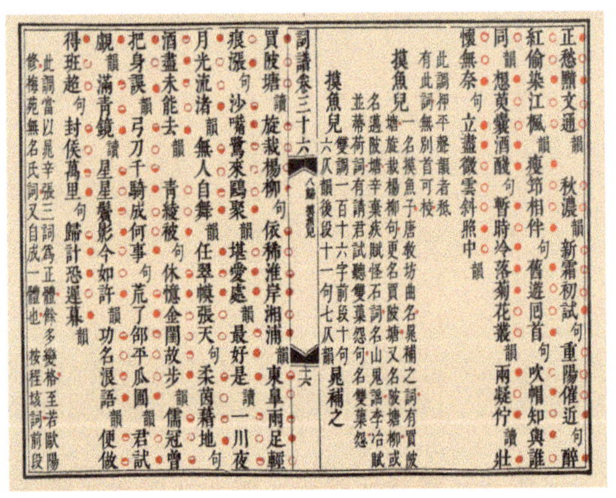

正愁黯文通韻　秋濃韻　新霜初試句　重陽催近句　醉
紅偷染江楓韻　瘦節相伴句　舊遊回首句　吹帽知與誰
同韻　想萸囊酒醆句　暫時冷落菊花叢韻　兩凝佇讀　壯
懷無奈句　立盡微雲斜照中韻
此調押平聲韻者祇有此詞無別首可校
摸魚兒　一名摸魚子唐教坊曲名晁補之詞有買陂塘旋栽楊柳句更名買陂塘又名陂塘柳或名邁陂塘辛棄疾賦怪石詞名山鬼謠李冶賦並蒂荷詞有請君試聽雙蕖怨句名雙蕖怨
摸魚兒　雙調一百十六字前段十句六仄韻後段十一句七仄韻　晁補之
詞譜卷三十六　摸魚兒　十六
買陂塘讀　旋栽楊柳句　依稀淮岸湘浦韻　東皋雨足輕
痕漲句　沙觜鷺來鷗聚韻　堪愛處韻　最好是讀　一川夜
月光流渚韻　無人自舞韻　任翠幄張天句　柔茵藉地句
酒盡未能去韻　青綾被句　休憶金閨故步韻　儒冠曾
把身誤韻　弓刀千騎成何事句　荒了邵平瓜圃韻　君試
覷韻　滿青鏡讀　星星鬢影今如許韻　功名浪語韻　便做
得班超句　封侯萬里句　歸計恐遲暮韻
此調當以晁辛張三詞為正體餘多變格至若歐陽修梅苑無名氏詞又自成一體也　按程垓詞前段

阮郎歸

香銷午夢回

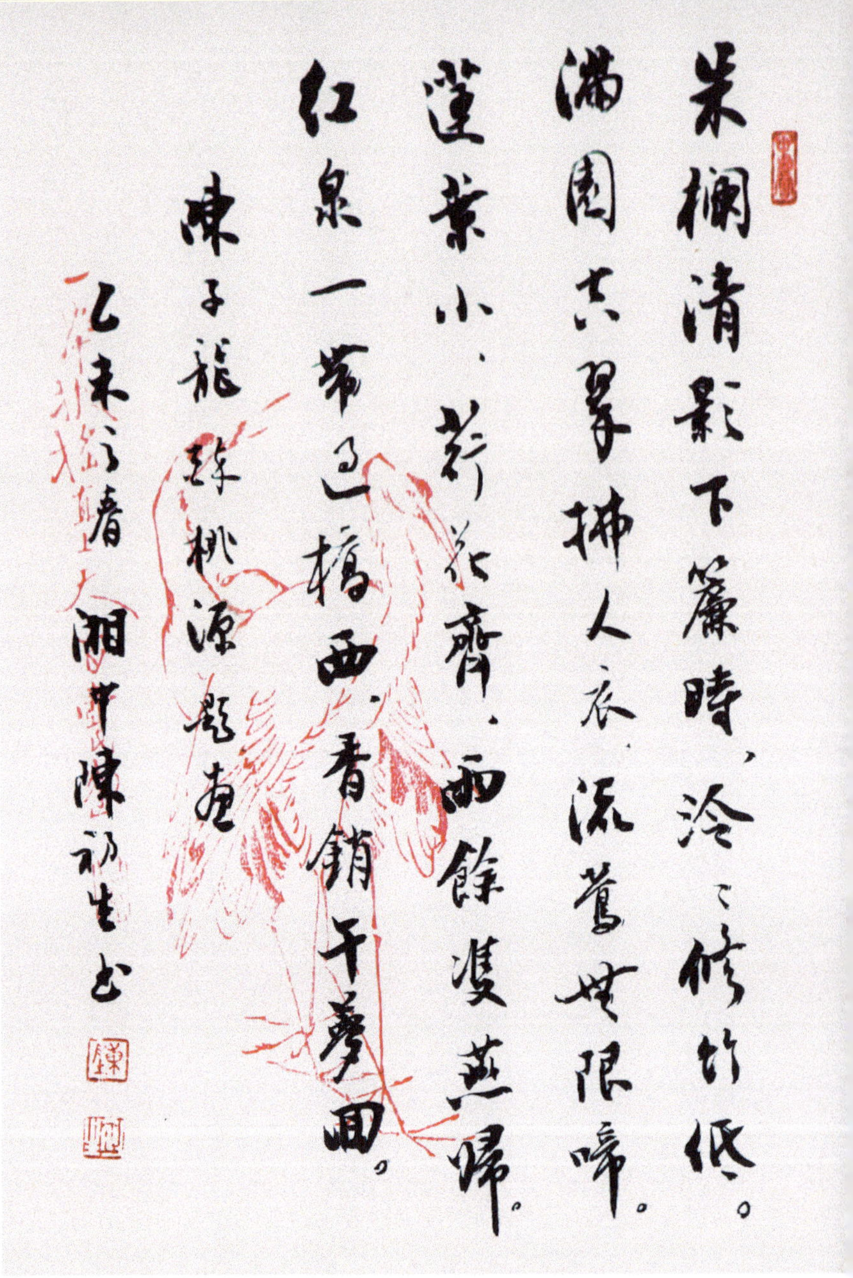

陳初生書《醉桃源》

華音流韻

醉桃源　題畫

［明］陳子龍

朱欄清影下簾時，泠泠修竹低[①]。滿園空翠拂人衣[②]，流鶯無限啼。　蓮葉小，荇花齊[③]，雨餘雙燕歸。紅泉一帶過橋西[④]，香銷午夢回。

［註釋］

①泠泠，象聲詞，形容風吹竹林聲。

②空翠，指清澈碧綠的天光或山色，王維《山中》：「山路元無雨，空翠濕人衣。」

③荇，音杏。多年生水生草本植物，葉呈對生圓形，嫩時可食，亦可入藥。《詩經・關雎》有「參差荇菜，左右流之」。

④紅泉，謂花落於泉，映紅一帶流水。

臨風賞讀

這一闋「題畫」詞是雲間詞派追求「高渾」風格的代表作。其所題之畫實係一幅春去夏臨之時的「閨中人傷春圖」。

詞似「此中無人」，通篇似乎都在描繪一片「綠肥紅瘦」的幽境清景：朱欄映水，清影橫斜，簾櫳初下，修竹蒼翠，不時傳來龍吟細細的風聲。滿園鬱鬱蔥蔥，蒼翠濃綠襲人衣。流鶯鳴聲圓囀，啼個不停。蓮葉初長，荇花齊開。雨過之後，雙燕飛回。此刻但見覆蓋紅花的泉水如帶，輕輕流過橋西。詞人一路渲染下來，直至結末，簾內人才依稀隱約可見：「香銷午夢回。」她午夢醒來，一任爐香消盡。此所謂掃卻痕跡，一派「高渾」，而一絲幽幽的慵懶無緒心脈，一份淡淡的春歸惆悵情懷妙合於景物描繪中。

全詞意境渾融幽眇，清新倩麗，極饒意外之趣。

掎摭，摘取，取得。

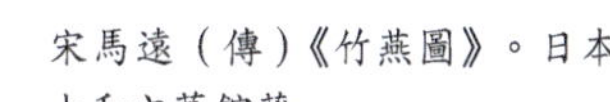
宋馬遠（傳）《竹燕圖》。日本大和文華館藏

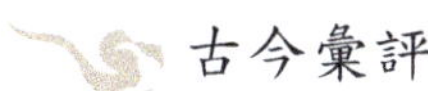

古今彙評

鄒祗謨：秦、黃佳處，有句可摘，大樽覺無句可摘，總由天才神逸，不許他人掎摭也。（《陳忠裕公全集》卷二十）

嚴迪昌：「雲間」詞人追求「高渾」詞境……這一闋「題畫」詞就是「雲間」風格的一種典範體現，隨情造境，以境出情的藝術手段臻於高妙之極。……詞雖也聲色俱見，藻彩不匱，可是清麗流動，不滯不澀，無雕琢痕。題畫而筆下自具畫境，或即借題畫之名而自造畫境。（《金元明清詞精選》）

張毅等：這首詞為題畫而作，畫中是春去夏臨時的景物。詞人的匠心獨運之處是在景中擬想了一個簾中人，而人又在午夢方醒時，這樣畫景就成為人的情感的投射物，成了與夢境相對的現實存在。在對綠肥紅瘦的畫景的描寫中，一份春歸的惆悵、夢回的冷落緩緩流出。作品意境渾融，格調清華。（《詞林觀止》）

詞人心史

陳子龍像

陳子龍（1608—1647）字人中，更字臥子，號軼符，又號大樽。江南華亭（今上海松江）人。生有異秉，年才弱冠，便「精通經史，落紙驚人」。早年入復社，又與夏允彝等結幾社，以文章氣節相砥礪。與李雯、宋徵輿並稱「雲間三子」。崇禎十年（1637）進士，授惠州推官，丁母憂；除服，授紹興府推官。崇禎十七年春，授兵科給事中，巡視兩浙兵馬，未就任而明亡。南明弘光時，起兵科給事中，數上疏指陳時弊，為馬士英等所嫉，旋即辭職歸家。弘光亡後，與沈猶龍、吳志葵等於松江起兵抗清，並與夏允彝謀規復江南，率振武軍出入湖泖間；事敗，披髮入禪林，隱於嘉善陶莊之水月庵，法名信衷，字瓢粟，又號穎川明逸。後又結太湖兵抗清。南明魯監國二年（順治四年，1647），松江提督吳勝兆反清事敗被誅，清軍借機欲「盡除三吳知名之士」，而以陳子龍為首。於是易姓李，號車公，輾轉逃亡嘉定、崑山間。因僕人不慎泄露住處，他在吳縣潭山顧天逵家中被捕。五月十三日，於松江跨塘橋乘間躍水，沉淵殉國，撈起時已經氣絕，清軍仍殘暴地將其淩遲斬首，棄屍水中。次日，門生王澐、轎夫吳酉等乘小舟遍訪，後在毛竹港聞鴉聲，在亂葦血水中找到他的遺體，「束芻為首」，具棺埋葬。清乾隆中表彰明末忠烈，追諡為「忠裕」。有《陳忠裕公全集》，後附詩餘一卷。另有詞集《江蘺檻》和《湘真閣存稿》。

陳子龍題跋手跡

在明清易代之際，陳子龍不獨以風節著，且負其「曠世逸才」，詩詞古文亦稱大家。詩風雄壯豪邁、沉鬱蒼勁，字裏行間浸透着憂國憂民的真摯情懷與高尚的愛國節操。吳偉業謂其詩「特高華雄渾，睥睨一世」；王士禛則評之曰「沉雄瑰麗，近代作者未見其比，殆冠古之才」。其詞更為傑出，為雲間派領袖，被後代詞評家譽為「有明一代詞人之冠」。論詞宗南唐二主與北宋周邦彥、李清照，以雅麗為指歸。其詞情韻生動，渾融自然，風流婉麗，哀豔淒惻，明亡後數年中所作則泣血啼鵑，更見深沉。陳子龍詞崛起於明詞衰微之際，實開啟了清詞中興的帷幕，對清初詞壇具有深遠的影響。

大樽先生文高兩漢，詩軼三唐，蒼勁之節，與志氣相符。其詞風流婉約，堪付與十八歌喉。（顧璟芳《蘭皋明詞彙選》）

大樽諸詞神韻天然，風味不盡，如瑤臺仙子獨立卻扇時。《湘真》一刻晚年所作，寄意更綿邈淒惻。（王士禛、鄒祗謨編選《倚聲初集》）

有明以來，詞家斷推湘真（陳子龍）第一。（譚獻《復堂詞話》）

詞學衰於明代，至子龍出，宗風大振，遂開三百年來詞學中興之盛。（龍榆生《近三百年名家詞選》）

明季詞人，惟青浦陳臥子子龍、衡陽王船山夫之、嶺南屈翁山大均三氏風力遒上，具起衰之力。臥子英年殉國，大節凜然，而所作詞婉麗綿密，韻格在淮海、漱玉間，尤為當行本色，此亦事之難解者。詩人比興之義，固不以叫囂怒罵為能表壯節，而感染之深，原別有所在也。（龍榆生《跋鈔本湘真閣詩餘》）

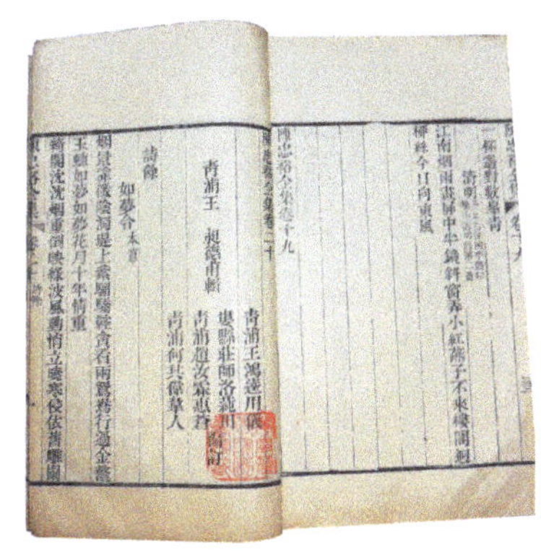

陳子龍《陳忠裕公全集》書影

低吟／浩唱

阮郎歸

［五代．南唐］李煜

東風吹水日銜山，春來長是閑。落花狼藉酒闌珊，笙歌醉夢間。　佩聲悄，晚妝殘，憑誰整翠鬟。流連光景惜朱顏，黃昏獨倚闌。

此詞又傳為馮延巳作，見《陽春集》。又傳為歐陽修作，見《歐陽文忠公近體樂府》。

宋太祖開寶四年（971）十一月，令後主十二弟鄭王從善入朝，太祖拘留之。後主疏請放歸，不允。每憑高北望，泣下沾襟。這首詞即為十二弟鄭王作，借託閨婦口吻，寫自己的孤獨處境與情懷，於清麗淡雅中依然隱含着兄弟急難的深意。正如俞陛雲所云：「此詞春暮懷人，倚闌極目，黯然有鴒原之思。」（《唐五代兩宋詞選釋》）

阮郎歸

［北宋］歐陽修

南園春半踏青時，風和聞馬嘶。青梅如豆柳如眉，日長蝴蝶飛。　花露重，草煙低，人家簾幕垂。鞦韆慵困解羅衣，畫堂雙燕棲。

風和日麗，時聞寶馬振鬣長嘶；放眼望去，青梅結子如豆，綠柳初展如眉，花間草際蝶舞翩翩……南園仲春光景是何等俏麗！詞人着力點染春景，造境傳神，而少婦踏青遊賞時有感而憶所思的無

最是有情癡（歐陽修《玉樓春》有「人生自是有情癡」句）　明　吳迥

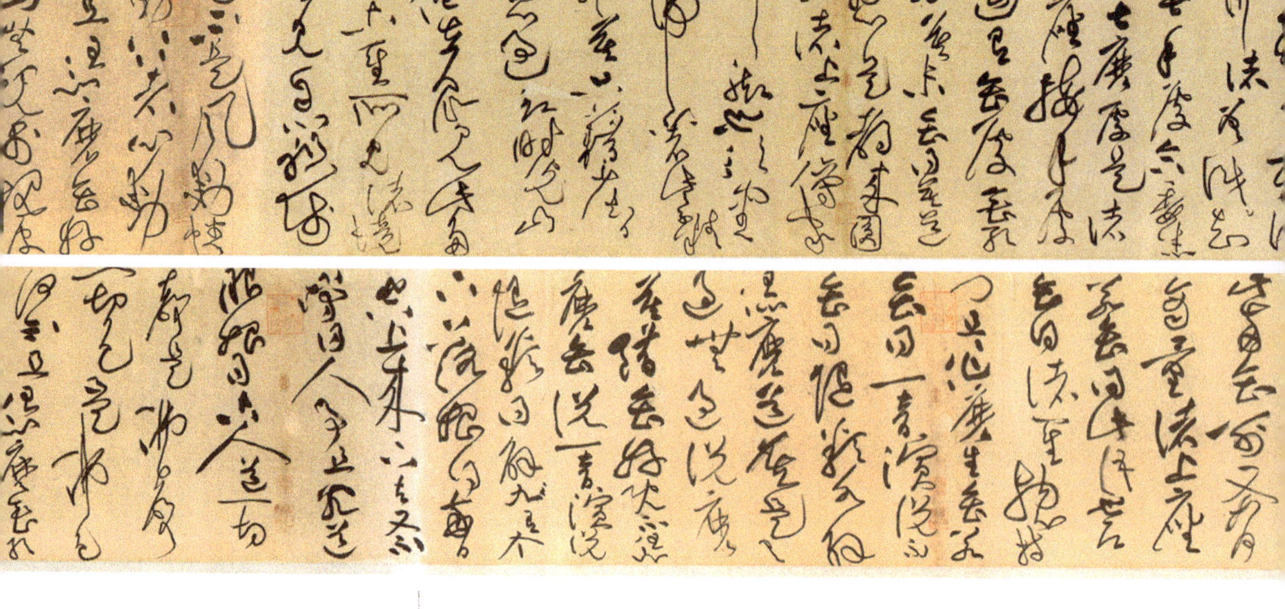

可排遣之情，則僅於「慵困」「雙燕棲」中略略透露，顯得含婉蘊藉。俞陛雲評此詞說：「先寫春早之景，後言春晝之人，但言日長人倦。『鞦韆』二句不着歡愁，風情自見。」（《唐五代兩宋詞選釋》）

梨花風起正清明，遊子尋春半出城。日暮笙歌收拾去，萬株楊柳屬流鶯。—— 南宋吳惟信《蘇堤清明即事》

阮郎歸

［北宋］晏幾道

天邊金掌露成霜，雲隨雁字長。綠杯紅袖趁重陽，人情似故鄉。　蘭佩紫，菊簪黃，殷勤理舊狂。欲將沉醉換悲涼，清歌莫斷腸。

金掌，即金人承露盤。漢武帝在長安建章宮建高二十丈的銅柱，上有銅人，掌托承露盤，以承武帝想飲以求長生的「玉露」。詞以「天邊金掌」指代宋代汴京景物。

這首詞當作於詞人晚年，詞中自抒懷抱，由重陽節引出家境中落、身世淒涼的感喟，被陳匪石稱為《小山詞》中「最凝重深厚之作」（《宋詞舉》卷下）。詞寫得悲涼淒冷，曲折層深。結拍尤為語曲而意婉，包含着在現實人生中萬般無奈而聊作曠達的深沉苦楚。況周頤謂「此詞沉着厚重，得此結句，便覺竟體空靈」（《蕙風詞話》卷二）。

阮郎歸

［北宋］晏幾道

舊香殘粉似當初，人情恨不如。一春猶有數行書，秋來書更疏。　衾鳳冷，枕鴛孤，愁腸待酒舒。夢魂縱有也成虛，那堪和夢

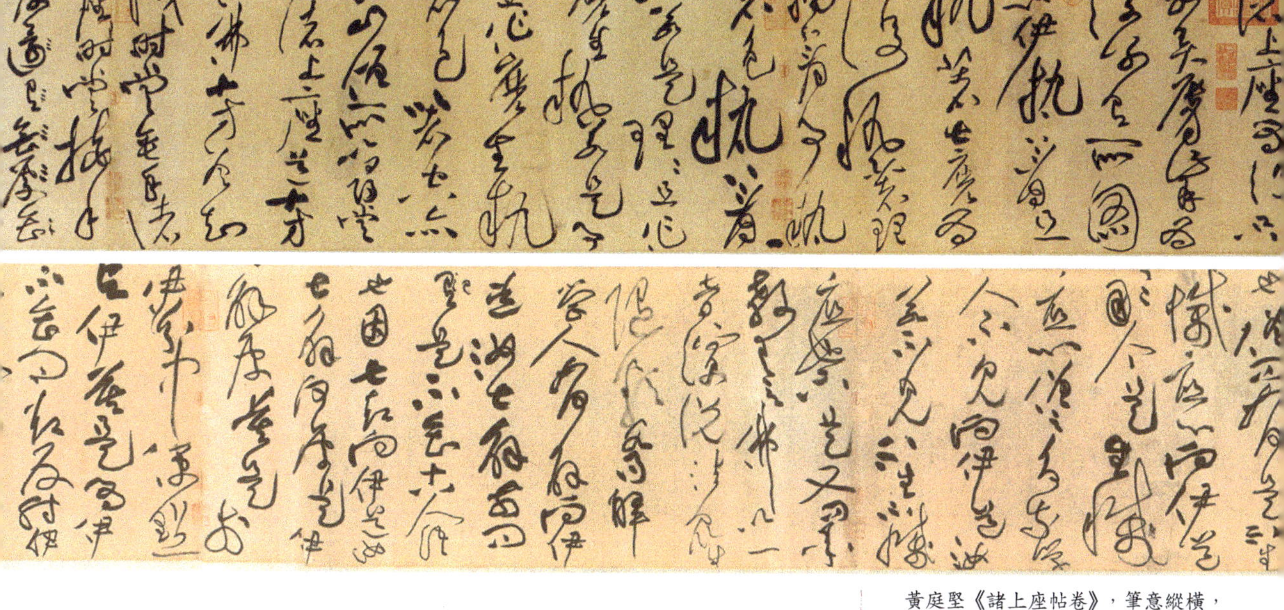

黃庭堅《諸上座帖卷》，筆意縱橫，字法奇宕，氣勢蒼渾雄偉，為其晚年傑作。故宮博物院藏

無。

這首詞寫孤寂、相思之懷。上片即物思人，感昔傷今，抒寫女主人公對行者薄情的滿腔怨恨。下片轉而敘述女主人公夜間的愁思，抒寫其處境的淒涼、相思的痛苦。結拍兩句用層深之法，抒寫女主人公的一腔怨情，撼人心魄。

阮郎歸　初夏

[北宋] 蘇軾

綠槐高柳咽新蟬，薰風初入弦。碧紗窗下水沉煙，棋聲驚晝眠。　微雨過，小荷翻，榴花開欲然。玉盆纖手弄清泉，瓊珠碎卻圓。

這首詞活畫了一幅有聲有色、歡快動人的閨情圖，天真純情的少女、初夏時節生機勃勃的景色渾然一體，構成一種閑雅、清麗、靈動的情調，而青春的張力透紙而出，令人悠然神往。俞陛雲評論說：「寫閨情而不着妍辭，不作情語，自有一種閑雅之趣。」(《唐五代兩宋詞選釋》)

阮郎歸　詠茶

[北宋] 黃庭堅

歌停檀板舞停鸞，高陽飲興闌。獸煙噴盡玉壺乾，香分小鳳團。　雪浪淺，露珠圓，捧甌春筍寒。絳紗籠下躍金鞍，歸時人倚欄。

從歌舞停歇，飲者興闌，到香盡壺乾，捧出香茶，再到點茶、

高陽，即高陽酒徒。

小鳳團，印有鳳紋的小片茶餅，出自福建建安，為宋代最好的貢茶之一。

「雪浪」二句形容點茶時泛起的茶沫如淺淺的雪浪，似盛開的帶露花朵。

宋時喝茶是將茶餅碾成茶末，放在碗中用開水沖，稱點茶。因茶末已榨乾水分，故呈白色，沖點時，便形成白色的茶沫。

黃庭堅《阮郎歸》(《詩餘畫譜》)

分茶，直到燈下歸家，詞人將酒宴後飲茶的過程寫得十分流暢靈動。

麗譙，彩飾樓門。
徂，往、流逝。

古簾暗、雨苔千點（周邦彥《夜遊宮》句） 清許容

阮郎歸

［北宋］秦觀

湘天風雨破寒初，深沉庭院虛。麗譙吹罷《小單于》，迢迢清夜徂。　鄉夢斷，旅魂孤，崢嶸歲又除。衡陽猶有雁傳書，郴陽和雁無。

這首詞當作於紹聖三年（1096）詞人謫徙郴州時，上片寫除夕寒夜難眠的冷寂環境，傳達出客地寂寞的孤淒心情，以及被貶日遠和音信久疏的痛楚。下片借貶謫之地無雁傳書的淒苦，抒發濃鬱的懷鄉之情。全詞於淺語、淡語中蘊有深遠意味，為淮海詞中情調最為淒婉動人的作品之一。

《文選》劉孝標《廣絕交論》註引《張敞集》云：「蒼蠅之飛，不過十步，自托騏驥之尾，乃騰千里之路。」

醉桃源

［北宋］周邦彥

冬衣初染遠山青，雙絲雲雁綾。夜寒袖濕欲成冰，都緣珠淚零。　情黯黯，悶騰騰，身如秋後蠅。若教隨馬逐郎行，不辭多少程。

這首小令描繪一位女子相思情深的衷懷。全詞詞意紆徐曲折，人物內心世界刻畫「入微盡致」。俞平伯謂「善言女子之懷，當無如清真矣。然秋蠅一喻，信為警策」（《清真詞釋》中卷）。

醉桃源

［北宋］周邦彥

菖蒲葉老水平沙，臨流蘇小家。畫闌曲徑宛秋蛇，金英垂露華。　燒蜜炬，引蓮娃，酒香醺臉霞。再來重約日西斜，倚門聽暮鴉。

這首懷人詞懷念的是一位江南女子，懷想從前相見時她的美好，抒發人去樓空的惆悵與感傷。俞平伯極稱此詞「寥落襟懷，蒼茫境界，都在意中，而皆若意外，文心之細，文筆之佳，文情之厚，斯為三絕已」（《清真詞釋》中卷）。

蘇小小像（明佚名《千秋絕豔圖》）

菖蒲，是一種香草，生於水邊。江南一帶，尤為常見。

蘇小，是蘇小小的簡稱，南北朝時南齊名妓，住在錢塘江邊。此處代指所思念的女子。

阮郎歸　紹興乙卯大雪行鄱陽道中

［南宋］向子諲

江南江北雪漫漫，遙知易水寒。同雲深處望三關，斷腸山又山。　天可老，海能翻，消除此恨難。頻聞遣使問平安，幾時鸞輅還。

紹興五年乙卯（1135），詞人由清江赴江東轉運使任途經鄱陽，遇大雪，懷想徽、欽二帝蒙塵漠北之苦寒，遽興故國故君之思，作此詞。上闋因景起情，由江南江北之雪聯想到易水之寒，又由此一聯想而遙望三關，層層翻進。下闋設譬反襯，以天老、海翻襯托愁極而生之劇痛深恨，直是絕望已極。末二句偏又奇外出奇，從絕望之中竟又現出一片癡望來，語斂而意剛。全詞極寫二帝被擄不還之

同雲，即彤雲，指將雪之時天空的陰雲。

三關，即淤口關、益津關（均在今河北霸州）、瓦橋關（在今河北雄縣）。

鸞輅，皇帝的車駕，代指徽、欽二帝。

宋牧溪（傳）《江天暮雪圖》（局部），圖繪大雪紛飛，白雪江天渾然一色，商船落帆泊岸，天地萬物闃然無聲。傳為《瀟湘八景圖》中一幅。日本京都鹿苑寺藏

唐大角曲有《大梅花》《小梅花》等曲。

耒陽，即今湖南耒陽市。

招魂，《楚辭》篇名。

唐杜甫《奉贈韋左丞丈二十二韻》：「紈袴不餓死，儒冠多誤身。」

嚴仁字次山，號樵溪，邵武（今屬福建）人。工詞，有《清江欸乃集》，不傳。《中興以來絕妙詞選》卷五載其詞三十首。

悲懷，融家國之悲為一體（詞人是神宗皇后之再從侄），抒情曲折深摯，語言委婉工致，誠為《酒邊詞》中的壓卷之作。

阮郎歸　客中見梅

［南宋］趙長卿

年年為客遍天涯，夢遲歸路賒。無端星月浸窗紗，一枝寒影斜。　腸未斷，鬢先華，新來瘦轉加。角聲吹徹《小梅花》，夜長人憶家。

年年天涯，夢遲路賒，遊子漂泊，羈愁難消。詞人見梅思家，將客子之傷心難堪與梅花之傷心難堪打並一處，將梅枝月下寒影之意象與客子羈勞憔悴之形象渾然一體，一筆雙挽而意脈不斷，讀來含蓄有味。

清胡錫珪（款）《梳妝圖》（局部）

阮郎歸　耒陽道中為張處父推官賦

［南宋］辛棄疾

山前燈火欲黃昏，山頭來去雲。鷓鴣聲裏數家村，瀟湘逢故人。　揮羽扇，整綸巾，少年鞍馬塵。如今憔悴賦招魂，儒冠多誤身。

這首詞為淳熙六年（1179）或七年，詞人任湖南轉運副使和安撫使時作，抒寫詞人屢遭排斥，頻繁調任，落魄蹉跎，無法施展報國抱負的愁悶與孤憤。結拍尤為淒愴沉痛。

醉桃源　春景

［南宋］嚴仁

拍堤春水蘸垂楊，水流花片香。弄花嚙柳小鴛鴦，一雙隨一雙。　簾半捲，露新妝，春衫是柳黃。倚闌看處背斜陽，風流暗斷腸。

這首詞以輕快活潑的筆調，勾勒了一幅意融融、情脈脈，生機盎然的春景圖，並將此景下美人的嬌顏、春怨，一一寫出。全詞清新自然，情韻悠長。況周頤謂此詞「描寫芳春景物，極娟妍鮮翠之致，微特如畫而已。政恐刺繡妙手，未必能到」（《蕙風詞話》卷二）。

醉桃源　元日

［南宋］吳文英

五更櫪馬靜無聲，鄰雞猶怕驚。日華平曉弄春明，暮寒愁翳生。　新歲夢，去年情，殘宵半酒醒。春風無定落梅輕，斷鴻長短亭。

詞人旅食四方，煢煢一身，當此一元復始之際，心中自有無限感慨。這首詞即是在「櫪馬」「鄰雞」「愁翳」「殘宵」「落梅」「斷鴻」等一系列意象中融入他無可名狀的悵惘和無比蒼涼的身世之感。

阮郎歸　有懷北遊

［南宋］張炎

鈿車驕馬錦相連，香塵逐管弦。瞥然飛過水鞦韆，清明寒食天。　花貼貼，柳懸懸，鶯房幾醉眠。醉中不信有啼鵑，江南二十年。

元世祖至元二十七年（1290）九月，詞人為元朝廷逼召，與好友曾心傳（遇）、沈堯道（欽）由杭州到大都，為元宮廷繕寫金字藏經，次年春天完成即返杭。據考證，此次北遊，詞人與杭州歌妓沈梅嬌不期而遇。這首詞即是追懷清明遊春景象及與沈梅嬌的纏綿往事。最後兩句既是寫離別悲苦，更是對國亡家破慘變的淒婉絕望的悲鳴。

阮郎歸　憶別

［元］王從叔

風中柳絮水中萍，聚散兩無情。斜陽路上短長亭，今朝第幾程。　何限事，可憐生，能消幾度春。別時言語總傷心，何曾一字真。

這首詞不加雕飾，純任自然，寫出一位女子別後對行者的思念。末句問中含怨，而怨中又是含情脈脈，真摯感人。

醉桃源

［明］湯顯祖

不經人事意相關，牡丹亭夢殘。斷腸春色在眉彎，倩誰臨遠山。　排恨疊，怯衣單，花枝紅淚彈。蜀妝晴雨畫來難，高唐雲影

王從叔號山樵，廬陵（今江西吉安）人。

湯顯祖像

湯顯祖題名　　湯顯祖印

湯顯祖（1550—1616）字義仍，號海若。祖籍臨川縣雲山鄉，後遷居湯家山（今江西撫州）。三十四歲中進士，曾任浙江遂昌知縣。其戲劇作品《還魂記》（《牡丹亭》）、《紫釵記》《南柯記》和《邯鄲記》合稱「臨川四夢」，蜚聲中外，被視為世界戲劇藝術的珍品。

間。

這首詞原見於作者著名傳奇《牡丹亭》第十四出《寫真》第一曲《破齊陣》唱段後，為劇中女主角杜麗娘與其侍婢春香的韻白，描寫的是杜麗娘的美好姿質和為自己寫真（畫像）時的淒涼心境，辭意含蓄，韶雅秀麗。

阮郎歸　立夏

［明］張大烈

綠陰鋪野換新光，熏風初晝長。小荷貼水點橫塘，蝶衣曬粉忙。　茶鼎熟，酒卮揚，醉來詩興狂。燕雛似惜落花香，雙銜歸畫梁。

初夏時節，風光無限，一派生機盎然，不禁牽動詞人酒興詩興。這首詞寫景如畫，宛然在目，而詞人無窮興會亦在其中。

阮郎歸

［明］魏學濂

去年拋菂種池塘，今年墜粉香。幾時得藕便絲長，何曾解斷腸。　驅燕子，打鴛鴦，摘蓮偷卜郎。擘開多半是空房，羞看枕簟雙。

這首詞以比興的手法寫閨中少女的情思，而少女天真、單純、羞澀、多情的舉止、神態歷歷如現。全詞委婉纏綿，真切動人。

阮郎歸

［清］蔣景祁

天街微雨送春暉，芳塵濕不飛。閑園香霧小紅肥，月和煙露稀。　縈別館，上斜扉，輕風颺地衣。七弦聲亂十三徽，馬嘶人未歸。

這首閨怨之作表面是寫閨中少婦的情致纏綿，孤獨寂寞，其實是借此諷喻那些尋歡作樂、流連於秦樓別館的公子哥、闊少們，寫來十分別致。

曬粉，蝴蝶在陽光下扇動雙翼，如曬翅粉。

張大烈字言沖，錢塘人。天啟七年（1627）舉人。有《詩餘類函》。

菂，蓮子。

魏學濂（1608—1644）字子一，浙江嘉善人。崇禎進士，擢庶吉士。擅畫山水，兼擅花鳥。有《後藏密齋詩稿》。

亂，樂曲的最後一章。

蔣景祁（1646—1695）字京少，宜興（今屬江蘇）人。以歲貢生至府同知。詞風追步陳維崧。有《梧月亭詞》《罨畫溪詞》。

魏學濂《荷花鷺鷥圖》，描繪碧荷舒捲如雲，一隻白鷺曲頸縮首，正在岸邊草叢中閉目休憩。畫面清新明快。上海博物館藏

阮郎歸　畫蝴蝶

[清] 惲敬

輕鬚薄翼不禁風，教花扶著儂。一枝又逐月痕空，都來幾日中。　曾有伴，去無蹤，闌前種豆紅。蜜官隊裏且從容，問心同不同。

蜜官，指蜜蜂。

惲敬（1757—1817）字子居，號簡堂，陽湖（今江蘇常州）人。乾隆舉人。曾任浙江富陽、江西瑞金等縣知縣。有《大雲山房文稿》。

這首詞詠畫中蝴蝶，妙在遺形取神，着墨於蝴蝶的「內心世界」，刻畫其內心的孤獨寂寞和無助傷感。結拍蜂蝶並提，以「心同」與否無疑而問，見出蝶之矯然不群，涵蘊委婉，發人警醒。陳廷焯謂此詞「情深意遠，不襲溫、韋、姜、史之貌，而與之化矣」（《白雨齋詞話》卷四）。

阮郎歸

[清] 朱孝臧

月夜維舟楞伽峽，山水幽敻。孟東野《石龍渦詩序》云：「四壁千仞，散泉如雨。」仿佛遇之。

千藥無蒂著巖坳，飛簾噴雪消。濕雲雙束怒厓高，春湍不敢豪。　煙櫓閣，水燈飄，幽猿三兩號。驂鸞仙路夜誰招，月華搖鳳簫。

光緒二十八年（1902），詞人出任廣東學政。次年，奉使先後在粵北等一帶視學，沿途有詞紀事。此詞當為經連江時所作，描繪瑰異卓絕的楞伽峽奇景。風格雄渾而疏朗，藻采芬溢。

清任頤《仕女觀梅圖》，用圓勁方折的線條繪一位秀雅的女子，眼望梅花，惆悵若失。詞人朱孝臧題《虞美人》詞於其上：「黃昏笛裏梅風起，蔓草羅裙地。滿欄紅萼總宜簪，不道尊前消減、去年心。　何郎詞筆垂垂老，坐被花成惱。月寒江路喚真真，一縷清愁猶著、故枝春。」遼寧省博物館藏

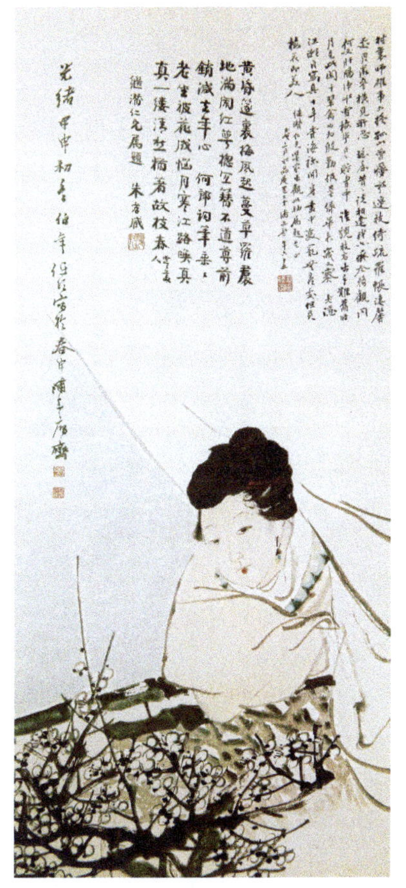

詞林逸事

據周密《武林舊事》卷七記載，南宋孝宗　道三年（1167）三月十一日，一個十分晴好的日子，孝宗領着皇后和太子，陪太上皇高宗到後苑賞花，「回至清妍亭看荼蘼，就登御舟，繞堤閑遊。亦有小舟數十隻，供應雜藝、嘌唱、鼓板、蔬果，與湖中一般。太上倚闌閑看，適有雙燕掠水飛過，傳旨令曾覿賦之」。曾覿為建王（後即位為孝宗）內知客，乃潛邸舊人，頗有妙才，頃刻之間，即成一闋《阮郎歸》奏上：

柳陰庭院佔風光，呢喃清晝長。碧波新漲小池塘，雙雙蹴水忙。

元趙蒼雲《劉晨阮肇入天台山圖》（局部），以白描手法描繪漢代劉晨、阮肇入天台山遇仙的故事。美國大都會藝術博物館藏

萍散漫，絮飄颺，輕盈體態狂。為憐流去落紅香，銜將歸畫梁。

這首詠燕詞處處說燕，卻終篇無一燕字。寥寥數筆，便勾勒出一幅活生生的飛燕鬧春圖，可謂傳神入畫。結拍銜起流紅，飛歸畫梁，寫出一片惜花的慧心，更是妙筆天成。

倚聲依譜

《阮郎歸》又名《醉桃源》《碧桃春》。阮郎，指阮肇。相傳東漢永平間，浙江剡縣人劉晨、阮肇入天台山採藥，遇二仙女，留住半年，思鄉甚苦。既歸，則鄉邑零落，經已十世。他們重入天台山尋訪仙女，蹤跡已杳。四十七字，前段四句，後段五句，各四平韻。此調以抒情與寫景為主，亦可詠物和言志。

定格

中平平仄仄平**平**，平平中仄**平**。

仄平平仄仄平**平**，中平中仄**平**。

平仄仄，仄平**平**，中平中仄**平**。

中平中仄仄平**平**，中平中仄**平**。

《詞譜》（《阮郎歸》）

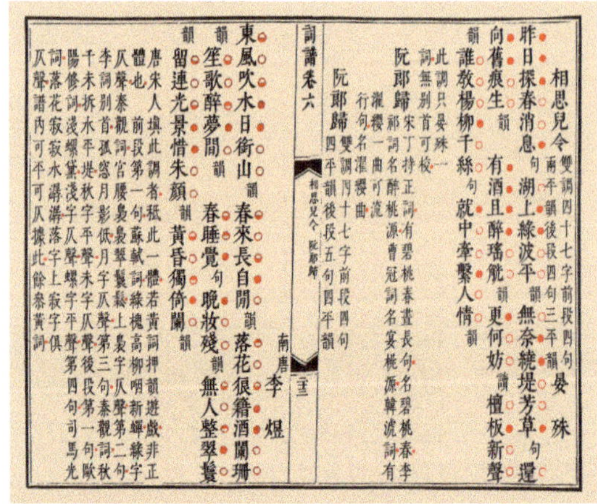

相思兒令 晏殊

雙調四十七字前段四句兩平韻後段四句三平韻

昨日探春消息句湖上綠波平韻無奈繞堤芳草句還向舊痕生韻有酒且醉瑤觥韻更何妨讀檀板新聲韻誰教楊柳千絲句就中牽繫人情韻

此調只晏殊一詞無別首可校

阮郎歸 宋丁持正詞有碧桃春晝長句名碧桃春李祁詞名醉桃源曹冠詞名宴桃源韓淲詞有濯纓一曲可流行句名濯纓曲

阮郎歸 雙調四十七字前段四句四平韻後段五句四平韻

南唐 李煜

東風吹水日銜山韻春來長自閒韻落花狼籍酒闌珊韻笙歌醉夢間韻

春睡覺句晚妝殘韻無人整翠鬟韻留連光景惜朱顏韻黃昏獨倚闌韻

唐宋人填此調者祇此一體若黃詞押韻遊戲非正體也前段第一句蘇軾詞綠槐高柳咽新蟬綠字仄聲秦觀詞宮腰裊裊翠鬟鬆上裊字仄聲第二句李詞別首孤窗月影低月字仄聲第三句秦觀詞秋千未拆水平堤秋字平聲未字仄聲後段第一句歐陽修詞淺螺黛淺字仄聲螺字平聲第四句司馬光詞落花寂寂水潺潺落字上寂字俱仄聲譜內可平可仄據此餘參黃詞

詞譜卷六 相思兒令 阮郎歸 三

醉落魄

秋空一碧無今古

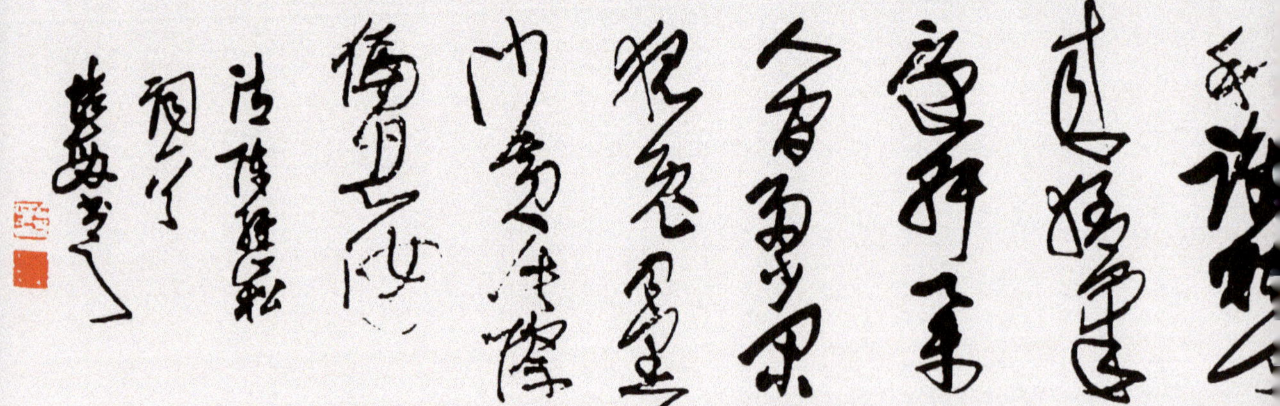

鄒培敏書《醉落魄》

華音流韻

醉落魄　詠鷹

［清］陳維崧

寒山幾堵[①]，風低削碎中原路[②]。秋空一碧無今古。醉袒貂裘，略記尋呼處。　男兒身手和誰賭，老來猛氣還軒舉[③]。人間多少閑狐兔。月黑沙黃，此際偏思汝。

臨風賞讀

蒼鷹雪爪星眸，一衝碧霄，氣雄萬夫，歷來詩人就常借它的形象來表現衝天的豪氣，並用鷹擊狐兔寄寓鏟除人間不平與邪惡的願望，如唐杜甫的「為君除狡兔」、柳宗元的「下攫狐兔騰蒼茫」。這首詠鷹詞同樣抒寫的是詞人那乘風思奮之心，嫉惡如仇之志。

詞人筆挾風霜，起首三句即勾勒出一幅盪人心魄的荒莽的鷹之棲息活動場景，雖未見半點鷹之痕跡，而鷹之淩厲的氣勢和矯健的雄姿卻頓時呼之欲出。你分明看到在那壁立千仞的寒山之巔，鷹兀然木立，傲睥四周；剎那之間，它從懸崖上劈空而下，掠地而過，隨之一陣勁風幾乎要削碎原野上的草木和石塊；緊接着，它又衝霄而起，搏擊在那澄碧萬里的秋空，盡情翱翔。一「堵」字見出壁立千仞、森然可畏的山勢；而一句「風低削碎中原路」，則把鷹之迅猛有力刻畫得

［註釋］

①堵，座。

②削碎中原路，形容鷹掠地飛過。

③軒舉，意氣飛揚。

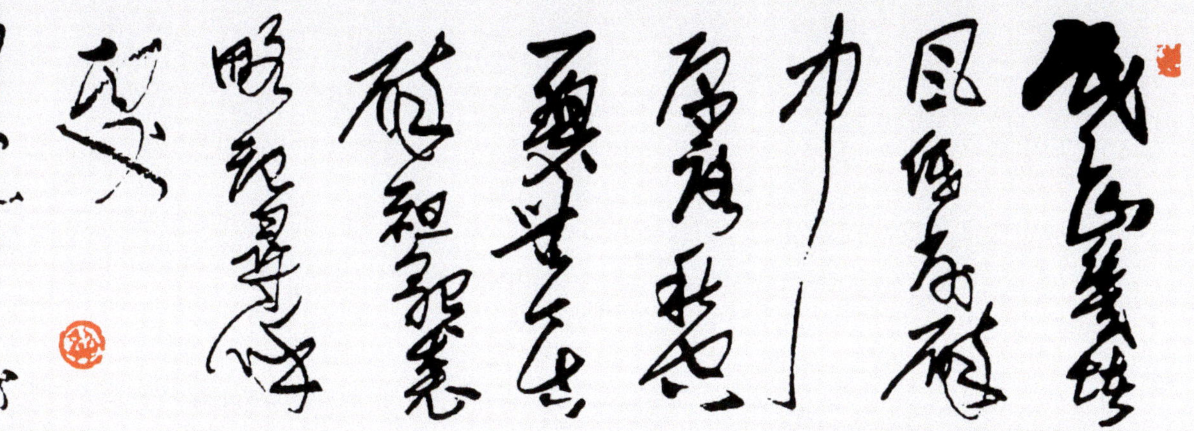

淋漓盡致，筆底似能聽到風聲、裂石碎路的搏擊聲、霸悍疾飛的呼嘯聲！

四、五兩句詞人筆鋒一轉 ——「略記尋呼處」，原來，這不過是詞人對當年乘醉出獵、袒開貂裘、走馬呼鷹的情景依稀的回憶，那隻威猛飛揚的鷹並不存在於眼前的現實中。江山亙古如斯，而人呢，卻是華年難駐。詞人在追憶少年時代意氣風發的豪情中滲透的是無法掩飾的悲涼。

下片興感，詞意承上轉折。從表面上看，換頭兩句是從上片呼鷹尋獵引申而來，似是說一身好功夫無人堪與匹敵，且少年猛氣至老不衰，而其深層含意卻極深沉，又極悲憤。詞人青壯年時，正逢明清易代，顛沛流離，直到四五十歲，仍未謀得一官半職。晚年雖入仕清廷，參與修《明史》，但也鬱鬱寡歡，心情抑塞難平。正如他的弟子蔣景祁所說：「先生之才富，先生之遇窮。」是啊，他何嘗不想做個頂天立地的男子漢？也確有這個胸膽。可是，空有一番好身手，何處得以施展？即便「老來猛氣」不減當年，依然風發，又有誰來召喚？

詞人從追憶中醒來，冷硬抑塞的現實又回到了他的眼前。於是結尾三句，詞人將詞境陡然推進：從草莽叢林中的狐兔聯想到人間橫行的狐兔 —— 像狐兔一樣奸猾的醜類。此時此地，他急切召喚着能夠攫盡林中狐兔和人間醜類的蒼鷹，而對鷹的召喚何嘗不是內心的自我召喚？末二句於全篇奔放之後作含蓄的一折，意蘊頓挫沉鬱。

明張路《蒼鷹攫兔圖》，繪一隻蒼鷹淩空虎視，欲俯衝攫兔，白兔倉皇逃命。西風凜冽，蘆草在疾風中搖曳。全圖結構緊張，虛實相宜，筆墨遒勁秀逸，給人一種緊張險惡、陰冷悲壯之感。南京博物院藏

這首詞着意刻畫鷹之神，固然「聲色俱厲」(陳廷焯語)，極具雄健之美，但細讀之下仍能體察到詞人難以追尋人間真正勇烈與正義的悲抑之聲。

古今彙評

陳廷焯：聲色俱厲，較杜陵「安得爾輩開其群，驅出六合梟鸞分」之句，更為激烈。(《白雨齋詞話》卷三)

錢仲聯：這首小令，借物抒懷，總攝猛鷹之神，而不於正面描繪其形，筆勢健舉，表現作者嫉惡如仇的英邁氣概。(《清詞三百首》)

嚴迪昌：此闋詠鷹詞，實係對「鷹」的召喚之吟。陳維崧召喚的是一種精神，一種力量，其悲慨激越之情和暗傷老大之哀全滲透於這一聲聲的召喚中。……論者每易注視陳迦陵的曠放或狂獷藝術情性，而輕忽其意蘊頓挫，筋脈盤轉處，前人以「聲色俱厲」四字評此詞，即是明例。(《金元明清詞精選》)

陳維崧題名

漠漠閑愁，濛濛往事，勝似柳絲盈把。記解春衣，曾宿揚州城下。粉牆畔，謝女紅衫，菱塘上，蕭郎白馬。月夜。正遊船爭取，綠紗窗掛。　如今光景難尋，似晴絲偏脆，水煙終化。碧浪朱欄，愁殺隔江如畫。將半帙、南國香詞，做一夕、西窗閑話。吟寫。被淚痕沾滿，銀箋桃帕。—— 陳維崧《月華清・讀〈芙蓉齋集〉，有懷宗子梅岑，並憶廣陵舊遊》筆墨深婉秀媚，堪稱別調，但幽怨綿渺中自有淋漓飛動之氣韻，亦不乏勁健之美。

陳維崧像

詞人心史

陳維崧（1626—1682）字其年，號迦陵，江南宜興（今屬江蘇）高塍亳村人。宋大儒陳傅良之後。祖父陳于廷是東林黨的中堅；父陳貞慧為復社領袖，與方以智、侯方域、冒襄有「明末四公子」之目。維崧少負才名，拜當時文壇巨擘吳偉業、陳子龍為師，與吳江吳兆騫、雲間彭師度被吳偉業譽為「江左三鳳凰」。明清易代，陳

陳維崧印

迦陵

維崧頓時由「家門煊赫」「不無聲華裙屐之好」的「意氣橫逸」狀態墮入「飢驅四方」（陳宗石《湖海樓詞跋》）的顛沛流離的生涯之中。特別是順治十三年（1656）陳貞慧病逝後，愈益窮愁潦倒，僅避禍寄食其父至交盟弟冒襄（字辟疆）的如皋水繪園中（位於如皋縣城東北隅），前後近十年，與歌童徐紫雲過從甚密。康熙十八年（1679），召試博學宏詞，以《璿璣玉衡賦》中選，名列一等，授翰林院檢討，參與編纂《明史》。三年後，即在眷故懷鄉的寂寞淒涼中病卒，僅蔣景祁一人視疾在側，幸有在京契友集資收殮，送柩歸葬故里。

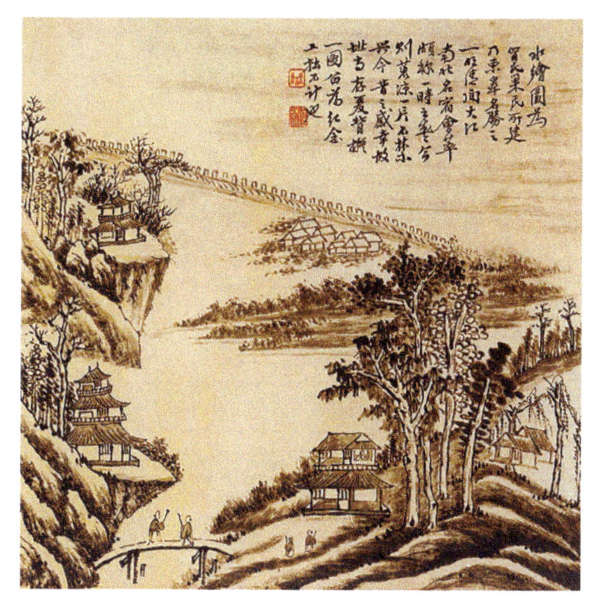

秦祖永繪《水繪園圖》

學識淵博、才力雄富的陳維崧，詩詞文各體兼擅，而尤以詞著稱於世，為陽羨詞派的開山，被譽為清初詞壇第一人；進而在千年詞史上，亦可上摩蘇、辛之壘，堪稱大師、巨擘。一生填詞一千六百餘闋（一説一千九百餘闋），為歷代詞人之冠，舉凡戰事之兇險，故國之追念，山水之雋美，百姓之疾苦，文人之雅趣，閨閣之幽情，無不驅馳筆端，真可謂「無事不蒐，無意不入」。其早歲填詞多雅麗旖旎之作，至身經家國巨變之後，情懷悲愴，詞風轉向蘇、辛一路，詞中透着一種獨異的霸悍之氣和驚心動魄的感染力。其小令尤其氣勢渾茫，神思飛揚，骨力勁挺。陳維崧詞風格多端，絕非只有飛揚跋扈、雄奇豪壯一副面目，其柔媚婉約、清雅蘊藉之作亦為數不少。今傳《湖海樓集》五十四卷（詞獨佔三十卷）、《陳檢討四六》二十卷。

陽羨詞派以陳維崧為宗，主要的詞人尚有陳維嶽、曹貞吉、萬樹、曹亮武、蔣景祁等人。陽羨詞人詞作風格相近，雄渾粗豪，路數接近蘇、辛。

伯兄少時，值家門鼎盛，意氣橫逸，謝郎捉鼻，麈尾時揮，不無聲華裙屐之好，故其詞多作旖旎語。迨中更顛沛，飢驅四方，或驢背清霜，孤篷夜雨；或河梁送別，千里懷人；或酒旗歌板，鬚髯奮張；或月榭風廊，肝腸掩抑。一切詼諧狂歡，細泣幽吟，無不寓之於詞。（陳宗石《湖海樓詞跋》）

屈指詞人，咄咄唯髯，跋扈飛揚。似波寒竟去，衣冠颯颯，燭昏欲醉，履舄茫茫。紅豆筵中，白楊齋外，哀豔無端互激昂。憑人道，是秋墳唱苦，子夜歌長。　廿年落拓名場，便歷落嶔崎也未妨。看襴生單絞，撾聲慷慨，陳王芋蔗，舞態回翔。兒女情深，風雲氣在，同此牢愁一寸腸。君毋讓，信黠如顧虎，狂比袁羊。（王士祿《沁園春．讀陳其年〈烏絲詞〉賦寄》）

詞場青兕説髯陳，千載辛劉有替人。羅帕舊家閑話在，更兼蔣捷是鄉親。

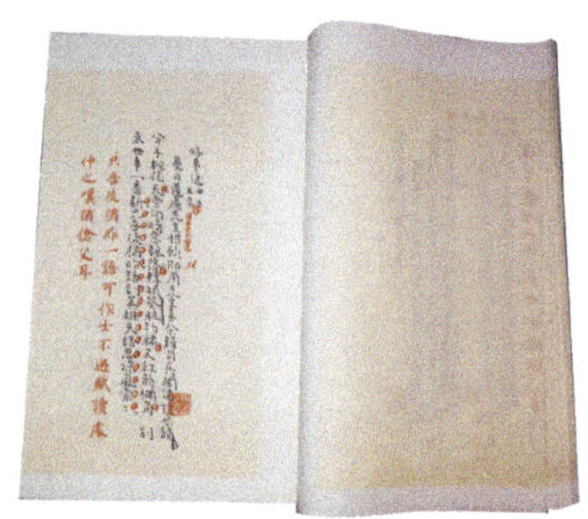
陳維崧《迦陵詞稿》書影

（孫爾準《論詞絕句》）

陳迦陵納雄奇萬變於令慢之中，而才力雄富，氣概卓犖。蘇辛派至此，可謂竭盡才人能事。後之人無可措手，不容作，亦不必作也。（蔣兆蘭《詞說》）

讀先生之詞者，以為蘇、辛可，以為周、秦可，以為溫、韋可，以為《左》《國》《史》《漢》唐宋諸家之文亦可。（蔣景祁《陳檢討詞鈔序》）

迦陵師稼軒，淩厲有餘，未臻虛渾。（潘德輿《養一齋詞自序》）

迦陵詞伉爽之氣，清麗之才，自是詞壇飛將。竹垞所謂「前身定是青兕」，非妄譽也。（郭麐《靈芬館詞話》卷一）

中原走，黃葉稱奎風。小令已參青兕意，慢詞千首盡能雄。哀樂不言中。（盧前《飲虹簃論清詞百家》）

迦陵詞氣魄絕大，骨力絕遒，填詞之富，古今無兩。只是一發無餘，不及稼軒之渾厚沉鬱。然在國初諸老中，不得不推為大手筆。（陳廷焯《白雨齋詞話》卷三）

迦陵韻，哀樂過人多。跋扈頗參青兕氣，清揚恰稱紫雲歌。不管秀師訶。（朱彊村《彊村語業》卷三）

湖海樓崛起清初，導源幼安，極縱橫跌宕之妙，至無語不可入詞，而自然渾脫。然自關天分，非後人勉強可學，故後無傳人，不能與浙西、常州分鑣並進也。（陳匪石《舊時月色齋詞譚》）

欲把英雄說與君，詞豪一代幾曾聞。筆端黃葉中原走，多事橫圖畫紫雲。（啟功《啟功韻語》）

低吟／浩唱

一斛珠

［五代·南唐］李煜

曉妝初過，沉檀輕注些兒個。向人微露丁香顆。一曲清歌，暫引櫻桃破。　羅袖裛殘殷色可，杯深旋被香醪涴。繡牀斜憑嬌無那。爛嚼紅茸，笑向檀郎唾。

這是一曲描寫男女歡情的豔歌。詞以「紅唇」為運筆焦點，戲劇性地描摹出歌女妝罷出場口引清歌，到歌罷赴宴，宴後斜憑繡牀、笑唾情郎的全過程。結尾三句描畫出歌女恃寵撒嬌的神情媚姿，如聞如見，而情人間的深情也委婉傳出。全詞刻畫工致傳神，情趣盎然。

沉檀，一種妝飾用的顏料，唐、宋時婦女閨妝多用它，或用於眉端之間，或用於口唇之上。

些兒個，些許，一點點，唐宋之際的方言口語。

古人常用櫻桃比喻女子口唇。白居易有「櫻桃樊素口，楊柳小蠻腰」之句。

裛，熏蒸，這裏指香氣。

涴，沾污，污染。

紅茸，即紅絨，刺繡用的紅色絲縷。一說即檳榔。

晉潘岳美姿容，嘗乘車出洛陽道，路上婦女慕其豐儀，手挽手圍之，擲果盈車。潘岳小字檀奴，後因以「檀郎」為婦女對夫婿或所愛慕男子的美稱。

蘇軾《次韻秦太虛見戲耳聾詩帖》。臺北「故宮博物院」藏

醉落魄

［北宋］晏幾道

滿街斜月，垂鞭自唱《陽關》徹。斷盡柔腸思歸切。都為人人，不許多時別。　南橋昨夜風吹雪，短長亭下征塵歇。歸時定有梅堪折。欲把離愁，細撚花枝說。

這首詞抒發羈旅無故人、淒涼誰訴的感歎，真切感人。

家在西南，常作東南別（蘇軾《醉落魄．離京口作句》）　趙鶴琴

醉落魄　蘇州閶門留別

［北宋］蘇軾

蒼顏華髮，故山歸計何時決。舊交新貴音書絕。惟有佳人，猶作殷勤別。　離亭欲去歌聲咽，瀟瀟細雨涼吹頰。淚珠不用羅巾裛。彈在羅衫，圖得見時說。

神宗熙寧七年（1074）十月，詞人離杭州赴密州（今山東諸城）任，途經蘇州，餞別時賦此詞贈某妓。此時因反對王安石變法，處境不堪。詞中極寫在人情冷暖、世態炎涼中，歌女依依惜別深情的可貴。明沈際飛評此詞說：「止有佳人惜別可悲，既有佳人惜別可慰；墨香猶噴。」（《草堂詩餘別集》卷二）

蘇軾《遊虎跑泉》詩稿。臺北「故宮博物院」藏

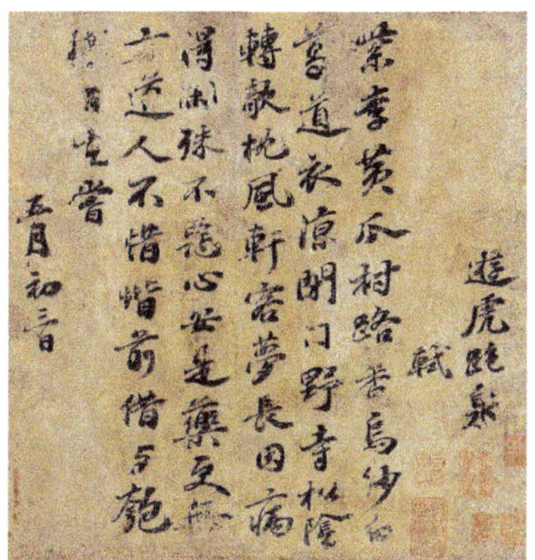

醉落魄

［南宋］周紫芝

江天雲薄，江頭雪似楊花落。寒燈不管人離索。照得人來，真個睡不著。　歸期已負梅花約，又還春動空飄泊。曉寒誰看伊梳掠。雪滿西樓，人在闌干角。

這首詞抒寫遊子懷人思歸的情懷，語言淺近平實，風格清麗婉曲。

醉落魄　辛未九月望和答慶符

［南宋］胡銓

百年強半，高秋猶在天南畔。幽懷已被黃花亂。更恨銀蟾，故向愁人滿。　招呼詩酒顛狂伴，羽觴到手判無算。浩歌箕踞巾聊岸。酒欲醒時，興在盧仝盌。

詞人因《好事近》一首痛斥「豺狼當轍」的現實，又一次激怒了秦檜，被秦檜流放到更荒遠的吉陽軍（今海南三亞）。詞人雖被貶斥天之涯海之角，但奸賊當道，金甌殘缺，匹夫之責，時常縈繞心懷。這首和愛國志士張伯麟（字慶符）之作中，詞人鬱結於心中的無法鋤奸復國的憂憤與愁悶如萬斛湧泉，迸地而出，讀來令人心魄為之一震。

辛未，宋高宗紹興二十一年（1151）。

唐代詩人盧仝曾賦詩盛讚飲茶之酣暢。

胡銓（1102－1180）字邦衡，號澹庵，吉州廬陵（今江西吉安）人。建炎進士。初授撫州軍事判官，後除樞密院編修官。秦檜主和，胡銓抗疏力斥，遭除名，編管昭州，移謫吉陽軍。孝宗即位，起知饒州。其詞多激憤之語。清王鵬運《南宋四名臣詞集》錄胡銓《澹庵長短句》一卷。

醉落魄

［南宋］王千秋

驚鷗撲蔌，蕭蕭臥聽鳴幽屋。窗明怪得雞啼速。牆角斕斑，一半露松綠。　歌樓管竹誰翻曲，丹唇冰面噴餘馥。遺珠滿地無人掬。歸著紅靴，踏碎一街玉。

冬日的清晨，詞人擁衾高臥初醒，但聞驚鷗撲翅，雄雞啼鳴；推窗一看，牆角上色彩斑斕，露出半截子松樹的蒼綠，好一片麗景。下片緊接「臥聽」寫來，遐思午夜歌回，美人唇紅膚白，吐氣若蘭。宴罷行人歸去，紅靴與街上的白月相映生輝。眼前之景與想象之景兩相對比、烘托，詞人閑適的心境盡在其中。

王千秋字錫老，號審齋，東平（今屬山東）人。詞學蘇軾，風格秀拔可誦。有《審齋詞》一卷。

醉落魄　正月二十日張園賞海棠作

［南宋］管鑒

春陰漠漠，海棠花底東風惡。人情不似春情薄，守定花枝，不放花零落。　綠尊細細供春酌，酒醒無奈愁如昨。殷勤待與東風約。莫苦吹花，何似吹愁卻。

這首詞以「賞海棠」為題，實則是借海棠抒寫因落花而產生的傷春情緒及離鄉遠宦之愁。結拍將東風人格

管鑒（1133？－1195？）字明仲，龍泉（今屬浙江）人。曾任廣東提點刑獄、廣東轉運判官、湖北轉運使。其詞清麗和婉，有《養拙堂詞》一卷。

宋林椿《海棠圖》，繪一枝西府海棠，其花或灼灼盛開，或含苞欲放。工細絢麗，嬌柔可人。臺北「故宮博物院」藏

化，其想象之奇，情緒之真，造語之癡，耐人品味。

醉落魄

［南宋］范成大

棲烏飛絕，絳河綠霧星明滅。燒香曳簟眠清樾。花影吹笙，滿地淡黃月。　好風碎竹聲如雪，昭華三弄臨風咽。鬢絲撩亂綸巾折。涼滿北窗，休共軟紅說。

這首詞當作於詞人隱居石湖之時，描繪了一個靜謐幽美的清夜，月色淡黃，花影扶疏，詞人在樹底下焚香展席，吹笙自娛，表現了他歸隱後閑雅的生活情趣，意境清絕。俞陛雲謂「『淡黃月』句已頗清新，更有吹笙人在花影中，風情絕妙」，並以「融渾」二字譽之（《唐五代兩宋詞選釋》）。

醉落魄　人日南山約應提刑懋之

［南宋］魏了翁

無邊春色，人情苦向南山覓。村村簫鼓家家笛。祈麥祈蠶，來趁元正七。　翁前子後孫扶掖，商行賈坐農耕織。須知此意無今昔。會得為人，日日是人日。

這首詞描繪鄉村「人日」歡樂、熱鬧的景象，富於濃鬱的生活氣息。結拍頗有哲理。

宋馬遠《踏歌圖》，描繪四個老農在河山幽深處踏歌（用足蹬踏而作歌舞）而行的歡樂情景。四個人動態不一卻動律和諧，人樂年豐之氣象在活潑靈動的舞姿中呈現。故宮博物院藏

絳河，即天河。

昭華，古樂器名，即玉管。此指笙。

軟紅，即紅塵，塵土，指那些熱衷於塵世功名利祿的人。

醉落魄

［明］茅維

肌豐骨弱，桃笙微潤雲鬟掠。夜深攜手憑高閣。露靄橫空，四卷冰綃幕。　一簾薇影臨池萼，池心細簇紅菱角。倚闌不覺羅衫薄。貪坐涼風，纖月桐林落。

這首詞以側面渲染的手法，描繪出一位不染塵俗、冰清玉潔的美人形象。全詞清空飄逸，絕無豔膩之感。

茅維（1576—？）字孝若，歸安（今浙江湖州）人。不得志於科舉，以經世自負。有《蘇園翁》《秦廷築》《金門戟》等。

醉落魄　新豐歌

［清］任繩隗

飄零堪厭，十年啼笑江州店。雞聲月色長亭饜。敝帽堪憎，霜

任繩隗（1621—？）字青際，江蘇宜興人。順治舉人。早作風情旖旎，後一變為清峭蒼涼。有《植木齋集》，詞在集中。

意如餘淡。　人情不似楓花釅，楓花猶向愁人豔。蕭關茅舍悲書劍。收拾砧痕，留作詩腸砭。

這首詞上片寫自己飄零之苦，下片寫人生失志之悲。

詞林逸事

康熙十七年（1678）春，陳維崧過崑山，讀書於徐乾學的儋園中。時已駐錫廣州長壽寺的畫僧釋大汕亦作客徐舍。此前，陳維崧與大汕曾相遇於河南商丘梁園，大汕為他畫小像。為表謝意，陳維崧特為大汕的《天女散花圖》作《喜遷鶯》一首相贈，詞云：

月明珠館。有帝釋鬘陀，身雲散滿。鮫國旌幢，鷺帆笳吹，萬迭雪傾銀濺。裝罷紅棉粵嶠，看足蒼楓梁苑。饒能事，盡微皴淡抹，黃深絳淺。　箧衍。有一卷，細膩凝脂，三尺松陵絹。少不如人，師須為我，畫出鬢絲禪板。旁侍湘娥窈窕，下立天魔蹇產。人間苦，悵碧桃花謝，洞天歸晚。

這次重逢，這位方外舊交再次為陳維崧傳神寫照，於閏三月廿四日作《迦陵填詞圖》一幅。大汕筆下的陳維崧，果然是儀容魁偉，神采高遠，有國士之風。他長頭大鼻，修髯如戟，一手拈鬚，一手持筆，膝頭鋪陳填詞箋紙。旁有美人坐在蕉簟上，手攧洞簫，凝視簫管，作按譜尋聲之狀。蕉簟上橫陳琵琶、箜篌各一。

大汕繪《迦陵填詞圖》後不久，陳維崧因大學士宋德宜的薦舉，攜此圖入京應博學鴻詞科試，一時海內名流題詠殆遍。題詠之作中高士奇的《漁家傲》描摹得十分形象：

大鼻長髯陳仲舉，便便腹裏橫今古。製得新詞互按譜，黃金縷，娉娉慣解烏絲句（陳無已侍兒名娉娉）。　銀漢清涼才過雨，紵衫蕉簟渾無暑。何事宮商頻錯誤。邀郎顧，郎今要入金門去。

餘杭人陸進的《清平樂》亦盛讚此圖能妙筆傳神：

掀髯欹坐，搦管憑誰和。有女雙鬟花半科，一曲洞簫吹破。

是誰妙筆傳神，風光掩映如真。笑我迷離老眼，時從畫裏呼君。

納蘭性德的《菩薩蠻》則寫出了名士風流，甚是別致、風趣：

烏絲詞付紅兒譜，洞簫按出霓裳舞。舞罷髻鬟偏，風姿真可憐。　傾城與名士，千古風流事。低語囑卿卿，卿卿無那情。

大汕《迦陵填詞圖》

孫枝蔚《過秦樓》一詞，規誡激切，最堪玩味：

使爾填詞，何人草檄。此最不平之事。鬚長似戟，手快如風，故作麻姑狡獪。也覺流宕無聊，且對蛾眉，消人愁思。況方回近日斷腸，是兒能記。　看從此宮禁聞名，新成樂府，便付神仙行綴。紅雲捧處，紫袖垂時，召賦蓬萊祥瑞。天上聞歌歸來，舊日秦娥，巧相嘲戲。道先生遇似青蓮，妄與屯田無異。（自註：柳耆卿進《醉蓬萊》詞，仁宗讀至「太液波翻」二字，憤然擲之地。）

浙西詞派領袖朱彝尊的《邁陂塘》描寫陳維崧馳騁詞場、吟嘯林泉的風流放達生活；開篇幾句則可視為對陳維崧詞風的定評：

擅詞場，飛揚跋扈，前身可是青兕。風煙一壑家陽羨，最好竹山鄉裏。攜硯幾。坐罨畫溪陰，嫋嫋珠藤翠。人生快意。但紫筍烹泉，銀箏侑酒，此外總閑事。　空中語，想出空中姝麗，圖來菱角雙髻。樂章琴趣三千調，作者古今能幾。團扇底。也直得、樽前記曲呼娘子。旗亭藥市。聽江北江南，歌塵到處，柳下井華水。

其他如尤侗、毛先舒、李良年、李符、王士禛、彭孫遹、嚴繩孫、毛際可、洪昇、宋犖等也一一題詠，洪昇、蔣士銓還各製曲一套，風調絕佳。至乾隆乙未（1775），名士翁方綱又題此圖，前後題此圖者達一百零三人，可謂詞史上前所未有。1937 年，上海中華書局以《陳迦陵填詞圖題詠》為題出版。

麻姑狡獪，典出《神仙傳》：「麻姑索少許米，擲之墮地，皆成真珠。方平曰：『吾老矣！不喜復作此狡猾變化。』」

行綴，即「綴行」，《唐摭言》：「唐太宗私幸端門，見進士綴行而出，喜曰：『天下英雄，入吾彀中矣！』」

大汕（1633—1705）字廠翁，又號石濂，亦作石蓮、石湖、石蓮，亦號石頭陀。俗姓徐，本籍江西九江。自稱覺浪老人法嗣。安南國王請往開法。後主廣州長壽寺。曾住持修建長壽寺、白雲山麓彌勒寺、清遠峽山寺，又擴建澳門普濟禪院。工人物、山水畫。

「填詞圖」在清初出現後，就一直受到詞人的喜愛。

倚聲依譜

《醉落魄》又名《醉落拓》《怨春風》《一斛珠》。調名出自唐代梅妃故事。李煜所作此首《一斛珠》為此調首見。調勢較為流暢，聲韻諧美。自宋初張先詞後，宋人多改用新調名《醉落魄》。雙調五十七字，仄韻。

定格

仄平平**仄**，平平仄仄平平**仄**。
平平仄仄平平**仄**，
仄仄平平，仄仄平平**仄**。

仄仄平平平仄**仄**，
平平仄仄平平**仄**。
平平仄仄平平**仄**，
仄仄平平，仄仄平平**仄**。

唐玄宗在花萼樓，會夷使至，命封珍珠一斛，密賜梅妃。妃不受，賦詩云：「柳葉雙眉久不描，殘妝和淚污紅綃。長門盡日無梳洗，何必珍珠慰寂寥？」付使者曰：「為我進御。」上覽詩不樂，令樂府以新聲度之，號《一斛珠》。曲名始此也。—— 清毛先舒《填詞名解》

《詞譜》(《一斛珠》或《醉落魄》)

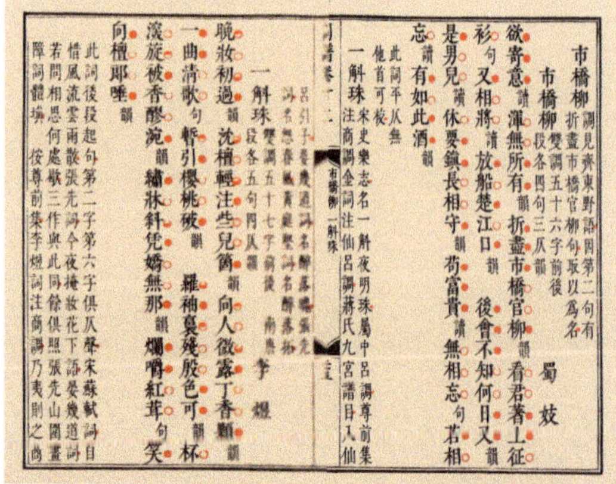

市橋柳 調見齊東野語因第二句有折盡市橋官柳句取以為名

市橋柳 雙調五十六字前後段各四句三仄韻

蜀妓

欲寄意讀渾無所有韻折盡市橋官柳韻看君著上征衫句又相將讀放船楚江口韻後會不知何日又韻是男兒讀休要鎮長相守韻苟富貴讀無相忘句若相忘讀有如此酒韻

此詞平仄無他首可校

一斛珠 宋史樂志名一斛夜明珠屬中呂調尊前集注商調金詞注仙呂調蔣氏九宮譜目入仙呂引子晏幾道詞名醉落魄張先詞名怨春風黃庭堅詞名醉落拓

一斛珠 雙調五十七字前後段各五句四仄韻

李煜

晚妝初過韻沈檀輕注些兒箇韻向人微露丁香顆韻一曲清歌句暫引櫻桃破韻 羅袖裛殘殷色可韻杯深旋被香醪涴韻繡牀斜凭嬌無那韻爛嚼紅茸句笑向檀郎唾韻

此詞後段起句第二字第六字俱仄聲宋蘇軾詞自惜風流雲雨散張先詞今夜掩妝花下語晏幾道詞若問相思何處歇三作與此同餘俱照張先山圖畫障詞體填 按尊前集李煜詞注商調乃夷則之商

詞譜卷十二 市橋柳 一斛珠

長相思

故園無此聲

山一程水一程
身向榆關那
畔行夜深千
帳燈風一更
雪一更聒碎
鄉心夢不成
故園無此聲
納蘭性德長相思云
乙未秋月臘松

倪臘松書《長相思》

華音流韻

長相思

［清］納蘭性德

山一程，水一程，身向榆關那畔行[①]。夜深千帳燈。
風一更，雪一更，聒碎鄉心夢不成[②]。故園無此聲。

［註釋］

①榆關，山海關。那畔，那邊，此處指關外。
②聒，喧擾，嘈雜。

臨風賞讀

康熙二十一年（1682）二月，康熙帝以平定三藩之亂，東出山海關，到清朝發祥地巡視，並祭祀長白山。納蘭性德作為侍衞隨御駕東巡，途中作此詞，抒寫羈旅思鄉的情懷。

上片，鋪陳扈從之事。「山一程，水一程」，向着榆關「行行復行行」。在「一程」又「一程」的復遝吟哦中，詞人營造出一種關山萬重，與故園漸行漸遠的意境，既顯示出天涯行役的枯寂和蒼涼，更襯托出詞人對故園的依戀、渴望。「夜深千帳燈」，夜色深沉，在一片蒼茫的黑暗中，那萬丈穹廬下安紮的營帳裏，燈火熠熠，望去好似繁星落地，映照着永夜無

清乾隆間朝鮮國畫師繪製的山海關外城圖

眠的詞人。千帳反襯一身，塞外景象愈是壯觀寥廓，愈顯詞人夢斷關山、孤寂思歸情心之深苦。

下片，曲描思鄉之情。「風一更，雪一更，聒碎鄉心夢不成」，再以互文之筆，疊用兩個「一更」，突出塞外卷地狂風，鋪天暴雪撲打帳篷、長夜不絕的情景。遠在這苦寒的塞外，詞人多麼希望能夢回故園，但是帳外風狂雪驟，嘈雜刺耳，攪得鄉夢不成、鄉心難慰，在「鄉園」時哪有這種令人痛苦之聲響？那故園有什麼聲呢？是母親的殷切叮嚀，還是妻子的淺笑低語？結拍淡淡的一句，含婉地表達了詞人對故鄉的深深眷戀。

全篇鮮活靈動，融真純深摯、淒惻柔婉的鄉思於雄闊蒼涼的塞外景象之中，集豪放婉約於一體，意境天成，雋永動人。

狼河，也稱白狼河，即今大淩河，位於遼寧朝陽市南，流入渤海灣。

古今彙評

王國維：「明月照積雪」「大江流日夜」「中天懸明月」「長河落日圓」，此種境界，可謂千古壯觀，求之於詞，唯納蘭性德塞上之作，如《長相思》之「夜深千帳燈」、《如夢令》之「萬帳穹廬人醉，星影搖搖欲墜」差近之。（《人間詞話》）

嚴迪昌：這首《長相思》以具體時空推移過程，及視聽感受，既表現景象的宏闊觀感，更抒露着情思深苦綿長心境，允稱即小見大之佳作。（《金元明清詞精選》）

萬帳穹廬人醉，星影搖搖欲墜。歸夢隔狼河，又被河聲攪碎。　還睡，還睡，解道醒來無味。—— 納蘭性德《如夢令》。詞人作為御前扈從跟隨康熙東出山海關，夜宿狼河畔……面對着氣象豪雄的營地，詞人於是把奇景攝入詞筆。這首小令開頭意境闊大，而結尾卻帶悲涼，歸於萬般無奈，道出了詞人心中排遣不去的孤寂與落寞。

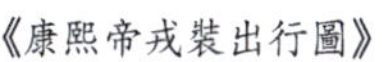
《康熙帝戎裝出行圖》

清禹之鼎繪《納蘭容若像》。圖中納蘭性德端坐於榻上，身着侍衛官服，圓臉髭鬚，左手持白玉盞，右手作撚鬚狀，神態悠然，氣度不凡。筆法勁簡。故宮博物院藏

成子容若

納蘭詞卷一
長白性德容若著
仁和許增邁孫栞
憶江南
昏鴉盡小立恨因誰急雪乍翻香閣絮輕風吹到膽瓶梅心字已成灰
赤棗子
驚曉漏護春眠格外嬌慵只一作止等閒自憐寄語釀花風日好綠窗來與上琴絃
憶王孫
西風一夜翦芭蕉倦眼經秋耐寂寥強把心情付濁醪讀離騷愁似湘江日夜潮

《納蘭詞》書影

詞人心史

納蘭性德（1655—1685）本名成德，為避皇太子胤礽（小名保成）諱而改成性德，字容若，號楞伽山人，為武英殿大學士明珠長子，滿洲正黃旗人。生於順治十一年臘月十二日（1655 年 1 月 19 日），故其乳名「冬郎」。他天生俊秀飄逸，自幼聰穎好學，既精於騎射，又於經史百家無所不窺。康熙十五年（1676）中進士。後授乾清門侍衛三等侍衛官職，循進一等，武官正三品。在近十年的侍衛生涯中，他扈蹕南巡北狩，遊歷四方，並曾單獨奉旨出使梭龍（黑龍江流域）偵察沙俄侵擾東北情況。康熙二十四年（1685）五月二十三日，納蘭性德還與梁佩蘭、顧貞觀、姜宸英、朱彝尊等朋友宴集，分詠夜合花，次日便臥病不起，「七日不汗」，於三十日（7 月 1 日）鬱鬱長別人間，葬於京西上莊鄉皂甲屯（皂莢屯）。

納蘭性德是個真性情的人，性格落拓無羈，「視勳名如糟粕，勢利如塵埃」。長期仕宦羈旅，遠離愛妻故園，離愁別恨纏繞着他；而出警入蹕、鴛行鵠立的無味生涯，也使他無比煩悶；更兼之生命中難以指名的悵惘，讓他的內心深處充滿着愁苦和寂寞。這無盡淒苦傾注於筆端，便凝聚成純任性靈、哀感頑豔、深婉淒美的納蘭詞風，而又間有沉鬱雄渾之作。他的詞全以一個「真」字勝，獨具真情銳感，直指本心，在信筆揮灑中流露出天然真純之美，因而有着恆久的藝術魅力，至今感染着許多讀者。他與朱彝尊、陳維崧並稱為「清詞三大家」，甚至被譽為「清代第一詞人」。

作為藝術奇才，他沖淡的古體詩、俊逸的近體詩、古樸的散文、華瞻的駢體文也為世所稱。傳世的著作有《通志堂集》《淥水亭雜識》等，詞集有自編《側帽詞》，友人顧貞觀在江南刊行時易名《飲水詞》，後人將兩集輯錄在一起，增遺補缺，共得三百四十二首，總名《納蘭詞》。

品題

清新雋秀，自然超逸。（徐乾學《納蘭性德墓志銘》）

容若天資超逸，悠然塵外，所為樂府小令，婉麗淒清，使讀者哀樂不知所

主，如聽中宵梵唄，先淒婉而後喜悅。（顧貞觀《通志堂詞序》）

容若詞一種淒惋處，令人不能卒讀。（顧貞觀《納蘭詞評》）

香豔中更覺清新，婉麗處又極俊逸，所謂筆花四照，一字動搖不得也。（張預輯《納蘭詞詞評》引聶先語）

其所為詞，純任性靈，纖塵不染。（況周頤《蕙風詞話》卷五）

容若長調多不協律，小令則格高韻遠，極纏綿婉約之致。（《篋中詞》卷一引周之琦語）

容若小詞，直追後主。（梁啟超《飲冰室文集》卷七十七）

納蘭容若以自然之眼觀物，以自然之舌言情。此由初入中原，未染漢人風氣，故能真切如此，北宋以來，一人而已！（王國維《人間詞話》）

納蘭侍衛以天賦之才，崛起於方興之族。其所為詞，悲涼頑豔，獨有得於意境之深，可謂豪傑之士，奮乎百世之下者矣。（王國維《人間詞話》附錄二）

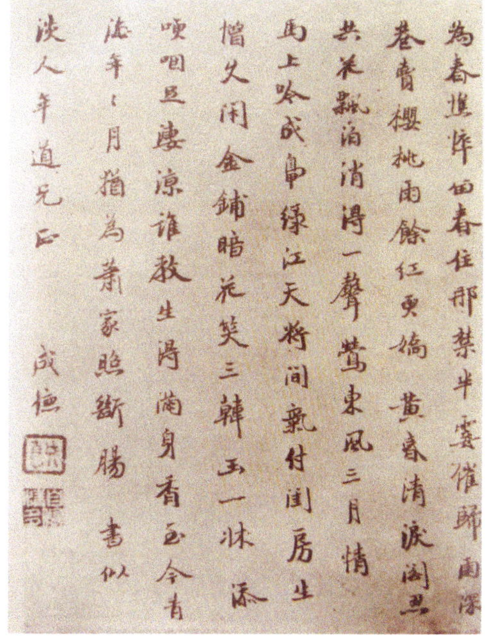

納蘭性德手書《菩薩蠻》等詞稿

低吟／浩唱

長相思

［唐］白居易

汴水流，泗水流，流到瓜州古渡頭。吳山點點愁。

思悠悠，恨悠悠，恨到歸時方始休。月明人倚樓。

這是一首「閨怨」名作，全篇從一個月夜倚樓遠望，馳思懷人的女子的角度描寫，直到結穴方才巧妙地點醒題旨，原來以上的想水想山，含思含恨，都是女子於明月下、倚樓時的心事。詞寫得情真意切，思致空靈綿邈。俞陛雲說「此詞若『晴空冰柱』，通體虛明，不着跡象，而含情無際」（《唐五代兩宋詞選釋》）。

長相思

［五代．南唐］馮延巳

紅滿枝，綠滿枝，宿雨厭厭睡起遲。閑庭花影移。

憶歸期，數歸期，夢見雖多相見稀。相逢知幾時。

這首詞寫閨情。上片含蓄婉曲，下片直抒胸臆，相反相成，渾然一體，閨中女子的深情癡態躍然紙上。

長相思　清黃士陵

明尤求《人物山水圖》，繪一女子倚柳凝眸思遠，含情無限。上海博物館藏

此詞又傳為鄧肅作。

綰，《說文》：「綬青紫色。」此處喻髻髮如雲。

長相思

[五代．南唐] 李煜

雲一綰，玉一梭，淡淡衫兒薄薄羅。輕顰雙黛蛾。

秋風多，雨相和，簾外芭蕉三兩窠。夜長人奈何。

這首詞以輕淡的筆調描寫一女子的素淡天然的裝束、略含幽怨的儀態及其秋雨長夜相思無眠、淒寂難堪的心情。詞風輕倩，風韻可想。陳廷焯曰：「（上闋眉批）字字綺麗。結五字婉曲。」（《雲韶集輯評》卷一）

長相思

[五代．南唐] 李煜

一重山，兩重山，山遠天高煙水寒。相思楓葉丹。

菊花開，菊花殘，塞雁高飛人未還。一簾風月閑。

這首詞通過遠山、煙水、楓葉、菊花、塞雁等景物描寫，勾勒了一幅清冷的深秋圖景，傳達出詞人念遠懷人的愁思幽怨。俞陛雲說：「此詞以輕淡之筆，寫深秋風物，而兼葭懷遠之思，低迴不盡，節短而格高，五代詞之本色也。」（《南唐二主詞輯述評》）

長相思

[北宋] 林逋

吳山青，越山青，兩岸青山相對迎。誰知離別情。

君淚盈，妾淚盈，羅帶同心結未成。江邊潮已平。

這首詞擬一女子聲口，將她愛情遭受挫折，在送別情人時的痛苦心情融於山容水態之中，既明白如話，有濃鬱的民歌風味，又含蓄不盡，透出淡遠、婉麗的文人詞韻致。

吳山東，越山東，山外江湖一派通。煙波隔萬重。　來匆匆，去匆匆，夜半星光夜半風。相逢如夢中。—— 明蔣平階《長相思》

相思令

[北宋] 張先

蘋滿溪，柳繞堤，相送行人溪水西。回時隴月低。

煙霏霏，風淒淒，重倚朱門聽馬嘶。寒鷗相對飛。

這首詞寫月下溪邊為行人送別，詞中通過對青蘋、柳堤、溪水、隴月、煙靄、寒風、朱門、馬嘶、寒鷗等景物的描寫，營造出一個朦朧、淒迷的境界，渲染、烘托出送者戀戀不舍的惜別心情和寂寞淒涼的哀感。

長相思

[北宋] 晏幾道

長相思，長相思，若問相思甚了期。除非相見時。

長相思，長相思，欲把相思說似誰。淺情人不知。

這首詞抒寫癡情的苦戀，上片言只有相見才得終了相思之情；下片言相思之情欲訴無由，縱使說出來，那淺情的人兒終是不能體會。全詞低迴往覆，語淡情濃，詞淺意深，韻味綿遠悠長。

漱金卮，閣金卮，不是樽前抵死辭。今宵是別離。　撚楊枝，問楊枝，花萼樓前踠地垂。休忘初種時。—— 清陳維崧《長相

元佚名《草蟲圖》，繪日暮時分菊黃蝶眠，蝙蝠飛旋，蟋蟀嘶鳴的野外淒清景致。日本京都國立博物館藏

思．贈別楊枝》。陳廷焯評此詞「愈樸直，愈婉曲，愈沉痛」，「言盡而意不盡」，與晏詞「筆墨相近」(《白雨齋詞話足本校註》卷九)。

長相思　山驛

［北宋］万俟詠

短長亭，古今情，樓外涼蟾一暈生。雨餘秋更清。

暮雲平，暮山橫，幾葉秋聲和雁聲。行人不要聽。

這首詞通過涼月、秋雨、暮雲、晚山、葉聲、雁鳴等一系列觸人鄉思的蕭瑟、淒清景物的渲染，映襯詞人的羈旅之思，讀後真令人覺其「含有無限悽惻」(《蓼園詞選》)。

蔡伸（1088—1156）字伸道，號友古居士，莆田（今屬福建）人，蔡襄孫。政和進士。宣和間，通判徐州。南渡後，通判真州，除知滁州。秦檜當國，以趙鼎黨被罷。後知德安府。詞頗婉約，但少沉深之致。有《友古詞》一卷。

明董其昌《秋興八景圖》之一，運化万俟詠《長相思》詞意，描繪秋江兩岸景色，畫面明淨，秋光一片，秋意濃鬱，充分體現出秋山清空恬靜之美，並滲透進自己的羈旅情思。上海博物館藏

長相思

［北宋］蔡伸

村姑兒，紅袖衣，初發黃梅插稻時。雙雙女伴隨。　長歌詩，短歌詩，歌裏真情恨別離。休言伊不知。

這首詞讚美村姑的勤勞、活潑、聰慧、多情。詞人純用口語白描，把她們的裝束、行為、心態寫得活靈活現，全篇具有清新自然的民歌風味。

長相思

［北宋］王灼

來匆匆，去匆匆，短夢無憑春又空。難隨郎馬蹤。　山重重，水重重，飛絮流雲西復東。音書何處通。

這首詞抒寫女子的離別相思之情，風格柔婉，語言清麗。

長相思令

［北宋］鄧肅

一重溪，兩重溪，溪轉山迴路欲迷。朱闌出翠微。　梅花飛，雪花飛，醉臥幽亭不掩扉。冷香尋夢歸。

這首小令寫殘冬踏雪出遊，寫得清新明快，意境幽深而富有詩情畫意。

王灼（1081—1160）字晦叔，號頤堂，四川遂寧人。北宋著名學者。著有《頤堂先生文集》和《碧雞漫志》各五卷，《頤堂詞》和《糖霜譜》各一卷。

鄧肅（1091—1132）字志宏，南劍沙縣人。與李綱為忘年交。欽宗立，召對便殿，補承務郎，授鴻臚寺簿。著有《栟櫚集》三十卷、《揮麈後錄》傳於世。

長相思　暮春

［南宋］李石

花飛飛，絮飛飛，三月江南煙雨時。樓臺春樹迷。

雙鶯兒，雙燕兒，橋北橋南相對啼。行人猶未歸。

這首詞描繪的是江南暮春三月的迷人圖景，以盼望行人早歸作結，使畫面更富有詩意。

李石（1108—1181）字知幾，資州（今四川資中）人。少負才名，既登第，任太學博士，出主石室。後卒於成都，時作山水小筆，風調遠俗。

長相思

［南宋］洪適

朝思歸，暮思歸，塞雁三年不見飛。斷腸天一涯。

千思歸，萬思歸，夢到窗前拂淡眉。覺來雙淚垂。

這首小令抒寫思歸的愁苦，一唱三歎，婉曲盡致。

洪適（1117—1184）字景伯，鄱陽（今屬江西）人。累官至尚書右僕射、同中書門下平章事兼樞密使。以文著稱於時，好收藏金石拓本，有《隸釋》《隸續》，先依碑釋文，著錄全文，後附跋尾，具載論證，開金石學最善之體例。

長相思　遊西湖

［南宋］康與之

南高峰，北高峰，一片湖光煙靄中。春來愁殺儂。

郎意濃，妾意濃，油壁車輕郎馬驄。相逢九里松。

這首詞寫思婦離情。上片寫她看到南北高峰、東西兩澗的湖光山色，觸景懷人，感到極度的愁悶。下片追憶她和情郎的歡會。全詞用美麗的景物映襯或愁或喜之情，筆墨精練而活潑，感情十分真摯，風格自然樸素。

九里松，「錢塘八景」之一，為葛嶺至靈隱、天竺間的一段路。唐刺史袁仁敬守杭時，植松於左右各三行，長九里，因此松陰濃密，蒼翠夾道，「人在其間，衣袂盡綠」，是男女傳情達意的好去處。

長相思

［南宋］陸游

橋如虹，水如空，一葉飄然煙雨中。天教稱放翁。

側船篷，使江風，蟹舍參差漁市中。到時聞暮鐘。

這首詞寫煙雨泛舟，空靈瀟灑，如詩如畫，形象地再現了詞人晚年生活的一個側面。其實詞人並非真的閑散不羈，內中有一股鬱塞不平之氣。

此情無際（趙長卿《夜行船》）句 清《飛鴻堂印譜》

長相思 暮春

［南宋］王質

紅疏疏，紫疏疏，可惜飄零著地鋪。春殘心轉孤。

鶯相呼，燕相呼，樓下垂楊遮得烏。倚闌人已無。

這首小詞通過景物描繪，抒發惜春懷人之情。言短意濃，畫面生動，淡而有味。

長相思

［南宋］趙長卿

斂愁眉，恨依依，腸斷關情怨別離。雲中過雁悲。

癡因誰，病因誰，屈指無言忖後期。此時人怎知。

這首詞抒寫閨婦的離愁別恨。起處直訴怨情，以雲中過雁的悲鳴作映襯，達到了情景交融的效果。下片連用兩個問句，如泣如訴，揭示了女主人公默默無言、心事無人理解的寂寞愁苦之情。小詞語短意深，閨中怨婦的形象描繪得十分鮮明生動。

趙長卿號仙源居士，宋宗室，居江西南豐。約生活在北宋末南宋初。恬於仕進，吟詠自娛。詞風婉約，多為詠頌風物之作，清新活潑，自然天成。有《惜香樂府》。

長相思 惜梅

［南宋］劉克莊

寒相催，暖相催，催了開時催謝時。丁寧花放遲。

角聲吹，笛聲吹，吹了南枝吹北枝。明朝成雪飛。

這首詞以動靜相襯的手法，流暢的語言，將一幅清麗的寒冬之夜梅花盛開怒放圖活現在人們眼前。其時邊境告急，偏安江南之小朝廷危如累卵，詞中實隱隱傳出詞人由惜花、傷春進而憂時之意。

宋馬遠《柳溪釣艇圖》。坡岸垂柳雜樹，茅舍隱然。河中一艇橫陳，船頭一翁悠然垂釣。遠山略加渲染，若有似無，意境清幽。故宮博物院藏

長相思 寄友

［南宋］汪元量

吳山深，越山深，空谷佳人金玉音。有誰知此心。　夜沉沉，漏沉沉，閑卻梅花一曲琴。高松對竹林。

這首詞為詞人寄友人徐雪江之作，或是借寫一位美麗而孤獨的女子的生活情景和她

高潔的情操，曲傳自己失意、孤寂的遺民心聲。詞寫得婉曲含蓄，耐人尋味。

長相思

［金］王予可

風暖時，雨晴時，熏褶羅衣人未歸。螓蛾愁欲飛。

枕瓊霞，瑣窗紗，簾月樓空燕子家。春風掃落花。

這是一首春閨懷人詞，十分細膩地表現了一個賢淑的妻子對丈夫的思念。

長相思

［明］俞彥

折花枝，恨花枝，準擬花開人共卮。開時人去時。

怕相思，已相思，輪到相思沒處辭。眉間露一絲。

這首小令寫女子的相思苦情，上片說本想春時與情人一道飲酒賞花，可花開之時卻是人去之日；下片說已經害了相思，卻又不能解脫，無法排遣，惟有幽獨自處。結句寫其情難言，惟露眉間，尤為深婉有味。全詞清新淡雅，流轉自然。

長相思

［明］李攀龍

秋風清，秋月明，葉葉梧桐檻外聲。難教歸夢成。

砌蛩鳴，樹鳥驚，塞雁行行天際橫。偏傷旅客情。

這首詞將無形的鄉思從檻外梧桐、庭前蟋蟀和橫空的雁陣中曲曲傳出，便覺具體而深沉，委婉動人，頗具蘊蓄之美。

長相思　中夜聞箏

［明］張煌言

品瑤笙，按銀箏，換羽移宮無限情。秋天不肯明。

幾更更，幾星星，半是商聲與徵聲。羈人和夢聽。

詞人為明末抗清志士，堅持抗清近二十年。這首詞為其退居懸嶴島（今浙江象山南）後所作。詞寫夜半聞箏，斷非泛泛抒悲秋情懷或自憐幽獨，而是大仇未報、復國無望的悲感與孤憤。

清閔貞《桐蔭仕女圖》（局部），繪一女子手持團扇，坐於梧桐樹下，凝神幽思

俞彥字仲茅，上元（今江蘇江寧）人。明萬曆二十九年（1601）進士。歷官光祿寺少卿。長於詞，尤工小令，以淡雅見稱。

李攀龍字于鱗，歷城（今山東濟南）人。嘉靖進士。官至河南按察使。有《滄溟集》。

長相思　舟夜

［清］吳綺

盼行程，數行程，秋滿江湖客自驚。灘聲雜雨聲。

話難憑，夢難憑，水驛人稀錯報更。荒雞不肯鳴。

這首小令以含婉深細的筆觸，刻畫舟中之夜的思緒情結，細膩深切地表達了心理起伏變化的過程，構築了一個雨夜泊舟的動人境界，讀來纖淨無滓，清新雅淡，明白如話，又空靈雋永。

吳綺（1619—1694）字園次，號綺園，又號聽翁。江都（今江蘇揚州）人。曾任湖州知府，以多風力、尚風節、饒風雅，時人稱之為「三風太守」。其詞多描寫風月豔情，筆調秀媚。有《林蕙堂集》。

長相思　本意

［清］王士祿

風半廊，月半廊，鳳脛燈青玉簟黃。別時秋乍涼。

蘋已霜，蓼已霜，碣石瀟湘尚渺茫。關河較夢長。

這首詞抒寫一種相思，兩地閑愁。上片從思婦着筆，取景清雅纖巧，抒情含蓄婉曲；下片從遊子着筆，取景蒼涼遼闊，抒情直率。

王士祿（1626—1673）字子底，號西樵山人。山東新城人。為王士禛（漁洋）長兄。順治進士，累官至吏部員外郎。詞有《炊聞詞》，基調近「花間」，以短章寫豔情閨思勝。

長相思　農家

［清］曹爾堪

朝來晴，晚來晴，罩屋桑陰分外清。短簷鳩婦聲。

雲須耕，雨須耕，新織蓑衣掩骭輕。《竹枝》歌太平。

這首小令寫村景和農耕生活，清新可讀。

骭，小腿。

曹爾堪（1617—1679）字子顧，號顧庵，華亭（今上海松江）人。順治進士。工詩，為柳洲詞派盟主，詞以清麗雅潔、疏朗流暢見長，略含幽愁。有《南溪詞》。

長相思

［清］吳錫麒

以書寄西泠諸友，即題其後。

說相思，問相思，楓落吳江雁去遲。天寒二九時。

怨誰知，夢誰知，可有梅花寄一枝。雪來翠羽飛。

這首題贈詞傾訴思念友人的深情，寫得秀逸宛轉。

西泠，西泠橋，在杭州西湖。

吳錫麒字聖徵，號谷人，錢塘（今浙江杭州）人。乾隆進士，官至國子監祭酒。著有《有正味齋詞》。

長相思

［清］楊永衍

望春江，渡春江，江上看花月影雙。花光浮月光。

江花香，江月涼，醉月邀花枕野航。江隨花月長。

這首詞約取唐張若虛《春江花月夜》詩意，上闋着重寫春江花

楊永衍（1814—1893？）字蕃昌，廣東番禺人。有《添茅小屋詩草》，詞附。輯有《粵東詞鈔二編》。

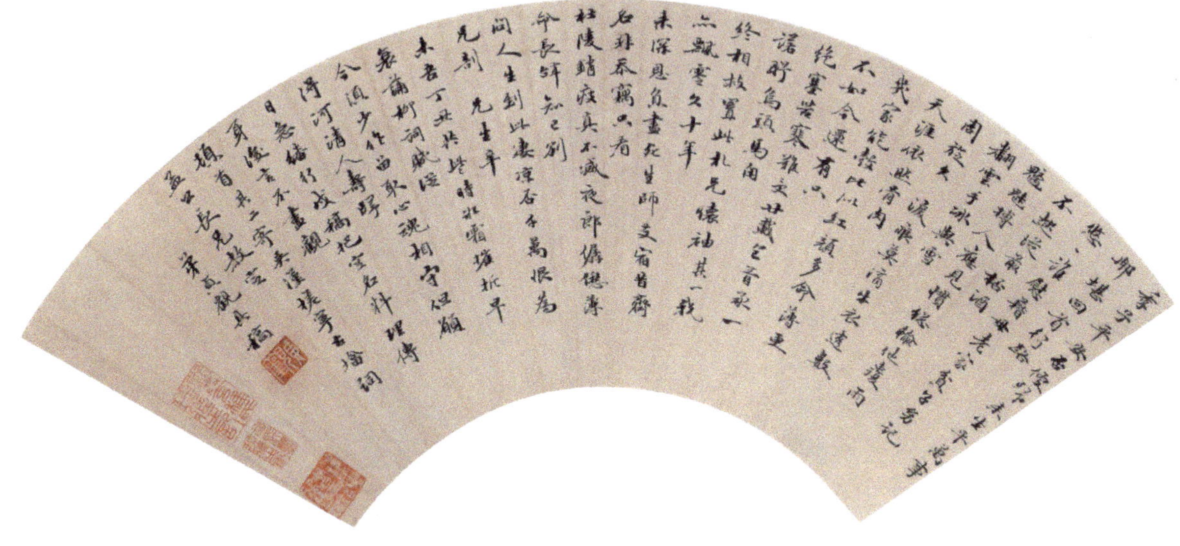

顧貞觀手書寄贈吳兆騫兩首《金縷曲》

月的光影，下闋寫泛舟江上的感受，亦婉麗可喜。末句悠然遠致。

詞林逸事

康熙十五年（1676）冬雪之日，江南舉人顧貞觀在北京，寓居千佛寺中，想起因科場案蒙冤充軍寧古塔（今黑龍江海林縣舊街鎮）的好友吳兆騫在絕塞苦寒中受苦，百感交集，以詞代書，揮毫寫下《金縷曲》（即《賀新郎》）二首。詞曰：

梁公約題《金縷曲》

季子平安否。便歸來、平生萬事，那堪回首。行路悠悠誰慰藉，母老家貧子幼。記不起、從前杯酒。魑魅搏人應見慣，總輸他覆雨翻雲手。冰與雪，周旋久。　淚痕莫滴牛衣透。數天涯、依然骨肉，幾家能彀。比似紅顏多薄命，更不如今還有。只絕塞、苦寒難受。廿載包胥承一諾，盼烏頭馬角終相救。置此劄，君懷袖。

我亦飄零久。十年來、深恩負盡，死生師友。宿昔齊名非忝竊，只看杜陵消瘦。曾不減、夜郎僝僽。薄命長辭知己別，問人生到此淒涼否。千萬恨，從君剖。　兄生辛未吾丁丑。共些時、冰霜摧折，早衰蒲柳。詞賦從今須少作，留取心魂相守。但願得、河清人壽。歸日急翻行戍稿，把空名料理傳身後。言不盡，觀頓首。

這兩首詞純以性情結撰而成，素稱感人肺腑的絕唱，清陳廷焯有很透辟的評論：「兩闋只如家常說話，而痛快淋漓，宛轉反覆，兩

吳湖帆題《金縷曲》

吳兆騫像

人心跡，一一如見，此千秋絕調也。」又道：「悲之深，慰之至，丁寧告戒，無一字不從肺腑流出，可以泣鬼神矣！」（《詞則輯評・放歌集》卷三）時年二十二歲的納蘭性德見了這兩首詞後，不禁感動得淚下數行。

納蘭性德既被顧詞感動，便立誓要營救吳兆騫歸來。在其父明珠的幫助下，吳兆騫終於在五年之後生還回京。後在《祭吳漢槎文》中，納蘭性德說：「《金縷》一章，聲與泣隨。我誓返子，實由此詞。」時人把顧貞觀的兩闋詞稱為「贖命詞」。

倚聲依譜

《長相思》又名《雙紅豆》《相思令》《憶多嬌》《吳山青》。調名取自南朝樂府「上言長相思，下言久離別」，原唐教坊曲名。雙調，三十六字，前後片各四句，三平韻，一疊韻。此調音節響亮，表情由熱烈而趨和婉，多抒寫離別相思之情。

定格

中中**平**，中中**平**，

中仄平平中仄**平**。中平中仄**平**。

中中**平**，中中**平**，

中仄平平中仄**平**。中平中仄**平**。

《詞譜》（《長相思》）

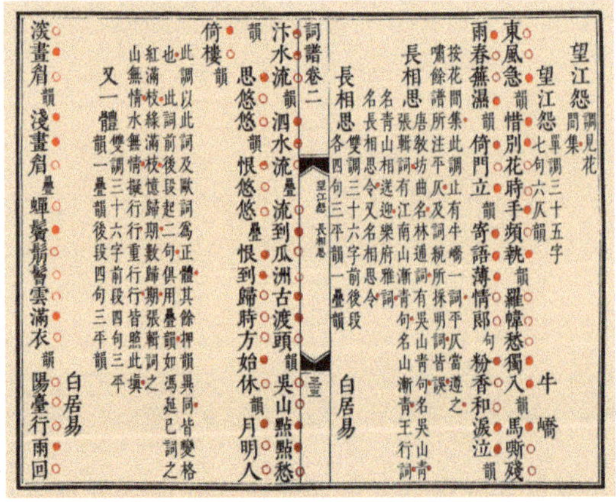

望江怨 調見花間集

單調三十五字 七句六仄韻

牛嶠

東風急 韻 惜別花時手頻執 韻 羅幃愁獨入 韻 馬嘶殘雨春蕪濕 韻 倚門立 韻 寄語薄情郎 句 粉香和淚泣 韻

按花間集此調止有牛嶠一詞平仄當遵之嘯餘譜所注平仄及詞統所採明詞皆誤

長相思 唐教坊曲名林逋詞有吳山青句名吳山青張輯詞有江南山漸青句名山漸青王行詞名青山相送迎樂府雅詞名長相思令又名相思令

雙調三十六字前後段各四句三平韻一疊韻

長相思

白居易

詞譜卷二 望江怨 長相思 三

汴水流 韻 泗水流 疊 流到瓜洲古渡頭 韻 吳山點點愁 韻 思悠悠 韻 恨悠悠 疊 恨到歸時方始休 韻 月明人倚樓 韻

此調以此詞及歐詞為正體其餘押韻異同皆變格也此詞前後段起二句俱用疊韻如馮延巳詞之紅滿枝綠滿枝憶歸期數歸期張輯詞之山無情水無情擬行行重行行皆照此填

又一體 雙調三十六字前段四句三平韻一疊韻後段四句三平韻

白居易

深畫眉 韻 淺畫眉 疊 蟬鬢鬅鬙雲滿衣 韻 陽臺行雨回

詞林別裁

盧家明　編著

責任編輯　蕭　健
封面設計　吳丹娜
排　　版　林筱辰
印　　務　劉漢舉

出版　中華書局
香港北角英皇道 499 號北角工業大廈一樓 B
電話：（852）2137 2338　傳真：（852）2713 8202
電子郵件：info@chunghwabook.com.hk
網址：http://www.chunghwabook.com.hk

發行　香港聯合書刊物流有限公司
香港新界荃灣德士古道 220-248 號
荃灣工業中心 16 樓
電話：（852）2150 2100　傳真：（852）2407 3062
電子郵件：info@suplogistics.com.hk

版次　2024 年 10 月初版

規格　16 開（245mm×185mm）

ISBN　978-988-8862-71-9